AMISTADES

Revised Edition

Donna Reseigh Long
Janice Lynn Macián
THE OHIO STATE UNIVERSITY

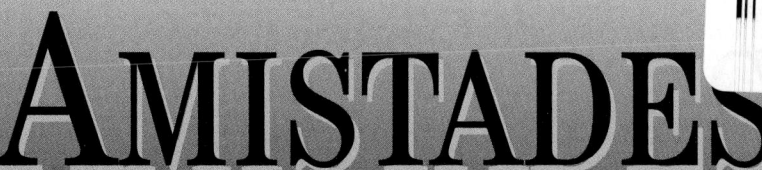

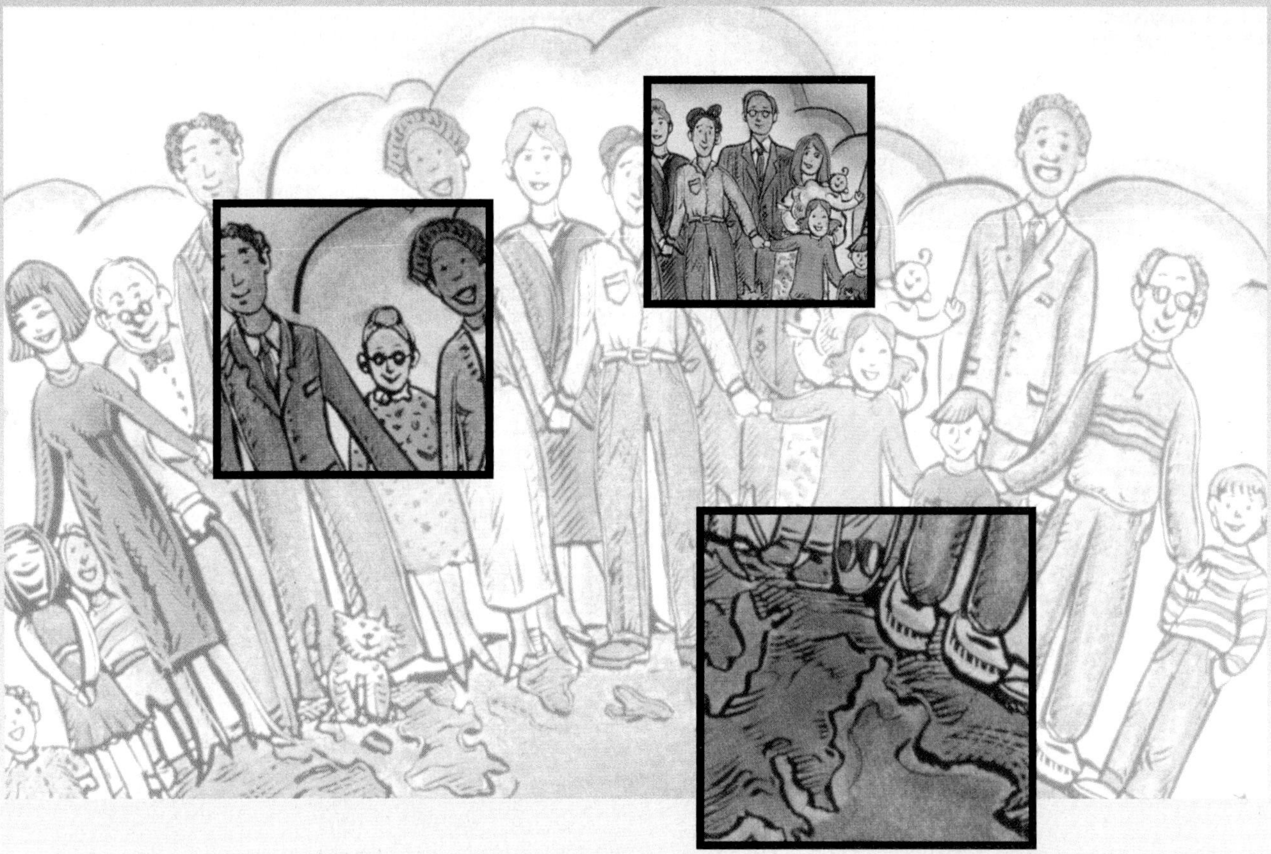

THOMSON™

Amistades
Donna Reseigh Long – Janice Lynn Macián

Custom Editor:
Todd Rupp

Project Development Editor:
Lisa Sizemore

Marketing Coordinators:
Lindsay Annett and Sara Mercurio

Production/Manufacturing Supervisor:
Donna M. Brown

Project Coordinator:
Peg Hagar

Pre-Media Services Supervisor:
Dan Plofchan

Rights and Permissions Specialist:
Kalina Ingham Hintz

Senior Prepress Specialist:
Deanna Dixon

Cover Design:
Krista Pierson

Compositor:
Integra Software Services Pvt. Ltd

Printer:
Courier, Kendallville

For permission to use material from this text or product, contact us by:
Tel (800) 730-2214
Fax (800) 730 2215
www.thomsonrights.com

ISBN 0-759-35536-3

TO THE STUDENT

AMISTADES is an integrated program designed to provide beginning-level college students of Spanish with functional language skills. For students and instructors alike, AMISTADES offers comprehensive, accessible, motivational materials for a more enjoyable and effective learning experience. Communication strategies, realistic language, and extensive opportunities for interaction are essential features of this program. AMISTADES incorporates a friendly, direct tone and a clear, appealing format. Every aspect has been designed to inspire learners' interest, confidence, and proficiency. Of course, successful outcomes are ultimately the result of a collaboration among learner, instructor, and materials.

CONTENTS

Contents **vii**

Contents   **ix**

REFERENCE SECTION

ACKNOWLEDGMENTS

The authors are indebted to the many instructors and students who contributed to **AMISTADES**. The instructors who reviewed the materials and others who piloted them provided sagacious insights and suggestions during the developmental process. They critiqued the materials from many aspects, resulting in modifications that will benefit every user of the program. Specifically we would like to thank the instructors who reviewed and contributed to these materials:

Carmen Grace
Luis Álvarez Castro
Darcy Lear
María Tenorio-Gochez
Irene Ruiz Mora
Lisa Fournier-Kowaleski
Christine Miller
Magdalena Mejía-Gómez
Mónica Fuertes-Arboix
Steve Fondow

Rebecca Cardona
Clara Irene Reyes
Teresa Finan
Mary Ogi
Leonardo Carrizo
Germain Badang
Tamara Shold
Luis Latoja
Gilberto Serrano

A special thanks goes to Jenny Fourman, our native reader, copy editor, friend and colleague.

Finally our families deserve much praise for their patience and understanding during the writing of **AMISTADES.** To them we offer our undying love and sincere thanks.

Donna and Jan

A nuestros seres queridos
cuya comprensión hizo
posible esta obra

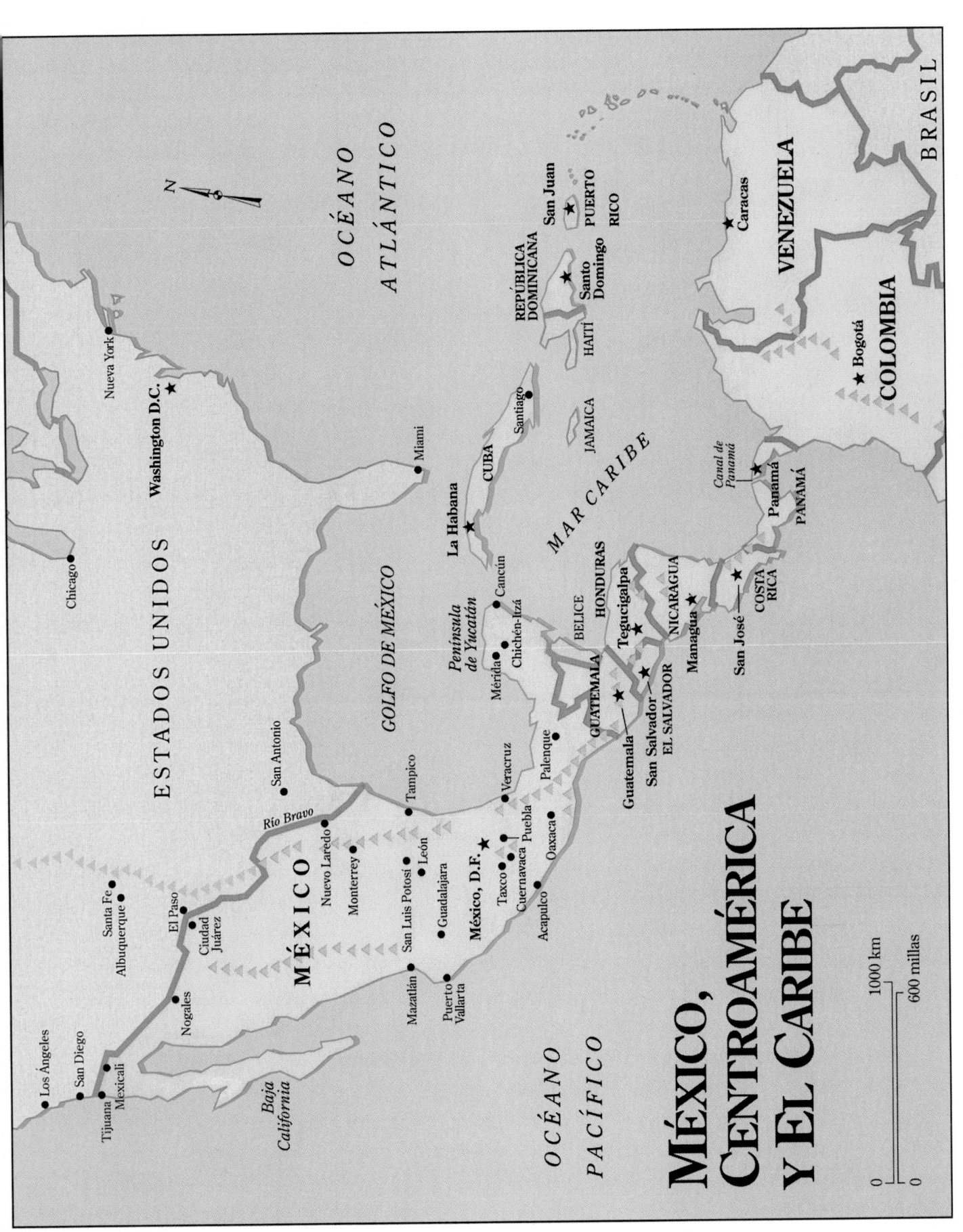

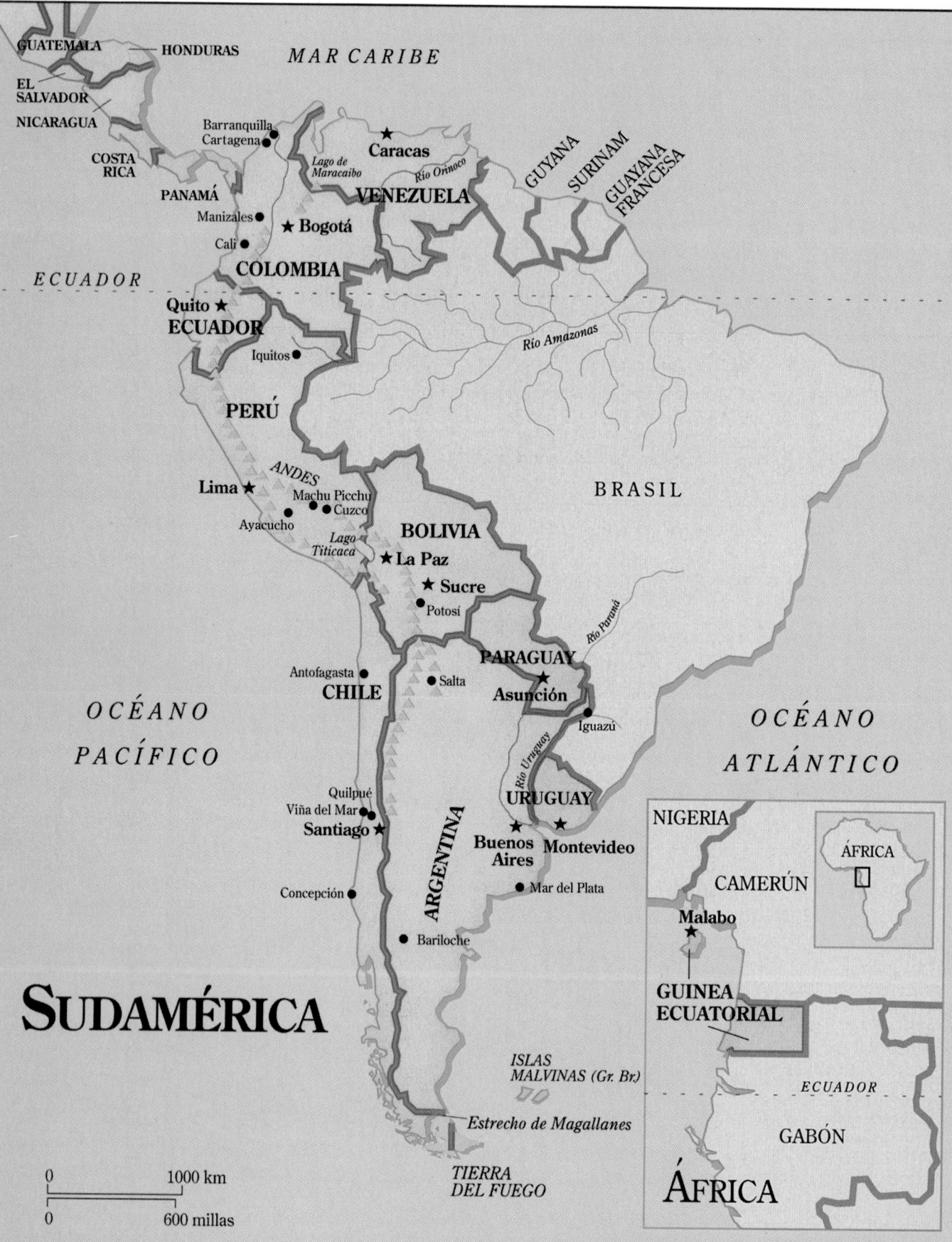

GUATEMALA — HONDURAS

MAR CARIBE

EL SALVADOR

NICARAGUA

COSTA RICA

PANAMÁ

Barranquilla
Cartagena

★ Caracas

Lago de Maracaibo

Río Orinoco

VENEZUELA

GUYANA

SURINAM

GUAYANA FRANCESA

Manizales

★ Bogotá

Cali

COLOMBIA

ECUADOR

Quito ★

ECUADOR

Iquitos

Río Amazonas

BRASIL

PERÚ

ANDES

Lima ★

Machu Picchu

Cuzco

Ayacucho

Lago Titicaca

BOLIVIA

★ La Paz

★ Sucre

Potosí

Río Paraná

Antofagasta

CHILE

Salta

PARAGUAY

Asunción ★

Iguazú

OCÉANO PACÍFICO

OCÉANO ATLÁNTICO

Río Uruguay

URUGUAY

Quilpué

Viña del Mar

Santiago ★

ARGENTINA

Buenos Aires ★

★ Montevideo

Concepción

Mar del Plata

Bariloche

SUDAMÉRICA

ISLAS MALVINAS (Gr. Br.)

Estrecho de Magallanes

TIERRA DEL FUEGO

| 0 | | 1000 km |

| 0 | | 600 millas |

NIGERIA

ÁFRICA

CAMERÚN

Malabo ★

GUINEA ECUATORIAL

ECUADOR

GABÓN

ÁFRICA

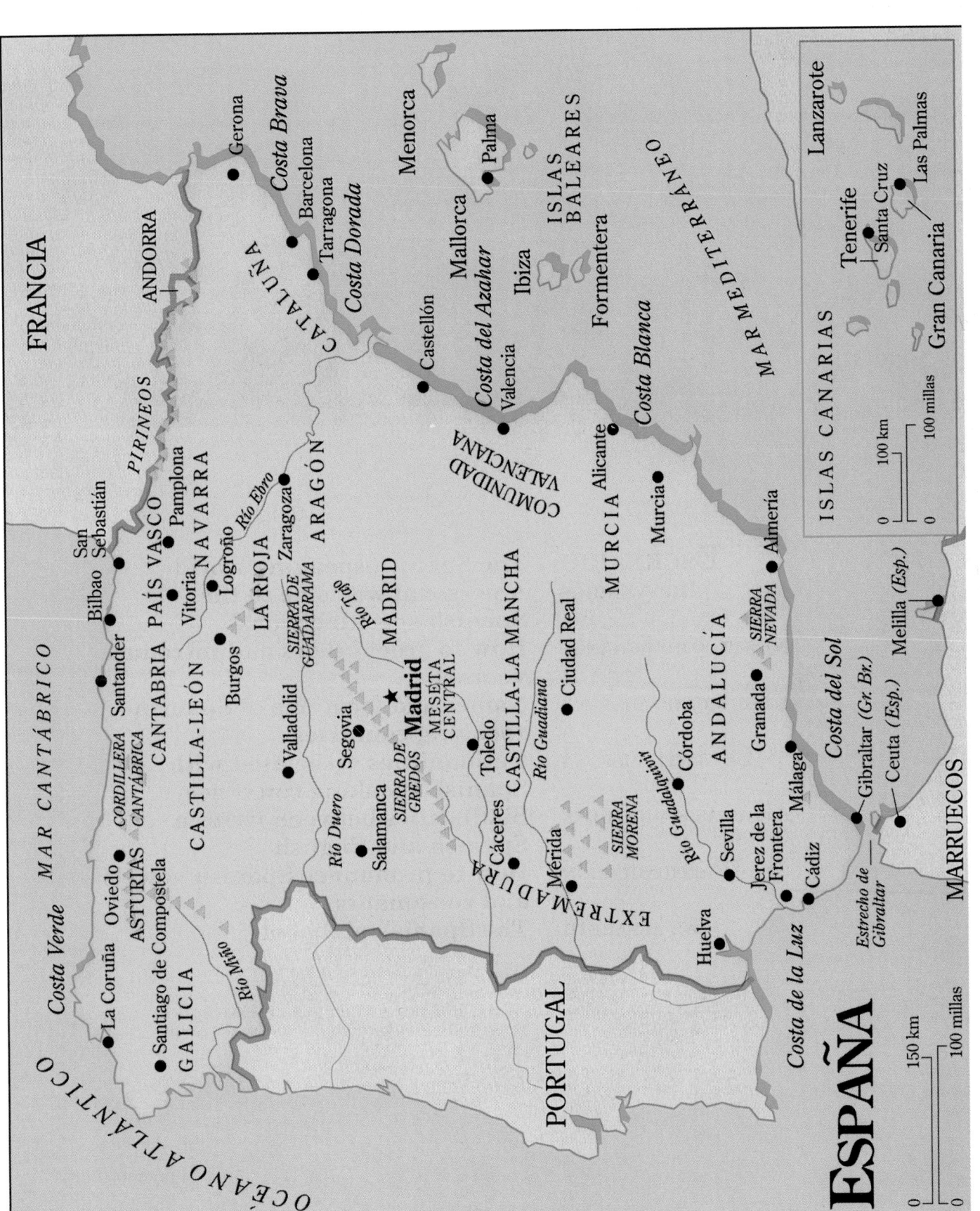

PRÓLOGO

EL MUNDO HISPANO

ESCENARIO	**The Spanish-speaking world**
BIENVENIDOS	**A personal welcome to the Spanish-speaking world**
VAMOS A COMUNICARNOS	**How to greet others and introduce yourself**
GEOGRAFÍA DEL MUNDO HISPANO	**Names and locations of Spanish-speaking countries**
LA GENTE HISPANA	**Nationalities associated with Spanish-speaking countries**
ALGUNAS SIMILITUDES	**Similarities between written Spanish and English**
PRONUNCIACIÓN	**How to pronounce Spanish vowels and consonants**
EL ALFABETO	**The Spanish alphabet**

◆ **Orientación** This opening section lists your objectives for the chapter. Consider it a chapter map. The geographic setting (*Escenario*) is provided first, followed by the topics relating to the various sections (called *Etapas* beginning with *Capítulo 1*) of each chapter. Start each chapter by reading this section and studying the opening photograph. This page will help put you in the proper mind-set for the chapter.

◆ The **Prólogo** is a brief introduction to a few basic concepts.

El planeta Tierra

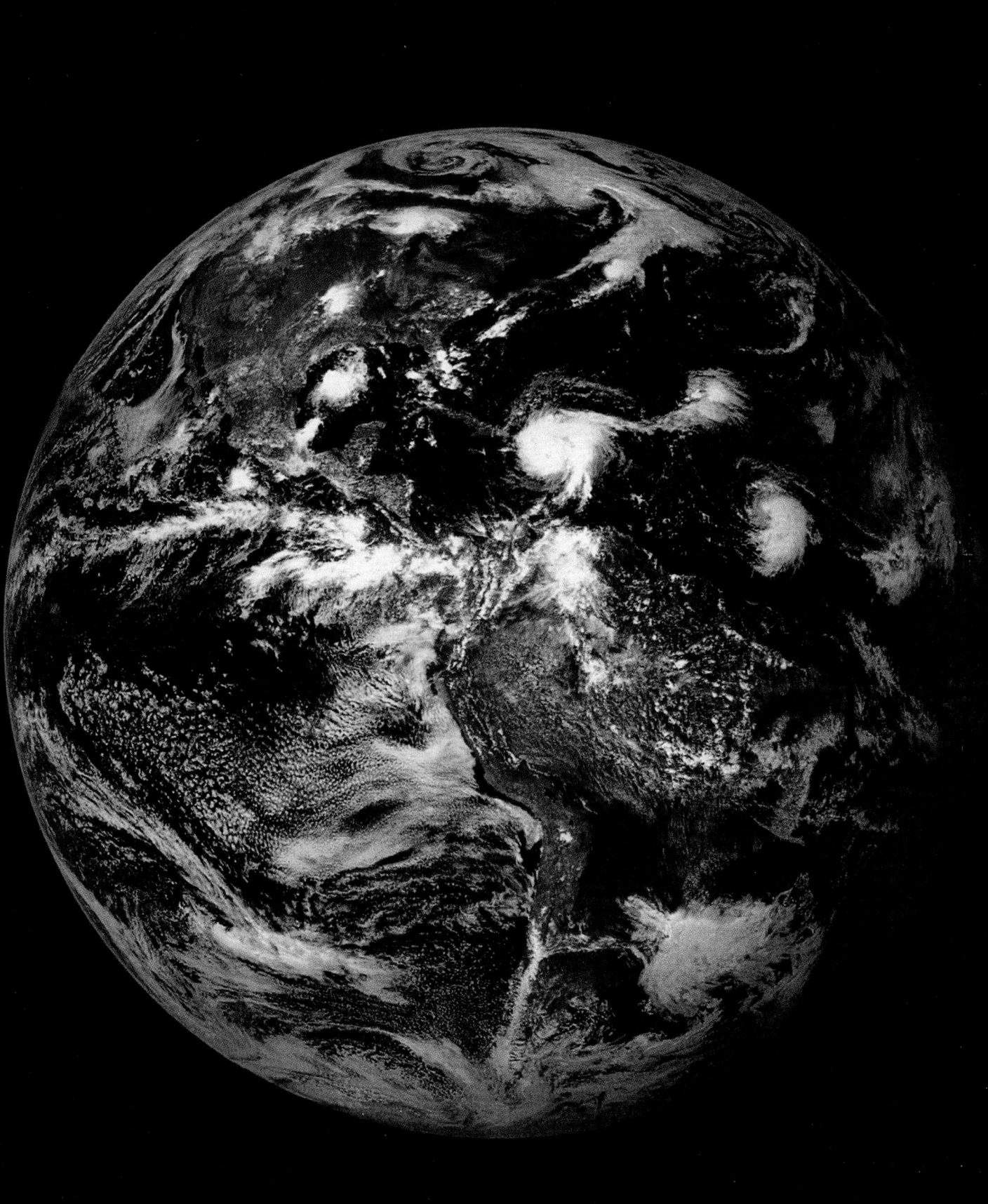

¡Hola!
Mi nombre es Nieves Colón.
Soy norteamericana,
de Miami, Florida.
Soy hispana.

BIENVENIDOS

❝Welcome to the Hispanic world. I hope that you were able to understand me. In this textbook, you will visit several areas of the Spanish-speaking world and meet the people who live there. You will learn about their daily lives, as well as some of the unique features about their countries. Most important of all, you will learn that the Spanish language is not just a collection of rules and formulas to be memorized. It is a living, useful way to communicate here in the United States, as well as in other Spanish-speaking countries. Let me explain: in my introduction, I greeted you, identified myself, and stated where I am from. In the next section, you will learn how to introduce yourself to a Spanish-speaking person.❞

VAMOS A COMUNICARNOS ◉ Textbook CD

Presentaciones. Study the drawing as you play your CD. You will hear Nieves introducing herself to Gilberto Chang, a student from Peru. Repeat the phrases several times, until you feel comfortable with the new sounds. Then practice using the CD after Nieves's introduction and introduce yourself to her. (Male students should say **norteamericano** for their nationality.)

¡Estupendo! You're off to a very good start. Using the words and phrases below, practice identifying yourself to a partner. Now introduce yourself to five of your classmates. Don't forget to shake hands!

◆ There are many people of Asian descent in South America.

GEOGRAFÍA DEL MUNDO HISPANO Textbook CD

Before we go any further, let's take a look at the various countries of **el mundo hispano**. Study the map below and notice how the names of the countries and cities are spelled in Spanish. They are not very different from the English spellings, although the pronunciation is not the same. Listen to your CD as you look over the map and find the Spanish-speaking countries as they are mentioned. Listen again and repeat the names of the countries.

ESTADOS UNIDOS
Washington, D.C.

OCÉANO ATLÁNTICO

ESPAÑA
Madrid
Ceuta Melilla

MÉXICO

CUBA
REPÚBLICA DOMINICANA
PUERTO RICO
MAR CARIBE

GUATEMALA
EL SALVADOR
HONDURAS
COSTA RICA
NICARAGUA
Caracas
VENEZUELA

PANAMÁ
COLOMBIA
Bogotá
Quito

Malabo
GUINEA ECUATORIAL

OCÉANO PACÍFICO

ECUADOR

Lima
PERÚ BOLIVIA
La Paz
Sucre

PARAGUAY
Asunción

Tegucigalpa
La Habana
México, D.F.
Santo Domingo
Ciudad de Guatemala
Managua
San Juan
San Salvador
San José
MAR CARIBE
Ciudad de Panamá
Bogotá

Santiago
Buenos Aires
URUGUAY
Montevideo
CHILE
ARGENTINA

ISLAS MALVINAS

COLOR KEY

Countries where Spanish is an official language.

Countries where Spanish is one of the languages spoken.

UNIDOS PARA LA CONSERVACIÓN
Batega cimarrón
M E X I C O   2002 $6.00

$8.50 MÉXICO conserva
selvas tropicales

COLOMBIA $2.300
RIQUEZAS NATURALES DE COLOMBIA

40
0,24 €
Centros de Automatización Postal
correos
ESPAÑA

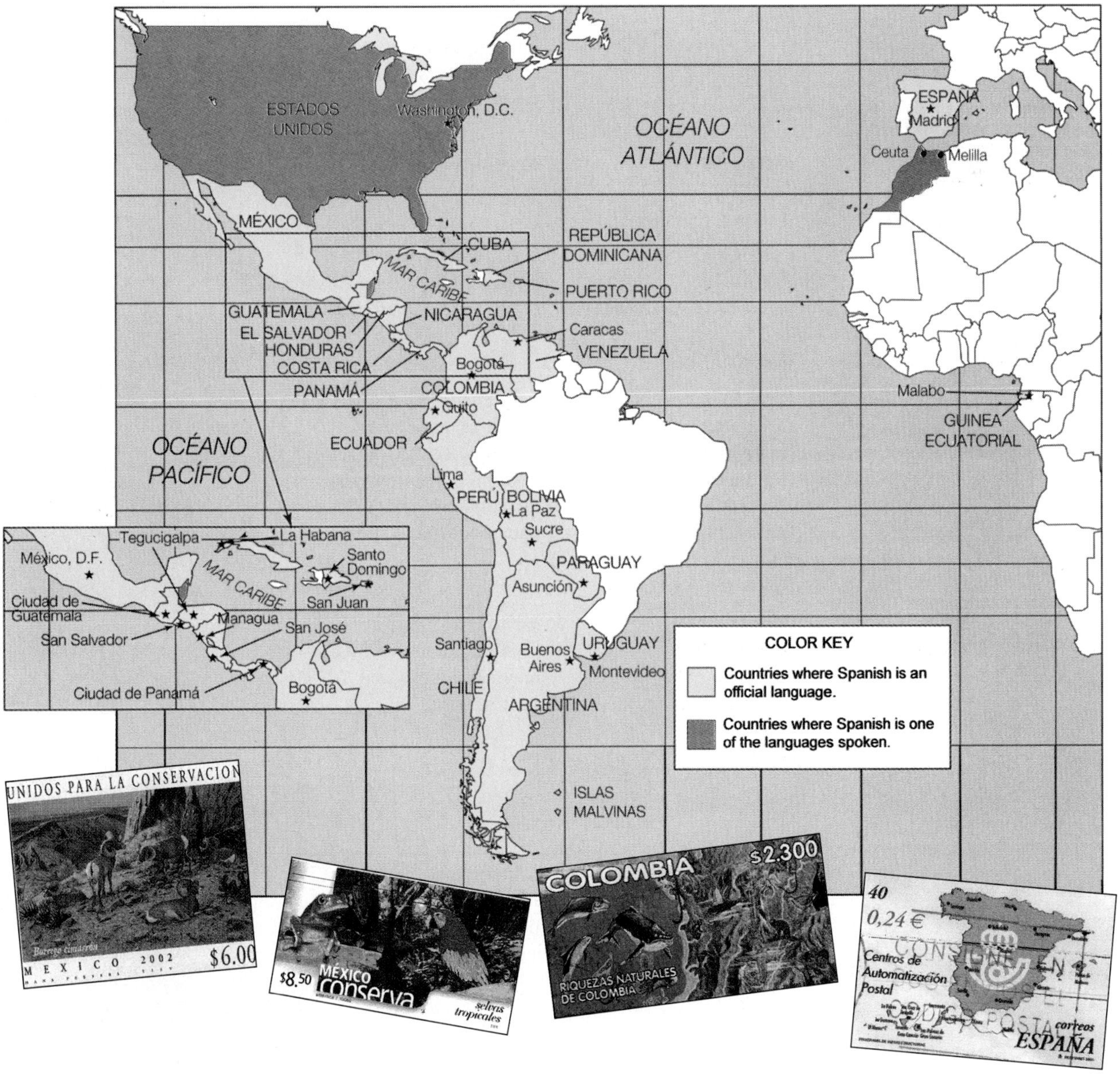

◆ **Orientación** The notes in the margins provide additional explanations of grammar, vocabulary, and culture. You should be able to recognize the language functions and lexical items in context when you encounter them, but you will not be responsible for them. The concepts are explained in more detail in the *Diario de actividades*.

◆ Notice that nationalities are not capitalized in Spanish. When asked about nationality, most citizens of the United States respond by saying "American." But the inhabitants of Canada, Central America, and South America are also **americanos**! In Spanish, the inhabitants of the United States are called **estadounidenses** or **norteamericanos**, and those who live in Central and South America are **centroamericanos** and **sudamericanos**. **Hispanos** are people whose heritage is related to a Spanish-speaking country.

Nationalities end in **-o** for a male and end in **-a** for a female: *Soy chileno./Soy chilena.* Nationalities that end in **-e** are the same for both sexes.

Of course, there are always exceptions. Here are the forms for "Spanish" (that is, someone from Spain): *Soy español./Soy española.*

When making nationalities plural, add **-s** to those singular forms that end in a vowel: *cubanos, nicaragüenses.* Add **-es** if the singular form ends in a consonant: *españoles.*

Who are the people who live in the Spanish-speaking world? Listen to your instructor pronounce the various nationalities shown below. As you listen, try to think of the name of the country associated with each nationality. At home, play your CD and pronounce the words out loud after the speaker.

Continentes, naciones y nacionalidades del mundo hispano

ÁFRICA

Ceuta	ceutí *(m./f.)*
Guinea Ecuatorial	guineano/guineana
Melilla	melillense *(m./f.)*

EUROPA

España	español/española

CARIBE

Cuba	cubano/cubana
Puerto Rico	puertorriqueño/puertorriqueña
República Dominicana	dominicano/dominicana

CENTROAMÉRICA

Costa Rica	costarricense *(m./f.)*
El Salvador	salvadoreño/salvadoreña
Guatemala	guatemalteco/guatemalteca
Honduras	hondureño/hondureña
Nicaragua	nicaragüense *(m./f.)*
Panamá	panameño/panameña

NORTEAMÉRICA

Canadá	canadiense *(m./f.)*
Estados Unidos	estadounidense *(m./f.)*
México	mexicano/mexicana

SUDAMÉRICA

Argentina	argentino/argentina
Bolivia	boliviano/boliviana
Chile	chileno/chilena
Colombia	colombiano/colombiana
Ecuador	ecuatoriano/ecuatoriana
Paraguay	paraguayo/paraguaya
Perú	peruano/peruana
Uruguay	uruguayo/uruguaya
Venezuela	venezolano/venezolana

ALGUNAS SIMILITUDES  Textbook CD

There are *many* similarities between the Spanish and English languages. These similarities really stand out in written Spanish, but with a little practice, you can soon recognize them in spoken Spanish too. Listen carefully as your instructor reads the newspaper headlines. As you listen to your instructor, find the corresponding headline in your textbook. Can you guess what the headlines mean? Listen to your CD at home and practice writing the headlines, stopping the CD when necessary.

El Festival de las Artes de Nueva York

Una amnistía general en El Salvador

Un tren rápido para Estados Unidos

Operarán las plantas ecológicas productoras de gasolina

Crisis de tenis en Argentina

Serie de TV en México sobre teatro mexicano

uto choca contra catedral durante servicio religioso

Descuentos del 50% en excursiones turísticas

Cancelado programa popular de TV española

PRONUNCIACIÓN  Textbook CD

Yes, Spanish sounds different, though Spanish has many of the same sounds as English and only a few that are really unique. Using your CD again, practice the sounds represented by the following letters of the Spanish alphabet and repeat the familiar *ejemplos*. You will be able to understand the meanings, since they are all familiar Spanish names. Each *ejemplo* is included in a sentence that helps to identify it. Can you guess the meaning of the sentences?

◆ Notice how the **u** sound sometimes disappears after the sound represented by the letter **q**. For example: *química, Quito.* The same thing often happens after the sound represented by **g**. For example: *guía, guerra.*

Los sonidos del español

SONIDOS	EJEMPLOS	IDENTIFICACIONES
a	Santa Bárbara . . .	es una ciudad de California.
e	Mesa . . .	es un suburbio de Phoenix.
i	Miami . . .	es una ciudad cosmopolita.
o	Colorado . . .	es el estado del esquí.
u	Uruguay . . .	es un país° de Sudamérica.
b, v	Boca Ratón . . .	es una ciudad de Florida.
	Malabo . . .	es la capital de Guinea Ecuatorial.
	Bolivia . . .	es un país andino.
	Viña del Mar . . .	es una ciudad de Chile.
c	Cartagena . . .	es un puerto de Colombia.
k	Kansas . . .	es un estado de Estados Unidos.
que	Querétaro . . .	es una ciudad de México.
qui	Quito . . .	es la capital de Ecuador.
ce	Cerro de Punta . . .	es una montaña de Puerto Rico.
ci	Cíbola . . .	es un bosque° nacional de Estados Unidos.
s	Santa Fe . . .	es la capital de Nuevo México.
z	Zacatecas . . .	es una ciudad de México.
d	Durango . . .	es una ciudad de Colorado y de México.
	Madrid . . .	es la capital de España.
f	San Francisco . . .	es una ciudad de California.
g	El lago Titicaca . . .	es uno de los lagos más altos del mundo.
h	Honduras . . .	es un país de Centroamérica.
j	La Jolla . . .	es una ciudad de la costa de California.
ge	Los Ángeles . . .	es la ciudad más grande de California.
gi	Gila . . .	es un río de Nuevo México.
x	México . . .	es un país de Norteamérica.
l	La Paz . . .	es la capital de Bolivia.
ll	Mesilla . . .	es la Antigua capital del Territorio de Arizona y Nuevo México.
m	Managua . . .	es la capital de Nicaragua.
n	Los Andes . . .	son las montañas más importantes de Sudamérica.

(continued)

°**país** *country* **bosque** *forest*

Los sonidos del español

SONIDOS	EJEMPLOS	IDENTIFICACIONES
ñ	España . . .	es una nación hispana.
p	Panamá . . .	es un país de Centroamérica.
r	Caracas . . .	es la capital de Venezuela.
rr	Barranquilla . . .	es una ciudad de Colombia.
t	Tegucigalpa . . .	es la capital de Honduras.
w	Washington, D.C.	es la capital de Estados Unidos.
ü	Camagüey . . .	es una ciudad de Cuba.
y	Bayamón . . .	es una ciudad de Puerto Rico.
	Monterrey . . .	es una ciudad mexicana.

EL ALFABETO ◉ Textbook CD

In the ***Pronunciación*** section, you studied the Spanish sound system. Now you will learn the names of the letters of the alphabet. Bear in mind that in Spanish, as in English, a single letter of the alphabet can represent more than one sound. For example, the letter *a* in English is pronounced differently in the words *apple, ate, alone.*

The Spanish alphabet contains the same symbols as the English alphabet plus one more, the **ñ**. Technically we cannot say that the two alphabets contain exactly the same letters because the individual letters have different names in Spanish and English. In the following chart, each letter of the alphabet is followed by the name of the letter in Spanish and by an example or examples. The letters **k** and **w** are generally used in *loanwords,* that is, words borrowed from other languages. The examples provided are either familiar words or COGNATES (words that look similar to their English equivalents). Listen to your CD and practice saying the names of the letters and pronouncing the examples. Try to guess the meanings of the examples.

El alfabeto

LETRA	NOMBRE	EJEMPLO	LETRA	NOMBRE	EJEMPLO
a	a	abril	ñ	eñe	ñu (un antílope)
b	be	barrio, globo	o	o	original
c	ce	café, centro, científico	p	pe	parque
d	de	diamante, tarde	q	cu	química
e	e	energía	r	ere	río
f	efe	famoso	s	ese	salsa
g	ge	gusto, general, gigante	t	te	té
h	hache	historia	u	u	uno
i	i	independiente	v	uve	valiente, mover
j	jota	julio	w	doble u	Washington
k	ka	kilo	x	equis	examen, México
l	ele	lobo	y	i griega	yate
m	eme	montaña	z	zeta	zona
n	ene	nacional			

◆ The **Real Academia Española** has declared that the letters **ch** (che), **ll** (elle), and **rr** (erre), once part of the Spanish alphabet, should be merged with the letters **c**, **l**, and **r**. Thus, dictionaries no longer have separate sections for words beginning with **ch-** and **ll-**.

C A P Í T U L O

1

SOMOS AMIGOS

La calle Ocho en Miami

PRIMERA ETAPA Preparación

◆ **Orientación** The *Primera etapa* of each chapter, *Preparación*, introduces the chapter theme. This theme is developed through simple readings, cultural information, key vocabulary, and practical language.

◆ **Orientación** In the *Introducción* section, you will read authentic Spanish texts. These easy-to-read pieces, called realia, highlight the chapter theme.

INTRODUCCIÓN

Miami. Miami is a large and vibrant city with a prominent Hispanic presence. Because of its large Spanish-speaking population, newsstands and bookstores in Miami offer many newspapers, magazines, and other publications written in Spanish.

Antes de leer

1.1 Índice. Think about a magazine that you read occasionally. What type of information is included in its table of contents? How is the information arranged?

■ **Ejemplo** *Sports Illustrated—Articles about famous athletes*

1.2 Sumario. Study the following titles of articles from a Spanish-language magazine. Match them up with the summaries of their contents by looking for cognates, words spelled similarly in English and Spanish.

PÁGINA	TÍTULO	RESUMEN
6	Cómo acabar con los malos hábitos	Un coleccionista apasionado nos invita a ver sus obras originales de arte.
14	El Mediterráneo, ¿mar o vertedero?	Todos tenemos malos hábitos que desearíamos sustituir por otros buenos. Aquí tienes una estrategia sencilla y eficaz.
18	¡Qué colección!	El Mediterráneo representa el 1% de la superficie marina mundial, pero es una de las zonas más contaminadas.

A leer

◆ **Orientación** The activities provide you with opportunities to practice your new language skills. Some activities are designed to be done in pairs or small groups in class; others may be done at home. It is recommended that you complete all these activities, whether your instructor assigns them or not. Notice that each activity has a title that gives a clue to the content.

1.3 El Nuevo Herald. Look over the directory of *El Nuevo Herald*, Miami's Spanish-language newspaper. As you skim the directory, try to guess the contents of the various sections. You should be able to pick out many cognates, as well as some words borrowed directly from English.

El periódico y el café de la mañana

Después de leer

1.4 Cognados y palabras prestadas. When you have finished skimming the table of contents for *El Nuevo Herald*, compare your list of cognates and borrowed words with those of another member of the class.

1.5 ¡Qué interesante! Which section of *El Nuevo Herald* looks most interesting to you? Why? With the other members of the class, vote for the most interesting section of the newspaper.

Florida

CAPITAL	Tallahassee
GEOGRAFÍA	Norteamérica; situado al sur de Alabama y Georgia
ÁREA	57.997 millas cuadradas° (139.852 kilómetros cuadrados)
POBLACIÓN	15.982.378
EXPORTACIÓN	Productos cítricos, tomates, productos forestales
MONEDA	Dólar

◆ **Orientación** There are 24 Spanish-speaking countries or regions (including the United States). The cultures they represent probably show more differences than similarities. Rather than trying to homogenize the various cultures, the *Cultura* section presents little snapshots about specific aspects of everyday Hispanic culture.

Miami. The metropolitan area of Miami has a population of over two million people and more than half of its residents are Hispanic. The city's strong Latino culture has helped Miami to establish itself as a center of banking and trade with Latin America. Since 1959, when Fidel Castro became dictator of Cuba, hundreds of thousands of Cubans have fled the short 200-mile distance to Miami. In addition to its residents of Cuban ancestry, Miami is also home to other Hispanic groups including Colombians, Venezuelans, Nicaraguans, and Puerto Ricans. Miami was officially designated a bilingual/bicultural city in 1973.

La Pequeña Habana. In the early 1970's, many Cuban exiles settled in the area southwest of Miami's 8th Street, or *Calle Ocho,* as it is called in Spanish. Since that time, the area has become the business and cultural center of the Cuban community with restaurants and specialty shops that cater to a Spanish-speaking clientele. At the intersection of *Avenida 13* and *Calle 8,* you can see the eternal flame and monument dedicated to *La Brigada 2506,* Cuban exiles who attempted to overthrow Castro in the ill-fated 1961 invasion. Other landmarks include the newly-renovated Tower Theater, the first cinema to show films in Spanish and films with Spanish subtitles. In the *Parque del Dominó* you can see Cuban-Americans pursuing one of their traditional pastimes. *Paseo de la fama* (Walk of Fame) pays tribute to Hispanic stars like Gloria Estefan, Thalía, María Conchita Alonso, and Julio Iglesias. Art lovers enjoy

---

°**milla cuadrada** *square mile*

the *Viernes culturales* (cultural Fridays), held once a month. Several blocks of *Calle 8* are transformed into an open-air art exhibit where one can dine at an outdoor café and enjoy Latin music and dance, works of art, drama, and literary readings.

1.6 Calle Ocho. The following advertisements feature businesses located on *Calle 8* in Miami. In pairs, skim the advertisements and identify the businesses.

◆ Comprehension questions for activity 1.6:
1. What kind of food is served at the *Costa Vasca* restaurant?
2. What type of entertainment is featured there? 3. Who are the dancers? 4. What kinds of books are sold at *La Moderna Poesía*? 5. What kind of music is played by *Albita* and her group? 6. At what time on Fridays and Saturdays does the dance music start at the *Centro Vasco*? 7. What kinds of establishments does *Cerrajería Caraballo* service? 8. How long have they been in business?

Modales y cortesía. When greeting Spanish-speaking friends, it is generally considered polite to supplement your words with some type of physical contact.

- **El apretón de manos.** A handshake is expected when greeting and saying good-bye to friends and acquaintances. At a party, it is considered good manners to greet everyone (hosts and guests) with a handshake and to do the same thing before leaving.
- **El besito.** When women greet each other, they may touch cheeks and kiss the air beside the friend's head. Depending on the country, they may touch both cheeks or only one. Men and women may share a *besito* only if they are relatives or close friends. Kissing on the lips is reserved for romantic encounters!
- **El abrazo.** Men may greet each other with a firm hug. Placing one arm under and one arm over the shoulders of the other person, they pat each other on the back once or twice.

◆ **Orientación** In the **Expresiones** section you will practice listening to a passage that presents key vocabulary related to the chapter theme. The passage, which is recorded, corresponds to the illustration in your textbook. Your instructor may play the CD or read the passage aloud, or both. After you hear the passage twice, you will be ready to answer the **Comprensión** questions.

 Diario de actividades

For additional practice with the vocabulary, see **Diario de actividades, Primera etapa: Vocabulario/ Expresiones**.

1.7 Saludos y despedidas. In small groups, role play the nonverbal greetings described above in combination with the appropriate verbal greetings and good-byes that you have already learned.

■ **Ejemplo**   ESTUDIANTE 1: *Me llamo Emilia. ¿Y tú?*
              ESTUDIANTE 2: *Me llamo Eduardo. Mucho gusto Emilia.*
              ESTUDIANTE 1: *Encantada, Eduardo.* (They shake hands.)

EXPRESIONES   Textbook CD    PowerPoint

1.8 En un café de la playa. In the passage you are about to hear, you will learn about three young people and their day at the beach. Listen to the description of the scene and try to understand the main ideas. After listening to the passage, complete activity 1.9.

1.9 Comprensión. Let's see if you understand the main ideas presented in the *Expresiones*. Read the following statements about the scene just described. If the statement is true, according to the narration, answer **Sí**. If it is false, answer **No**.

1. Hay tres amigos.
2. Nieves es una chica.
3. Nieves toma Coca-Cola Lite.
4. Carlos toma un refresco.
5. Nieves es voleibolista.
6. Felipe es de Florida.
7. Nieves es cubanoamericana.
8. Carlos es de Ohio.
9. Carlos es trigueño.
10. Felipe es rubio.

Características físicas	Physical characteristics		
¿Es rubio?	*Is he blond?*	Es de estatura mediana y guapo.	*He is of medium height and good looking.*
¿Es rubia?	*Is she blonde?*		
Es alto.	*He is tall.*		
Es alta.	*She is tall.*	Es de estatura mediana y guapa.	*She is of medium height and good looking.*
Es bajo.	*He is short.*		
Es baja.	*She is short.*		
Es calvo.	*He is bald.*	Es pelirrojo.	*He is a redhead.*
Es calva.	*She is bald.*	Es pelirroja.	*She is a redhead.*
Es canoso.	*He is gray-haired.*	Es rubio.	*He is blond.*
Es canosa.	*She is gray-haired.*	Es rubia.	*She is blonde.*
Es delgado.	*He is thin.*	Es trigueño.	*He is brunet.*
Es delgada.	*She is thin.*	Es trigueña.	*She is brunette.*
Es gordo/gordito.	*He is fat/plump.*	¿Son altos?	*Are they tall?*
Es gorda/gordita.	*She is fat/plump.*	¿Son gorditos?	*Are they plump?*
Es guapo.	*He is good looking.*	Son guapos.	*They are good looking.*
Es guapa.	*She is good looking.*		
Es de estatura mediana.	*He/She is of medium height.*	Son trigueñas.	*They (f.) are brunette.*

◆ *Rubio/Rubia* can also mean light-skinned. *Moreno/Morena* are used to refer to dark skin or dark hair, depending on the country. *Trigueño/Trigueña* and *castaño/castaña* also mean dark-skinned and dark-haired.

◆ In Spanish there are two forms of address: *formal* and *familiar*. The formal you *(usted)* is used with professors, employers and other people to whom you wish to show respect. The familiar you *(tú)* is used with family and friends.

Identificaciones *Identifications*

PREGUNTAS	QUESTIONS
¿Cómo te llamas?	
¿Cuál es tu nombre?	*What is your name? (familiar)*
¿Cómo se llama usted?	*What is your name? (formal)*
¿Cómo se llama él?	*What is his name?*
¿Cómo se llama ella?	*What is her name?*
¿Cómo se llaman ustedes?	*What are your names?*
¿Cómo se llaman ellos/ellas?	*What are their names?*

RESPUESTAS	ANSWERS
Mi nombre es . . .	
Me llamo . . .	*My name is . . .*
Se llama Felipe.	*His name is Felipe.*
Se llama Nieves.	*Her name is Nieves.*
Se llaman Nieves y Felipe.	*Their names are Nieves and Felipe.*
Yo me llamo Pedro y ella se llama Inés.	*My name is Pedro and her name is Inés.*

◆ Nationalities that refer to a mixed group of males and females end in **–os**. Nationalities that refer only to a group of females end in **–as**. Exceptions are nationalities that end in **–e** (*costarricense*); add **–s** to form the plural of these nationalities. Nationalities that end in a consonant (*español*), add **–es** to form the plural.

Nacionalidades y origen *Nationalities and origin*

PREGUNTAS	QUESTIONS
¿Eres argentino/argentina?	*Are you Argentine? (familiar)*
¿Es usted chileno/chilena?	*Are you Chilean? (formal)*
¿Es él/ella dominicano/dominicana?	*Is he/she Dominican?*
¿Son ustedes paraguayos?	*Are you (all) Paraguayan?*
¿Son ellos/ellas venezolanos/venezolanas?	*Are they Venezuelan?*
¿Eres de Uruguay?	*Are you from Uruguay? (familiar)*
¿Es usted de España?	*Are you from Spain? (formal)*
¿Es él/ella de México?	*Is he/she from Mexico?*
¿Son ustedes de Melilla?	*Are you (all) from Melilla?*
¿Son ellos/ellas de Panamá?	*Are they from Panama?*
¿De dónde eres?	*Where are you from? (familiar)*
¿De dónde es usted?	*Where are you from? (formal)*
¿De dónde es él/ella?	*Where is he/she from?*
¿De dónde son ustedes?	*Where are you (all) from?*
¿De dónde son ellos/ellas?	*Where are they from?*

RESPUESTAS	ANSWERS
Soy norteamericano/norteamericana.	*I am North American.*
Él es cubanoamericano.	*He is Cuban-American.*
Eres salvadoreño/salvadoreña.	*You are Salvadoran. (familiar)*
Usted es puertorriqueño/puertorriqueña.	*You are Puerto Rican. (formal)*
Ella es cubanoamericana.	*She is Cuban-American.*
Somos guatemaltecos.	*We are Guatemalan.*
Ustedes son mexicanos.	*You (all) are Mexican.*

(continued)

Nacionalidades y origen *Nationalities and origin*

Ellos son hondureños. Ellas son hondureñas.	*They are Honduran.*
Soy de Estados Unidos.	*I am from the United States.*
Él/Ella es de Ohio.	*He/She is from Ohio.*
Somos de Albuquerque.	*We are from Albuquerque.*
Ustedes son de Nueva York.	*You (all) are from New York.*
Ellos/Ellas son de Panamá.	*They are from Panama.*

Personas *Persons*

actor *(m.)* actriz *(f.)*	*actor*	estudiante *(m./f.)*	*student*
amigo	*friend (male)*	futbolista *(m./f.)*	*football (soccer) player*
amiga	*friend (female)*	músico *(m./f.)*	*musician*
artista *(m./f.)*	*artist*	novelista *(m./f.)*	*novelist*
atleta *(m./f.)*	*athlete*	profesor	*professor (male)*
cantante *(m./f.)*	*singer*	profesora	*professor (female)*
chico	*young man*	voleibolista *(m./f.)*	*volleyball player*
chica	*young woman*		

Artículos de playa *Beach gear*

balón *(m.)*	*(volley)ball*	sandalias *(f. pl.)*	*sandals*
bolsa	*beach bag*	sombrilla	*beach umbrella*
cerveza	*beer*	té *(m.)* (helado)	*(iced) tea with*
gafas de sol *(f. pl.)*	*sunglasses*	con limón	*lemon*
radio-cassette *(m.)*	*radio-cassette player*	toalla	*towel*
refresco	*soft drink*	traje de baño *(m.)*	*bathing suit*

◆ *El radio-cassette* refers to the appliance. *La radio* (shortened from radiodifusora) indicates the music and other programming to which people listen.

◆ **Vocabulario adicional:**

anteojos, lentes	*sunglasses*
bañador	*bathing suit*
bebida	*soft drink*
bolso	*bag*

◆ Note that the plural form of *balón* has no accent: *balones.* Remember that the plural of *traje de baño* is *trajes de baño.*

1.10 Descripciones físicas. Use the drawing of the café scene on page 17 as a guide to write a brief description of Nieves, Felipe, and Carlos.

■ **Ejemplo** *Nieves es rubia y delgada . . .*

1.11 ¿Cómo es? Working with a partner, take turns describing the following people. Make your descriptions as complete as possible.

■ **Ejemplo** tu° amigo
         Román es bajo y delgado . . .
         una actriz norteamericana
         Cameron Díaz es alta y rubia.

1. tu amigo
2. tu profesor
3. tu amiga
4. tu profesora
5. un actor norteamericano
6. una novelista de Estados Unidos
7. un estudiante de la clase
8. una cantante famosa

°**tu** *your*

1.12 Una fiesta. In small groups, describe the people at the party shown below. Each person should describe at least one person. Try to make the description as long as possible without repeating.

■ **Ejemplo** *Gabriel es alto y rubio. Es de Nebraska y es voleibolista.*

1.13 Estudiantes. Think of one of your classmates. Be prepared to describe him or her when called upon. The other members of the class will try to guess who it is. The person who guesses correctly gives the next description.

■ **Ejemplo** Estudiante 1: *Es baja y rubia. Es de San Antonio.*
Estudiante 2: *Es Cristina.*

1.14 Presentaciones. In pairs, practice greeting each other and introducing yourselves. Also say where you are from. Practice the phrases until you are comfortable saying them without looking in your book.

■ **Ejemplo** Estudiante 1: *Me llamo Cristina. Soy de Santa Fe, Nuevo México.*
Estudiante 2: *Me llamo Esteban. Soy de Nueva York. Mucho gusto, Cristina.*
Estudiante 1: *Encantada, Esteban.*

Marc Anthony

1.15 ¿Es voleibolista? In pairs, use the words from the *Personas* chart on page 19 to create five sentences describing a person you know.

■ **Ejemplo** profesora
Sandra Nesbitt es profesora.

1.16 Nacionalidades. Do you know the occupations and nationalities of these famous people? In pairs, use the list of nationalities in the *Prólogo* (page 6) to create complete sentences in Spanish about each person.

■ **Ejemplo** Marc Anthony, cantante popular (Puerto Rico)
Marc Anthony es un cantante popular puertorriqueño.

1. Andy García, actor (Cuba)
2. Isabel Allende, novelista (Chile)
3. Sammy Sosa, beisbolista (República Dominicana)
4. Ellen Ochoa, astronauta (Estados Unidos)
5. Shakira, cantante (Colombia)
6. Jessica Alba, actriz (Estados Unidos)
7. Rubén Blades, músico (Panamá)
8. Pedro Almodóvar, cineasta (España)
9. Luis Hernández, futbolista (México)
10. George López, cómico (Estados Unidos)

ASÍ ES

Cómo contar del cero al cien

In this section, you will learn how to count from 0 to 100 and how to give and request phone numbers.

Números del 0 al 100	Numbers from 0 to 100		
0 cero	3 tres	6 seis	9 nueve
1 uno	4 cuatro	7 siete	10 diez
2 dos	5 cinco	8 ocho	
11 once	14 catorce	17 diecisiete	20 veinte
12 doce	15 quince	18 dieciocho	
13 trece	16 dieciséis	19 diecinueve	
21 veintiuno	24 veinticuatro	27 veintisiete	30 treinta
22 veintidós	25 veinticinco	28 veintiocho	
23 veintitrés	26 veintiséis	29 veintinueve	
31 treinta y uno	32 treinta y dos	33 treinta y tres	
40 cuarenta	70 setenta	100 cien	
50 cincuenta	80 ochenta	120 ciento veinte	
60 sesenta	90 noventa		

1.17 ¿Cuál es° el número de Jacobo García? Because there are over 1.000.000 Hispanic residents in the Miami area, BellSouth publishes a supplementary telephone book in Spanish—*La Guía para la Comunidad de Habla Hispana*—for residents and businesses. Study the excerpt from the telephone book. In pairs, take turns requesting and giving phone numbers according to the example.

■ **Ejemplo** ESTUDIANTE 1: *¿Cuál es el número de Jacobo García?*
ESTUDIANTE 2: *Es el tres-setenta y nueve-cincuenta y nueve-cuarenta y nueve.*

```
García Bernardo ofc 1400 SW North River Drive .... 448-8811
García Dagoberto J immigratn consltnt
   3501 SW 8th St .......................... 823-3000
García y Gorriz PA 1490 W 49th Pl Hlh ............ 324-0233
García Jacobo 1295 NW 14th St ................... 379-5949
GARCIA JULIO J MD 7549 Biscayne Tower .......... 374-3700
García José CPA 21 SE 1st St .................... 649-8489
García Juan M 3661 S Miami Av .................. 642-2355
García-Linares Mariano 55 N East St ............. 372-8641
García Luis 3950 NW 9th St ..................... 541-7046
García Manuel 1952 NE LeJeune Rd ............... 379-5959
GARCIA MARIO A atty 200 SE 1st St .............. 377-7713
García-Morera Enrique J 1728 NE 14th St ......... 823-2400
GARCIA-PEDROSA JOSE MD Brickell Av ........... 362-0260
```

Las Verdaderas Páginas Amarillas

Southern Bell
Yellow Pages
(Páginas Amarillas)

Una publicación de la BellSouth
Advertising & Publishing Corporation

◆ Diario de actividades
For additional practice with the structures, see **Diario de actividades, Primera etapa: Vocabulario/Así es**.

◆ **Orientación** The **Así es** section presents practical "how –to" vocabulary. For example, you will learn how to tell time, how to ask questions, how to bargain . . . and in this chapter, how to count (**Cómo contar . . .** means *How to count . . .*) In every chapter, a set of activities offers practice with the new expressions.

◆ Numbers from 16 to 29 may also be written as three words: *diez y seis, veinte y seis. Cien* is used before a plural noun, as in *cien estudiantes. Ciento* is used before another number as in *ciento cuarenta y tres.*

◆ *Veintiuno* becomes *veintiún* before a masculine plural noun and *veintiuna* before a feminine plural noun. These concepts will be studied later in this chapter.

◆ Notice that when reading phone numbers, the first number is given as a single digit and the remaining numbers are read in pairs. (This applies to countries where the phone numbers are seven digits long.)

°¿Cuál es . . . ? *What is?*

CLASIFICADOS

El periódico de habla hispana de mayor circulación en el suelo continental de Estados Unidos: 159,000 lectores diariamente.

COMPUTADORA PERSONAL IBM A COLOR Compatible, bajo garantía, perdí trabajo, urge venta, $1600. 589-0956.

CURSO DE INGLÉS, 16 cassettes y 8 libros $100. Para venta rápida. 882-6878.

22' CATALINA, velero con motor de 10hp, trailer aluminio, buena condición, $15,000. 267-1217.

ESTÉREO c/radio y cassette $150, TV Zenith $300. 882-3542 desde 1p.

DUPLEX, 3 dorms, 1 baño, garaje en Pequeña Habana, $99,000. 448-3180.

PIANO Wurlitzer con sistema dehumedificado $1000, excelente condición. 398-6990.

SISTEMA DE TV POR SATÉLITE con descramble y plato de 18" como nuevo $1500. Llamar al 432-3040.

SOFÁ SECCIONAL NUEVO 2 mesas de cristal, todo $800. Llame 756-1331.

SORTIJA DE DIAMANTE 14K, Color oro, 91 Quilates, 24 Bagets. Valorizado en $8000. Vendo por $3500 oferta. 651-2400, ext 2131.

SE VENDEN PERRITOS Lhasa-Apso de 6 sem. Buen precio. 541-8302.

'96 LEBARON TURBO todos extras, negro, $3,800. 885-9972.

APARTAMENTO nuevo, A/C, $570 todo incluido. 264-3077.

1.18 ¿A quién llamo? These classified advertisements appeared in Miami's *El Nuevo Herald*, the Spanish newspaper with the largest circulation in the continental United States. Study the advertisements and then, working in pairs, take turns dictating the telephone numbers for the items or services. Your partner will say the title of the advertisement that corresponds to the number.

■ **Ejemplo** 5-89-09-56
ESTUDIANTE 1: *el cinco-ochenta y nueve-cero nueve-cincuenta y seis*
ESTUDIANTE 2: *Computadora personal IBM a color*

1.19 ¿Cuál es tu número de teléfono? In small groups, ask each other's telephone number and e-mail address. Write down the information and verify it with your classmate.

◆ *Arroba* is the Spanish word for the @ symbol used in e-mail addresses. *Punto* is used for dot.

◆ In most Spanish-speaking countries, temperatures are given in degrees Celsius. For example: 76°F = 24.4°C.

■ **Ejemplo** ESTUDIANTE 1: *Kathy, ¿cuál es tu número de teléfono?*
ESTUDIANTE 2: *Es el 9—58—90—65* (Estudiante 1 writes number down.)
ESTUDIANTE 1: *¿Y tu dirección electrónica?*
ESTUDIANTE 2: *Es k—a—t—h—y—arroba—n—e—t—punto—o—r—g* (Estudiante 1 writes down e-mail address.)

1.20 Las temperaturas. In many newspapers, the weather section gives temperatures for major cities over a three-day period (yesterday, today, tomorrow). In pairs, take turns saying the temperatures for the following cities.

■ **Ejemplo** ESTUDIANTE 1: *Albuquerque, ayer.°*
ESTUDIANTE 2: *Temperatura mínima:° 58 grados.°*
Temperatura máxima:° 85 grados.

Ciudad	Ayer	Hoy°	Mañana°
Albuquerque	85/58	80/55	83/52
Los Ángeles	79/53	74/58	79/53
San Diego	67/58	68/60	70/61
Tampa	82/54	88/65	88/69
Tucson	99/59	97/66	92/62

°**ayer** *yesterday* **temperatura mínima** *minimum temperature* **temperatura máxima** *maximum temperature* **grado** *degree* **hoy** *today* **mañana** *tomorrow*

PRIMERA FUNCIÓN

Identifying people, places, objects, and events using nouns

▲ Nouns are used to identify persons, places, things, events, and ideas. In English most nouns (like *sandals, beach, soft drink*) are NEUTER. Nouns referring to people, however, may express, GENDER, such as the words *woman, girl, matron* (FEMININE gender) and *man, boy, guy* (MASCULINE gender). Some animal names also reflect gender in English, such as *bull* and *cow*. In Spanish, *all* nouns are either masculine or feminine in gender, even things, ideas, and places. In Spanish, unlike English, gender *does not* refer to sex. It is a grammatical concept that is reflected by the ending of the noun and echoed by the article (**el, la, los, las**) and descriptors that accompany it. For example, the word **bolsa** *(bag)* ends in **–a** and is a feminine noun. The following chart shows some of the more common endings and their respective gender, as well as the definite article that accompanies each noun. Study the chart and refer to it as you complete the activities. Remember that although there are some exceptions, most nouns follow these patterns.

Género de sustantivos *Gender of nouns*			
	VOWELS		**CONSONANTS**
MASCULINE	-o	el refresco	-l **el gol**
	-e	el restaurante	-n **el limón**
	-ma	el proble**ma**	-r **el par**
FEMININE	-a	la playa	-ión **la estación, la extensión**
	-e	la superficie	-dad **la universidad**
			-tad **la libertad**

▲ Singular nouns refer to one person, place, thing, event, or idea. PLURAL nouns refer to more than one. In Spanish, nouns that end in an unaccented vowel (**a, e, i, o, u**) or in accented **e** (**é**) add **–s** to make the plural form. Nouns that end in a consonant (any other letter of the alphabet) or in an accented vowel *except* **é** (**á, í, ó, ú**) form their plurals by adding **–es**. The article accompanying the noun must also change to a plural form (**el → los, la → las**).

Of course, there are some exceptions that you will need to memorize. A few nouns ending in an accented vowel take the **–s** plural ending, such as **mamás, papás, sofás, menús**. You should also remember that nouns have an accent in the final syllable (not the final letter of the word) lose the accent in the plural form: **nación → naciones, inglés → ingleses**. Nouns that end in **–s** in an unaccented syllable have the same form in the singular and plural; only the article changes (**la crisis → las crisis**).

The chart on the next page shows how to form plural nouns. Study the chart and refer to it as you complete the activities.

◆ **Orientación** In the *Segunda etapa* of each chapter, **Funciones**, you will learn three language functions in contexts that relate them to the chapter theme. To practice the new language, three or more activities are provided for each **Función**.

📖 Diario de actividades

For additional practice with identifying people, objects, and events using nouns, see the *Diario de actividades, Segunda etapa: Primera función*.

◆ Many nouns ending in **–ma** are masculine, like *el problema*. Such words have their origin in the Greek language and often refer to intellectual, medical, or technical concepts. Other common **–ma** nouns, like *la crema* are feminine. When in doubt, check your Spanish dictionary for the gender.

◆ **Género de sustantivos** Nouns that end in **–e** are sometimes masculine and sometimes feminine. When in doubt, check your Spanish dictionary for the gender.

Sustantivos plurales		Formation of the plural nouns
	[a, e, i, o, u, é] +	**[consonant, y, á, í, ó, ú] + es**
MASCULINE	el amigo → **los** amig**os**	el hotel → **los** hotel**es**
	el café → **los** caf**és**	el rubí → **los** rub**íes**
FEMININE	la bolsa → **las** bols**as**	la universidad → **las** universidad**es**

▲ There is another important concept related to nouns, gender, and plurals: articles. An article is a word that is used before a noun to indicate whether the noun refers to a particular (DEFINITE) or unspecified (INDEFINITE) person, place, thing, event, or idea. In English, *the* is a definite article and *a, an*, and *some*, are indefinite articles. In Spanish, the article must *agree* (be the same) in NUMBER (singular or plural) and GENDER (masculine or feminine) with its corresponding noun. In other words, if the noun is feminine plural, then the article must be feminine plural also. The following chart shows the four definite articles and the four indefinite articles in Spanish.

Artículos *Articles*			
Artículos definidos *Definite articles*			
	SINGULAR		PLURAL
MASCULINE	**el** refresco	*the soft drink*	**los** refrescos — *the soft drinks*
FEMININE	**la** bolsa	*the bag*	**las** bolsas — *the bags*
Artículos indefinidos *Indefinite articles*			
	SINGULAR		PLURAL
MASCULINE	**un** refresco	*a (one) soft drink*	**unos** refrescos — *some soft drinks*
FEMININE	**una** bolsa	*a (one) bag*	**unas** bolsas — *some bags*

1.21 A la playa. These are the items that Nieves and Felipe packed for their day at the beach. First, make an inventory of their beach gear. Then, write a list that includes the indefinite article for each item.

■ **Ejemplo** *unas toallas*

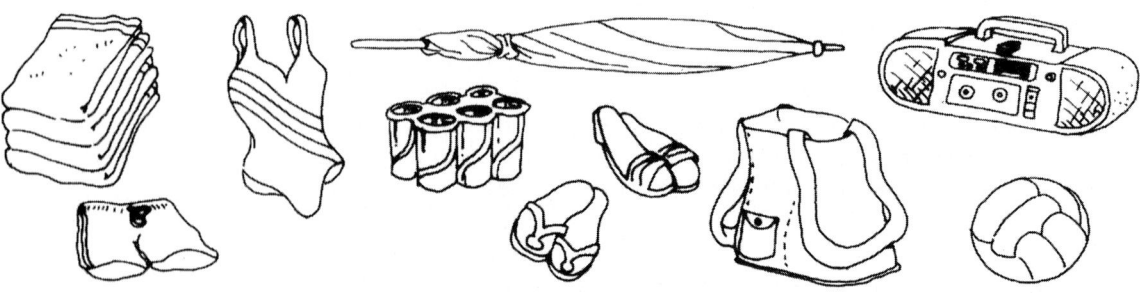

1.22 ¿Qué hay? In pairs, take turns exchanging information about things in your rooms. Use the following list as a guide. Many of the words are cognates. Can you guess what are they?

◆ The English equivalents of **hay** are *there is/there are.*

■ **Ejemplo**   radio–cassette
ESTUDIANTE 1: *Hay un radio-cassette en mi cuarto.*
ESTUDIANTE 2: *Hay un radio-cassette en mi cuarto también.°*

1. aspirinas
2. bicicleta
3. bolsa
4. cámara

5. diccionario
6. discos compactos
7. fotografía
8. litro de Coca-Cola

9. novela
10. pizza
11. sistema de música
12. suéter

13. teléfono
14. televisor
15. toallas
16. vídeos

1.23 Guía para estar al día. The following excerpt is from a fashion magazine. In pairs, mention the things that are **en onda** *(in)* and the things that are **fuera de onda** *(out),* and indicate the appropriate *definite* article for each item.

■ **Ejemplo**   los tankinis   los bikinis
ESTUDIANTE 1: *Los tankinis están° en onda.*
ESTUDIANTE 2: *Sí, pero° los bikinis están fuera de onda.*

Guía para estar al día

En onda	Fuera de onda
música melódica	música violenta
DVD	videocassettes
bicicletas	motocicletas
reciclaje	contaminación
discos compactos	cassetes
autos ecológicos	autos todoterreno
televisión por satélite	televisión por cable
agua mineral	refrescos
pelirrojos	rubios
optimismo	pesimismo
salsa	catsup

°**también** *also*   **está** *it is*   **están** *they are*   **pero** *but*

1.24 Un día en Orlando. While on vacation, Carlos and his family went to the Wet 'n Wild fun park in Orlando. In pairs, study the following excerpt from their travel brochure and indicate whether the underlined words are masculine or feminine. Try to guess their meaning.

¡Más Grande... Mejor... Más Bravío... Más Mojado!

Wet 'n Wild. Tomen parte en nuestra <u>celebración</u> del décimo <u>aniversario</u> conmemorando diez años de <u>entretenimiento</u> suministrado para la <u>familia</u>.

Deslícese desde 300 pies en el <u>Kamikaze</u>. Desde 6 pisos de <u>altura</u>, bajará a gran <u>velocidad</u> por el <u>tobogán</u> acuático, sintiendo la mayor <u>emoción</u> de su vida.

Traiga su <u>almuerzo</u> para un <u>picnic</u> o elija entre la gran <u>variedad</u> de comidas que le ofrecemos en el <u>parque</u>.

♦ Comprehension questions for activity 1.24:
1. What celebration is being announced? 2. What is the name of the water slide?
3. How tall is the slide?
4. What is one option for lunch?

Diario de actividades
For additional practice with descriptions using *ser*, see the ***Diario de actividades, Segunda etapa: Segunda función***.

SEGUNDA FUNCIÓN
Describing personal characteristics, nationality, and occupations using **ser**

▲ The verb **ser** (*to be*) is used in describing personal characteristics, nationality, and occupation. **Ser** is the INFINITIVE, or the basic "dictionary" form of the verb. Like most Spanish verbs, **ser** has six forms in the present tense. Together the six forms comprise the CONJUGATION of **ser** in the present tense. For every Spanish verb there are two singular and two plural forms that correspond to the word *you*. These forms, called *familiar* and *formal*, have specific uses. For the verb **ser**, the singular familiar form is **eres**, used with family and friends; the formal form is **es**, used with professors, employers, and other people to whom you wish to show respect. **Sois** is the familiar plural form, used primarily in Spain. Although it is understood in all other Spanish-speaking countries, this form is rarely used elsewhere. In the United States and Latin America, most people use **son** both for friends and family *and* to show respect.

▲ The SUBJECT PRONOUNS that correspond to each verb form are given in parentheses to indicate that they are optional. In English, it is necessary to use subject pronouns with conjugated verbs (*I am a student*). Unlike English, it is not necessary to precede a conjugated verb with a subject pronoun in Spanish, since the ending of the verb indicates its subject, number, and tense. Subject pronouns are generally used in Spanish only when there is danger of confusion (as in the case of the various meanings of **es** and **son**) or in order to place emphasis on the subject. In English, emphasis is usually conveyed by raising the voice to stress the important word. Notice that the subject pronouns for *we* (**nosotros/nosotras**) and the familiar *you (all)* (**vosotros/vosotras**) have masculine and feminine forms. When the speaker wants to refer to a group of males and females, the masculine subject is used: **Nosotros somos estudiantes**. Study the chart and examples below before completing the activities.

			Ser *To be*			
	SINGULAR			PLURAL		
(yo)	**soy**	*I am*	(nosotros/ nosotras)	}	**somos**	*we are*
(tú)	**eres**	*you are*	(vosotros/ vosotras)	}	**sois**	*you (all) are*
(usted/él/ella)	**es**	} *you are, he/she is, it is*	(ustedes/ ellos/ellas)	}	**son**	*you (all) are they are*

◆ In English, when we refer to a married couple or to a family, we say *the Smiths*. In Spanish, the masculine plural article *los* is used before the last name, which does not change: *los Varela* or *los Pérez*.

Yo soy Eduardo Muñoz.
Soy puertorriqueño.
Soy de San Juan.
Soy estudiante.
Soy independiente.

Ella es María Peña.
Es colombiana.
Es de Cali.
Es artista.
Es inteligente.

Nosotros somos los Pérez.
Somos norteamericanos.
Somos de Boca Ratón.
Somos profesores.
Somos liberales.

1.25 ¿Cómo eres? In small groups, take turns describing yourselves, based on the examples above. After everyone has spoken, try to recall what each person said.

■ **Ejemplo** *Jessica es de Miami. Es independiente.*

1.26 Presentaciones. In pairs, introduce yourselves to each other, tell where you are from, and give one additional piece of information about yourselves. Then, take turns introducing each other to your classmates.

■ **Ejemplo** ESTUDIANTE 1: *Soy Jason Baker. Soy de Colorado. Soy artista.*
ESTUDIANTE 2: *Se llama Jason Baker. Es de Colorado. Es artista.*

1.27 ¿Quién es? Describe a well-known personality to your classmates, using the examples on pages 18–19 as a guide. Your classmates will try to guess the identity of the person.

■ **Ejemplo** ESTUDIANTE 1: *Ella es cubanoamericana. Es de Miami. Es cantante.*

ESTUDIANTE 2: *Es Gloria Estefan.*

1.28 Restaurantes de Miami. These restaurants were advertised in *Miami* magazine. In small groups, take turns describing the restaurants to each other. Then, vote on the restaurant in which you would most like to eat.

■ **Ejemplo** Señor Frogg's

ESTUDIANTE 1: *En Señor Frogg's la comida es típica. Los precios son moderados.*

Para votar: *¿Quiénes° prefieren Señor Frogg's?*

Gloria Estefan

◆ Comprehension questions for activity 1.28:
1. What is *Yuca* like?
2. What type of cuisine is served in *Yuca*? 3. What is the atmosphere of *Yuca* like?
4. What national cuisine is served in *Los Ranchos*?
5. What is the service like in *Los Ranchos*? 6. What kind of show is performed nightly in *Cervantes*? 7. How are the prices in *Madrid*? 8. What kind of food is served in *Señor Frogg's*? 9. What kind of music do they have in *Señor Frogg's*?

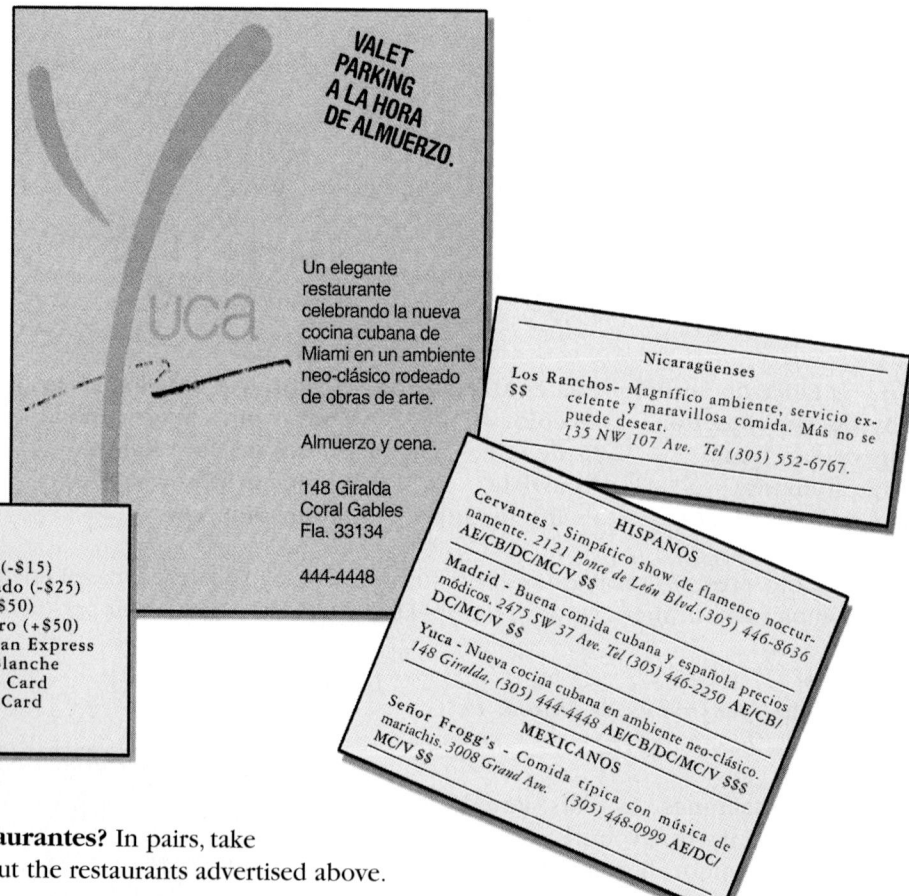

VALET PARKING A LA HORA DE ALMUERZO.

yuca

Un elegante restaurante celebrando la nueva cocina cubana de Miami en un ambiente neo-clásico rodeado de obras de arte.

Almuerzo y cena.

148 Giralda
Coral Gables
Fla. 33134

444-4448

Nicaragüenses

Los Ranchos- Magnífico ambiente, servicio excelente y maravillosa comida. Más no se puede desear. $$ 135 NW 107 Ave. Tel (305) 552-6767.

HISPANOS

Cervantes - Simpático show de flamenco nocturnamente. 2121 Ponce de León Blvd.(305) 446-8636 AE/CB/DC/MC/V $$

Madrid - Buena comida cubana y española precios módicos. 2475 SW 37 Ave. Tel (305) 446-2250 DC/MC/V $$

Yuca - Nueva cocina cubana en ambiente neo-clásico. 148 Giralda, (305) 444-4448 AE/CB/

MEXICANOS

Señor Frogg's - Comida típica con música de mariachis. 3008 Grand Ave. (305) 448-0999 AE/DC/ MC/V $$

SÍMBOLOS	
$	Barato (-$15)
$$	Moderado (-$25)
$$$	Caro (-$50)
$$$$	Muy caro (+$50)
AE	American Express
CB	Carte Blanche
DC	Diner's Card
MC	Master Card
V	Visa

1.29 ¿Cómo son los restaurantes? In pairs, take turns providing details about the restaurants advertised above.

■ **Ejemplo** Señor Frogg's

ESTUDIANTE 1: *Señor Frogg's es un restaurante mexicano.*

ESTUDIANTE 2: *Hay música de mariachis en Señor Frogg's.*

°**quiénes** *who*

1.30 Mi restaurante favorito. In small groups, take turns describing your favorite restaurants. Use vocabulary from the advertisements in *Miami* magazine.

■ **Ejemplo** *Bravo es un restaurante mexicano. La comida es buena. Los precios son bajos.*

Negation

▲ A reverse way of describing people, places, things, events, and ideas is to say what they are *not* like. For example: Nieves is not from Ohio; she is from Florida. It is quite simple to express NEGATION in Spanish. You need only to say (or write) **no** before the verb. If you are answering a question negatively, **no** is usually said twice. Study the following examples.

Nieves **no** es voleibolista.	*Nieves is **not** a volleyball player.*
¿**No** eres de Panamá? *(familiar)*	*Aren't you from Panama?*
¿**No** es usted de Panamá? *(formal)*	
No, **no** soy de Panamá.	*No, I am **not** from Panama.*

1.31 Al contrario. Someone has really become confused about these famous people. In pairs, take turns refuting each of the statements below. Then, correct the statement using the information in parentheses.

■ **Ejemplo** Oscar de la Hoya es beisbolista. (boxeador)
No, Oscar de la Hoya no es beisbolista. Es boxeador.

1. Cameron Díaz es pintora. (actriz)
2. George López es profesor. (cómico)
3. Carlos Santana es novelista. (músico)
4. Shakira es dentista. (cantante)
5. Andy García es artista. (actor)
6. Ellen Ochoa es voleibolista. (astronauta)

1.32 Información personal. In pairs, take turns asking each other for the following information. Answer with complete sentences in Spanish.

■ **Ejemplo** beisbolista
ESTUDIANTE 1: *¿Eres beisbolista?*
ESTUDIANTE 2: *No, no soy beisbolista.*

1. profesor/profesora
2. voleibolista
3. artista
4. de Chile
5. estudiante
6. pelirrojo/pelirroja
7. norteamericano/norteamericana
8. supersticioso/supersticiosa
9. doctor/doctora
10. secretario/secretaria
11. famoso/famosa

Sí, soy pelirroja.

1.33 Nuestros amigos. In small groups, take turns describing your friends in terms of what they are NOT like. Make at least three statements each.

■ Ejemplo *Mi amigo Pablo no es cantante.*

1.34 El calendario de Miami. Study the following list of special events. Then, in pairs, check the list against the October calendar for Miami and indicate whether the special events are scheduled on the calendar for those same dates.

■ Ejemplo ESTUDIANTE 1: *El Festival de la Canción es el 10 de octubre.*
ESTUDIANTE 2: *No, el Festival de la Canción no es el 10 de octubre. Es el 5.*

1. El festival folklórico Hispano es el 18 de octubre.
2. El festival de las Américas en la Semana de la Hispanidad es el 20 de octubre.
3. La regata de Cristóbal Colón y el Festival de Baynanza son el 14 de octubre.
4. La famosa Autumnfest es el 3 de octubre.
5. La exhibición anual de arte de Hialeah es el 30 de octubre.
6. La exhibición de diamantes y joyas preciosas es el 5 de octubre.
7. El SeaEscape es el 25 de octubre.
8. El Festival Internacional de las Américas es el 15 de octubre.

♦ **Vocabulario esencial for activity 1.34:**

barco de vela	*sailboat*
carro	*car*
comenzar	*to begin*
desfile	*parade*
joya	*jewel*

♦ Comprehension questions for activity 1.34:
1. Where is the annual art exhibition held? 2. Where can you see an exhibition of diamonds and other jewels? 3. When is Hispanic Week? 4. When does a sailboat race take place? 5. What event is sponsored by the University of Miami? 6. Where can you see a floral exhibition? 7. Where does the Hispanic folklore festival take place? 8. What event features an antique car parade, old songs, and an antique show? 9. On what boat can you take a Halloween cruise? 10. Where does the song festival take place?

Calendario de octubre

1/31 El SeaEscape ofrece todo el mes viajes especiales, puntualizados por la celebración de Halloween. Diariamente a Freeport. 379-0400

4 Comienzan las celebraciones de la Semana de la Hispanidad, en el Dade Cultural Center. 541-5023

5 Como parte de la Semana de la Hispanidad, se celebra el Festival de la Canción OTI-USA, en el James L. Knight International Center. 541-5023

5/7 Exhibición de diamantes y joyas preciosas en el Miami Beach Convention Center. 255-6095

12/13 Regata de Cristóbal Colón y Festival de Baynanza. En el primero participarán cientos de barcos de vela. El segundo conmemora la belleza marítima de Biscayne Bay.

18 Festival Folklórico Hispano, en el Dade County Auditorium. 545-3395

18/19 Festival de las Américas en la Semana de la Hispanidad, en el Tropical Park. 541-5023

19 La famosa Autumnfest se celebra en Miami Lakes, con desfile de carros antiguos, canciones antiguas y antigüedades. 821-1130

20/21 Festival Internacional de las Américas auspiciado por la Universidad de Miami. El Miami Chamber Symphony se presenta en el Dade County Auditorium. 662-6600

27 Exhibición anual de arte de Hialeah, en Hialeah Track. 821-0788

29/30 Festival Internacional de las Américas

TERCERA FUNCIÓN
Using descriptive adjectives

📖 Diario de actividades
For additional practice with adjectives, see the *Diario de actividades*, *Segunda etapa: Tercera función*.

▲ Adjectives are description words. They describe the characteristics of people, places, things, events, and ideas. In Spanish, descriptive adjectives have different endings, depending on the noun they modify. *Modify*, in the grammatical sense, means to describe, limit, or particularize. There are two basic categories of Spanish adjectives. Those that are said to be "marked" for GENDER (masculine and feminine) as well as NUMBER (singular and plural) have four forms.

	Adjetivos de cuatro formas		*Four-form adjectives*		
ENDING	MASCULINE SINGULAR	MASCULINE PLURAL	FEMININE SINGULAR	FEMININE PLURAL	
-o	bajo	bajos	baja	bajas	*short*
-án	charlatán	charlatanes	charlatana	charlatanas	*gossipy*
-és	holandés	holandeses	holandesa	holandesas	*Dutch*
-ón	preguntón	preguntones	preguntona	preguntonas	*inquisitive*
-or	traidor	traidores	traidora	traidoras	*traitorous*

◆ The word *cortés* (courteous) has only two forms—*cortés, corteses*—even though it ends in **–és**.

Oscar es **alto** y **guapo** pero **traidor**.
*Oscar is **tall** and **good looking** but **traitorous**.*

Mercedes y Alicia son **bajas**. Son muy **preguntonas**.
*Mercedes and Alicia are **short**. They are very **inquisitive**.*

▲ Adjectives in the second category are marked only for number and thus have only two forms (singular and plural). A few Spanish adjectives—mostly colors—have only one form. They will be presented in *Capítulo 4*.

	Adjetivos de dos formas	*Two-form adjectives*	
ENDING	MASCULINE/FEMININE SINGULAR	MASCULINE/FEMININE PLURAL	
-asta	entusiasta	entusiastas	*enthusiastic*
-e	inteligente	inteligentes	*intelligent*
-ista	feminista	feministas	*feminist*
-l	fatal	fatales	*fatal*
-r	popular	populares	*popular*
-ior	superior	superiores	*superior*
-s	gris	grises	*gray*
-z	feliz	felices	*happy*

◆ Notice that *felices*, the plural form of *feliz*, requires a spelling change: **z → c**.

Ernesto es **popular**. Es **feliz**.
*Ernesto is **popular**. He is **happy**.*

Timoteo y José son **inteligentes** y **felices**.
*Timoteo and Jose are **intelligent** and **happy**.*

▲ Adjectives of nationality whose masculine singular form ends in **–o** or in a consonant have four forms, such as **español**, **españoles**, **española**, and **españolas**. Those ending in **–e** have only two forms, such as **costarricense** and **costarricenses**. See the charts on pages 18–19 to review other adjectives of nationality.

Spanish has many descriptive adjectives that are cognates. Those in the following chart will help you to complete the activities in this section.

Adjetivos descriptivos	*Descriptive adjectives*		
conservador/ conservadora	idealista	modesto/modesta	radical
eficiente	importante	natural	realista
elegante	independiente	nervioso/nerviosa	rebelde
emocional	inteligente	normal	responsable
especial	interesante	obstinado/ obstinada	romántico/ romántica
extrovertido/ extrovertida	introvertido/ introvertida	optimista	sentimental
famoso/famosa	irracional	paciente	supersticioso/ supersticiosa
fascinante	irresponsable	pesimista	tranquilo/tranquila
feminista	leal	popular	terrible
generoso/generosa	liberal	posesivo/posesiva	
ideal	materialista	puntual	
	moderno/moderna	racional	

▲ On the other hand, Spanish also has some words that are known as *false cognates*. These are words that look like English words but have very different meanings in Spanish. Here are some examples and their meanings.

◆ False cognates are also called *términos parasémicos*.

Cognados falsos	*False cognates*		
actual	*current*	gracioso	*funny, charming*
embarazada	*pregnant*	sensible	*sensitive*

▲ A few high-frequency adjectives have shortened forms when placed *before* certain types of nouns. Remember that placing the adjective before the noun intensifies or emphasizes its meaning. If these same adjectives are placed after their companion noun, they are not shortened.

Un buen show

El primer restaurante de Miami

Una gran oferta

Antes de un sustantivo masculino singular *Before a masculine singular noun*			
alguno	*some*	algún	**algún** día
bueno	*good*	buen	un **buen** ejemplo
malo	*bad, evil*	mal	un **mal** plan
ninguno	*no, none*	ningún	en **ningún** momento
primero	*first*	primer	el **primer** estudiante
tercero	*third*	tercer	el **tercer** estudiante

Antes de un sustantivo masculino o femenino singular *Before a masculine or feminine singular noun*			
grande	*great*	gran	una **gran** novela
			un **gran** honor

◆ *Grande* does not shorten to *gran* if it is preceded by the words *más* (the most) or *menos* (the least). For example: *La ciudad más grande . . .*

▲ Finally, when asking for a description of a person, place, or thing, Spanish speakers use the interrogative word **¿cómo?** Study the following chart.

Cómo pedir una descripción *How to ask for description*	
¿Cómo es Gloria Estefan?	*What is Gloria Estefan like?*
Gloria Estefan es simpática.	*Gloria Estefan is nice.*
¿Cómo son las clases de español?	*What are Spanish classes like?*
Las clases de español son interesantes.	*Spanish classes are interesting.*

1.35 Identificaciones. In pairs, take turns describing the following celebrities.

▨ **Ejemplo** Laura Esquivel (Mexican novelist) . . .
      Laura Esquivel es una novelista mexicana.

1. Charlie Sheen y Emilio Estévez (Hispanic actors)
2. Elvis Crespo (Puerto Rican singer)
3. Sammy Sosa y Tony Pérez (Dominican baseball players)
4. Carlos Santana (modest musician)
5. Gloria y Emilio Estefan (generous celebrities)
6. Linda y Loretta Sánchez (Hispanic politicians)

1.36 Personalidades hispanas. In small groups, take turns completing the following sentences in a logical manner using descriptive adjectives.

▨ **Ejemplo** Thalía es una cantante . . .
      Thalía es una cantante famosa.

1. Edward James Olmos es un actor . . .

Shakira en concierto

Rubén Blades

2. Carlos Santana es un guitarrista . . .
3. Los Lobos son unos músicos . . .
4. Laura Esquivel es una novelista . . .
5. Rubén Blades es un actor y músico . . .
6. Sammy Sosa y Oscar de la Hoya son unos atletas . . .
7. Shakira es una cantante . . .
8. Ellen Ochoa es una astronauta . . .

1.37 ¿Cómo es tu compañero/compañera de clase? In pairs, take turns asking questions about each other's characteristics. Try to gather as much information as possible in two minutes. Then, be prepared to describe your partner to the rest of the class, telling what he or she looks like, and what his or her personality is like.

■ **Ejemplo** ESTUDIANTE 1: *¿Cómo es Elizabeth?*
ESTUDIANTE 2: *Elizabeth es baja, independiente y puntual.*

1.38 En la universidad. In small groups, describe a person who is well-known on your campus. Include both physical and personality traits in your description. Then, have one person from your group read the description aloud to the class. The other groups will try to guess who the person is.

■ **Ejemplo** ESTUDIANTE 1: *Es baja, inteligente y elegante.*
ESTUDIANTE 2: *Es la presidente de la universidad.*

1.39 Buzón confidencial. Many Spanish-language newspapers carry personal ads for individuals seeking companionship. In pairs, study the following personals and expand them into complete sentences.

■ **Ejemplo** *Es colombiana. Es una secretaria ejecutiva. Es delgada y atractiva.*

COLOMBIA. Secretaria ejecutiva (26), delgada, atractiva. Busco° caballero 27/40, profesional, con fines serios° para matrimonio.

NORTEAMERICANO. (35), guapo, alto, soltero sincero, profesional, busco dama guapa con fines serios.

MÉXICO. Músico (35) soltero, no feo. Busco mujer atractiva, tranquila, decente y sin vicios, para matrimonio.

HONDURAS. Dama fina (65), elegante, deseo° correspondencia con caballero romántico y formal. Fines serios.

CUBANO PROFESIONAL. Cristiano, romántico, busco dama 22/40, decente, atractiva, para matrimonio.

SEÑORA CUBANA. Divorciada, educada, busco caballero 65/72, para buena relación con fines serios.

HONDURAS. Electricista (37), busco amiga 20/38 , del signo de Capricornio o Leo, sin vicios. Fines serios.

SANTO DOMINGO. Médico (24) soltero, busco compañera, bonita e inteligente. Relación amistosa.

°**busco** *I'm looking for*   **fines serios** *serious intentions*   **deseo** *I want, wish for*

COMPRENSIÓN AUDITIVA Textbook CD

📖 Diario de actividades

For additional listening practice, see **Diario de actividades**, **Tercera etapa: Estrategias/ Comprensión auditiva**.

Recognition of oral cognates. Listening is an essential communication skill. With good listening skills and basic speaking skills, you will be able to participate in many types of conversational situations in Spanish. One of the most basic of listening strategies is recognition of oral cognates. When using this strategy, you should focus on recognizable words—known vocabulary as well as cognates— and try to formulate a meaning based on your own experience with the topic. Generally speaking, written cognates are a little easier to recognize than oral cognates because of the differences between the Spanish and English sound systems. As your ear becomes more attuned to the sounds of Spanish, however, you will recognize oral cognates more easily.

It is important that you try to stay relaxed and not freeze up when you hear unfamiliar words and phrases. In a face-to-face conversation, you can always ask for clarification. Here are some easy ways to ask:

Cómo pedir clarificación	How to ask for clarification
Disculpe. No entiendo.	Excuse me. I don't understand.
¿Qué significa . . . ?	What does . . . mean?
¿Voleibolista?	(What is) a voleibolista?

In the following activities, you will have a chance to use the cognate recognition strategy. Although you will not be able to ask directly for clarification, remember to stay relaxed; that way, it will be easier for you to get as much information as possible. Then use your own experience to fill in the gaps.

Antes de escuchar

1.40 En Miami. Imagine that you have listened to a recorded passage in Spanish. You recognized the following words and phrases in this order:

Enrique Iglesias   músico   concierto   Miami, Florida   septiembre

Can you understand the meaning of the passage from these fragments? What is it?

A escuchar

1.41 Unos versos famosos. José Martí, the great Cuban patriot, was also a celebrated poet. The volume of poetry called *Versos Sencillos* (1891) includes a well-known poem in which Martí offers a lyrical description of his life and his art. A few lines of this poem are reproduced on the next page, but some of the words and phrases are missing. First listen carefully to these lines of poetry on your CD. As you listen a second time, write down the missing words and phrases in Spanish. Listen a third time and check your work. Then identify the cognates and other key words and try to guess the meaning of the poem.

◆ **Orientación** In the **Tercera etapa** of each chapter, **Estrategias**, you will learn helpful strategies for listening, reading, speaking, and writing Spanish. Each section focuses on a specific strategy and includes related activities.

◆ **Orientación** In the **Comprensión auditiva** section, you will listen to a Spanish text. In each chapter, a listening strategy will help you build your comprehension skills. These segments are recorded on your **Textbook CD**.

Yo soy un hombre _____ de donde crece la _____ ; y antes de morirme, quiero echar mis ___ del alma.	Todo es hermoso y ___, todo es ____ y razón, y todo, como el ____ , antes que luz es ____ .

1.42 Anuncio comercial. Have you ever watched the *I Love Lucy* television program? This popular comedy series can still be seen on cable reruns and is available on video and DVD. In the series, Lucille Ball and her real-life husband, Desi Arnaz, portray the wacky couple Lucy and Ricky Ricardo. Many of their comedic adventures are based on culture clashes between Cuban-born Ricky and his **estadounidense** spouse, Lucy.

You will hear an advertisement for a Miami business that has capitalized on the popularity of *I Love Lucy*. As you listen to the advertisement on your CD, try to identify the oral cognates. You will need to listen several times. Then make a list of the cognates and what they mean. Try to construct a meaning for the passage based on your own experience.

Después de escuchar

1.43 Guantanamera. José Martí's poem is the basis of the popular Cuban folksong "Guantanamera." The chorus of the song goes:

> *Guantanamera, guajira, guantanamera,*
> *Guantanamera, guajira, guantanamera.*

A **guajira** is a girl from the country. Use the following map of Cuba to guess the meaning of the adjective **guantanamera**.

1.44 Versos sencillos. In pairs, try to guess the meaning of the two verses of Martí's poem from activity 1.41.

LECTURA

Recognition of written cognates. The cognate recognition strategy that you studied for listening also works with written texts. Many words that have the same meaning in English and Spanish are spelled identically. Some examples are **popular**, **final**, and **color**. Although these words are pronounced differently in the two languages, their meaning is obvious when seen on paper. Many other cognates are spelled similarly in Spanish and are also easily recognized, such as **líder**, **foto**, and **estupendo**. As you encounter Spanish words that look familiar to English when reading, go ahead and assume that the meaning is the same. You will also come across some false cognates in Spanish. Whenever you do, learn the real meaning of the term. You will find, however, the Spanish has may more true cognates than false cognates.

Do you think that you are ready to read a newspaper? Although you may not be able to read the "Letters to the Editor" in *El Nuevo Herald*, you might be surprised by your ability to get information from many of the advertisements. As you complete the following activities, focus on the cognates that aid comprehension.

Antes de leer

1.45 Los vecindarios de Miami. Miami is a city with many distinctive neighborhoods, each characterized by its own flavor and traditions. Together, they form the cultural mosaic that composes this cosmopolitan city. Before you read about Miami's neighborhoods, list the buildings and activities that you might expect to see in that metropolis.

A leer

1.46 Una ciudad cosmopolita. Search the following article for cognates. Write a list of the Spanish words and phrases and identify their English equivalents.

Miami

Los vecindarios de Miami bullen con sus propios carácteres, estilos de vida, instituciones y tradiciones. Cada uno de ellos forma parte del mosaico cultural que compone hoy día esta cosmopolita ciudad.

El centro de Miami es el corazón de una metrópolis que prospera, así como la dinámica y vibrante encrucijada del mundo de los negocios el comercio, las finanzas y las culturas. Llama especial atención el edificio del Southeast Finance Center con 55 pisos, que constituye la estructura más alta del sur de Estados Unidos.

(continued)

◆ **Orientación** The *Lectura* section highlights a different reading strategy in each chapter. As you learn to read Spanish, you may be tempted to look up every unfamiliar word in your bilingual dictionary. This takes a lot of time and soon becomes boring. The *Lectura* strategies will help you develop good reading skills (both in English and in Spanish!) so you will rely less on your dictionary. A variety of reading materials are featured, many of them excerpts from Spanish-language newspapers and magazines. So, you will be reading the same things that native speakers read.

◆ **Vocabulario esencial for activity 1.46:**

bullir	to bustle
calle	street
componer	to compose, to make up
crear	to create
decir	to say
disfrutar	to enjoy
encantador	charming
encrucijada	crossroads
finanzas	finances
fuente	fountain
mezclar	to mix
partida	game
patinador	skater
piso	floor (of a building)
vecindario	neighborhood

◆ Comprehension questions for activity 1.46:
1. What are some of the characteristics of the different neighborhoods of Miami?
2. Why is the Southeast Finance Center famous?
3. Which neighborhood is famous for its artists? 4. What is the architecture like in this area? 5. What are some of the notable features of Coral Gables? 6. How do many describe the city of Miami?

Coconut Grove es un lugar de artistas, bohemios y personas sofisticadas. Turistas elegantes, gente de negocios y patinadores se pasean por la zona y visitan sus boutiques fabulosas y galerías que bordean sus calles pintorescas.

La Pequeña Habana es un área que simboliza la tradición hispana del Gran Miami y en donde se concentra una amplia actividad comercial. Allí están las típicas partidas de dominó que se celebran en el parque y podrá disfrutar de sus cafés encantadores al aire libre. Los edificios rememoran la época colonial española con su arquitectura característica.

Más al sur se encuentra Coral Gables, "La Ciudad Bella", de arquitectura mediterránea, canales navegables, bonitos, fuentes y plazas. Coral Gables cuenta con las más exclusivas áreas de compras, restaurantes y zonas recreacionales y culturales.

Estos son algunos de los vecindarios encantadores que conjuntamente hacen de Miami una ciudad realmente única, mezclando la variedad de culturas en América para crear la diferencia que muchas personas dicen que hacen de esta ciudad una de las más interesantes de Estados Unidos.

1.47 Más detalles. Now, read the article carefully for more information. You won't understand all of the words; just skip over those that you don't recognize. Try to answer the following questions by focusing on words you already know, as well as cognates.

1. In the first paragraph, what are some of the words used to describe Miami?
2. How is the downtown area characterized? What is its most impressive building?
3. What kinds of people live in Coconut Grove? What kinds of business thrive there?
4. What does *la Pequeña Habana* symbolize? What attractions are mentioned?
5. What kind of architecture can be found in Coral Gables? What is the nickname for this neighborhood?
6. Why do many people believe that Miami is one of the most interesting cities in the United States?

Después de leer

1.48 ¿Sí o no? Read the following statements about the article. If the statement is true, answer **Sí**. If it is false, answer **No**.

1. En Miami hay un solo vecindario.
2. El edificio más impresionante de Miami está en Coconut Grove.
3. El dominó es popular en la Pequeña Habana.
4. Coral Gables no es un vecindario atractivo.
5. Toda la arquitectura de Miami es moderna.

1.49 ¿Cómo es tu ciudad? In pairs, use some of the phrases from the article *Miami* to compose a brief description of the city or town where you live.

COMUNICACIÓN  Textbook CD

Getting to know others. The way people address each other reflects their social and personal relationships. In English, the speakers' relationship is reflected by whether they use first names or titles (Dr., Ms., Professor, etc.). The pronoun *you* is used regardless of the relationship. In Spanish, however, speakers must choose between two pronouns for *you:* **tú** indicates a familiar, personal relationship while **usted** indicates a more formal relationship. Greetings, introductions and other forms of communication also reflect the distinction between familiar and formal relationships. In the activities that follow, you will have opportunities to address others using both informal and formal means of expression.

The expressions below will help you greet, introduce, and say good-bye to others. Listen to your CD as you read the conversations. Then, practice them with other members of your class.

 Diario de actividades

For additional practice with expressions, see **Diario de actividades, Tercera etapa: Estrategias/Comprensión auditiva**.

◆ **Orientación** The **Comunicación** section focuses on common phrases. The illustrations help you understand the meaning. Word-by-word translations are impossible, so study the expressions as phrases, not individual words. Listen to your **Textbook CD**. Repeat aloud until you are comfortable with the sounds. Be prepared to role-play the conversations with your classmates.

◆ Usage of *tú* and *usted* differs greatly among Hispanic cultures. Generally speaking, you may use *tú* with other students and *usted* with your instructor.

Cómo saludar *Greeting*

Cómo presentar *Introducing*

Cómo despedirse   *Saying good-bye*

1.50 Escucha y repite. Listen carefully to the conversation **_Cómo saludar_** on your CD. Then repeat the phrases, pronouncing carefully.

Cómo saludar *Greeting*			
ENTRE AMIGOS	AMONG FRIENDS	**SALUDOS FORMALES**	POLITE GREETINGS
Hola.	*Hi.*	Buenos días.	*Good morning.*
		Buenas tardes.	*Good afternoon.*
PREGUNTAS	QUESTIONS	Buenas noches.	*Good evening.*
¿Cómo estás?	*How are you?*	¿Cómo está usted?	*How are you?*
¿Cómo te va?	*How is it going?*	¿Cómo le va?	*How is it going?*
¿Qué tal?	*How are things?*		
¿Qué hay de nuevo?	*What's new?*		
¿Y tú?	*And you?*	¿Y usted?	*And you?*
RESPUESTAS	REPLIES		
Bien, gracias.	*Fine, thanks.*		
Regular.	*Okay.*		
Más o menos.	*So so.*		
No muy bien.	*Not too well.*		
Mal.	*Ill./Bad./Badly.*		
Nada.	*Nothing.*		

1.51 Hola, ¿cómo estás? In small groups, practice greeting each other.

■ **Ejemplo**   ESTUDIANTE 1: ***Hola, Sean. ¿Cómo estás?***
             ESTUDIANTE 2: ***Bien, Josh. ¿Y tú?***

1.52 Escucha y repite. Listen carefully to the conversation **_Cómo presentar_** on your CD. Then repeat the phrases, pronouncing carefully.

Cómo presentar	Introducing
ENTRE AMIGOS	AMONG FRIENDS
Quiero presentarte a . . .	*I want to introduce you to . . .*
PRESENTACIONES FORMALES	POLITE INTRODUCTIONS
Quiero presentarle a . . .	*I want to introduce you to . . .*
RESPUESTAS	REPLIES
Mucho gusto.	*Pleased to meet you.*
Encantado./Encantada.	*Delighted.*
El gusto es mío.	*The pleasure is mine.*
Igualmente.	*Likewise.*

1.53 Presentaciones. In small groups, practice introducing each other. Make sure that each member of the group introduces the others.

■ **Ejemplo** ESTUDIANTE 1: ***Amanda, quiero presentarte a Katie.***
ESTUDIANTE 2: ***Mucho gusto, Katie.***
ESTUDIANTE 3: ***Encantada, Amanda.***

1.54 Escucha y repite. Listen carefully to the conversation *Cómo despedirse* on your CD. Then repeat the phrases, pronouncing carefully.

Cómo despedirse	Saying good-bye
Adiós.⎫ Chao.⎬	*Good-bye.*
Hasta mañana.	*Until tomorrow.*
Hasta la vista.	*Until we meet again.*
Hasta luego.	*See you later.*
Hasta pronto.	*See you soon.*

1.55 Conversación. In small groups practice greeting, introducing, and saying good-bye. Make sure that every member of the group practices with the others. Then join with another group and repeat the procedure. Move on to another group until you have spoken with every group in the class.

■ **Ejemplo** ESTUDIANTE 1: ***Buenos días, Christie. ¿Qué hay de nuevo?***
ESTUDIANTE 2: ***Nada. ¿Y tú?***
ESTUDIANTE 1: ***Quiero presentarte a Lucas.***
ESTUDIANTE 2: ***Mucho gusto, Lucas.***
ESTUDIANTE 3: ***Igualmente, Christie.***

For additional writing practice, see **Diario de actividades, Tercera etapa: Estrategias/ Composición**.

◆ **Orientación** You already know that writing in your native language is a sophisticated process, and it takes time and effort to turn a phrase just the right way. The **Composición** section will help you develop your writing skills in Spanish. You will start out slowly by learning how to organize your ideas and then begin to write very simple compositions.

COMPOSICIÓN

Diarios. Learning to write well is a developmental process. In order to become a good writer, you will need to practice writing regularly. One way that you can do this is to keep a journal *(un diario)* in which you write every day. Although you don't have to show your *diario* to anyone, you will write more effectively if you pretend that you are writing for a specific reader. Imagine that these are your memoirs and that they will be published someday when you become famous!

By the same token, when you do the writing activities in this textbook, think about the reader, and the purpose implied in each activity. Concentrate on getting the information and ideas across in an interesting way. Don't feel that everything has to be in perfect form on the first try; you can always go back later to check errors. In this chapter, you will be writing descriptions. Choose your descriptive words carefully so that they will make an impact on the intended reader.

Antes de escribir

1.56 Autodescripción. Using the descriptive adjectives on page 32, make a list of your good qualities.

1.57 Asociaciones. Thinking back over this chapter, make a list of words that you associate with the beach. Then try to arrange the words in meaningful groups.

ACCENT MARKS AND PUNCTUATION

By now you have noticed that some Spanish words carry written accent marks. These marks indicate where the word should be stressed when spoken —for example, **fantástico**. Sometimes accent marks are used to differentiate between the written forms of two words that are spelled the same—for example, **tú** *(you)* and **tu** *(your)*. Accurate use of accent marks is another aspect of good writing.

You have also seen that Spanish has the unique features of upside-down questions marks and exclamation points at the beginning of sentences. The right-side-up marks go at the end, as in English. Finally in some words you will find a dieresis (¨) over the **u**, as in **lingüística** *(linguistics)*, or a tilde (~) over the **n**, as in **montaña** *(mountain)*.

◆ Words of more than one syllable have a definite spoken stress. There are a few simple rules to remember:
1. Words that end in a vowel, **–n**, or **–s** are stressed on the next-to-last syllable: *sen<u>si</u>ble, <u>ha</u>blan, <u>bue</u>nos.*
2. Words that end in a consonant other than **–n** or **–s** are stressed on the last syllable: *pro<u>fe</u>sor, universi<u>dad</u>, ho<u>tel</u>.*
3. Words that are pronounced contrary to the above rules are written with an accent mark on the vowel of the stressed syllable: *ca<u>fé</u>, reserva<u>ción</u>, es<u>tás</u>.*

A escribir

1.58 Descripción personal. In a brief note in Spanish, describe yourself to someone who has never met you.

Incluye tu anuncio a través del 350-2345 ó 1-800-76-NUEVO

◆ For additional practice with written accent marks, see the **Diario de actividades**.

1.59 En la playa. Using the following expressions, take one item from each category, making any necessary changes in form, and write at least four complete sentences about a day on the beach. You may rearrange the order of the words as you please, and you may add *no* to any sentence.

■ **Ejemplo** *La playa es fascinante.*

A	B	C
la playa	*(a form of* **ser***)*	interesante
los amigos		tranquilo
el café		popular
los refrescos		extraordinario
la música		dinámico
yo		fantástico
tú		delicioso
tú y yo		*(any descriptive adjective)*
(any name)		
____ y____		

Después de escribir

1.60 Características. In pairs, trade the notes with your self-descriptions that you wrote in activity 1.58. Check each other's note for the correct masculine and feminine endings. Remember that adjectives ending in **-e** or in a consonant do not need to be adjusted for gender.

◆ For activities 1.60 and 1.61, also check the spelling of each word with the vocabulary lists at the end of this chapter.

1.61 Oraciones completas. Exchange the sentences that you wrote for activity 1.59 with your partner. Underline the subject and verb in each sentence. Using the verb chart for the forms of **ser** on page 27, determine whether the correct verb has been used.

◆ **Orientación** *The Vocabulario* section contains study strategies that will help you learn the key words and phrases for the chapter.

VOCABULARIO

Using thematic categories. Words, words, words. How can you learn so many words? Should you begin to write columns of words with Spanish on one side and English on the other? That technique is fine if you are going to try to communicate a "laundry list" of vocabulary items. Practically speaking, however, learning words in isolation is not a very useful technique. You may be able to translate the list, but are you able to use the words in sentences? Are you able to relate one word to another? One of the most helpful techniques is to rearrange words according to logical thematic categories. For example, you might group words according to physical characteristics and personality traits. It is easier to learn the words in context: **Mi hermano es alto y moreno, pero mi hermana es baja y rubia**. But remember, there is no one "best way" to learn vocabulary. As you do the following activities, select those that best help you learn. Then continue to use those strategies as you progress through **AMISTADES**.

◆ **Orientación** The **Vocabulario** is a list of words or phrases you may use when doing the speaking and writing activities. The list is subdivided into categories for study and reference purposes. There are many ways to organize a vocabulary list. In **Capítulo 1**, the words and phrases have been organized into meaningful categories, such as persons and numbers. As you study the **Vocabulario**, other logical organizations may occur to you.

1.62 ¡A describir! Make a list of words that you can use to describe yourself, a favorite object, a friend, and so on.

1.63 Lista de cognados. Review the readings in this chapter and make a list of 20–30 cognates. Then, practice using these words in simple sentences.

■ **Ejemplo** *La arquitectura de Miami es moderna.*

1.64 Identificaciones. Look through the list and pick out the nouns that identify persons, places, or things. Make two new lists, one for the masculine words and one for the feminine. Include the corresponding articles.

VOCABULARIO

Características físicas *Physical characteristics*

¿Es rubio?	*Is he blond?*	Es de estatura mediana.	*He/She is of medium height.*
¿Es rubia?	*Is she blonde?*	Es de estatura mediana y guapo.	*He is of medium height and good looking.*
Es alto.	*He is tall.*	Es de estatura mediana y guapa.	*She is of medium height and good looking.*
Es alta.	*She is tall.*	Es pelirrojo.	*He is a redhead.*
Es bajo.	*He is short.*	Es pelirroja.	*She is a redhead.*
Es baja.	*She is short.*	Es rubio.	*He is blond.*
Es calvo.	*He is bald.*	Es rubia.	*She is blonde.*
Es calva.	*She is bald.*	Es trigueño.	*He is brunet.*
Es canoso.	*He is gray-haired.*	Es trigueña.	*She is brunette.*
Es canosa.	*She is gray-haired.*	¿Son altos?	*Are they tall?*
Es delgado.	*He is thin.*	¿Son gorditos?	*Are they plump?*
Es delgada.	*She is thin.*	Son guapos.	*They are good looking.*
Es gordo/gordito.	*He is fat/plump.*	Son trigueñas.	*They (f.) are brunette.*
Es gorda/gordita.	*She is fat/plump.*		
Es guapo.	*He is good looking.*		
Es guapa.	*She is good looking.*		

Identificaciones *Identifications*

PREGUNTAS	QUESTIONS
¿Cómo te llamas? ¿Cuál es tu nombre? }	*What is your name? (familiar)*
¿Cómo se llama usted?	*What is your name? (formal)*
¿Cómo se llama él?	*What is his name?*
¿Cómo se llama ella?	*What is her name?*
¿Cómo se llaman ustedes?	*What are your names?*
¿Cómo se llaman ellos/ellas?	*What are their names?*

Mi nombre es . . . ⎫
Me llamo . . . ⎭   *My name is . . .*

Se llama Felipe.   *His name is Felipe.*

Se llama Nieves.   *Her name is Nieves.*

Se llaman Nieves y Felipe.   *Their names are Nieves and Felipe.*

Yo me llamo Pedro y ella se llama Inés.   *My name is Pedro and her name is Inés.*

Nacionalidades y origen   *Nationalities and origin*

¿Eres argentino/argentina?   *Are you Argentine? (familiar)*

¿Es usted chileno/chilena?   *Are you Chilean? (formal)*

¿Es él/ella dominicano/dominicana?   *Is he/she Dominican?*

¿Son ustedes paraguayos?   *Are you (all) Paraguayan?*

¿Son ellos/ellas venezolanos/venezolanas?   *Are they Venezuelan?*

¿Eres de Uruguay?   *Are you from Uruguay? (familiar)*

¿Es usted de España?   *Are you from Spain? (formal)*

¿Es él/ella de México?   *Is he/she from Mexico?*

¿Son ustedes de Melilla?   *Are you (all) from Melilla?*

¿Son ellos/ellas de Panamá?   *Are they from Panama?*

¿De dónde eres?   *Where are you from? (familiar)*

¿De dónde es usted?   *Where are you from? (formal)*

¿De dónde es él/ella?   *Where is he/she from?*

¿De dónde son ustedes?   *Where are you (all) from?*

¿De dónde son ellos/ellas?   *Where are they from?*

Soy norteamericano/norteamericana.   *I am North American.*

Él es cubanoamericano.   *He is Cuban-American.*

Eres salvadoreño/salvadoreña.   *You are Salvadoran. (familiar)*

Usted es puertorriqueño/puertorriqueña.   *You are Puerto Rican. (formal)*

Ella es cubanoamericana.   *She is Cuban-American.*

Somos guatemaltecos.   *We are Guatemalan.*

Ustedes son mexicanos.   *You (all) are Mexican.*

Ellos son hondureños. ⎫
Ellas son hondureñas. ⎭   *They are Honduran.*

Soy de Estados Unidos.   *I am from the United States.*

Él/Ella es de Ohio.   *He/She is from Ohio.*

Somos de Albuquerque.   *We are from Albuquerque.*

Ustedes son de Nueva York.   *You (all) are from New York.*

Ellos/Ellas son de Panamá.   *They are from Panama.*

Personas   *Persons*

actor *(m.)* ⎫ actriz *(f.)* ⎭	*actor*	chica	*young woman*
		estudiante *(m./f.)*	*student*
amigo	*friend (male)*	futbolista *(m./f.)*	*football (soccer) player*
amiga	*friend (female)*	músico *(m./f.)*	*musician*
artista *(m./f.)*	*artist*	novelista *(m./f.)*	*novelist*
atleta *(m./f.)*	*athlete*	profesor	*professor (male)*
cantante *(m./f.)*	*singer*	profesora	*professor (female)*
chico	*young man*	voleibolista *(m./f.)*	*volleyball player*

Artículos de playa   *Beach gear*

balón *(m.)*	*(volley)ball*	sandalias *(f. pl.)*	*sandals*
bolsa	*beach bag*	sombrilla	*beach umbrella*
cerveza	*beer*	té *(m.)* (con hielo)	*(iced) tea with*
gafas de sol *(f. pl.)*	*sunglasses*	con limón	*lemon*
radio-cassette *(m.)*	*radio-cassette player*	toalla	*towel*
refresco	*soft drink*	traje de baño *(m.)*	*bathing suit*

Números del 0 al 100   *Numbers from 0 to 100*

0 cero	10 diez	20 veinte	30 treinta	40 cuarenta
1 uno	11 once	21 veintiuno	31 treinta y uno	50 cincuenta
2 dos	12 doce	22 veintidós	32 treinta y dos	60 sesenta
3 tres	13 trece	23 veintitrés	33 treinta y tres	70 setenta
4 cuatro	14 catorce	24 veinticuatro		80 ochenta
5 cinco	15 quince	25 veinticinco		90 noventa
6 seis	16 dieciséis	26 veintiséis		100 cien
7 siete	17 diecisiete	27 veintisiete		120 ciento veinte
8 ocho	18 dieciocho	28 veintiocho		
9 nueve	19 diecinueve	29 veintinueve		

Adjetivos descriptivos   *Descriptive adjectives*

conservador/ conservadora	ideal	materialista	puntual
eficiente	idealista	moderno/moderna	racional
elegante	importante	modesto/modesta	radical
emocional	independiente	natural	realista
especial	inteligente	nervioso/nerviosa	rebelde
extrovertido/ extrovertida	interesante	normal	responsable
famoso/famosa	introvertido/ introvertida	obstinado/obstinada	romántico/romántica
fascinante	irracional	optimista	sentimental
feminista	irresponsable	paciente	supersticioso/ supersticiosa
generoso/generosa	leal	pesimista	tranquilo/tranquila
	liberal	popular	terrible
		posesivo/posesiva	

Cognados falsos   *False cognates*

actual *current*   embarazada *pregnant*   gracioso *funny, charming*   sensible *sensitive*

Cómo pedir una descripción   *How to ask for a description*

¿Cómo es . . . ?   *What is . . . like?*   ¿Cómo son . . . ?   *What are . . . like?*

Cómo pedir clarificación   *How to ask for clarification*

Disculpe. No entiendo.   *Excuse me. I don't understand.*   ¿Qué significa . . . ?   *What does . . . mean?*
¿Voleibolista?   *(What is) a voleibolista?*

Cómo saludar *Greeting*

ENTRE AMIGOS	AMONG FRIENDS	SALUDOS FORMALES	POLITE GREETINGS
Hola.	*Hi.*	Buenos días.	*Good morning.*
		Buenas tardes.	*Good afternoon.*
PREGUNTAS	QUESTIONS	Buenas noches.	*Good evening.*
¿Cómo estás?	*How are you?*	¿Cómo está usted?	*How are you?*
¿Cómo te va?	*How is it going?*	¿Cómo le va?	*How is it going?*
¿Qué tal?	*How are things?*		
¿Qué hay de nuevo?	*What's new?*		
¿Y tú?	*And you?*	¿Y usted?	*And you?*

RESPUESTAS	REPLIES
Bien, gracias.	*Fine, thanks.*
Regular.	*Okay.*
Más o menos.	*So so.*
No muy bien.	*Not too well.*
Mal.	*Ill./Bad./Badly.*
Nada.	*Nothing.*

Cómo presentar *Introducing*

ENTRE AMIGOS	AMONG FRIENDS
Quiero presentarte a . . .	*I want to introduce you to . . .*

PRESENTACIONES FORMALES	POLITE INTRODUCTIONS
Quiero presentarle a . . .	*I want to introduce you to . . .*

RESPUESTAS	REPLIES
Mucho gusto.	*Pleased to meet you.*
Encantado./Encantada.	*Delighted.*
El gusto es mío.	*The pleasure is mine.*
Igualmente.	*Likewise.*

Cómo despedirse *Saying good-bye*

Adiós. ⎫		Hasta la vista.	*Until we meet again.*
Chao. ⎬	*Good-bye.*	Hasta luego.	*See you later.*
Hasta mañana.	*Until tomorrow.*	Hasta pronto.	*See you soon.*

CAPÍTULO

2 LA FAMILIA

Entre padre e hijo

INTRODUCCIÓN

La familia de hoy. In this chapter, you will learn how to talk about the family and family matters. You will also learn about New Mexico, *La Tierra del Encanto*, where the indigenous and Spanish cultures have blended into an exotic mixture of adobe architecture and narrow European streets. Spain has provided visible, important, and enduring images of the region, that have fused with Native American influences. As you do the following activities, remember to look for cognates while reading the selections about Hispanic families. It is not important to understand every word; just try to grasp the general meaning.

Antes de leer

2.1 La familia. Study the headlines below and write down the central theme for each article in English.

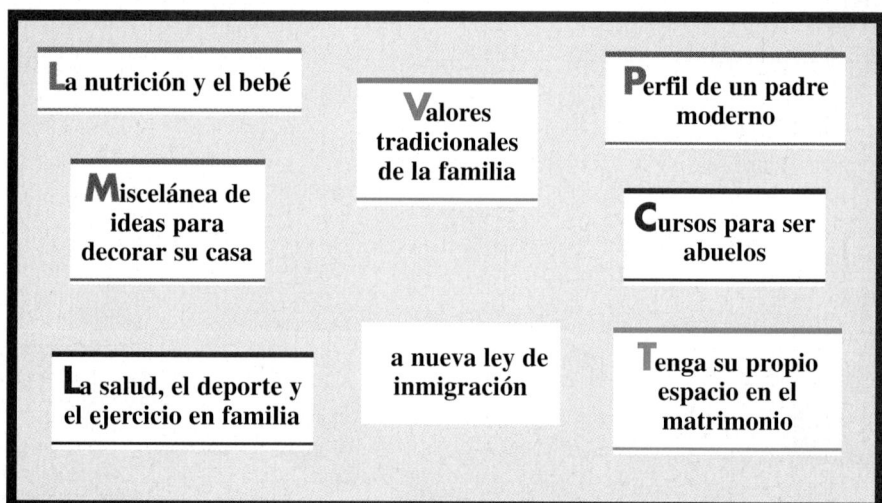

A leer

2.2 Mi familia. Study the following table of contents and, in pairs, decide where you would look to find the following information: funding sources, donations, news, social programs, main goals, description of the organization.

QUIÉNES SOMOS ●
QUÉ HACEMOS ●
PRINCIPALES FUNCIONES ●
PROGRAMAS SOCIALES ●
FUENTES DE FINANCIAMIENTO ●
NOTICIAS ●
CONTACTARNOS ●
DONACIONES ●

La Familia es el Núcleo Fundamental de la Sociedad

2.3 Información. Study the following introduction for *Comité para Familias y Niños Hispanos, Inc.* in New York and indicate if the following information is true *(sí)* or false *(no)*.

1. Medical care for infants and adolescents is provided.
2. The center offers day care after classes.
3. Health education courses are held.
4. They facilitate legal aid for domestic violence.
5. Information about AIDS is available.
6. English classes for immigrants are taught on a regular basis.
7. The center was founded by a group of educators and politicians.
8. Programs were also designed to help middle income families.
9. Another problem area targeted is adolescent pregnancy.
10. The Committee also provides a children's support group sponsored by UNICEF.

◆ **Vocabulario esencial for activity 2.3:**

mejorar	*to improve*
salud *(f.)*	*health*
falta	*lack*
desarrollar	*to develop*
cuidado	*care*
ofrecer	*to offer*
SIDA *(m.)*	*AIDS*
orgulloso/ orgullosa	*proud*
embarazada	*pregnant*

◆ Comprehension questions for activity 2.3:
1. When was the *Comité para Familias y Niños Hispanos* founded? 2. What was the original mission of the *Comité*? 3. What are its missions today? 4. What kinds of training are provided for adults? For children?

Comité para Familias y Niños Hispanos
"Mejorar la calidad de vida de los niños y las familias latinas"

Historia
En 1982, un grupo de profesionales latinos de los servicios sociales y de salud fundó el Comité para Familias y Niños Hispanos, Inc. en respuesta a la falta de asistencia lingüística y cultural en los programas del sistema de adopción. Más tarde ha desarrollado e implementado programas orientados a las familias necesitadas en áreas críticas como la violencia doméstica, ayuda en la crianza y desarrollo de la juventud, ayuda a las adolescentes embarazadas y cuidados infantiles.

Programas y servicios
Nuestros programas actuales ofrecen entrenamiento y servicios para el cuidado infantil, clases para los niños desde las tres hasta las seis de la tarde. En el centro también ofrecemos educación de la salud, información sobre la prevención del SIDA, discusiones sobre la violencia doméstica y clases para la defensa personal.

Decir que sí por los Niños
Comité para Familias y Niños Hispanos, Inc. se siente orgulloso de apoyar a la campaña de "Decir que sí por los Niños" de UNICEF.

Después de leer

2.4 En resumen. What are some of the key words and phrases in the paragraphs that helped you decide about the committee's community education and human sevices training? In small groups, write three or four summary phrases and then share your information with the other members of the class.

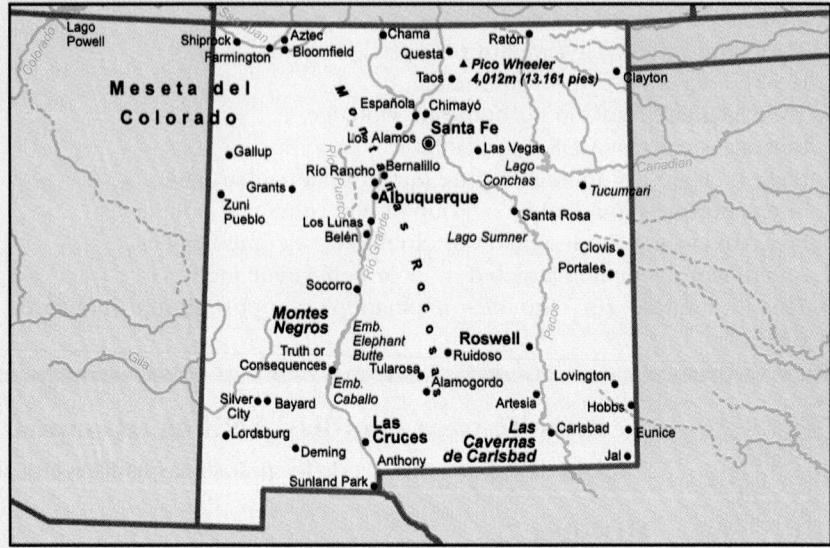

Nuevo México

CAPITAL	Santa Fe
GEOGRAFÍA	Estados Unidos: situado al sur de Colorado, al norte de México, al este de Arizona y al oeste de Texas
ÁREA	121.666 millas cuadradas (316.332 kilómetros cuadrados)
POBLACIÓN	1.855.059 (el 3% de hispanos de Estados Unidos)
PRODUCTOS	Equipos electrónicos, madera°, textiles, artículos de cristal, piedra° y cerámica
MONEDA	Dólar

Los apellidos. In the *Expresiones* section (page 55), you will listen to a description of the family relationships in the López family and will find out that Hispanic children are often named after a parent or other relative. Frequently the suffix **-ito/-ita** is added when referring to children. These endings are also used to show affection. Thus, Rosa's daughter is called Rosita and Pablo's son is called Pablito. In a more formal situation, Pablito might be referred to as Pablo Archuleta, *hijo.* This term is similar to the *Jr.* that is often attached to names in English.

In Spanish-speaking countries, family last names are also different from those in the United States or Canada. Study the family tree on the next page.

Notice that every family member has two last names! Children use both their father's and mother's family name; the father's name goes first. Alejandro's father's family name is López and his mother's family name is Saiz. In everyday life, he would be called Alejandro López, but officially he is Alejandro López Saiz.

◆ You may obtain further information about the hispanic population in the US via a PowerPoint presentation and also take an on-line quiz at *http://www.census.gov/ population/www/socdemo/ hispanic/ho00.html*

°**madera** *wood* **piedra** *stone*

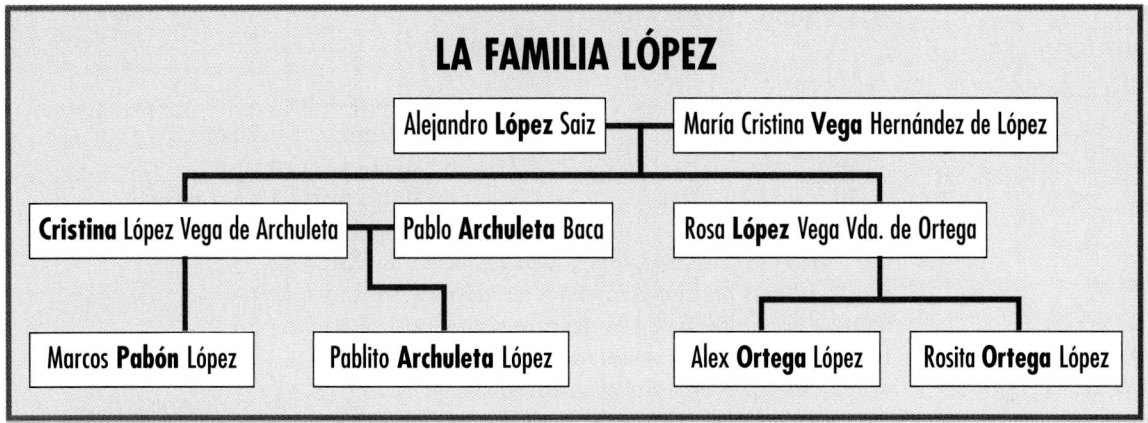

LA FAMILIA LÓPEZ

| Alejandro **López** Saiz | María Cristina **Vega** Hernández de López |

| **Cristina** López Vega de Archuleta | Pablo **Archuleta** Baca | Rosa **López** Vega Vda. de Ortega |

| Marcos **Pabón** López | Pablito **Archuleta** López | Alex **Ortega** López | Rosita **Ortega** López |

In most Spanish-speaking countries, a married woman traditionally uses her father's and mother's family name and her husband's family name preceded by **de**. Cristina's name is Cristina López Vega de Archuleta. However, in many Spanish-speaking countries, just as in the United States, many women prefer to use only their own family name. In Spain or Argentina, for example, she would be known as Cristina López.

Rosa's husband is no longer living. Traditionally a widow would use her father's and mother's family name and add the phrase *Vda. de* before her husband's family name, especially if the husband was a prominent person. Today this practice is less common.

Unmarried children use their father's family name plus their mother's family name. Thus Alex is officially Alex Ortega López and his cousin is Marcos Pabón López. In everyday life, they would be known as Alex Ortega and Marcos Pabón.

◆ The terms **don** and **doña** are used to show respect because of age, position, or title and should be used with first names only: *don José*. The abbreviations are *D.* and *Dña.*

2.5 ¿Cómo se llama? In pairs, give the complete names of the following members of the López family following the example.

■ **Ejemplo** Rosita Ortega López marries Román Acosta Gil.
   Rosita se llamaría° Rosita Ortega López de Acosta.

1. Rosita and Román have twins, Marisa and Roberto.
2. Rosa López Vega remarries Antonio Casas del Valle.
3. María Cristina Vega Hernández de López's husband dies.
4. Gloria Erlinda Iglesias Martín marries Marcos Pabón López.
5. Gloria and Marcos have a daughter, Carmen.

2.6 ¿Cómo te llamarías?° In pairs, decide what your names would be if you chose to follow the Hispanic rule of retaining both your father's and mother's last name.

°**se llamaría** ... *His/her name would be* ... **¿Cómo te llamarías?** *What would your name be?*

■ **Ejemplo** *Yo me llamaría...*
  Mi madre se llamaría...

1. Yo . . .
2. Mi madre . . .
3. Mi padre . . .
4. Mi primo/Mi prima° . . .

5. Mi tío/Mi tía° . . .
6. Mi abuela materna° . . .
7. Mi abuelo paterno° . . .
8. Mi hermano/Mi hermana° . . .

Términos de cariño. In Spanish, just as in English, word endings may be changed if a person wishes to address someone using endearing terms or a nickname. In English, we might say *Jimmy, look at the doggie and the kitty.* In Spanish, you may add the diminutive suffix **-ito/-ita** to names, nouns, or adjectives ending in **-o** or **-a** to achieve the same effect. *Jaime, mira el perro y el gato* would be changed to **Jaim*ito*, mira el perr*ito* y el gat*ito*.** The diminutive suffix **-cito/-cita** is most commonly used with words that end in **-e**, **-i**, **-n**, or **-r**. While these terms are frequently used among children, or to refer to younger children if they share the same name with an older relative, they also appear on greeting cards and in informal discourse among adults.

◆ At times there are complete spelling changes for some nicknames:
José → Pepe → Pepito
Guadalupe → Lupe → Lupita
Francisco → Paco → Paquito
Lorenza → Lencha → Lenchita
Hortensia → Tencha → Tenchita

2.7 Nombres. Study the names in the first column and, in pairs, match each one with its diminutive form in the second column. Is your name in the list?

■ **Ejemplo** Susana – *Susanita*

1. Pablo	a. Juanita
2. Jaime	b. Tomasito
3. Pepe	c. Rosita
4. Carlos	d. Pablito
5. Teresa	e. Sarita
6. Juan	f. Teresita
7. Rosa	g. Carlitos
8. Tomás	h. Pepito
9. Sara	i. Jaimito
10. Juana	j. Juanito

°**primo/prima** cousin **tío/tía** uncle/aunt **abuelo/abuela** grandfather/grandmother
hermano/hermana brother/sister

2.8 Animalitos. Young children's books are often filled with diminutive forms. Study the excerpts below and find the diminutives. Then, try to guess which animals are described in each verse.

1. Cabecita pequeñita y muy largo el hocico y escamitas muy duras tiene el armadillo.
2. Este gusanito come hojitas tiernas y hace su capullito de brillante seda.
3. Patitas muy delgadas de buen saltarín y antenitas muy finitas tiene el chapulín.
4. Igual que si fuera un submarinito por el mar navega este pececito.

EXPRESIONES  Textbook CD  PowerPoint

Un árbol genealógico. In this chapter, you will learn about some typical New Mexicans, the López family, and their relationships to each other. Study the illustration of the López family tree below while you listen to the description of the various family relationships. You may not understand all of the words; this is completely normal. Just listen carefully for the principal ideas and then answer the questions for activity 2.9.

 Diario de actividades

For additional practice with the vocabulary, see *Diario de actividades, Primera etapa: Vocabulario/ Expresiones*.

2.9 Comprensión. Study the following statements about the description you have heard. If the statement is true, answer **Sí**. If it is false, answer **No**.

1. La familia López es pequeña.
2. María Cristina y Alejandro viven en México.
3. Alejandro es el esposo de María Cristina.
4. María Cristina y Alejandro tienen° dos hijos.
5. Los hijos de Rosa son gemelos.
6. Alex y Rosita tienen veintidós años.°
7. Marcos y Pablito son los tíos de Rosa.
8. María Cristina y Alejandro tienen cuatro nietos.

Miembros de la familia   *Family members*

abuela	*grandmother*	madre	*mother*
abuelo	*grandfather*	media hermana	*half sister*
bisabuela	*great grandmother*	medio hermano	*half brother*
bisabuelo	*great grandfather*	nieta	*granddaughter*
compañero/ compañera	*companion, significant other*	nieto	*grandson*
		nuera	*daughter-in-law*
cuñada	*sister-in-law*	padrastro	*stepfather*
cuñado	*brother-in-law*	padre	*father*
esposa	*wife*	padres	*parents*
esposo	*husband*	pariente	*relative*
gemelo/gemela	*twin*	primo/prima	*cousin*
hermana	*sister*	sobrina	*niece*
hermano	*brother*	sobrino	*nephew*
hermanastra	*stepsister*	suegra	*mother-in-law*
hermanastro	*stepbrother*	suegro	*father-in-law*
hija (adoptiva)	*(adopted) daughter*	tía	*aunt*
hijo (adoptivo)	*(adopted) son*	tío	*uncle*
hijastra	*stepdaughter*	viuda	*widow*
hijastro	*stepson*	viudo	*widower*
madrastra	*stepmother*	yerno	*son-in-law*

2.10 ¿Quiénes son? In small groups, complete the following phrases in a logical manner.

▇ **Ejemplo**   La hija de mis padres es mi . . .
       La hija de mis padres es mi hermana.

1. La madre de mi madre es mi . . .
2. El hermano de mi padre es mi . . .
3. El padre de mi hermano es mi . . .
4. El esposo de mi abuela es mi . . .
5. El hijo de mi tía es mi . . .
6. La hija de mi tío es mi . . .
7. La hermana de mi madre es mi . . .
8. Los hijos de mi hermano son mis . . .
9. La esposa de mi hermano es mi . . .
10. El hijo de mi padre es mi . . .

°**tienen** *have*   **tienen . . . años** *are . . . years old*

2.11 La familia López. Can you describe the López family? In pairs, take turns asking about and identifying the family members. Refer to the family tree on page 55.

■ **Ejemplo** hermano de Marcos
 ESTUDIANTE 1: *¿Quién° es el hermano de Marcos?*
 ESTUDIANTE 2: *El hermano de Marcos es Pablito.*

1. esposo de María Cristina
2. hijo mayor° de Cristina
3. nieta de Alejandro y María Cristina
4. padre de Pablito
5. tía de Marcos

6. cuñada de Pablo
7. padrastro de Marcos
8. abuela de Rosita y Alex
9. hermano menor° de Marcos
10. prima de Pablito

2.12 Mi árbol genealógico. Using the López family tree as a model, in pairs, take turns describing your own family beginning with your *abuelos maternos* and your *abuelos paternos*.

■ **Ejemplo** *Mi abuela materna se llama...*
 Mi padre se llama... En mi familia hay... personas.
 Mi esposo se llama... y mis hijos se llaman...
 Mi pariente favorito/favorita es... Él/Ella es...

2.13 Las defunciones. Study the obituary below and, in pairs, give complete family names for the following individuals whenever possible.

■ **Ejemplo** esposa
 ESTUDIANTE 1: *¿Cómo se llama la esposa de don Salvador?*
 ESTUDIANTE 2: *La esposa se llama Susana Rodríguez Casanova.*

1. padre de Susana
2. padre de Salvador
3. hermanos de Salvador
4. primos
5. hijos de Susana y Salvador
6. madre de Salvador
7. tíos
8. madre de Susana

◆ Note that *Suárez-Inclán* is Don Salvador's father's last name. *González* is his mother's last name.

◆ **Vocabulario esencial for activity 2.13:**

fallecer	*to die, pass away*
santos sacramentos	*last rites*
D.E.P.	*RIP/ rest in peace*
rogar	*to beg*
alma	*soul*
oración	*prayer*

---

†
Don Salvador Suárez-Inclán González

INGENIERO
FALLECIÓ EN SANTA FE
EL 24 DE ENERO DEL 2003
a los cincuenta años de edad
Habiendo Recibido los Santos Sacramentos

D.E.P.

Su esposa, Susana Rodríguez Casanova; hijos, Miguel, María Jacinta y Álvaro; padre, Julio Suárez-Inclán Estévez; madre, María Teresa González Mateos; hermana, María del Carmen; hermanos, Simón y Julio; tíos, Pilar y María Suárez-Inclán, Alfonso González Mateos; padres políticos, Germán Rodríguez Salvador y Ana María Casanova Scott; primos y demás familia, José Luis, Rafael, Concepción y Pilar. **RUEGAN una oración por su alma.**

El funeral por su eterno descanso se celebrará el 26 de enero, a las diecinueve horas, en la catedral de San Francisco de Asís, calle San Francisco.

°**quién** *who* **mayor** *older* **menor** *younger*

2.14 Thalía y su familia. Thalía's family is made up of seven very talented women. Read about them in this article and, in pairs, select the best word or phrase from the list to complete each sentence.

arqueóloga   hijos, divorciada   mayor
artista   Laura   Miss Distrito Federal
Ernesto   matriarcado   nietas
Eva Monje   hijas, divorciado   arqueólogo

1. La familia de Thalía es un . . .
2. La abuela se llama . . .
3. Doña Eva tiene cinco . . .
4. Laura Zapata es su nieta . . .
5. El padre de Thalía se llama . . .

6. La madre de Thalía es . . .
7. La hermana mayor se llama . . .
8. Federica es . . .
9. Federica tiene dos . . . y está . . .
10. Ernestina tiene el título de . . .

◆ **Vocabulario esencial for activity 2.14:**

bibliotecario   *librarian*
embarazada   *pregnant*
abogado   *criminal*
  penalista   *lawyer*
rompecorazones
  (m./f.)   *heartbreaker*

Thalía y su familia

La familia de Thalía es un matriarcado dirigido por Doña Eva Monje, la abuela de Thalía. Doña Eva tiene una voz privilegiada y sus nietas la adoran. Doña Eva se casó con un bibliotecario, y a los nueve meses quedó embarazada de Yolanda, madre de Thalía. "Yo me casé con un bibliotecario, sólo me dio una hija, pero me dio cinco nietas preciosas: Laura, Federica, Gabriela, Ernestina y Thalía. Doña Eva vive con Laura Zapata, su nieta mayor, y hermana mayor de Thalía. Doña Yolanda, la madre y representante de Thalía, estaba casada con Ernesto Palhares. El padre de Thalía era químico, abogado penalista y escritor. Ernesto murió cuando Thalía tenía cinco años de edad.

Yolanda se dedicaba a las labores de la casa y a recibir clases de pintura. Laura, la hermana mayor de Thalía, también es artista y actúa en las telenovelas mexicanas. Federica es arqueóloga y tiene a su cargo una de las salas del museo de Antropología de la Ciudad de México. Está divorciada y tiene dos hijos, según sus hermanas fue la rompecorazones de la familia. Federica dice que "Thalía es como mi hijita." Ernestina, fue Miss Distrito Federal y defiende a su hermana de comentarios mal intencionados. Gabriela fue la última en casarse y salir del domicilio familiar.

 Diario de actividades

For additional practice with the structures, see *Diario de actividades, Primera etapa: Vocabulario/Así es*.

ASÍ ES

Cómo decir la hora

In order to tell time, you only need a few simple phrases. What do you notice about the following time expressions?

Es la una.	1:00
Son las dos.	2:00
Son las ocho.	8:00

▲ Use **Es la . . .** if it is 1:00 and **Son las . . .** for all other times.

Original text for permission of adapted text above: http://www.fortunecity.com/tinpan/swing/661/id30.htm

▲ On the quarter hour, the words **y cuarto** or **y quince** follow the hour. On the half hour, say **y media** or **treinta**.

Es la una **y cuarto**.	}	1:15
Es la una **y quince**.		
Es la una **y media**.	}	1:30
Es la una **y treinta**.		
Son las dos **y cuarto**.	}	2:15
Son las dos **y quince**.		
Son las dos **y media**.	}	2:30
Son las dos **y treinta**.		

◆ Time may also be written with a comma (1,30) or a period (1.30), as seen in some of the realia from different countries.

▲ All other times are expressed by giving the hour, then **y**, and then the minutes. This method may also be used for times past the half hour.

Es la una **y** diez.	1:10	Son las dos **y** veinte.	2:20
Es la una **y** cuarenta.	1:40	Son las dos **y** cincuenta.	2:50

▲ An alternate way to tell time after the half hour is to subtract minutes from the next full hour using the words **menos**.

Es la una **menos** cuarto.	12:45	Son las dos **menos** cuarto.	1:45
Es la una **menos** veinte.	12:40	Son las cuatro **menos** diez.	3:50
Es la una **menos** diez.	12:50	Son las cinco **menos** veinticinco.	4:35

If you want to ask someone what time it is, you will use the phrase **¿Qué hora es?**

▲ Now you are ready to discuss at what time events occur. The only thing you must remember is that instead of using **es** or **son** with the hour, you will use **a**. If you want to ask someone at what time a particular event is taking place, you will use the phrase **¿A qué hora . . . ?** Study the following examples.

¿A qué hora hay una serie juvenil?	Hay una serie juvenil **a las cuatro**.
¿A qué hora hay un programa infantil?	Hay un programa infantil **a las siete y media**.

En la estación de trenes

TVE 1

6.00 Canal 24 horas.
7.30 Telediario matinal.
9.00 Los desayunos de TVE.
Dirigido y presentado por Luis Mariñas.
9.50 María Emilia.
11.30 Saber vivir.
12.45 Así son las cosas.
14.00 Informativo territorial.
14.30 Corazón de primavera.
Magazín de actualidad presentado por Anne Igartiburu.
15.00 Telediario-1.
Presentado por Ana Blanco. En los deportes, Jesús Álvarez.
16.00 El Tiempo.
16.05 El secreto.
16.35 Terra nostra.
18.45 El precio justo. Concurso presentado por Carlos Lozano en el que sus participantes deberán aproximarse al máximo al precio de los objetos que se les presentan.
20.00 Gente.
Crónica de sucesos y actualidad presentado por Pepa Bueno y Sonia Ferrer.
21.00 Telediario-2.
Presentado por Alfredo Urdaci y María Escario.
21.55 El Tiempo.
22.00 Academia de Baile Gloria.
23.15 Nuestro cine.
«Abuelo Made in Spain». Director: Pedro Lazaga. 1969. 85 minutos. Intérpretes: Paco Martínez Soria, Mónica Randall, Don Marcelino, terrateniente de Villapardillo, tiene a sus tres hijas casadas en Madrid.
1.00 Telediario-3.
Presentado por Carmen Tomás.
1.25 Mentes peligrosas.
«Mírame». Uno de los estudiantes más conflictivos, Cornelius, vuelve a la escuela después de haber tenido un roce con la legalidad. Sin embargo, el profesor de informática advierte a sus colegas que a la mínima infracción de Cornelius será expulsado.
2.15 Corazón de primavera (R).
2.45 Nano.
5.00 Gente (R).

6.30 Federico.
7.00 That's English.
7.30 TPH Club.
Incluye: «Pollyana», «Barrio Sésamo», «Garfield y sus amigos» y «Arthur».
9.30 Aquí hay trabajo.
10.00 TV educativa. La aventura del saber.
11.00 La película de la mañana.
«Marcelino Pan y Vino». Director: Luigi Comencini. 1991. 92 minutos. Intérpretes: Fernando Fernán-Gómez, Nicolo Paolucci. Marcelino, recién nacido, ha sido abandonado por sus padres y recogido por unos frailes.
13.00 TPH Club.
Incluye: «Doraemon, el gato cósmico», «Gargoyles», «Digimon III» y «Reena y Gaudy».
15.15 Saber y ganar.
Concurso presentado por Jordi Hurtado.
15.45 Grandes documentales.
«Canyonland: el salvaje oeste americano».
16.55 Tenis. Torneo Conde de Godó.
19.00 Salto al infinito.
20.00 Informativo territorial.
20.30 Un chapuzas en casa.
21.00 Enrédate.
21.30 Infelices para siempre.
22.00 La 2. Noticias.
Presentado por Lorenzo Milá.
22.25 El Tiempo.
22.30 La noche abierta.
Programa de entrevistas presentado por Pedro Ruiz.
0.00 Días de cine.
Presentado por Antonio Gasset incluye las últimas noticias sobre la actualidad cinematográfica de España y del mundo en forma de reportajes.
1.00 Metrópolis.
1.30 Conciertos de Radio-3.
2.00 Cultura con Ñ.
2.30 Teledeporte.
4.30 Euronews.

2.15 ¿A qué hora . . . ? Children are beginning to complain about the lack of appropriate programming. In pairs, indicate at what times there are programs suitable for all members of the family.

■ **Ejemplo**   *Hay un magazín de actualidad a las dos y media de la tarde.*
Hay dibujos animados . . .
Hay noticias . . .
Hay una película . . .
Hay un programa de . . .

Las quejas de los niños ante la TV
- Excesivo número de anuncios
- Horarios inadecuados
- Sexo y pornografía
- Violencia

◆ **Vocabulario esencial for activity 2.15:**

saber	to know
vivir	to live
corazón (m.)	heart
primavera	spring
deporte (m.)	sport
aproximarse	to approach
suceso	event
baile (m.)	dance
terrateniente (m.)	landholder
advertir (ie)	to warn
fraile (m.)	friar
concurso	contest
salto	jump
chapuzas	home improvements
enredar	get involved
actualidad	today
magazín	show that offers a variety of programming
dibujo animado	cartoon
noticias	news
película	movie

2.16 Programas populares. In pairs, exchange information about the names and times of television shows in your viewing area for each of the following categories.

■ **Ejemplo**   un programa infantil
   ESTUDIANTE 1: *¿A qué hora hay un programa infantil?*
   ESTUDIANTE 2: *"Sesame Street" es a las siete.*

1. una serie de humor
2. una serie dramática
3. una serie juvenil
4. un concurso°
5. un programa de cocina
6. un programa de debate
7. una serie policíaca
8. un programa sobre la naturaleza
9. una telenovela°
10. noticias

▲ There are a few other expressions that will help you indicate more precisely when events are to take place. Study the following chart.

Cómo decir la hora   *Telling time*

WHEN A SPECIFIC TIME IS GIVEN:

de la mañana	*in the morning,* A.M.	del mediodía	*noon*
de la tarde	*in the afternoon,* P.M.	de la medianoche	*midnight*
de la noche	*in the evening,* P.M.	en punto	*sharp, on the dot*

Hay noticias a las ocho **de la mañana.**
*There is a news program at eight o'clock **in the morning**.*
Hay un programa para niños a las doce **del mediodía.**
*There is a children's program at twelve **noon**.*

WHEN NO SPECIFIC TIME IS GIVEN:

por la mañana	*in the morning*
por la tarde	*in the afternoon*
por la noche	*in the evening*
al mediodía	*at noon*
a la medianoche	*at midnight*

Hay noticias **por la mañana.**
*There is a news program **in the morning**.*
Hay una nueva telenovela **por la tarde.**
*There is a new soap opera **in the afternoon**.*
A la medianoche hay un programa de noticias internacionales.
***At midnight** there is an international news program.*

In order to ask when an event is going to take place, you may use the interrogative word **¿Cuándo?**

¿Cuándo hay noticias?   ***When** is there a news program?*

°**concurso** *game show*   **telenovela** *soap opera*

◆ Comprehension questions for activity 2.17:
1. When was the church of San Albino built? When was it rebuilt? What material was used? What two languages are used for Mass? 2. When is the William Bonney Gallery open for business?
3. Why is *La Posta Restaurante* famous? What dining facilities are available? 4. What Native American tribe is represented at the *Tienda del Sol*?

Mesilla Vieja
Nuevo México

Ciudad Histórica

1. *La iglesia de San Albino.* Construída en adobe en 1855 y reconstruída en 1906. Horas de visita de 13:00 a 16:00 diariamente excepto los domingos. Misa en inglés los sábados a las 18:30. Misa en español los domingos a las 7:00 y a las 11:00.

2. *William Bonney Gallery.* Joyería con turquesas en diseños exclusivos. Lunes a viernes de 9:00 a 17:00; sábados de 9:00 a 21:00. Cerrada los domingos y días festivos.

3. *La Posta Restaurante.* Antiguas oficinas del *Butterfield Stage.* Restaurante y bar. Especialidad en comida mexicana. Terraza. Comida todos los días de 11:00 a 14:00. Cena de 17:30 a 22:00. Tel: 524-0982.

4. *Tienda del Sol.* Alfombras y textiles de los navajos y del pueblo de Chimayó. Joyería, ropa y regalos. Abierta todos los días de 10:00 a 18:00.

2.17 Mesilla. Mesilla is one of the best-known and most-visited historic communities in New Mexico. Its adobe buildings surrounding a central plaza typical of many southwestern towns provide a glimpse into the life of a pueblo 200 years ago. Study this brochure featuring some of the more popular locations and, in pairs, take turns telling each other when it is possible to do the following activities.

■ **Ejemplo** ir a la Iglesia de San Albino
Se puede ir° a la Iglesia de San Albino entre la una y las tres de la tarde.

1. oír° misa en inglés; en español
2. ir a William Bonney Gallery durante la semana; los sábados
3. comer° en La Posta; cenar° en La Posta
4. ir a la Tienda del Sol

◆ **Vocabulario esencial for activity 2.17:**

construir	*to build*
diariamente	*daily*
misa	*mass*
comida	*food*
alfombra	*rug*
ropa	*clothing*
regalo	*gift*

°**se puede ir** . . . *one can go* . . . **oír** *to hear* **comer** *to eat* **cenar** *to eat dinner*

2.18 Eventos en Nuevo México. In pairs, take turns telling your partner about the different events available in July in New Mexico.

■ **Ejemplo** *En Río Rancho hay un concierto en el parque desde la una hasta las cinco de la tarde.*

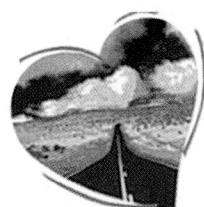 En la página web "El corazón de Nuevo México" está el calendario de los eventos y las atracciones que hay en Nuevo México durante todo el año. Cada mes se ofrece algo diferente para todos los gustos.

Verano

Jazz y Blues en el estadio de Madrid: Madrid. En verano. (505) 471-1054. Relájese con los sonidos de jazz y blues los domingos por la tarde.

Celebración del día de independencia: Río Rancho. 4 de julio. El más grande y mejor espectáculo del 4 de julio en Nuevo México, empieza con un desfile, seguido por entretenimiento presentando artistas locales y nacionales durante el día, mucha comida y bebidas y culminando con el espectáculo de fuegos artificiales más grande de Nuevo México. 11 a.m.–9 p.m. Admisión gratis. (505) 891-5015 ó (888) 746-7262.

Mariachi espectacular: Albuquerque. Julio. (505) 842-9003. Una serie de talleres para estudiantes aspirantes a ser mariachis. Presentación al final, por parte de profesionales y estudiantes.

Derby de mugre y lodo: Si usted ya no se acuerda de la alegría que se siente al columpiarse en una cámara de llanta y caer en agua lodosa, ¡ahora es su oportunidad! Este evento tiene rutas de obstáculos fáciles y difíciles, proporcionando gran diversión a participantes y espectadores por igual. 9:30 a.m.–2:30 p.m. Cuota para competir $6. Espectadores entran gratis. (505) 891-5015 ó (888) 746-7262.

Concierto en el parque: Río Rancho. 22 de julio. El primero en la serie de verano, presentando jazz en el parque Haynes. 1–5 p.m. Admisión gratis. (505) 891-5015.

2.19 Unos lugares más. Now, in small groups, decide when you can go to the following places in or around campus.

■ **Ejemplo** al cine
Se puede ir al cine desde las cuatro de la tarde hasta las once de la noche.

1. a un concierto
2. a un partido
3. al teatro
4. al bar
5. a la cafetería
6. al supermercado
7. a la biblioteca°
8. al gimnasio
9. al museo
10. al centro comercial°

◆ **Vocabulario esencial for activity 2.18:**

fuegos artificiales	*fireworks*
desfile	*parade*
mugre	*grime*
lodo	*mud*
partido	*game*

°**biblioteca** *library*   **centro comercial** *shopping center*

SEGUNDA ETAPA Funciones

Diario de actividades

For additional practice with *estar* to describe health and other conditions, see ***Diario de actividades, Segunda etapa: Primera función***.

◆ Remember that *estáis* is the familiar plural form used in Spain.

PRIMERA FUNCIÓN

Describing health and physical or emotional conditions using **estar**

▲ One way of socializing is to start a conversation with an exchange about the participants' health or current state. In Spanish, the verb **estar** is used in these exchanges. You have already learned some phrases containing forms of **estar**, such as **¿Cómo estás?** and **¿Cómo está usted?**

Notice that several forms carry written accent marks. In speaking, the stress falls on the suffix, rather than on the stem, of the form. Study the chart below.

Estar *To be*					
SINGULAR			**PLURAL**		
(yo)	**estoy**	*I am*	(nosotros/nosotras)	**estamos**	*we are*
(tú)	**estás**	*you are*	(vosotros/vosotras)	**estáis**	*you (all) are*
(usted/ él/ella)	**está**	*you are/ he is/she is*	(ustedes, ellos/ellas)	**están**	*you (all) are/ they are*

▲ Now read the following examples that describe how the different members of the López family feel today. Notice that the ending of the DESCRIPTIVE ADJECTIVE must AGREE with the SUBJECT(s). Since **bien** and **mal** are ADVERBS, they have only one form and, unlike adjectives, they do not agree with the words they modify.

Cómo hablar de la salud *Talking about health*	
Todos **estamos bien**.	*We **are** all **well***.
Hoy Pablito **está mal**.	*Pablito **is sick** today*.
Alex **está regular**.	*Alex **is fair***.
Cristina y Rosa **están enfermas**.	*Cristina and Rosa **are sick***.

▲ **Estar** can also be used to describe the current state of individuals. The term *current state* refers to how the subject feels or looks at the time the statement is made. Notice that the phrases on the next page encompass both physical and emotional conditions.

Condiciones físicas y emocionales	Physical and emotional conditions
(Yo) **estoy** muy nervioso.	*I am very nervous.*
¿**Está** usted preocupada?	*Are you worried?*
Eduardo **está** alegre.	*Eduardo is happy.*
Verónica y yo **estamos** contentas.	*Verónica and I are happy.*
Mirta y tú **estáis** tristes.	*Mirta and you are sad.*
¿**Están** enojados tus hermanos?	*Are your brothers angry?*
¡Qué guapa **estás** hoy!	*How beautiful you look today!*
¡**Estás** más **delgado** ahora!	*You look thinner now!*

◆ Although in **Capítulo 1** you used adjectives like *guapo/guapa* and *delgado/delgada* with the verb **ser**, some of the same adjectives may also be used with **estar** to indicate that the subject looks, feels, or appears to be a certain way. Exercises comparing and contrasting **ser** and **estar** are presented in the **Extensión** in the **Diario de actividades**.

Adjetivos descriptivos	Descriptive adjectives
aburrido/aburrida	*bored*
alegre	*happy*
animado/animada	*excited*
cansado/cansada	*tired*
contento/contenta	*happy*
deprimido/deprimida	*depressed*
encantado/encantada	*delighted*
enojado/enojada	*angry*
furioso/furiosa	*furious*
nervioso/nerviosa	*nervous*
ocupado/ocupada	*busy*
orgulloso/orgullosa (de)	*proud (of)*
preocupado/preocupada	*worried*
seguro/segura	*sure*
triste	*sad*

2.20 ¿Cómo están? In pairs, describe how the following people feel using one or two appropriate adjectives.

1. CARLOS
2. SUSANA Y CARMEN
3. RICARDO
4. PABLO Y PEPE
5. SILVIA
6. ESTEBAN

■ **Ejemplo** *Carlos está contento.*

2.21 ¿Cuál es tu conclusión? Study the following statements. On a separate sheet of paper, write a conclusion using an appropriate expression with **estar**.

■ **Ejemplo**   Carlota está en el hospital.
   Carlota está enferma.

1. Rosa está en el consultorio del dentista.
2. Los padres de Pablito tienen una reunión con su profesora.
3. Marcos saca 50% en todos los exámenes.
4. Hay un examen de español importante mañana.
5. Marcos va° a un concierto de Thalía esta noche.

◆ **Vocabulario esencial for activity 2.22:**

abeja	*bee*
asombroso/ asombrosa	*astonishing*
píldora	*pill*

2.22 ¿Cómo están? Study the following headlines from *Terra*, a Spanish-language on-line newspaper. In your opinion, how do the people mentioned feel?

■ **Ejemplo**   **hakira vende 100.000 copias de su último CD en Francia.**   cantante
   La cantante está animada.

1. científicos
2. médicos
3. soldados
4. venezolanos

5. estadounidenses
6. rusos
7. mexicanos
8. españoles

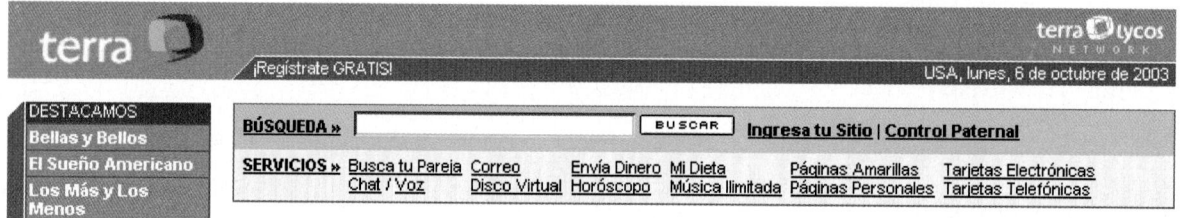

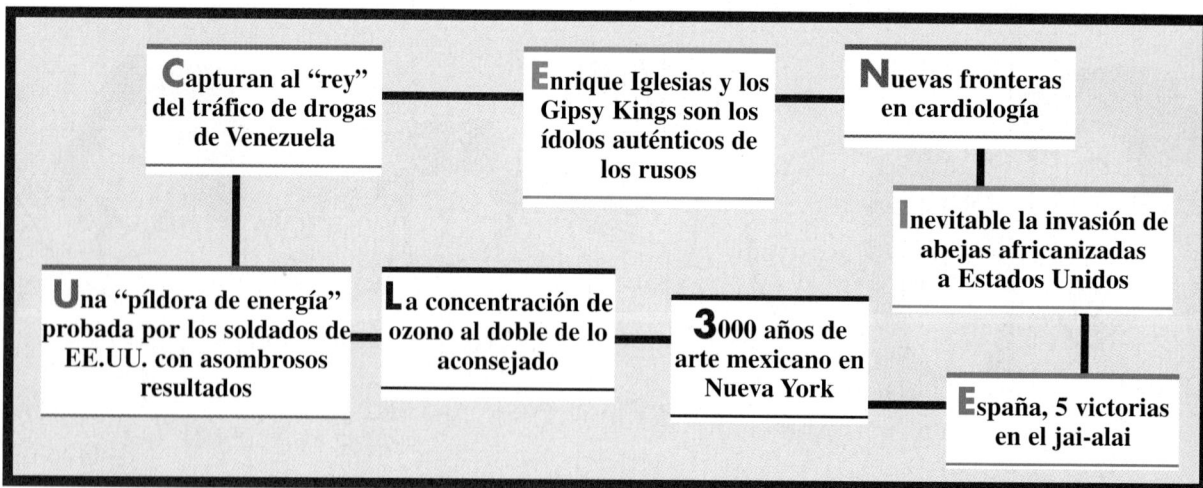

°**va** *is going*

SEGUNDA FUNCIÓN

Asking for and giving the location of people, places, and things using **estar**

▲ The verb **estar** is also used in expressions that refer to the location of people, places, and things. Study the following examples.

Iglesia San Miguel en Socorro, Nuevo México

📖 Diario de actividades

For additional practice with *estar* to ask for and give locations, see ***Diario de actividades, Segunda etapa: Segunda función***.

◆ In Spanish, the masculine singular article **el** contracts with the preposition **a** to form **al**. For example: *Albuquerque está al norte de Belén.*

◆ The masculine singular article **el** contracts with the preposition **de** to form **del**. For example: ¿Está al norte *de la* ciudad? ¿Está al norte *de las* montañas? ¿Está al sur *de los* apartamentos? ¿Está al sur *del* apartamento?

◆ You have probably noticed that Spanish has two different verbs that express *to be.* These verbs, *ser* and *estar,* are not interchangeable. In ***Capítulo 1*** (pp. 26–27), you learned that *ser* is used to identify people and things and to describe physical appearance. In this chapter, you used *ser* with time expressions. *Estar* is used to describe health, physical and emotional conditions, and location. Complete the activities in your ***Diario de actividades, Segunda etapa: Segunda función*** before you do the activities here in your text.

Socorro **está** al noroeste de Ruidoso.	*Socorro **is** northwest of Ruidoso.*
México **está** en Norteamérica.	*Mexico **is** in North America.*
Roberto **está** en casa.	*Roberto **is** at home.*
Cecilia y su amiga **están** en Taos.	*Cecilia and her friend **are** in Taos.*

▲ To ask where people, places, or things are located, or to inquire about who is at a particular place, you will need to know two INTERROGATIVE WORDS: **¿Dónde?** *(Where?)* and **¿Quién(es)?** *(Who?)*. **¿Quién?** is used to refer to one person, and **¿Quiénes?** is used to refer to more than one person. Before you begin the activities, study the following examples.

¿Dónde está Ánimas?	Ánimas está al suroeste de Las Cruces.
¿Quién está en Portales?	Cecilia está en Portales.
¿Quiénes están en Española?	Jesús y Antonio están en Española.

2.23 La geografía. In small groups, refer to the map of New Mexico and explain the location of the following cities using the cardinal points given below.

■ **Ejemplo** ESTUDIANTE 1: *¿Dónde está la ciudad° de Portales?*
ESTUDIANTE 2: *La ciudad de Portales está al sureste de Taos.*

1. Las Cruces
2. Santa Fe
3. Española
4. Alamogordo
5. Socorro
6. Madrid
7. Ruidoso
8. Ánimas
9. Taos
10. Albuquerque

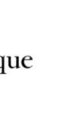

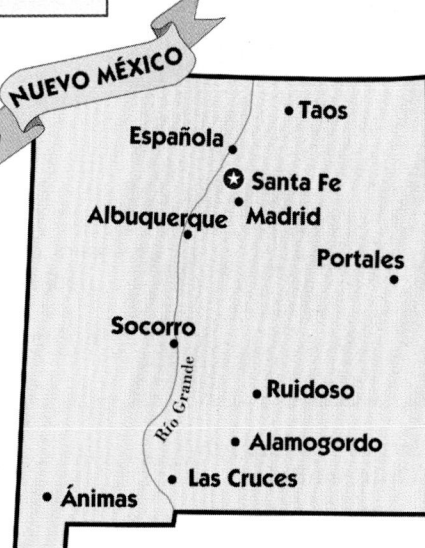

°ciudad *city*

2.24 Los puntos cardinales. In pairs, tell where the following places are located using the cardinal points.

■ **Ejemplo**   California
   ESTUDIANTE 1: *¿Dónde está California?*
   ESTUDIANTE 2: *California está al oeste de Nevada.*

1. Nuevo México
2. Chicago
3. Nueva York
4. el Cañón del Colorado
5. el río Misisipí
6. Florida
7. Texas
8. San Francisco
9. Boston
10. Nevada

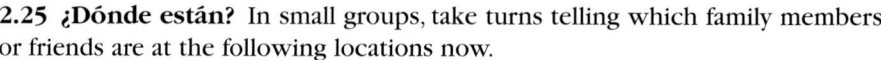

2.25 ¿Dónde están? In small groups, take turns telling which family members or friends are at the following locations now.

■ **Ejemplo**   en casa
   ESTUDIANTE 1: *¿Quién está en casa?°*
   ESTUDIANTE 2: *Mi padre está en casa* or *Nadie° está en casa.*

1. en la universidad
2. en la cafetería
3. en casa
4. en el trabajo°
5. de vacaciones° en Miami
6. en otro país°
7. en otra ciudad°
8. en Nueva York
9. en la playa
10. en la oficina
11. en el parque
12. en el gimnasio

2.26 Mis parientes. In pairs, describe several of your relatives. Tell your partner who they are, what they look like, how they feel, and where they are now.

■ **Ejemplos**   *Mi tío Juan es alto y delgado. Está muy ocupado.*
   Está en California ahora.°
   Mis primos Tomás y Javier son bajos y rubios.
   Están muy contentos. Tomás y Javier están de vacaciones
   en el Parque Nacional de White Sands.

2.27 Cara a cara. Look at the López family album on the next page and, in pairs, describe the people in each photo. Include physical conditions, emotional conditions, and location.

■ **Ejemplo**   *Rosa está nerviosa.*

Parque Nacional de White Sands

°**en casa** *at home*   **nadie** *no one*   **trabajo** *work*   **de vacaciones** *on vacation*
otro país *another country*   **otra ciudad** *another city*   **ahora** *now*

TERCERA FUNCIÓN

Requesting information and reporting facts using regular **-ar** verbs

Let's start by examining the following examples of Spanish VERBS and their English equivalents:

desear *to want, wish*	**hablar** *to speak*	**trabajar** *to work*

▲ What types of ideas do these words convey? If you said that these words express actions and feelings, you are correct. In Spanish, just as in English, verbs are used to indicate an action or state of being. What features do **desear**, **hablar**, and **trabajar** have in common? Did you notice that all three end in the SUFFIX **-ar** and that their English equivalents begin with *to*? This is an important feature of Spanish verbs. Bilingual dictionaries provide only this basic form of the verb, called the INFINI-TIVE. Read Rosa's checklist and try to guess what Rosita and Alex have to do today.

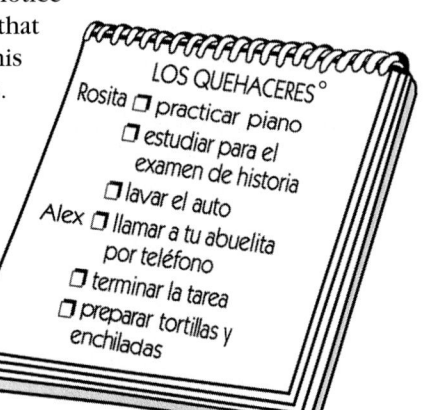

LOS QUEHACERES°

Rosita ☐ practicar piano
☐ estudiar para el examen de historia
☐ lavar el auto
Alex ☐ llamar a tu abuelita por teléfono
☐ terminar la tarea
☐ preparar tortillas y enchiladas

📖 Diario de actividades

For additional practice with present tense **-ar** verbs, see ***Diario de actividades, Segunda etapa: Tercera función***.

°**quehaceres** *chores*

▲ To indicate *who* practices the piano or washes the car, however, we must make some additional changes. Unlike English, it is the verb SUFFIX (**-o**, **-as**, **-a**, **-amos**, **-áis**, **-an**) rather than a SUBJECT PRONOUN (**yo**, **tú**, **él**, **ella . . .**), that tells who is doing the action. The chart below shows the six suffixes used with infinitive verbs to express ideas in the PRESENT time frame. Although the pronoun subjects are provided in the verb chart, remember that they are primarily used to avoid confusion about who the SUBJECT is, or for emphasis.

<table>
<tr><td colspan="3">Desear   *To wish, want, desire*</td></tr>
<tr><td colspan="3" align="center">SINGULAR</td></tr>
<tr><td align="right">yo</td><td>deseo</td><td>*I want*</td></tr>
<tr><td align="right">tú</td><td>deseas</td><td>*you want*</td></tr>
<tr><td align="right">usted/él/ella</td><td>desea</td><td>*you want/he wants/she wants*</td></tr>
<tr><td colspan="3" align="center">PLURAL</td></tr>
<tr><td>nosotros/nosotras</td><td>deseamos</td><td>*we want*</td></tr>
<tr><td>vosotros/vosotras</td><td>deseáis</td><td>*you (all) want*</td></tr>
<tr><td>ustedes/ellos/ellas</td><td>desean</td><td>*you (all) want/they (m. pl.) want/ they (f. pl.) want*</td></tr>
</table>

◆ *Deseáis* is the familiar form of you *(all)*, used in Spain. In other Spanish-speaking countries, *desean* is more common.

Now see if you can understand the e-mail Maribel's aunt sent to her friend. Can you identify the **-ar** verbs in the sentences? What are the suffixes? What is the subject of each verb?

```
    De:  Teresa@arroyo.com
  Para:  Lencha
    Cc:
   Cco:
Asunto:  Mis sobrinos
```

◆ When the word following the conjunction **y** (and) begins with the sound /i/, spelled **i** or **hi** the **y** is changed to **e**. For example: *hablan español e inglés* or *padres e hijos*.

Maribel Roybal estudia español en la Universidad Estatal de Nuevo México en Las Cruces. Además toma cursos de química, biología y computación. Su hermano también estudia en la universidad pero él toma cursos de historia, antropología y geología. Viaja al Monumento Nacional de las Moradas de los Barrancos de Gila con su clase para visitar allí las ruinas indígenas. Los dos hablan español e inglés porque su padre es de México y su madre es de Australia.

The verbs are **estudiar**, **tomar**, and **hablar**, and the suffixes for these verbs are **-a** and **-an**. In the first two sentences, Maribel is the subject; the third sentence tells about her brother; and the last sentence talks about both of them. Before doing the activities, study the following verbs and their equivalents.

Las Moradas de los Barrancos de Gila, Nuevo México

Verbos regulares *-ar*	*Regular -ar verbs*		
ayudar	*to help*	limpiar	*to clean*
buscar	*to look for*	llamar	*to call*
cantar	*to sing*	llevar	*to take, to carry*
charlar	*to chat*	mandar	*to send*
comprar	*to buy*	mirar	*to look at, to watch*
consultar	*to check, to look up*	necesitar	*to need*
cuidar	*to take care of*	pagar	*to pay*
desear	*to want, to wish*	practicar	*to practice*
enseñar	*to teach*	preparar	*to prepare*
entregar	*to hand in, hand over*	sacar	*to take, to get*
escuchar	*to listen*	terminar	*to finish*
esperar	*to hope, to wait (for)*	tocar	*to play (an instrument)*
estudiar	*to study*	tomar	*to take, to drink*
ganar	*to earn, to win*	trabajar	*to work*
gastar	*to spend*	usar	*to use*
hablar	*to speak*	viajar	*to travel*
invitar	*to invite*	visitar	*to visit*

◆ When the direct object of a Spanish sentence is a person, that noun or pronoun must be preceded by the preposition **a**. This **a** has no equivalent in English and is referred to as **a personal**. For example, if you are looking for your instructor, you would say *Busco a mi profesor/profesora*. If you are looking for your book, you would say *Busco mi libro*. For additional examples and activities, see your ***Diario de actividades, Segunda etapa: Tercera función***.

◆ You will notice that some Spanish verbs are followed by a preposition. It is best to memorize the preposition along with the verb. For example: *Cuido de mis libros* BUT *Cuido a mi hermanito*.

2.28 Las actividades de Maribel. Read what is happening in each scene and locate the **-ar** verbs.

Maribel estudia comunica-
ciones en la Universidad
Estatal de Nuevo México.

Por las mañanas trabaja
en la estación de radio
KRWG.

Sus° padres, sus hermanos y sus
abuelos escuchan a Maribel
todos los días a las ocho.

Ella termina su trabajo a las
doce y regresa a casa donde
prepara su programa para el
día siguiente.°

°**su(s)** *her*   **siguiente** *next*

2.29 Unas preguntas. Now reread the texts in activity 2.28 and answer the following questions in Spanish.

1. ¿Dónde estudia Maribel? ¿Qué estudia?
2. ¿Cuándo trabaja Maribel? ¿Dónde trabaja?
3. ¿Quiénes escuchan a Maribel por la radio? ¿A qué hora?
4. ¿Cuándo termina Maribel su trabajo? ¿Dónde prepara su programa para el día siguiente?

2.30 Una entrevista. In pairs, take turns asking and answering the following questions and add one additional bit of information.

■ **Ejemplo** ESTUDIANTE 1: *¿Escuchas la radio?*
　　　　　　ESTUDIANTE 2: *Sí, escucho KDCE por la mañana.* OR
　　　　　　ESTUDIANTE 1: *¿Invitas a algunos° amigos a una fiesta?*
　　　　　　ESTUDIANTE 2: *Sí, invito a Miguel y a Antonia.*

1. ¿Trabajas en la universidad?
2. ¿Estudias en la biblioteca?
3. ¿Visitas a algunos parientes durante las vacaciones?
4. ¿Hablas español?
5. ¿Limpias tu casa o apartamento frecuentemente?
6. ¿Practicas deportes° con amigos?
7. ¿Llamas a algunos amigos por teléfono a las once de la noche?
8. ¿Bailas y cantas en las fiestas?
9. ¿Compras muchos regalos?°
10. ¿Ayudas en casa?
11. ¿Cantas con amigos?
12. ¿Tocas el piano o la guitarra?
13. ¿Tomas café por la mañana, por la tarde o por la noche?
14. ¿Mandas correos electrónicos a casa?
15. ¿Invitas a algunos amigos a tu casa?

2.31 ¿Cuándo? In pairs, tell when you do the following activities. You may use a time phrase, or use the expressions **los fines de semana** (*the weekends*), **durante la semana** (*during the week*), **siempre** (*always*), **frecuentemente** (*frequently*), **todos los días** (*every day*), **todas las noches** (*every night*), **de vez en cuando** (*every once in a while*), or **nunca** (*never*).

°**algunos** *some*　**deporte** *sport*　**regalo** *gift*

■ **Ejemplo** limpiar la casa
   Limpio la casa por la tarde. OR
   Nunca limpio la casa.

1. comprar un disco compacto
2. trabajar con la computadora
3. entregar la tarea°
4. terminar de trabajar
5. consultar Internet
6. estudiar español
7. practicar algún deporte
8. buscar excusas para no ayudar en casa
9. hablar por teléfono con los amigos toda la noche
10. estudiar hasta las cuatro de la mañana
11. tomar café
12. invitar a algunos amigos a una fiesta
13. visitar a tu tío favorito o a tu tía favorita
14. necesitar dinero°
15. preparar una pizza

2.32 Cosas de familia. In pairs, find out who in your partner's family does the following things.

■ **Ejemplo** escuchar música clásica
   Estudiante 1: ***¿Quién en tu familia escucha música clásica?***
   Estudiante 2: ***Mi primo Carlos escucha música clásica. ¿Y***
   en tu familia?
   Estudiante 3: ***Mis° padres escuchan música clásica.*** OR
   Nadie° en mi familia escucha música clásica.

1. comprar un auto nuevo
2. mandar correos electrónicos
3. estudiar en la universidad
4. trabajar en otro país
5. ganar la lotería de vez en cuando
6. hablar español
7. usar siempre tarjetas de crédito
8. tocar el piano
9. viajar mucho
10. practicar deportes con la familia
11. usar el auto de un amigo o de una amiga

▲ Finally, as in English, when two Spanish verbs are used in a sequence without a change in subject, the second verb usually remains in the infinitive form.

Deseo **viajar** a Pinos Altos, un pueblo pintoresco en Nuevo México.	*I want **to travel** to Pinos Altos, a picturesque town in New Mexico.*
Necesito **llevar** mi cámara y comprar tres rollos de película.	*I need **to take** my camera and buy three rolls of film.*
Allí espero **sacar** fotos de las casas antiguas.	*There I hope **to take** pictures of the old houses.*

Ópera de Pinos Altos, Nuevo México

°**tarea** *homework* **dinero** *money* **mis** *my (pl.)* **nadie** *no one*

2.33 Mi familia. In small groups, take turns asking and answering questions about your family members.

◆ **Vocabulario esencial for activity 2.34:**

descubrir	*to discover*
verdad	*truth*
distinguir	*to distinguish*
evitar	*to avoid*
cumplido/ cumplida	*accomplished*
gesto	*gesture*
cariñoso/ cariñosa	*affectionate*

◆ Comprehension questions for activity 2.34:
1. What are some qualities parents can help their children discover? 2. What should one do when a child is in a bad mood? 3. How should one tell a child what to do? 4. How can obedience be encouraged?

■ **Ejemplo**   desear trabajar en un banco

> ESTUDIANTE 1: **¿Quién en tu familia desea trabajar en un banco?**
>
> ESTUDIANTE 2: **Mi primo Guillermo desea trabajar en un banco.**

1. desear viajar a otro país
2. necesitar comprar un auto
3. desear ser profesor/profesora
4. esperar sacar buenas notas
5. necesitar buscar otro trabajo
6. esperar ganar mucho dinero
7. desear practicar algún deporte
8. necesitar limpiar la casa

2.34 Gente joven. The following excerpts from *Ser Padres Hoy* give hints on how to raise and educate children. As you read, locate the **-ar** verbs and then state the main idea of each paragraph in English.

■ **Ejemplo**   *Los padres necesitan ayudar a los hijos.*

1. Ayudar a los hijos desde pequeños a descubrir la importancia del orden, la justicia, la verdad, el amor y el servicio.

2. Distinguir los modos de ser. Cada hijo tiene un temperamento que facilita o dificulta la obediencia. No comparar. Esperar con paciencia cuando esté de mal humor.

3. Evitar el tono severo. Dar las órdenes en forma positiva de modo que inviten a ser cumplidas. Reflejar desconfianza facilita la desobediencia.

4. Buscar el momento oportuno para hablar con los hijos sobre sus problemas.

5. Estimular la obediencia con un gesto cariñoso, como un abrazo o un beso.

COMPRENSIÓN AUDITIVA  Textbook CD

📖 Diario de actividades

For additional listening practice, see **Diario de actividades,** *Tercera etapa: Estrategias/ Comprensión auditiva*.

Diferencias. As you listen to the radio, what different formats, voice types, background noises, and background music help you determine the kind of program? How can you immediately tell the difference between a rock DJ and a weather report or between a sports announcer at a football game and a local talk show?

Antes de escuchar

2.35 En la radio. In small groups, list six different types of segments that frequently occur on the radio and the distinct type of "aural" cues present in each.

A escuchar

2.36 Radio KSOL. Before listening to an excerpt from *Radio KSOL*, one of the many Spanish language stations in California that offers a wide variety of programming for their listeners, take a few seconds to think about the programs or other elements that you might hear. Then, rewrite the categories listed below in the order that you hear them on the CD. When you listen a second time, check your comprehension against the list you made.

■ **Ejemplo** YOU HEAR: *«¡Buenos días, San Francisco! Faltan tres minutos para las nueve de la mañana. Soy Beto Rosales, su servidor, con toda la música del momento.»*
YOU WRITE: ***disk jockey chatter***

1. weather forecast
2. announcement
3. warning
4. commercial
5. sports

Después de escuchar

2.37 Más información. Listen to the CD again and answer the following questions in English.

1. Is it hot or cold in Los Angeles? What is the maximum and minimum temperature?

2. What time is it in San Francisco? What type of music is going to be played?
3. What sport is announced? Where did the event take place?
4. What is the name of the new car? What does it offer?
5. Where are Los Astros playing? What will they do after the concert?
6. Why is the beach closed and for how long?

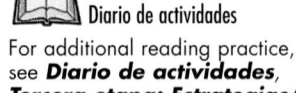 **Diario de actividades**

For additional reading practice, see ***Diario de actividades, Tercera etapa: Estrategias/ Lectura and Literatura***.

LECTURA

¿Qué sabes? Using previous knowledge to help you understand a reading passage is something you do every day when you pick up the newspaper. You are usually able to predict what types of facts will be reported when two well-known celebrities are getting a divorce or what type of information will be given about the ideal vacation spot. You can practice the same strategy as you prepare to read in Spanish by asking yourself what you already know about the topic and what you predict will be contained in each article. As you read, remember to look for cognates to help you determine the gist or overall meaning.

Antes de leer

2.38 En general. Magazines and newspapers frequently include "self-evaluation" questionnaires that help readers judge or classify themselves according to any number of categories. If you were to design a quiz to determine the qualities of "good" adult sons and daughters, what would you include? In pairs, decide if the characteristics for someone who shares a parents' home are **positiva** or **negativa**.

■ **Ejemplo**   estar de buen humor siempre en casa
Estar de buen humor siempre en casa es una característica positiva.

1. hablar de los defectos de sus padres
2. pasar tiempo con la familia
3. trabajar en casa (reparar cosas, etc.)
4. cenar° juntos
5. ayudar en casa con la comida
6. cuidar del perro o del gato
7. limpiar la casa
8. lavar la ropa
9. escuchar los consejos° de los padres
10. viajar con la familia

A leer

2.39 ¿Cómo eres? Study the self-quiz on the next page and determine the key point of each question. List the qualities being evaluated in English.

°**cenar** *to eat dinner*   **consejos** *advice*

◆ **Vocabulario esencial for activity 2.39:**

conjuntamente	*jointly*
virtud *(f.)*	*virtue*
parecido/ parecida	*similar*
quehaceres	*chores*

5. ¿Llega usted a exagerar en ciertas actividades como: pasar mucho tiempo con amigos, trabajar o gastar dinero?

6. ¿Es usted un amigo de sus padres?

7. ¿Va al cine, a bailar o al restaurante con sus padres?

8. ¿Sus ideas políticas son bastante parecidas a las de su familia?

9. ¿Ayuda con los quehaceres de la casa, como limpiar o lavar la ropa?

10. ¿Invita a sus amigos a comer en casa si están sus padres?

1. ¿Las decisiones de importancia son adoptadas conjuntamente por todos los miembros de la familia?

2. ¿Habla frecuentemente de las virtudes (o defectos) de su padre o de su madre?

3. ¿Cuida de los animales domésticos?

4. ¿Está usted habitualmente de buen humor en casa?

SOLUCIONES: **Entre 10 y 5 respuestas "sí"**—Su relación con sus padres es muy buena.

Entre 4 y 0 respuestas "sí"—Probablemente no está muy contento con su vida en familia. Hay que solucionar los problemas entre sus padres y usted.

Después de leer

2.40 ¿Es cierto? Now that you have determined the gist of the self-quiz, discuss the following questions with your partner in English.

1. What type of magazine do you think would feature this article?
2. Do you think this quiz would accurately categorize "good" sons and daughters? Why or why not?

 Diario de actividades

For additional practice with the expressions, see **Diario de actividades**, **Tercera etapa: Estrategias/Comprensión auditiva: Comunicación**.

COMUNICACIÓN  Textbook CD

How would you answer the phone or thank someone if you were traveling in a Hispanic country? The following conversations will help you chat with friends, talk on the phone, and express thanks. Listen to the conversations on your CD and then practice them with other members of the class.

Cómo charlar *Chatting*

Cómo hablar por teléfono *Talking on the phone*

Cómo expresar agradecimiento *Expressing thanks*

2.41 Escucha y repite. Listen carefully to the conversation *Cómo charlar* on your CD. Then repeat the phrases, pronouncing carefully.

Cómo charlar *Chatting*			
ENTRE AMIGOS	AMONG FRIENDS	**FRASES DE CORTESÍA**	POLITE PHRASES
¿Cómo te va?	*How's it going?*	¿Cómo le va?	*How's it going?*
¿Cómo van las clases?	*How are classes going?*		
¿Qué tal la familia?	*How's the family?*	¿Cómo está la familia?	*How's the family?*
¿Qué hay de nuevo?	*What's new?*		
¿Quién es?	*Who is it?*		
RESPUESTAS	REPLIES	**RESPUESTAS**	REPLIES
(Bastante) bien.	*(Pretty) well, fine.*	Horrible.	*Horrible.*
Fenomenal.	*Phenomenal.*	Mal.	*Bad(ly).*
		Nada de nuevo.	*Nothing new.*

2.42 Vamos a charlar. Using the first dialogue on page 78 as a model and the *Cómo charlar* phrases above, practice socializing in small groups.

2.43 Un encuentro. In pairs, role play a situation in which you have a brief conversation with your instructor before class.

2.44 La salud de los amigos y parientes. In Spanish-speaking cultures, it is quite common to inquire not only about the health of the people you are speaking with but also about the health of their family. In pairs, make "small talk" about each other's health and the health of several other family members using the chatting phrases and replies shown above.

2.45 Escucha y repite. Listen carefully to the conversation *Cómo hablar por teléfono* on your CD. Then repeat the phrases, pronouncing carefully.

Cómo hablar por teléfono *Talking on the phone*	
¿Aló?	*Hello? (South America)*
¿Bueno?	*Hello? (Mexico and New Mexico)*
¿Diga/Dígame?	*Hello? (Spain)*
¿Con quién hablo?	*With whom am I speaking?*
¿De parte de quién?	*Who's speaking?*
¿Quién llama?	*Who's calling?*
¿Quién es?	*Who is it?*
No, no está. ¿Quiere(s) dejar un recado (mensaje)?	*No, he/she isn't here. Do you want to leave a message?*
Se ha (te has) equivocado de número.	*You have the wrong number.*
Un momento, por favor. Ahora viene (pasa).	*Just a moment, please. He/She will be right here.*
¿Está(s) ahí?	*Are you there?*
¿Está Alicia?	*Is Alicia there?*

(continued)

Cómo hablar por teléfono	Talking on the phone
Soy Tomás.	It's Tom.
Habla Silvia.	Silvia speaking.
¿Puedo hablar con Lorenzo, por favor?	May I please speak with Lorenzo?
Por favor, ¿está Arturo?	Is Arturo home, please?
Dígale (Dile) que llamaré más tarde.	Tell him/her that I'll call back later.

2.46 Una llamada telefónica. In pairs, use the telephone courtesy phrases you have just learned to practice answering the telephone and giving brief messages.

■ **Ejemplo** ESTUDIANTE 1: *¿Aló? Por favor, ¿está Enrique?*
ESTUDIANTE 2: *¿De parte de quién?*
ESTUDIANTE 1: *De Conchita.*
ESTUDIANTE 2: *Un momento, por favor. Ahora viene.*

2.47 Hay interferencia en la línea. Frequently cell phone calls are interrupted by static or by a break in communication. In pairs, practice asking for and giving information during a telephone conversation. Ask your partner who he or she is, how to spell his or her name, and where he or she is calling from. Since you are unable to hear the complete message, use the phrase **¿Está ahí?** (formal) or **¿Estás ahí?** (familiar) to ask *Are you there?*

■ **Ejemplo** ESTUDIANTE 1: *¿Diga?*
ESTUDIANTE 2: *Soy Javier González.*
ESTUDIANTE 1: *¿Quién es?*
ESTUDIANTE 2: *Habla Javier González.*
ESTUDIANTE 1: *¿Cómo se deletrea Javier?*
ESTUDIANTE 2: *J-A-V . . . ¿Está ahí?*
ESTUDIANTE 1: *Sí.*
ESTUDIANTE 2: *J-A-V-I-E-R.*
ESTUDIANTE 1: *Ah, Javier. ¿De dónde está llamando?°*
ESTUDIANTE 2: *De Madrid.*

2.48 Escucha y repite. Listen carefully to the conversation *Cómo expresar agradecimiento* on your CD. Then repeat the phrases, pronouncing carefully.

Cómo expresar agradecimiento	Expressing thanks
Gracias.	Thanks./Thank you.
Muchas gracias.	Thank you very much.
Mil gracias.	Thanks a lot.
Estoy muy agradecido/agradecida.	I'm very grateful.
Muy amable de tu parte.	You're very kind. (familiar)
Muy amable de su parte.	You're very kind. (formal)
RESPUESTAS	**REPLIES**
De nada./Por nada./No hay de qué.	It's nothing. You're welcome.
¿De verdad le (te) gusta?	Do you really like it?
Me alegro que le (te) guste.	I'm glad you like it.

°**¿De dónde está llamando?** *Where are you calling from?*

2.49 Muchas gracias. Both Spanish and Native American influences are evident in New Mexico. The articles below reflect both cultures. In pairs, take turns thanking each other for the following items, using the phrases shown on the preceding page.

■ **Ejemplo**   ESTUDIANTE 1: *Mil gracias por la jarra de cerámica.*
ESTUDIANTE 2: *De nada. ¿De verdad te gusta?*
ESTUDIANTE 1: *¡Sí! Es muy bonita.*

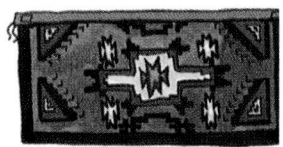  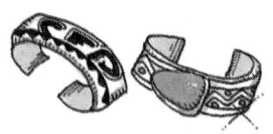

Alfombra estilo navajo   **Estatuitas de madera**   **Joyería con turquesas**

Cesta   **Manta**   **Chiles**

COMPOSICIÓN

Diario de actividades

For additional writing practice, see ***Diario de actividades, Tercera etapa: Estrategias/ Composición***.

Direcciones. Although information requested on forms varies from country to country, most require you to provide first and last name (**nombre y apellidos**), home address (**domicilio particular**), and state, region, or province (**estado, región** o **provincia**).

Antes de escribir

2.50 Solicitudes. Using what you know about forms and the amount of space provided, as well as cognate recognition, match the following terms with their appropriate English equivalents.

1. código postal
2. estado civil (soltero, casado, viudo)
3. fecha de nacimiento
4. vivienda propia
5. vivienda alquilada
6. nombre de la empresa
7. dirección
8. DNI (Documento Nacional de Identidad)
9. ingresos totales anuales netos
10. empleo anterior

a. rental unit
b. ID (Identification Card)
c. annual income
d. ZIP code
e. company name
f. status (single, married, widow)
g. own home
h. date of birth
i. address
j. previous employment

◆ In Spanish-speaking countries, the order of the numbers in dates is reversed. For example: *July 15, 1946* is written **el 15 de julio de 1946** or **15-7-46**.

A escribir

2.51 Información personal. Now complete the form with your personal information.

Suscripciones a la revista *Américas*

La revista **Américas** es una publicación bimestral en inglés y español de la Organización de los Estados Americanos.
Suscripción anual: US$18
Agregue US$4 para gastos de envío a todos los países que no sean miembros de la OEA.
Suscripción anual por vía aérea: US$24 a Canadá y México; US$27 a Centroamérica, el Caribe, Colombia y Venezuela; US$31 a otros países de Sudamérica y Europa.

Complete el siguiente formulario de suscripción, entréguenoslo y le mandaremos su factura; o complete el formulario y envíelo por correo con un cheque con el monto correspondiente a revista **Américas**, P.O. Box 3000, Denville, NJ 07834-3000, EE.UU.
Si desea obtener más información, llame sin cargo al **1-800-222-5405**.

Formulario de suscripción

Nombre _____

Dirección _____

Ciudad _____ Estado _____

Código postal_____ País _____

Correo electrónico_____

Teléfono # _____ Fax # _____

Elija el idioma ❑ español   ❑ inglés

Envíeme la cuenta por   ❑   Envíeme la cuenta por   ❑
1 año (6 números) US$18,00   2 años (12 números) US$32,00

Después de escribir

2.52 Una entrevista. In pairs, practice giving the following personal information from his or her form by spelling it out. You may refer to the alphabet on page 8 if necessary.

■ **Ejemplo**   ESTUDIANTE 1: *¿Tu nombre y apellido, por favor?*
                ESTUDIANTE 2: *Patricia Smith. P-A-T-R-I-C-I-A S-M-I-T-H.*

1. nombre y apellido(s)
2. dirección
3. código postal
4. correo electrónico

VOCABULARIO

Personalizing vocabulary. If you personalize the vocabulary and make it meaningful to you it will be much easier to learn Spanish. Think about how the words apply to your own family and use them in that context. Instead of just memorizing the words like **abuela** or **abuelo** think about how they relate to you. For example: **Mi abuela se llama Rose y mi abuelo se llama John**. The following activities will help you personalize your vocabulary in this chapter.

2.53 Invitados. Make up a guest list for a wedding or other family celebration. Include all the family members you would invite, their relationships to you, and any friends you would like to attend.

2.54 Descripciones. Make a list of the words you would use to describe yourself and different family members.

2.55 Definiciones. Write definitions for as many family members as possible.

■ **Ejemplo** *El padre de mi padre es mi abuelo.*

2.56 Oraciones. Use a vocabulary "cluster," such as the family words, in complete sentences.

2.57 Mensajes. Read the following messages for *El Día de la Madre* and make a list of key words. Working with your list, write a sentence or two to your mother, grandmother, or favorite aunt.

◆ Comprehension questions for activity 2.57:
1. To whom do Lisa, Mandy, and Alex send their regards?
2. To whom do Alexandra, Marcel, and Boris send their regards? 3. To whom do Manolo, Carmita, Lencha, and Manny send their regards?
4. What relationships does Zanovia have with the Braud and Montes families?

¡FELIZ DÍA ABUELA!
Te queremos mucho.
Gracias por ser tan buena con nosotros.

Lisa, Mandy y Alex

¡Feliz Día Mamá!
Te deseamos un día de la madre muy feliz.
Te queremos con todo el corazón.

Tu familia,
Manolo, Carmita, Lencha y Manny

Zanovia:

Porque te creemos la mejor madre,
Porque te creemos la mejor abuela,
Porque te creemos la mejor suegra,
Te queremos mucho, mamá.

La Familia Braud y la Familia Montes

¡FELICIDADES PARA LA MEJOR TÍA
DEL MUNDO!

FELIZ DÍA, TE QUEREMOS.

ALEXANDRA, MARCEL Y BORIS

2.58 Identificaciones. Look through the vocabulary list and pick out the nouns that identify persons, places, or things. Make two new lists, one for the masculine words and one for the feminine. Include the corresponding articles.

VOCABULARIO

Miembros de la familia   *Family members*

abuela	*grandmother*	media hermana	*half sister*
abuelo	*grandfather*	media hermano	*half brother*
bisabuela	*great grandmother*	nieta	*granddaughter*
bisabuelo	*great grandfather*	nieto	*grandson*
compañero/compañera	*companion, significant other*	nuera	*daughter-in-law*
cuñada	*sister-in-law*	padrastro	*stepfather*
cuñado	*brother-in-law*	padre	*father*
esposa	*wife*	padres	*parents*
esposo	*husband*	pariente	*relative*
gemelo/gemela	*twin*	primo/prima	*cousin*
hermana	*sister*	sobrina	*niece*
hermano	*brother*	sobrino	*nephew*
hermanastra	*stepsister*	suegra	*mother-in-law*
hermanastro	*stepbrother*	suegro	*father-in-law*
hija (adoptiva)	*(adopted) daughter*	tía	*aunt*
hijo (adoptivo)	*(adopted) son*	tío	*uncle*
hijastra	*stepdaughter*	viuda	*widow*
hijastro	*stepson*	viudo	*widower*
madrastra	*stepmother*	yerno	*son-in-law*
madre	*mother*		

Cómo decir la hora   *Phrases used in telling time*

WHEN A SPECIFIC TIME IS GIVEN:

de la mañana	*in the morning,* A.M.	Es la una.	*It is one o'clock.*
de la tarde	*in the afternoon,* P.M.	Son las dos.	*It is two o'clock.*
de la noche	*in the evening,* P.M.	. . . y cuarto.	*. . . fifteen after.*
del mediodía	*noon*	. . . y media.	*. . . half past.*
de la medianoche	*midnight*	¿Qué hora es?	*What time is it?*
en punto	*sharp, on the dot*	¿A qué hora . . . ?	*At what time . . . ?*

WHEN NO SPECIFIC TIME IS GIVEN:

por la mañana	*in the morning*
por la tarde	*in the afternoon*
por la noche	*in the evening*
al mediodía	*at noon*
a la medianoche	*at midnight*

Adjetivos descriptivos   *Descriptive adjectives*

aburrido/aburrida	*bored*	furioso/furiosa	*furious*
alegre	*happy*	nervioso/nerviosa	*nervous*
animado/animada	*excited*	ocupado/ocupada	*busy*
cansado/cansada	*tired*	orgulloso/orgullosa (de)	*proud (of)*
contento/contenta	*happy*	preocupado/preocupada	*worried*
deprimido/deprimida	*depressed*	seguro/segura	*sure*
encantado/encantada	*delighted*	triste	*sad*
enojado/enojada	*angry*		

Verbos regulares -ar   *Regular -ar verbs*

ayudar	*to help*	esperar	*to hope, to wait (for)*	pagar	*to pay*
buscar	*to look for*	estudiar	*to study*	practicar	*to practice*
cantar	*to sing*	ganar	*to earn, to win*	preparar	*to prepare*
charlar	*to chat*	gastar	*to spend*	sacar	*to take, to get*
comprar	*to buy*	hablar	*to speak*	terminar	*to finish*
consultar	*to check,*	invitar	*to invite*	tocar	*to play*
	to look up	limpiar	*to clean*		*(an instrument)*
cuidar	*to take care of*	llamar	*to call*	tomar	*to take, to drink*
desear	*to want, to wish*	llevar	*to take, to carry*	trabajar	*to work*
enseñar	*to teach*	mandar	*to send*	usar	*to use*
entregar	*to hand in,*	mirar	*to look at, to watch*	viajar	*to travel*
	hand over	necesitar	*to need*	visitar	*to visit*
escuchar	*to listen*				

Cómo charlar   *Chatting*

ENTRE AMIGOS	**AMONG FRIENDS**	**RESPUESTAS**	**REPLIES**
¿Cómo te va?	*How's it going?*	(Bastante) bien.	*(Pretty) well, fine.*
¿Cómo van las clases?	*How are classes going?*	Fenomenal.	*Phenomenal.*
¿Qué tal la familia?	*How's the family?*	Horrible.	*Horrible.*
¿Qué hay de nuevo?	*What's new?*	Mal.	*Bad(ly).*
		Nada de nuevo.	*Nothing new.*

FRASES DE CORTESÍA	**POLITE COMMENTS**
¿Cómo le va?	*How's it going?*
¿Cómo está la familia?	*How's the family?*

Cómo hablar por teléfono   *Talking on the phone*

¿Aló?	*Hello? (South America)*
¿Bueno?	*Hello? (Mexico and New Mexico)*
¿Diga/Dígame?	*Hello? (Spain)*
¿Con quién hablo?	*With whom am I speaking?*
¿De parte de quién?	*Who's speaking?*
¿Quién llama?	*Who's calling?*
¿Quién es?	*Who is it?*
No, no está. ¿Quiere(s) dejar un recado (mensaje)?	*No, he/she isn't here. Do you want to leave a message?*
Se ha equivocado de número.	*You have the wrong number.*
Un momento, por favor. Ahora viene (pasa).	*Just a moment, please. He/She will be right here.*
¿Está Alicia?	*Is Alicia there?*
Soy Tomás.	*It's Tom.*
Habla Silvia.	*Silvia speaking.*
¿Puedo hablar con Lorenzo, por favor?	*May I please speak with Lorenzo?*
Por favor, ¿está Arturo?	*Is Arturo home, please?*
Dígale (Dile) que llamaré más tarde.	*Tell him/her that I'll call back later.*

Cómo expresar agradecimiento   *Expressing thanks*

Gracias.	*Thanks. Thank you.*	**RESPUESTAS**	**REPLIES**
Muchas gracias.	*Thank you very much.*	De nada./Por nada./	*It's nothing. You're welcome.*
Mil gracias.	*Thanks a lot.*	No hay de qué.	
Estoy muy agradecido/	*I'm very grateful.*	¿De verdad le (te) gusta?	*Do you really like it?*
agradecida.		Me alegro que le (te) guste.	*I'm glad you like it.*
Muy amable de su (tu)	*You're very kind.*		
parte.			

CAPÍTULO

3

EN LA UNIVERSIDAD DE PUERTO RICO

Estudiantes de la
Universidad de
Puerto Rico

INTRODUCCIÓN

El universitario. The University of Puerto Rico (UPR), founded in 1903, is fully accredited and has over 66,363 students and eleven different campuses. The main campus in Río Piedras is known for its beautiful *Cuadrángulo*, which was declared a historic monument by the Institute of Culture in 1978 and placed on the US Registry of Historic Places in 1984. *El Universitario*, one of the university newspapers, includes information about the main campus, as well as meetings and performances at the other campuses.

Antes de leer

3.1 ¿Qué hay? Before you read the following excerpt from *El Universitario*, consider what you already know about your own campus newspaper. In small groups, write a list in English of the kinds of events that are usually advertised. Then, using a copy of your campus newspaper as a guide, expand the list to include the type of information given about each event.

■ **Ejemplo** sports events
sport, opponent, location, time

A leer

3.2 Actividades en UPR. The University of Puerto Rico sponsors many extra-curricular activities for its diverse student population. In pairs, study the following excerpt from *El Universitario*. Then answer the questions briefly in English.

1. Where will the jazz concert be held? What are the dates and time(s)?
2. What is going on in the Technical Institute's theater on the Bayamón campus?
3. What functions will be held on September 27? Where will they be held?
4. When and where will the ballet performance take place?
5. What company is co-sponsoring the "Nutrition of the Baby" lecture with *La Universidad Católica*?
6. What other event will take place in the UPR Theater? When will it take place?

UNIVERSITARIO *el*

PARA LOS QUE TOMARÁN LAS DECISIONES

Jíbaro Jazz en el Café Teatro Sylvia Rexach

Los días 21, 22, 27 y 28 de septiembre, Pedro Guzmán y Jíbaro Jazz se presentarán en concierto en el Café Teatro Sylvia Rexach del Centro de Bellas Artes, en funciones a las diez de la noche.

Actividades en CUTB

El próximo martes 25 de septiembre se llevará a cabo un concierto de Música de Cámara en el Teatro del Colegio Universitario Tecnológico de Bayamón a las 12 del mediodía.

El jueves 27 de septiembre se presentará el Décimo Festival de la Voz a las 12 del mediodía en el Teatro del CUTB.

Actividades en UPR

El miércoles, 12 de septiembre, a las 20:00, se presentará en el Teatro de la Universidad de Puerto Rico el Quinteto de Metal Babreilli que, compone parte de la Serie de Conciertos de Arte Mayor.

El Ballet de San Juan se presentará en el Teatro UPR en «Fantasía», el miércoles 26 de septiembre a las 21:00.

Conferencia en la UC

El Programa de Economía Doméstica de la Universidad Católica de Puerto Rico, en coordinación con la compañía Beech-Nut, ofrecerá una conferencia sobre la «Nutrición del Bebé» el jueves 27 de septiembre a las 10:30 de la mañana en el Anfiteatro Monseñor Vicente Murga.

Después de leer

3.3 En tu recinto. You have probably noticed that similar phrases appear in all of the *El Universitario* announcements. In small groups, write announcements in Spanish for three upcoming events on your campus, using the *El Universitario* calendar as a model. Then, take turns informing the other groups about the activities.

■ **Ejemplo** *Hay un concierto de piano el 30 de septiembre a las 20:00 en el teatro.*

◆ **Vocabulario esencial for activity 3.2:**

componer	*to make up*
función	*performance*
llevar a cabo	*to carry out, to take place*
ofrecer	*to offer*

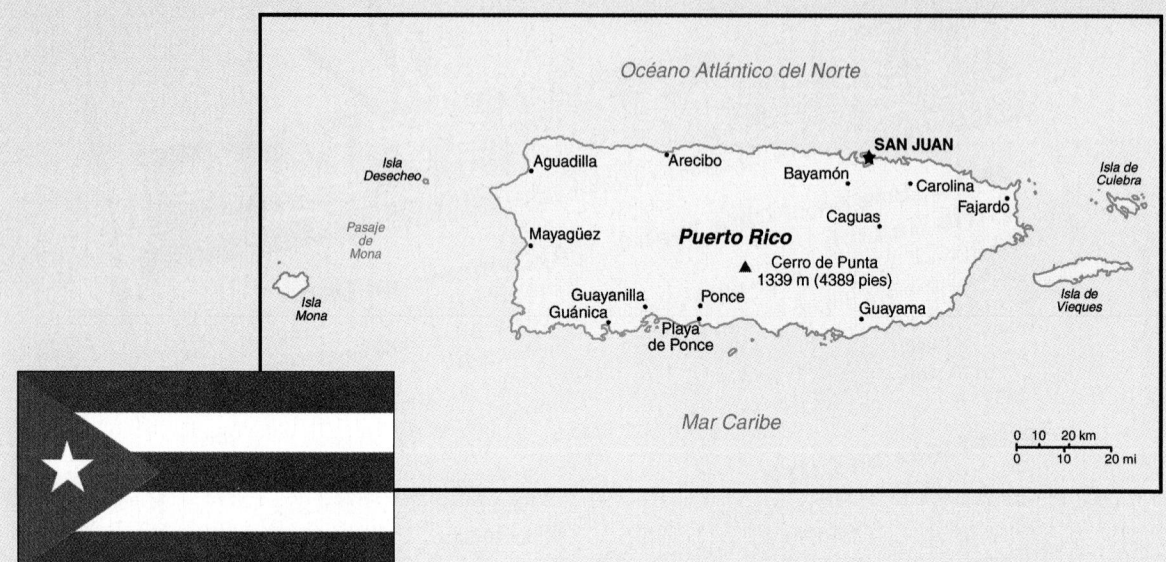

Puerto Rico

CAPITAL	San Juan
GEOGRAFÍA	El territorio puertorriqueño está constituido por la isla mayor de Puerto Rico e islas pequeñas. Al norte está Estados Unidos de América y al sur el mar Caribe.
ÁREA	3.435 millas cuadradas (5.531 kilómetros cuadrados)
COSTA	700 millas (1.126 kilómetros)
POBLACIÓN	3.915.798
EXPORTACIÓN	Productos agrícolas (café, frutas tropicales), productos farmacéuticos, ron y textiles
MONEDA	Dólar

El bilingüismo en Puerto Rico. For many who have visited Puerto Rico, the words of Diego Álvarez Chanca, who accompanied Columbus on his second voyage to the New World in 1493, are still true.

> *We proceeded along the coast the great part of that day, and on the evening of the next we discovered another island called Borinquen ... All the islands are very beautiful and possess a most luxuriant soil, but this last island appeared to exceed all others in beauty.*

After over four centuries of Spanish rule, Puerto Rico was granted autonomy from Spain in 1897 and in 1898 was turned over to the United States. In 1917, Puerto Ricans were made U.S. citizens and given the right to vote in local elections, and a senate and house of delegates were created. But the people had to wait until 1948 before they were allowed to elect their own governor. In 1952 Puerto Rico was declared a Commonwealth. In that same year, the constitution of Puerto Rico was put into effect. Puerto Rico shares currency, immigration, customs, postal services, international relations, and armed forces with the United States.

Because of tax exemptions, many manufacturing plants from all parts of the United States have relocated to the island. To obtain employment in this competitive job market, bilingualism is considered a definite asset. Spanish is the first language throughout the island, although many *borinqueños* (people native to Puerto Rico) study English in school or in special language institutes.

Borinquen

3.4 Anuncios para bilingües. In pairs, study the following classified advertisements for bilinguals. Then make a list in English of the positions being advertised. What are the qualifications or job description for each one?

■ **Ejemplo** **Maestro(a).** Se solicita urgente maestro(a) o asistente con experiencia para pre-escolar. Teléfono: (787) 787-2238.
Pre-school teacher. Experienced.

SE SOLICITAN VENDEDORES(AS)—
Buscamos líderes bilingües para nuevo producto. Llame hoy al (787) 806-8984.

MAESTROS(AS) CERTIFICADOS(AS)—Química, física, matemáticas, español. K-6. Bilingüe. $15-$17.50 hora. Inf. 675-2723.

SECRETARIO(A) ADMINISTRATIVO(A)—
Bilingüe, conocimientos en computadoras, nóminas, excelentes destrezas de comunicación. Organizado(a) y puntual. Enviar resumé con referencias verificables a: FAX (787) 257-7530.

ASISTENTE DENTAL—Para trabajo en recepción. 2 años de experiencia. Bilingüe. Tels. 363-7777, 279-0028.

RECEPCIONISTA BILINGÜE CON FUNCIONES SECRETARIALES—Área Guaynabo. Dinámica y motivada. Grado Intermedio en Secretariado. Entrevistas 447-8344.

3.5 En la sala de clase. It is important for you to understand and use common classroom expressions. Listen as your instructor pronounces the phrases and then repeat them. Then, in pairs, take turns reading the English equivalents and saying the Spanish phrases until you are very comfortable with them.

■ **Ejemplo** ESTUDIANTE 1: *¿Cómo se dice book?*
ESTUDIANTE 2: *Se dice libro.*

¿Cómo se deletrea . . . ?	*How do you spell . . . ?*
¿Cómo se dice . . . ?	*How do you say . . . ?*
¿Cómo se escribe . . . ?	*How do you write . . . ?*
¿Cómo?	*What?*
¿Cuándo hay que entregar la tarea/ la composición/el diario?	*When do we have to hand in the home- work/the composition/the journal?*
No comprendo.	*I don't understand.*
Perdón.	*Excuse me. (to get someone's attention)*
Disculpe.	*I'm sorry.*
Repita, por favor.	*Repeat, please.*
Tengo una pregunta.	*I have a question.*

◆ U.S. students learning Spanish tend to use the familiar *tú* forms both with their classmates and, sometimes, with their instructor. In Spanish-speaking countries, however, the formal *usted* is considered more appropriate.

3.6 Frases del profesor/de la profesora. The following instructions and other phrases are commonly used by instructors in the classroom. Listen as your instructor pronounces the phrases and then repeat them. In pairs, take turns reading the English equivalents and saying the Spanish phrases until you are very comfortable with them.

■ **Ejemplo** ESTUDIANTE 1: *Repeat, please.*
ESTUDIANTE 2: *Repitan, por favor.*

◆ Activities 3.5 and 3.6 list classroom expressions that will help you communicate with your instructor and your classmates. You should learn those expressions that you find most helpful. Although you do not have to memorize the phrases that would be used by your instructor, you should be able to understand them when they are used.

◆ Spanish formal commands for one student will end in either **–a** (for **–er** and **–ir** verbs) or **–e** (for **–ar** verbs): *repita, complete.* Familiar commands for one student are the same as the *usted/él/ella* form of the verb. Commands for a group of students will end in **–n**: *repitan, completen.* In Spain, however, plural familiar commands are formed by replacing the final **–r** of the infinitive with **–d**: *estudiad, repetid.* You will study commands in depth in ***Capítulo 9***.

Abra(n) los libros en la página . . . Abre el libro en la página . . .	*Open your book(s) to page . . . .*
Cierre(n) los libros./Cierra el libro.	*Close your book(s).*
Complete(n)/Completa la oración.	*Complete the sentence.*
Conteste(n)/Contesta en español.	*Answer in Spanish.*
Escriba(n)/Escribe en la pizarra.	*Write on the board.*
Formen grupos de . . . estudiantes.	*Form groups of . . . students.*
¿Hay preguntas?	*Are there any questions?*
Lea(n) en voz alta.	*Read aloud.*
Por ejemplo . . .	*For example . . .*
Practique(n) en parejas.	*Practice in pairs.*
Prepare(n)/Prepara la(s) actividades . . . para mañana.	*Prepare the activities . . . for tomorrow.*
Repita(n)/Repite por favor.	*Repeat, please.*
Saque(n)/Saca el libro (el cuaderno, una hoja de papel).	*Take out your book (notebook, a piece of paper).*

EXPRESIONES

 Textbook CD  PowerPoint

📖 Diario de actividades

For additional practice with the vocabulary, see **Diario de actividades, Primera etapa: Vocabulario/ Expresiones**.

El recinto de Río Piedras. In this section, you will learn about the main campus of the University of Puerto Rico. Study the map of the campus while listening to the descriptions of the locations for different buildings and monuments. Remember that you are not expected to understand every word. Study the questions in activity 3.7, then listen carefully to the descriptions and answer the questions.

El recinto de Río Piedras

1. CUADRÁNGULO
2. BIBLIOTECA GENERAL
3. MUSEO DE ANTROPOLOGÍA HISTORIA Y ARTE
4. TEATRO
5. RESIDENCIA DE SEÑORITAS
6. RESIDENCIA DE VARONES
7. CENTRO DE ESTUDIANTES
8. PISCINAS OLÍMPICAS
9. CENTRO DEPORTIVO
10. PISTA DE CORRER
11. CAMPO DE FÚTBOL
12. CANCHAS DE TENIS Y BALONCESTO
13. EDIFICIO DE CIENCIAS
14. CENTRO DE COMPUTADORAS
15. JARDÍN BOTÁNICO

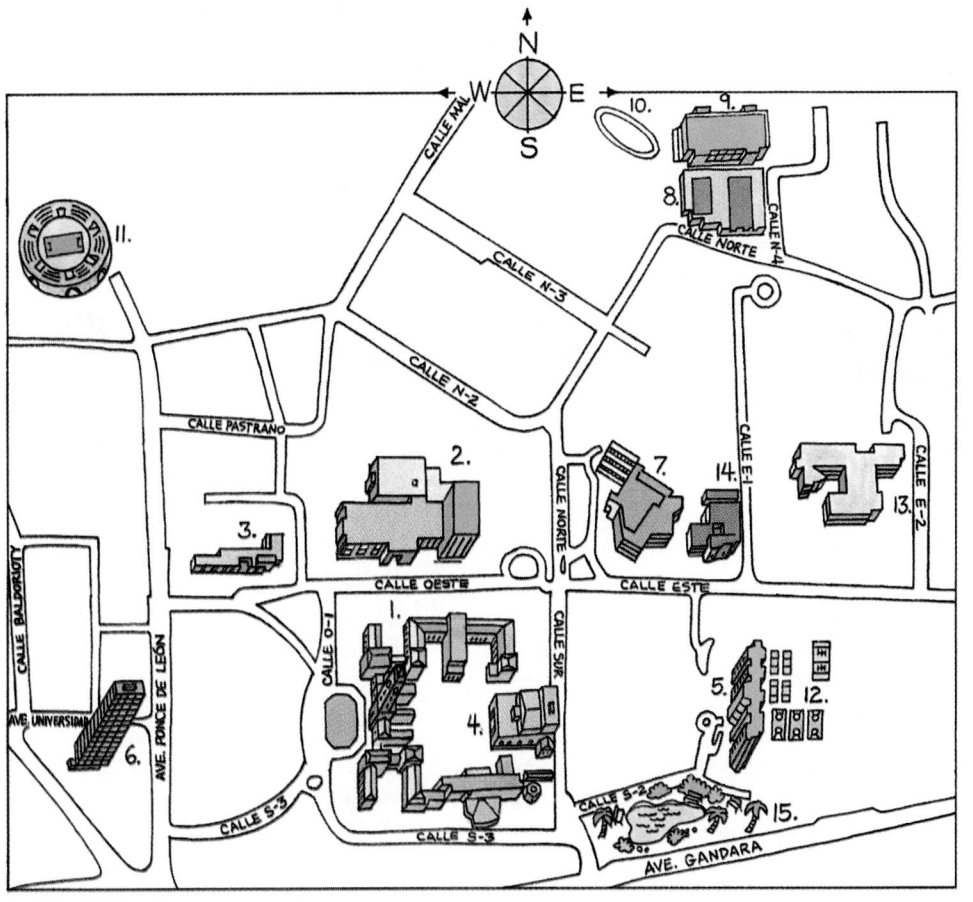

3.7 Comprensión. Answer the following questions briefly in Spanish.

1. ¿Cómo se llama la universidad?
2. ¿Dónde está?
3. ¿Cómo se llama la capital de Puerto Rico?
4. ¿Cuál es el monomento histórico de Estados Unidos?
5. ¿Qué presentaciones hacen en el Teatro?
6. ¿Dónde vive David?
7. ¿Qué servicios hay en el Centro de estudiantes?
8. ¿Cuál es el lugar más bonito de la universidad?
9. ¿Qué hay en el Centro Deportivo?
10. ¿Dónde hay colecciones arqueológicas de las culturas de Puerto Rico y el Caribe?

Preposiciones de ubicación y dirección
Prepositions of place and direction

a la derecha (de)	*to the right (of)*	detrás (de)	*in back (of), behind*
a la izquierda (de)	*to the left (of)*	encima (de)	*on top (of)*
a lo largo (de)	*along*	enfrente (de)	*in front (of)*
al fondo (de)	*in the back (of)*	entre	*between*
al lado (de)	*alongside (of), beside*	frente a	*facing, in front of*
cerca (de)	*close (to)*	fuera (de)	*outside (of)*
debajo (de)	*below, under(neath)*	junto a	*beside, next to*
delante (de)	*in front (of)*	lejos (de)	*far (from)*
dentro (de)	*inside (of)*		

La cosa está cerca de la caja.

La cosa está dentro de la caja.

La cosa está delante de la caja.

La cosa está detrás de la caja.

La cosa está al lado de la caja.

La cosa está lejos de la caja.

Lugares *Places*

♦ **Vocabulario adicional:**

parada de autobuses	*bus stop*	aparcamiento	*parking lot*
estacionamiento/ parqueadero	*parking*	biblioteca	*library*
alberca	*pool*	cafetería	*cafeteria*
clínica	*clinic*	cancha	*court*
auditorio	*auditorium*	centro	*center*

aparcamiento	*parking lot*	museo	*museum*
biblioteca	*library*	oficina	*office*
cafetería	*cafeteria*	oficina de correos	*post office*
cancha	*court*	piscina	*pool*
centro	*center*	pista de correr	*track*
edificio	*building*	recinto	*campus*
gimnasio	*gym(nasium)*	residencia	*dormitory*
jardín *(m.)* botánico	*botanical garden*	sala de recreo	*recreation room*
laboratorio	*laboratory*	teatro	*theater*
librería	*bookstore*	torre *(f.)*	*tower*

Gente de la universidad	University people
compañero/compañera de cuarto	roommate
consejero/consejera	adviser
decano/decana	dean
entrenador/entrenadora	coach
estudiante (m./f.)/alumno/alumna	student
instructor/instructora	instructor
presidente (m./f.)	president
profesor/profesora	professor/teacher
rector/rectora	chancellor/president

Un grupo de estudiantes puertorriqueños charla en la universidad

3.8 ¿Quién es? Can you identify your classmates by their location in the room? In pairs, take turns asking each other to name the persons in the following locations.

■ **Ejemplo** la persona (que está) detrás de ti°
ESTUDIANTE 1: **¿Quién es la persona (que está) detrás de ti?**
ESTUDIANTE 2: **La persona (que está) detrás de mí° es Saro.**

1. la persona (que está) delante de ti
2. la persona (que está) a tu izquierda
3. la persona cerca del profesor/de la profesora

°**ti** *you* **mí** *me*

4. la persona a la izquierda de la persona detrás de ti
5. la persona a la derecha de la persona enfrente de ti
6. la persona enfrente de la clase

3.9 Tu universidad. In pairs, take turns asking each other where the following places are located in your university.

◼ **Ejemplo** gimnasio

ESTUDIANTE 1: *¿Dónde está el gimnasio?*
ESTUDIANTE 2: *El gimnasio está frente a la biblioteca.*

1. cafetería
2. librería
3. oficina de correos
4. biblioteca
5. pista de correr

6. canchas de tenis
7. sala de recreo
8. teatro
9. piscina
10. centro de estudiantes

3.10 ¿Adónde hay que ir?° Do you know your way around the campus? In pairs, take turns and tell your partner the best place to go to do the following things.

◼ **Ejemplo** para estudiar

ESTUDIANTE 1: *¿Adónde hay que ir para estudiar?*
ESTUDIANTE 2: *Para estudiar hay que ir a la biblioteca.*

1. para tomar café
2. para hablar con el profesor/
   la profesora de español
3. para mandar cartas
4. para comprar un refresco
5. para practicar un deporte

6. para comprar discos compactos
7. para pagar la matrícula°
8. para jugar al tenis
9. para ver° una película
10. para comprar una calculadora
11. para escuchar un concierto de jazz

3.11 ¿Cómo se llama? In pairs, use the terms in *Gente de la universidad,* page 95, to exchange information about people on campus. Find out the names of your partner's roommates, professors, adviser, and the like. Include a brief description in each response.

◼ **Ejemplo** el/la presidente de la universidad

ESTUDIANTE 1: *¿Quién es la presidente de la universidad? ¿Y cómo es?*
ESTUDIANTE 2: *La presidente de la universidad es la Doctora Sánchez. Ella es baja, rubia y popular.*

°**ir** *to go* **matrícula** *tuition* **ver** *to see*

3.12 El Caribe. Most U.S. residents are aware that Puerto Rico is in the Caribbean, but they may not know where it is located in relation to other neighboring islands and areas. Study the map and then, working with a partner, take turns describing where the following places are.

■ **Ejemplo** ESTUDIANTE 1: *¿Dónde están las islas Vírgenes?*
ESTUDIANTE 2: *Las islas Vírgenes están al este de Puerto Rico.*

1. Jamaica
2. Barbados
3. Guadalupe
4. República Dominicana
5. Haití
6. Antigua
7. Aruba
8. Islas Caimán
9. Cuba
10. Trinidad

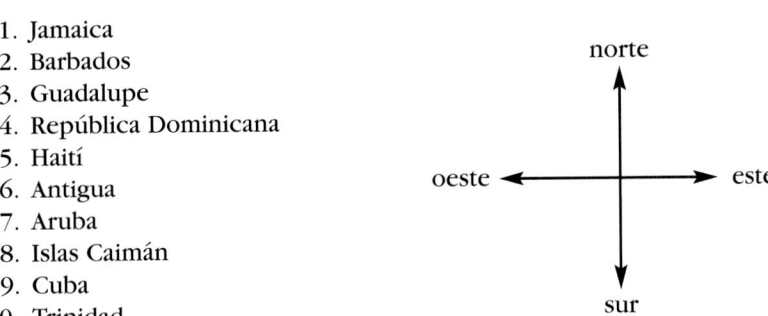

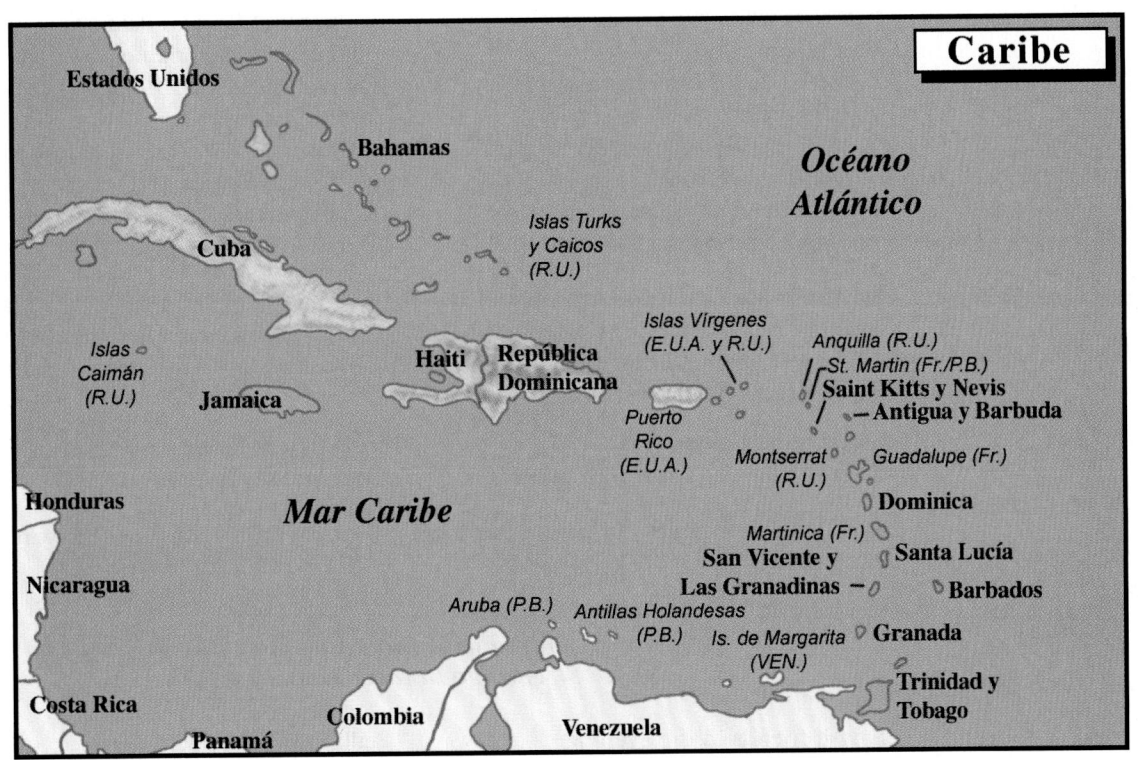

ASÍ ES

Cómo hacer preguntas

▲ The simplest way to ask a question is to raise the pitch of your voice at the end of a sentence. The following examples show which syllable is stressed, and the arrows show where to raise your voice. Remember that there is no Spanish equivalent for the English helping verbs *do, does, don't,* and *doesn't.*

¿**Compras li**bros u**sa**dos?   *Do you buy used books?*

¿**No es**tudian en **ca**sa?   *Don't they study at home?*

3.13 En Puerto Rico. In pairs, ask each other questions about *La Universidad de Puerto Rico.* Make the following statements into questions by changing the intonation.

■ **Ejemplo** Las residencias están al sur del Centro Deportivo.

ESTUDIANTE 1: *¿Las residencias están al sur del Centro Deportivo?*

ESTUDIANTE 2: *Sí, las residencias están al sur del Centro Deportivo.*

1. Hay muchos programas en el Teatro.
2. El 95% de los estudiantes no viven en el recinto.
3. En el recinto hay residencias para señoritas y varones.
4. Recientemente se han construído° edificios de diseño moderno.
5. La Torre y el Edificio Baldorioty están en el Cuadrángulo.
6. Hay una Escuela de Medicina Tropical en la Universidad.
7. La Universidad de Puerto Rico fue° establecida en 1903.
8. La primera clase de 12 estudiantes se graduó° en 1907.

▲ To ask a question you may also change the word order of a simple declarative sentence by placing the verb before the subject and raising your voice slightly at the end. Study the examples below, and practice writing and saying several simple questions that follow this format.

Usted trabaja en San Juan. → ¿Trabaja **usted** en San Juan?
Marta estudia en la universidad. → ¿Estudia **Marta** en la universidad?

3.14 Una entrevista. In pairs, take turns asking each other for the following information.

■ **Ejemplo** hand in homework every day

ESTUDIANTE 1: *¿Entregas la tarea todos los días?*

ESTUDIANTE 2: *Sí, entrego la tarea todos los días.*

1. visit friends in the evening
2. buy a book in the bookstore
3. drink coffee in the cafeteria
4. study in the library
5. work on campus
6. practice Spanish with friends
7. talk to the president of the university
8. study in the morning
9. send many e-mails home
10. practice sports
11. need to work every day

°**construído** *constructed* **fue** *was* **se graduó** *graduated*

3.15 ¿Tu mejor amigo/amiga? In pairs, take turns asking and answering questions about best friends based on the following information. Create questions by changing the word order of the sentences.

■ **Ejemplo**   hablar portugués
ESTUDIANTE 1: *¿Habla portugués tu mejor amigo?*
ESTUDIANTE 2: *No, él no habla portugués.* OR
Sí, él habla portugués.

1. hablar francés
2. comprar muchos discos
3. buscar información en Internet
4. escuchar música clásica
5. usar una computadora todos los días
6. desear ser presidente
7. necesitar estudiar
8. desear visitar un país extranjero°
9. esperar terminar los estudios en un año
10. visitar la familia los sábados y domingos

▲ To ask *Who? What? When? Where?* and *Why?* questions, you will use the subject-verb inversion you practiced in the activities above. Before doing activity 3.16, study the following examples and the interrogative expressions in the chart.

¿Cuántas personas hay en tu clase?   *How many people are in your class?*
¿Dónde está la cafetería?   *Where is the cafeteria?*
¿Cuándo estudias, por la tarde o por la noche?   *When do you study, in the afternoon or in the evening?*

Palabras interrogativas	*Interrogative words*		
¿Cómo?	*How?*	¿Adónde?	*To where?*
¿Cuál?/¿Cuáles?	*Which? What?*	¿Para qué?	*For what reason?*
¿Cuándo?	*When?*	¿Por qué?	*Why?*
¿Cuánto?/¿Cuánta?	*How much?*	¿Qué?	*What?*
¿Cuántos?/¿Cuántas?	*How many?*	¿Quién?/¿Quiénes?	*Who? Whom?*
¿Dónde?	*Where?*		

3.16 Preguntas. In pairs, practice asking and answering the following questions.

1. ¿Cómo estás?
2. ¿Cómo te llamas?
3. ¿Cuál es la capital de Nuevo México?
4. ¿Cuándo estudias, por la mañana, por la tarde o por la noche?
5. ¿Cuánto cuesta el libro de texto *Amistades*?
6. ¿Cuántos estudiantes hay en la clase hoy?
7. ¿Dónde están las canchas de tenis de la universidad?
8. ¿Para qué necesitas trabajar?
9. ¿Por qué estudias español?
10. ¿Quiénes son tus amigos?

3.17 En la clase. Think of ten things you would like to learn about one of your classmates. Using the interrogative words and models you have learned, write down ten questions asking this information. After you have completed the ten questions, choose a partner and see what you can find out about him or her.

───────

°**país extranjero**   *foreign country*

◆ The prepositions *a, con, de, en,* and *por* may also be combined with the interrogative words.

For example:
¿Adónde vas? *Where are you going (to)?*
¿De dónde vienes? *Where are you coming from?*
¿A quiénes les escribes? *To whom do you write?*
¿Con quién hablas? *With whom are you speaking?*

◆ **¿Qué?** is used when a definition or identification is requested:
¿Qué son las orquídeas? Son flores que crecen en climas tropicales.
¿Qué es el Cuadrángulo? Es un monumento histórico en el recinto de Río Piedras.
It is also used in set expressions:
¿Qué es eso? *What is that?*
¿Qué significa . . . ? *What does . . . mean?*
¿Qué te parece . . . ? *What do you think about . . . ?*

◆ **¿Cuál?** is used to isolate one or several things from a group.
¿Cuál es la capital de Puerto Rico? Es San Juan.
¿Cuáles son otras ciudades importantes de Puerto Rico? Son Caguas, Bayamón y Mayagüez.

◆ **¿Cómo?** is used to ask for clarification or repetition, as in "What did you say?"

Los meses del año

▲ The names of the months of the year are nearly all cognates in Spanish. Notice that the months are not capitalized. To express the first day of the month, the word **primero** is used: **el primero de enero**. The months are all masculine in gender.

Meses del año	*Months of the year*		
enero	*January*	julio	*July*
febrero	*February*	agosto	*August*
marzo	*March*	septiembre	*September*
abril	*April*	octubre	*October*
mayo	*May*	noviembre	*November*
junio	*June*	diciembre	*December*

3.18 Los meses del año. In small groups, take turns asking and answering when the following holidays are celebrated.

■ **Ejemplo** el Día de los Veteranos
　　　　ESTUDIANTE 1: *¿Cuándo se celebra° el Día de los Veteranos?*
　　　　ESTUDIANTE 2: *El 11 de noviembre se celebra el Día de los Veteranos.*

◆ Notice that the definite article *el* is used before a date and that the word *día* is usually omitted: *Es el (día) 24 de octubre.*

1. el Día de la Madre
2. el Día del Padre
3. el Día de San Patricio
4. el Día de la Independencia de Estados Unidos

5. el Año Nuevo
6. el Día del Trabajo
7. el Día de Acción de Gracias
8. la Navidad

Pensando en Tí Con Cariño En Tu Cumpleaños

E*n un día como éste, quisiera felicitarte, pues mereces lo mejor que la vida pueda darte, y aprovecho la oportunidad para saludarte y desearte un muy feliz cumpleaños.*

3.19 Celebrar los días feriados. In pairs, take turns asking each other questions about *where, with whom,* and *how* you celebrate the holidays in activity 3.18.

■ **Ejemplo** ESTUDIANTE 1: *¿Con quién celebras el Día de San Valentín?*
　　　　ESTUDIANTE 2: *Celebro el Día de San Valentín con mi novio/novia.*

°**se celebra** *does one celebrate*

PRIMERA FUNCIÓN

Expressing likes, dislikes, and needs using **gustar, interesar, encantar, faltar, fascinar, molestar,** and **quedar**

▲ **Gustar** In order to say you like or do not like something, you will use the verb **gustar**. Read the following sentence and guess what course I like and what course I do not like.

Me gusta la física pero no me gusta la química.
I like physics but do not like chemistry.

▲ The verb **gustar** means *to please* or *to be pleasing to* and is usually used in the third-person singular or plural form, depending on whether the item that pleases or displeases is singular or plural. For example:

Me gusta el español.　　　　**Me gustan** las matemáticas.
No **me gusta** la física.　　　　No **me gustan** las ciencias políticas.

Materias	*Courses*		
antropología	*anthropology*	física	*physics*
arte (el arte, las artes)	*art*	geología	*geology*
arte dramático	*theater*	historia	*history*
astronomía	*astronomy*	ingeniería	*engineering*
biología	*biology*	lenguas modernas	*modern languages*
ciencias de la computación	*computer science*	literatura	*literature*
ciencias políticas	*political science*	matemáticas	*mathematics*
contabilidad	*accounting*	psicología (sicología)	*psychology*
economía	*economics*	química	*chemistry*
filosofía	*philosophy*	sociología	*sociology*

3.20 Mis preferencias. In pairs, take turns telling each other which courses you like and do not like:

■ **Ejemplos** ESTUDIANTE 1: *Me gusta la antropología, ¿y a ti?°*
　　　　　　ESTUDIANTE 2: *Sí, a mí también° me gusta la antropología.* or

　　　　　　ESTUDIANTE 1: *No me gusta la antropología, ¿y a ti?*
　　　　　　ESTUDIANTE 2: *No, a mí tampoco° me gusta la antropología.*

°**¿y a ti?** *and you?* **también** *also* **tampoco** *neither*

Diario de actividades
For additional practice with nouns and articles, see ***Diario de actividades***, ***Segunda etapa: Primera función***.

◆ Notice that the definite article is used with a noun that stands for an entire category: *Me gusta el arte.*

◆ Notice that *el arte* changes to *las artes* in the plural form.

◆ Modern languages include *el árabe, el alemán, el español, el francés, el inglés, el italiano, el japonés, el portugués, el ruso.*

◆ Remember to use the definite article in your sentences, for example: *Me gusta la historia.*

3.21 Días festivos. In pairs, take turns asking each other about your favorite holidays.

■ **Ejemplo** ESTUDIANTE 1: *¿Te gusta el día de San Valentín?*
ESTUDIANTE 2: *Sí, me gusta el día de San Valentín.*

▲ You may also use this same structure to tell others what you like and do not like to do. When using **gustar** followed by the infinitive form of the verb, however, only the SINGULAR form (**gusta**) is used. Look at the following examples. Can you guess the meanings of the verb phrases?

Me gusta hacer ejercicios aeróbicos pero no **me gusta** jugar al béisbol.
Me **gusta** charlar con amigos y bailar en las fiestas.

I like to do aerobic exercises, I do not like to play baseball. I like to chat with friends and dance at parties.

▲ Notice that even if you list more than one activity (**charlar y bailar**), the third-person singular form (**gusta**) is still used. Now let's practice talking about some of the things you like and do not like to do.

3.22 Para todos los gustos. In pairs, take turns asking and telling each other what you enjoy and do not enjoy doing.

■ **Ejemplo** jugar° al golf
ESTUDIANTE 1: *¿Te gusta jugar al golf?*
ESTUDIANTE 2: *No, no me gusta jugar al golf.*

charlar con amigos	jugar al fútbol	tomar café con leche
esquiar	jugar al tenis	jugar a las cartas°
jugar al baloncesto	practicar deportes acuáticos	tomar el sol° en la playa
jugar al béisbol	tocar la guitarra	viajar

3.23 En la universidad. In small groups, brainstorm a list of typical campus activities. Then take turns asking each other whether you like or dislike doing those activities.

■ **Ejemplo** estudiar en la biblioteca
ESTUDIANTE 1: *¿Te gusta estudiar en la biblioteca?*
ESTUDIANTE 2: *No, no me gusta estudiar en la biblioteca. Me gusta estudiar en la residencia.*

─────────

°**jugar** *to play* **cartas** *cards* **tomar el sol** *to sunbathe*

▲ To tell about the likes and dislikes of other people, or to ask questions, you have to consider only the person by changing the corresponding PRONOUN that comes before **gustar**. As you study the following chart, notice that a PREPOSITIONAL PHRASE with **a** + a prepositional pronoun or a noun may be used with **gustar** for emphasis or to clarify the meaning of who is pleased.

Gustar *To like, to be pleasing*	
(A mí) **me gusta** la música popular.	*I like popular music.*
(A ti) **te gustan** los discos compactos.	*You like compact discs.*
(A usted) **le gusta** la pizza.	*You like pizza.*
(A Luis) **le gusta** el arte.	*Luis likes art.*
(A Silvia) **le gustan** las ciencias naturales.	*Silvia likes natural sciences.*
(A nosotros/nosotras) **nos gusta** la geología.	*We like geology.*
(A vosotros/vosotras) **os gustan** los deportes.	*You (all) like sports.*
(A ustedes) **les gustan** la música y el arte.	*You (all) like music and art.*
(A Luis y a Silvia) **les gusta** el español.	*Luis and Silvia like Spanish.*

▲ You have probably noticed that **le** and **les** have several meanings. Study the additional meanings of **le** and **les** in the following chart before you begin the activities.

Frases preposicionales *Prepositional phrases*		
A usted		*You like art.*
A él		*He likes art.*
A mi amigo		*My friend likes art.*
A ella	**le** gusta el arte.	*She likes art.*
A Ana		*Ana likes art.*
Al profesor/ A la profesora		*The professor likes art.*
A ustedes		*You (all) like languages.*
A ellos		*They like languages.*
A Rita y a José	**les** gustan las lenguas.	*Rita and José like languages.*
A ellas		*They like languages.*
A mis amigas		*My friends like languages.*
A los estudiantes		*The students like languages.*

3.24 ¿Con qué frecuencia . . . ? In pairs, talk about the frecuency with which you engage in different activities. Use the following phrases as guidelines:

cuatro (cinco, ocho, etc.) veces al mes
  (four times a month)
dos (una, tres, etc.) veces al año
  (twice a year)

todos los días   *(every day)*
una vez a la semana   *(once a week)*
nunca   *(never)*

■ **Ejemplo**   ver° la televisión
      ESTUDIANTE 1: *¿Con qué frecuencia te gusta ver la televisión?*
      ESTUDIANTE 2: *Me gusta ver la televisión cuatro veces a la semana.*

◆ Note that the plural of *vez* is *veces.*

1. cantar con la radio
2. charlar con los amigos
3. comprar discos compactos
4. cuidar a los niños
5. escuchar música
6. estudiar español
7. hablar por teléfono
8. limpiar tu residencia
9. practicar yoga
10. tocar un instrumento musical
11. viajar
12. visitar a los parientes

°**ver**   *to watch (see)*

3.25 Gustos y preferencias. In small groups, take turns creating original sentences from the following elements.

■ **Ejemplo** ESTUDIANTE 1: *¿A tu amigo le gusta la computación?*
ESTUDIANTE 2: *Sí, a mi amigo le gusta la computación.*

A mí				bailar
A ti		me		el laboratorio de lenguas
A tu amigo/amiga		te		escuchar los discos
A tu familia		le	gusta	compactos
A vosotros/vosotras	(no)	nos	gustan	estudiar
A ustedes		os		las reuniones familiares
A tus amigos		les		los exámenes finales
A tus parientes				trabajar por la noche
A los estudiantes				ver la televisión

3.26 Una encuesta. In pairs, take turns asking each other which of the following items you prefer.

■ **Ejemplo** artes/ciencias
ESTUDIANTE 1: *¿Te gustan más las artes o las ciencias?*
ESTUDIANTE 2: *Me gustan más° las artes.*

1. lenguas/matemáticas
2. vivir° en la residencia/vivir en un apartamento
3. estudiar en la biblioteca/estudiar en el centro de estudiantes
4. literatura/física
5. exámenes orales/exámenes escritos
6. comer° en la cafetería/comer en casa

3.27 Gustos personales. In pairs, take turns talking about what the following people like.

■ **Ejemplo** tu amigo/amiga
ESTUDIANTE 1: *¿Qué le gusta a tu amiga?*
ESTUDIANTE 2: *A mi amiga le gusta practicar el yoga.*

1. tu compañero/compañera
2. tu familia
3. tu mejor amigo/amiga
4. tu profesor/profesora de español
5. tus parientes
6. tus primos

▲ Several other verbs that work like **gustar** are **interesar**, **encantar**, **faltar**, **fascinar**, **molestar**, and **quedar**. Study the following examples before you begin the activities for this section.

Sentimientos y necesidades   *Feelings and needs*

Me **encanta** la geografía.	*I love geography.*
No te **interesan** las artes.	*You're not interested in the arts.*
A Pedro le **faltan** tres cursos de ingeniería.	*Pedro needs three engineering courses.*
Nos **fascinan** las ciencias naturales.	*We are fascinated by the natural sciences.*
¿Les **molesta** a los niños la violencia?	*Does violence bother children?*
A ustedes les **quedan** cinco dólares.	*You have five dollars left.*

°**más** *more*   **vivir** *to live*   **comer** *to eat*

3.28 ¿A quién le interesa . . . ? Interview your classmates and find out who is interested in the following things.

■ **Ejemplo** ESTUDIANTE 1: *¿Te interesa la música clásica?*
ESTUDIANTE 2: *No, no me interesa la música clásica.*

1. música clásica
2. fotografía
3. poesía
4. lenguas extranjeras
5. ecología
6. computadoras
7. historia
8. montañas
9. ciencias
10. política
11. horóscopos
12. esquí acuático *(m.)*

◆ **Vocabulario adicional:**

pizarrón	*chalkboard*
borrador/	*pencil*
goma de	*eraser*
borrar	
cola/pegamento	*glue*
sujetapapel	*paper clip*
computadora	*laptop*
portátil	
PC de bolsillo	*handheld*

Útiles escolares	*School supplies*		
agenda	*date book*	mesa	*table*
bolígrafo	*ballpoint pen*	mochila	*backpack*
borrador *(m.)*	*eraser (chalk)*	notas adhesivas	*Post-it® notes*
calculadora	*calculator*	papel *(m.)*	*paper*
computadora/	*computer*	pizarra	*chalkboard*
ordenador *(m.)*		pluma (estilográfica)	*fountain pen*
cuaderno	*notebook*	pupitre *(m.)*	*desk*
diario	*diary*		*(student's)*
diccionario	*dictionary*	ratón *(m.)* (ratones *pl.*)	*mouse*
escritorio	*desk*	regla	*ruler*
goma	*eraser (pencil)*	reloj *(m.)*	*watch/clock*
grabadora	*tape recorder*	rotulador/marcador *(m.)*	*marker*
impresora	*printer*	silla	*chair*
lápiz *(m.)* (lápices *pl.*)	*pencil(s)*	tiza/gis *(m.)*	*chalk*
libro	*book*		

3.29 Me falta algo. In pairs, take turns telling your partner about the school items you need. Keep adding items until both of you have named at least five items.

■ **Ejemplo** ESTUDIANTE 1: *Me faltan tres lápices. ¿Y a ti?*
ESTUDIANTE 2: *Me falta una mesa. ¿Y a ti?*
ESTUDIANTE 1: *Me faltan tres lápices y un bolígrafo. ¿Y a ti?*

◆ As you study the descriptions of the school supplies, find the cognates.

Mouse Pad especialmente fabricado en nylon.
Ergo Mouse Pad: alfombra de ratón ergonómica, fabricada en un material acolchado, con soporte para evitar la fatiga en la muñeca durante el trabajo.

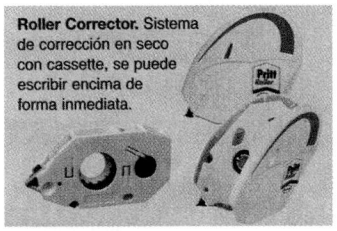

Roller Corrector. Sistema de corrección en seco con cassette, se puede escribir encima de forma inmediata.

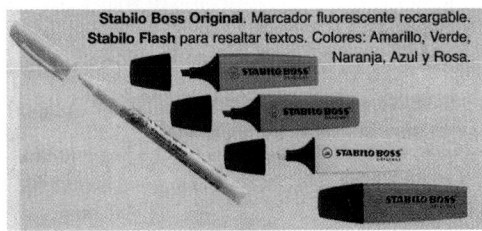

Stabilo Boss Original. Marcador fluorescente recargable.
Stabilo Flash para resaltar textos. Colores: Amarillo, Verde, Naranja, Azul y Rosa.

3.30 La tolerancia. In pairs, read the following items and indicate the degree to which each bothers you. Compare your results with the other members of the class.

■ **Ejemplo**   pizza

ESTUDIANTE 1: *¿Cuánto te gusta la pizza?*
ESTUDIANTE 2: *A mí me gusta muchísimo la pizza.*

0	+	++	+++
nada	**un poco**	**mucho**	**muchísimo**

abuso del alcohol (*m.*)	crimen (*m.*)	insectos
aire (*m.*) contaminado	desconsideración	serpientes (*f.*)
música ruidosa	drogas	teléfonos celulares
boxeo	egoísmo	tráfico
cigarrillos	energía nuclear	violencia
clases a las ocho de la mañana	exámenes (*m.*)	visitas al dentista

3.31 En la universidad. In pairs, take turns asking and answering the following questions.

■ **Ejemplo**   ESTUDIANTE 1: *¿Qué actividades te fascinan?*
ESTUDIANTE 2: *Me fascinan los conciertos.*

1. ¿Qué te gusta de la universidad? ¿Qué te molesta? ¿Por qué?
2. ¿Qué clases te interesan? ¿Por qué?
3. ¿Cuántos semestres (trimestres) te quedan para terminar tu carrera?
4. ¿Qué curso te fascina? ¿Por qué?
5. ¿Qué te gusta hacer los fines de semana?°
6. ¿Cuánto dinero te falta para comprar tus libros?

SEGUNDA FUNCIÓN

Expressing possession using possessive adjectives

▲ You have already seen several adjectives used to express possession or relationship. For example, David used the following expressions when talking to his adviser:

mi matrícula
mis cursos
mis clases

What do you think **mi** and **mis** mean? Can you explain why there are two words that mean the same thing? Remember that in Spanish, adjectives must agree in number and in gender. If I want to indicate that I possess something or refer to an object or person that pertains to me, I would say **mi amigo, mi toalla,** or **mi profesor.** If I refer to more than one object or person, however, the plural form of the POSSESSIVE ADJECTIVE (**mis**) is used. Therefore I would say **mis amigos, mis toallas,** or **mis profesores.** Study the chart on the next page.

°**los fines de semana**   *on weekends*

Adjetivos posesivos *Possessive adjectives*

SINGULAR		PLURAL	
mi amigo **mi** amiga	*my friend*	**mis** amigos **mis** amigas	*my friends*
tu amigo **tu** amiga	*your friend (familiar)*	**tus** amigos **tus** amigas	*your friends (familiar)*
su amigo **su** amiga	*your friend (formal), his, her, its friend*	**sus** amigos **sus** amigas	*your friends (formal), his, her, its friends*
nuestro amigo **nuestra** amiga	*our friend*	**nuestros** amigos **nuestras** amigas	*our friends*
vuestro amigo **vuestra** amiga	*your friend (familiar)*	**vuestros** amigos **vuestras** amigas	*your friends (familiar)*
su amigo **su** amiga	*your friend (formal), their friend*	**sus** amigos **sus** amigas	*their friends*

▲ As you look at the list, notice that the possessive adjective agrees with the noun and not with the owner or possessor. David and Enrique refer to Ana and Teresa as *our friends* by saying **nuestras amigas** NOT **nuestros amigas**.

3.32 ¿Cómo es? In pairs, take turns describing the following persons and things, using the nouns and adjectives below. Remember that adjectives agree in number and gender with the person, place, or thing you are describing.

Una clase interesante

■ **Ejemplo** clase de español/
interesante
ESTUDIANTE 1: *¿Cómo es tu clase de español?*
ESTUDIANTE 2: *Mi clase de español es divertida.*

Sustantivos

agenda
apartamento/residencia
compañero/compañera de cuarto
profesor/profesora de . . .
actividades
amigos
clases
instructores
parientes

Adjetivos

aburrido
bueno
difícil°
divertido°
fácil°
interesante
malo
nuevo°
terrible
viejo°

°**difícil** *difficult* **divertido** *fun* **fácil** *easy* **nuevo** *new* **viejo** *old*

3.33 ¿Cuánto cuesta . . . ? In small groups, take turns asking and giving the price of the following items.

■ **Ejemplo**   ESTUDIANTE 1: *¿Cuánto cuesta° tu libro de inglés?*
                ESTUDIANTE 2: *Mi libro de inglés cuesta veinte dólares.*

libro de español	diario	mochila	grabadora
pluma estilográfica	diccionario	lápiz	rotulador
cuaderno de actividades	bolígrafo	calculadora	agenda

3.34 Preguntas personales. Find out a little more about your partner by asking him or her the following questions. Then, write a brief paragraph summarizing his or her responses.

1. En general, ¿cómo son tus clases en la universidad?
2. ¿Cómo se llama tu profesor preferido? ¿tu profesora preferida?
3. ¿Cuál es tu clase más difícil? ¿más fácil? ¿más interesante?
4. ¿A qué hora son tus clases?
5. ¿Dónde tienes tu clase de . . . ?
6. ¿Cuál es tu materia favorita? ¿Por qué?

Los días de la semana

▲ The names in Spanish for the days of the week are given below.

Días de la semana	*Days of the week*		
lunes	*Monday*	viernes	*Friday*
martes	*Tuesday*	sábado	*Saturday*
miércoles	*Wednesday*	domingo	*Sunday*
jueves	*Thursday*		

◆ The Hispanic calendar begins with **lunes** (*Monday*) and ends with **domingo** (*Sunday*). The days of the week are masculine in gender and are not capitalized in Spanish.

In the following examples, notice the use of the DEFINITE ARTICLES **el** and **los**. If you want to describe an event that takes place on a particular day, you would use **el**. If something happens repeatedly on a certain day, use **los** before the plural form of the days of the week. The only two days that add an **-s** in the plural forms are **sábado** and **domingo**. No article, however, is used with a day of the week after the verb **ser** or in the phrase **de . . . a . . .** with time expressions.

Tengo un examen de historia **el** martes 13.	*I have a history exam **on** Tuesday, the 13th.*
Hay una fiesta **el** sábado.	*There is a party **on** Saturday.*
Llamo a mis amigos **los** domingo**s**.	*I call my friends **on** Sundays.*
Hoy **es** miércoles.	*Today **is** Wednesday.*
Trabajo **de** lunes **a** viernes.	*I work **from** Monday **to** Friday.*

3.35 Una semana de clases. In small groups, exchange information about your schedule over the course of a week. Mention the classes that you are taking and when they meet.

■ **Ejemplo** *Mi clase de biología es a las ocho y media de la mañana de lunes a viernes.*

°**cuesta** *cost*

3.36 Durante la semana. In pairs, take turns asking when you typically do the following things during the week.

■ **Ejemplo**   talk to your family
   ESTUDIANTE 1: *¿Cuándo hablas con tu familia?*
   ESTUDIANTE 2: *Hablo con mi familia los domingos.*

1. talk to your instructor
2. help your friends
3. clean your apartment
4. invite your friends to a party
5. visit your relatives
6. hand in your homework
7. drink coffee with your friends in the cafeteria
8. use your computer
9. send e-mails

▲ You have learned that **su** and **sus** may mean *his, her, its, your* (formal singular and plural), and *their*. Although the meaning is usually clear from the context of the sentence, to avoid ambiguity, the following structures may be used.

Significados de *su* The meaning of *su*	
Es **su** libro. = Es el libro de usted.	Es el libro de ustedes.
Es el libro de él.	Es el libro de ellos.
Es el libro de David.	Es el libro de David y Paco.
Es el libro del profesor.	Es el libro de los profesores.
Es el libro de ella.	Es el libro de ellas.
Es el libro de Ana.	Es el libro de Ana y Teresa.
Es el libro de la profesora.	Es el libro de las profesoras.

3.37 ¿Cómo son tus clases? In pairs, take turns describing your classes. Mention the time of the day for the class and tell if it is interesting, boring, difficult, easy, and so on.

■ **Ejemplo** *La clase de inglés del Dr. Sullivan es los lunes a las nueve. Su clase es interesante.*

3.38 ¿Dónde está(n)? In pairs, take turns asking each other questions about the location of places and things by choosing an item from each of the columns.

■ **Ejemplo**   casa/amigo
   ESTUDIANTE 1: *¿Dónde está la casa de tu amigo?*
   ESTUDIANTE 2: *Su casa está en Washington DC.*

A	**B**
apartamento	amigo/amiga
auto	compañero/compañera
casa	consejero/consejera
clase	estudiantes
oficina	familia
residencia	profesor/profesora
universidad	novio/novia

3.39 ¿Cómo son? In small groups, take turns asking questions about and describing the following people.

amigo/amiga   abuelo/abuela   profesores/profesoras
novio/novia   esposo/esposa   primos/primas

■ **Ejemplo**   amigo
          ESTUDIANTE 1: *¿Cómo es tu amigo?* (to student 2)
          ESTUDIANTE 2: *Mi amigo es inteligente y alto.*
          ESTUDIANTE 1: *¿Cómo es su amigo?* (to student 3)
          ESTUDIANTE 3: *Su amigo es inteligente y alto.*

3.40 Una persona famosa. Write five questions that you would ask a well-known person during an interview. Then, in pairs, take turns role playing the celebrities and answering each other's questions.

■ **Ejemplo**   Jennifer López
          ESTUDIANTE 1: *Jennifer, ¿le gusta a usted su trabajo?*
          ESTUDIANTE 2: *Sí, me gusta cantar y bailar.*

Diario de actividades

For additional practice with *-er* and *-ir* verbs, see the *Diario de actividades, Segunda etapa: Tercera función*.

◆ In Spanish, the subject or subject pronoun may be omitted when the context is provided.

TERCERA FUNCIÓN
Requesting and reporting facts using regular -er and -ir verbs

▲ Now that you have learned how to use regular **-ar** verbs in Spanish, it will be very easy to learn the next two groups of REGULAR VERBS, which end in **-er** and **-ir**. As you read the following sentences that describe the activities of David and his friends, notice the **-er** and **-ir** verbs.

David **bebe** café todos los días en la cafetería con sus amigos. Por la tarde él **lee** su libro de español y **responde** todas las preguntas del *Diario de actividades*. Él **vive** en casa con sus padres pero sus amigos **viven** en las residencias de la universidad.

The following chart shows the six endings used with these two groups of verbs to express ideas in the PRESENT time frame. Notice that the endings are identical except for two forms, **nosotros/nosotras** and **vosotros/vosotras**.

Verbos regulares *-er* e *-ir* Regular *-er* and *-ir* verbs		
Sujetos	**aprender**	**vivir**
(yo)	aprend**o**	viv**o**
(tú)	aprend**es**	viv**es**
(usted/él/ella)	aprend**e**	viv**e**
(nosotros/nosotras)	aprend**emos**	viv**imos**
(vosotros/vosotras)	aprend**éis**	viv**ís**
(ustedes/ellos/ellas)	aprend**en**	viv**en**

▲ Remember that when two Spanish verbs are used in a sequence without a change in subject, the second verb usually remains in the INFINITIVE form. For example:

Antes de tomar el examen, **debemos responder a** todas las preguntas del
   Diario de actividades.
*Before taking the exam, we **should answer** all the questions in the Diario de
   actividades.*

La profesora **insiste en hablar** exclusivamente español en la clase.
*The professor **insists on speaking** only Spanish in the class.*

Here are some common **-er** and **-ir** verbs for you to practice.

Verbos comunes que terminan en *-er*		*Common -er verbs*	
aprender	*to learn*	leer	*to read*
beber	*to drink*	prometer	*to promise*
comer	*to eat*	responder (a)	*to respond*
comprender	*to understand*	saber	*to know (a fact)*
creer (en)	*to believe (in)*	suspender	*to fail*
deber (+ inf.)	*to ought to, should*	vender	*to sell*
	(do something)	ver	*to see*

◆ Notice that *saber* and *ver* are irregular in the first person singular only:

sé	**sabemos**
sabes	**sabéis**
sabe	**saben**
veo	**vemos**
ves	**véis**
ve	**ven**

Verbos comunes que terminan en *-ir*		*Common -ir verbs*	
abrir	*to open*	insistir	*to insist*
asistir (a)	*to attend*	(en + inf.)	*(on doing something)*
describir	*to describe*	ocurrir	*to occur*
escribir	*to write*	recibir	*to receive*
		vivir	*to live*

3.41 Nuestras actividades. In small groups, take turns talking about your own and other's activities. Include both affirmative and negative statements.

■ **Ejemplo** *Nosotros recibimos buenas notas en los exámenes.*

el profesor/la profesora	abrir	la puerta de la sala de clase
el/la presidente de la	aprender	en una casa/una residencia
universidad	asistir a	novelas de ciencia ficción
tú	beber	libros usados
yo	comer	en el *Diario de actividades*
los estudiantes	comprender	buenas/malas notas en los
mis amigos	escribir	exámenes
mis parientes	leer	clases todos los días
nosotros	recibir	refresco
ustedes	responder a	el inglés y el español
	vender	muchos verbos nuevos
	vivir	todas las preguntas
		en la biblioteca
		en la cafetería

3.42 Preguntas personales. In pairs, find out more about your classmate's life by asking and answering the following questions.

■ **Ejemplo** ESTUDIANTE 1: *¿Vives en una casa, en un apartamento o en una residencia?*
ESTUDIANTE 2: *Vivo en un apartamento.*

1. ¿Vives en una casa, en un apartamento o en una residencia? ¿Con quién? ¿Cómo es?
2. ¿Cuántas clases tienes? ¿Cuáles son? ¿Cómo son?
3. ¿Qué días asistes a clase?
4. ¿Qué otras lenguas comprendes?
5. ¿Dónde comes en la universidad? ¿Con quién? ¿Cómo es la comida allí?
6. ¿Lees el periódico de la universidad? ¿Cómo es?
7. ¿De quién recibes mensajes electrónicos? ¿Cuántas veces?
8. ¿Recibes dinero de tus parientes o de tus padres?
9. ¿Dónde vendes tus libros usados? ¿Cuánto dinero recibes normalmente?
10. ¿Generalmente bebes café o té por la mañana?

3.43 Diferentes opiniones. In small groups, take turns asking each other if you agree or disagree with the following statements.

■ **Ejemplo** Los estudiantes deben vivir con sus padres.
ESTUDIANTE 1: *¿Los estudiantes deben vivir con sus padres?*
ESTUDIANTE 2: *Sí, deben vivir con sus padres.*
ESTUDIANTE 3: *No, deben vivir en las residencias.*

1. Los estudiantes deben vivir en apartamentos.
2. Los hijos deben llamar frecuentemente a casa.
3. Los padres deben pagar la matrícula de sus hijos.
4. Los padres deben leer las cartas personales de sus hijos.
5. Los hermanos deben asistir a la misma universidad.
6. Todos los miembros de la familia deben tomar vacaciones juntos.°
7. Los estudiantes deben aprender otras lenguas.
8. Los estudiantes no deben insistir en hablar inglés.

3.44 En la clase. In pairs, decide what you would tell a new student about things students do or don't do in a typical week of classes.

■ **Ejemplo** aprender todos los verbos
Aprendemos todos los verbos porque hay un examen el viernes.

1. deber usar los apuntes° durante los exámenes
2. saber usar el laboratorio de lenguas
3. practicar el español todos los días
4. entregar la tarea todos los días
5. asistir a todas las clases
6. insistir en revisar° los exámenes
7. deber escuchar los discos compactos y practicar la pronunciación
8. leer periódicos en Internet
9. aprender el vocabulario del capítulo
10. comprender los diálogos
11. ver películas en español
12. responder a todas las preguntas de los exámenes

°**juntos** *together* **apuntes** *notes* **revisar** *to check over, to review*

COMPRENSIÓN AUDITIVA Textbook CD

Skimming. Listening is a very complex skill. When you listen to the English language, you probably don't realize the processing that is taking place in your brain, because your listening skills are so advanced that they allow you to operate on "automatic pilot." When you begin to learn a foreign language, however, your listening skills aren't developed enough for subconscious processing. You need to pay attention to a lot of information at one time. Under these circumstances, it probably won't be possible for you to understand everything, so you must "go with the flow" and not let yourself get hung up on a single word or phrase.

One way of speeding up your comprehension process is to *skim* the passage to determine the main idea of the selection. First, listen for a statement about the general topic; this usually occurs at the beginning of a monologue or conversation. In the case of an oral presentation, you can use the title of the talk as a clue, or any accompanying visuals such as charts, diagrams, or graphs. When viewing a video, the visual cues are much more useful because they will help establish not only the setting but also the attitude of the speaker or speakers. Now formulate one or two hypotheses about what type of information you think will be provided based upon your background knowledge. For example, if the topic is financial aid, you would expect to hear about specific ways of obtaining grants and loans and eligibility; in a computer advertisement, you would expect to hear the name, component parts, price, and a few of the qualities of the machine. After you have determined what you believe to be the main idea, listen for cognates and other familiar words and phrases that you have learned. Do these words and phrases support your theory? Did you successfully predict some of the information? Remember, successful listeners are able to report the gist of the message even if they do not recognize or understand all of the information.

Diario de actividades
For additional listening practice, see ***Diario de actividades, Tercera etapa: Estrategias/ Comprensión auditiva***.

Antes de escuchar

3.45 Bénédict. You will be listening to an advertisement for a school in Puerto Rico. Based on what you know about schools that advertise on the radio, consider the kinds of course offerings you expect to hear about.

3.46 Tu pasaporte al mundo. Take a few seconds to study the ad and think about the topic. Then, on a separate sheet of paper, write a list of phrases you expect to hear that would convince you to call for further information.

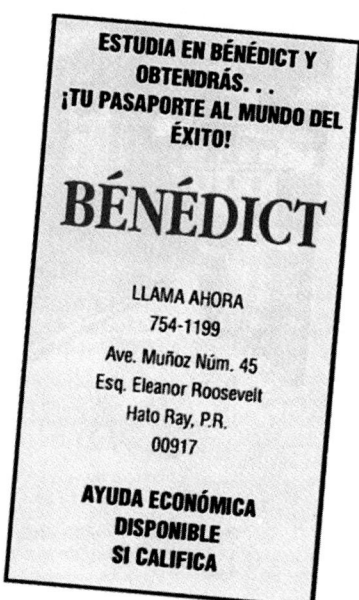

ESTUDIA EN BÉNÉDICT Y OBTENDRÁS. . .
¡TU PASAPORTE AL MUNDO DEL ÉXITO!

BÉNÉDICT

LLAMA AHORA
754-1199
Ave. Muñoz Núm. 45
Esq. Eleanor Roosevelt
Hato Ray, P.R.
00917

AYUDA ECONÓMICA
DISPONIBLE
SI CALIFICA

A escuchar

3.47 Una profesión interesante. Listen to your CD and write down five words or phrases that relate to each of the following categories:

| Cursos | Profesores | Estudiantes |

3.48 Bénédict te ofrece más. Now listen to your CD again and complete each of the following statements with the appropriate phrase (*a, b,* or *c*).

◆ Comprehension questions for EF idiomas:
1. ¿Qué enseñan?
2. ¿Quiénes toman los cursos de verano? 3. ¿Quiénes toman los cursos *Corporate*?

1. Bénédict offers . . .
   a. language and translation courses
   b. programs in electronics, broadcasting, and art and design
   c. mechanical and chemical engineering degrees

2. A few of the courses offered are . . .
   a. electronics, mechanics, and accounting
   b. radio and television, computer science, and mechanics
   c. computer programming, electrical engineering, and management

3. The courses combine theory and practice . . .
   a via a satellite broadcast
   b. in a correspondence course
   c. in a personalized setting

4. After completing your Bénédict course of studies, you will receive . . .
   a. a bachelor's degree
   b. an accredited diploma
   c. a certificate of completion

Después de escuchar

3.49 Cursos por correspondencia. In pairs, study the advertisements and indicate ten courses that you believe would lead toward a *career* (**oficio**) and five that seem more appropriate as self-improvement or as a *hobby* (**pasatiempo**). Compare your list with those of the other groups.

■ **Ejemplo** *La fotografía es un pasatiempo.*

CURSOS

GRADUADO ESCOLAR
❑ Graduado Escolar

MODA Y BELLEZA
❑ Corte y Confección
❑ Peluquería
(Con equipo de prácticas)
❑ Esteticista
(Con equipo de prácticas)

INFORMÁTICA Y CONTABILIDAD
❑ Contabilidad
❑ Dominio del PC
❑ Introducción a la Informática

ELECTRÓNICA
❑ Electrónica y Microelectrónica
(Con equipo de prácticas)

SANITARIOS
❑ Aux. de Puericultura
❑ Aux. de Enfermería
(Con Geriatría)
❑ Aux. de Jardín de Infancia
❑ Aux. de Farmacia
(Con equipo de prácticas)

QUÍMICA
❑ Ayudante de Laboratorio
(Con equipo de prácticas)
❑ Técnico en Plásticos
(Con equipo de prácticas)

DIBUJO Y DELINEACIÓN
❑ Dibujo Artístico
❑ Delineante de Construcción
❑ Delineante Mecánico
❑ Delineante de Carpintería y Ebanistería

AUTOMOCIÓN
❑ Técnico de Automóviles
❑ Mecánico de Motos
❑ Mecánico de Automóviles
❑ Motores Diesel
❑ Electricidad del Automóvil

AZAFATA
❑ Azafata y Relaciones Públicas
❑ Azafata Intérprete

AEROMODELISMO
❑ Aeromodelismo
(8 aeromodelos y motor)

INGLÉS
❑ Inglés (con vídeo)
❑ Inglés para niños

CONSTRUCCIÓN
❑ Carpintería Metálica y Aluminio
❑ Constructor de Obras
❑ Instalador Electricista
❑ Fontanería
❑ Instalador de Gas
❑ Energía Solar

HOSTELERÍA
❑ Camarero Profesional

VENTAS
❑ Técnico de Ventas
❑ Decorador de Escaparates
❑ Publicidad

FOTOGRAFÍA
❑ Fotografía
(Laboratorio y ampliadora)

INSTITUTO AMERICANO - Mendívil, 6 - 28038 - Madrid - Tel.: **902 123 600**
Internet: http://www.iasa.com • E-mail: info@iasa.com

INSTITUTO AMERICANO fue autorizado por el Ministerio de Educación en aplicación de la Orden Ministerial 11.245 del 1/2/83.

3.50 Anuncio original. Using the words and phrases you have learned and read about in the ***Comprensión auditiva*** section, design an advertisement for a local correspondence, business, or professional institute in your area.

LECTURA

Skimming a written text. Although many types of authentic Spanish-language advertisements, brochures, and tables of contents are accompanied by visual cues, others may contain only an illustration, a photograph, or a title and subheadings. Before you actually read this type of passage, quickly look it over to get the general idea about the content. Just as you did in listening, *skim* the format and take note of key words. These cues will help you figure out what the reading is all about. Then reread the passage more slowly as you review your list of words and determine what topic or main idea would link these words or phrases.

Antes de leer

3.51 El recinto de tu universidad. In pairs, describe four of the main buildings on your campus. Include their names, approximate locations, and if possible, one or two facts about each one.

- **Ejemplo** *El gimnasio se llama Larkins. Está en el centro del recinto. Hay tres piscinas y cuatro canchas de tenis.*

3.52 Río Piedras. With the help of the campus map on page 93, work with your partner to plan a brief tour of the University of Puerto Rico at Río Piedras. Recall what you learned about the campus in the ***Expresiones*** section so that you can include as much information as possible.

Calle colonial del viejo San Juan

Diario de actividades

For additional reading practice, see ***Diario de actividades, Tercera etapa: Estrategias/ Lectura and Literatura***.

◆ **Vocabulario esencial for activity 3.53:**

agilizar — to speed up
bajo techo — covered, under roof
correo — mail
lugar — place
mantener — to maintain
poseer — to possess
punto — point (of encounter)
recopilar — to compile, gather together

◆ Comprehension questions for activity 3.53:
1. Describe the equipment in the laboratories.   2. How many centers of investigation are there in Río Piedras?   3. What anthropological collections are on exhibit in the museum?
4. Who are Campeche and Oller?   5. When is the museum open?   6. What types of facilities are available in the sports complex?   7. Where do students meet in their free time? What can they do there?

A leer

3.53 El recinto de la UPR. Now try your skimming strategy on the following text from the University of Puerto Rico's student services pamphlet. Write a brief note in English describing some of the facilities at the UPR. Mention two or three major points for each facility.

Centros de investigación

Los laboratorios de investigación científica del Recinto de Río Piedras están equipados con la más moderna tecnología que agiliza la labor investigativa, así como son sus sistemas computarizados para recopilar y archivar información.

Investigaciones arqueológicas, históricas, sociales, comerciales, lingüísticas, económicas, pedagógicas, entre muchas otras, se realizan en más de 20 centros de investigación especializados que existen en todo el Recinto de Río Piedras.

Museo

El Museo de Antropología, Historia y Arte, mantiene exhibiciones permanentes de colecciones arqueológicas sobre las culturas aborígenes de Puerto Rico y el Caribe. Asimismo, posee una Sala de Pintura Hispanoamericana con obras de los pintores puertorriqueños José Campeche y Francisco Oller y de otros pintores hispanoamericanos. Está abierto al público desde las nueve de la mañana hasta las nueve de la noche, de lunes a viernes y desde las nueve de la mañana hasta las tres de la tarde, los sábados y domingos.

Instalaciones deportivas

El Complejo Deportivo incluye dos piscinas olímpicas, canchas bajo techo de baloncesto y voleibol, canchas de tenis, pista de material sintético, campo de fútbol y softbol, gimnasio y sauna. A través del año académico se organizan en estas instalaciones numerosos torneos y competencias deportivas intramurales e interuniversitarias. Estas instalaciones son para el uso exclusivo de la comunidad universitaria.

Centro estudiantil

Es el punto de reunión para los estudiantes en sus horas de ocio. Se concentran en este lugar servicios como librería, sala de música, sala de juegos, estación de correo federal, oficina para reuniones de las organizaciones estudiantiles y la cafetería.

Después de leer

3.54 Mi recinto. In pairs, use the text from *El recinto de la UPR* as a model to expand the description that you wrote about a building on your campus. Then present your description to the other members of the class as part of a campus tour.

3.55 Un folleto. In small groups, combine your descriptions into a brochure about your campus.

COMODUNICACIÓN  Textbook CD

Listen to the following short dialogues on your CD. Then, with a classmate, use the conversations as models to practice asking for confirmation, requesting information, and telling about recently completed actions.

 Diario de actividades

For additional practice with the expressions, see *Diario de actividades, Tercera etapa: Estrategias/Comprensión auditiva*.

Cómo pedir confirmación   *Asking for confirmation*

Cómo pedir información   *Requesting information*

Cómo hablar del pasado   *Telling about recently completed actions*

°**beca** *scholarship*   **vamos** *let's go*

3.56 Escucha y repite. Listen carefully to the conversation *Cómo pedir confirmación* on your CD. Then repeat the phrases, pronouncing carefully.

Cómo pedir confirmación	*Asking for confirmation*
… ¿de acuerdo?	… *agreed? (Used when some type of action is proposed.)*
… ¿no?	… *isn't that so? (Not used with negative sentences.)*
… ¿no es así?	… *isn't that right?*
… ¿está bien? ¿vale?	… *Okay?*
… ¿verdad? ¿cierto?	… *right?*

3.57 ¿Estás de acuerdo? One of the easiest ways of asking a question in Spanish is to use a confirmation tag at the end of the sentence. In pairs, practice asking for confirmation by using the sentences below and adding an appropriate confirmation tag to each one.

■ **Ejemplo**   El español es fácil.
    ESTUDIANTE 1: *El español es fácil, ¿verdad?*
    ESTUDIANTE 2: *Sí, es fácil.*

1. Las matemáticas son interesantes.
2. Para ser ingeniero mecánico es necesario estudiar química.
3. Es importante hablar español.
4. No hay que estudiar para los exámenes.
5. Hay muchos estudiantes en esta universidad que son bilingües.
6. Los cursos obligatorios son aburridos.
7. La música es una especialización fácil.
8. Los consejeros de esta universidad son buenos.
9. La Universidad de Puerto Rico no es muy grande.
10. Para entrar a la universidad es necesario completar una solicitud de admisión.

3.58 ¿No es así? Write five questions about your university using the phrases from the *Cómo pedir confirmación* chart. In pairs, take turns asking and answering the questions.

■ **Ejemplo**   ESTUDIANTE 1: *La clase de matemáticas es fácil, ¿verdad?*
    ESTUDIANTE 2: *No, la clase de matemáticas es difícil.*

3.59 Planes para una fiesta. Write a list of six things that you have to do to prepare for a party. In pairs, compare your lists and decide who will do or bring different things.

■ **Ejemplo**   ESTUDIANTE 1: *Tú compras los refrescos y yo compro la pizza. ¿De acuerdo?*
    ESTUDIANTE 2: *Sí, yo compro los refrescos pero° tu limpias la casa.*

3.60 Escucha y repite. Listen carefully to the conversation *Cómo pedir información* on your CD. Then repeat the phrases, pronouncing carefully.

°**pero** *but*

Cómo pedir información	Requesting information
¿Cómo es tu profesor favorito/ profesora favorita?	What's your favorite professor like?
¿Cómo te llamas?	What's your name?
¿Cuál es tu dirección de correo electrónico?	What's your e-mail address?
¿Cuál es tu número de registro estudiantil?	What's your student ID number?
¿Cuál es tu número de teléfono?	What's your telephone number?
¿Cuál es tu facultad?	What's your school/college?
¿Qué estudias?	What are you studying?
¿De dónde eres?	Where are you from?

3.61 Una entrevista. In small groups, request information from several of your classmates using the questions in the *Cómo pedir información* chart. Use the items in the chart below to respond to the question *¿Cuál es tu facultad?*

■ **Ejemplo** ESTUDIANTE 1: *¿Cómo es tu profesor favorito?*
ESTUDIANTE 2: *Es honesto, inteligente y puntual.*

Facultades	Schools and colleges		
Administración de empresas	Business and Management	Ciencias políticas	Political Science
Arquitectura	Architecture	Derecho	Law
Bellas Artes	Fine Arts	Farmacia	Pharmacy
Ciencias de la computación	Computer Science	Filosofía y Letras	Liberal Arts
Ciencias de la pedagogía	Education	Ingeniería	Engineering
		Matemáticas	Mathematics
		Medicina	Medicine
Ciencias económicas	Economics	Periodismo	Journalism

◆ Universities in Spanish-speaking countries are divided into different schools, or *facultades*. Since students generally take courses only within their school, the buildings that house classes and laboratories for each *facultad* are not always located on the same campus. Indeed, in some countries, each complex may be at opposite ends of the city or even in different cities.

3.62 Una charla. In pairs, make up short conversations based on the following themes. Whenever possible, include information such as greetings, exchanging telephone numbers, and saying good-bye.

1. asking for help with a course
2. talking about a professor or your college
3. making plans to study together

■ **Ejemplo** ESTUDIANTE 1: *Profesor Vargas, ¿cuál es su número de teléfono?*
ESTUDIANTE 2: *Mi número de teléfono es el 5-55-12-63.*

3.63 Escucha y repite. Listen carefully to the conversation *Cómo hablar del pasado* on your CD. Then repeat the phrases, pronouncing carefully.

Cómo hablar del pasado con acabar de + infinitivo	
*Telling about recently completed actions using **acabar de** + infinitive*	
Acabo de recibir …	I've just received …
¿Acabas de hablar con …?	Have you just spoken with …?
Acabamos de llegar.	We've just arrived.

3.64 El pasado. In pairs, take turns talking with your partner about some of the things that you have just done. Add some additional information (*where? with whom? etc.*).

■ **Ejemplo** comprar unos libros
>ESTUDIANTE 1: ***Acabo de comprar unos libros.***
>ESTUDIANTE 2: ***¿Dónde?***
>ESTUDIANTE 1: ***En la librería de la universidad.***

1. comprar unos cuadernos
2. llamar a un amigo/una amiga
3. escribir mensajes electrónicos
4. ver la televisión
5. estudiar
6. mandar unas cartas
7. jugar al tenis
8. entregar la tarea
9. hablar con el profesor/ la profesora de . . .
10. comer
11. recibir un mensaje
12. leer un libro

3.65 De compras. In small groups, discuss the school supplies that you have just bought. Use the following advertisements as models.

■ **Ejemplo** ***Acabo de comprar un reloj despertador de metal con números y manecillas que se ven en la oscuridad.***

3.66 Una nota breve. In pairs, compose a short thank-you note for one of the items advertised. Use Lynn's note as a model.

COMPOSICIÓN

📖 Diario de actividades

For additional writing practice, see *Diario de actividades, Tercera etapa: Estrategias/ Composición*.

Organización. Organizing is an important composition strategy. Although it is not necessary to make a detailed outline for every composition, it is crucial to think about the type of composition you are writing (description, narrative, comparison, etc.) and the format that fits it best. Before you can decide on the final format, you will need to have your data in order. This can be done in many ways: lists, index cards, Post-it® notes, charts, graphs, models, and the like.

Antes de escribir

3.67 Mi curso. Imagine that you are going to write a description of one of your courses. To organize the information, use one of the techniques suggested. Include the day, the time, and the place. Describe the materials that you need, your class activities, and the instructor.

3.68 Tareas. Complete your description with your typical in-class and out-of-class assignments.

A escribir

3.69 Modelo. Now, using your organized information, write a description of your course. Use **necesito, debo,** or **hay que** in your sentences.

■ **Ejemplo** *Esta semana estoy muy ocupado/ocupada. El lunes a las ocho necesito presentar un examen en mi clase de . . .*

Después de escribir

3.70 Revisión 1. Check your notes for the use of *verb* + infinitive, **hay que** + infinitive, adjective agreement, time phrases, spelling, and punctuation.

3.71 Revisión 2. In small groups, exchange the descriptions that you wrote. Tell the other members of the group two things about your classmate's course.

■ **Ejemplo** *Esta semana Melinda está muy ocupada. El lunes a las ocho estudia . . .*

VOCABULARIO

Using vocabulary in context. Associating words with a context is a helpful way to learn vocabulary. If you are trying to learn the Spanish names for different school subjects, for example, create sentences about what you and your friends are studying. For example: **Mary estudia geografía.** What courses are interesting? Who are the professors? What will you study next semester? Next year? The following activities will help you to contextualize the vocabulary in this chapter.

◆ Comprehension questions for activity 3.77:
1. How can books be ordered?
2. What information is required to purchase books? 3. How much time does it take to request books? 4. When is Book Order Express open?

3.72 Mapa de la universidad. Make a map of your university and label it in Spanish.

3.73 Cursos en el futuro. List the courses you would like to take. Then list the ones you would not like to take.

3.74 Lista de compras. Write your shopping list for the bookstore.

3.75 Descripción. Name and describe one of your professors, your adviser, the dean of your college, and the president of your university.

3.76 Personas, lugares y cosas. Look through the vocabulary list on pages 123–125 and pick out the nouns that identify persons, places, or things. Make two new lists, one for the masculine words and one for the feminine. Include the corresponding articles.

3.77 Libros sin fila. Study the following advertisement from the UPR bookstore. Using the interrogative words, write five questions about its services.

■ **Ejemplo** *¿Cuál es el número de fax?*

VOCABULARIO

Mandatos *Commands*

Abra(n) los libros en la página .../Abre el libro en la página ...

Open your book(s) to page ....

Cierre(n) los libros./Cierra el libro.

Close your book(s).

Completen la oración.

Complete the sentence.

Contesten en español.

Answer in Spanish.

Escriban en la pizarra.

Write on the board.

Formen grupos de ... estudiantes.

Form groups of ... students.

¿Hay preguntas?

Are there any questions?

Lean en voz alta.

Read aloud.

Por ejemplo ...

For example ...

Practiquen en parejas.

Practice in pairs.

Prepare(n)/Prepara la(s) actividades ... para mañana.

Prepare the activities ... for tomorrow.

Repita(n)/Repite por favor.

Repeat, please.

Saque(n)/Saca el libro (el cuaderno, una hoja de papel).

Take out your book (notebook, a piece of paper).

Preposiciones de ubicación y dirección *Prepositions of place and direction*

a la derecha (de)	*to the right (of)*	detrás (de)	*in back (of), behind*
a la izquierda (de)	*to the left (of)*	encima (de)	*on top (of)*
a lo largo (de)	*along*	enfrente (de)	*in front (of)*
al fondo (de)	*in the back (of)*	entre	*between*
al lado (de)	*alongside (of), beside*	frente (a)	*facing*
cerca (de)	*close (to)*	fuera (de)	*outside (of)*
debajo (de)	*below, under(neath)*	junto (a)	*beside, next to*
delante (de)	*in front (of)*	lejos (de)	*far (from)*
dentro (de)	*inside (of)*		

Lugares *Places*

aparcamiento	*parking lot*	jardín *(m.)* botánico	*botanical garden*	piscina	*pool*
biblioteca	*library*			pista de correr	*track*
cafetería	*cafeteria*	laboratorio	*laboratory*	recinto	*campus*
cancha	*court*	librería	*bookstore*	residencia	*dormitory*
centro	*center*	museo	*museum*	sala de recreo	*recreation room*
edificio	*building*	oficina	*office*	teatro	*theater*
gimnasio	*gym(nasium)*	oficina de correos	*post office*	torre *(f.)*	*tower*

Gente de la universidad *University people*

compañero/compañera de cuarto	*roommate*	instructor/instructora	*instructor*
consejero/consejera	*adviser*	presidente *(m/f.)*	*president*
decano/decana	*dean*	profesor/profesora	*professor/teacher*
entrenador/entrenadora	*coach*	rector/rectora	*chancellor/president*
estudiante *(m./f.)*	*student*		

Palabras interrogativas *Interrogative words*

¿adónde?	*to where?*	¿dónde?	*where?*
¿cómo?	*how?*	¿para qué?	*for what reason?*
¿cuál?/¿cuáles?	*which? what?*	¿por qué?	*why?*
¿cuándo?	*when?*	¿qué?	*what?*
¿cuánto?/¿cuánta?	*how much?*	¿quién?/¿quiénes?	*who? whom?*
¿cuántos?/¿cuántas?	*how many?*		

Meses del año *Months of the year*

enero	*January*	julio	*July*
febrero	*February*	agosto	*August*
marzo	*March*	septiembre	*September*
abril	*April*	octubre	*October*
mayo	*May*	noviembre	*November*
junio	*June*	diciembre	*December*

Materias *Courses*

antropología	*anthropology*	física	*physics*
arte	*art*	geología	*geology*
arte dramático	*theater*	historia	*history*
astronomía	*astronomy*	ingeniería	*engineering*
biología	*biology*	lenguas modernas	*modern languages*
ciencias de la computación	*computer science*	literatura	*literature*
ciencias políticas	*political science*	matemáticas	*mathematics*
contabilidad	*accounting*	psicología (sicología)	*psychology*
economía	*economics*	química	*chemistry*
filosofía	*philosophy*	sociología	*sociology*

Sentimientos y necesidades *Feelings and needs*

encantar	*to love*	fascinar	*to fascinate, be fascinated by*
gustar	*to like, to be pleasing*	molestar	*to bother, be bothered by*
interesar	*to interest, be interested in*	quedar	*to have … left*
faltar	*to need, lack*		

Útiles escolares *School supplies*

agenda	*date book*	grabadora	*tape recorder*	pluma (estilográfica)	*fountain pen*
bolígrafo	*ballpoint pen*	impresora	*printer*	pupitre *(m.)*	*desk (student's)*
borrador *(m.)*	*eraser (chalk)*	lápiz *(m.)*	*pencil(s)*	ratón *(m.)*	*mouse*
calculadora	*calculator*	lápices *(pl.)*		ratones *(pl.)*	
computadora/	*computer*	libro	*book*	regla	*ruler*
ordenador *(m.)*		mesa	*table*	reloj *(m.)*	*watch/clock*
cuaderno	*notebook*	mochila	*backpack*	rotulador/marcador *(m.)*	*marker*
diario	*diary*	notas adhesivas	*Post-it® notes*	silla	*chair*
diccionario	*dictionary*	papel *(m.)*	*paper*	tiza/gis *(m.)*	*chalk*
escritorio	*desk*	pizarra	*chalkboard*		
goma	*eraser (pencil)*				

Adjetivos posesivos *Possessive adjectives*

mi(s)	*my*
tu(s)	*your*
su(s)	*your, his, her, its, their*
nuestro(s)/nuestra(s)	*our*
vuestro(s)/vuestra(s)	*your*

Días de la semana *Days of the week*

lunes	*Monday*	viernes	*Friday*
martes	*Tuesday*	sábado	*Saturday*
miércoles	*Wednesday*	domingo	*Sunday*
jueves	*Thursday*		

Verbos comunes que terminan en *-er*   *Common -er verbs*

aprender	*to learn*	prometer	*to promise*
beber	*to drink*	responder (a)	*to respond*
comer	*to eat*	saber	*to know (a fact)*
comprender	*to understand*	suspender	*to fail*
creer (en)	*to believe (in)*	vender	*to sell*
deber (+ inf.)	*ought to, should (do something)*	ver	*to see*
leer	*to read*		

Verbos comunes que terminan en *-ir*   *Common -ir verbs*

abrir	*to open*
asistir (a)	*to attend*
describir	*to describe*
escribir	*to write*
insistir (en + inf.)	*to insist (on doing something)*
ocurrir	*to occur*
recibir	*to receive*
vivir	*to live*

Cómo pedir confirmación   *How to ask for confirmation*

...¿de acuerdo?	*...agreed? (Used when some type of action is proposed.)*
...¿no?	*...isn't that so? (Not used with negative sentences.)*
...¿no es así?	*...isn't that right?*
...¿está bien? ¿vale?	*...okay?*
...¿verdad?/¿cierto?	*...right?*

Cómo pedir información   *Requesting information*

¿Cómo es tu profesor favorito/profesora favorita?	*What's your favorite professor like?*
¿Cómo te llamas?	*What's your name?*
¿Cuál es tu dirección de correo electrónico?	*What's your e-mail address?*
¿Cuál es tu número de registro estudiantil?	*What's your student ID number?*
¿Cuál es tu número de teléfono?	*What's your telephone number?*
¿Cuál es tu facultad?	*What's your school/college?*
¿Qué estudias?	*What are you studying?*
¿De dónde eres?	*Where are you from?*

Facultades   *Schools and colleges*

Administración de empresas	*Business and Management*	Derecho	*Law*
Arquitectura	*Architecture*	Farmacia	*Pharmacy*
Bellas Artes	*Fine Arts*	Filosofía y Letras	*Liberal Arts*
Ciencias de la computación	*Computer Science*	Ingeniería	*Engineering*
Ciencias de la pedagogía	*Education*	Matemáticas	*Mathematics*
Ciencias económicas	*Economics*	Medicina	*Medicine*
Ciencias políticas	*Political Science*	Periodismo	*Journalism*

Cómo hablar del pasado con acabar de + infinitivo
*Telling about recently completed actions using **acabar de** + infinitive*

Acabo de recibir ...	*I've just received ...*
¿Acabas de hablar con ...?	*Have you just spoken with ...?*
Acabamos de llegar.	*We've just arrived.*

CAPÍTULO

4

UN APARTAMENTO NUEVO

Una casa mexicana

PRIMERA ETAPA Preparación

INTRODUCCIÓN

En México. Styles of family homes in the Spanish-speaking world vary from country to country, yet many of the terms used in describing real estate are similar. As you read the advertisements, notice that some Spanish real estate terms are the same in English.

Zona Herradura, a friendly neighborhood with grassy areas and small parks, is considered Mexican upper-middle and middle class. *Interlomas* has a lot of shopping areas, some restaurants, excellent gym and fitness facilities, and a lifestyle that makes for easy suburban living. Mexico City's most modern hospital, the *Ángeles Interlomas* is located there. The average price of an apartment or condo in pesos is approximately $350.000.

Antes de leer

4.1 Información. Before reading the advertisement for the *Zona Herradura*, a new housing development in a suburb of Mexico City, in small groups, list in English the kinds of information usually found in an advertisement for a new subdivision.

4.2 Tu ciudad. Find out the following information for your city or town. You may want to check with the local chamber of commerce or the public library.

1. average yearly income
2. square footage for an average middle-class house, condominium, or apartment
3. average down payment

In pairs, compare this information with the prices given in the advertisement. For current exchange rates, consult the financial section of your newspaper or the Internet.

A leer

4.3 Zona Herradura. In pairs, skim the advertisement for *Zona Herradura*, focusing on the Spanish-English cognates, and state the main idea. Then read more slowly for details about the design and special features of each apartment. As you read the advertisement, notice how the prices are written. In Mexico, the dollar sign ($) stands for **pesos**.

Después de leer

4.4 Descripción. Write a brief description in English of a Highlands Park home. Then, in small groups, compare it with that of your classmates.

4.5 Anuncio comercial. In pairs, transform the essential information from the *Zona Herradura* advertisement into a 30-second radio commercial. Be concise, and at the same time, try to capture the listeners' attention.

México

CAPITAL	México, D.F.
GEOGRAFÍA	Norteamérica; ubicado al sur de Estados Unidos y al norte de Guatemala
ÁREA	1.972.547 kilómetros cuadrados
POBLACIÓN	104.908.000
EXPORTACIÓN	Petróleo, autos, café, aparatos electrónicos
MONEDA	Peso

El hogar. When we think of a Spanish-style home in the United States, certain features come to mind: red tile roofs, whitewashed stucco, fancy wrought iron work, terracotta floor tiles, heavy wooden beams . . . Yet Mexican homes are as varied in style and size as are family dwellings in this country. They range from ultramodern highrise apartments and seaside condominiums to the most traditional colonial *casas* and *quintas*.

In the colonial era (the seventeenth and eighteenth centuries), upper-class homes were frequently built around an interior *patio*. All the family rooms opened onto this area, which often contained beautiful flowers, a fountain, and sometimes tropical birds. The result was privacy, tranquility, and fresh air. The usually windowless outer wall of the house met the sidewalk and featured a heavy wooden door. The *quinta* is an estate surrounded by a high wall for privacy and security.

Middle-class Mexican homes today may be modern or traditional. Sometimes they include servants' quarters and a work area called the *patio de atrás. La azotea*, or flat rooftop, may be used as a family gathering place, play area, or pet run if the house has no yard. Mexicans who live in urban areas are as concerned with home security as many *estadounidenses*, and their homes may feature *rejas* (decorative wrought iron windows bars), exterior walls with pieces of sharp glass embedded in the top, or electronic security devices.

Fraccionamientos are popular residential areas today. They may feature small, two-bedroom townhouses or slightly larger yet modest ranch-style homes. With low down payments and monthly fees, they offer affordable, modern homes for many Mexicans.

Una quinta mexicana

4.6 Mi vecindad. In pairs, use the following vocabulary to identify the types of housing in your neighborhood.

■ **Ejemplo** *Yo vivo en el barrio de German Village. Allí hay casas antiguas y también hay condominios modernos. Muchas de las casas antiguas tienen áticos...*

Vivienda	*Housing*		
apartamento	*apartment*	condominio	*condominium*
ático	*small attic apartment*	estudio	*efficiency apartment*
casa	*house*	mansión	*mansion*
chalet (*m.*)	*house, villa (frequently located in suburbs)*	piso/planta	*apartment, floor (of a building)*

◆ **Vocabulario adicional:**

departamento *apartment*
urbanización *housing development*
vecindad/ barrio *neighborhood*
edificio *building*

De visita. In Mexico, it is common to invite colleagues and acquaintances to one's home. If you are invited to a Mexican home, you may be welcomed by a phrase such as *Está en su casa.* It is important not to take such statements literally... you are expected to act in a mannerly way! Be sure to greet everyone with a handshake. Depending on the formality of the situation, you may want to present your hosts with a small gift, such as chocolates, that can be enjoyed by the whole family. The meal is generally eaten slowly and may be followed by *la sobremesa*, a time for conversation, coffee, or an after-dinner drink. Small talk in Latin American countries is normally restricted to noncontroversial subjects; it is sometimes considered impolite to ask personal questions about political or religious beliefs. When leaving, it is important to do more than simply shake hands and say *muchas gracias.* Be sure to make an appreciative comment about your hosts' hospitality and tell them how much you enjoyed spending time in their home.

4.7 La sobremesa. In small groups, practice conversing in Spanish as if you were participating in an after-dinner conversation. The following topics and expressions will help you get started.

• **La universidad:** clases, profesores, actividades

• **El cine:** películas° recientes

• **La música:** clásica, jazz, rock, discos compactos

°**película** *film, movie*

Sobremesa	*After-dinner conversation*
¿Qué opinas/opina usted de . . . ?	*What is your opinion of . . . ?*
¿Qué sabes/sabe usted de . . . ?	*What do you know about . . . ?*
Creo que . . .	*I believe/think that . . .*

■ **Ejemplo** ESTUDIANTE 1: *¿Qué opinas de las nominaciones para los Oscar?*

ESTUDIANTE 2: *Me gusta la película de . . . pero creo que . . . es horrible.*

📖 **Diario de actividades**

For additional practice with the vocabulary, see *Diario de actividades, Primera etapa: Vocabulario/Expresiones*.

EXPRESIONES Textbook CD  PowerPoint

Un apartamento nuevo. Finding the perfect place to live is always a challenge in any city. As you look over the illustrations below, listen carefully to the description of the model apartment that Carlota and Eduardo are considering. Then complete activity 4.8.

4.8 Comprensión. Answer the following questions briefly in Spanish.

1. ¿Adónde van Carlota y Eduardo?
2. ¿Cuántos cuartos hay en el apartamento?
3. ¿Dónde se preparan las comidas?
4. ¿En dónde se lavan los platos?
5. ¿Qué electrodomésticos hay en la lavandería?
6. ¿Cuántos dormitorios hay en el apartamento?
7. ¿Qué hay encima de la cama?
8. ¿De qué material son las mesitas de la sala?
9. ¿En qué cuarto hay dos vitrinas?
10. Si el ascensor no funciona, ¿cómo se puede subir al apartamento?

Casa   *The house*

balcón *(m.)*	*balcony*	lavandería	*laundry room*
cocina	*kitchen*	pasillo	*hallway*
comedor *(m.)*	*dining room*	patio	*yard, courtyard*
cuarto	*room*	piso/suelo	*floor*
cuarto de baño	*bathroom*	ropero	*closet*
desván *(m.)*	*attic*	sala	*living room*
dormitorio	*bedroom*	sótano	*basement*
garaje *(m.)*	*garage*	terraza	*terrace*
jardín *(m.)*	*yard, garden*	vestíbulo	*foyer*

Muebles y electrodomésticos   *Furniture and appliances*

armario	*wardrobe*	lavaplatos *(m.)*	*dishwasher*
bañera	*bathtub*	mesa	*table*
bidé *(m.)*	*bidet*	mesita	*end table*
cama (doble)	*(double) bed*	mesita de noche	*night table*
cómoda	*chest of drawers, bureau*	microondas *(m.)*	*microwave*
ducha	*shower*	refrigerador *(m.)*	*refrigerator*
estante *(m.)*	*shelf*	secadora	*dryer*
estufa	*stove*	silla	*chair*
fregadero	*kitchen sink*	sillón *(m.)*	*easy chair*
inodoro	*toilet*	sofá *(m.)*	*sofa*
lámpara	*lamp*	televisor *(m.)*	*television set*
lavabo	*bathroom sink*	tocador *(m.)*	*dresser, dressing table*
lavadora	*washing machine*	vitrina	*china cabinet*

Otras palabras   *Other words*

alberca	*swimming pool*	escalera	*stairway*
alfombra	*carpet, rug*	pared *(f.)*	*wall*
almohada	*pillow*	persianas	*blinds*
ascensor *(m.)*	*elevator*	puerta	*door*
azulejos	*tiles*	sobrecama	*bedspread*
chimenea	*fireplace*	tapete *(m.)*	*throw (scatter) rug, doily*
cortinas	*curtains*	ventana	*window*
entrada	*entrance*		

Colores   *Colors*

amarillo/amarilla	*yellow*	morado/morada	*purple*
anaranjado/anaranjada	*orange*	negro/negra	*black*
azul	*blue*	rojo/roja	*red*
blanco/blanca	*white*	rosado/rosada	*pink*
café	*brown*	verde	*green*
gris	*gray*	violeta	*violet*
marrón	*brown*		

◆ The word **dormitorio** is a common Spanish equivalent for the English word *bedroom*. You may also encounter the following terms in Spanish: **habitación**, **recámara**, and **alcoba**.

◆ Note that in the plural form, the accents are dropped in the following words: *balcón → balcones, desván → desvanes, jardín → jardines, sillón → sillones, salón → salones.*

◆ **Vocabulario adicional:**

cocina	*stove*
refrigeradora/ frigorífico	*refrigerator*
espejo	*mirror*
cuadro	*painting*
piscina	*pool*
cochera	*garage*
barbacoa	*barbeque*
cafetera	*coffeemaker*
equipo de sonido	*sound system*
parrilla	*grill*
librería	*book shelves*
cama de matrimonio	*double bed*
afiche *(m.)*	*poster*

◆ Because colors are often used as adjectives, they must agree in gender and number with the nouns they modify—for example: *una casa rosada.* Some colors have separate masculine and feminine forms, whereas others do not. The plurals are formed by adding **–s** to a color ending in a vowel (*violetas*) and **–es** to a color ending in a consonant (*marrones*). The word **claro** is used to indicate light shades, such as *una silla* (de color) *anaranjado claro*, while **oscuro** refers to dark shades, as in *unas sillas* (de color) *verde oscuro*. In these expressions, the color is a noun, not an adjective, so the form of **claro** and **oscuro** remains masculine singular.

◆ **Vocabulario adicional:**

a cuadros	*checkered, plaid*
a lunares/ de puntos	*polka-dotted*
apagado/ apagada	*dull*
brillante	*bright, shiny*
de rayas	*striped*
estampado/ estampada	*printed*
fluorescente	*fluorescent*

4.9 Tu dormitorio. In pairs, describe your bedroom to your partner. Mention the color, furniture, and decorative accessories.

◆ In the plural form of *marrón* the accent is dropped: *marrones.*

■ **Ejemplo** *Me gusta mi dormitorio. Es amplio y el color es un azul claro. Es agradable y un buen lugar para descansar. En mi dormitorio hay una cama doble...*

4.10 ¿Cómo es tu casa? In small groups, describe your home in Spanish. Include the various rooms, the furniture and appliances, and the colors.

■ **Ejemplo** *Mi casa tiene dos plantas, un ático y un sótano completo. En la primera planta están la cocina, el comedor...*

4.11 ¿Qué opinas del apartamento de los Martínez? Listen again to your CD. Then, in pairs, exchange opinions on what you like and what you do not like about the apartment.

■ **Ejemplo** la sala

ESTUDIANTE 1: *No me gusta la sala porque es muy pequeña.*
ESTUDIANTE 2: *Sí, es pequeña pero me gusta la alfombra persa.*

◆ **Vocabulario esencial for activity 4.13:**

cajón	*drawer*
colocar	*to place*
cubiertos	*place settings*
mantel	*table cloth*

◆ Comprehension questions for activity 4.13:
1. What kind of table is recommended for a small dining room? 2. What piece of furniture is recommended for the kitchen? 3. How can you take advantage of irregular spaces in the dining room?

4.12 ¿Cómo son las residencias de los estudiantes? Students live in many types of housing: dormitories, fraternity houses, shared houses, apartments, and rented rooms. In small groups, describe these types of housing in detail.

■ **Ejemplo** ESTUDIANTE 1: *¿Cuántos apartamentos hay en tu edificio?*
ESTUDIANTE 2: *Hay veinte. Todos tienen dos dormitorios y un baño.*

4.13 Espacios pequeños. Students are ingenious at turning small living spaces into comfortable, personalized environments. Study the following hints on how to take advantage of even the smallest spaces and, in pairs, decide how you can implement some of the suggestions in your dormitory, apartment, or home.

■ **Ejemplo** *Para el comedor de mi apartamento, voy a comprar una mesa blanca...*

Comedor pequeño
Si el comedor es más bien pequeño, lo mejor es optar por una mesa de tonos claros o de cristal, que ópticamente ocupa mucho menos espacio.

Usar una librería
Una librería puede solucionar el problema de guardar cosas en la cocina. Los platos de uso diario se sitúan en los estantes bajos y los objetos decorativos en los estantes más altos.

Aprovechar el espacio
Una opción es comprar para el comedor una mesa con un par de cajones o donde se pueden guardar los cubiertos y los manteles de uso diario. Hay que aprovechar todos los espacios irregulares que hay entre muebles. Una solución barata es comprar unos pilares para usar como mesillas. Allí se puede colocar plantas u otros objetos decorativos.

ASÍ ES

Cómo contar de cien a cien millones

▲ Study the numbers from 100 to 100,000,000. This may seem like a lot, but these numbers are easy to learn.

 Diario de actividades

For additional practice with the structures, see **Diario de actividades, Primera etapa: Vocabulario/Así es**.

Números de cien a cien millones
Numbers from 100 to 100,000,000

100	cien, ciento	1.001	mil uno
101	ciento uno/una	1.578	mil quinientos setenta y ocho
120	ciento veinte	1.996	mil novecientos noventa y seis
200	doscientos/doscientas	7.931	siete mil novecientos treinta y uno
300	trescientos/trescientas	100.000	cien mil
400	cuatrocientos/ cuatrocientas	1.000.000	un millón
500	quinientos/quinientas	2.000.000	dos millones
600	seiscientos/seiscientas	10.300.000	diez millones trescientos mil
700	setecientos/setecientas	100.000.000.	cien millones
800	ochocientos/ ochocientas	1.000.000.000	mil millones (no es un billón)
900	novecientos/ novecientas	100.000.000.000	cien mil millones
1.000	mil		

Here are a few guidelines on using numbers in Spanish:

▲ In Spain and South America, a decimal point is used to separate the thousands, but a comma is generally used in Central America and Mexico.

IN SPAIN AND SOUTH AMERICA ➜ 1.578   In Central America and Mexico ➜ 1,578

▲ **Cien** becomes **ciento** before the numerals 1-99.

100 ➜ **cien**
125 ➜ **ciento veinticinco**
155 ➜ **ciento cincuenta y cinco**

▲ The word **un** is not used before **mil**. For example:

one thousand ➜ **mil**
one hundred thousand ➜ **cien mil**

two thousand ➜ **dos mil**
eight thousand ➜ **ocho mil**

▲ The word **y** is used only between the ten's place and the one's place, never between the hundred's place and the ten's place.

233 ➜ **doscientos treinta y tres**
1995 ➜ **mil novecientos noventa y cinco**

▲ The feminine hundreds forms are used to modify feminine nouns.

novecientas mesas   **trescientas setenta casas**

▲ The masculine hundreds forms modify masculine nouns.

novecientos condominios   **trescientos setenta apartamentos**

▲ The word **de** is used after **cientos**, **miles**, **un millón** and **millones** before nouns.

miles *de* **apartamentos**   **un millón** *de* **pesos**

4.14 Capicúas. Reversible numbers that read the same forward and backward are called *capicúas* in Spanish. The year 1991, for example, is a *capicúa*. Make a list of six additional *capicúas* and then, in pairs, take turns dictating them to each other.

■ **Ejemplo** 1991   *Mil novecientos noventa y uno*

4.15 Gastos de la educación. Think about the educational expenses of students at your university. Then, in small groups, talk about how much you spend each year for the items below.

■ **Ejemplo**   la gasolina para el auto $1.100
          La gasolina para el auto cuesta° mil cien dólares al año.
          Los libros cuestan . . .

1. la matrícula
2. la residencia o el apartamento
3. las comidas°
4. los libros
5. el transporte
6. la ropa°
7. la diversión°
8. los discos compactos
9. el seguro médico°

4.16 Datos importantes. In pairs, express in Spanish the following data about Mexico. Writing the numbers may help you.

■ **Ejemplo**   Área: 1.972.547 kilómetros cuadrados
          El área de México es de un millón novecientos setenta y dos mil quinientos cuarenta y siete kilómetros cuadrados.

1. Longitud de Baja California: 1.287 kilómetros
2. Producto interno bruto° per cápita: $16.000
3. Población de la Ciudad de México: 24.000.000 habitantes
4. Productos exportados: $118.000.000.000
5. Productos importados: $125.200.000.000
6. Población del país: 104.908.000 habitantes

4.17 Juego de matemáticas. Make up five arithmetic problems (addition, subtraction, multiplication, or division) based on the following example. Then, in small groups, take turns reading your problems. The other members of the group copy down the problem and solve it. The first one to answer correctly in Spanish asks the next question.

■ **Ejemplo**   Cuatrocientos sesenta y dos *más* doscientos cuarenta y nueve *son setecientos once.*

Funciones matemáticas	*Mathematical functions*
+	**más**
−	**menos**
×	**por**
÷	**dividido por/entre**

°**cuesta** *costs* **(plural form: cuestan** *cost***)   comida** *meal, food*   **ropa** *clothing*
diversión *entertainment*   **seguro médico** *health insurance*   **producto interno bruto**
gross domestic product

PRIMERA FUNCIÓN

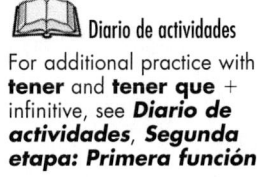

Diario de actividades

For additional practice with **tener** and **tener que** + infinitive, see *Diario de actividades, Segunda etapa: Primera función*.

Expressing possession and obligation, and offering excuses using **tener** and **tener que** + infinitive

▲ The STEMS of **tener** and that of other Spanish verbs have a spelling change in the forms where the stem is stressed (**tú**, **usted**, **ustedes**). These verbs are called STEM-CHANGING VERBS. For **tener**, the stem vowel **–e** changes to **–ie** when stressed. For some verbs, like **decir**, the stem vowel **–e** changes to **–i** when stressed. In most Spanish-English dictionaries, the stem change is indicated in parentheses after infinitive: **tener (ie)/decir (i)**.

In addition, the first person singular (**yo**) form of **tener** is **tengo**. Many common **–er** and **–ir** verbs whose stems end in **–c**, **-l**, **-n**, or **–s** include this **–g** in the first person singular. Not all these **–go** verbs, however, are stem-changing verbs. Study the verbs in the chart, noting the **yo** forms. Also notice which verbs are stem-changing and pay special attention to their forms.

	-go VERBS	
decir (i)	*to say, tell*	**digo**, dices, dice, decimos, decís, dicen
hacer	*to do, make*	**hago**, haces, hace, hacemos, hacéis, hacen
poner	*to put, place*	**pongo**, pones, pone, ponemos, ponéis, ponen
salir	*to leave, go out*	**salgo**, sales, sale, salimos, salís, salen
tener (ie)	*to have*	**tengo**, tienes, tiene, tenemos, tenéis, tienen
valer	*to be worth, cost*	**valgo**, vales, vale, valemos, valéis, valen
venir (ie)	*to come*	**vengo**, vienes, viene, venimos, venís, vienen

4.18 ¿Qué tienes? Compile an inventory of the possessions you have in class with you. Then, in pairs, mention each article, its value, and give a brief description.

■ **Ejemplo** *Yo tengo un diccionario español-inglés. Cuesta veinte dólares. Es rojo, amarillo y blanco.*

4.19 Mi familia. In pairs, describe members of your extended family. Mention their names, ages, and where they live and work.

■ **Ejemplo** *Tengo siete primos—dos mujeres y cinco hombres. Mi prima Laura tiene 22 años y vive en Michigan con su esposo y dos hijas. Ella trabaja en el hospital.*

4.20 Entrevista. In pairs, take turns asking and answering questions to obtain information about:

1. what he or she does in the morning, in the afternoon, and in the evening
2. when and where he or she goes out with friends
3. when he or she comes to the university and leaves
4. how much his or her textbooks cost

4.21 ¿Qué tienen los demás? In small groups, find out who has each of the following items.

■ **Ejemplo** un televisor
  ESTUDIANTE 1: ***Elisa, ¿tienes un televisor?***
  ESTUDIANTE 2: ***No, no tengo un televisor.***

  1. estéreo
  2. reproductor de discos compactos
  3. computadora portátil
  4. videocasetera
  5. cámara digital
  6. radio despertador
  7. máquina de fax
  8. escáner
  9. teléfono celular
  10. televisor plasma
  11. teléfono inalámbrico
  12. PC de bolsillo
  13. calculadora científica

4.22 Juego de clase. In pairs, take turns describing a room in your house. Sketch your partner's room from the description.

▲ To express what has to be done, use a form of the verb **tener** followed by **que** and then by an infinitive that indicates the activity. In this structure, only the infinitive form of the verb follows **que**. For example:

  Yo **tengo que estudiar**.   Mi hermano **tiene que ir** a clase.

4.23 Los quehaceres domésticos. In small groups, talk about who has to do the following chores at your home, apartment, or dorm.

■ **Ejemplo** lavar el piso
  Mi compañero de cuarto tiene que lavar el piso.

Quehaceres domésticos	*Household chores*		
barrer el suelo	*sweep the floor*	arreglar/organizar	*tidy up the closets*
colgar la ropa	*hang up the clothes*	los roperos	
cortar el césped/	*cut the grass*	pasar la aspiradora	*run the vacuum*
la hierba		planchar la ropa	*iron the clothes*
trapear el piso	*mop the floor*	poner la mesa	*set the table*
hacer/tender	*make the bed*	regar (ie) las plantas	*water the plants*
la cama		sacar la basura	*take out the trash*
lavar/limpiar las	*wash/clean the*	sacar brillo a	*polish*
ventanas	*windows*	sacar el polvo	*dust*
lavar los platos	*wash the dishes*	sacudir los muebles	*dust the furniture*
		secar los platos	*dry the dishes*

4.24 ¿Qué tienes que hacer esta semana? In pairs, talk about some of the things that you have to do this week.

■ **Ejemplo** *Tengo que estudiar para un examen de matemáticas.*

4.25 De compras. In pairs, taking turns telling each other which of the following cleaning products you need to buy and why.

■ **Ejemplo** *Tengo que comprar detergente para lavar la ropa.*

Artículos de limpieza *Cleaning materials*			
aspiradora	*vacuum cleaner*	limpiador	*liquid cleaner*
cubo, balde *(m.)*	*bucket*	para ventanas	*window cleaner*
detergente *(m.)*	*dish detergent*	para el hogar	*all-purpose cleaner*
para platos		toallas de papel/	*paper towels*
escoba	*broom*	papel de cocina	
esponja	*sponge*	trapo	*dust cloth, rag*
		trapeador *(m.)*	*mop*

◆ Many words in Spanish are verb/noun compounds. Pick out these words from the list.

◆ **Vocabulario adicional:**

fregar el   *scrub the floor*
  piso
fregasuelos   *mop*
cepillo   *brush*
lavavajillas   *dish detergent*

◆ **Vocabulario esencial for activity 4.26:**

paseo   *drive*
alcalde *(m.)*   *mayor*
taller *(m.)*   *workshop*

4.26 Excusas. Sometimes we use household chores as an excuse not to go out. In small groups, use the events in the following calendar as a guide and take turns inviting and making excuses for staying in.

■ **Ejemplo** conferencia
    ESTUDIANTE 1: *¿Deseas ir° a la conferencia sobre los artistas y la sociedad?*
    ESTUDIANTE 2: *Lo siento, pero tengo que limpiar mi apartamento porque mis padres vienen mañana.*

◆ Comprehension questions for activity 4.26:
1. Which activities are related to the arts? 2. What is the theme of the symposium?
3. Which activity takes place at a university?

Calendario de Eventos	
Conferencia	LOS ARTISTAS Y LA SOCIEDAD: 11 de marzo. 10:30/13:00 hrs. Auditorio del Instituto de Ciencias Sociales Administración. Avenida Heróico Colegio Militar.
Música	LA SUPER BANDA MANANTIAL: Hotel Chula Vista. Miércoles-sábado. Paseo Triunfo de la República 3355 Oriente.
Teatro	*El Alcalde de Zalamea* DE CALDERÓN DE LA BARCA: Compañía Francisco Portes de Madrid, España. 13 de marzo. Auditorio Benito Juárez. 20:30 hrs.
Danza	TALLER COREOGRÁFICO DE LA UNIVERSIDAD AUTÓNOMA DE MÉXICO *de Gloria Contreras:* Centro Universitario de Convenciones. 20:00 hrs. 14 de marzo.
Simposio	EL FUTURO DE LA EDUCACIÓN BÁSICA NACIONAL: 16-18 de marzo. Información en los teléfonos (16) 17-96-93 y 17-46-74.

°**ir** *to go*

◆ To express the idea of *very warm, jealous,* etc., a form of the word **mucho** is used. For example: *tener muchos celos, tener mucha sed.*

◆ **Tener cuidado** is frequently used with **al** + infinitive. For example:
Tengo cuidado al cruzar la calle. Tenemos cuidado al lavar las ventanas.

◆ NOTE: **no tener razón** means *to be wrong.*

▲ The verb **tener** is also used in a variety of common expressions. Like many Spanish expressions, these do not have a word-for-word equivalent in English. Therefore, it is best to learn these phrases as meaningful "chunks."

Expresiones con *tener*		Expressions with *tener*	
tener . . . ___años	to be ____ years old	tener . . . lugar	to take place
calor *(m.)*	to feel warm	miedo (a)	to be afraid
celos	to be jealous		(of a person)
cuidado	to be careful	miedo (de)	to be afraid (of
éxito	to be successful		a thing)
frío	to feel cold	prisa	to be in a hurry
hambre *(f.)*	to be hungry	razón *(f.)*	to be right
ganas de +	to feel like . . .	sed *(f.)*	to be thirsty
infinitivo		sueño	to be sleepy
		suerte *(f.)*	to be lucky

4.27 Asociaciones. Consider the situations below. In pairs, state your reaction to each situation by using the appropriate **tener** expression. Of course, more than one expression may be appropriate for each situation.

■ **Ejemplo** cuando° viajas de noche
Tengo miedo cuando viajo de noche.

1. cuando estás en Alaska en enero
2. cuando estás en Arizona en agosto
3. cuando ganas la lotería
4. cuando recibes una A en un examen
5. cuando estudias toda la noche
6. cuando no comes en todo el día
7. cuando estás solo/sola
8. cuando tu amigo/amiga tiene un auto nuevo
9. cuando hay un buen concierto
10. cuando faltan diez minutos para tu clase

4.28 Mis amigos. Using as many **tener** expressions as possible, in pairs, take turns describing your friends.

■ **Ejemplo** tener . . . años
Mi amiga Jenny tiene veinte años.

4.29 ¿Cómo te sientes?° In pairs, take turns asking and telling how you feel in various places and situations. Use your imagination when thinking up the places and situations, and use the **tener** expressions in your replies.

■ **Ejemplo** estar en la playa
ESTUDIANTE 1: **_¿Cómo te sientes cuando estás en la playa?_**
ESTUDIANTE 2: **_Cuando estoy en la playa tengo calor._**

1. estar en la clase de español
2. estar en una calle° oscura
3. estar en el sauna
4. ver una película de terror
5. no tener tiempo para comer
6. tener que trabajar mucho

4.30 Encuesta en grupo. In small groups, take turns surveying each other about your experiences and opinions.

°**cuando** *when*   **¿Cómo te sientes?** *How do you feel?*   **calle** *(f.) street*

140 *Amistades*

■ **Ejemplo**   tener sueño

ESTUDIANTE 1: *¿Cuándo tienes sueño?*
ESTUDIANTE 2: *Tengo sueño por la noche después de estudiar mucho.*

1. ¿Cuándo tienes sueño?
2. En tu familia, ¿quién siempre tiene suerte?
3. ¿Tienes miedo de las serpientes? (de los aviones, de la oscuridad, de la altura, de ir al dentista)
4. ¿Qué bebes cuando tienes sed?
5. ¿Qué comes cuando tienes hambre por la noche? ¿Pizza, cereal, fruta, chocolate?
6. ¿Quién en tu familia tiene celos?
7. Entre tus amigos, ¿quién siempre tiene la razón?
8. ¿Cuándo tienes prisa?
9. ¿Cuándo tiene lugar la próxima fiesta?
10. ¿Qué tienes ganas de hacer?

¿Tienes miedo de las serpientes?

SEGUNDA FUNCIÓN

Identifying specific people or objects using demonstrative adjectives and pronouns

▲ To point out or indicate specific people or objects, DEMONSTRATIVE ADJECTIVES (this, that, these, those) are used. In the following example, notice that the words in bold print agree in gender and number with the nouns they modify.

> Me encanta **ese** sofá y **aquella** cómoda, pero no me gusta **esta** lámpara.
> *I love **that** sofa and **that** bureau **(over there)**, but I don't like **this** lamp.*

As you examine the following chart, you will notice that Spanish has two ways of expressing *that*. The first form, **ese**, is used when the person or object is not too far away from the speaker. **Aquel** is used when the person or object mentioned is far away from the speaker. In the illustration, for example, Carlota and Eduardo are fairly close to the sofa. When Carlota expresses her opinion about the bureau on the other side of the room, however, she uses **aquella** because it is distant both from her and from Eduardo. **Ese** and **aquel** may also refer to things removed in time as well as space—for example: **en aquellos tiempos** *(in those times).*

📖 **Diario de actividades**

For additional practice with demonstrative adjectives and pronouns, see ***Diario de actividades*, *Segunda etapa: Segunda función*.**

Adjetivos demostrativos		Demonstrative adjectives	
SINGULAR		PLURAL	
este sillón **esta** mesa	*this*	**estos** sillones **estas** mesas	*these*
ese sillón **esa** mesa	*that*	**esos** sillones **esas** mesas	*those*
aquel sillón **aquella** mesa	*that (over there)*	**aquellos** sillones **aquellas** mesas	*those (over there)*

◆ Notice that the final **e** in the singular forms changes to **o** before adding the plural suffix **s**. The **l** in **aquel** doubles in the other singular/plural forms.

Capítulo 4 **141**

4.31 Por la ventana. Take a look across the room, out of the window or down the hall and, in pairs, compare some of the items that you see. Use demonstrative adjectives, colors and prepositions of place and direction from *Capítulos 1*, *2*, and *3*.

■ **Ejemplo** *Este libro es grande. Aquel libro es pequeño.*
Este diccionario está dentro de mi mochila.
Aquel diccionario está encima de la mesa.

4.32 Nuestras cosas. In small groups, inventory the belongings you brought to class with you, using a demonstrative adjective in each sentence.

■ **Ejemplo** *Este cuaderno cuesta tres dólares.*
Estos libros cuestan cien dólares.

4.33 Gustos diferentes. In pairs, compare and contrast the following bedrooms and their furnishings.

■ **Ejemplo** *Me gusta este dormitorio porque tiene una cama grande.*
Ese dormitorio tiene una cama pequeña.

Este dormitorio . . .

Ese dormitorio . . .

▲ Demonstrative pronouns are used when the specific noun referred to is not expressed. Like the demonstrative adjectives, the pronouns reflect the concepts of persons or objects that are very close, nearby, or far away. The *only* difference is a written accent mark. Study the following examples and the chart.

**Ésta es muy barata. Ésa es muy bonita.
Pero aquélla es perfecta para ustedes.**

Pronombres demostrativos *Demonstrative pronouns*			
SINGULAR		PLURAL	
éste **ésta** }	*this*	**éstos** **éstas** }	*these*
ése **ésa** }	*that*	**ésos** **ésas** }	*those*
aquél **aquélla** }	*that (over there)*	**aquéllos** **aquéllas** }	*those (over there)*

◆ NOTE: In the demonstrative pronouns, the stressed vowel is an **e** and is the first **e**, without exception.

4.34 Dos dormitorios. In pairs, compare and contrast the bedrooms shown below.

■ **Ejemplo**   *Éste no tiene un estante para libros. Aquél tiene un estante para libros.*

Éste   Aquél

◆ **Vocabulario esencial for activity 4.35:**

despacho	*office*
a medida	*custom made*
abogado	*attorney*
almacenaje	*storage*
reflejo	*reflection*
pantalla	*screen*

4.35 Organiza tu negocio en casa. A home office is now a necessity for many families. Read the description about the office and, in pairs, take turns describing some of its features using demonstrative pronouns.

■ **Ejemplo** Computadora: ***Ésta es una computadora Macintosh. Ésta es de color violeta.***

Despacho a medida

Objetivos. Editor de textos, traductor, abogado... Estas profesiones se realizan de forma independiente y en un espacio pequeño, pero ordenado, que facilite manejar documentación y su almacenaje.

Distribución. La mesa está situada frente a la ventana, para iluminar bien la zona, pero evitando los reflejos en la pantalla de la computadora. A la izquierda, una estantería de estructura metálica sirve para guardar libros y archivos. La silla, con ruedas, permite desplazarse a cualquier parte de la habitación con rapidez.

◆ Comprehension questions for activity 4.35:
1. How do editors, translators, and attorneys work? 2. What type of office space do they need? 3. What are the advantages of the office shown in the photo?

▲ When there is no noun to which the demonstrative pronoun refers, a neutral (sometimes called neuter) pronoun is used. Because there are no adjective equivalents for the NEUTRAL DEMONSTRATIVE PRONOUNS, they carry no written accent marks.

NEUTRAL DEMONSTRATIVE PRONOUNS			
esto	*this*	**Esto** es lindo.	*This is pretty.*
eso	*that*	¿Qué es **eso**?	*What is that?*
aquello	*that*	**Aquello** es muy raro.	*That (thing) is very odd.*

Before beginning this activity, review **Capítulo 1**, **Expansión** in your **Diario de actividades**.

4.36 ¿Qué es? The practical use for decorative items is often undefined. In pairs, take turns asking each other about the items pictured, what they are made of, and their possible uses.

■ **Ejemplo** gardening tools

ESTUDIANTE 1: ***¿Qué es esto?***
ESTUDIANTE 2: ***Es una jardinera.***
ESTUDIANTE 1: ***¿De qué es?***
ESTUDIANTE 2: ***Es de madera y barro.***
ESTUDIANTE 1: ***¿Para qué es?***
ESTUDIANTE 2: ***Es para plantas.***

Jardinera ▶
La base es de madera; la maceta, de barro.

◄ Cubo
Eurohogar propone
este original cubo de
latón como florero.

▲ Posavasos
De cartón, 11,5 x 9,5 cm. Conjunto de seis
unidades dentro de una caja de madera.

▲ Portallaves
De madera

1. posavasos
2. cubo
3. portavelas

4. portallaves
5. botellero

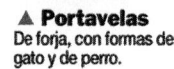

▲ Portavelas
De forja, con formas de
gato y de perro.

Botellero ►
Combina caoba
tropical y forja.
Capacidad: 4
botellas.

TERCERA FUNCIÓN

Going places and making plans using **ir** and **ir a** + infinitive

▲ The verb **ir** is used when talking about going places. As you study the chart below, notice the different meanings for each form of the verb.

ir to go, to be going			
voy	*I go, I am going*	**vamos**	*we go, we are going*
vas	*you go, you are going*	**vais**	*you (all) go, you (all) are going*
va	*you go, you are going,* *he/she goes, he/she is going*	**van**	*you (all) go, you (all) are going,* *they go, they are going*

Study the following sentences and make up additional examples about going places. Notice that when you ask where a person is going, the interrogative, **¿adónde?** is used.

Voy al parque Chapultepec
a las once.

Eduardo **va** al Palacio de Bellas
Artes con Carlota.

¿Adónde van este fin de semana?

Van a las ruinas mayas en
Chichén Itzá.

*I am going to Chapultepec Park
at 11:00.*

*Eduardo is going to the Palace of
Fine Arts with Carlota.*

Where are they going *this weekend?*

*They are going to the Mayan ruins
in Chichén Itzá.*

📖 **Diario de actividades**

For additional practice with **ir**
and **ir a** + infinitive, see the
Diario de actividades,
Segunda etapa: Tercera
función.

◆ **Ir** is also used in some
idiomatic expressions, such as
¿Cómo te va? *How is it
going?* **¡Qué va!** *Nonsense!*
¡Vamos! *Let's go!* **Vamos de
compras.** *Let's go shopping.*
Vamos al grano. *Let's get to
the point.*

◆ Be careful not to combine
forms of **ser** and **ir** to express
the idea *is/are going*. Phrases
like **"Ella es va"** (for *She is
going*) are impossible in
Spanish. **Ella va** means *She is
going.*

**Una pirámide de
Chichén-Itzá**

▲ When making plans, we often use the phrase *going to* to express the idea of an activity that will take place in the near future. In Spanish, a similar construction is used based on the verb **ir** + **a** + an infinitive. Study the forms of the verb below.

¿Qué **van a hacer** ustedes mañana?   *What **are you going to do** tomorrow?*
Vamos a buscar una casa nueva.   *We're **going to look for** a new house.*

◆ Before doing activity 4.37, review the vocabulary on p. 94.

4.37 ¿Adónde vas? In pairs, explain where you are going every day for the next week.

■ **Ejemplo**   ESTUDIANTE 1: *El domingo voy a casa de mis amigos.*
                ESTUDIANTE 2: *El domingo voy al cine con mi novio.*

4.38 Tus planes. What plans do you have? In small groups, using the following activities, talk about when you are going to do each activity.

■ **Ejemplo**   ESTUDIANTE 1: *¿Cuándo vas a esquiar?*
                ESTUDIANTE 2: *Voy a esquiar en diciembre.*
                ESTUDIANTE 3: *¿Dónde vas a esquiar?*
                ESTUDIANTE 1: *Voy a esquiar en Colorado con mi familia.*

1. esquiar
2. hacer ejercicios aeróbicos
3. ir a la biblioteca
4. jugar al baloncesto°/béisbol/fútbol/tenis/voleibol
5. llamar a mis padres/amigos
6. andar en bicicleta
7. asistir a clase/un concierto
8. comer en un restaurante mexicano/español
9. tomar un refresco/un té con limón
10. escribir una carta
11. leer una novela/mi lección de historia
12. buscar un nuevo apartamento

4.39 Mexicanos famosos. In pairs, describe what the following persons are going to do today.

■ **Ejemplo**   Héctor Soberón (actor)
            Héctor Soberón va a actuar en una película romántica.

1. Elena Poniatowska (novelista y periodista°)
2. Horacio Franco (flautista)
3. Carlos Fuentes (novelista)
4. Salma Hayek (actriz)
5. Alejandro Fernández (cantante)
6. Orlando Duque Hernández (jugador de béisbol)
7. Galilea Montijo (locutora de televisión)
8. Cuauhtémoc Blanco (futbolista)

     °**baloncesto** *basketball*   **periodista** *(m./f.) journalist*

4.40 Atracciones de la ciudad. Look over the following tourist attractions in Mexico City and choose three you would like to visit. Then, in pairs, plan your excursions for a week in Mexico. Include other activities not mentioned in the guide that you would like to do *(comer, cenar, ir de compras, descansar, etc.)*. Fill in your itinerary using the date book below as a model. Finally, discuss your itinerary with your partner.

◆ **Vocabulario esencial for activity 4.40:**

jardín (m.)	*garden*
paseo	*excursion*
telón (m.)	*curtain*

◆ Comprehension questions for activity 4.40:
1. Which activities are done indoors? Outdoors? 2. Which are historical sites? 3. Which sites explain ancient native cultures of Mexico?

■ **Ejemplo**   ESTUDIANTE 1: ***Voy a ir a Teotihuacán el jueves a las 10:00 porque quiero ver las pirámides.***
　　　　　　　ESTUDIANTE 2: ***Yo voy a ir también. Quiero ver el espectáculo de noche.***

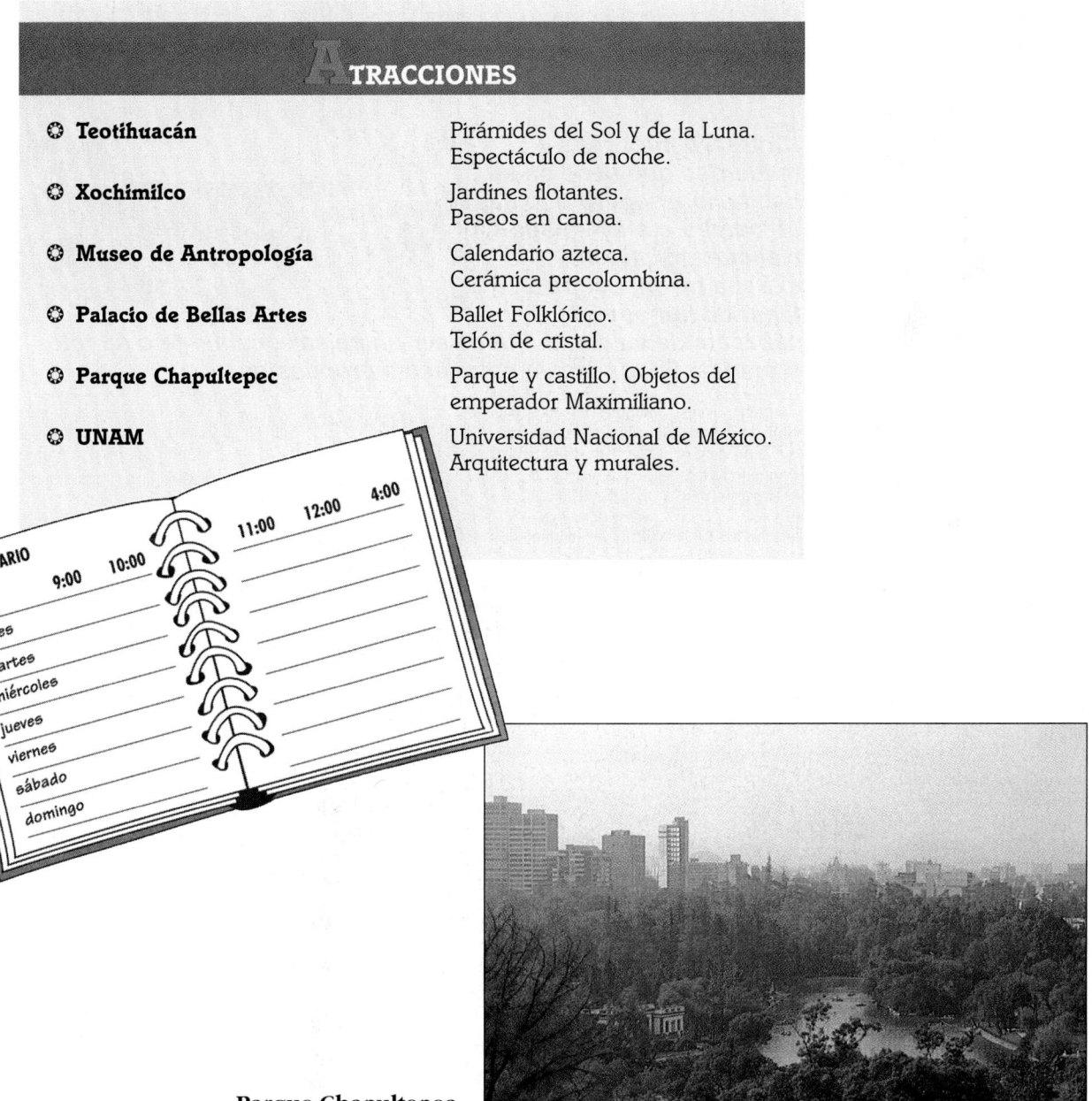

ATRACCIONES

✪ **Teotihuacán**	Pirámides del Sol y de la Luna. Espectáculo de noche.
✪ **Xochimilco**	Jardines flotantes. Paseos en canoa.
✪ **Museo de Antropología**	Calendario azteca. Cerámica precolombina.
✪ **Palacio de Bellas Artes**	Ballet Folklórico. Telón de cristal.
✪ **Parque Chapultepec**	Parque y castillo. Objetos del emperador Maximiliano.
✪ **UNAM**	Universidad Nacional de México. Arquitectura y murales.

ITINERARIO
Día   9:00   10:00   11:00   12:00   4:00
lunes
martes
miércoles
jueves
viernes
sábado
domingo

Parque Chapultepec

◆ **Vocabulario esencial for activity 4.41:**

cuadro	*painting*
afiche *(m.)*	*poster*
cabecera	*headboard*
paisaje *(m.)*	*landscape*
pensamiento	*thought*
pez *(m.)*	*fish*
tentar (ie)	*to tempt*
asustar	*to frighten*
sembrar (ie)	*to plant, sow*
perjudicar	*to prejudice*
arriesgarse	*to risk*
pecar	*to sin*
sabor *(m.)*	*flavor*
mimoso/ mimosa	*spoiled*
reconocimiento	*recognition*
fortalecer	*to fortify*

◆ *Comprehension questions for activity 4.41:*
1. What are the eight types of pictures described in the article?
2. Which type of picture indicates an extroverted, impetuous personality; an attention seeker; a sensitive, romantic personality; an owner who always likes to be in style?
3. Which type of picture would be chosen by: a realist; a strong person; a traditional person; an extroverted yet practical person?

4.41 Un cuadro para tu dormitorio. The way we decorate our room is an indication of our personality. Study the following article about different types of pictures and their implications. Choose the type of picture you would like most and then, based on your choice, answer the questions with complete sentences. Then, in small groups, share your poster choices and explain why you chose them. Mention if you agree with the analysis or not.

■ **Ejemplo** *A mí me encantan los gatos. Como explica el artículo, soy romántica pero en realidad no soy tímida.*

JUEGO - TEST

UN CUADRO PARA LA HABITACIÓN

*E*ntre las mil cosas y recuerdos que tiene en su habitación, seguro que hay un cuadro o afiche especial que, por alguna extraña razón, ocupa el lugar de honor en la **cabecera de su cama. Puede ser un paisaje, cantante o su foto preferida. Reconózcalo entre estas propuestas.**

1. AFICHE DE GATO

Revela un temperamento romántico y muy sensible, hasta el punto de ser algo tímida y llegar a la introversión. No quiere que nadie descubra sus pensamientos secretos, pues piensa que no tiene derecho a ello. Pruebe a abrirse un poco a los demás para aprender más de ellos.

2. PINTURA ABSTRACTA

Decidida y resuelta, tiene los pies bien puestos en su propia realidad y se encuentra como pez en el agua. Sin embargo, de vez en cuando debe dejarse tentar por alguna aventura: su realismo podría ser una forma de defenderse de un mundo desconocido que la asusta más de lo usual.

3. TAPIZ

Siembra alegría en donde se encuentra, pues es muy extrovertida e impetuosa. Se lanza a tumba abierta, según sus impulsos, lo que a veces la puede perjudicar. Piénselo dos veces antes de arriesgarse en la vida.

4. PAISAJE

Le gusta todo lo que sepa a tradición y costumbre, aunque a veces peca de exceso de conservatismo. No todas las novedades tienen por qué ser malas, aunque usted prefiere el sabor de lo bueno y añejo. Si logra mantenerse en el punto medio, rozará la perfección.

5. AFICHE DE HISTORIETAS

Algo infantil, pero divertida, dinámica y deportiva. Tiene mucho sentido práctico y es muy extrovertida. Aunque lo suyo es la utilidad, no le gusta dejar a un lado la estética. Adora las novedades y es una mujer simpática.

6. CANTANTE DE ROCK

Quiere estar siempre a la última moda y a veces exagera un poco la nota en su afán de modernidad. Teme quedarse anticuada lo que le puede acarrear ansiedad y estrés. Ordene sus deseos o terminará sin saber qué camino tomar.

7. DIANA

Juguetona, mimosa, pero muy decidida. Afronta la vida con la cabeza alta y la verdad por delante, lo que la ayuda a conectarse con los demás y expresarse como es. Tenga presente, sin embargo, que a veces la verdad hace más daño que bien y no todo el mundo es fuerte como usted.

8. SU FOTO

Necesita el reconocimiento afectivo de los demás; que le hagan caso y estén pendientes de usted. Quizá no le vendría mal sentarse ante el espejo e interrogarse a fondo sobre usted misma, para fortalecer sus logros personales y no depender siempre de los demás.

de mía

Preguntas
1. ¿Qué tipo de cuadro vas a poner en tu dormitorio?
2. ¿Dónde vas a colgar el cuadro en tu dormitorio?
3. ¿Qué va a revelar el cuadro sobre tu personalidad?
4. ¿Qué van a pensar tus amigos al ver este cuadro?

COMPRENSIÓN AUDITIVA  Textbook CD

Scanning for specific information.   In *Capítulo 3*, you learned to skim a complete text for the main idea. In this chapter, you will learn to *scan,* or to go through a text in search of a specific bit of information. When applied to oral texts, the scanning strategy might be used to listen for a telephone number or an address in a television or radio commercial. Listening for the refrain of a popular song on the radio is another example of scanning. Before you scan an oral text, you must think about the information you want to find and the form that information will take. For example, an address or telephone number will obviously consist of numbers. The refrain of a song might be signaled by a change of tempo or voices. This advance preparation will help you zero in on the information you are seeking.

📖 Diario de actividades

For additional listening practice, see ***Diario de actividades***, ***Tercera etapa: Estrategias/ Comprensión auditiva***.

Antes de escuchar

4.42 Anuncio comercial. What kinds of information would you expect to find in a commercial for a new housing development? Make a list and compare it with that of a classmate. Include additional items if necessary.

4.43 Zona Herradura. Compare the list that you wrote in activity 4.42, with the information found in the written advertisement for *Zona Herradura* on page 129. Although there will probably be more information in the written advertisement than in a television or radio commercial, check to see that you have not left anything important off your list.

A escuchar

4.44 Los Prados de San Martín. Listen to the radio commercial for *Prados de San Martín,* a new apartment complex, on your CD and scan for the following information about the apartments:

- number of bedrooms
- number of bathrooms
- exercise/sports facilities
- model apartment hours

If necessary, you may scan the text for only one item at a time. Then, replay your CD and listen again for the next item.

Después de escuchar

4.45 Apartamentos para estudiantes. Many college students prefer to live in private apartments rather than in university dormitories. What kinds of apartments are available in your campus area? In pairs, take turns describing a typical student apartment. Start your description with the phrase *En un apartamento típico hay...* You should include the number and kinds of rooms, the location, any special facilities, and the cost.

4.46 Anuncio clasificado. Using the information from the description you generated in activity 4.45, in small groups write a classified advertisement for the apartment and be prepared to share it with the class.

Diario de actividades

For additional reading practice, see *Diario de actividades, Tercera etapa: Estrategias/ Lectura and Literatura*.

◆ **Vocabulario esencial for activity 4.48:**

acogedor	*cozy*
apoyo	*support*
aprovechar	*to take advantage of*
estridencia	*clutter*
hogareño/ hogareña	*home loving*
diáfano	*uncluttered*
muro	*wall*
rincón	*corner*

◆ Comprehension questions for activity 4.48:
1. How does one's home reflect his/her personality? 2. On which rooms does the quiz focus? 3. Which decorating styles are included in the test? 4. How are the following personalities reflected in home decorating: homebody, family-

LECTURA

Scanning a written text. In the previous section, you practiced scanning an oral text for specific information. The strategy for scanning a written text is basically the same. Before scanning for the desired information, however, you should apply the strategies you have already learned. First, quickly look over the visual cues to the text: layout, titles and subtitles, and photographs or drawings. Then, skim the text for the general idea. Finally, go through the text a third time scanning for the specific information you need.

Antes de leer

4.47 Mis gustos. Do you think of your home, apartment or dorm room as a place to get away from it all, a place to relax or a place to get together with friends? Do you prefer rustic, modern, or more classic surroundings? In pairs, describe what you consider to be the perfect place to live.

■ **Ejemplo** *Me gusta una casa grande con muebles modernos.*

A leer

4.48 Mi casa. In pairs, take the survey and decide what your dwelling says about you.

Tu casa dice mucho de ti

Las personas tienden a mostrar su personalidad en cada rincón de su hogar, según lo que hacen y el tipo de decoración que emplean. Amueblar la casa y dotarla de todo tipo de complementos es una manera de demostrar el estilo propio. Descúbrelo con este test.

❶ Consideras tu casa como:
A El lugar ideal para organizar fiestas y reuniones con los amigos.
B Un buen refugio en el que encuentro el apoyo que necesito.
C El mejor lugar para encontrar paz y tranquilidad y desconectar del trabajo.

❷ El salón de tu casa:
A Está decorado de forma que sea un cuarto muy práctico y acogedor, ya que en él me gusta pasar la mayor parte de mi tiempo libre.
B Es el espacio que he decorado con más lujo.
C Es una estancia que aprovecho poco.

❸ Pasas la mayor parte del tiempo en:
A Mi dormitorio.
B La cocina.
C El salón.

❹ La casa de tus sueños:
A Tendría que disponer de muchas habitaciones, aunque éstas sean pequeñas.
B Se aproxima más a la idea de un 'loft', con espacios muy amplios y pocas habitaciones, siempre evitando las separaciones y los muros.
C Es tipo estudio, con cocina americana y dormitorio integrado junto con el salón.

❺ El cuarto de baño…
A Es una habitación que cuido al detalle, y que, de hecho, me gusta mostrar a los amigos.
B Es una estancia que considero muy íntima y que no me gusta compartir.
C Es un sitio donde al final siempre acabo coincidiendo con algún familiar, sobre todo a primera hora de la mañana.

❻ ¿Cuál de estos elementos de decoración es más común en tu casa?
A Fotografías de mis viajes.
B Fotos con mis amigos.
C Retratos de mis familiares.

❼ Utilizas la cocina…
A En principio sólo para cocinar, ya que me gusta comer en el salón o en el comedor.
B Como un sitio en el que, además de cocinar, los niños pueden hacer los deberes o se puede charlar con la pareja mientras se desayuna.
C Tanto para cocinar como para comer.

❽ Dentro de una habitación:
A Aprovecho muy bien hasta el último rincón.
B Coloco los muebles en torno a un espacio central que sirva como lugar de reunión.
C Me gusta cambiar los muebles de sitio habitualmente para generar distintos ambientes según la ocasión.

❾ El estilo de tu casa podría definirse, en general, como:
A Rústico, con preferencia por muebles de maderas como el roble y el nogal.
B Moderno, con preferencia por materiales plásticos y metálicos en muebles y adornos.
C Clásico, sin estridencias y buscando siempre la funcionalidad de los espacios.

	1	2	3	4	5	6	7	8	9
A	5	3	1	1	5	3	5	1	3
B	1	5	3	5	1	5	3	3	5
C	3	1	5	3	3	1	1	5	1

MENOS DE 13 PUNTOS

La forma en la que te comportas en tu casa y el estilo de decoración que predomina en ella demuestra que eres una persona hogareña, un tanto reservada y amante de la paz y la tranquilidad. Buscas en la forma tan marcada de definir los espacios de tu casa una manera de gozar de intimidad y valoras por encima de todo el refugio que te proporciona un espacio tan personal como el dormitorio. Sin embargo, quizá deberías centrarte en otras habitaciones como la cocina o el salón, muy propios a la hora de favorecer y fomentar las relaciones familiares.

ENTRE 14 Y 30 PUNTOS

Eres una persona muy familiar que valora sobre todo la convivencia y las reuniones y que considera que no hay mejor ambiente posible que el hogareño. Por eso sueles usar la cocina como una estancia donde preparar platos es sólo una excusa para facilitar el encuentro entre los miembros de la familia. Tampoco renuncias a un encuentro con los amigos y, en esos casos, el salón es para ti la estancia más apropiada. Tu casa probablemente estará decorada siguiendo un estilo rústico, con muebles de colores tostados y ausencia de líneas rectas de corte futurista.

ENTRE 31 Y 45 PUNTOS

La verdad es que no sueles parar mucho en casa, pero cuando lo haces te gusta estar acompañado de tus amigos y conocidos porque eres una persona muy abierta, dinámica y extrovertida. Por eso, a la hora de planificar un hogar prefieres los espacios abiertos y diáfanos, ya que te gusta la idea de que tu casa sea un lugar abierto a los demás y sin secretos. El tuyo es, sin duda, el estilo vanguardista, caracterizado por una decoración que busca la alegría en los colores de los adornos y que rellena los espacios amplios y abiertos con muebles en pino o de cristal.

Después de leer

4.49 Gustos y preferencias. In small groups, discuss where and how you spend time at home.

■ **Ejemplo** ESTUDIANTE 1: *Yo paso de ocho a nueve horas en mi dormitorio.*
ESTUDIANTE 2: *Yo también paso más de seis horas en mi dormitorio.*
ESTUDIANTE 3: *No, yo no. Paso tiempo en la cocina.*

4.50 Una entrevista. Using some of the information from the survey, interview two other members of the class about their likes and preferences using the following questions.

1. ¿Dónde pasas la mayor parte del tiempo?
2. ¿Cómo es el salón de tu casa?
3. ¿Cómo es la casa de tus sueños?
4. ¿Qué elementos de decoración tienes en tu casa?
5. ¿Cuánto tiempo pasas en la cocina?
6. ¿Cómo es el estilo de tu casa?

Diario de actividades

For additional practice with the expressions, see *Diario de actividades, Tercera etapa: Estrategias/Comprensión auditiva*.

COMUNICACIÓN  Textbook CD

Listen to Carlota and Eduardo's conversations. The expressions they use will help you ask and give the prices of items, use exclamations, and incorporate conversational fillers and hesitations when you speak. Listen to the conversations on your CD and practice them with the other members of your class.

Cómo pedir precios   *Asking how much something costs*

Cómo usar exclamaciones   *Using exclamations*

°**dineral**   *large sum of money*

Cómo extender una conversación *Expanding a conversation using fillers and hesitations*

Notice that the third person singular form of the verb is used when asking the price of a single item. When asking the price of more than one item, the third person plural form is used.

4.51 Escucha y repite. Listen carefully to the conversation *Cómo pedir precios* on your CD. Then, repeat the phrases, pronouncing carefully.

Cómo pedir precios *Asking how much something costs*	
¿Cuánto cuesta el sofá?	*How much does the sofa cost?*
¿Cuánto cuestan las lámparas?	*How much do the lamps cost?*
¿Cuánto cuesta el apartamento al mes?	*How much is the apartment per month?*
¿Cuánto cuestan los servicios?	*How much are the utilities?*
¿Cuál es el precio de la casa?	*What's the price of the house?*
¿Cuánto vale el refrigerador?	*How much is the refrigerator worth?*
¿Cuánto valen los condominios?	*How much are the condominiums worth?*

4.52 Cosas personales. In pairs, take turns asking each other about the price of the following items.

■ **Ejemplo** ESTUDIANTE 1: *¿Cuánto cuesta una pluma estilográfica?*
 ESTUDIANTE 2: *Cuesta treinta dólares.*

1. libro de español
2. cuadernos
3. lápiz
4. bolígrafo
5. mochila
6. diario
7. notas adhesivas
8. calculadora
9. diccionario
10. marcadores
11. agenda
12. PC de bolsillo
13. computadora portátil
14. escáner
15. impresora láser

4.53 ¿Cuánto cuesta? Instead of staying in a hotel, many travelers rent an apartment or house while vacationing in Mexico. In pairs, skim the following ads for location, price, utilities, size, and decide which one offers the best price. Remember to convert *pesos* to dollars when you compare prices.

■ **Ejemplo**   *El apartamento en Torre Palladio cuesta... al mes/al día.*
Tiene dos cuartos y dos baños. Está amueblado°. El precio
incluye... Está en Acapulco en la Costa Azul.

$1.700 Pesos Diarios

3 recámaras, cocineta, terraza con vista. 6 personas. Teléfonos en D.F. 5751-0880 5551-1356 Cuenta con: 135m² de Construcción, 2 Baños, Aire Acondicionado, Jardín, Alberca, Amueblado, Marbella Residencial (a una cuadra de Baby 'O) Costa Azul, Acapulco, México.

$3.000 Pesos

Bonito apartamento de acabados medios, ubicado a la entrada de la ciudad, cerca de parques, centros comerciales. y transporte. Ubicación de gran demanda. Cuenta con: 3 Pisos, 2 Cuartos, 1 Baño, Luz, Agua, Drenaje, Cisterna, Cochera, Cuarto de Servicio, Jardín, 31 por Avenida La Costa frente al Parque Cancún, México.

$45 Dólares Diarios

Apartamentos ejecutivos de 1 ó 2 recámaras, con vista al mar y de las mejores playas del Caribe. Cuenta con: Área Comunal, 45m² Construcción, Varios Pisos, 1 ó 2 Cuartos, 1 ó 2 Baños, Luz, Agua, Gas, Drenaje, Cisterna, Teléfono, Cochera, Vigilancia/Alarma, Lavandería, Cuarto de Servicio,

Ascensor, Aire Acondicionado, Jardín, Alberca, zona hotelera Cancún, Cancún, México.

Varían Por Semana

PUERTO VALLARTA: RENTO VILLA CUALQUIER ÉPOCA DEL AÑO EN PARADISE VILLAGE EXCLUSIVA ZONA EN NUEVO VALLARTA, CON CAMPO DE GOLF. PRECIOS SEGÚN TEMPORADA. Cuenta con: 1 Piso, 3 Cuartos, 3 Baños, Luz, Agua, Gas Drenaje, Teléfono, Vigilancia/Alarma, Aire Acondicionado, Jardín, Alberca. Amoblado, PASEO DE LOS COCOTEROS, Puerto Vallarta, JALISCO, México.

Casa en Renta $5.000 Pesos

Cuenta con garaje, 3 recámaras, recibidor, cocina amueblada, tanque de gas de 300 tls. sistema de aire acondicionado en toda la casa (322) 464-27. Cuenta con: 180 mts. de Construcción, 1 Piso, 3 Cuartos, 1 Baño, Luz, Agua, Gas Drenaje, Cisterna, Teléfono, Cochera, Lavandería, Aire Acondicionado, Coapinole #14 Col. Aramara, Puerto Vallarta, Jalisco, México.

◆ **Vocabulario esencial for activity 4.53:**

acabado/ acabada	well-finished
ubicación	location
cualquier/ cualquiera	any
recibidor (m.)	entrance hall

◆ Comprehension questions for activity 4.53:
1. Which is the most expensive rental? 2. Which rental sleeps the most guests? 3. Which unit is in a high-rise building? 4. Which rental has the least bathroom space per person? 5. Which units are most convenient for doing laundry?

◆ The expressions *¡Caray! ¡Dios mío!* and *¡Qué barbaridad!* can be positive or negative, depending upon circumstances and intonation.

4.54 Escucha y repite. Listen carefully to the conversation *Cómo usar exclamaciones* on your CD. Then, repeat the phrases, pronouncing carefully.

Cómo usar exclamaciones	Using exclamations		
¡Caray!	*Oh! Oh no!*	¡Estupendo!/ ¡Estupenda!	*Stupendous!*
¡Dios mío!	*Oh, my goodness!*	¡Fabuloso!/¡Fabulosa!	*Fabulous!*
¡Qué barbaridad!	*How unusual! Wow! That's terrible!*	¡Qué lástima!	*That's a pity! That's too bad!*
¡Qué bien!	*That's great!*	¡Qué mal!	*That's really bad!*
¡Qué desastre!	*That's a disaster!*	¡Qué maravilla!	*That's marvelous!*
¡Qué gente más loca!	*What crazy people!*	¡Qué padre!	*That's cool!*
¡Qué horrible!	*That's horrible!*	¡Qué pena!	*That's a pain!*
¡Qué increíble!	*That's amazing!*		

4.55 ¡Exclamaciones! In pairs, take turns telling each other what has just occurred. React to each statement by making the appropriate exclamation.

■ **Ejemplo**   ESTUDIANTE 1: *Acabo de recibir cien dólares.*
ESTUDIANTE 2: *¡Qué bien!*

1. recibir una tarjeta de crédito
2. recibir malas notas en inglés
3. ganar la lotería
4. perder el trabajo
5. pagar la matrícula
6. suspender un examen
7. perder el libro de español
8. ir al/a la dentista
9. trabajar 15 horas
10. limpiar toda la casa

°**amueblado/amueblada**   *furnished*

4.56 Entre amigos. Now, think about something that has just happened to your friends or family. In pairs, share these events and make appropriate exclamations. Remember, any verb that you use to describe this action will be in the infinitive form.

■ **Ejemplo** ESTUDIANTE 1: *Mi amiga Nieves acaba de conseguir un trabajo muy bueno con AT&T.*
ESTUDIANTE 2: *¡Estupendo! Creo que pagan muy bien.*

4.57 Escucha y repite. Listen carefully to the conversation *Cómo extender una conversación* on your CD. Then, repeat the phrases, pronouncing carefully.

Cómo extender una conversación	
Extending a conversation using fillers and hesitations	
A ver . . . sí/no . . .	*Let's see . . . yes/no . . .*
Buena pregunta . . . no creo.	*That's a good question . . . I don't believe so.*
Bueno . . .	*Well . . .*
Es que . . .	*It's that . . .*
Pues . . . no sé.	*Well . . . I don't know.*
Sí, pero . . .	*Yes, but . . .*

4.58 Unas pausas. In pairs, take turns reading the following statements and adding conversational fillers.

■ **Ejemplo** ESTUDIANTE 1: *¿Cuánto vale un apartamento en el centro de la ciudad?*
ESTUDIANTE 2: *Pues . . . no sé. Creo que vale entre 2.000 y 5.000 dólares por un apartamento grande.*
ESTUDIANTE 1: *¡Qué barbaridad! ¿Y un apartamento pequeño?*
ESTUDIANTE 2: *Bueno . . . un apartamento pequeño vale entre 500 y 750 dólares.*

1. ¿Cuánto vale vivir en una residencia de la universidad?
2. ¿Cuánto cuesta un apartamento cerca de la universidad? ¿En los suburbios?
3. ¿Es difícil estacionar en la universidad?
4. ¿Es importante tener un garaje? ¿Es mejor tomar transporte público?
5. ¿Están incluídos todos los servicios? ¿Cuáles?

COMPOSICIÓN

Business Letters. In Spanish, special headings, salutations, and closings are used in business letters. The following chart and model letter will show you how to use these formulae.

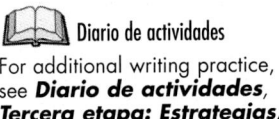 Diario de actividades

For additional writing practice, see *Diario de actividades, Tercera etapa: Estrategias/ Composición*.

La Fecha	México, D. F., 28 de enero del 2004
La Dirección	Srta. Claudia Rodríguez Avda. Libertad 1560, 2° piso 32030 Cd. Juárez, Chihuahua
El Saludo	Distinguida Señorita/Señora Gálvez: Srta./Sra. Directora: Estimado/Muy estimado señor Soto: Sr. Administrador:
La Despedida	Atentamente, Cordialmente,

Notice that in the **dirección**, the street number *follows* the name of the street, and the postal code *precedes* the name of the city. The symbol **2°** stands for **segundo**, second. **El segundo (2°) piso** is the second floor. In the United States, this would actually be the third floor, but in many Spanish-speaking countries, the ground floor is called **la planta baja**, and the first floor above ground level is **el primer piso**. In the dateline for the following model letter, you see the initials **D.F.** following **México**. This abbreviation stands for **El Distrito Federal,** Mexico City. In conversation, Mexicans often refer to their nation's capital as **México** or **La Capital**, and sometimes as **el D.F.**

México, D. F., 14 de enero del 2004

Sr. Pablo Martínez-Lazo
San Lorenzo 2223
32300 Cd. Juárez, Chihuahua

Estimado Sr. Martínez:

Le escribo en respuesta a su anuncio en **El Dia-rio de Juárez** del pasado 14 de diciembre refe-rente al alquiler de un apartamento de dos recámaras.

Tengo treinta y dos años y trabajo actualmente como ingeniera en la capital. A partir de febrero voy a trabajar en una empresa en Ciudad Juárez. Busco un apartamento tranquilo cerca de mi oficina. Puedo ofrecerle cartas de recomen-dación que avalan mi buen nombre y responsabili-dad. Mi teléfono en México es 8-45-30-98, si necesita comunicarse conmigo. Muchas gracias por la atención prestada.

Atentamente,

Mercedes Quintana

Mercedes Quintana

Se Alquila Bonito Apartamento cerca Futurama, Río Grande, 2 recámaras, sala, comedor, cocina integral, calefac-ción y aire, (sin amoblar). Informes Pablo Martínez-Lazo, San Lorenzo 2223, 32300 Cd. Juárez.

Antes de escribir

4.59 Mudanzas. If you were going to take a new job and move to another city, what types of services might you need to facilitate your move? Skim the services below and check the ones that seem most essential. Then, in pairs, compare your lists.

❑ Abogado (servicios legales)

❑ Agencia de empleo (conseguir trabajo)

❑ Aparatos para el hogar (electrodomésticos)

❑ Banco (cuentas de ahorros y corrientes; préstamos personales)

❑ Bienes raíces (compra y venta de casas y apartamentos)

❑ Cámara de comercio (información sobre la comunidad)

❑ Limpieza (lavado de alfombras, muebles, cortinas, etc.)

❑ Mueblería (venta de muebles)

❑ Mudanzas (transporte y embalaje de muebles)

❑ Servicios (agua, gas, electricidad, teléfono)

4.60 Una carta. If you were to write a letter to one of the services listed in activity 4.59, what information would you include? List the information in Spanish.

4.61 El alquiler. Read the following advertisement and, in pairs, explain which apartment you would like to rent and why.

■ **Ejemplo** ESTUDIANTE 1: *Me gustaría alquilar un apartamento en Acapantzingo porque necesito dos recámaras.*

ESTUDIANTE 2: *El bungalow en Ocotepec también tiene dos recámaras...*

◆ **Vocabulario esencial for activities 4.59 and 4.61:**

alberca — swimming pool
cocineta — kitchenette
cuenta de ahorros — savings account
cuenta corriente — checking account
me gustaría — I would like
préstamo — loan
vigilancia — watch guard

◆ Comprehension questions for activity 4.61:
1. Which ad refers to the renters' character? 2. Which units are suitable for families with children? 3. Which rentals have pools? Tennis courts? 4. Which unit doesn't have air conditioning?

ACAPANTZINGO
Bonitos departamentos, 2 recámaras, estudio, jardín, $9.000, otro amplio 3 recámaras, cuarto servicio, $13.500, todos con alberca y cancha de tenis, aire acondicionado, calefacción (777) 314-17-83.

BUNGALOW
Amueblado para personas honorables, 3 recámaras, baño, cocineta, patio servicio, cochera, aire acondicionado, caseta de vigilancia $2.600, colonia Quintana Roo (777) 314-04-81.

DEPARTAMENTO
En Ocotepec, adultos, dos recámaras, amueblado, sala-comedor, dos baños, alberca, jardín, privacidad, patio adornos prehispánicos, aire acondicionado, estacionamiento (777) 382-15-38.

SAN ANTONIO
Excelentes condiciones, 2 recámaras, terraza, teléfono, cocina completa, comedor, patio servicio, alberca, jacuzzi, estacionamiento un auto, caseta de vigilancia $4.500 (777) 313-16-86.

A escribir

4.62 Una carta comercial. Using the model on page 156 as a guide, write a short letter to señor Martínez asking for more information about the apartment he has for rent, as shown in the advertisement.

Después de escribir

4.63 Revisión 1. Check your letter for spelling errors. Check the date, address, postal code, and telephone number.

4.64 Revisión 2. Exchange letters with another member of the class. Check carefully for verb errors by underlining each verb. Be sure that the subject of the verb and verb suffix match in person and number (*yo, tú, usted, él, ella, nosotros/nosotras, vosotros/vosotras, ustedes, ellos, ellas*). Check for noun-adjective agreement by underlining each noun and looking for adjectives that refer to it. Be sure that the gender (masculine or feminine) and the number (singular or plural) of the adjective match those of the noun.

VOCABULARIO

Using visual links. Another way of remembering difficult vocabulary items is to associate the words with a mental image. As an example, let's take the word **cuesta**. The Spanish word sounds a bit like the English word *quest*, though it has a totally different meaning. The trick is to make up a *visual* link between **cuesta** and *quest*. If we think about great quests (or conquests) of history, such as the scaling of Mount Everest, we remember that such undertakings cost a lot. The link, then is made by visualizing the ascent of a mountain perhaps with some dollar signs floating around! Try this visual link strategy on the words and phrases that elude you.

4.65 Un anuncio. Find (or design) an advertisement for household items and label the items in Spanish.

4.66 Colores y más colores. Look at a painting, poster, or photograph you have and name the colors.

4.67 De compras. Make a shopping list of the furniture you need.

4.68 Unos números más. Look through the financial section of your local paper and translate the "big" numbers into Spanish.

4.69 Situaciones y exclamaciones. Think up situations where you might use the exclamations you have studied.

4.70 Personas, lugares y cosas. Rewrite the nouns from the vocabulary list and regroup them according to masculine and feminine gender.

VOCABULARIO

Vivienda   *Housing*

apartamento	*apartment*	condominio	*condominium*
ático	*small attic apartment*	estudio	*efficiency apartment*
casa	*house*	mansión	*mansion*
chalet *(m.)*	*house, villa (frequently located in suburbs)*	piso/planta	*apartment, floor (of a building)*

Sobremesa   *After-dinner conversation*

¿Qué opinas/opina usted de . . . ?	*What is your opinion of . . . ?*
¿Qué sabes/sabe usted de . . . ?	*What do you know about . . . ?*
Creo que . . .	*I believe/think that . . .*

Casa   *The house*

balcón *(m.)*	*balcony*	dormitorio	*bedroom*	piso/suelo	*floor*
cocina	*kitchen*	garaje *(m.)*	*garage*	ropero	*closet*
comedor *(m.)*	*dining room*	jardín *(m.)*	*yard, garden*	sala	*living room*
cuarto	*room*	lavandería	*laundry room*	sótano	*basement*
cuarto de baño	*bathroom*	pasillo	*hallway*	terraza	*terrace*
desván *(m.)*	*attic*	patio	*yard, courtyard*	vestíbulo	*foyer*

Muebles y electrodomésticos   *Furniture and appliances*

armario	*wardrobe*	inodoro	*toilet*	refrigerador *(m.)*	*refrigerator*
bañera	*bathtub*	lámpara	*lamp*	secadora	*dryer*
bidé *(m.)*	*bidet*	lavabo	*bathroom sink*	silla	*chair*
cama	*bed*	lavadora	*washing machine*	sillón *(m.)*	*easy chair*
cómoda	*chest of drawers*			sofá *(m.)*	*sofa*
oficina	*bureau*	lavaplatos *(m.)*	*dishwasher*	televisor *(m.)*	*television set*
ducha	*shower*	mesa	*table*	tocador *(m.)*	*dresser, dressing table*
estante *(m.)*	*shelf*	mesita	*end table*		
estufa	*stove*	mesita de noche	*night table*	vitrina	*china cabinet*
fregadero	*kitchen sink*	microondas *(m.)*	*microwave*		

Otras palabras   *Other words*

alberca	*swimming pool*	cortinas	*curtains*	puerta	*door*
alfombra	*carpet, rug*	entrada	*entrance*	sobrecama	*bedspread*
almohada	*pillow*	escalera	*stairway*	tapete *(m.)*	*throw (scatter) rug, doily*
ascensor *(m.)*	*elevator*	pared *(f.)*	*wall*		
azulejos	*tiles*	persianas	*blinds*	ventana	*window*
chimenea	*fireplace*				

Colores   *Colors*

amarillo/amarilla	*yellow*	brillante	*bright, shiny*
anaranjado/anaranjada	*orange*	morado/morada	*purple*
azul	*blue*	negro/negra	*black*
blanco/blanca	*white*	rojo/roja	*red*
café	*brown*	rosado/rosada	*pink*
gris	*gray*	verde	*green*
marrón	*brown*	violeta	*violet*

a cuadros	checkered, plaid	de rayas	striped
a lunares	polka-dotted	estampado/estampada	printed
apagado/apagada	dull	fluorescente	fluorescent

Números de cien a cien millones *Numbers from 100 to 100,000,000*

100	cien, ciento	1.001	mil uno
101	ciento uno/una	1.578	mil quinientos setenta y ocho
120	ciento veinte	1.996	mil novecientos noventa y seis
200	doscientos/doscientas	7.931	siete mil novecientos treinta y uno
300	trescientos/trescientas	100.000	cien mil
400	cuatrocientos/cuatrocientas	1.000.000	un millón
500	quinientos/quinientas	2.000.000	dos millones
600	seiscientos/seiscientas	10.300.000	diez millones trescientos mil
700	setecientos/setecientas	100.000.000.	cien millones
800	ochocientos/ochocientas	1.000.000.000	mil millones (no es un billón)
900	novecientos/novecientas	100.000.000.000	cien mil millones
1.000	mil		

Quehaceres domésticos *Household chores*

barrer el suelo	sweep the floor	planchar la ropa	iron the clothes
colgar la ropa	hang up the clothes	poner la mesa	set the table
cortar el césped/la hierba	cut the grass	regar (ie) las plantas	water the plants
trapear el piso	mop the floor	sacar la basura	take out the trash
hacer/tender la cama	make the bed	sacar brillo a	polish
lavar/limpiar las ventanas	wash/clean the windows	sacar el polvo	dust
lavar los platos	wash the dishes	sacudir los muebles	dust the furniture
arreglar/organizar los roperos	tidy up the closets	secar los platos	dry the dishes
pasar la aspiradora	run the vacuum		

Artículos de limpieza *Cleaning materials*

aspiradora	vacuum cleaner	esponja	sponge	toallas de papel/	paper towels
cubo, balde (m.)	bucket	limpiador	liquid cleaner	papel de cocina	
detergente (m.)	dish detergent	para ventanas	window cleaner	trapero (m.)	mop
para platos (m.)		para el hogar	all-purpose cleaner	trapo	dust cloth, rag
escoba	broom				

Expresiones con tener *Expressions with tener*

tener . . . ___años	to be ____ years old	tener . . . lugar	to take place
calor (m.)	to feel warm	miedo (a)	to be afraid (of a person)
celos	to be jealous	miedo (de)	to be afraid (of a thing)
cuidado	to be careful	prisa	to be in a hurry
éxito	to be successful	razón (f.)	to be right
frío	to feel cold	sed (f.)	to be thirsty
hambre (f.)	to be hungry	sueño	to be sleepy
ganas de + infinitivo	to feel like . . .	suerte (f.)	to be lucky

Cómo pedir precios   *Asking how much something costs*

¿Cuánto cuesta el sofá?	*How much does the sofa cost?*
¿Cuánto cuestan las lámparas?	*How much do the lamps cost?*
¿Cuánto cuesta el apartamento al mes?	*How much is the apartment per month?*
¿Cuánto cuestan los servicios?	*How much are the utilities?*
¿Cuál es el precio de la casa?	*What's the price of the house?*
¿Cuánto vale el refrigerador?	*How much is the refrigerator worth?*
¿Cuánto valen los condominios?	*How much are the condominiums worth?*

Cómo usar exclamaciones   *Using exclamations*

¡Caray!	*Oh! Oh no!*	¡Qué increíble!	*That's amazing!*
¡Dios mío!	*Oh, my goodness!*	¡Estupendo!/¡Estupenda!	*Stupendous!*
¡Qué barbaridad!	*How unusual! Wow!*	¡Fabuloso!/¡Fabulosa!	*Fabulous!*
	That's terrible!	¡Qué lástima!	*That's a pity! That's too bad!*
¡Qué bien!	*That's great!*	¡Qué mal!	*That's really bad!*
¡Qué desastre!	*That's a disaster!*	¡Qué maravilla!	*That's marvelous!*
¡Qué gente más loca!	*What crazy people!*	¡Qué padre!	*That's cool!*
¡Qué horrible!	*That's horrible!*	¡Qué pena!	*That's a pain! That's too bad!*

Cómo extender una conversación   *Extending a conversation using fillers and hesitations*

A ver . . . sí/no . . .	*Let's see . . . yes/no . . .*	Es que . . .	*It's that . . .*
Buena pregunta . . .	*That's a good question . . .*	Pues . . . no sé.	*Well . . . I don't know.*
no creo.	*I don't believe so.*	Sí, pero . . .	*Yes, but . . .*
Bueno . . .	*Well . . .*		

CAPÍTULO

5 PREPARATIVOS PARA LAS VACACIONES

Una ruinas mayas

PRIMERA ETAPA Preparación

◆ Study the photo at the bottom of this page. What do you see? What does it tell you about Guatemala?

INTRODUCCIÓN

De vacaciones en Guatemala. Guatemala, one of the most beautiful countries in the world, offers many attractions for vacationers: the colorful highland villages of the Maya-Quiché, Guatemala's native people, picturesque colonial towns, fascinating archaeological sites, active volcanoes, rugged mountains, arid deserts, dense jungles, pristine lakes, and hardwood forests. The topography, flora, and fauna of Guatemala are so varied that the country is an ecotourist's dream.

Antes de leer

5.1 Un folleto de turismo. Tourist brochures provide valuable information to visitors planning their itinerary. In small groups, brainstorm the types of information generally found in a tourist brochure.

■ **Ejemplo** *sightseeing activities*

◆ **Vocabulario esencial for activity 5.4:**

desaparecer	*to disappear*
encantador/ encantadora	*enchanting*
envolver en	*to envelop in*
fluir	*to flow*
hálito	*breath*
iglesia	*church*
mejor	*best*
rodear	*to surround*
selva	*jungle*
tesoro	*treasure*

A leer

5.2 Turismo en Guatemala. In small groups, study the tourist brochure on page 165. Scan the descriptions of the different places mentioned for the main features of each area. Then take turns identifying each place and mentioning the main tourist attraction of each one in a short sentence.

■ **Ejemplo** *El lago de Atitlán es un lugar muy bello.*

Después de leer

5.3 Preferencias. In small groups, take turns stating which tourist sites in Guatemala you wish to visit and why.

■ **Ejemplo** *Deseo ir a Tikal para ver las ruinas.*

5.4 Categorías. In small groups, discuss the tourist sites mentioned in the brochure for each of the following categories.

◆ Comprehension questions for activity 5.4:
1. What metropolitan area is full of contrasts? What is one of the contrasts? 2. What city has been declared a museum and a Monument of America? 3. What famous archaeological center features the ruins of an ancient civilization? 4. What city is known for having the tallest carved Maya pillar? 5. What is one of the most beautiful lakes in the Western Hemisphere? 6. What city is the site of a colorful, world-famous marketplace? 7. What city is in the Sierra Madre Mountains? 8. What river is considered a treasure of nature? 9. What city is known as the Catholic "Mecca" of Central America? What is the primary monument of this city?

■ **Ejemplo** sitio histórico
Para ver un sitio histórico impresionante, hay que ir a Antigua.

1. mercado
2. ruinas
3. naturaleza
4. lugar religioso
5. pueblo indígena

Chichicastenango

164 *Amistades*

GUATEMALA
MÁS CERCA DE LO QUE UD. IMAGINA

Ciudad Capital
Metrópolis de muchos contrastes que presentan especial interés al visitante: antiguas iglesias de estilo colonial-español, modernos edificios, que la hacen simplemente encantadora y cosmopolita.

Antigua
Visite este Monumento de América, según fue declarada esta ciudad-museo por el VIII Congreso Panamericano de Geografía e Historia, y descubra su ambiente especial que es un hálito del pasado.

Lago de Atitlán
El lugar más bello que se puede ver en el Hemisferio Occidental y a la vez, el lugar más encantador para pasar unas vacaciones rodeado de grandes comodidades y las maravillas de la naturaleza.

Chichicastenango
Famosa en el mundo entero por su mercado típico de gran colorido, en que se dan cita cientos de indígenas que llevan los mejores productos de artesanías, textilería, vegetales y frutas.

EE.UU.

MÉXICO

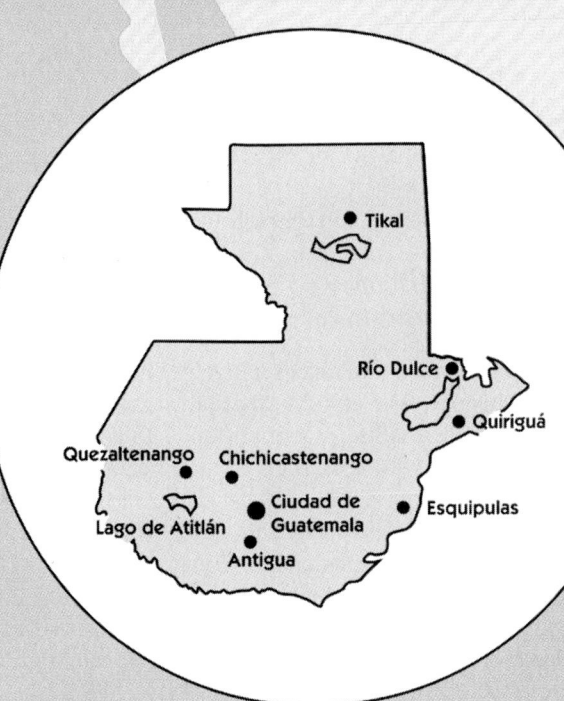

GUATEMALA

Quezaltenango
Venga a conocer las maravillas de las montañas y el altiplano guatemalteco desde la ciudad de Quezaltenango, en la Sierra Madre, que a sin duda será pronto uno de sus lugares preferidos.

Tikal
Descubra las maravillas del mundo occidental. Este centro arqueológico floreció durante un milenio y desapareció misteriosamente, encontrándose ahora las impresionantes ruinas aisladas en la selva tropical, que fascinan al turista.

Quiriguá
Ésta es otra ciudad-maya cuyas ruinas se envuelven en misterio. Aquí se encuentra la estela más alta que labraron los mayas.

Río Dulce
Tesoro natural que fluye silenciosamente hacia el Océano Atlántico, ofreciendo al visitante una gama fantástica de distracciones tanto a deportistas como a quienes admiran la naturaleza.

Esquipulas
La famosa "meca" Católica de Centroamérica, donde está el Cristo Negro, milagroso y venerado por millones de personas durante más de doscientos años.

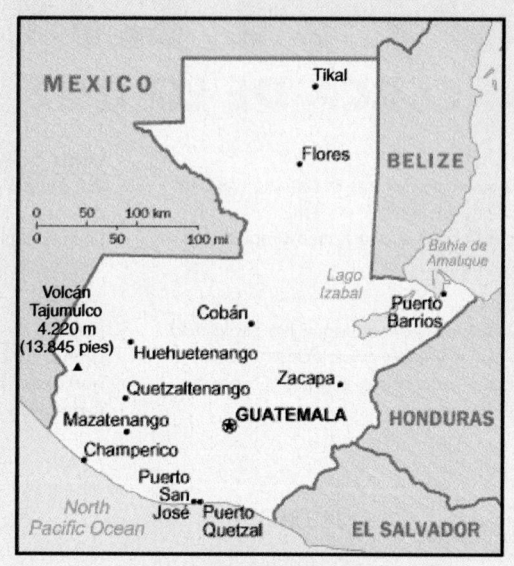

Guatemala

CAPITAL	Guatemala
GEOGRAFÍA	Centroamérica queda al sur de México, al oeste de Belice, Honduras y El Salvador
ÁREA	42.042 millas cuadradas (108.889 kilómetros cuadrados)
POBLACIÓN	13.314.079
EXPORTACIÓN	Café, azúcar, bananos, flores
MONEDA	Quetzal

Rigoberta Menchú. Guatemala's native people take pride in their rich history. The ancient Maya, for example, were one of the greatest civilizations of antiquity. In addition to being excellent agriculturists, they created beautiful cities with imposing temples and palaces. They developed a system of hieroglyphic writing and were skilled astronomers and mathematicians. Today the Maya are involved in a struggle for their ancestral lands. Living in poverty, they hold on to their cultural beliefs in the sacredness of the earth and continue to fight for the right to cultivate the land and feed their families.

Rigoberta Menchú, winner of the Nobel Peace Prize in 1992, is a Maya-Quiché and the author of *Me llamo Rigoberta y así me nació la conciencia*. In this moving autobiography, she details her people's heroic struggle against the wealthy landlords who took away their home, their possessions, and their land. In Guatemala today, *campesinos* like Rigoberta Menchú and her family have organized to reclaim their ancestral lands. At times, such resistance has been met with violence from the Guatemalan Army. Villages and fields have been destroyed, and over 150,000 people have been murdered. Another 50,000 individuals have "disappeared" . . . never to be heard from again. Rigoberta Menchú epitomizes their struggle and has taken their message to the world.

La protesta. Guatemalan university students have joined the *campesinos'* struggle for justice. Mass demonstrations are staged in Guatemala City and throughout the world to protest human rights violations and to promote solidarity among the Guatemalan people. It is dangerous to hold open demonstrations against the government and police, so the participants sometimes wear masks, hoods, or other disguises to hide their identities.

5.5 Los derechos humanos. In small groups, mention other champions of human rights and their home countries.

■ **Ejemplo** *Nelson Mandela es del África del Sur.*

5.6 La protesta. Much can be learned about a country by reading not only what is printed in books and newspapers, but also what is written on walls and printed on protest banners. Study the following phrases and identify the issues. In small groups, create some slogans of your own. Use the following words as guidelines.

Protesta	*Protest*				
abajo	*down with*	guerra	*war*	resistir	*to resist*
arriba	*up with*	hambre *(f.)*	*hunger*	solidaridad	*solidarity*
contra	*against*	luchar	*to struggle*	superar	*to overcome*
derechos humanos	*human rights*	paz *(f.)*	*peace*	viva	*long live*

 Diario de actividades

For additional practice with the vocabulary, see *Diario de actividades*, *Primera etapa: Vocabulario/ Expresiones*.

EXPRESIONES  Textbook CD  PowerPoint

Vamos de compras. The Gil family—Violeta, Oscar, Enrique, and Isabel—need to buy some new clothes for their vacation trip to Lake Atitlán. Atitlán has often been called the most beautiful lake in the world because of its ever-changing colors, the majestic mountains and volcanoes that surround it, the exotic plants and flowers that embellish the site, and the abundant wildlife that lives there. First, listen carefully to the passage that describes the Gil family's shopping trip. Then, with the help of the illustrations, complete activity 5.7.

5.7 Comprensión. Did you understand the main ideas in the *Expresiones*? Read the following statements about the descriptions you have heard. If the statement is true, answer **Sí**. If it is false, answer **No**. Correct the false statements by adding information.

1. La tienda para damas está en la tercera planta.
2. Violeta Gil va a comprar un conjunto completo.
3. Oscar Gil lleva corbata en Atitlán.
4. Isabel tiene una colección de zapatillas.
5. Enrique es un jugador de fútbol.
6. Hay una gran liquidación en los Almacenes Simán.

Verbos y frases que se asocian con la ropa
Verbs and phrases associated with clothing

estar de moda/pasado de moda (estoy, estás . . .)	*to be in style/out of style*	ponerse (me pongo, te pones . . .)	*to put on*
lucir (luzco, luces . . .)	*to wear, show off, "sport"*	probarse (me pruebo, te pruebas . . .)	*to try on*
llevar	*to wear*	quedarle (me queda/ me quedan . . .)	*to fit*
Me llevo esto/eso. Me quedo con esto/eso.	*I'll take this/ that one.*	quitarse (me quito, te quitas . . .)	*to take off*

◆ Other Spanish equivalents for "to wear" include *llevar puesto* and *usar.*

Prendas para damas y caballeros
Garments, clothing for ladies and gentlemen

abrigo	*coat*	jeans *(m.)*	*jeans*
blusa	*blouse*	medias	*stockings*
calcetines *(m. pl.)*	*socks*	pantalones *(m. pl.)*	*trousers, pants*
camisa	*shirt*	pantalones cortos	*shorts*
camiseta	*T-shirt*	pijama *(m.)*	*pajamas*
chaleco	*vest*	ropa	*clothing, clothes*
chaqueta	*jacket, sport coat*	saco	*suit coat, sport coat*
cinturón *(m.)*	*belt*	suéter *(m.)*	*sweater*
falda	*skirt*	traje *(m.)*	*suit*
impermeable *(m.)*	*raincoat*	vestido	*dress*

◆ In some countries, the singular *pantalón* is used for trousers, pants.

Accesorios *Accessories*

anillo	*ring*	paraguas *(m. s.)*	*umbrella*
aretes *(m. pl.)*	*earrings*	pendientes *(m. pl.)*	*dangling earrings*
bolsa, bolso	*purse, bag, handbag*	pulsera	*bracelet*
botas	*boots*	reloj *(m.)*	*watch*
broche *(m.)*	*brooch*	sandalias	*sandals*
bufanda	*scarf*	sombrero	*hat*
cartera	*billfold, wallet*	zapatillas	*flip-flops*
collar *(m.)*	*necklace*	zapatos	*shoes*
corbata	*tie*	de diamantes	*(of) diamonds*
gorra	*cap*	de oro	*(of) gold*
guantes *(m. pl.)*	*gloves*	de plata	*(of) silver*

◆ When describing articles of clothing, use **de** + fabric. For example: *una camisa de seda, unos zapatos de cuero, de pulsera.*

◆ Note that in the plural form of *cinturón,* the accent is dropped: *cinturones.*

◆ **Vocabulario adicional:**

billetera	*wallet*
ropa interior	*underwear*
camisa de manga larga/corta	*long/short sleeved shirt*
jersey	*sweater*
nailon	*nylon*
cachucha	*cap*

Telas *Fabrics*

algodón *(m.)*	*cotton*	nylon/nilón *(m.)*	*nylon*
cuero	*leather*	poliéster *(m.)*	*polyester*
lana	*wool*	rayón *(m.)*	*rayon*
lino	*linen*	seda	*silk*

Otras palabras y expresiones		*Other words and expressions*	
almacén *(m.)*	*department store*	moda	*fashion, style*
cómodo/cómoda	*comfortable*	modista	*dressmaker*
conjunto	*outfit*	planta	*floor (of a store or business)*
de cuadros	*plaid, checked*		
de flores	*floral, flowered*	prenda	*garment, clothing*
de lunares	*polka-dotted*	probador *(m.)*	*dressing room, fitting room*
de rayas	*striped*		
de un solo color	*plain*	rebaja	*sale*
deportivo/deportiva	*sport*	rebajado/rebajada	*reduced*
en venta	*on sale*	sastre *(m.)*	*tailor*
hacer juego	*to go with/match*	tienda	*shop, store*
liquidación *(f.)*	*sale*		

Estaciones	*Seasons*		
invierno	*winter*	primavera	*spring*
otoño	*autumn*	verano	*summer*

Números ordinales	*Ordinal numbers*		
primero (primer)/primera	*first*	sexto/sexta	*sixth*
segundo/segunda	*second*	séptimo/séptima	*seventh*
tercero (tercer)/tercera	*third*	octavo/octava	*eighth*
cuarto/cuarta	*fourth*	noveno/novena	*ninth*
quinto/quinta	*fifth*	décimo/décima	*tenth*

5.8 Las cuatro estaciones. In pairs, take turns describing the clothing you like to wear in each season of the year. Be as descriptive as possible. Include the patterns, colors, and fabrics of your favorite seasonal wardrobe items.

◆ *Primer* and *tercer* are used before a masculine singular noun: *el tercer piso.*

■ **Ejemplo** *En el verano me pongo pantalones cortos cómodos y una camiseta.*

5.9 ¿Qué llevan? What articles of clothing do the following people usually wear? In small groups, take turns describing a complete outfit for each person mentioned.

■ **Ejemplo** un payaso°
Un payaso lleva una camisa y unos pantalones cortos de colores brillantes, un viejo sombrero negro y unos zapatos grandes.

1. un/una cantante de rock
2. un reportero/una reportera de la televisión
3. un médico/una médica
4. un profesor/una profesora
5. un/una salvavidas°
6. un/una estudiante de la universidad
7. un bombero/una bombera°
8. un músico/una música de la orquesta sinfónica
9. un cocinero/una cocinera° profesional
10. un jugador°/una jugadora de tenis
11. un/una artista

°**payaso** *clown* **salvavidas** *(m./f.) lifeguard* **bombero/bombera** *firefighter*
cocinero/cocinera *chef* **jugador** *player*

5.10 Desfile de modas. In small groups, take turns describing one another's attire, as if you were models in a fashion show. Be sure to mention colors, fabrics, patterns, and accessories, as well as the major articles of clothing. Include some of the following terms in your description.

■ **Ejemplo**   *José lleva un traje clásico de lino con una camisa negra de algodón. Su corbata elegante es de seda.*

Moda *Fashion*			
clásico/clásica	*classic*	masculino/masculina	*masculine*
elegante	*elegant*	precioso/preciosa	*precious/lovely,*
encantador/	*enchanting*		*beautiful*
encantadora		sensacional	*sensational*
exquisito/exquisita	*exquisite*	super	*super (used as prefix)*
femenino/femenina	*feminine*	único/única	*unique*
impresionante	*impressive*		

5.11 El estilo. In small groups, study the following description of *El estilo natural.* Then, specify the details for the following styles according to the example.

1. estilo clásico
2. estilo dramático
3. estilo romántico
4. estilo punk
5. estilo goth

■ **Ejemplo**   estilo natural

El estilo natural

Forma del cuerpo: fuerte, atlético, muscular, altura mediana o alta.
Cara°: larga, asimétrica, natural y simpática.
Peinado°: natural, despeinado.
Ropa: suave, floja, deportiva.
Telas: texturas suaves, telas naturales, tejidos.
Accesorios: mínimo de joyas, cadenas sencillas, aretes de la India.
Personalidad: amistosa, orientada hacia metas, responsable.
Trabajo: jugador/jugadora de equipo.

°**cara** *face*   **peinado** *hair style*

◆ **Vocabulario esencial for activity 5.12:**

abrigado/ *warm* (as in
abrigada clothing: coat,
jacket, sweater)
calzado *shoes, footwear*
fresco/fresca *cool*

◆ Comprehension questions for
activity 5.12:
1. ¿Cuáles son los sitios
famosos por sus mercados?
2. ¿Qué centro religioso tiene
ritos cristianos y paganos?
3. ¿Dónde está el Teatro
Nacional? 4. ¿Qué sitio tiene
gran número de museos y otros
edificios históricos? 5. ¿Dónde
está el Parque Nacional?

5.12 Lugares interesantes. The travel brochure below offers suggestions for appropriate clothing to wear when visiting each site. In pairs, follow the suggestions and take turns describing what you would wear to each place.

■ **Ejemplo** *En Chichicastenango me pongo un suéter de lana con pantalones. Uso zapatos tenis.*

LUGARES INTERESANTES. SUGERENCIAS

CHICHICASTENANGO, EL QUICHÉ
Distancia de la Capital:
145 kilómetros
Temperatura promedio: 12 a 15 grados centígrados
Cómo llegar: Por automóvil o autobús
Puntos de interés: El mercado al aire libre que se celebra los días jueves y domingo. La iglesia de Santo Tomás, con sus ritos cristiano/pagano. El Cerro de Pascual Abaj.
Ropa: Fresca para el día y abrigada para la noche. Calzado cómodo para caminar.

TIKAL, EL PETÉN
Distancia de la Capital:
542 kilómetros
Temperatura promedio: 20 a 22 grados centígrados
Cómo llegar: Por avión desde la ciudad en vuelo de no más de 55 minutos, automóvil o autobús.
Puntos de interés: Parque Nacional de Tikal, Museo Sylvanus G. Morley, Centro de Visitantes.
Ropa: Fresca y apropiada para zona selvática.

ANTIGUA GUATEMALA, SACATEPEQUEZ
Distancia de la Capital:
45 kilómetros
Temperatura promedio: 14 a 20 grados centígrados
Cómo llegar: Por automóvil o autobús
Puntos de interés: Las iglesias de La Merced, San Francisco, Santa Clara y el Convento de Capuchinas. Museos de Armas Antiguas, El Libro Antiguo, La Universidad de San Carlos de Borromeo, el Museo de Santiago. Otros: Parque Central, Catedral, Palacio de los Capitanes, Ayuntamiento.

Ropa: Fresca en el día y ligeramente abrigada por la noche. Informal.

ATITLÁN, SOLOLA
Distancia de la Capital:
130 kilómetros
Temperatura promedio: 19 a 29 grados centígrados
Cómo llegar: Por automóvil o autobús
Puntos de interés: Panajachel, donde se ubica la mayor parte de hoteles. El Lago de Atitlán, rodeado de volcanes y de varios pueblos indígenas que se puede visitar en lancha.
Ropa: De playa y para la noche, abrigada.

COBÁN, ALTA VERAPAZ
Distancia de la Capital:
213 kilómetros
Temperatura promedio: 12-22 grados centígrados
Cómo llegar: Por automóvil o autobús
Puntos de interés: Mercado y Plaza Central
Ropa: Fresca y abrigada por la noche.

RÍO DULCE, IZABAL
Distancia de la Capital:
300 kilómetros

Temperatura promedio: 20 a 22 grados centígrados
Cómo llegar: Por automóvil o autobús
Puntos de interés: Lago de Izabal, Río Dulce, Castillo de San Felipe
Ropa: De playa y abrigada para la noche.

TOTONICAPÁN, TOTONICAPÁN
Distancia de la Capital:
206 kilómetros
Temperatura promedio: 10-20 grados centígrados
Cómo llegar: Por automóvil o autobús
Puntos de interés: Plaza y mercado
Ropa: Abrigada, especialmente por la noche.

QUEZALTENANGO, QUEZALTENANGO
Distancia de la Capital:
206 kilómetros
Temperatura promedio: 10-20 grados centígrados
Cómo llegar: Por automóvil o autobús
Puntos de interés: Teatro Nacional, Plaza, Cerro del Baúl
Ropa: Abrigada , sobre todo por la noche.

ASÍ ES

Cómo regatear°

The Guatemalan monetary unit is the *quetzal*, named for the beautiful and exotic national bird. In Guatemala, most retail stores and shops have fixed prices given in *quetzales.* In the markets, however, be prepared to shop around and bargain with the vendors. The markets are the best place to find striking handmade weavings and embroidered clothing, jade figures, paintings, carvings, and ceramics. Study the phrases in the chart below. As a rule of thumb, offer about half the asking price to start the bargaining.

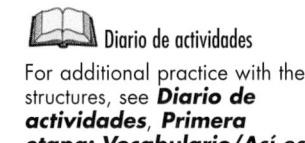

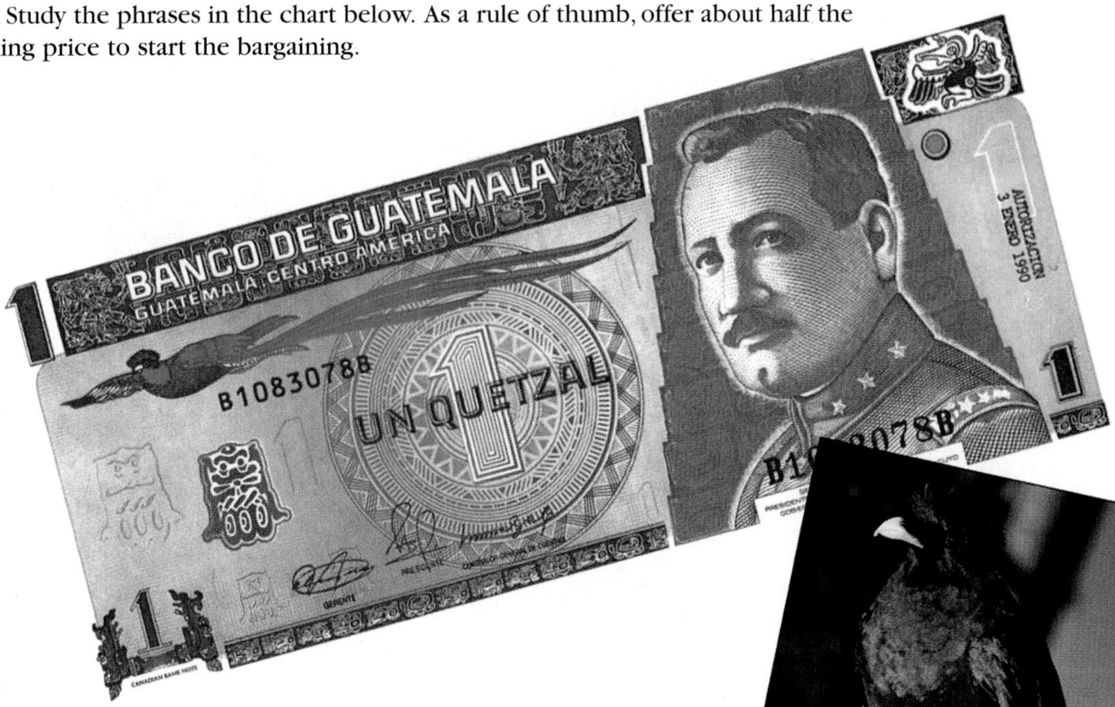

Diario de actividades

For additional practice with the structures, see **Diario de actividades, Primera etapa: Vocabulario/Así es.**

Frases para regatear	*Phrases for bargaining*		
¿Cuánto cuesta(n)?	*How much does it (do they) cost?*	Es demasiado.	*It's too much.*
		Es una ganga.	*It's a bargain.*
¿Cuánto es (son)?	*How much is it (are they)?*	No más.	*No more.*
		No pago más de ...	*I won't pay more than ...*
¿Cuánto vale(n)?	*How much is it (are they) worth?*	sólo	*only*
De acuerdo.	*Agreed. All right.*	última oferta	*final offer*

◆ On the Guatemalan currency, notice the Mayan number above the Arabic numeral, the *quetzal* bird, and the glyphs. Have students compare and contrast the *quetzal* with U.S. bills and discuss the figures and symbols in each.

°**regatear** *to bargain*

5.13 ¡Es demasiado! In pairs, take turns practicing the dialogue below, the kind of conversation you would engage in when bargaining. Take turns playing the seller and the buyer.

Chichicastenango

CLIENTE:	¿Me puede mostrar el poncho, por favor?
VENDEDOR(A):	¡Es una ganga!
CLIENTE:	¿Cuánto vale?
VENDEDOR(A):	¡Sólo trescientos quetzales!
CLIENTE:	¿Trescientos quetzales? ¡Es demasiado!
VENDEDOR(A):	Es de muy buena calidad.
CLIENTE:	No, no le pago más de ciento cincuenta.
VENDEDOR(A):	¿Ciento cincuenta? No, no es suficiente.
CLIENTE:	Bueno, ciento setenta y cinco es mi última oferta.
VENDEDOR(A):	Doscientos. No va a encontrar otro más barato en toda la ciudad.
CLIENTE:	Ciento ochenta, ¡no más!
VENDEDOR(A):	¡De acuerdo!

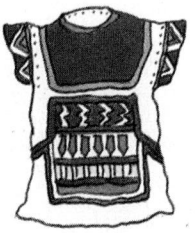

1. huipil *(m.)*

2. mola

3. faja

4. bolsa

5. cesta

6. anillo de plata

7. sandalias

8. objeto de jade

9. olla de cerámica

10. pintura

5.14 Un mercado al aire libre. In pairs, practice bargaining for the Guatemalan handicrafts shown above. Use the conversation in activity 5.13 as a model, but vary it to meet your needs.

5.15 Vendo urgente por viaje. Study this advertisement for a two-family yard sale. Then, in pairs, role play an interested buyer or seller and bargain for the items.

VENDO URGENTE POR VIAJE, Suntuoso mobilario de 2 familias. **Liquido:** Comedor 8 pers, Q4400; 2 alfombras persas Q3200; lámparas, cuadros de Q80 a Q1400; Toyota Corolla M97, automático, 4 puertas, aire, excelentes condiciones, Q48.500. Muy buenos. 7ª Avenida Sur, Cap., hoy y mañana de 10 a 20 hrs.

◆ The abbreviation for *quetzal* is Q.

SEGUNDA ETAPA Funciones

📖 Diario de actividades

For additional practice with stem-changing verbs, see **Diario de actividades, Segunda etapa: Primera función**.

PRIMERA FUNCIÓN

Selling, buying, and bargaining using stem-changing verbs

▲ In *Capítulos 2* and *3*, you studied regular -**ar**, -**er**, and -**ir** verbs. Now we are going to look at three groups of verbs called STEM-CHANGING VERBS because they require some internal spelling changes. In verbs like **pensar**, **perder**, and **preferir**, when the vowel **e** in the stem is stressed, it changes to **ie**. Although the STEMS change, the ENDINGS are the same as those for regular -**ar**, -**er**, and -**ir** verbs. In many bilingual dictionaries, stem-changing verbs are listed with the stem change indicated in parentheses:

pensar (ie)   *to think, intend*
perder (ie)   *to lose*
preferir (ie)   *to prefer*

It is important, however, to learn the forms of common stem-changing verbs without consulting a dictionary. The infinitive alone gives you no clue that the verb changes its stem.

▲ With the exception of a few verbs, stem changing responds to the change in the position of the stress in the conjugated verb form from the stress in the infinitive form. For example, the INFINITIVE **querer** (like all infinitives) is stressed on the ending: quer-**er**. In most CONJUGATED forms of the present tense, however, the stem is stressed. When this happens, the stem vowel **e** changes to the DIPTHONG **ie**: qu**ie**r-o, qu**ie**r-es, qu**ie**r-e, qu**ie**r-en. The **nosotros** and **vosotros** forms are not stressed on the stem, but on the ending, so the stem vowel does not diphthongize: quer-**e**mos, quer-**é**is.

Verbos que cambian en la raíz e → ie		
Present indicative of e → ie stem-changing verbs		
pensar	**perder**	**preferir**
pienso pensamos	pierdo perdemos	prefiero preferimos
piensas pensáis	pierdes perdéis	prefieres preferís
piensa piensan	pierde pierden	prefiere prefieren

¿**Prefieres** ir al mercado de Chichicastenango?
Sí, **pienso** comprar textiles y artesanías.
¡Vámonos! No queremos **perder** el autobús.

Here are some frequently used **e → ie** stem-changing verbs.

Verbos que cambian en la raíz	*Stem-changing verbs*		
-ar VERBS		**-er** VERBS	
cerrar	*to close, shut*	entender	*to understand*
comenzar		perder	*to lose*
empezar	*to begin, start*	querer	*to want, wish, love*
encerrar	*to lock up*	**-ir** VERBS	
negar	*to deny*		
pensar (en)	*to think (about), intend*	mentir	*to lie*
recomendar	*to recommend*	preferir	*to prefer*
regar	*to water*	sugerir	*to suggest*

5.16 Preferencias. In pairs, take turns asking each other the following questions about clothing preferences. Then, use the responses as a guide and describe each other's preferences to another group.

■ **Ejemplo** ESTUDIANTE 1: *¿Qué tipo de ropa recomiendas para una excursión a Tikal?*
ESTUDIANTE 2: *Recomiendo pantalones y una camiseta de algodón.*

1. ¿Qué color de ropa prefieres?
2. ¿Qué tipo de ropa sugieres para los fines de semana? ¿para la clase?
3. ¿Quieres llevar ropa de última moda? ¿Por qué?
4. ¿Qué tiendas de ropa recomiendas?
5. ¿Prefieres comprar ropa cara o ropa barata?
6. ¿Cuándo piensas ir de compras?
7. ¿Qué quieres comprar?

5.17 Un nuevo estudiante. In pairs, role play the following situation. A new Spanish-speaking student at your university wants to know where to do certain things. Recommend the best places using the verbs **recomendar**, **preferir**, and **sugerir**.

■ **Ejemplo** lavar la ropa
ESTUDIANTE 1: *¿Dónde lavo la ropa?*
ESTUDIANTE 2: *Recomiendo la lavandería Casa Alegre porque es muy conveniente.*

1. comprar libros
2. hacer ejercicios
3. tomar un café
4. estudiar para un examen
5. conocer a otros estudiantes
6. ir al cine
7. bailar
8. escuchar un concierto
9. practicar el fútbol
10. estacionar el auto

5.18 Lo que dicen sus trapos. According to the following article, a young man's clothes tell a lot about his personality. Study the information about the clothing and personality of *el muñequito de pastel*. In small groups, match the following types with their descriptions and give the English equivalent for each one. Then, describe the clothing and personality of each one:

■ **Ejemplo** El muñequito de pastel *nunca tiene nada fuera de su lugar.*
Es muy seguro de sí mismo, educado y caballeroso.

1. el desastre
2. el desubicado
3. el Miami Beach
4. el chico banda
5. el anuncio ambulante
6. el superficial
7. el uniforme
8. el abuelito

a. Usa pantalones cortos, cachucha, lentes oscuros y sandalias.
b. Se pone el uniforme de su equipo favorito para ir al estadio.
c. Se viste completamente de blanco para pasar un día en el campo.
d. Usa el pantalón de un traje y el saco de otro.
e. Acostumbra vestirse de colores tristes y ropa de mediados del siglo pasado.
f. Se viste todo de negro y trae el pelo de colores o la cabeza medio rapada.
g. Se pone ropa que anuncia el diseñador.
h. Usa prendas extravagantes y fuera de serie.

lo que dicen sus trapos de él

aunque nosotras siempre estamos muy al pendiente de los trapos, se me ocurre que pocas cosas nos permiten echarle un vistazo a la personalidad de un chico como su manera de vestir, sobre todo porque su apariencia física no solamente nos da pistas acerca de cómo es él, sino lo que intenta proyectar al mundo exterior. Sí ya sé, estás tan maravillada con tu prospecto o nuevo galán, que ni siquiera te has fijado en el forro. ¿Qué tal si lees la siguiente clasificación y me dices en qué categoría ubicas a tu amor?

el muñequito de pastel

Es la clase de chico que nunca tiene nada fuera de su lugar, vaya, ni siquiera un cabello. Da siempre la impresión de que acaba de salir de la regadera y tiene muy buen gusto para vestir. ¡Ah!, pero eso no es todo, es de los que acostumbra darse un baño de loción, y no logras que se vea en fachas ni llevándolo de excursión. Por supuesto, su ropa siempre combina perfecto y no hay ocasión, por muy informal que sea, que no se aparezca vestido como modelo de revista.

su personalidad:

Si andas con un chico así, seguramente todas tus amigas se mueren de envidia ya que el "muñequito de pastel" se distingue por ser un niño muy seguro de sí mismo, educado, caballeroso y, aunque no sea precisamente un cuero, su manera de vestir siempre lo hace lucir atractivo.

Claro que, ser novia de un chavo así, no siempre resulta divertido porque como es muy exigente consigo mismo, esa misma respuesta espera de su media naranja—o sea, de ti—. A lo mejor a veces te desespera su orden excesivo, pero si realmente te interesa y crees que vale la pena, puedes enseñarle a que un poco de desaliñe no le cae mal a nadie.

◆ **Vocabulario esencial for activity 5.18:**

trapos	clothes
al pendiente	hung up on
echar un vistazo	glimpse
pista	clue
galán	leading man
forro	lining
ubicar	to place
muñequito	mannequin
cabello	hair
regadera	shower
acostumbrarse	to be accustomed
cuero	"hunk"
chavo	guy
desesperarse	to despair
valer la pena	to be worth it
desaliñe	messiness
caer mal	to upset

◆ Comprehension questions for activity 5.18:
1. What gives us a clue to a guy's personality? 2. What are the physical characteristics of the "pastel mannequin"? 3. What does he look like on any occasion? 4. What do others think of him? 5. What is a disadvantage of going out with a "pastel mannequin"? 6. What can you do to temper his personality?

▲ Now that you are familiar with the concept of stem-changing verbs, let's examine another group of verbs. In this group, the stressed vowel **o** or **u** changes to **ue**. As you study the following chart, you can see that the verb endings are regular and that the **nosotros** and **vosotros** forms do not change their spelling.

◆ Remember that any compound of the verbs listed here will have the same stem change, for example: *volver, devolver, envolver, revolver.*

Verbos que cambian en la raíz *o → ue* y *u → ue*
*Present indicative of **o → ue** and **u → ue** stem-changing verbs*

encontrar		poder	
enc**ue**ntro	encontramos	p**ue**do	podemos
enc**ue**ntras	encontráis	p**ue**des	podéis
enc**ue**ntra	enc**ue**ntran	p**ue**de	p**ue**den

dormir		jugar	
d**ue**rmo	dormimos	j**ue**go	jugamos
d**ue**rmes	dormís	j**ue**gas	jugáis
d**ue**rme	d**ue**rmen	j**ue**ga	j**ue**gan

The following are a few commonly used **o → ue** and **u → ue** stem-changing verbs.

Verbos con cambios en la raíz   *Some stem-changing verbs*

-**ar** VERBS		-**er** VERBS	
almorzar	*to eat lunch*	devolver	*to return (something)*
aprobar	*to approve*	envolver	*to wrap*
colgar	*to hang*	mover	*to move (something)*
contar	*to count, tell (a story)*	poder	*to be able*
costar	*to cost*	resolver	*to solve*
encontrar	*to find*	volver	*to return*
jugar	*to play (a sport or game)*		
mostrar	*to show*	-**ir** VERBS	
probar	*to try, test*		
recordar	*to remember*	dormir	*to sleep*
		morir	*to die*

5.19 Tu rutina. In pairs, take turns asking and answering the following questions.

◆ Before the name of a sport or game, **jugar** is usually followed by the preposition **a**: *Juego al voleibol.*

1. ¿Cuántas horas duermes cada noche?
2. ¿A qué hora almuerzas?
3. ¿Dónde y con quién almuerzas normalmente?
4. ¿A qué hora vuelves a tu casa o residencia por la noche?
5. ¿Siempre devuelves los libros a la biblioteca?
6. ¿Cuántas lenguas puedes hablar?
7. ¿Pruebas mucha comida exótica?
8. ¿A qué deportes juegas?
9. ¿Te gusta envolver los regalos?

5.20 Los deportes populares. Although soccer is the most important sport in Latin America, sports complexes offer many other competitive games. In small groups, take turns finding out about one another's participation in the sports listed below.

■ **Ejemplo** tenis

ESTUDIANTE 1: *¿Juegas al tenis?*
ESTUDIANTE 2: *Sí, juego al tenis.*
ESTUDIANTE 3: *¿Con qué frecuencia?*
ESTUDIANTE 2: *Juego dos veces por semana.*
ESTUDIANTE 4: *¿Con quién juegas al tenis?*
ESTUDIANTE 2: *Juego con mi amiga, Ángela.*

1. fútbol
2. boliche°
3. golf
4. hockey
5. baloncesto
6. voleibol
7. tenis
8. bádminton
9. rugby
10. béisbol
11. billar°
12. ping-pong

5.21 Descripciones originales. In small groups, use the list of **ue** stem-changing verbs on page 179 to talk about yourself and your friends. Include a variety of verb endings.

◆ Remember that any compound of the verbs listed here will have the same stem change, for example: *decir, predecir.*

■ **Ejemplo** almorzar

Mi compañero de cuarto almuerza en la cafetería a las doce.

▲ The last group of verbs have a stem-vowel change from **e** to **i**. As you study the **Verbos que cambian la raíz** below, you will notice that they are all **-ir** verbs.

Presente del indicativo de verbos que cambian la raíz $e \rightarrow i$			
Present indicative of $e \rightarrow i$ stem-changing verbs			
pedir		**repetir**	
pido	pedimos	repito	repetimos
pides	pedís	repites	repetís
pide	piden	repite	repiten

Presente del indicativo de verbos irregulares que cambian la raíz $e \rightarrow i$					
Present indicative of irregular $e \rightarrow i$ stem-changing verbs					
decir		**seguir**		**reír**	
digo	decimos	sigo	seguimos	río	reímos
dices	decís	sigues	seguís	ríes	reís
dice	dicen	sigue	siguen	ríe	ríen

°**boliche** *(m.)* *bowling* **billar** *billards*

▲ In verbs that end in **-ger** or **-gir** (**elegir**), the **g** changes to **j** before **o** and before **a**. Verbs that end in **-guir** (**seguir**) drop the **u** before **o** and **a**.

elegir → **elijo**   conseguir → **consigo**   seguir → **sigo**

The following are some common **e** → **i** stem-changing verbs.

Verbos con cambios en la raíz *Some stem-changing verbs*			
conseguir	*to get, obtain*	reír	*to laugh*
decir	*to say, tell*	repetir	*to repeat*
elegir	*to elect, choose*	seguir	*to follow*
pedir	*to ask (for), request*	servir	*to serve*

5.22 De moda. In pairs, take turns asking and answering questions based on the cues below. Use a variety of interrogative words in your questions.

■ **Ejemplo**   pedir/número
　　　　　　ESTUDIANTE 1: *¿Qué número pides cuando compras zapatos de tenis?*
　　　　　　ESTUDIANTE 2: *Pido el número ocho cuando compro zapatos de tenis.*

1. seguir/moda
2. conseguir/ropa elegante
3. elegir/estilo
4. pedir/prenda

5.23 ¿Qué hay para tomar? In Guatemala, the national drink is coffee. *Antigua* coffee is considered one of the richest varieties in the world. Other nationalities also have their typical beverages. Study the following list and, in small groups, match the country with the beverage most commonly associated with it. Use the verbs **elegir**, **pedir**, and **servir** in your sentences.

■ **Ejemplo**   argentinos
　　　　Los argentinos sirven mate.

Nacionalidades　　　**Bebidas**

Grupo A

ingleses	vodka
suizos	tequila
mexicanos	chocolate
estadounidenses	té
rusos	Coca-Cola

Grupo B

españoles	champán
japoneses	cerveza
alemanes	jerez°
franceses	café
guatemaltecos	sake

——————
°**jerez** *(m.) sherry*

El café de Antigua

 Diario de actividades

For additional practice with direct object pronouns, see *Diario de actividades*, *Segunda etapa: Segunda función*.

SEGUNDA FUNCIÓN

Avoiding repetition using direct object pronouns

▲ In English and in Spanish, DIRECT OBJECT PRONOUNS receive the action of the verb and answer the question *what?* or *whom?* To avoid repetition of nouns or noun phrases, you may use the corresponding direct object pronouns. Study the following examples:

Who is going to call the *travel agent*?   Violeta is going to call *him*.
Are the *suitcases* packed?   Yes, Oscar is packing *them*.
Don't forget to take the *beach umbrella*.   Enrique put *it* in the car.

Refer to the following chart as you read the conversation illustrated below. Identify the DIRECT OBJECTS and the DIRECT OBJECT PRONOUNS in each exchange. Notice that the pronouns agree in NUMBER and GENDER with the nouns they replace, and that they precede the verb.

Pronombres usados como complemento directo *Direct object pronouns*			
SINGULAR		PLURAL	
me	*me*	nos	*us*
te	*you*	os	*you (all)*
lo	*you, him, it*	los	*you (all), them*
la	*you, her, it*	las	*you (all), them*

◆ For clarity or politeness, use **lo** or **la** with the phrase *a usted*. For example: *¿Puedo ayudarla a usted?*

OSCAR: ¿Quieres comprar el **sombrero**?
VIOLETA: Sí. Es perfecto. **Lo** quiero comprar.

OSCAR: ¿Y las **zapatillas** también?
VIOLETA: Sí, mi amor. También **las** voy a comprar.

◆ Notice that the definite article "disappears" along with the definite article noun.

◆ In some Spanish speaking countries, *le* is used instead of *lo* or *la* to indicate human beings.

OSCAR: ¿También quieres el **vestido**?
VIOLETA: Ah, sí. **Lo** quiero.

VIOLETA: ¿Tienes tu **tarjeta de crédito**?
OSCAR: Sí, mi vida, **la** tengo aquí.

VIOLETA: ¿Dónde está la **dependiente**?
OSCAR: Allí **la** veo, detrás del mostrador.

▲ When you use double verb constructions or **ir + a +** *infinitive*, the direct object pronoun may precede the CONJUGATED VERB or may be attached to the INFINITIVE. Study the following conversation.

VIOLETA: ¿Vas a comprar este **abrigo**?
OSCAR: Sí, voy a comprar**lo**.
VIOLETA: ¿Quieres comprar también los **zapatos**?
OSCAR: No, no **los** quiero comprar.

5.24 Los quehaceres. In pairs, take turns asking each other who in your house does the following household chores. Use the appropriate direct object pronoun in your response.

■ **Ejemplo** ESTUDIANTE 1: *¿Quién barre el piso?*
ESTUDIANTE 2: *Mi compañero de cuarto lo barre.*

1. barrer el piso
2. limpiar el apartamento
3. lavar las ventanas
4. limpiar los roperos
5. cortar el césped
6. lavar los platos
7. regar las plantas
8. sacudir los muebles
9. planchar la ropa
10. sacar la basura

5.25 La ropa apropiada. In pairs, discuss when or where the following garments should be worn.

■ **Ejemplo**   jeans

    ESTUDIANTE 1: *¿Cuándo llevas los jeans?*
    ESTUDIANTE 2: *¿Los jeans? Los llevo solamente cuando voy a clase.*

1. traje de baño
2. camisa y corbata
3. pijama
4. botas
5. sandalias
6. camiseta
7. pantalones cortos
8. sombrero
9. traje
10. zapatillas
11. abrigo
12. impermeable
13. bufanda
14. corbata
15. gorra

5.26 Personas especiales. In small groups, take turns asking and answering the following questions about the special people in your life.

1. ¿Quién te ayuda con tus problemas?
2. ¿Quién te cree siempre?
3. ¿Quién te llama por teléfono con frecuencia?
4. ¿Quién te admira?
5. ¿Quién te saluda todos los días?
6. ¿Quién te invita a las fiestas?
7. ¿Quién te quiere mucho?
8. ¿Quién te invita al cine?
9. ¿Quién te comprende siempre?
10. ¿Quién te ayuda con la tarea?

5.27 Actividades. In small groups, take turns asking each other about the activities that you have recently completed. Use object pronouns in your answers, as indicated in the following examples.

◆ Remember that when the direct object is a person, it is preceded by *a*.

■ **Ejemplo**   estudiar el vocabulario

    ESTUDIANTE 1: *¿Acabas de estudiar el vocabulario?*
    ESTUDIANTE 2: *Sí, lo acabo de estudiar.*

            OR

        Sí, acabo de estudiarlo.

1. tomar café
2. leer el periódico
3. llamar a tu amigo/amiga
4. regar las plantas
5. limpiar la casa
6. planchar la ropa
7. estudiar español
8. aprender los verbos
9. hacer los ejercicios
10. lavar los platos
11. estacionar el auto
12. saludar al profesor/ a la profesora
13. cerrar la puerta
14. sacudir los muebles
15. visitar a tus amigos

5.28 ¿Qué tienes? In pairs, take turns asking one another which of the following items you have in class today.

■ **Ejemplo**   tu diccionario

    ESTUDIANTE 1: *¿Tienes tu diccionario?*
    ESTUDIANTE 2: *Sí, lo tengo.*

1. tu libro de texto
2. tu cuaderno
3. tu mochila
4. tu calculadora
5. tu *Diario de actividades*
6. tu bolígrafo
7. tu radio
8. tus lápices
9. tus marcadores
10. tu tarea

5.29 Un viaje a Jamaril. Study the following advertisement for the *Jamaril Club & Spa.* Then, in pairs, take turns asking each other what items you need to take or buy for the trip. Finally make a combined list of the ten items you think are most important and explain why.

◆ When you read about the *Jamaril Club & Spa*, first skim for the general idea, then scan for cognates and specific information.

■ **Ejemplo** ESTUDIANTE 1: **¿Vas a llevar tu traje de baño a Jamaril?**
ESTUDIANTE 2: **Sí, lo voy a llevar porque quiero tomar el sol.**
OR
Sí, voy a llevarlo.

◆ **Vocabulario esencial for activity 5.29:**

sano/sana	*healthy*
nadar	*to swim*
piscina	*pool*
dirigir	*to direct*
disfrutar	*to enjoy*
pista	*track*
techado/ techada	*roofed*
inolvidable	*unforgetable*

◆ Comprehension questions for activity 5.29:
1. ¿Cuáles son las cuatro secciones del Jamaril Club y del Spa? 2. ¿Qué actividades hay en el Club Familiar?
3. ¿Cuáles son los servicios del Spa? 4. ¿Cuáles son los servicios del Health Club?
5. ¿Por qué es ideal Jamaril para banquetes y conferencias?

Club Familiar

Jamaril Club & Spa será un lugar sano y abierto para toda la familia. Mientras usted juega tenis, los niños podrán nadar en la piscina, disfrutar los juegos infantiles y divertirse en el golfito: El único límite es su imaginación y su deseo de pasarla bien con toda la familia.

Spa

El más selecto grupo de especialistas dirigirá el spa más completo de Guatemala. Aquí usted disfrutará, entre otros servicios, sauna, masaje y tratamientos de belleza que le harán recordar que vale la pena vivir la vida.

Health Club

Un gimnasio con pista de jogging interior de más de 100 metros, piscina techada semi-olímpica, los más modernos aparatos de ejercicio y el consejo de un profesional estarán a su disposición todos los días del año.

Banquetes y Conferencias

No habrá mejor lugar para hacer todo tipo de reuniones que Jamaril Club & Spa. Lejos de la ciudad, pero a sólo 10 minutos de Vista Hermosa, usted tendrá suficiente parqueo, amplios salones, equipo audiovisual y el mejor servicio de restaurante para hacer de cada evento algo inolvidable.

A sólo 10 minutos de Vista Hermosa

Desde 1994, disfrute el Club & Spa más completo de Guatemala.

jamaril
CLUB & SPA

Health Club, Club Familiar, Banquetes y Conferencias, Spa.
Visítenos en Km. 18.5, Carretera a El Salvador
• Tels.: 341172-73-75. Fax: 341148

Pida más información: 4 Av. 12-41, Zona 10, Comercial Villa Mía, Of. 108

Diario de actividades

For additional practice with reflexive pronouns, see **Diario de actividades, Segunda etapa: Tercera función**.

TERCERA FUNCIÓN

Talking about yourself using reflexive pronouns

▲ In Spanish, when the SUBJECT of the sentence both performs and receives the action, REFLEXIVE PRONOUNS are used. Which of the following sentences are reflexive and which are not?

Rogelio baña al perro.   **Después Rogelio se baña.**   **Violeta va a lavar el auto.**   **Después Violeta va a lavarse el cuerpo.**

The first and third sentences are not reflexive because Rogelio is bathing his dog and Violeta is going to wash her car. The second and fourth sentences are reflexive because both Rogelio and Violeta are washing *themselves*. Notice that the reflexive pronoun **se** may be placed in front of the CONJUGATED VERB or attached to the INFINITIVE. As you look at the following chart, observe that each of the infinitives (**lavarse, ponerse, dormirse**) is written with a **se** on the end. This indicates that the verb is reflexive. The same format is used in Spanish-English dictionaries. Notice too that some verbs can be IRREGULAR (**ponerse**) and STEM CHANGING (**dormirse**) as well as REFLEXIVE.

Verbos reflexivos		*Reflexive verbs*	
lavarse		**ponerse**	
me lavo	**nos** lavamos	**me** pongo	**nos** ponemos
te lavas	**os** laváis	**te** pones	**os** ponéis
se lava	**se** lavan	**se** pone	**se** ponen
dormirse			
me duermo	**nos** dormimos		
te duermes	**os** dormís		
se duerme	**se** duermen		

The following chart lists some common reflexive verbs.

Rutina diaria	Daily routine		
acostarse (ue)	to go to bed	levantarse	to get up
afeitarse	to shave	llamarse	to be named
arreglarse	to get dressed up	marcharse	to leave, go away
bañarse	to bathe	ponerse (me pongo,	to put on
cepillarse	to brush	te pones . . .)	
despertarse (ie)	to wake up	probarse (ue)	to try on
dormirse (ue)	to fall asleep	quedarse	to remain, stay
ducharse	to shower	quitarse	to take off
irse (me voy . . .)	to leave, go away	sentarse (ie)	to sit down
lavarse	to wash	vestirse (i)	to get dressed

◆ Remember that any compound of the verbs listed here will also be reflexive *(se)*, for example: *vestirse, desvestirse.*

5.30 Entrevista. In pairs, find out if your daily routines are similar. Use the verbs in the *Rutina diaria* chart as your guide.

■ **Ejemplo** levantarse
ESTUDIANTE 1: *¿A qué hora te levantas?* OR *¿Cuándo te levantas?*
ESTUDIANTE 2: *Me levanto a las diez.*
ESTUDIANTE 1: *Yo no. Me levanto a las ocho.*

1. acostarse
2. bañarse
3. vestirse
4. dormirse
5. despertarse
6. afeitarse
7. quedarse en casa
8. ducharse
9. marcharse por la mañana

5.31 Comparaciones. In small groups, compare and contrast the time you normally do things and when or how you do the same things during your vacation. For example, **temprano/tarde**, **por la mañana/por la noche**, **fácilmente/difícilmente**, **despacio/rápidamente**.

■ **Ejemplo** ESTUDIANTE 1: *¿Cuándo te levantas?*
ESTUDIANTE 2: *Normalmente me levanto a las seis, pero durante las vacaciones me levanto a las nueve.*

5.32 Un sondeo. In small groups, survey your classmates as to how often they do the following activities. In their replies, they should use these expressions: **con frecuencia** *(often)*, **a veces** *(sometimes)*, and **nunca** *(never)*.

■ **Ejemplo** levantarse tarde
ESTUDIANTE 1: *¿Te levantas tarde los fines de semana?*
ESTUDIANTE 2: *A veces me levanto tarde los fines de semana.*

1. levantarse temprano
2. afeitarse
3. arreglarse
4. ponerse ropa elegante
5. acostarse tarde
6. bañarse o ducharse
7. dormirse muy tarde
8. irse de excursión
9. quedarse en casa
10. despertarse temprano

Ana se arregla por la mañana

5.33 ¿Qué te pones? What articles of clothing do you generally wear when you go out? In pairs, plan your complete wardrobe for each of the following activities, including colors and fabrics.

■ **Ejemplo** el supermercado

ESTUDIANTE 1: *¿Qué te pones para ir al supermercado?*

ESTUDIANTE 2: *Cuando voy al supermercado me pongo unos jeans, una camiseta de algodón y unos zapatos negros.*

1. la clase de español
2. un baile formal
3. la biblioteca
4. una clase de ejercicios aeróbicos

5. el cine con amigos
6. un restaurante elegante
7. un partido de fútbol americano
8. una ceremonia religiosa

5.34 Emociones. In pairs, take turns asking and telling when you feel the following emotions. These verbs are reflexive and require the use of reflexive pronouns.

■ **Ejemplo** ESTUDIANTE 1: *¿Cuándo te pones triste?*

ESTUDIANTE 2: *Me pongo triste cuando recibo una mala nota.*

Emociones	*Emotions*		
alegrarse	*to be happy*	preocuparse	*to worry*
divertirse (ie)	*to have fun*	quejarse	*to complain*
(me divierto . . .)		sentirse (ie) bien/	*to feel good/bad*
enojarse	*to get angry*	mal (me siento . . .)	
ponerse feliz/triste	*to become*	volverse (ue) loco/loca	*to go crazy*
(me pongo . . .)	*happy/sad*	(me vuelvo . . .)	

Papalotes en Santiago de Sacatepequez

COMPRENSIÓN AUDITIVA  Textbook CD

📖 Diario de actividades

For additional listening practice, see **Diario de actividades, Tercera etapa: Estrategias/ Comprensión auditiva**.

Guessing from context. Context refers to the parts of a spoken (or written) message that surround a given word or phrase. Context can provide clues to the meaning of unknown words and phrases. Guessing from context helps the listener (or reader) understand in situations when it would be either impossible or extremely time consuming to refer to a dictionary. When you hear a spoken message, guessing from context requires that you listen for cognates and familiar words and not get distracted by unknown words or phrases.

Antes de escuchar

5.35 Anuncios comerciales. Write a list of information that is generally included in a radio or television commercial about clothing.

5.36 Liquidaciones. When you listen for a bargain in clothing, what are some of the words and phrases that catch your ear? List those words and phrases.

A escuchar

5.37 Anuncios comerciales. Listen to the radio commercials on your CD. Each commercial corresponds to one of the following terms. Guessing from context, define these terms in English.

- rebaja
- vuelta
- equipo deportivo

Después de escuchar

5.38 Anuncios. Listen to your CD a second time and write down the words that you recognize.

5.39 De compras. Write a paragraph in Spanish about your favorite places to shop for clothes and tell why you like to shop there.

LECTURA

📖 Diario de actividades

For additional reading practice, see **Diario de actividades, Tercera etapa: Estrategias/ Lectura and Literatura**.

Using contextual cues. Guessing from context is equally useful when encountering unfamiliar words and phrases in a written text. The temptation is to look up unknown terms in a dictionary. This takes a lot of time, however, and often results in readers losing their train of thought. Before you give in to this temptation, focus on the message surrounding the unfamiliar words and try to guess from context. But beware of false cognates. Check all cognates to be sure they make sense in the reading. If they don't make sense, you should verify the meaning in a dictionary.

Antes de leer

5.40 Zapatos de toda clase. Make a list in Spanish of the types of shoes you own.

5.41 Ir de compras. If you were going shopping for new shoes, what qualities would you have in mind? List those qualities.

◆ **Vocabulario esencial for activity 5.42:**

horario	*schedule*
gratis	*free*
descuento	*discount*
enfermera	*nurse*

A leer

5.42 En la zapatería. Study the following advertisement for a shoe store. Focusing on the context, guess the meanings of the following words and phrases:

- abierto (in the upper left *horario* box)
- alta calidad
- bodega
- marcas (in the border of the ad)
- membresía
- ropa deportiva
- venta especial

Después de leer

5.43 Zapatos de marcas por menos. Reread the advertisement carefully and answer the following questions:

1. What type of shoe store is this?
2. What types of shoes are sold there?
3. In addition to shoes, what else is sold there?

4. What are the hours of operation?
5. What special sales are going on now?

5.44 Anuncios, etc. Look back at the advertisements, brochures, and other reading materials in this chapter. Without using a dictionary, try to guess from context the meanings of unfamiliar words and phrases.

COMUNICACIÓN  Textbook CD

 Diario de actividades

For additional practice with the expressions, see *Diario de actividades, Tercera etapa: Estrategias/Comprensión auditiva*.

The following dialogues contain expressions you might use on a shopping trip. The phrases will help you interrupt or get the attention of someone, describe how something fits, and express satisfaction and dissatisfaction. Listen to your CD, then practice with a partner.

Cómo llamar la atención   *Getting someone's attention*

Cómo describir cómo le queda la ropa   *Describing how clothing fits*

Cómo expresar satisfacción y desagrado *Expressing satisfaction and dissatisfaction*

5.45 Escucha y repite. Listen carefully to the conversation ***Cómo llamar la atención*** on your CD. Then, repeat the phrases, pronouncing carefully.

◆ These are formal expressions.

◆ *Con permiso* is used when you must walk in front of someone. *Discúlpeme* is an apology. *Señor, señora,* and *señorita* may also be used to get someone's attention.

Cómo llamar la atención	*Getting someone's attention*		
con permiso ⎫ discúlpeme ⎬ *excuse me* oiga ⎭ *listen*		perdón perdóneme	*pardon* *pardon me*

5.46 ¿Dónde está . . . ? In small groups, ask each other about the location of buildings on your campus or in your city.

■ **Ejemplo** ESTUDIANTE 1: ***Perdón, ¿dónde está la biblioteca?***
ESTUDIANTE 2: ***Está detrás del estadio.***

▲ When describing how clothing fits, the verb **quedar** is used. This verb works like **gustar** and similar verbs in that only the third person singular and plural are used.

La falda **me queda** bien. *The skirt fits me well.*
A Juanito **le quedan** grandes los zapatos. *The shoes are too big for Juanito.*

5.47 Escucha y repite. Listen carefully to the conversation ***Cómo le queda la ropa*** on your CD. Then, repeat the phrases, pronouncing carefully.

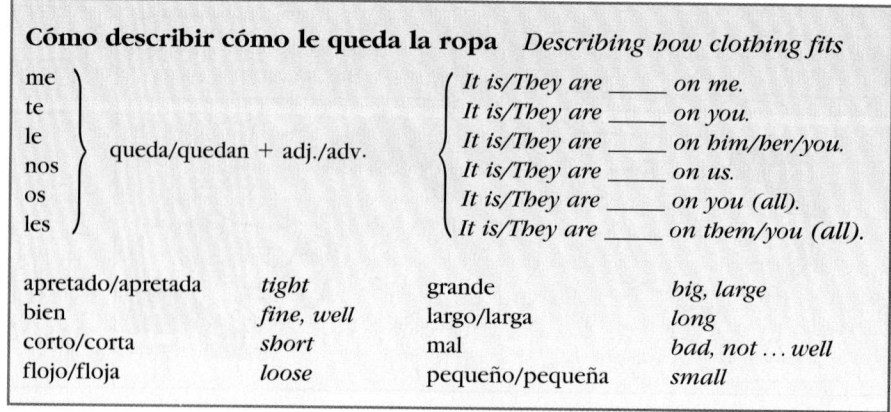

Cómo describir cómo le queda la ropa *Describing how clothing fits*

me ⎫		*It is/They are* _____ *on me.*
te		*It is/They are* _____ *on you.*
le ⎬ queda/quedan + adj./adv.		*It is/They are* _____ *on him/her/you.*
nos		*It is/They are* _____ *on us.*
os		*It is/They are* _____ *on you (all).*
les ⎭		*It is/They are* _____ *on them/you (all).*

apretado/apretada	*tight*	grande	*big, large*
bien	*fine, well*	largo/larga	*long*
corto/corta	*short*	mal	*bad, not . . . well*
flojo/floja	*loose*	pequeño/pequeña	*small*

5.48 De compras. In small groups, use the following size conversion chart and take turns guessing each other's shoe/sandal size.

■ **Ejemplo**   ESTUDIANTE 1: *¿Te queda bien el número 38?*
 ESTUDIANTE 2: *No, el 38 me queda pequeño.*

Zapatos y sandalias para mujeres

EE.UU.	5	5.5	6	6.5	7	7.5	8	8.5	9	10
Métrico	35	35.5	36	36.5	37	37.5	38	38.5	39	40

Zapatos y sandalias para hombres

EE.UU.	8	8.5	9	9.5	10	10.5	11	12
Métrico	41	41.5	42	42.5	43	43.5	44	45

5.49 Escucha y repite. Listen carefully to the conversation *Cómo expresar satisfacción y desagrado* on your CD. Then, repeat the phrases, pronouncing carefully.

Cómo expresar satisfacción y desagrado
Expressing satisfaction and dissatisfaction

El modelo es aceptable.	*The style is acceptable.*
Me gusta el modelo.	*I like the style.*
El color es horrible.	*The color is horrible.*
Es muy caro/cara.	*It's very expensive.*
Es muy barato/barata.	*It's very inexpensive.*

5.50 La última moda. In pairs, discuss the attire of the persons below, using expressions of satisfaction or dissatisfaction. If you wish to describe how the clothing fits, you may use the vocabulary on page 192.

■ **Ejemplo**   ESTUDIANTE 1: *El modelo de la blusa es aceptable.*
 ESTUDIANTE 2: *Sí, pero el color es feo.*

 **Diario de actividades**

For additional writing practice, see **Diario de actividades, Tercera etapa: Estrategias/ Composición**.

COMPOSICIÓN

Combining sentences. Although Ernest Hemingway was known for his short, effective prose, most amateur writers make a better impact with longer sentences. In Spanish, many words may be used to combine sentences. Study the following conjunctions and the examples below.

Conjunciones	*Conjunctions*		
aunque	*although, though*	porque	*because*
mientras	*while*	que	*that*
ni . . . ni	*neither . . . nor*	si	*if*
o	*or*	sin embargo	*nevertheless, however*
o . . . o	*either . . . or*	sino	*but, on the contrary*
pero	*but*	y	*and*

Guatemala es un país interesante **porque** tiene muchas maravillas naturales.
*Guatemala is an interesting country **because** it has many marvels of nature.*

Las ruinas mayas son increíbles **aunque** algunas son casi inaccesibles.
*The Mayan ruins are incredible, **though** some are almost inaccessible.*

Los textiles guatemaltecos son de alta calidad **y** se venden con frecuencia en Estados Unidos.
*Guatemalan textiles are of high quality, **and** they are sold frequently in the United States.*

Antes de escribir

5.51 Combinaciones. The following sentences describe Guatemalan textiles. Combine each pair of sentences into one longer sentence using an appropriate conjunction.

■ **Ejemplo** Cobán tiene un mercado interesante. Los indígenas venden textiles en el mercado.
En Cobán hay un mercado interesante porque los indígenas venden sus textiles allí.

1. San Antonio Aguas Calientes es un pueblo cakchiquel. San Antonio Aguas Calientes es famoso por sus textiles.
2. Se venden textiles en las tiendas. Los colores de los textiles son vivos.
3. Las mujeres tejen sus huipiles de algodón. Los huipiles son unas blusas largas.
4. Chichicastenango es un pueblo maya. Todos los jueves y los domingos hay un mercado de artesanías en Chichicastenango.
5. Su plaza y mercado son el centro del poblado. Es allí donde se desarrolla la vida comercial de los pobladores.
6. La calidad de los textiles guatemaltecos es muy buena. Los precios son bajos.
7. En la actualidad, muchas personas admiran a estas tejedoras no sólo por la belleza de sus creaciones. También las admiran como trasmisoras de tradiciones.

5.52 La moda. Select several fashion photographs from a magazine of your own. Then, use the sentence-combining technique and describe the fashions by writing a caption for each photograph.

■ **Ejemplo** *Dos chicas se prueban las prendas nuevas.*

A escribir

5.53 La moda estadounidense. Using some of the conjunctions in the conjunctions chart, write a paragraph about the typical fashions worn by students at your university. Include different seasons and a variety of student activities in your paragraph.

Después de escribir

5.54 Revisión. After writing your paragraph, be sure to review it for errors. Use the following checklist in your review.

❑ Verb endings (agreement with subject)
❑ Noun and adjective endings (gender and number agreement)
❑ Spelling
❑ Punctuation
❑ Sentence length

5.55 En parejas. In pairs, exchange paragraphs and make suggestions for improving the presentation of ideas and the flow of the paragraph.

VOCABULARIO

Writing original sentences. As your Spanish vocabulary increases, you should find that learning new words and phases becomes easier. That is because you are more "in tune" with the language and can understand the similarities and connections between words. To reach this level, you should spend time each day assimilating new vocabulary. Some students find it helpful to make up original sentences incorporating new items. At times, the more outlandish the sentence, the better you learn words! For example, the following sentences relate clothing to other expressions:

En la tienda hay una liquidación. Voy a comprar ropa de rebaja ya que necesito un conjunto de cuadros, una camisa y una corbata de rayas, una falda de flores, un chaleco de cuero, unos pantalones y un pijama de poliéster.

Try this strategy as you study the vocabulary for *Capítulo 5.*

5.56 La rutina diaria. Look over the list of daily routine activities on page 100 and group them in chunks by meaning, rather than by grammatical similarity.

5.57 Mis actividades. Using the reflexive verbs that express daily routine, list in chronological order the activities you do every day.

5.58 La moda. From a magazine or newspaper, select an outfit you like and describe it.

5.59 Una compra desastrosa. Have you ever bought an article of clothing that you regretted? Think of one of your worst purchases and explain what was wrong with it.

5.60 Espejito, espejito. Study the article *"Espejito, espejito . . ."* and determine why the authors wrote their manual and what type of advice it gives.

5.61 Sustantivos. Rewrite the nouns from the **Vocabulario** on the following pages and regroup them according to gender.

◆ **Vocabulario esencial for activity 5.60:**

espejito	*mirror*
sostenerse	*to sustain*
silbar	*to whistle*
reseñar	*to summarize*

◆ Comprehension questions for activity 5.60:
1. What is a common fashion problem for men? 2. How did two Italians attempt to solve this problem? 3. What are the details of their project?

Espejito, espejito...

Así como se sostiene que hay cosas que hacen los hombres que son imposibles de realizar para las mujeres (silbar, por ejemplo), ellas afirman que **ellos nunca combinan los colores como es debido.**

Para solucionar este tipo de inconvenientes es que, en Italia, a **Riccardo Villarosa y Giuliano Angeli** se les ocurrió crear un manual que enseña a los hombres a **"vestirse bien"**. En este libro se reseñan consejos para aprender a elegir telas, modelos, accesorios y colores; e incluso reconocer diferentes calidades. Hombres, ahora sí, no hay excusas.

de *Clarín*

VOCABULARIO

Protesta *Protest*

abajo	*down with*	luchar	*to struggle*
arriba	*up with*	paz *(f.)*	*peace*
contra	*against*	resistir	*to resist*
derechos humanos	*human rights*	solidaridad	*solidarity*
guerra	*war*	superar	*to overcome*
hambre *(f.)*	*hunger*	viva	*long live*

Verbos y frases que se asocian con la ropa   *Verbs and phrases associated with clothing*

estar de moda/pasado de moda	*to be in style/out of style*	ponerse	*to put on*
lucir	*to wear, show off, "sport"*	probarse	*to try on*
llevar	*to wear*	quedarle	*to fit*
Me llevo esto/eso. ⎞	*I'll take this/that one.*	quitarse	*to take off*
Me quedo con esto/eso. ⎠			

Prendas para damas y caballeros   *Garments, clothing for ladies and gentlemen*

abrigo	*coat*	cinturón *(m.)*	*belt*	pijama *(m.)*	*pajamas*
blusa	*blouse*	falda	*skirt*	ropa	*clothing, clothes*
calcetines *(m. pl.)*	*socks*	impermeable *(m.)*	*raincoat*	saco	*suit coat,*
camisa	*shirt*	jeans *(m.)*	*jeans*		*sport coat*
camiseta	*T-shirt*	medias	*stockings*	suéter *(m.)*	*sweater*
chaleco	*vest*	pantalones *(m. pl.)*	*trousers, pants*	traje *(m.)*	*suit*
chaqueta	*jacket, sport coat*	pantalones cortos	*shorts*	vestido	*dress*

Accesorios   *Accessories*

anillo	*ring*	collar *(m.)*	*necklace*	sandalias	*sandals*
aretes *(m. pl.)*	*earrings*	corbata	*tie*	sombrero	*hat*
bolsa, bolso	*purse, bag, handbag*	gorra	*cap*	zapatillas	*flip-flops*
botas	*boots*	guantes *(m. pl.)*	*gloves*	zapatos	*shoes*
broche *(m.)*	*brooch*	paraguas *(m. s.)*	*umbrella*	de diamantes	*(of) diamonds*
bufanda	*scarf*	pendientes *(m. pl.)*	*dangling*	de oro	*(of) gold*
cartera	*billfold, wallet*	pulsera	*bracelet*	de plata	*(of) silver*
		reloj *(m.)*	*watch*		

Telas   *Fabrics*

algodón *(m.)*	*cotton*	nylon/nilón *(m.)*	*nylon*
cuero	*leather*	poliéster *(m.)*	*polyester*
lana	*wool*	rayón *(m.)*	*rayon*
lino	*linen*	seda	*silk*

Otras palabras y expresiones   *Other words and expressions*

almacén *(m.)*	*department store*	liquidación *(f.)*	*sale*
cómodo/cómoda	*comfortable*	moda	*fashion, style*
conjunto	*outfit*	modista	*dressmaker*
de cuadros	*plaid, checked*	planta	*floor (of a store or business)*
de flores	*floral, flowered*	prenda	*garment, clothing*
de lunares	*polka-dotted*	probador *(m.)*	*dressing room, fitting room*
de rayas	*striped*	rebaja	*sale*
de un solo color	*plain*	rebajado/rebajada	*reduced*
deportivo/deportiva	*sport*	sastre *(m.)*	*tailor*
en venta	*on sale*	tienda	*shop, store*
hacer juego	*to go with/match*		

Estaciones   *Seasons*

invierno	*winter*	primavera	*spring*
otoño	*autumn*	verano	*summer*

Números ordinales   *Ordinal numbers*

primero (primer)/primera	*first*	sexto/sexta	*sixth*
segundo/segunda	*second*	séptimo/séptima	*seventh*
tercero (tercer)/tercera	*third*	octavo/octava	*eighth*
cuarto/cuarta	*fourth*	noveno/novena	*ninth*
quinto/quinta	*fifth*	décimo/décima	*tenth*

Moda   *Fashion*

clásico/clásica	*classic*	masculino/masculina	*masculine*
elegante	*elegant*	precioso/preciosa	*precious/lovely, beautiful*
encantador/encantadora	*enchanting*	sensacional	*sensational*
exquisito/exquisita	*exquisite*	super	*super (used as prefix)*
femenino/femenina	*feminine*	único/única	*unique*
impresionante	*impressive*		

Frases para regatear   *Phrases for bargaining*

¿Cuánto cuesta(n)?	*How much does it (do they) cost?*	No más.	*No more.*
¿Cuánto es (son)?	*How much is it (are they)?*	No pago más de . . .	*I won't pay more than . . .*
¿Cuánto vale(n)?	*How much is it (are they) worth?*	sólo	*only*
De acuerdo.	*Agreed. All right.*	última oferta	*final offer*
Es demasiado.	*It's too much.*		
Es una ganga.	*It's a bargain.*		

Artesanías   *Handicrafts*

anillo de plata	*silver ring*	mola	*appliqued tapestry*
cesta	*basket*	objeto de jade	*jade object*
faja	*woven sash*	olla de cerámica	*ceramic pot*
huipil *(m.)*	*embroidered blouse*	pintura	*painting*

Acciones y otras expresiones verbales   *Actions and other verbal expressions*

almorzar (ue)	*to eat lunch*	encontrar	*to find*	preferir (ie)	*to prefer*
aprobar (ue)	*to approve*	entender (ie)	*to understand*	probar (ue)	*to try, test*
cerrar (ie)	*to close, shut*	envolver	*to wrap*	querer (ie)	*to want,*
colgar (ue)	*to hang*	jugar (ue)	*to play (a sport*		*wish, love*
comenzar (ie)	*to begin, start*		*or game)*	recomendar (ie)	*to recommend*
conseguir (i)	*to get, obtain*	mentir (ie)	*to lie*	recordar (ue)	*to remember*
contar (ue)	*to count, tell*	morir (ue)	*to die*	regar (ie)	*to water*
	(a story)	mostrar (ue)	*to show*	reir (i)	*to laugh*
costar (ue)	*to cost*	mover (ue)	*to move*	repetir (i)	*to repeat*
decir (i)	*to say, tell*		*(something)*	resolver	*to solve*
devolver (ue)	*to return*	negar (ie)	*to deny*	seguir (i)	*to follow*
	(something)	pedir (i)	*to ask (for)*	servir (i)	*to serve*
dormir (ue)	*to sleep*		*request*	sugerir (ie)	*to suggest*
elegir (i)	*to elect, choose*	pensar (ie) (en)	*to think about,*	volver (ue)	*to return*
empezar (ie)	*to begin, start*		*intend*		
encerrar (ie)	*to lock up*	perder (ie)	*to lose*		
		poder (ue)	*to be able*		

Rutina diaria *Daily routine*

acostarse (ue)	*to go to bed*	ducharse	*to shower*	probarse (ue)	*to try on*
afeitarse	*to shave*	irse	*to leave, go away*	quedarse	*to remain, stay*
arreglarse	*to get dressed up*	lavarse	*to wash*	quitarse	*to take off*
bañarse	*to bathe*	levantarse	*to get up*	sentarse (ie)	*to sit down*
cepillarse	*to brush*	llamarse	*to be named*	vestirse (i)	*to get dressed*
despertarse (ie)	*to wake up*	marcharse	*to leave, go away*		
dormirse (ue)	*to fall asleep*	ponerse	*to put on*		

Emociones *Emotions*

alegrarse	*to be happy*	preocuparse	*to worry*
divertirse (ie)	*to have fun*	quejarse	*to complain*
enojarse	*to get angry*	sentirse (ie) bien/mal	*to feel good/bad*
ponerse feliz/triste	*to become happy/sad*	volverse (ue) loco/loca	*to go crazy*

Cómo llamar la atención *Getting someone's attention*

con permiso discúlpeme	*excuse me*	perdón	*pardon*
		perdóneme	*pardon me*
oiga	*listen*		

Cómo describir cómo le queda la ropa *Describing how clothing fits*

apretado/apretada	*tight*	grande	*big, large*
bien	*fine, well*	largo/larga	*long*
corto/corta	*short*	mal	*bad, not . . . well*
flojo/floja	*loose*	pequeño/pequeña	*small*

Cómo expresar satisfacción y desagrado *Expressing satisfaction and dissatisfaction*

El modelo es aceptable.	*The style is acceptable.*
Me gusta el modelo.	*I like the style.*
El color es horrible.	*The color is horrible.*
Es muy caro/cara.	*It's very expensive.*
Es muy barato/barata.	*It's very inexpensive.*

Conjunciones *Conjunctions*

aunque	*although, though*	porque	*because*
mientras	*while*	que	*that*
ni . . . ni	*neither . . . nor*	sin embargo	*nevertheless, however*
o	*or*	sino	*but, on the contrary*
o . . . o	*either . . . or*	y	*and*
pero	*but*		

CAPÍTULO

6 LA VIDA URBANA

San José, Costa Rica

PRIMERA ETAPA Preparación

◆ Review vocabulary related to courses of study in **Capítulo 3**, p. 101, before beginning this activity.

INTRODUCCIÓN

¿Qué trabajo te gusta más? Costa Rica, a country with an agricultural economy, is today experiencing a boom in tourism and nontraditional export items such as pharmaceuticals, textiles, and clothing, ornamental plants and flowers, fish, pineapples, and furniture. Many major industries like aluminum, petrochemicals, oil, and tuna also provide employment to the Costa Ricans, or *ticos*. In this chapter, you will discover some of the job opportunities in San Jose, the capital city, and learn some facts about this charming, democratic nation in Central America.

Antes de leer

6.1 Ofertas de empleo. The following *ofertas de empleo* are from **La Prensa Libre**, one of San Jose's most popular daily newspapers. First, skim the want ads and then match each *oferta* with the appropriate job category.

- office personnel
- educator
- electronics specialist

- cleaning service
- health care professional
- child caregiver

- food service
- television repair service

PERSONA responsable para cuidar niña y ayudar en casa. Verano solamente. Experiencia. Un fin de semana libre al mes. 382-3893.

SECRETARIO de 22 a 26 años, dispuesto a viajar, alto y de buen aspecto. Llamar de 16 a 20h. 345-7793.

PROFESOR DE INGLÉS para academia de idiomas. 16 a 21 horas. 341-0053

PSICÓLOGO/A industrial con experiencia en selección y formación. Sólo tardes. 362-4362.

CAMAREROS/AS necesito con buena presencia, imprescindible tener experiencia. 146-0807

CHICA de 16 a 18 años, para limpieza de restaurante de 9 a 17h. 347-0538.

ELECTRÓNICO industrial con cinco años de experiencia. 185-1096.

TÉCNICO de radio, televisión y vídeo, instalación de antenas, necesito. 379-9070.

CLÍNICA DENTAL necesita dentista para trabajar en San José. 201-7866

A leer

6.2 ¿Para qué sirves? For what career are you best suited? As you study the article *Carreras con futuro,* remember to use contextual cues when you encounter unfamiliar words.

6.3 Carreras con futuro. Determine which of the *Carreras con futuro* best fits your personality and talents. Then, in pairs, compare your own characteristics with those mentioned in the descriptions.

Ejemplo   Estudiante 1:   *Creo que sirvo para el diseño industrial porque me gusta dibujar con la computadora.*

Estudiante 2:   *Yo no. Prefiero el turismo porque me encanta trabajar con gente.*

CARRERAS CON FUTURO

Para decidir qué estudiar debes tener en cuenta varios factores. Uno de ellos es tu proyección al futuro. Chequea este artículo e infórmate de cuáles son las profesiones del futuro.

Ingeniero de Sistemas. El uso generalizado de computadoras y el "boom" de Internet hace que la informática sea cada vez con más fuerza la profesión del futuro. El Ingeniero de Sistemas se ha convertido en pieza fundamental de las empresas.

Ingeniero de Telecomunicaciones. Abarca las redes informáticas, la tecnología digital y las autopistas de comunicación y la electrónica.

Diseño Industrial. Combina las bellas artes con la física y la tecnología. Se centra en el diseño de productos de uso, usando la computadora como herramienta básica.

Ciencias Ambientales. Proporciona formación en los problemas ambientales que te permite tener una visión global de la situación y capacita para la planificación y conservación de los recursos naturales.

Biotecnólogo. La aplicación de las nuevas tecnologías a la investigación alimenticia ha propiciado la creación de estos estudios cada vez más soli-

citados. De esta manera se pueden cosechar tomates gigantes que madurarán en poco tiempo.

Traducción. La demanda incrementa en un mundo globalizado que necesita comprenderse. Para esto se necesita una especialización en lenguaje científico, arte, comunicaciones, etc.

Turismo. El estudiante que desee estudiar Turismo debe tener talento para las relaciones públicas, facilidad para los idiomas y capacidad para asimilar las nuevas tecnologías.

Cirujano Médico. Es una carrera clásica con futuro. Los nuevos avances y descubrimientos permitirán nuevas clases de transplantes de órganos como los intestinos o el corazón. Además con el desarrollo de la genética, la medicina va a dar pasos agigantados en cuanto a regeneración de tejidos y órganos a partir de células.

Comercio por Internet. Las nuevas tecnologías han cambiado el mercado y el funcionamiento del sistema empresarial. El comercio electrónico es una de las herramientas del futuro para las transacciones financieras, ya sea compra o venta de productos, e inversiones.

Después de leer

6.4 Otras carreras del futuro. In small groups, discuss other careers of the future that are not mentioned in the article. State why you think they are going to be important.

■ **Ejemplo**   *Creo que la terapia física va a ser importante porque la población es cada vez más vieja.*

6.5 El empleo. In pairs, use the phrases and information from activity 6.1 as a guide and write employment ads for two of the careers mentioned in *Carreras con futuro*.

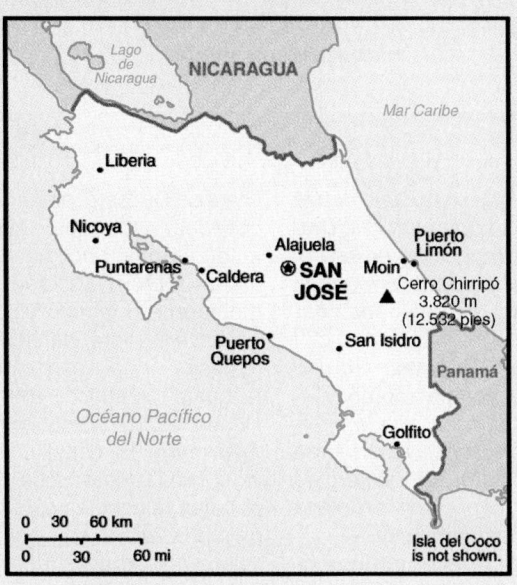

Costa Rica

CAPITAL	San José
GEOGRAFÍA	Centroamérica; queda al sur de Nicaragua y al noroeste de Panamá
ÁREA	4.959 kilómetros cuadrados
POBLACIÓN	4.019.723
EXPORTACIÓN	Café, bananos, azúcar, piña, flores, industria textil, muebles
MONEDA	Colón

Negocios y turismo. The natural wonders of Costa Rica, long undiscovered by outsiders, now attract over a million tourists to the country each year. Visitors can select nature walks focusing on the mangrove and the seashore, a rain forest excursion through primary and recovering forests, or an overnight jungle campout with a glimpse of parrots, toucans, sloths, monkeys, ocelots, and jaguarundis. Costa Rica's relatively peaceful political climate (the armed forces were abolished after 1948) and its striking natural beauty contribute to the idea that this country is the safest and most beautiful in Latin America. Of course, the thriving tourist industry has created many interesting job opportunities. The economic benefits from this marriage of business and nature have improved the lives of virtually every Costa Rican citizen.

Un mono en el bosque tropical

6.6 La bolsa de trabajo. Study the following job advertisements and classify them as service positions (restaurant or hotel personnel), professional opportunities, habitat conservation, or tourism. What are some of the job qualifications mentioned in most of the ads?

EDITOR/EDITORA
Revista *Vida y Ambiente*
Trata sobre temas ambientales y ecológicos de todo tipo
Llamar al 221-1411

HOTEL TERRAZA DEL PACÍFICO

Dominio del español/portugués e inglés
Con buena presencia e iniciativa
Los interesados hagan favor de
enviar currículum incluyendo
cartas de recomendación
al Apartado Nº 697, Playa
Hermosa de Jacó

GUÍA DE TURISMO

EL CRUCERO DE LA JUNGLA
CANALES DE TORTUGUERO
EL TOUR Nº 1 DE AVENTURA EN COSTA RICA

Se necesita guía para los canales de Tortuguero
Bilingüe con conocimientos básicos sobre flora y fauna local
Presentarse en Paseo Colón 34–36, San José. De lunes a miércoles de 9:30 a 16:00 hrs.

INSTITUTO COSTARRICENSE DE TURISMO
Precisa secretario/a
Bilingüe, experiencia mínima de 5 años
Llamar al 222-1090
Plaza de la Cultura

VENGA A DESCUBRIR EL PARAÍSO PERDIDO

Los sonidos de una exótica ave tropical, el murmullo de una cálida cascada de agua mineral, la mágica belleza de exuberantes jardines ecológicos, el frondoso bosque tropical húmedo, la emoción de un volcán activo, las deliciosas comidas de nuestro restaurante, piscinas, masajes y aguas turbulentas . . . en La Fortuna de San Carlos.

En las faldas del Volcán Arenal, miles de detalles conforman ese paraíso perdido, un lugar para relajarse y disfrutar la naturaleza, un lugar donde el tiempo se detiene . . .

TABACÓN RESORT
Apdo. Postal 181-1007
Teléfonos: (506) 222-1072
233-0780
Fax: (506) 221-3075

Ecoturismo. Costa Rica is famous for its enlightened approach to conservation. This small nation enjoys international recognition for its commitment to the preservation of forests and wildlife. National parks cover almost 12 percent of Costa Rica, and another 15 percent of the land has been set aside for wildlife refuges and forest reserves. Currently the country is debating whether to limit the number of tourists and control the amount of resort and hotel construction or to encourage even more visitors each year in an effort to boost the economy.

6.7 De compras. Study the following advisory about conscientious shopping and make a list of items that should not be purchased during a trip to Costa Rica.

Somos ricos

Piense dos veces antes de comprar algo exótico. Muchos de estos artículos pueden ser confiscados al cruzar las fronteras de algunos países. E incluso se le puede penalizar con una multa o juzgársele por tráfico ilegal. Aunque el producto sea legal, hay que considerar los daños que se le pueden causar al medio ambiente. Por favor, acuérdese de no comprar:

◆ Peines, cepillos o adornos hechos de concha de tortuga.
◆ Coral o artículos con coral. Los arrecifes de coral de Costa Rica van desapareciendo día a día.
◆ Artesanía o artículos decorados con plumas de aves. En la mayoría de los casos, las plumas de estas aves es el único objetivo de los cazadores.
◆ Pieles de jaguarundi, ocelote, leopardo. Toda prenda hecha de estas pieles es ilegal.
◆ Piénselo bien antes de comprar recuerdos hechos de madera. Ayúdenos a proteger nuestro medio ambiente.

Todos los ticos lo somos, porque nuestra naturaleza

es maravillosa y todo el mundo lo reconoce y aprecia.

El I.C.T. les insta

para que conjuntamente cuidemos

de la flora y fauna, de las playas,

los Parques Nacionales y las Reservas Biológicas

siempre: 365 días al año.

I·C·T
INSTITUTO
COSTARRICENSE
DE TURISMO

Información
Teléfono: 222-1090 Plaza de la Cultura.

DISFRUTEMOS COSTA RICA... NUESTRO PAÍS

📖 Diario de actividades

For additional practice with the vocabulary, see **Diario de actividades, Primera etapa: Vocabulario/ Expresiones**.

EXPRESIONES Textbook CD  PowerPoint

Profesiones y oficios. In this chapter, you will learn about the professions and occupations of typical *ticos*. As you study the illustrations of the following individuals, listen carefully to the job descriptions. Then, complete activity 6.8.

Margarita Delgado

Patricio Flores

Adelina Chaves

Ernesto Villas

Félix Estrada

Laura Jiménez

6.8 Comprensión. Answer the following questions briefly in Spanish.

1. ¿Por qué prefiere Margarita trabajar en una clínica pequeña?
2. ¿Cuál es su especialidad?
3. ¿Qué profesión tiene Patricio Flores?
4. ¿Cuál es el nombre de uno de los periódicos más importantes de Costa Rica?
5. ¿Qué profesión tiene Ernesto Villas?
6. ¿Qué producto exporta su empresa?
7. ¿Cuál es la profesión de Adelina Chaves?
8. ¿Cuántos hijos tiene?
9. ¿Cuál es un plato tradicional de la cocina costarricense?
10. ¿Quién trabaja en un taller?

◆ The articles **el** and **un** are used before *ama de casa* even though *ama* is a feminine noun. Adjectives modifying *ama de casa* should have feminine endings: *Ella es un ama de casa estupenda.*

Profesiones y oficios	*Professions and occupations*		
abogado/abogada	*attorney*	maestro/maestra	*teacher*
actor *(m.)*/actriz *(f.)*	*actor*	médico/médica	*doctor*
amo/ama de casa	*homemaker*	periodista *(m./f.)*	*journalist*
bombero/bombera	*firefighter*	policía/mujer policía	*police officer*
científico/científica	*scientist*	programador/	*programmer*
cocinero/cocinera	*cook*	programadora	
dentista *(m./f.)*	*dentist*	secretario/secretaria	*secretary*
doctor/doctora	*doctor*	(p)sicólogo/(p)sicóloga	*psychologist*
enfermero/enfermera	*nurse*	técnico/técnica	*technician*
gerente *(m./f.)*	*manager*	trabajador/trabajadora	*social worker*
ingeniero/ingeniera	*engineer*	social	
jefe *(m./f.)*/jefa	*boss*	traductor/traductora	*translator*
locutor/locutora	*announcer*	veterinario/veterinaria	*veterinarian*

Otros oficios y profesiones — *Other careers and professions*

bibliotecario/ bibliotecaria	*librarian*	farmacéutico/ farmacéutica	*pharmacist*
camarero/camarera, mesero/mesera (Mex.)	*server, waitperson*	fotógrafo/fotógrafa	*photographer*
comerciante *(m./f.)*	*merchant*	funcionario público/ funcionaria pública	*public official*
contable *(m./f.)*		mecánico/mecánica	*mechanic*
contador/contadora	*accountant*		
dependiente *(m./f.)*	*clerk*		

Lugares *(m.)* y edificios — *Places and buildings*

ayuntamiento/ municipalidad *(f.)*	*city hall*	hospital *(m.)*	*hospital*
banco	*bank*	iglesia	*church*
catedral *(f.)*	*cathedral*	jardín *(m.)*	*flower garden*
centro comercial	*shopping center*	(jardín) zoológico	*zoo*
cine *(m.)*	*movie theater, cinema*	kiosco	*kiosk, stand*
		oficina	*office*
clínica	*clinic*	oficina de correos	*post office*
emisora de radio	*radio station*	palacio	*palace*
empresa	*firm, business*	parque *(m.)*	*park*
escuela	*school*	plaza	*square*
estación *(f.)* de bomberos/policía	*fire/police station*	restaurante *(m.)*	*restaurant*
		supermercado	*supermarket*
fábrica	*factory*	taller *(m.)*	*workshop, garage*
hogar *(m.)*	*home*	teatro	*theater*
		tienda	*store, shop*

◆ Note that in the plural form the accent is dropped from the following words:
estación → *estaciones;*
jardín → *jardines*

Tiendas — *Shops*

carnicería	*butcher shop*	pastelería	*pastry shop*
lavandería	*laundry*	pescadería	*fish market*
panadería	*bakery*	tintorería	*dry cleaners*

Otras palabras y expresiones — *Other words and expressions*

de tiempo completo/ parcial	*full/part time*	estar en huelga	*to be on strike*
ambiente *(m.)*	*atmosphere, environment*	estar jubilado/ jubilada	*to be retired*
		privado/privada	*private*
aspirante *(m./f.)*	*job candidate*	público/pública	*public*
aumento de sueldo	*raise*	puesto de trabajo	*position, job*
beneficios	*benefits*	llenar/completar una solicitud de trabajo	*to fill out a job application*
carta de recomen- dación	*letter of recommen- dation*	renunciar (a)	*to resign*
conseguir (i)/obtener una entrevista	*to get an interview*	solicitar	*to apply*
despedir (i)	*to fire*	sueldo	*salary*
estar desempleado/ desempleada	*to be unemployed*		

6.9 ¿Cuál es su profesión? In pairs, exchange information about the profession or occupation of the following people and where they work.

■ **Ejemplo**   tía

ESTUDIANTE 1: *¿Cuál es la profesión de tu tía?*
ESTUDIANTE 2: *Mi tía es enfermera.*
ESTUDIANTE 1: *¿Dónde trabaja?*
ESTUDIANTE 2: *Trabaja en un hospital en Columbus, Ohio.*

1. tío/tía
2. hermano/hermana
3. primo/prima

4. mejor amigo/amiga
5. abuelo/abuela
6. compañero/compañera de clase

6.10 Estudio de palabras. In Spanish, the names of occupations and the workplaces associated with them are often similar. Study the following examples and then state the occupation for each workplace mentioned. Then, in small groups, find out if someone in your group knows anyone with the occupations mentioned.

■ **Ejemplo**   periódico = *newspaper*   periodista = *journalist*

1. recepción   = *reception desk*   _____ = *receptionist*
2. floristería   = *flower shop*   _____ = *florist*
3. clínica dental = *dental clinic*   _____ = *dentist*

■ **Ejemplo**   peluquería = *hair salon*   peluquero/peluquera = *hairdresser*

4. panadería = *bakery*   _____ = *baker*
5. jardín   = *garden*   _____ = *gardener*
6. banco   = *bank*   _____ = *banker*

■ **Ejemplo**   ESTUDIANTE 1: *¿Conoces a algún periodista?*
ESTUDIANTE 2: *Sí, mi padre es periodista.* OR
No, no conozco a ningún periodista.

6.11 ¿Qué tienes en mente? What type of future career do you have in mind? Prepare a description of your ideal job. Mention the job title, describe briefly the locale, and state three or four things you are going to do to prepare yourself for the position.

■ **Ejemplo**   *Quiero ser programadora. Voy a estudiar cálculo y . . .*

 Diario de actividades

For additional practice with the structures, see *Diario de actividades, Primera etapa: Vocabulario/Así es*.

ASÍ ES

Cómo pedir y dar información

▲ When asking for and giving general information where a specific SUBJECT is not named, you can use the passive **se** construction. Notice that the singular form of the verb is used when the noun or noun phrase is singular (**se exporta café**) and that the plural form of the verb is used when the noun or noun phrase is plural (**se preparan platos**). This construction is usually expressed in English with the passive voice (is exported, is produced, are purchased, are prepared).

Una carreta típica de Sarchí

◆ You have already used the impersonal reflexive in the classroom expressions *¿Cómo se dice . . . ? ¿Cómo se deletrea . . . ?* and *¿Cómo se escribe . . . ?*

—¿Qué más **se produce**?

—**Se produce** mucha fruta.

—¿Dónde **se compran** réplicas de las carretas?

—**Se compran** réplicas en Sarchí, un pueblo cerca de San José.

—¿Dónde **se preparan** platos típicos costarricenses?

—**Se preparan** los mejores platos en el restaurante La Cocina de Leña.

▲ The impersonal **se** construction is also used to express an action where there is no stated grammatical subject. For example: **Se vive bien aquí.** (*One lives well here.*) This construction is usually expressed in English with the impersonal expressions, you, people, they or one. Signs that give information or warnings frequently use this construction. Look at the following signs and decide what each one means.

6.12 Horario costarricense. When traveling from country to country, you will notice that the time schedules for everyday activities may vary. In pairs, take turns asking each other at what time the following activities take place.

■ **Ejemplo** abrir las tiendas (8:00 de la mañana)
ESTUDIANTE 1: ***¿A qué hora se abren las tiendas en San José?***
ESTUDIANTE 2: ***Las tiendas se abren a las ocho de la mañana.*** OR
Se abren las tiendas a las ocho . . .

1. abrir las panaderías (7:00 de la mañana)
2. cerrar las tiendas (6:00 de la tarde)
3. abrir la oficina de correos (8:00 de la mañana)
4. cerrar la oficina de correos (6:00 de la tarde)
5. cambiar un cheque en el banco (9:00 de la mañana)
6. cerrar los bancos (3:00 de la tarde)
7. ver una obra de teatro (8:00 de la noche)
8. ir a los bares (11:00 de la noche)
9. abrir las oficinas del gobierno (8:00 de la mañana)
10. poder visitar los museos (10:00 de la mañana)
11. ir de compras a los centros comerciales (9:00 de la mañana)
12. cerrar el centro comercial (9:00 de la noche)

6.13 Comparaciones. In pairs, use the information from activity 6.12 to compare and contrast the times for these activities in Costa Rica and the United States.

■ **Ejemplo** ***En Costa Rica se abren las tiendas a las ocho de la mañana. En Estados Unidos se abren a las diez de la mañana.***

6.14 ¿Qué recuerdas? In pairs, take turns asking and answering questions about what you can do in San José according to the following excerpts from a guidebook on pages 212 and 213.

■ **Ejemplo** comprar libros en inglés
ESTUDIANTE 1: ***¿Dónde se compran libros en inglés en San José?***
ESTUDIANTE 2: ***Se compran libros en inglés en la Librería Universal.***

1. comprar mapas
2. cambiar cheques de viajero
3. lavar la ropa
4. bailar salsa
5. alquilar autos

6. comer comida típica
7. enviar un fax
8. ver arte precolombino
9. sacar fotocopias
10. escuchar música en vivo

Museo de Arte Primitivo

◆ Parque de la Amistad
◆ Carretera a Rohrmoser
◆ Abierto de 10:00 a 16:00

Lavandería Tucán

**Mercado Central
Abierto de 9:00 a 20:00
lunes a viernes**

COCINA DE LEÑA

Restaurante típico

CENTRO COMERCIAL
EL PUEBLO

TEL: 55-1360

Bar Bamboleo
*Con música en vivo del dúo Marenco
De 14:00 hasta las 2:00*

6.15 ¿Cuándo o dónde? In pairs, indicate when and/or where the following activities are typically done in the area where you live. Include the expressions **en este estado**, **en esta región**, **en esta ciudad**, or **en este país** in your questions.

■ **Ejemplo** esquiar
ESTUDIANTE 1: *¿Cuándo se esquía en este estado?*
ESTUDIANTE 2: *Normalmente se esquía en enero y febrero.*
OR
ESTUDIANTE 1: *¿Dónde se esquía en este estado?*
ESTUDIANTE 2: *Se esquía en Mad River Valley.*

1. hacer ejercicios
2. visitar los parques
3. tener reuniones familiares
4. hacer compras de Navidad
5. encontrar libros usados
6. hacer un picnic
7. comprar entradas° para conciertos
8. tomar el sol
9. escuchar música latina
10. comprar unos recuerdos

6.16 En una entrevista. In pairs, decide when each of the following should be done in the process of looking for a job and being interviewed. Use the expressions **antes de tener la entrevista**, **durante la entrevista**, and **después de recibir una oferta de trabajo** in your responses.

■ **Ejemplo** completar una solicitud de empleo
ESTUDIANTE 1: *¿Cuándo se completa una solicitud de empleo?*
ESTUDIANTE 2: *Se completa una solicitud de empleo antes de tener la entrevista.*

1. solicitar un puesto de trabajo
2. pedir cartas de recomendación
3. preguntar sobre el ambiente del trabajo
4. preguntar sobre la empresa o la institución
5. llamar por teléfono para dar las gracias por la entrevista
6. decidir si quiere trabajar en una empresa privada o pública
7. preguntar si hay más aspirantes
8. renunciar a un trabajo anterior
9. preguntar sobre el sueldo
10. hablar sobre los beneficios como vacaciones y seguro médico

°entrada *ticket*

SEGUNDA ETAPA Funciones

 **Diario de actividades**

For additional practice with the indirect object pronouns, see the *Diario de actividades, Segunda etapa: Primera función*.

PRIMERA FUNCIÓN

Telling to whom or for whom something is done using indirect object pronouns

▲ In *Capítulo 5*, you learned how to use pronouns to avoid repeating the direct object. Now you will learn how to use pronouns for INDIRECT OBJECTS in Spanish. To identify the indirect object of a sentence, you say the subject , the verb, the direct object, and then ask "to or for whom?" The answer to the question will be the indirect object.

SUBJECT	VERB	INDIRECT OBJECT	DIRECT OBJECT
I	gave	my *instructor*	the homework.
I	gave	to/for whom	the homework?

▲ Pronouns that can replace an indirect object usually refer to people or animals. Read the following examples as you study the chart below.

El gerente **me** explica las responsabilidades del puesto.
*The manager explains the responsibilities of the job to **me**.*

Te mando una carta de recomendación.
*I am sending **you** a letter of recommendation.*

La agencia de empleo **nos** envía una solicitud de trabajo.
*The employment agency sends **us** a job application.*

◆ Although *to* and *for* are the most common prepositions used in English to introduce an indirect object (**Le doy el dinero**. = *I give the money to him/her.*), other prepositions are possible:

Te van a robar el dinero. = *They are going to steal the money **from** you.*

Te echo una manta. = *I am putting a blanket **on** you.*

Les llevo ventaja. = *I have an advantage **over** them.*

◆ Indirect object pronouns follow the same rules of placement as the ones you learned for direct object pronouns in *Capítulo 5* (see pp. 182–185). The indirect object pronouns are placed immediately before a conjugated verb or are attached to an infinitive: *Te voy a enviar una carta de recomendación mañana. Voy a enviarte una carta de recomendación mañana.*

Objetos indirectos *Indirect object pronouns*			
SINGULAR		**PLURAL**	
me	*to/for me*	nos	*to/for us*
te	*to/for you*	os	*to/for you (all)*
le	*to/for you, him, her, it*	les	*to/for you (all), them*

▲ Notice that there is no distinction between MASCULINE and FEMININE forms of **le** or **les**. These pronouns require clarification when the person to whom they refer is not specified. Notice that in examples below, the PREPOSITION **a** + a PERSONAL PRONOUN or a NOUN is used.

6.17 ¿Quiénes? In pairs, take turns asking who does the following things to you or for you, using **¿Quién?** or **¿Quiénes?**

■ **Ejemplos** escribir cartas
ESTUDIANTE 1: *¿Quién te escribe cartas?*
ESTUDIANTE 2: *Mi novio me escribe cartas.*

ayudar con la tarea
ESTUDIANTE 1: *¿Quiénes te ayudan con la tarea?*
ESTUDIANTE 2: *Mis amigos me ayudan con la tarea.*

1. prestar dinero
2. comprar libros usados
3. lavar la ropa
4. dar buenos consejos
5. dar malos consejos
6. explicar la lección
7. limpiar la casa o el apartamento
8. preparar la comida
9. sugerir un lugar° dónde pasar dos semanas de vacaciones
10. ayudar a buscar un buen puesto de trabajo

◆ Notice that unlike the direct object pronouns, indirect object pronouns do not necessarily replace indirect object nouns; both the indirect object pronoun (**le** or **les**) and the noun phrase may be present in the same sentence:
Le *mando las flores* **a Susana.**/**Les** *doy las gracias* **a mis padres** *por su regalo.*

Generally **me**, **te**, **nos**, and **os** are used alone: **Me** *dijo el secreto.*

6.18 Trabajos. In pairs, describe some of the duties or functions of the following people using the appropriate indirect object pronouns.

■ **Ejemplo** *Un médico les da los medicamentos a los enfermos.*

A	B	C
doctor/doctora	dar sesiones de terapia	a los clientes
abogado/abogada	escribir cartas de recomendación	a los estudiantes
bibliotecario/bibliotecaria	devolver los exámenes	a los pacientes
jefe/jefa de una empresa	reparar el auto	a los empleados
psicólogo/psicóloga	ofrecer un aumento de sueldo	
profesor/profesora	dar consejos antes de ir a un juicio°	
mecánico/mecánica	prestar libros	
	explicar los verbos en español	

6.19 Una entrevista profesional. Here are some questions that are frequently asked in a job interview. In pairs, role play a job interview and answer these questions, using the appropriate indirect object pronouns when necessary.

1. ¿Qué quiere saber de nuestra empresa?
2. ¿Qué cree que podemos ofrecerle profesionalmente?
3. ¿Qué le atrae de nuestra empresa?
4. ¿Qué puede aportarnos° a nosotros?
5. ¿Le gusta trabajar en equipo?
6. ¿Qué opina de las nuevas tecnologías?
7. ¿Qué le pide a la administración?
8. ¿Qué le llama la atención en el anuncio de empleo?
9. ¿Qué es lo que más le gusta de su profesión?
10. ¿Cómo le parecen las responsibilidades del puesto?

◆ You have probably noticed that certain verbs are frequently used with indirect objects. For example: *contar, dar, decir, devolver, enviar, escribir, explicar, hablar, mandar, ofrecer, pedir, permitir, preguntar, prestar, prometer, recomendar, regalar, servir.*

6.20 Trabajo en grupos. Write five questions using the verbs given. Then, in small groups, take turns asking and answering each question.

■ **Ejemplo** ESTUDIANTE 1: *¿Me prestas tu libro?*
ESTUDIANTE 2: *Sí te presto mi libro.*
ESTUDIANTE 3: *No, no te presto mi libro.*

°**lugar** *place*   **juicio** *trial*   **aportar** *offer*

 **Diario de actividades**

For additional practice with using two object pronouns, see the **Diario de actividades, Segunda etapa: Segunda función**.

◆ Remember that when the object pronouns are attached to the infinitive, an accent mark must be written above the theme vowel of the infinitive (**a**, **e**, or **i**) to indicate the proper stress: *enviárselas, ponérmelos, escribírtela.*

SEGUNDA FUNCIÓN

Avoiding repetition using two object pronouns

▲ In both English and Spanish, it is possible to use two object pronouns in the same sentence. This usually occurs in response to questions or requests, when both the direct object (DO) noun and the indirect object (IO) pronoun have already been stated. Let's look at an example in English:

—*Will they give **me** the job?*
_(IO_ _DO)_

—*Yes, they'll probably give **it** to you.*
_(DO_ _IO)_

There are several important details to remember about using two object pronouns in the same sentence in Spanish.

▲ The INDIRECT OBJECT PRONOUN always precedes the DIRECT OBJECT PRONOUN. Both objects may precede the conjugated verb or may be attached to an infinitive or gerund.

—Paco, ¿**me** prestas **tu computadora portátil**?
_(IO_ _DO)_

—Bueno, **te la** presto.
_(IO DO)_

—¿Cuándo **me** vas a prestar **tu computadora portátil**?
_(IO_ _DO)_

—**Te la** voy a prestar mañana./ Voy a prestár**tela** mañana.
_(IO DO_ _IO DO)_

▲ When the indirect object pronoun **le** or **les** is followed by the direct object pronoun **lo**, **la**, **los**, or **las**, the indirect object pronoun changes to **se**. Just remember that when both the indirect object and the direct object are third person, the first of the pronoun objects becomes **se** whether it is singular or plural.

—¿**Le** envía el señor Vega su informe **al gerente**?
_(IO_ _DO_ _IO)_

—Sí, **se lo** envía hoy.
_(IO DO)_

—Señor Zamora, ¿**nos** envía usted sus cartas de recomendación?
_(IO_ _DO)_

—Sí, enseguida **se las** envío.
_(IO DO)_

—¿**Les** vamos a enviar las solicitudes de trabajo **a los supervisores**?
_(IO_ _DO_ _IO)_

—Sí, vamos a enviár**selas**.
_(IO DO)_

—También hay que enviár**selas a la directora** en la oficina de recursos humanos°.

◆ Since **se** can indicate many different referents (to him, to her, to you, etc.) it may require a prepositional phrase to clarify who the indirect object is.

◆ Don't become confused! In **Capítulo 5** you learned that **se** is used as a reflexive pronoun (**me** baño, **te** bañas, **se** baña). In **Así es** (**Capítulo 6**) you learned that the pronoun **se** can be used with the third person verb forms to express passive voice or impersonal actions.

———
°**recursos humanos** *human resources*

6.21 Preguntas. In pairs, take turns making up questions based on the following cues. Use both indirect and direct object pronouns in each of your responses.

■ **Ejemplo**   enviar cartas frecuentemente
　　　　　　ESTUDIANTE 1: ***¿Quién te envía cartas frecuentemente?***
　　　　　　ESTUDIANTE 2: ***Guillermo me las envía.***

1. enviar mensajes electrónicos
2. contar cuentos°
3. decir mentiras
4. decir la verdad
5. hacer preguntas en clase
6. contar tus secretos
7. comprar regalos
8. dar dinero como regalo
9. dar consejos útiles
10. pedir muchos favores

6.22 En tu familia. In pairs, take turns asking and answering the following questions about each other's family. Use both indirect and direct object pronouns in each of your responses.

1. ¿Quién te prepara comidas exóticas? ¿Qué comida te prepara?
2. ¿Quién te causa muchos problemas? ¿Qué tipo de problemas te causa?
3. ¿Quién te compra ropa cara? ¿Dónde te la compra?
4. ¿Quién te envía flores o regalos? ¿Cuántas veces te los envía?
5. ¿Quiénes te dan noticias de tus amigos? ¿Qué te dicen?
6. ¿Quién te dice cosas interesantes? ¿Cuándo te las dice?
7. ¿Quién te regala cosas inútiles? ¿Qué cosas te regala?
8. ¿Cuándo te mandan dinero tus parientes? ¿Cuánto dinero te mandan?
9. ¿Cuándo vas a darle un regalo a tu primo/prima? ¿Qué le vas a regalar?
10. ¿Cuándo le vas a comprar el bolígrafo a tu amigo/amiga? ¿Dónde lo vas a comprar?
11. ¿Cuántas veces le envías tarjetas a tu amigo/amiga? ¿Cuando te las envía a ti?
12. ¿Quién te presta dinero? ¿Cuánto te presta?

6.23 Una entrevista. Decide which of the questions below are appropriate for a personnel manager and which would probably be asked by a job candidate. Then role-play the interview with a partner. Remember to use two object pronouns in your responses. Use **ir** + **a** + infinitive, **poder** + infinitive, or **deber** + infinitive in your responses.

■ **Ejemplo**   ¿Me van a pagar ustedes el Seguro Social?
　　　　　　ESTUDIANTE 1: ***¿Me van a pagar ustedes el Seguro Social?***
　　　　　　ESTUDIANTE 2: ***Sí, se lo vamos a pagar.***

　　　　　　¿Le mando a usted la solicitud de trabajo?
　　　　　　ESTUDIANTE 2: ***¿Le mando a usted la solicitud de trabajo?***
　　　　　　ESTUDIANTE 1: ***Sí, puede mandármela mañana.***

1. ¿Me quiere hacer usted algunas preguntas sobre la empresa?
2. ¿Le explico las responsabilidades del cargo?
3. ¿Debo enviarle las cartas de recomendación?
4. ¿Cuándo me puede dar usted una contestación?
5. ¿Quiere hacerme alguna pregunta más sobre los beneficios?
6. ¿Me puede garantizar trabajo de tiempo completo?
7. ¿La empresa me va a dar dos semanas de vacaciones?
8. ¿Hay servicio de cafetería en la empresa? ¿Me lo recomienda?

───────────
°**mensaje** *message*　**cuento** *story*

6.24 Preguntas originales. Using the following verbs, make up five original questions to ask your classmates. Then, in small groups, take turns asking and answering each other's questions.

contar	dar	decir	devolver	enviar	recomendar
escribir	explicar	hablar	mandar	ofrecer	regalar
pedir	permitir	preguntar	prestar	prometer	servir

6.25 En el mercado. Shoppers in Costa Rica are often surprised by the wide variety of articles and crafts that can be purchased in the roadside markets. In pairs, take turns purchasing and selling the following articles. Use the bargaining expressions you learned on page 173 and the direct and indirect object pronouns from page 214.

■ **Ejemplo** ESTUDIANTE 1: *Me gusta esta carreta. ¿Cuánto cuesta?*
ESTUDIANTE 2: *800 colones.*
ESTUDIANTE 1: *Es demasiado. ¿Me la vende por 700?*

◆ Note that ¢ is the abbreviation for *colones.*

 Diario de actividades

For additional practice with comparisons, see *Diario de actividades, Segunda etapa: Tercera función.*

TERCERA FUNCIÓN

Sharing ideas and beliefs using comparisons

▲ In English, when adjectives are used to compare the qualities of nouns they modify, they change forms. You say:

Cartago is a *large* city, but Alajuela is *larger*, and San José is the *largest*.

Another way to form COMPARISONS in English is to use the words *more* and *most*:

In Costa Rica, the exportation of sugar is important, but coffee is *more* important, and bananas are the *most* important.

Now, read these sentences and notice how similar comparisons are formed in Spanish.

Monterrey es un pueblo pequeño.	(3.284 habitantes)
Venado es **más** pequeño **que** Monterrey.	(1.779 habitantes)
Pero Toro Amarillo es **el más** pequeño **de** todos.	(307 habitantes)

▲ To form comparisons in Spanish, use the formulas shown in the chart.

◆ Remember that adjectives agree with the nouns they modify:

San José es una *ciudad bonita*, pero Zarcero es una ciudad *más bonita* que San José.

San José es un *sitio°* bonito, pero Zarcero es *más bonito* que San José.

Comparativo *Comparative*		
$\left.\begin{array}{l}\textbf{más}\\\textbf{menos}\end{array}\right\}$ + adjective + **que** = *more than, less than*		
Superlativo *Superlative*		
definitive article + $\left.\begin{array}{l}\textbf{más}\\\textbf{menos}\end{array}\right\}$ + adjective + **de** = *the most..., the least...*		

6.26 La geografía de Costa Rica. Here are a few more facts about Costa Rica. In pairs, use the map and practice making comparisons as you learn a little more about this country. Notice that in many cases the province and the largest city in that province have the same name.

■ **Ejemplo** *Algunas ciudades grandes:* Cartago (137.747 habitantes); Alajuela (232.641 habitantes); San José (326.384 habitantes)
Cartago es una ciudad grande. Alajuela es más grande que Cartago. San José es la ciudad más grande.

1. *Algunas provincias° importantes:* San José (1.417.098 habitantes); Alajuela (748.830 habitantes); Cartago (451.217 habitantes)
2. *Algunos volcanes altos:* Volcán Poás (2.704 metros); Volcán Irazú (3.432 metros); Volcán Orosi (1.487 metros)
3. *Algunos parques nacionales grandes:* La Amistad (193.929 hectáreas); Braulio Carrillo (44.099 hectáreas); Corcovado (41.788 hectáreas)
4. *Algunos pueblos pequeños:* San Pedro (514); Jardín (496); San Luis (480)

Braulio Carrillo

El volcán Poás

°**sitio** *place* **provincia** *province (a subdivision of a country, similar to a state)*

6.27 Algunas comparaciones. In pairs, compare some geographical features of the United States.

■ **Ejemplo** *El Río Grande es más largo que el río Ohio.*

1. río largo
2. montañas altas
3. estado grande/pequeño
4. ciudad grande/pequeña
5. parque nacional famoso
6. playa bonita

6.28 Actividades diferentes. Costa Rica, a little larger than New Hampshire, offers visitors one of the most exotic landscapes and animal populations in the world. In pairs, tell which of the following activities is more or less interesting.

■ **Ejemplo** explorar el bosque° / tomar el sol en la playa
Explorar el bosque es más (menos) interesante que tomar el sol en la playa.

1. pescar en el Océano Pacífico / pescar en el Océano Atlántico
2. ir a la playa / montar en bicicleta
3. explorar el jardín botánico / bucear° en el mar
4. acampar en las montañas / quedarse en un hotel de lujo
5. visitar el Volcán Irazú / hacer una excursión por San José
6. visitar los parques de mariposas° / ir al zoológico
7. hacer una excursión en autobús / ir de compras
8. montar a caballo en la playa / hacer una excursión en barco
9. ir al Museo de Oro / visitar un mercado al aire libre
10. ir a la Isla del Coco / practicar esquí acuático en la Playa Jacó

Un mercado al aire libre

▲ Spanish also has some irregular COMPARATIVE and SUPERLATIVE forms. When **bueno** and **malo** are used before a singular masculine noun, they are shortened to **buen** and **mal**.

El Holiday Inn en San José es un **buen** hotel, pero El Herradura es **mejor**.

◆ The adjectives **grande** and **pequeño** may refer both to size and to age. When they refer to size, they follow the regular pattern for formation of comparisons. For example: *Esta mesa es pequeña, pero ésa es más pequeña y aquélla es la más pequeña.* When they refer to age, the irregular forms **(el/la) mayor** (older, oldest) and **(el/la) menor** (younger, youngest) are used.

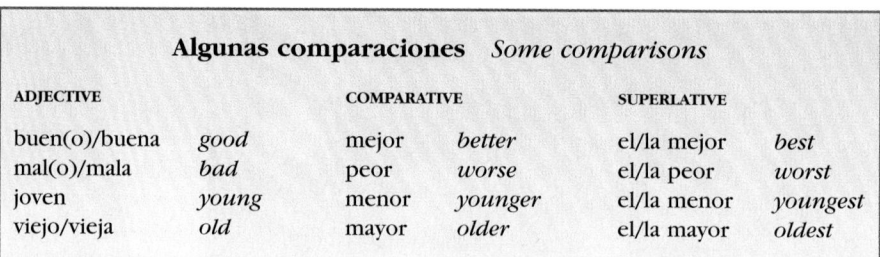

Algunas comparaciones	*Some comparisons*					
ADJECTIVE		COMPARATIVE		SUPERLATIVE		
buen(o)/buena	*good*	mejor	*better*	el/la mejor	*best*
mal(o)/mala	*bad*	peor	*worse*	el/la peor	*worst*
joven	*young*	menor	*younger*	el/la menor	*youngest*
viejo/vieja	*old*	mayor	*older*	el/la mayor	*oldest*

6.29 Opiniones diferentes. Write three comparisons using each of the suggestions provided. Then, in small groups, share your comparisons.

■ **Ejemplo** bebida
La cerveza es buena. El té con limón es mejor, pero el refresco es el mejor.

°**bosque** *forest* **bucear** *to snorkel (snorkeling)* **mariposa** *butterfly*

1. comida
2. refresco
3. película
4. disco compacto
5. día de la semana
6. canción
7. cantante *(m./f.)*
8. parque nacional
9. actor/actriz
10. auto
11. anfitrión/anfitriona° de televisión
12. universidad
13. juego de computadora
14. teléfono celular
15. tienda de ropa
16. programa de televisión
17. estación de radio
18. equipo de fútbol

6.30 Una entrevista. In pairs, interview each other to find out the following information about your families. Then, write a brief description that includes six of the most interesting facts.

◆ Because of the uncertainty, questions are generally asked in the masculine form. The person who answers may need to change the article and/or adjective to agree with the noun in their response.

■ **Ejemplo**   el mayor
ESTUDIANTE 1: *En tu familia, ¿quién es el mayor?*
ESTUDIANTE 2: *Mi madre es la mayor.*

1. el menor
2. el mayor
3. el más alto
4. el más bajo
5. el mejor deportista
6. el peor cantante
7. el peor cocinero
8. el mejor artista
9. el menos eficiente
10. el más inteligente

6.31 En tu opinión. In small groups, express your opinions about the following topics.

■ **Ejemplo**   cursos difíciles
ESTUDIANTE 1: *La informática es más difícil que el español.*
ESTUDIANTE 2: *La química es más difícil que la informática.*
ESTUDIANTE 3: *La física es el curso más difícil de todos.*

1. cursos fáciles
2. películas interesantes
3. novelas aburridas
4. equipos deportivos malos
5. autos buenos
6. escritores famosos
7. restaurantes caros
8. deportes violentos
9. profesiones peligrosas°
10. cosas importantes (amor, dinero, amigos, trabajo, etc.)
11. bebidas populares

En la biblioteca

°**anfitrión** *(talk show) host*   **peligroso/peligrosa** *dangerous*

6.32 ¿De acuerdo o no? The following survey rates the most difficult careers and college degrees, the average length of study, and the unemployment rate. In pairs, state whether you agree or disagree with the findings by making comparisons.

■ **Ejemplo** *Estoy de acuerdo. La filosofía es más difícil que la psicología.*

OR

No estoy de acuerdo. La psicología es más difícil que la filosofía.

Los títulos, uno a uno

	Dureza	Duración media	Tasa de paro (%)
Geo./Hist.	•••	5,33	23,1
Filología	•••	5,33	23,1
Filosofía	•••	5,33	23,1
Bellas Artes	•••	4,76	6,7
Traducción	••••	—	—
Psicología	••	—	—
Pedagogía	••	—	—
Profesorado EGB	••	3,43	22,2
Derecho	•••	5,57	—
Ciencias Económicas	••••	5,36	—
Ciencias Políticas	•••	5,79	14,3
CS. Inform.°	••	5,19	12,9
Ciencias Empresariales	•••	4,08	16,1
Biblioteconomía	•••	—	—
Trabajo Social	•••	3,50	13,5
Química	••••	5,50	18,6
Física	•••	5,77	4,6
Matemáticas	•••••	6,23	—
Biología	••••	5,12	39,5
Geología	••••	5,20	—
Veterinaria	••••	5,88	8,1
Farmacia	•••••	6	8,6
Medicina	••••	6,47	32,1
Enfermería	•••	3,20	12,3

•Muy poca ••Poca •••Media ••••Dura •••••Muy dura.

°**CS. Inform./ciencias de la informática** *computer science*

TERCERA ETAPA Estrategias

COMPRENSIÓN AUDITIVA  Textbook CD

📖 Diario de actividades

For additional listening practice, see **Diario de actividades, Tercera etapa: Estrategias/ Comprensión auditiva**.

Word order. You have probably already noticed that, in Spanish, simple statements and questions fit into several patterns:

STATEMENT

SUBJECT   VERB   OBJECT

La industria automovilística no ve un futuro muy bueno.

QUESTION

VERB   OBJECT   SUBJECT

¿Cuándo va a presentar el nuevo presupuesto nacional el Ministerio de Economía?

STATEMENT WITH OBJECT PRONOUNS

SUBJECT   IO/DO   VERB

También muchas compañías se lo van a ofrecer a sus ejecutivos.

Redundancy of the language provides many clues to help you locate the subject of the sentence. In the first example (subject, verb, object), notice that the subject of the sentence is preceded by an article and followed by an adjective. You have already learned that adjectives and pronouns referring to the subject or to another noun must agree in number and gender. As you listen to your CD, practice segmenting the sentences into meaningful units by paying attention to these word groupings. Remember that the subject of a sentence can never belong to a prepositional phrase because this kind of phrase usually functions as an adverb or adjective.

Also, pay particular attention to the verb in each sentence. In Spanish, the verb and its related words convey important information and form the nucleus of the sentence. In fact, the subject may be indicated only by the verb ending. In the second example (verb, object, subject), the form of the verb conveys to the listener two facts: who does the action (by its person-number ending) and when the action happens (by the tense).

You may use these same grouping skills to identify the referents of direct and indirect object pronouns as well as other terms that refer to items previously mentioned.

Antes de escuchar

6.33 A trabajar. As the job market continues to tighten internationally, one topic frequently discussed by those seeking employment is how to find and keep a job. First, list five things a job applicant should consider in preparation for an interview. Then, write five things in Spanish the applicant should do during the first three months of employment.

6.34 Sugerencias. In small groups, compare and contrast your lists and select the five best pre- and post-employment suggestions to present to the class.

A escuchar

6.35 Cómo conservar el empleo. On your CD, listen to the hints from a radio talk show broadcast on *Radio Reloj*, Costa Rica. Then answer the following questions briefly in English.

1. What is the topic of the broadcast?
2. What five behaviors or activities should one avoid while at work?
3. Of the positive behaviors mentioned, which would apply to your own job?

Después de escuchar

6.36 En la universidad. For many students, attending and preparing for classes is a full-time job, and suggestions that apply to the workplace can often be helpful in promoting good study habits. Use the information from activity 6.35 and, in pairs, list ten hints for new Hispanic students on your campus. Share your list with the other members of the class.

6.37 Consejos. Using what you have learned about behaviors, write an e-mail message to a friend telling what he or she should do to get and retain a job. Give specific suggestions about presenting oneself, emphasizing existing skills, interview etiquette, and follow-up contacts. Start each suggestions with one of these phrases: **Es necesario** + infinitive . . . , **Debes** + infinitive . . . , **Hay que** + infinitive . . .

 Diario de actividades

For additional reading practice, see **Diario de actividades, Tercera etapa: Estrategias/ Lectura and Literatura**.

LECTURA

Word order. Now that you are familiar with the most basic word order patterns, it is time to use the same strategy with a written text. As you complete the following activities feel free to underline, circle, and draw arrows to help you locate the subjects, verbs, objects, and other necessary referents in the text. Remember to use word order recognition together with the other strategies you have learned. You should not try to analyze each sentence word for word, but continue to read to get the main ideas from the passage.

Antes de leer

6.38 Tu vida escolar. What subjects have you studied that will prepare you for your future career? List five of the most important courses you have taken and the most memorable thing you learned in each one.

■ **Ejemplo** español
   aprender cosas sobre los diferentes países hispanohablantes

6.39 Fuera de la universidad. When considering a job applicant, employers often look not only for a person with an appropriate degree but also for someone with a wide range of nonacademic experience. List five things you have done that will prepare you for today's job market.

■ **Ejemplo** *supervisar a tres personas*

A leer

6.40 Tu currículum. Study the following article and briefly answer the questions in English.

1. What personal data should be included?
2. What type of information should you provide about your computer literacy?
3. How should the information be organized?
4. How should the material be written?
5. What are some of the suggestions for the overall presentation of your curriculum vitae (CV)?

BUSCADOR DE EMPLEO

¿Cómo elaborar un currículum vitae?

El currículum vitae es la carta de presentación del candidato que aspira a un puesto de trabajo. Es el medio por el que los candidatos pasan la primera selección. Por lo tanto, debe ser extremadamente cuidadoso e incluir información atractiva para el responsable de efectuar la selección.

A continuación, ofrecemos una guía práctica para que el currículum vitae "llame la atención" del entrevistador para el puesto de trabajo al que se aspire:

¿QUÉ ES LO QUE DEBE INCLUIR UN CURRÍCULUM VITAE?

1. Datos personales
- Nombre y apellidos
- Fecha de nacimiento
- Domicilio y teléfono de contacto
- Estado civil y servicio militar siempre y cuando estas situaciones condicionen la disponibilidad del trabajo.

2. Estudios realizados
- Estudios realizados y nombres de los centros de estudios o universidades
- Títulos alcanzados y especialidad

3. Tareas laborales desarrolladas, acompañadas del período de duración y de la compañía

4. Idiomas
- Grado de conocimiento
- Título obtenido y centro que lo expide.

5. Informática
- Programas que se manejan

- Grado de conocimiento. Indicar si es como usuario o como técnico
- Título expedido por un centro acreditado donde se hubieran adquirido los conocimientos.

6. Otros datos de interés
- En este apartado deberían indicarse conocimientos que pudieran aportar al currículum del candidato un valor adicional en el proceso de selección. Por ejemplo, licencia de conducir, auto propio, disponibilidad para viajar, hobbies, aficiones, etc.

CONSEJOS PRÁCTICOS

1. Organización de la información
- Seguir una estructura: encabezamiento, datos personales, formación y estudios, experiencia profesional.
- Se recomienda hacer hincapié en aquellas experiencias o formación más relacionadas con el puesto para el que se presenta el currículum.
- Todos los datos que se incluyan en el currículum deben ser demostrables.
- Omita todos los aspectos negativos en cuanto a experiencia, etc.

2. Redacción
- Evitar los párrafos largos, las repeticiones y las vaguedades: debe ser de fácil lectura, completo, pero breve.
- La redacción debe ser impersonal.
- Evitar valoraciones subjetivas.
- Cuidar la ortografía y la gramática.

3. Presentación
- Cuidar la limpieza, ortografía, márgenes, papel.
- El currículum no debe incluir portada.
- No se debe incluir la fecha de redacción ni debe firmarse.
- No adjuntar documentos que acrediten estudios/experiencia si no se solicitan.
- Solamente debe presentarse manuscrito si así se exige.
- Evitar el envío de las fotocopias del original.

Después de leer

6.41 Para buscar trabajo. Based on the suggestions provided, write a summary of what you would include on your CV. Then, in pairs, review each other's work using the questions provided as an editing guide.

1. ¿Da a primera vista una impresión impecable, de claridad y orden: títulos diferenciados, párrafos separados, calidad del papel, etc.?
2. ¿La ortografía y la sintaxis son correctas?
3. ¿Despierta interés y curiosidad el currículum vitae?
4. ¿Las frases son cortas y las palabras son sencillas y correctas?
5. ¿Se menciona el significado de cada sigla/abreviatura?
6. ¿Se evitan los "etc."? ¿Se indica número de teléfono de contacto?
7. ¿Es cierta toda la información incluída?
8. ¿Se evita toda información negativa?
9. ¿Se incluye cada dato pensando en la obtención de una entrevista?
10. ¿Toda la información está apoyada con los datos más oportunos?
11. ¿Se mencionan todas las actividades extra-profesionales?
12. ¿El currículum se acompaña de una carta de presentación?

 Diario de actividades

For additional practice with the expressions, see **Diario de actividades**, *Tercera etapa: Estrategias/Comprensión auditiva*.

COMUNICACIÓN  Textbook CD

The following conversations are similar to the conversations in the **Diario de actividades** between señor Villas and his family regarding the morning news. These phrases will help you to express worry or lack of sympathy in certain situations, and to make requests. Listen to the conversations on your CD, then practice these exchanges with your partner.

Cómo expresar preocupación *Expressing worry*

Cómo hacer reproches   *Expressing reproach*

Cómo pedir cosas   *Making requests*

6.42 Escucha y repite. Listen carefully to the conversation *Cómo expresar preocupación* on your CD. Then repeat the phrases, pronouncing carefully.

Cómo expresar preocupación *Expressing worry*	
¡Ay, Dios mío!	*Good grief!*
¡Es una pesadilla!	*It's a nightmare!*
¡Eso debe ser horrible!	*That must be horrible!*
¡Pobre!	*Poor thing!*
¡Qué espanto!	*What a scare!*
¡Qué horror!	*How horrible!*
¡Qué lástima/pena!	*What a pity!*
¡Qué mala suerte/pata!	*What bad luck!*
¡Qué terrible!	*How terrible!*
¡Qué triste!	*How sad!*

6.43 Las noticias. In pairs, practice reading the following headlines and take turns expressing concern.

■ **Ejemplo** En Japón un terremoto mató° a cien personas
ESTUDIANTE 1: ***Acabo de leer sobre un terremoto devastador en Japón.***
ESTUDIANTE 2: ***¡Qué horror!***

1. La disminución de la capa de ozono puede afectar el equilibrio ecológico mundial
2. La contaminación del aire está llegando a un nivel muy peligroso en Los Ángeles
3. Washington está convencido de que Corea del Norte dispone de bombas atómicas
4. La exposición excesiva al sol puede provocar daños irreversibles en la piel
5. Un incendio forestal destruyó más de 100.000 hectáreas de pinos en el sur de España
6. Doce víctimas al chocar un autobús con un tren en México
7. No se pudieron recuperar las obras de arte robadas en un museo de Londres

6.44 Hoja de la Caridad. Many Hispanic newspapers include a section devoted to requests for charitable contributions. Readers indicate the family they wish to help by writing the number that appears with each petition on a check or money order and sending it to *Cáritas*. This organization then directs all funds to the appropriate family. In pairs, read five or six petitions and discuss each one, mentioning the reasons the family is requesting help and making the appropriate comments.

■ **Ejemplo** 58.660. — Señora anciana, que vive con un hijo alcohólico. Sus ingresos son únicamente la pensión de la madre. Se pide ayuda económica para los gastos básicos.

ESTUDIANTE 1: ***Una señora anciana que vive con un hijo alcohólico pide ayuda económica.***
ESTUDIANTE 2: ***¡Qué lástima! Tiene muy poco dinero.***
ESTUDIANTE 1: ***¡Pobre!***

6.45 Preocupaciones de la universidad. Discuss some of the problems on your campus and make appropriate comments.

■ **Ejemplo** ESTUDIANTE 1: ***No hay computadoras suficientes en los laboratorios.***
ESTUDIANTE 2: ***¡Es una pesadilla! Deben comprar más.***

°**terremoto** *earthquake* **mató** *killed*

NÚMERO 833 – DOMINGO 27 DE MAYO

HOJA de la CARIDAD

DIRIGIDA POR CÁRITAS DE MADRID-ALCALÁ
MARTÍN DE LOS HEROS, 21 • Teléfs. 542 01 00 y 247 14 03 • 28008-MADRID
Donativos: de 8 de la mañana a 8 de la tarde

58.661. - Arreglo urgente de la vivienda de enfermo mental en tratamiento psiquiátrico y que sólo percibe la pensión no contributiva. También tiene deudas de comunidad, lo que le origina mala relación de vecindad. Con la concesión de la ayuda podría normalizar su situación.

58.663. - Ayuda para lo más imprescindible de mujer separada con un hijo de 22 años que no le ayuda en nada. Percibe una pensión mínima con la que escasamente puede pagar el alojamiento.

58.665. - Alimentación y pago del alquiler para un matrimonio, que sólo percibe un salario social mínimo. Los dos son ancianos. Es importante saldar estas deudas para **evitar que pierdan el piso,** ya que llevan muchos años en él, y el alquiler no es alto.

58.667. - Ayuda para matrimonio joven, con dos hijos muy pequeños. Están intentando conseguir lugar de guardería para los niños, con el objeto de que ella se pueda incorporar al mundo laboral. El marido ahora trabaja de camarero, pero arrastran unas **deudas de alquiler** que no pueden cancelar.

58.669. - Ayuda para **enfermo de Parkinson** que sufre serias taquicardias. No puede soportar cambios bruscos de temperatura ni hacer determinados movimientos. Percibe la pensión no contributiva. Su esposa no tiene trabajo. La vivienda está en muy malas condiciones, no tiene ni siquiera cuarto de baño. Hace ya un año que les cortaron la luz por falta de pago.

58.670. - Joven de 21 años que forma parte de un entorno familiar desestructurado. Se está trabajando con ellos, con el fin de vincular a la joven al mundo laboral, pero ahora están viviendo una situación de crisis. Ella lleva la casa puesto que los padres y el hermano, no se ocupan de nada. Nos pide apoyo para **alimentación y cancelar deudas.**

58.671. - Matrimonio con tres hijos en edad escolar. El padre trabajaba esporádicamente en la construcción, pero se le ha reproducido una hernia inguinal que tendrán que operarle y, de momento le impide trabajar. No tiene derecho al subsidio de desempleo. Ella hace algunas horas de asistente, pero ahora no tiene nada. Necesitan **ayuda para subsistir.**

58.673. - Deudas de **comunidad, agua y gas** de familia numerosa. Los únicos ingresos eran los del padre que trabajó eventualmente y ahora está en paro, así como los hijos mayores. Los pequeños están escolarizados.

58.674. - Ayuda para saldar una deuda de alquiler de **anciano que vive solo.** En situación normal, aunque su pensión es muy pequeña, puede mantenerse con austeridad. Lo malo es que ha pasado unos meses con úlceras, cuya medicación le desniveló el presupuesto.

58.678. - Familia numerosa acaba de perder la casa en un incendio en el cual la hija pequeña quedó con quemaduras en el 25% de su cuerpo. Están viviendo en casa de amigos y conocidos. Ahora se encuentran en una casita pequeña en malas condiciones de habitabilidad que están arreglando poco a poco con sus medios. A la pequeña, que ha sufrido tanto, tienen que volverla a intervenir y necesita **prótesis en ambos brazos.**

6.46 Escucha y repite. Listen carefully to the conversation *Cómo hacer reproches* on your CD. Then repeat the phrases, pronouncing carefully.

Cómo hacer reproches	*Expressing reproach*
Es culpa tuya.	*It's your fault.*
¿Qué esperas?	*What do you expect?*
¡Qué esto te sirva de lección!	*This will teach you! Let this be a lesson to you!*
¿Qué importancia tiene eso?	*What's so important about that?*
Se/Te lo merece(s).	*You deserve it.*
¿Y qué?	*So what?*

6.47 Tú tienes la culpa. In pairs, take turns reading the following statements and responding by expressing lack of sympathy.

■ **Ejemplo** ESTUDIANTE 1: *Acabo de perder mi trabajo porque a veces llego tarde.*
ESTUDIANTE 2: *Pues, ¿qué esperas?*

1. Nunca reparo el auto y ahora no funciona.
2. Nunca tengo dinero porque lo malgasto.

3. Nunca llego a los sitios a la hora porque me levanto tarde.
4. No puedo sacar libros de la biblioteca porque no los devuelvo a tiempo.
5. No puedo entender los dictados en el examen porque no escucho los discos compactos.
6. Mi disco duro no funciona y no tengo una copia de la información en disquete o disco compacto.
7. Acabo de perder mi teléfono celular en la biblioteca.
8. Mañana tengo que entregar un trabajo de investigación y en casa Internet no funciona.

6.48 Escucha y repite. Listen carefully to the conversation *Cómo pedir cosas* on your CD. Then repeat the phrases, pronouncing carefully.

Cómo pedir cosas	*Making requests*
¿Me da(n)/das . . . ?	*Will you give me . . . ?*
¿Me hace(n)/haces el favor de . . . ?	*Will you do me the favor of . . . ?*
¿Me pasa(n)/pasas . . . ?	*Will you pass me . . . ?*
¿Me puede(n)/puedes dar . . . ?	*Can you give me . . . ?*
¿Me puede(n)/puedes traer . . . ?	*Can you bring me . . . ?*
¿Quiere(n)/quieres darme . . . ?	*Do you want to give me . . . ?*
Sí, como no.	*Yes, of course.*

6.49 ¿Qué hay para tomar? Many bars in Costa Rica traditionally serve *bocas* or *boquitas.* These appetizers—black beans, *ceviche,* potato chips, sausages, and the like—are designed to accompany your drink, but you could eat enough *bocas* to make a light meal. Practice asking your partner for the following items, using the expressions for making requests and the appropriate direct object pronouns. Remember if you are in a bar or restaurant, it is customary to ask for something using the formal form.

■ **Ejemplo**   café
        Estudiante 1: *¿Me puede traer un café?*
        Estudiante 2: *Muy bien. Enseguida se lo traigo.*
        Estudiante 1: *¿Me puede dar una limonada?*
        Estudiante 2: *Bueno, enseguida se la traigo.*

1. té con limón	5. papas fritas°	9. copa de vino
2. refresco	6. agua mineral	10. frijoles
3. cerveza	7. horchata°	11. frutas frescas
4. porción de ceviche	8. ron° con cola	12. sandwich

═══ **Aperitivos** ═══

CEVICHE DE PESCADO 4.95	JUGOS: Naranja, Toronja, Pera, Melocotón,
COCKTAIL DE FRUTAS 1.65	Tomate o Vegetales 1.25
COCKTAIL DE CAMARONES 5.95	JUGO DE NARANJA
COCKTAIL DE OSTIONES. 2.95	TORONJA "FRESCA" 1.75
MARISCOS EN ESCABECHE. 5.25	

―――――
°**papas fritas** *French fries*   **horchata** *beverage made from milk, sugar, rice, ground peanuts, cinnamon, salt and cloves*   **ron** *(m.) rum*

Una cafetería en San José

COMPOSICIÓN

Diario de actividades

For additional writing practice, see **Diario de actividades, Tercera etapa: Estrategias/ Composición**.

Telarañas. In *Capítulo 3*, you learned about organization as an important composition strategy. Many people, however, find that selecting an appropriate topic is the hardest part of writing. In this chapter, you will learn a helpful strategy for generating ideas as well as for organizing them. This easy, fun strategy is called **telarañas** (*spider webs*).

Let's assume you are going to write something about **la ciudad**. This general topic would be the center of our **telaraña**. At this point, just let your imagination run wild and think of whatever themes might be associated with **la ciudad**. You are probably thinking of things like urban problems, night life, shopping, sightseeing, and public transportation. Think of these subthemes as the threads of a spider web radiating out from its center. In addition, there are often other topics related to more than one of the subthemes. Think of these as the crosswise strands of the web. Any one of these subthemes could be the basis for a composition. You could even choose a subtheme and make it the center of a **telaraña**. In this activity, you will create your own **telaraña** and then write a short paragraph about it. **¡Qué divertido!**

Antes de escribir

6.50 Temas. List five or six themes that have already been introduced in AMISTADES. For example, **la playa** or **la ciudad**.

A escribir

6.51 ¡Cuántas ideas hay! Choose one of your themes from activity 6.50. Draw a **telaraña** with as many subthemes and crosswise threads as you can. Then compare your web with that of two other classmates who have chosen the same theme.

■ **Ejemplo**

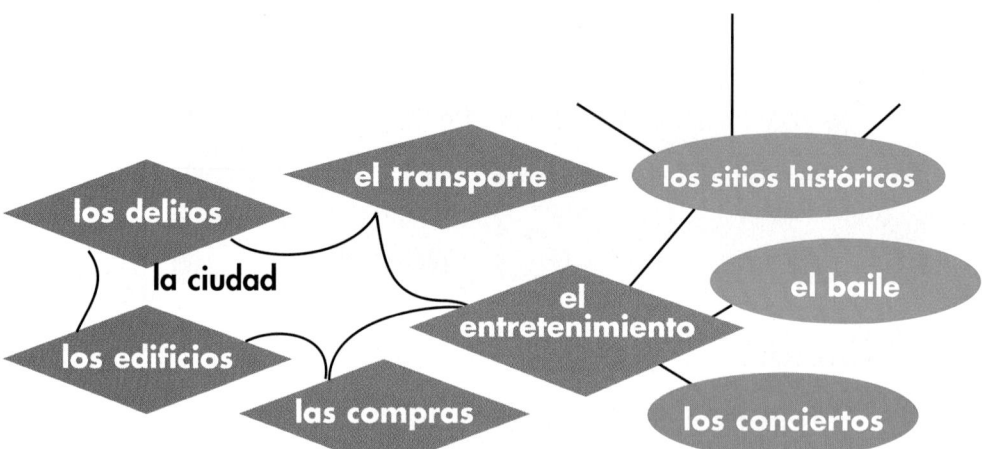

6.52 Desarrollar más ideas. Select one of the subthemes or a crosswise thread of your web. Then, list nouns, adjectives, and verbs you think you will need to develop a descriptive paragraph about your selected topic.

6.53 Composición. Using your list of words as a guide, write a short paragraph in Spanish. Of course, you will want to incorporate the vocabulary from activity 6.52. To avoid repetition of nouns, you should also use direct and indirect object pronouns as well as personal pronouns.

Después de escribir

6.54 Revisión. Check your paragraph. Make sure your description is clear and that you have used appropriate adjectives and pronouns. As you revise your draft, check for spelling and punctuation errors.

6.55 En parejas. Exchange your description with another member of the class. Check carefully for verb errors. Be sure the subject of the verb and verb ending match in person and number. Check for noun-adjective agreement, making sure the gender (masculine or feminine) and number (singular or plural) of the adjective matches that of the noun. Also check the use of personal, direct object, and indirect object pronouns and make sure they match their referents.

VOCABULARIO

Using a cassette player. Do you use all your senses when studying Spanish vocabulary? In previous chapters, you were advised to use visual imagery and to make up original sentences incorporating new vocabulary. Some students have found that recording new vocabulary and listening to it later helps them remember the new items. Try this technique and see if it works for you.

6.56 Situaciones. Make up a series of situations in Spanish appropriate for expressing sympathy or lack of sympathy.

6.57 Te lo mereces. Has something ever happened to someone close to you that you thought he or she really deserved? Think of some of those situations and a response that tells him or her how you really feel.

6.58 Costa Rica. Make a list requesting information about some things that interest you in Costa Rica.

6.59 Mi familia. Draw your family tree and label the professions and occupations of your family members.

6.60 Mi mejor amigo/amiga. Compare yourself with your best friend. Write down at least ten comparisons.

6.61 El estrés. Read the following article about how to cope with stress in the urban jungle. Then, write five or six things you have to do to survive in the city.

■ **Ejemplo** *No hay que intentar cambiar en todo.*

El estrés, tan inevitable como el amor, suele provocar serios problemas. Dicen los que saben, que la jungla urbana predispone al individuo al estrés saludable (eustrés) o al distrés (que puede causar patologías). Pero no todo está perdido. Hay decenas de estudios médicos que aportan datos de cómo convivir en la ciudad.

1. No prolongar las meditaciones sobre si está bien o mal.
2. Actuar.
3. Pensar si es un problema que sufre sólo usted o si es general.
4. Reconocer el problema.
5. Prepararse para enfrentar el estrés.
6. Reconocer que tiene un enorme poder sobre su vida y debe usarlo para cuidarse.
7. Reconocer que puede hacer infinitos cambios en su vida.
8. Hablar con alguien sobre sus problemas.
9. No tomar tranquilizantes o alcohol para soportar el ruido.
10. No intentar cambiar todo de golpe.
11. Evitar situaciones conflictivas.
12. Comer sanamente, consumir poca carne roja, poca sal y evitar comida con colesterol.
13. Beber poco alcohol.
14. Evitar los lugares y horas de concentración de automóviles (provocan el 70 por ciento de la contaminación.)
15. Correr—o bien temprano o bien tarde—en espacios abiertos.
16. Tener sólo animales domésticos que en tamaño y número guarden relación con la vivienda.
17. Acostumbrarse al silencio. Escuchar música a bajo volumen. No gritar. Denunciar ruidos molestos.

de Clarín

◆ **Vocabulario esencial for activity 6.61:**

soler (ue) *to be accustomed to*
decenas *tens*
aportar *to carry*
enfrentar *to confront*
soportar *to stand, put up with*
de golpe *at once*

◆ Comprehension questions for activity 6.61:
1. ¿Cómo se puede determinar si se tiene estrés? 2. ¿Cómo se enfrenta el estrés?
3. ¿Cómo se evita el estrés?
4. ¿Cuáles son algunos hábitos buenos para aliviar el estrés?

6.62 Profesiones, oficios y lugares. Rewrite the nouns from the *Vocabulario* on pages 234–235 and regroup them according to gender.

VOCABULARIO

Profesiones y oficios   *Professions and occupations*

abogado/abogada	*attorney*	locutor/locutora	*announcer*
actor (m.)/actriz (f.)	*actor*	maestro/maestra	*teacher*
amo/ama de casa	*homemaker*	médico/médica	*doctor*
bombero/bombera	*firefighter*	periodista (m./f.)	*journalist*
científico/científica	*scientist*	policía/mujer policía	*police officer*
cocinero/cocinera	*cook*	programador/programadora	*programmer*
dentista (m./f.)	*dentist*	secretario/secretaria	*secretary*
doctor/doctora	*doctor*	(p)sicólogo/(p)sicóloga	*psychologist*
enfermero/enfermera	*nurse*	técnico/técnica	*technician*
gerente (m./f.)	*manager*	trabajador/trabajadora social	*social worker*
ingeniero/ingeniera	*engineer*	traductor/traductora	*translator*
jefe	*boss*	veterinario/veterinaria	*veterinarian*

Otros oficios y profesiones   *Other occupations and professions*

bibliotecario/bibliotecaria	*librarian*	farmacéutico/ farmacéutica	*pharmacist*
camarero/camarera	*server, waitperson*	fotógrafo/fotógrafa	*photographer*
mesero/mesera (Mex.)		funcionario público/	*public official*
comerciante (m./f.)	*merchant*	funcionaria pública	
contable (m./f.), contador/	*accountant*	mecánico/mecánica	*mechanic*
contadora		vendedor/vendedora	*seller*
dependiente (m./f.)	*clerk*		

Lugares (*m.*) y edificios   *Places and buildings*

ayuntamiento/municipalidad (f.)	*city hall*	iglesia	*church*
banco	*bank*	jardín (m.)	*flower garden*
catedral (f.)	*cathedral*	(jardín) zoológico	*zoo*
centro comercial	*shopping center*	kiosco	*kiosk, stand*
cine (m.)	*movie theater, cinema*	oficina	*office*
		oficina de correos	*post office*
clínica	*clinic*	palacio	*palace*
emisora de radio	*radio station*	parque (m.)	*park*
empresa	*firm, business*	plaza	*square*
escuela	*school*	restaurante (m.)	*restaurant*
estación (f.) de bomberos/	*fire/police station*	supermercado	*supermarket*
policía		taller (m.)	*workshop, garage*
fábrica	*factory*	teatro	*theater*
hogar (m.)	*home*	tienda	*store, shop*
hospital (m.)	*hospital*		

Tiendas   *Shops*

carnicería	*butcher shop*	pastelería	*pastry shop*
lavandería	*laundry*	pescadería	*fish market*
panadería	*bakery*	tintorería	*dry cleaners*

Otras palabras y expresiones   *Other words and expressions*

ambiente (m.)	*atmosphere, environment*	conseguir (i)/obtener una entrevista	*to get an interview*
aspirante (m./f.)	*job candidate*	de tiempo completo/parcial	*full/part time*
aumento de sueldo	*raise*	despedir (i)	*to fire*
carta de recomendación	*letter of recommendation*	estar desempleado/desempleada	*to be unemployed*

Otras palabras y expresiones   *Other words and expressions (continued)*

estar en huelga	*to be on strike*	público/pública	*public*
estar jubilado/jubilada	*to be retired*	puesto de trabajo	*position, job*
llenar (completar) una	*to fill out a job*	renunciar (a)	*to resign*
solicitud de trabajo	*application*	solicitar	*to apply*
privado/privada	*private*	sueldo	*salary*

Objetos indirectos   *Indirect object pronouns*

SINGULAR		PLURAL	
me	*to/for me*	nos	*to/for us*
te	*to/for you*	os	*to/for you (all)*
le	*to/for you, him, her, it*	les	*to/for you (all), them*

Algunas comparaciones   *Some comparisons*

ADJECTIVE		COMPARATIVE		SUPERLATIVE	
buen(o)/buena	*good*	mejor	*better*	el/la mejor	*best*
mal(o)/mala	*bad*	peor	*worse*	el/la peor	*worst*
joven	*young*	menor	*younger*	el/la menor	*youngest*
viejo/vieja	*old*	mayor	*older*	el/la mayor	*oldest*

Cómo expresar preocupación   *Expressing worry*

¡Ay, Dios mío!	*Good grief!*
¡Es una pesadilla!	*It's a nightmare!*
¡Eso debe ser horrible!	*That must be horrible!*
¡Pobre!	*Poor thing!*
¡Qué espanto!	*What a scare!*
¡Qué horror!	*How horrible!*
¡Qué lástima/pena!	*What a pity!*
¡Qué mala suerte/pata!	*What bad luck!*
¡Qué terrible!	*How terrible!*
¡Qué triste!	*How sad!*

Cómo hacer reproches   *Expressing reproach*

Es culpa tuya.	*It's your fault.*
¿Qué esperas?	*What do you expect?*
¿Qué esto te sirva de lección!	*This will teach you! Let this be a lesson to you!*
¿Qué importancia tiene eso?	*What's so important about that?*
Se/Te lo merece(s).	*You deserve it.*
¿Y qué?	*So what?*

Cómo pedir cosas   *Making requests*

¿Me da(n)/das . . . ?	*Will you give me . . . ?*
¿Me hace(n)/haces el favor de . . . ?	*Will you do me the favor of . . . ?*
¿Me pasa(n)/pasas . . . ?	*Will you pass me . . . ?*
¿Me puede(n)/puedes dar . . . ?	*Can you give me . . . ?*
¿Me puede(n)/puedes traer . . . ?	*Can you bring me . . . ?*
¿Quiere(n)/quieres darme . . . ?	*Do you want to give me . . . ?*
Sí, como no.	*Yes, of course.*

CAPÍTULO

7

EL MEDIO AMBIENTE

La Costa Brava, España

PRIMERA ETAPA Preparación

◆ **Orientación** To review the goals and use of the **Preparación** and **Introducción** sections, see the **Orientaciones** on p. 12.

◆ **Orientación** Beginning with this chapter, the instructions for the activities are in Spanish. *Don't panic!* Take this opportunity to put into practice the reading skills you have developed.

◆ Note that in Spain the most common term for *car* is **coche**.

INTRODUCCIÓN

El medio ambiente. La ecología y la conservación del medio ambiente se han convertido en temas de interés no solamente en Centroamérica, sino también en México, Sudamérica y España. El artículo de la siguiente página demuestra la preocupación que muchos hispanohablantes sienten hacia el medio ambiente.

Antes de leer

7.1 Cambios. En parejas conversen sobre las siguientes decisiones. ¿Qué tipo de actividad conserva mejor el medio ambiente?

■ **Ejemplo** Coches: manejar los vehículos todoterreno/manejar los vehículos híbridos
　　ESTUDIANTE 1: *¿Cuál es el mejor tipo de vehículo para el medio ambiente?*
　　ESTUDIANTE 2: *Es mejor manejar los vehículos híbridos porque usan menos gasolina.*

Decisiones

VACACIONES	hacer el ecoturismo	ir en un safari
MODA	usar ropa hecha de fibra natural	usar ropa hecha de fibra sintética
COMIDA	producir alimentos orgánicos	producir alimentos transgénicos
PRODUCTOS COSMÉTICOS	no experimentar con animales	experimentar con animales
TRANSPORTE	ir en coche	usar transporte público
RECURSOS NATURALES	reciclar el papel, el aluminio, etc.	tirarlos a la basura

◆ **Orientación** To review the goals and use of the activities section, see the **Orientación** on p. 12.

A leer

7.2 Todo es natural. En grupos pequeños, estudien el siguiente artículo. Determinen los productos y las cosas que contribuyen al nuevo estilo **verde** de vida.

■ **Ejemplo** *La bicicleta es un medio de transporte no contaminante para circular por la ciudad.*

TODO ES NATURAL

CONSUMIR ALIMENTOS VEGETARIANOS, ACICALARSE CON SPRAYS QUE NO DAÑEN LA CAPA DE OZONO Y, CUANDO EL FRÍO APRIETE, CALARSE UN MAGNÍFICO ABRIGO DE PIEL FALSA PARA IR EN BICI A TRABAJAR, CONSTITUYE TODO UN ESTILO DE VIDA, DE COLOR VERDE.

El nunca lo haría

... No lo abandones.

Aerosoles. Afortunadamente, la lista de productos en aerosol que no dañan la capa de ozono se ha incrementado notablemente.

Campaña antiabandono. La Fundación Purina trata de evitar que miles de perros y gatos mueran cada año al ser abandonados por sus dueños.

Herbolario. En Sabia, una de las mejores tiendas de Madrid, se venden toda clase de libros y productos de belleza y alimentación.

Pieles. Falsas, pero bellas. El diseñador italiano Moschino utiliza la piel sintética porque según dice él, hay que ser cariñoso con los animales.

Moda. Lino en bruto y seda salvaje son las telas preferidas para la moda de hoy.

Viaje. El Molino, ubicado entre Soria y Segovia, y bordeado por un río, tiene cuatro habitaciones dobles, una cuadra desde la que se organizan excursiones a caballo y una pradera donde se instalan mesas a la sombra de los árboles para almorzar o cenar. Irresistible.

Belleza. Body Shop vende productos elaborados a base de plantas. También se han sumado a la batalla ecologista.

de *Elle*

◆ **Vocabulario esencial for activity 7.2:**

acicalarse	to get dressed up
apretar	to clutch
batalla	battle, struggle
calarse	to put on
dañar	to damage
dueño	owner
piel (f.)	fur (coat)
pradera	grassland, meadow
sombra	shade
ubicado/ ubicada	located

◆ Comprehension questions for activity 7.2:
1. ¿Qué es el Molino?
2. ¿Cómo son los productos de Body Shop? 3. ¿Qué se ha incrementado notablemente?
4. ¿Dónde se venden productos de belleza y alimentación verdes?
5. ¿Por qué mueren miles de perros y gatos? 6. ¿Quién diseña ropa hecha de piel sintética?

Después de leer

7.3 En tu casa. Usen la lectura como guía y describan en grupos pequeños varios productos que sean buenos para el medio ambiente.

■ **Ejemplo** *El champú Body Shop está elaborado a base de plantas.*

◆ **Orientación** To review the goals and use of the *Cultura* sections, see the *Orientación* on p. 14.

España

CAPITAL	Madrid
GEOGRAFÍA	Europa; queda al sur de Francia, al norte de África, al este de Portugal, con costas al mar Mediterráneo al Océano Atlántico y al Mar Cantábrico.
ÁREA	492.463 kilómetros cuadrados
POBLACIÓN	41.837.894
EXPORTACIÓN	Productos agrícolas (vino, aceite de oliva, cereales), textiles (ropa y calzado), metales, químicos, construcción naval
MONEDA	Euro

La ecología en España. El norte de España fue el sitio de una de las mayores catástrofes ecológicas de los últimos años . . . el derrame de petróleo del barco *Prestige* en la costa de Galicia. Así, muchas organizaciones españolas están haciendo auténticos esfuerzos para proteger y conservar el medio ambiente. Entre sus campañas cuentan proyectos sobre el cambio climático, los cultivos y alimentos transgénicos, una agricultura sostenible, los impactos de los residuos y la biodiversidad.

7.4 Ecologistas. Estudien la siguiente descripción con las propuestas de cuatro organizaciones nacionales e internacionales para proteger el medio ambiente. En parejas, identifiquen dos o tres metas de cada grupo para hacer consciente al público.

◆ **Vocabulario esencial for activity 7.4:**

batallar	to fight
campaña	campaign
detener	to halt, stop
humedales	wetlands
socio/socia	member

■ **Ejemplo** *La asociación Amigos de la Tierra lucha contra el armamento.*

Amigos de la Tierra: Esta asociación de carácter internacional desarrolla campañas relacionadas con temas sociales y ecológicos que sobrepasan las esferas locales o nacionales. En España, se dedican a trabajar en las áreas de reducir las emisiones de CO_2, informar sobre la utilización de organismos modificados genéticamente en la agricultura y la alimentación, el compostaje de la materia orgánica, y la situación de los humedales.

Depana (Liga para la Defensa del Patrimonio Nacional): Esta organización española se fundó en 1976 y cuenta con más de 5.100 socios. Se ocupa de la supervivencia vegetal y animal y regula la circulación motorizada en las reservas naturales. Ganó el Premio Nacional de Medio Ambiente en 1995.

Greenpeace: Esta organización de ámbito internacional reúne a más de 800.000 socios en 62 países. En España, sus esfuerzos se centran en la defensa del Mediterráneo. Se opone a la presencia de submarinos y barcos con armamento nuclear. Intenta detener los vertidos industriales que contaminan las aguas. Actúa en forma no violenta para proteger la naturaleza.

Adenex (Asociación para la Defensa de la Naturaleza y los Recursos de Extremadura): Ésta es una organización científica y cultural que actúa a nivel regional. Sus 8.500 socios batallan para preservar el patrimonio natural y cultural de Extremadura. Promueve el estudio de las riquezas naturales de la región, contribuye a su conservación, defiende el patrimonio histórico-artístico cultural y se dedica a campañas educativas.

7.5 Vivir de forma ecológica. Estudien la siguiente propuesta y, en parejas, completen las siguientes oraciones de una manera lógica.

◆ Comprehension questions for activity 7.4:
1. ¿Qué campañas desarrolla Amigos de la Tierra? 2. ¿Qué organización trabaja en defensa del Mediterráneo?
3. ¿Cuáles son algunas áreas de interés de Depana?
4. ¿Qué hacen los socios de Adenex?

■ **Ejemplo** *Es preciso vivir... de forma más ecológica.*

1. Una manera de combatir la destrucción del medio ambiente . . .
2. Un hogar más ecológico . . .
3. Los productos tóxicos y contaminantes . . .
4. Nuestros hábitos y conductas . . .
5. Para mejorar nuestro entorno . . .

Para conseguir un planeta más habitable es preciso vivir de forma más ecológica

Madrid. Rosalía Mayor

El riesgo de destruir el medio ambiente está aumentando la sensibilización de los ciudadanos ante este gran problema. Una de las maneras de conseguir un mundo más habitable es mediante un hogar más ecológico donde se eviten, sin bajar la calidad y el nivel de vida, aquellos productos con alta toxicidad o que contaminen el agua y la atmósfera. Cambiando algunos hábitos y conductas se puede conseguir que mejore nuestro entorno.

El reciclaje. Desde 1987, los países del Mercado Común han estado colaborando para informarles a todos sus miembros sobre la importancia de la conservación y del uso de los recursos naturales. Una de las maneras más eficaces y populares para llevar a cabo este fin es a través del reciclaje. En Madrid y en Barcelona, primeras ciudades que tuvieron centros de reciclaje, se les pide a todos los ciudadanos que separen la basura en dos grupos: materiales orgánicos y materiales inorgánicos tales como el vidrio, el metal o el plástico.

◆ As you work with activity 7.6 remember to make the article and the verb agree with the subject mentioned: *Una lata de aluminio tarda . . .* or *Unas yuntas plásticas tardan . . .*

7.6 Nuestra basura. Estudien la ilustración y luego, en parejas, expliquen cuánto tardan los siguientes artículos en descomponerse.

■ **Ejemplo**   lata de aluminio

ESTUDIANTE 1: *¿Cuánto tarda en descomponerse una lata de aluminio?*

ESTUDIANTE 2: *Una lata de aluminio tarda entre 200 y 500 años en descomponerse.*

1. camisa de algodón
2. botella de plástico
3. lata de hojalata°
4. periódicos
5. mesa de bambú
6. cuadernos
7. silla de madera pintada
8. calcetín de lana
9. bolsa de plástico
10. botellas de cristal

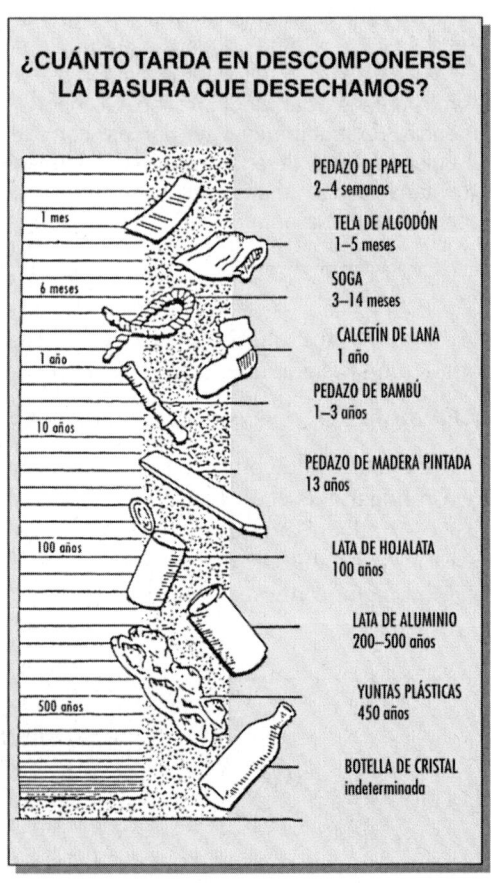

¿CUÁNTO TARDA EN DESCOMPONERSE LA BASURA QUE DESECHAMOS?

1 mes

6 meses

1 año

10 años

100 años

500 años

PEDAZO DE PAPEL
2–4 semanas

TELA DE ALGODÓN
1–5 meses

SOGA
3–14 meses

CALCETÍN DE LANA
1 año

PEDAZO DE BAMBÚ
1–3 años

PEDAZO DE MADERA PINTADA
13 años

LATA DE HOJALATA
100 años

LATA DE ALUMINIO
200–500 años

YUNTAS PLÁSTICAS
450 años

BOTELLA DE CRISTAL
indeterminada

°**hojalata** *tin*

EXPRESIONES  Textbook CD  PowerPoint

 Diario de actividades

For additional practice with the vocabulary, see **Diario de actividades, Primera etapa: Vocabulario/ Expresiones**.

España: Tierra de contrastes. La geografía de España es variada e interesante. Sus paisajes cambian según su clima y su topografía. Vas a escuchar un texto. Intenta sacar las ideas principales. Después, contesta las preguntas de la actividad 7.7.

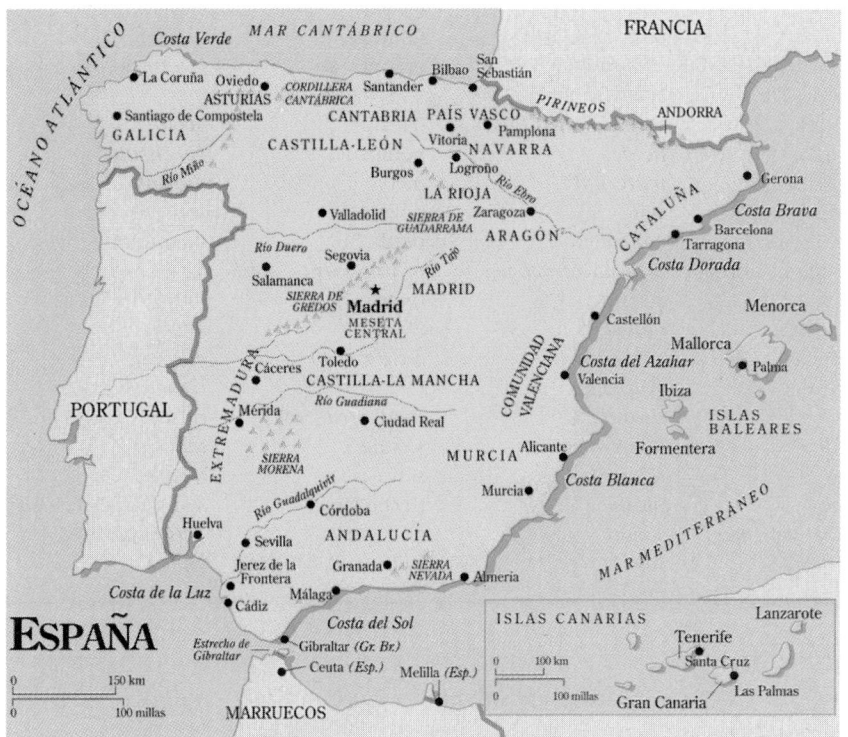

◆ **Orientación** In the **Expresiones** section you will practice listening to a passage that presents key vocabulary related to the chapter theme. The passage, which is recorded, corresponds to the illustration in your textbook. Your instructor may play the recording or read the passage aloud, or both. After you hear the passage twice, you will be ready to answer the **Comprensión** questions.

◆ Refer to **Capítulo 2**, p. 67, for other directions.

7.7 Comprensión. En grupos pequeños, estudien las siguientes preguntas y contéstenlas brevemente en español. ¿Entendieron las ideas principales del texto que escucharon?

1. ¿Qué países forman la Península Ibérica?
2. ¿Cuál es la cordillera más grande de España?
3. ¿Dónde está la Costa Verde?
4. ¿Dónde están las pistas de esquí más populares?
5. ¿Dónde está la meseta principal de España?
6. ¿Cómo es la Meseta Central?
7. ¿Cuál es el único río navegable en España?
8. ¿Dónde están los balnearios más famosos?
9. ¿Qué lengua se habla en San Sebastián?
10. ¿Qué es El Sardinero?
11. ¿Qué quieres visitar en España?

Direcciones *Directions*

noreste *(m.)*	*northeast*	sureste *(m.)*	*southeast*
noroeste *(m.)*	*northwest*	suroeste *(m.)*	*southwest*

Topografía *Topography*

árido/árida	*dry, arid*	meseta	*plateau*
bahía	*bay*	montaña	*mountain*
balneario	*spa, resort*	montañoso/	*mountainous*
bosque *(m.)*	*forest, wood(s)*	montañosa	
bosque tropical	*tropical rain forest*	océano	*ocean*
campo	*field*	península	*peninsula*
catarata	*waterfall*	pico	*mountain peak*
cerro	*hill*	pozo	*well, pool*
continente *(m.)*	*continent*	prado	*meadow*
cordillera/sierra	*mountain range*	profundo/profunda	*deep*
costa	*coast*	puerto	*mountain pass,*
desierto	*desert*		*port*
estrecho	*strait*	ría, estuario	*estuary, fjord*
golfo	*gulf*	río	*river*
isla	*island*	rocoso/rocosa	*rocky*
islote *(m.)*	*barren island*	salvaje	*wild*
lago	*lake*	selva	*jungle*
llano	*plain*	tierra/Tierra	*land, earth/Earth*
manantial *(m.)*	*spring*		*(the planet)*
mar	*sea*	valle *(m.)*	*valley*

Animales salvajes *Wild animals*

águila *(m.)*	*eagle*	lagartija	*lizard*
ave *(f.)*	*bird*	oso	*bear*
buitre *(m.)*	*buzzard*	oveja	*sheep*
cabra	*goat*	pato	*duck*
conejo	*rabbit*	pez *(m.)*	*fish*
culebra	*snake*	puerco espín	*porcupine*
especie *(f.)*	*species*	rana	*frog*
. . . en vías de extinción	*endangered*	reptil *(m.)*	*reptile*
gato montés	*mountain lion*	toro	*bull*
insecto	*insect*	tortuga	*tortoise, turtle*
jabalí *(m.)*	*wild pig*	zorro	*fox*

7.8 Mapa de España. Después de consultar el mapa de la página 243, en parejas, determinen en qué dirección quedan los siguientes lugares.

■ **Ejemplo** *Galicia está al noroeste de España, al norte de Portugal y al oeste de Asturias.*

1. Madrid
2. el río Guadalquivir
3. la Costa del Sol
4. San Sebastián
5. Francia
6. Portugal
7. el océano Atlántico
8. Alicante
9. Ceuta
10. el río Ebro
11. Barcelona

7.9 Soy una isla. En grupos pequeños, estudien la caricatura. Después, comenten sus propias "topografías."

■ **Ejemplo** Estudiante 1: (pointing to head) *Es un pico rocoso.*

7.10 Un poco de geografía. En grupos pequeños, den ejemplos de los siguientes rasgos° geográficos de Estados Unidos.

■ **Ejemplo** ríos
Estudiante 1: *El río Bravo separa a México de Estados Unidos.*
Estudiante 2: *El río Colorado pasa por el Gran Cañón.*
Estudiante 3: *El río Columbia separa los estados de Oregón y Washington.*

1. ríos
2. montañas
3. bahías
4. islas
5. sierras
6. cataratas
7. golfos
8. lagos

7.11 Sitios de la naturaleza. En grupos pequeños, describan varios lugares naturales de su estado o región para que los demás los adivinen.

■ **Ejemplo** Estudiante 1: *Es un lugar al noreste de Estados Unidos. Cerca hay un lago muy grande. Está entre Canadá y Estados Unidos. Muchas parejas van allí.*
Estudiante 2: *Son las cataratas del Niágara.*

7.12 ¿Cómo es . . . ? Generalmente, cuando viajas al extranjero te preguntan «¿Cómo es el lugar donde vives?» En parejas, preparen una descripción de su región, incluyendo no solamente el paisaje sino también una descripción de su ciudad o de su pueblo.

■ **Ejemplo** *Ohio es un estado muy plano. Columbus, la capital, está en el centro del estado.*

7.13 Miraflores de la Sierra. En grupos pequeños, estudien el folleto sobre Miraflores de la Sierra donde la Universidad Autónoma de Madrid ofrece cursos de español para extranjeros. Úsenlo como modelo y escriban un folleto breve sobre un lugar de Estados Unidos que sea perfecto para cursos de inglés para hispanohablantes.

°**rasgos** *characteristics*

MIRAFLORES DE LA SIERRA

Miraflores está situada a 45 km. de Madrid en la Sierra de Guadarrama. Goza de un clima agradable en verano — alrededor de 20°C de media — y un paisaje bello. Por su altitud sobre el nivel del mar, Miraflores se caracteriza por ambos bosques robledales y, en las cumbres de las sierras, los pinares. Una buena parte del año, los picos se mantienen cubiertos de nieve. El Río Miraflores es el eje del centro urbano. Miraflores es rico también en especies de animales silvestres — el jabalí, el zorro, el gato montés y otros mamíferos. Entre las aves hay distintos tipos de águilas y muchas especies de menor tamaño. Los reptiles de la región incluyen lagartijas y diversos tipos de culebras.

◆ **Vocabulario esencial for activity 7.13:**

robledal	oak forest
cumbre	peak
pinar	pine forest
nieve	snow
tamaño	size
eje (m.)	dividing line

◆ Comprehension questions for activity 7.13:
1. ¿A qué distancia está Miraflores de Madrid?
2. ¿Cómo es el clima en Miraflores en el verano?
3. ¿Por qué tiene Miraflores dos tipos de bosques?
4. ¿Qué hay a grandes altitudes? 5. ¿Qué tipos de especies de animales silvestres se encuentran en el área?

📖 Diario de actividades

For additional practice with the structures, see **Diario de actividades, Primera etapa: Vocabulario/Así es**.

◆ **Orientación** To review the goals and use of the **Así es** section, see the **Orientación** on p. 21.

ASÍ ES

Cómo hablar del tiempo

▲ Spain is only a little larger than the state of Texas. Yet at certain times of the year, because of varying altitudes, it is possible to sunbathe on the beach in southern Spain and, after a day's drive north, ski in the mountains. While you study the following weather expressions, remember that talking about the weather is as much a social activity as it is an exchange of information.

▲ In Spanish, there are three types of phrases you will use to describe the weather: phrases with **hacer**, with **estar**, and with **hay**. First, let's look at some phrases with **hacer**.

Cómo hablar del tiempo *Talking about the weather*			
¿Qué tiempo **hace**?	*What's the weather like?*	**Hace** frío.	*It's cold.*
Hace buen tiempo.	*It's nice weather.*	**Hace** sol.	*It's sunny.*
Hace mal tiempo.	*It's bad weather.*	**Hace** viento.	*It's windy.*
Hace calor.	*It's hot.*		
Hace fresco.	*It's cool.*		

▲ A second group of weather expressions are based on the verb **estar**.

Está despejado.	*It's clear.*	**Está** nevando.	*It's snowing.*
Está cubierto.	*It's overcast.*	**Está** nublado/nuboso.	*It's cloudy.*
Está lloviendo.	*It's raining.*		

▲ Finally, a number of weather conditions are expressed with **hay**.

Hay tormentas en el Atlántico.	***There are*** *storms in the Atlantic.*
Hay truenos y relámpagos en los Pirineos.	***There are*** *thunder and lightning in the Pyrenees.*
Hay niebla en el puerto de Pajares.	***It's*** *foggy in the mountain pass of Pajares.*
Hay lluvia en el norte.	***There is*** *rain in the north.*
Hay nieve en las montañas.	***There is*** *snow in the mountains.*
Hay viento en las islas Canarias.	***There is*** *wind in the Canary Islands.*
Hay heladas en zonas de la Sierra Nevada.	***There is*** *frost in the Sierra Nevada area.*

7.14 El tiempo. Estudien la sección *El tiempo* del periódico español *El País*. Después, en parejas, describan el tiempo de las diferentes regiones de España en invierno.

■ **Ejemplo** ESTUDIANTE 1: *¿Qué tiempo hace hoy en las islas Canarias?*
ESTUDIANTE 2: *En las Islas Canarias está despejado.*

7.15 ¿Qué tiempo hace? Las estaciones y el tiempo no son iguales en todas partes del mundo. En el hemisferio sur, por ejemplo, las estaciones son contrarias a las estaciones en Estados Unidos. En parejas, decidan qué tiempo hace en los siguientes lugares.

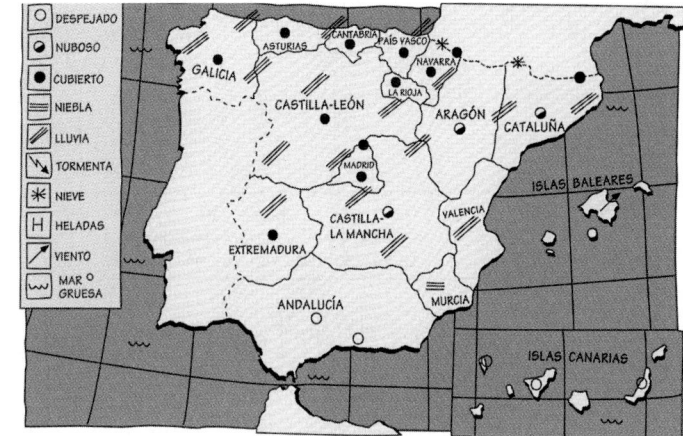

■ **Ejemplo** diciembre en Buenos Aires
ESTUDIANTE 1: *¿Qué tiempo hace en diciembre en Buenos Aires?*
ESTUDIANTE 2: *En diciembre en Buenos Aires hace calor.*

1. noviembre en Miami
2. enero en Caracas
3. diciembre en Madrid
4. junio en Alaska
5. agosto en Costa Rica
6. marzo en San Francisco
7. febrero en México, D.F.
8. septiembre en San Juan
9. julio en la Antártida
10. mayo en Bogotá
11. abril en tu ciudad
12. octubre en Argentina

◆ The seasons in the countries south of the equator are reversed: for example, college students in Buenos Aires have their summer breaks in December instead of June. If you would like to compare the weather in major cities around the world, check any major newspaper or the Internet.

7.16 Símbolos meteorológicos. En parejas, estudien los símbolos meteorológicos y determinen el significado° de cada uno. Comparen sus resultados con los de las demás parejas.

■ **Ejemplo** *El dibujo tres indica que hay nubes y claros° en la región.*

heladas	calor	nieve	viento
niebla	despejado	nubes y claros	lluvia
tormenta	nublado	frío	

1.  2.  3.  4.  5.  6.

7.  8.  9.  10.  11.

°**mar gruesa** *rough seas* **significado** *meaning* **nubes y claros** *clouds and clear skies*

◆ Most countries around the world measure their temperature in Celsius, not Fahrenheit. A simple formula is all you need to make the conversion. For example, in Galicia the maximum temperature in Fahrenheit would be approximately 58°F.

7.17 De viaje. En parejas, decidan qué ropa hay que llevar en verano a las diferentes ciudades españolas. Usen el mapa de la página 243. Observen que las temperaturas se dan en grados Celsius, no en grados Fahrenheit. Después, elijan otra ciudad del mapa para pasar tres semanas de vacaciones y escriban una lista con todas las cosas que hay que llevar en las maletas.

▪ **Ejemplo**   Valencia   30
En Valencia hace calor porque la temperatura está a 30 grados. Hay que llevar un traje de baño.

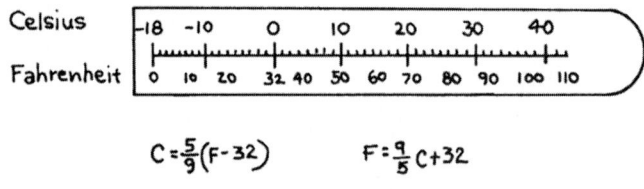

$$C = \frac{5}{9}(F - 32) \qquad F = \frac{9}{5}C + 32$$

1. Barcelona   19
2. Santiago   15
3. Granada   22
4. Toledo   28
5. Segovia   13
6. Pamplona   18
7. Bilbao   21
8. Sevilla   21
9. Lanzarote   22
10. Galicia   16

EL TIEMPO EN ESPAÑA HOY

	MÁX.	MÍN.		MÁX.	MÍN.		MÁX.	MÍN.		MÁX.	MÍN.
Albacete	18	9	Cuenca	15	9	Madrid	14	11	Santander	22	20
Alicante	22	10	Galicia	16	11	Mahón	20	14	Santiago	15	13
Almería	22	12	Gerona	20	15	Málaga	21	12	Segovia	13	10
Ávila	11	9	Gijón	19	17	Melilla	22	15	Sevilla	21	12
Badajoz	18	15	Granada	22	8	Murcia	23	12	Soria	12	9
Barcelona	19	13	Guadalajara	14	10	Orense	16	14	Tarragona	20	13
Bilbao	21	19	Huelva	20	16	Oviedo	17	13	Teruel	17	9
Burgos	12	10	Huesca	14	10	Palencia	14	10	Toledo	28	20
Cáceres	16	14	Ibiza	23	14	Palma	22	12	Valencia	30	22
Cádiz	21	15	Jaén	22	18	Palmas, Las	22	16	Valladolid	14	12
Castellón	21	13	Lanzarote	22	17	Pamplona	18	15	Vigo	16	15
Ceuta	19	15	León	12	10	Pontevedra	16	13	Vitoria	15	13
Ciudad Real	18	10	Lérida	17	10	Salamanca	14	13	Zamora	14	13
Córdoba	22	10	Logroño	20	15	San Sebastián	21	18	Zaragoza	16	11
Coruña, La	16	15	Lugo	14	12	S. C. Tenerife	22	17			

7.18 ¿Qué hacen ustedes cuando...? En parejas, indiquen actividades apropiadas para cada situación.

▪ **Ejemplo**   Cuando está lloviendo, *leo un buen libro en mi casa.*

1. Cuando hace mucho calor . . .
2. Cuando hace frío . . .
3. Cuando está nevando . . .
4. Cuando hay truenos y relámpagos . . .
5. Cuando hace buen tiempo . . .
6. Cuando está lloviendo . . .
7. Cuando hace fresco . . .
8. Cuando está despejado y hace sol . . .

PRIMERA FUNCIÓN

Describing and narrating habitual activities in the past using the imperfect of regular verbs

◆ **Orientación** To review the goals of the **Funciones**, see the **Orientación** on p. 23.

Diario de actividades

For additional practice with the imperfect of regular verbs, see the **Diario de actividades, Segunda etapa: Primera función.**

▲ In Spanish, two different ASPECTS may be used to talk about activities that took place in the past. One of these aspects, the IMPERFECTIVE (or incomplete) refers to actions that used to take place routinely. The imperfect forms also provide background information in NARRATION (telling stories). Study the following examples.

César **esquiaba** todos los días en invierno cuando **vivía** en Burguete, en los Pirineos.
*César **used to ski** every day in the winter when he **lived** in Burguete in the Pyrenees.*

En el puerto de Peñíscola, algunos hombres **pescaban** mientras otros **reparaban** las redes.
*In the port of Peñíscola, some men **were fishing** while others were **repairing** the nets.*

Playa y castillo de Peñíscola

The conjugated imperfect forms may also be followed by an infinitive. Verbs like **desear, gustar, pensar, preferir,** and **querer** are frequently combined with infinitives in this type of construction.

Mis sobrinitos me decían siempre que **querían visitar** la Cueva de Dragut en Cullera porque **esperaban encontrar** allí algún tesoro escondido por el famoso pirata inglés. No sabían que ahora la cueva era un lugar donde se daban conciertos en verano.
*My little nephews always told me that they **wanted to visit** the Cave of Dragut in Cullera because they **hoped to find** there some of the treasure hidden by the famous English pirate. They didn't know that now the cave was a place where summer concerts were given.*

There are several English equivalents for the Spanish imperfect. The phrase *used to* reflects a habitual or routine activity, as does the *–ed* ending. *Was/were + ing* usually indicates background information in a narrative. The forms of the imperfect tense are easy to learn. Study the chart below and provide your own English equivalents.

Imperfecto: verbos regulares *Imperfect of regular verbs*		
-ar	**-er**	**-ir**
cant**aba**	hac**ía**	viv**ía**
cant**abas**	hac**ías**	viv**ías**
cant**aba**	hac**ía**	viv**ía**
cant**ábamos**	hac**íamos**	viv**íamos**
cant**abais**	hac**íais**	viv**íais**
cant**aban**	hac**ían**	viv**ían**

7.19 Érase una vez . . . Ernest Hemingway, el famoso escritor norteamericano, pasó algunos años de su vida en España y escribió muchas obras sobre temas españoles. También escribió cuentos infantiles. En parejas, estudien los siguientes párrafos de su libro *El toro fiel* y escriban una lista de los verbos regulares en imperfecto.

◆ **Vocabulario esencial for activity 7.19:**

cuerno	*horn*
doler	*to hurt*
encrespar	*to stand up*
entendido	*the one "in the know"*
morrillo	*hump*
púa	*quill*

◆ Comprehension questions for activity 7.19:
1. ¿Qué le encantaba hacer al toro? 2. ¿Cómo eran sus cuernos? 3. ¿Qué le dolía cuando luchaba? 4. ¿Cómo se ponía el morrillo cuando se disponía a entrar en combate?

El toro fiel

Había una vez un toro al que le encantaba luchar y luchaba con todos los demás toros de su misma edad o de cualquier otra edad, y era el campeón.

Sus cuernos eran tan resistentes como la madera dura y tan afilados como las púas de un puerco espín.

Cuando luchaba le dolía la base de los cuernos, pero eso no le preocupaba en absoluto. Los músculos del cuello se le encrespaban en lo que los entendidos llaman el morrillo, y su morrillo se elevaba como una montaña cuando se disponía a entrar en combate.

7.20 Cuando éramos jóvenes. En parejas, pregunten cuándo hacían ustedes las siguientes cosas.

■ **Ejemplo**   tocar un instrumento musical
ESTUDIANTE 1: *¿Qué instrumento musical tocabas en la escuela?*
ESTUDIANTE 2: *Yo tocaba el violín. ¿Y tú?*
ESTUDIANTE 1: *Yo tocaba el piano cuando tenía diez años.*

1. salir con los amigos por la noche
2. tener que ayudar en casa
3. coleccionar insectos (estampillas, tarjetas de béisbol . . .)
4. comprar historietas
5. cortar la hierba
6. visitar a los parientes
7. visitar un museo
8. comer hamburguesas (pizza, tacos y espagueti . . .)
9. acostarse a las ocho
10. echar una siesta
11. llevar uniforme en el colegio
12. aprender las tablas de multiplicar

7.21 Una entrevista. En parejas, dialoguen sobre sus actividades ecológicas cuando eran estudiantes de la escuela secundaria, según las indicaciones.

■ **Ejemplo**   contribuir dinero a las asociaciones ecológicas
ESTUDIANTE 1: *¿Contribuías dinero a las asociaciones ecológicas?*
ESTUDIANTE 2: *Sí, contribuía dinero a los Amigos de la Tierra.*

1. luchar contra la contaminación
2. proteger las especies en vías de extinción
3. conservar el medio ambiente
4. reciclar papel, aluminio y vidrio
5. promover la energía alternativa
6. defender las riquezas naturales
7. reducir las emisiones de CO_2
8. participar en campañas educativas
9. mejorar nuestro entorno

7.22 Los peces picaban° bien. Mucha gente cree que los tiempos modernos no son como el pasado. En grupos pequeños, estudien la caricatura a continuación y comenten las cosas del pasado.

■ **Ejemplo**   vivir más tranquilo/tranquila
La gente vivía más tranquila.

1. hablar con los vecinos
2. no trabajar los fines de semana
3. utilizar el transporte público
4. llevar una vida sana
5. no padecer de los nervios
6. divertirse con la familia
7. salir de excursión con los amigos
8. no preocuparse tanto por el dinero

—¿Éste es el rinconcito° maravilloso donde picaban tan bien?

°**peces picaban** *fish used to bite*   **rinconcito** *little piece of land* (from cartoon above)

◆ As you do activity 7.23, be sure to use object pronouns in your responses whenever possible.

7.23 La escuela secundaria. En grupos pequeños, entrevístense el uno al otro para saber si hacían las siguientes actividades en la escuela secundaria.

■ **Ejemplo** dibujar animalitos o flores en los libros

ESTUDIANTE 1: **¿Dibujabas animalitos en los libros?**
ESTUDIANTE 2: **Sí, los dibujaba en mi libro de matemáticas.**

1. conducir el coche de tu familia
2. comer caramelos todos los días
3. salir de camping con los amigos
4. mirar MTV toda la noche
5. jugar en unos equipos deportivos
6. tener un novio/una novia
7. cantar en un coro
8. gastar mucho dinero en discos compactos
9. tocar un instrumento musical en la banda
10. trabajar durante los veranos

◆ The following vocabulary will help you talk about ecology.

verter	*to dump*
talar los bosques	*to cut down forests*
evitar	*to avoid*
reciclar	*to recycle*
desarrollar recursos naturales	*to develop natural resources*
tirar	*to throw out*

7.24 En el año 2100. La gente espera que para el próximo siglo las industrias solucionen sus propios problemas de contaminación. En parejas, expliquen lo que hacían las industrias en el siglo XX según las indicaciones.

■ **Ejemplo** verter productos tóxicos en los ríos
Las industrias vertían productos tóxicos en los ríos.

1. talar los bosques
2. destruir la flora y la fauna marina
3. causar la destrucción de los bosques con la lluvia ácida
4. no controlar el uso de productos tóxicos
5. no evitar el uso de pesticidas en la agricultura
6. producir demasiados productos sintéticos
7. malgastar la energía
8. no reciclar papel

📖 Diario de actividades

For additional practice with the imperfect of irregular verbs, see the **Diario de actividades, Segunda etapa: Segunda función**.

SEGUNDA FUNCIÓN

Describing and narrating habitual activities in the past using the imperfect of irregular verbs

▲ Only three verbs — **ir**, **ser**, and **ver** — are IRREGULAR in the IMPERFECT. Study the examples and the forms below and on the next page.

Cuándo **éramos** niños pasábamos los domingos en Sagunto en la provincia de Castellón. **Íbamos** a la acrópolis romana donde más de 10.000 espectadores **veían** obras de teatro del año 200 a.C. Allí jugábamos entre las ruinas. Volvíamos a casa en Valencia a las nueve de la noche, cansados de un día completo de excursión.

La Acrópolis Romana de Sagunto

Imperfecto: verbos irregulares		
Imperfect of irregular verbs		
ir	**ser**	**ver**
iba	era	veía
ibas	eras	veías
iba	era	veía
íbamos	éramos	veíamos
ibais	erais	veíais
iban	eran	veían

◆ The imperfect forms of *ser* (*era, eran*) are always used when telling time in the past: *Era la una en punto. Eran las seis y media de la mañana.*

Expresiones de repetición *Expressions of repetition*			
a menudo	*frequently*	siempre	*always*
a veces	*at times*	todas las tardes/	*every afternoon/*
de vez en cuando	*from time to time*	noches	*evening*
generalmente/por	*generally*	todos los días/meses/	*every day/*
lo general		años/lunes, etc.	*month/year/*
los lunes/			*Monday, etc.*
martes, etc.	*on Mondays/*	usualmente	*usually*
normalmente	*Tuesdays, etc.*		
	normally		

7.25 Las vacaciones. Cuando eran jóvenes, ¿adónde iban de vacaciones con la familia? En grupos pequeños, conversen sobre cómo y con quién(es) pasaban las vacaciones en el pasado. Sigan las indicaciones y usen las expresiones de repetición.

■ **Ejemplo** *Todos los años mi familia y yo íbamos de vacaciones al lago Michigan donde jugábamos en las dunas grandes. Las vacaciones eran muy agradables.*

1. ¿Adónde iban?
2. ¿Con quién(es) iban?
3. ¿Qué veían?
4. ¿Cómo eran las vacaciones?

7.26 En la época de los bisabuelos. ¿Cómo era la vida en los tiempos de sus bisabuelos? En parejas, describan la vida y las actividades de sus bisabuelos. Usen las preguntas como punto de partida.

■ **Ejemplo** *En la época de mis bisabuelos, la vida era más sencilla. Iban a pie a sus actividades. No veían televisión.*

1. ¿Cómo era la vida?
2. ¿Adónde iban? ¿Cómo iban?
3. ¿Qué cosas veían?

◆ Remember to use object pronouns in your responses whenever possible.

7.27 ¿Quién ayudaba a proteger la naturaleza? En parejas, entrevístense el uno al otro y decidan cómo la gente ayudaba a proteger la naturaleza en el pasado. Usen los siguientes temas como punto de partida.

■ **Ejemplo**   socios de una asociación ecológica

> ESTUDIANTE 1: *¿Quiénes eran socios de una asociación ecológica?*
>
> ESTUDIANTE 2: *Mis abuelos eran socios de una asociación ecológica.*

1. ir de vacaciones "verdes"
2. ir a las actividades del Día de la Tierra
3. ser líderes de campañas educativas sobre el medio ambiente
4. ser responsables en el uso de productos reciclables
5. ver los abusos de productos tóxicos
6. ver a los animales en vías de extinción

Diario de actividades

For additional practice with making comparisons, see the ***Diario de actividades, Segunda etapa: Tercera función***.

TERCERA FUNCIÓN
Making comparisons between similar people, things, or actions

▲ In *Capítulo 6*, you practiced using the regular and irregular comparative and superlative forms of adjectives to contrast people, things, or actions. Sometimes, however, you may wish to make COMPARISONS to show ways in which things are *similar*. In English, you say that Mount Castle in Colorado is *as tall as* Mount Quandry (14,265 ft) or that South Dakota is *as large as* Nebraska (approx. 77,000 sq. mi). Read the following sentences and notice how similar comparisons are formed in Spanish.

Aranjuez es **tan** grande **como** Torremolinos. (pob. 40.000)
El Río Ebro fluye **tan** rápido **como** el Río Duero.
Los Pirineos son **tan** altos **como** la Sierra Nevada de California.

▲ COMPARISONS OF EQUALITY using ADJECTIVES or ADVERBS are formed as follows:

verb + **tan** + adjective/adverb + **como**

▲ If you wish to form COMPARISONS using NOUNS instead of adjectives or adverbs, you must use a different formula. Notice that in the following sentences, **tanto** is an ADJECTIVE and therefore agrees in number and gender with the noun it modifies. Comparisons of equality using NOUNS are formed as follows:

verb + **tanto(s)/tanta(s)** + noun + **como**

Se produce **tanto** vino en Andalucía **como** en La Rioja.
En el campo no hay **tanta** contaminación **como** en la ciudad.
En Barcelona hay **tantos** museos **como** en Madrid.
España produce **tantas** naranjas **como** California.

◆ You will also find *tanto como* followed by a subject pronoun: *No hablo tanto como tú.*

▲ The expression **tanto como** is used as an ADVERB. As such, it has only one form.

Me gusta ir a la playa **tanto como** ir a las montañas.
En España quiero visitar las grandes ciudades **tanto como** los pueblos pequeños.

7.28 Estados y autónomas. Aunque España es uno de los países más grandes de Europa, es pequeño en comparación con Estados Unidos. La superficie total de España es de 492.463 km², casi° el tamaño de California y Carolina del Sur juntos. La siguiente lista contiene las diecisiete comunidades autónomas de España y algunos estados norteamericanos. En grupos pequeños, comparen las autónomás de España con los estados de EE.UU., según los tamaños.

■ **Ejemplo**   *España es casi tan grande como California y Carolina del Sur.*

Comunidades Autónomas	Km²	Estados	Km²
Andalucía	87.268	California	411.015
Aragón	47.669	Connecticut	12.973
Asturias	10.565	Delaware	5.328
Cantabria	5.289	Hawaii	16.706
Castilla—La Mancha	79.226	Indiana	93.994
Castilla—León	94.147	Maine	86.027
Cataluña	31.930	Maryland	27.394
Extremadura	41.602	Massachusetts	21.386
Galicia	29.434	New Hampshire	24.097
La Rioja	5.034	Rhode Island	3.144
Madrid	7.995	Carolina del Sur	80.432
Murcia	11.317	Vermont	26.180
Navarra	10.421	West Virginia	62.628
País Vasco	7.261		
Comunidad Valenciana	23.305		
Islas Baleares	5.014		
Islas Canarias	7.273		

◆ Some states (*Carolina del Norte, Carolina del Sur, Dakota del Norte, Dakota del Sur, Hawaii, Luisiana, Nueva York, Pensilvania*, etc.) have Spanish equivalents, whereas others (*New Hampshire, West Virginia*) do not.

◆ To convert square kilometers to square miles: Km² x .386. To convert square miles to square kilometers: miles² x 2.59.

Galicia, Valle del Río Navia

°**casi** *almost*

◆ When forms of *haber* are used to express the existence of something, they are considered impersonal, and only the third person singular is used.

7.29 Antes y después. Muchas personas creen que la vida hace veinte o treinta años era mucho mejor que la de hoy en día. En parejas, hagan diez comparaciones en las que contrastan la vida del pasado con la del presente.

■ **Ejemplo** *Antes no había <u>tantos</u> coches <u>como</u> ahora y era más fácil encontrar un sitio donde estacionar.*

El Acueducto Romano, Ronda, Andalucía

7.30 Pasado y presente. En grupos pequeños, comparen los aspectos del pasado con los aspectos de la vida de hoy. Hagan comparaciones de igualdad.

■ **Ejemplo** los caballos
Los caballos del pasado eran tan importantes como los autos de hoy.

1. los bosques
2. los ríos
3. las lluvias
4. el reciclaje
5. los alimentos
6. los animales
7. el clima
8. las fibras/las telas
9. los parques zoológicos
10. los autos
11. los estudios universitarios
12. la tecnología

TERCERA ETAPA Estrategias

COMPRENSIÓN AUDITIVA  Textbook CD

 Diario de actividades

Using grammatical cues. Now that you have practiced recognizing the overall structure of sentences, it is important to sharpen your focus and concentrate on the individual elements. While it is impossible to understand the general content of an oral passage by skimming and scanning, that may not be enough. For example, you may recognize a message on your answering machine as a reminder from the dentist, but that in itself will not be very useful if you are unable to determine whom the message is for, or the time of the appointment. By focusing on specific grammatical cues and their interrelationship, it is possible to comprehend an oral text in more detail.

For additional listening practice, see **Diario de actividades, Tercera etapa: Estrategias/ Comprensión auditiva**.

♦ **Orientación** To review the goals and use of the **Estrategias** and **Comprensión auditiva**, see the **Orientaciones** on p. 35.

First, it is necessary to concentrate on the *verb*. The verb is the grammatical nucleus of a sentence. It expresses an action or state, and if the subject is understood, the verb may be the only element necessary to form a complete utterance. Next listen for the *subject* of the sentence. The subject of the sentence may contain articles, nouns, pronouns, adjectives, and prepositional phrases, or the subject may be implicit only through the verb form. The first four elements, if they are related, all agree in number and gender, so by listening for these redundant cues, it is possible to determine whether the subject is singular or plural, masculine or feminine. Once you have identified the subject and the verb, it is necessary to listen for *objects* of the sentence to determine who or what is receiving the action of the verb (direct object) or who is receiving the direct object or is affected in some way by the action of the verb (indirect object). Remember, determining the placement of the objects will also provide additional clues. Is the sentence negative or an affirmative command? Can you separate the object from the subject pronouns? Although more elements may be present, these are the ones you will most frequently find in many oral exchanges and messages.

Antes de escuchar

7.31 Los bosques. En colaboración con la compañía Kellogg's, los Defensores de la Naturaleza han hecho una serie de anuncios publicitarios para proteger el medio ambiente. En grupos pequeños, escriban en inglés qué información creen que debería incluirse en los siguientes temas.

- Cómo se regenera un bosque
- Los bosques purifican el aire

7.32 Cómo conservar los ríos. Estudia el siguiente anuncio e identifiquen los verbos, los sujetos y los complementos.

■ **Ejemplo** *Si queremos seguir disfrutando de nuestro planeta . . .*
El verbo es __querer__. El sujeto es __nosotros__. El complemento es __planeta__.

Capítulo 7 **257**

CÓMO CONSERVAR
LOS RÍOS

Si queremos seguir disfrutando de nuestro planeta en un futuro no muy lejano, debemos aprender a conservar nuestros ríos. Algunos consejos para lograr ésto son:

1. Debemos preservar los bosques, ya que ellos favorecen la formación de manantiales subterráneos, así como la lluvia.

2. El agua de desecho proveniente de las industrias debe ser tratada, a fin de que no contenga venenos químicos ni substancias que puedan alterar la vida de los ríos o lagos.

3. Un manejo adecuado y controlado de detergentes, insecticidas, etc. evitará "envenenar" nuestros ríos.

Kellogg's

Con la colaboración de
DEFENSORES DE LA NATURALEZA

© 1997 KELLOGG COMPANY

A escuchar

7.33 La conservación. Escucha tu disco compacto y pon las ideas principales en orden.

___ a. Los bosques mantienen una temperatura baja porque mantienen el nivel de humedad.
___ b. Transforman el dióxido de carbono.
___ c. Los bosques mantienen control sobre el clima local y mundial.
___ d. Los bosques retienen el agua de la lluvia.
___ e. También purifican el aire y protegen la tierra.
___ f. Los bosques retienen el agua.
___ g. La flora y fauna dependen de los bosques.
___ h. Los bosques producen oxígeno.

Después de escuchar

7.34 Una campaña publicitaria. Estudien el siguiente texto. En parejas, usen la información para preparar un anuncio para la radio o la televisión.

■ **Ejemplo** *El papel tiene una larga historia . . .*

♦ **Vocabulario esencial for activity 7.34:**

desechar	*to discard, throw away*
disminuir	*to diminish*
fabricar	*to manufacture*
fundarse	*to be founded*

♦ Comprehension questions for activity 7.34:
1. ¿Dónde y cuándo se fabricó el papel por primera vez?
2. ¿Cuántos árboles se utilizan para fabricar el papel?
3. ¿Cuántos árboles se necesitan para fabricar una tonelada de papel? 4. ¿Qué puede ayudar a disminuir el efecto de la fabricación de papel sobre el medio ambiente?

PRINCIPALES MATERIALES SUSCEPTIBLES DE RECICLAJE

Papel

A continuación, ponemos de manifiesto una serie de datos curiosos que nos permiten hacernos una idea de en qué manera malgastamos nuestros recursos:

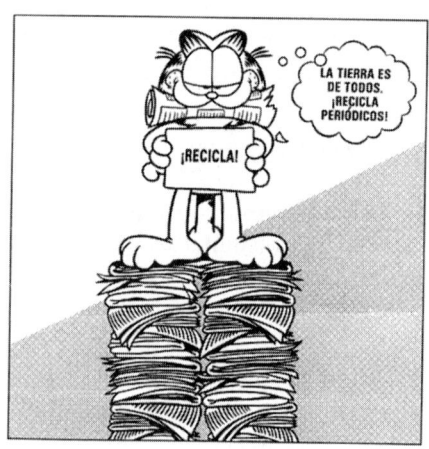

—El papel se fabricó por primera vez en China, hace unos 2.000 años. En Europa se fundó el primer centro productor de papel en el siglo XII.

—Actualmente, se utilizan 131 millones de árboles en el mundo para fabricar papel.

—Cada español desecha al año aproximadamente el equivalente a dos árboles de papel y cartón.

—Hacen falta entre 10 y 17 árboles para fabricar una tonelada de papel, que sirve para hacer unos 7.000 periódicos.

—Reducir el consumo e incrementar el reciclaje ayudaría de manera importante a disminuir el efecto de la fabricación de papel sobre el medio ambiente.

LECTURA

Using grammatical cues. Recognizing grammatical cues is much easier when dealing with a written text because it is possible to closely examine each element in the sentence. You should first identify the type of sentence and then begin to look at the different meaning "chunks." Remember, you should not look at each word individually but at the units of words that work together. Once you have identified the verb, locate the subject and all its parts, and the pronouns. Then look at the entire sentence and, in context, determine if your interpretation makes sense.

📖 Diario de actividades

For additional listening practice, see *Diario de actividades, Tercera etapa: Estrategias/ Lectura* and *Literatura*.

◆ **Orientación** To review the goals and use of the *Lectura* section, see the *Orientación* on p. 37.

Antes de leer

7.35 Terapia para el planeta. El planeta Tierra necesita ayuda. En parejas, escriban seis sugerencias de cómo se puede ayudar al planeta. Utilicen los verbos y las frases que se encuentran a continuación como guía.

■ **Ejemplo**   proteger los animales
   Es necesario proteger a los animales.

evitar   verter   conservar   desarrollar   prohibir   usar

1. la energía solar
2. el uso de pesticidas
3. la gasolina sin plomo
4. los productos tóxicos
5. los recursos naturales
6. los aerosoles

◆ **Vocabulario esencial for activity 7.36:**

basurero   *rubbish dump*
desecho   *waste*
invernadero   *greenhouse*

A leer

7.36 Terapia intensiva. Ahora, concéntrate en los elementos básicos de cada oración, estudia este artículo y apunta las ideas principales de cada párrafo.

Un planeta en terapia intensiva

Cada vez, menos verde, menos azul, menos transparente, devastados sus bosques, contaminado por los desechos de la sociedad industrial, el planeta Tierra se aleja definitivamente de su imagen de paraíso terrenal. Y hoy quizás haya llegado demasiado tarde la hora ecológica.

Los datos que aporta la realidad son alarmantes: según el Red Data Book que publica la Unión Internacional para la Conservación de la Naturaleza, se calcula que a fines de siglo se habrán extinguido entre medio millón y un millón de diferentes especies de animales y plantas.

El mundo entero está en peligro. El comercio internacional que manipula los residuos contaminantes prospera en las sociedades industrializadas utilizando los países del tercer mundo como basureros de residuos tóxicos a cambio de pagar unos cuantos millones de dólares.

Las perspectivas del futuro son inquietantes, como el agujero de ozono que pasó de ser una curiosidad científica a ser una amenaza real. Los científicos están acumulando pruebas de que el deterioro de la capa de ozono no se debe a un fenómeno natural sino a la utilización de aerosoles (CFC). El deterioro del ozono aumenta directamente el efecto de invernadero en la Tierra que viene a ser agravado por los humos industriales en forma de lluvia ácida, afectando la calidad de las aguas, la Tierra, la fauna y la vegetación.

A pesar de todo hay algunos signos positivos, como el incremento de la conciencia cívica acerca de la importancia de la protección del medio ambiente y la conservación de los recursos naturales para el futuro.

de Clarín

7.37 Preguntas. Estudia el artículo de nuevo y contesta las siguientes preguntas en español.

1. ¿Por qué están contaminados el cielo y el mar?
2. ¿Cuántas especies de animales y plantas van a desaparecer a finales de este siglo?
3. ¿Quiénes emplean los países del tercer mundo como basureros?
4. ¿Qué están acumulando los científicos?
5. ¿Qué es lo que afecta la lluvia ácida?
6. ¿Cuáles son algunos de los signos positivos?
7. ¿Qué piensas acerca del artículo?

Después de leer

◆ **Orientación**   To review the goals and use of the **Comunicación** section, see the **Orientación** on p. 39.

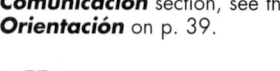 Diario de actividades

For additional practice with the expressions, see **Diario de actividades, Tercera etapa: Estrategias/Comprensión auditiva**.

7.38 En resumen. Usa las respuestas de la actividad anterior como guía para escribir cinco oraciones resumiendo el artículo. En parejas, comparen sus oraciones y comenten si están o no están de acuerdo con las ideas del autor.

COMUNICACIÓN    Textbook CD

Las siguientes conversaciones te pueden ayudar a expresar acuerdo, desacuerdo y obligación. Escucha las conversaciones de tu disco compacto y practica con los demás miembros de la clase.

Cómo expresar acuerdo   *Expressing agreement*

Cómo expresar desacuerdo   *Expressing disagreement*

Cómo expresar obligación   *Expressing obligation*

7.39 Escucha y repite. Escucha la conversación *Cómo expresar acuerdo y desacuerdo* de tu disco compacto. Después repite las frases.

Cómo expresar acuerdo y desacuerdo			
Expressing agreement and disagreement			
Así es.	*That's so.*	No es así.	*That's not so.*
Cierto.			
Claro.	*Certainly. Surely./*		
Claro que sí.	*Sure.*	No es cierto.	*It's not so.*
Seguro.			
Correcto.	*That's right.*	Incorrecto.	*That's not right.*
Cómo no./Por supuesto.	*Of course.*	Todo lo contrario.	*Just the opposite./ Quite the contrary.*
(Estoy) de acuerdo.	*I agree.*	No estoy de acuerdo.	*I don't agree.*
Es cierto/verdad.	*It's true.*	No es cierto/verdad.	*It's not true.*
Eso es.	*That's it.*	No es eso.	*That's not it.*
Exacto.	*Exactly.*	Al contrario.	*On the contrary.*
Muy bien.	*Very good. Fine.*	No está bien.	*It's not good/ not right.*
Perfecto.	*Perfect.*		
Probablemente.	*Probably.*	En absoluto.	*Absolutely not. No way.*
		Es poco probable.	*It's doubtful/ not likely.*

7.40 Opiniones. En parejas, decidan si están de acuerdo con las siguientes afirmaciones sobre el medio ambiente y su conservación.

■ **Ejemplo**   La contaminación del aire es un problema irreversible.
__No, al contrario. No es un problema irreversible porque es posible reducir las emisiones.__

1. En Estados Unidos es difícil encontrar estaciones de servicio que vendan gasolina sin plomo.
2. Hay que reciclar las latas de aluminio.
3. Para regenerar la fauna y la flora del Mediterráneo se necesitan aproximadamente mil años.
4. El vidrio° es biodegradable.
5. No hay centros de reciclaje en esta ciudad.
6. En el recinto de la universidad hay recipientes para el reciclaje de papel.
7. El ocelote es un animal en vías de extinción.
8. Los parques zoológicos se dedican a la protección de animales.
9. La producción de artículos de madera no perjudica las selvas tropicales.
10. La contaminación de las aguas en este país no es un problema grave.

◆ Remember to use object pronouns in your responses whenever possible in activity 7.41.

◆ **Vocabulario esencial for activity 7.42:**

acabado	*finish*
cera	*wax*
edredón	*down comforter*
entorno	*surrounding area*
grasa	*grease*
rellenar	*to stuff*

◆ Comprehension questions for activity 7.42:
1. ¿Qué productos no se utilizan en la elaboración del biomueble? 2. ¿Qué materiales se utilizan en el acabado de los muebles?
3. ¿Qué material se usa para rellenar los edredones?
4. ¿De qué están construidas las casas biológicas?
5. ¿Cuántas casas biológicas hay en Alemania?

7.41 ¿Qué opinan ustedes? Escriban tres oraciones verdaderas y tres falsas sobre la ecología o el medio ambiente. Después, en grupos pequeños, usen las expresiones de acuerdo y desacuerdo para indicar si están o no están de acuerdo con las opiniones de sus compañeros.

■ **Ejemplo**   ESTUDIANTE 1: *__Es mucho trabajo reciclar.__*
ESTUDIANTE 2: *__No, no es verdad. Es fácil reciclar.__*

7.42 Viviendas biológicas. En parejas, estudien el artículo *"Viviendas biológicas."* Después, digan si las afirmaciones dadas a continuación son ciertas o falsas, usando expresiones de acuerdo o desacuerdo.

1. El biomueble se hace de productos sintéticos.
2. En España se pueden comprar electrodomésticos anticontaminantes.
3. La lana es un producto derivado del petróleo.
4. En Europa hay casas construidas totalmente de materiales naturales.
5. No se puede utilizar energía solar para calentar las casas.
6. Las casas biológicas están construidas de materiales naturales y sintéticos.
7. En Alemania hay más de 1.500 casas biológicas.
8. También existen pinturas y muebles que no son tóxicos.

°**vidrio** *glass*

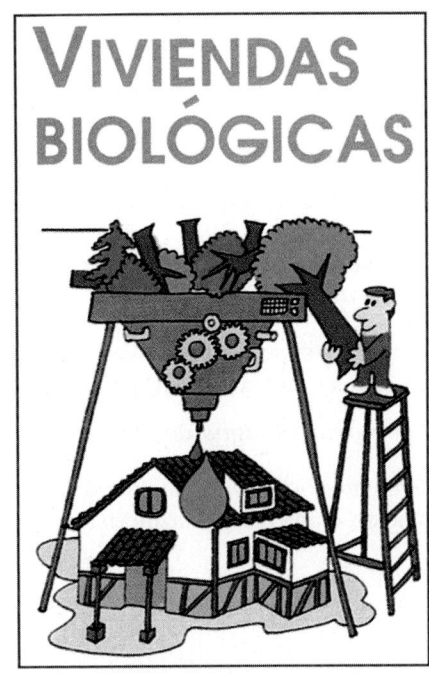

VIVIENDAS BIOLÓGICAS

El biomueble es elaborado sin la intervención de productos sintéticos o derivados del petróleo. Además, en su acabado se utilizan elementos naturales como cera, grasa, tierra y extractos de árboles. Para los que quieran vivir en un entorno natural desde dentro de su casa, hay en España varios establecimientos en los que se pueden comprar muebles y accesorios de decoración ecológicos. En algunos de ellos se pueden comprar también electrodomésticos como hornos, cocinas y frigoríficos no contaminantes.

Para decorar las paredes, dormitorios y salones se pueden adquirir tapices, edredones, rellenos con lana natural esponjada y accesorios de artesanía en resina, madera o metal pintado.

Las «casas biológicas» totalmente construidas de materiales naturales, amuebladas y pintadas con productos no tóxicos y con sistema de calefacción por energía solar ya son una realidad en Europa. Según Uwe Geiner, arquitecto alemán, entre el 5 y el 10 por ciento de las casas que se construyen hoy en Alemania son casas biológicas y en otro 25 por ciento se han utilizado materiales de bioconstrucción como biopintura. En la República Federal de Alemania ya hay aproximadamente 2.000 casas biológicas extendidas por todo el país.

de *Cambio*

7.43 Escucha y repite. Escucha la conversación *Cómo expresar obligación* de tu disco compacto. Después repite las frases.

Cómo expresar obligación	*Expressing obligation*
(Se) debe + infinitive . . .	*(One) should (ought to) . . .*
(No) es necesario + infinitive . . .	*It's (not) necessary to . . .*
(No) hay que + infinitive . . .	*One should(n't) . . . One doesn't have to . . .*
Necesitar + infinitive . . .	*To need to . . .*
Tener que + infinitive . . .	*To have to . . .*

7.44 Sugerencias. En parejas, completen las siguientes frases y hagan sugerencias para mejorar el medio ambiente. Usen expresiones de obligación.

■ **Ejemplo** *Las industrias no deben verter productos tóxicos en los ríos.*

1. Los gobiernos . . .
2. Los científicos . . .
3. La gente . . .
4. Las ciudades . . .
5. Todos nosotros . . .
6. Los colegios . . .
7. Las fábricas . . .
8. Los grupos ecologistas . . .
9. Los niños . . .
10. Los maestros en los colegios . . .
11. El presidente de Estados Unidos . . .
12. Los militares . . .

7.45 El planeta es un desastre. En grupos pequeños, contesten las siguientes preguntas, según la caricatura. Usen una variedad de expresiones de obligación.

1. ¿Qué pasa con nuestro planeta?
2. ¿Qué debemos hacer para mejorar la situación?

■ **Ejemplo** ESTUDIANTE 1: ***Las industrias contaminan los ríos.***

ESTUDIANTE 2: ***Debemos protestar contra la contaminación.***

7.46 La conservación. En grupos pequeños, hagan diez sugerencias para proteger las especies en vías de extinción.

■ **Ejemplo** *No hay que comprar abrigos de pieles.*

7.47 No es así. En parejas, estudien las siguientes oraciones e indiquen si están de acuerdo o no. Después ofrezcan una solución o una respuesta alternativa para las oraciones falsas.

1. Para conservar la electricidad, se deben abrir las ventanas en verano en vez de usar el aire acondicionado.
2. No se debe tomar café o refrescos en vasos que no sean reusables.
3. Hay que llenar el lavaplatos antes de utilizarlo.
4. No se debe usar el ascensor cuando sólo hay que subir o bajar dos pisos.
5. Se debe lavar la ropa a mano en vez de utilizar la lavadora.
6. Calentar el agua con electricidad no es económico. Hay que bañarse con agua fría.

7. Para ir a la ciudad hay que tomar el autobús.
8. Se debe lavar los platos con agua fría.
9. Los motores eléctricos no son mejores que la gasolina con plomo.
10. No se deben apagar las luces° de la casa. No gastan tanta energía.
11. Hay que planear las compras para usar menos el coche.
12. Debemos talar más árboles en vez de reciclar el papel. Es más barato.

7.48 Pepa, Pepe y Pepita. En parejas, cambien el diálogo de la caricatura para reflejar otro problema ambiental. Usen expresiones de obligación.

■ **Ejemplo** ESTUDIANTE 1: ***Hay que comer fruta fresca para mantenerse saludable.***

ESTUDIANTE 2: ***Vale, Papá, pero estás comiendo los pesticidas también.***

°**apagar las luces** *turn off the lights*

EL ÚLTIMO REFUGIO QUE LE QUEDA AL OSO PARDO EN ESPAÑA

7.49 Hay que proteger a los animales. Por este anuncio es obvio que los osos pardos están en vías de extinción en España. En parejas, completen el cupón. Después, elaboren una lista de animales en vías de extinción en Estados Unidos con una expresión de obligación para cada uno.

■ **Ejemplo** *Las águilas están en vías de extinción en Estados Unidos. No se debe cazarlas.*

COMPOSICIÓN

Comparison and contrast. One of the most useful forms of composition is comparison and/or contrast. Comparison and contrast are frequently seen in newspaper and magazine articles and are often incorporated into a written argument to reinforce the writer's point of view.

A comparison points up the similarities between two entities. A contrast points out the differences. Of course, it is possible to include comparisons *and* contrasts within the same composition. After you have decided on your topic, you should get organized by listing the similarities and/or differences between the two entities you wish to compare or contrast. You may need to consult outside sources for information.

Next decide how you will present your information. There are two basic methods: you may either present all the information relating to one topic, then all the information relating to the other, or you may compare and contrast point by point. In writing an effective comparison or contrast, it is best to make an outline of your organization and the relevant items of information.

You have already learned to make comparisons of equality and of inequality, and you have superlatives, in *Capítulo 6* and *Capítulo 7*. The following chart provides additional phrases that you may use to compare and contrast.

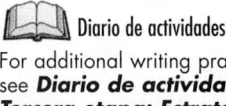

Diario de actividades

For additional writing practice, see **Diario de actividades, Tercera etapa: Estrategias/ Composición**.

◆ **Orientación** To review the goals and use of the **Composición** section, see the **Orientación** on p. 42.

Antes de escribir

Comparación y contraste	*Comparing and contrasting*
a diferencia de	*unlike, in contrast to*
al contrario	*on the contrary*
como	*like, as*
comparado/comparada con	*compared with*
comparar	*to compare*
del mismo modo	*similarly*
diferente de	*unlike*
en comparación con	*in comparison with*
en contraste con	*in contrast with*
en relación con	*in relation to*
hacer una distinción entre	*to draw a distinction between*

7.50 ¿Cómo son? Estudia la foto de Madrid, la ciudad más grande de España, y Chinchón, un pueblo situado a unos 150 kilómetros al sureste de la capital. Después, escribe una lista de veinte palabras o frases para describir cada escena.

■ **Ejemplo** CIUDAD   PUEBLO
                     contaminación   *aire puro*
                     oportunidades y alta tecnología   *paz y tranquilidad*

Madrid

Chinchón

7.51 La ciudad y el pueblo. Ahora escribe cinco oraciones en las que compares la vida en una ciudad y la vida en un pueblo. Usa tus propias palabras y frases.

A escribir

7.52 Escenas de la vida. En cada generación se notan las diferencias que producen los adelantos tecnológicos. Algunos de estos cambios, como los avances en el campo de la medicina, son buenos. Otros cambios, como la destrucción de nuestro medio ambiente, son negativos. Escribe una composición breve (de dos o tres párrafos) en la cual se compare y/o se contraste la vida de tus abuelos, la de tus padres y tu propia fida.

Después de escribir

7.53 Revisión. Después de escribir tu composición, revísala. Presta atención a la información de la lista.

7.54 Revisión en parejas. En parejas, cambien composiciones y revísenlas de nuevo según los criterios de la tabla. Después, sugieran cambios con respecto a las ideas.

❑ Verbos (concordancia con sujeto)

❑ Concordancia de sustantivos y adjetivos

❑ Uso de palabras o frases de comparación y contraste

❑ ortografía

VOCABULARIO

Guessing meanings using prefixes and root words. Guessing the meanings of words from their prefixes and roots is an important strategy for building vocabulary as well as for enhancing comprehension. Take the verb **tener**, for example. By adding a variety of prefixes, you can "build" different words.

abstener   contener   detener   mantener   obtener

Some other common verb prefixes include **ante-**, **des-**, **im-**, **in-**, **mal-**, **pre-**, and **re-**. As you continue your study of Spanish, be on the watch for root words. You will be surprised how your vocabulary will increase!

7.55 Animales salvajes. Escribe una lista de los animales salvajes de tu estado. Indica los animales que están en vías de extinción.

7.56 La naturaleza. Escribe cinco oraciones explicando tu opinión sobre los bosques del noroeste, la contaminación de las vías fluviales° y el aire o la protección de animales en vías de extinción.

7.57 Rasgos geográficos. Dibuja° un mapa de Estados Unidos con los rasgos geográficos más importantes.

7.58 El tiempo de hoy. Estudia la sección del tiempo en el periódico de hoy. Escribe en español el pronóstico para tu ciudad y para tres ciudades más.

◆ **Orientación** To review the goals of the **Vocabulario** sections, see the **Orientaciones** on pp. 43–44.

7.59 Comparaciones. Mira las dos fotos de Segovia y Cuenca y compáralas con tu ciudad.

7.60 Personas, lugares y cosas. Escribe de nuevo los sustantivos° del siguiente **Vocabulario** y clasifícalos según su género.

Segovia

Cuenca

°**vía fluvial** *waterway*   **dibuja** *draw*   **sustantivo** *noun*

VOCABULARIO

◆ **Orientación** The **Vocabulario** section contains study strategies that will help you learn the key words and phrases for the chapter.

Direcciones   *Directions*

noreste *(m.)*   *northeast*
noroeste *(m.)*   *northwest*
sureste *(m.)*   *southeast*
suroeste *(m.)*   *southwest*

Topografía   *Topography*

árido/árida	*dry, arid*	mar	*sea*
bahía	*bay*	meseta	*plateau*
balneario	*spa, resort*	montañoso/montañosa	*mountainous*
bosque *(m.)*	*forest, wood(s)*	montaña	*mountain*
bosque tropical	*tropical rain forest*	océano	*ocean*
campo	*field*	península	*peninsula*
catarata	*waterfall*	pico	*mountain peak*
cerro	*hill*	pozo	*well, pool*
continente *(m.)*	*continent*	prado	*meadow*
cordillera/sierra	*mountain range*	profundo/profunda	*deep*
costa	*coast*	puerto	*mountain pass, port*
desierto	*desert*	ría, estuario	*estuary, fjord*
estrecho	*strait*	río	*river*
golfo	*gulf*	rocoso/rocosa	*rocky*
isla	*island*	salvaje	*wild*
islote *(m.)*	*barren island*	selva	*jungle*
lago	*lake*	tierra/Tierra	*land, earth/Earth (the planet)*
llano	*plain*	valle *(m.)*	*valley*
manantial *(m.)*	*spring*		

Animales salvajes   *Wild animals*

águila *(m.)*	*eagle*	lagartija	*lizard*
ave *(f.)*	*bird*	oso	*bear*
buitre *(m.)*	*buzzard*	oveja	*sheep*
cabra	*goat*	pato	*duck*
conejo	*rabbit*	pez *(m.)*	*fish*
culebra	*snake*	puerco espín	*porcupine*
especie *(f.)*	*species*	rana	*frog*
. . . en vías de extinción	*endangered*	reptíl *(m.)*	*reptile*
gato montés	*mountain lion*	toro	*bull*
insecto	*insect*	tortuga	*tortoise, turtle*
jabalí *(m.)*	*wild pig*	zorro	*fox*

Cómo hablar del tiempo   *Talking about the weather*

¿Qué tiempo hace?	*What's the weather like?*
Hace buen tiempo.	*It's nice weather.*
Hace mal tiempo.	*It's bad weather.*
Hace calor.	*It's hot.*
Hace fresco.	*It's cool.*
Hace frío.	*It's cold.*
Hace sol.	*It's sunny.*
Hace viento.	*It's windy.*
Está cubierto.	*It's overcast.*
Está despejado.	*It's clear.*
Está lloviendo.	*It's raining.*
Está nevando.	*It's snowing.*
Está nublado/nuboso.	*It's cloudy.*

Hay tormentas en el Atlántico.	*There are storms in the Atlantic.*
Hay truenos y relámpagos en los Pirineos.	*There are thunder and lightening in the Pyrenees.*
Hay niebla en el puerto de Pajares.	*It's foggy in the mountain pass of Pajares.*
Hay lluvia en el norte.	*There is rain in the north.*
Hay nieve en las montañas.	*There is snow in the mountains.*
Hay viento en las islas Canarias.	*There is wind in the Canary Islands.*
Hay heladas en zonas de la Sierra Nevada.	*There is frost in the Sierra Nevada area.*

Expresiones de repetición   *Expressions of frequency*

a menudo	*frequently*
a veces	*at times*
de vez en cuando	*from time to time*
generalmente/por lo general	*generally*
los lunes/martes, etc.	*on Mondays/Tuesdays, etc.*
normalmente	*normally*
siempre	*always*
todas las tardes/noches	*every afternoon/evening*
todos los días/meses/años/lunes, etc.	*every day/month/year/Monday, etc.*
usualmente	*usually*

Cómo expresar acuerdo y desacuerdo   *Expressing agreement and disagreement*

Así es.	*That's so.*	No es así.	*That's not so.*
Cierto.			
Claro.	*Certainly. Surely./*	No es cierto.	*It's not so.*
Claro que sí.	*Sure.*		
Seguro.			
Correcto.	*That's right.*	Incorrecto.	*That's not right.*
Cómo no./Por supuesto.	*Of course.*	Todo lo contrario.	*Just the opposite./Quite the contrary.*
(Estoy) de acuerdo.	*I agree.*		
Es cierto/verdad.	*It's true.*	No estoy de acuerdo.	*I don't agree.*
Eso es.	*That's it.*	No es cierto/verdad.	*It's not true.*
Exacto.	*Exactly.*	No es eso.	*That's not it.*
Muy bien.	*Very good. Fine.*	Al contrario.	*On the contrary.*
Perfecto.	*Perfect.*	No está bien.	*It's not good/not right.*
Probablemente.	*Probably.*	En absoluto.	*Absolutely not. No way.*
		Es poco probable.	*It's doubtful/not likely.*

Cómo expresar obligación   *Expressing obligation*

(Se) debe + infinitive ...	*(One) should (ought to) ...*
(No) es necesario + infinitive ...	*It's (not) necessary to ...*
(No) hay que + infinitive ...	*One should(n't) ..., One doesn't have to ...*
Necesitar + infinitive ...	*To need to ...*
Tener que + infinitive ...	*To have to ...*

Comparación y contraste   *Comparing and contrasting*

a diferencia de	*unlike, in contrast to*	diferente de	*unlike*
al contrario	*on the contrary*	en comparación con	*in comparison with*
como	*like, as*	en contraste con	*in contrast with*
comparado/comparada con	*compared with*	en relación con	*in relation to*
comparar	*to compare*	hacer diferencia entre	*to draw a distinction between*
del mismo modo	*similarly*		

CAPÍTULO

8 LAS DIVERSIONES

El montañismo
en Ecuador

PRIMERA ETAPA Preparación

Una excursión a la isla
Española, Ecuador

INTRODUCCIÓN

El ocio°. Ecuador es un país pequeño, pero es una tierra muy bella. Está situado en Sudamérica, en la costa del Pacífico entre Colombia y Perú. Sus recursos naturales y sus herencias culturales les ofrecen a los ecuatorianos y a los turistas una variedad de actividades. En Ecuador, el ocio no es sinónimo de siesta. Al contrario, el tiempo libre se pasa practicando deportes, participando en pasatiempos° y asistiendo a eventos culturales.

Antes de leer

◆ Comprehension questions for activity 8.2:
1. ¿Cuál es la diversión más popular en Ecuador?
2. ¿Dónde hay dos estadios de fútbol muy importantes?
3. ¿De dónde vienen los matadores para la corrida de diciembre? 4. ¿Cuándo es la temporada principal de pesca?
5. ¿Dónde se ofrecen obras de teatro, bailes y conciertos?

8.1 Pasatiempos preferidos. En grupos pequeños, hagan una lista en español de los pasatiempos preferidos en Estados Unidos. Piensen en una variedad de actividades. Después, elijan las actividades que más les atraen a los turistas de otros países y que deben incluirse en un folleto turístico.

■ **Ejemplo** *Nos gusta ir a la playa.*

A leer

8.2 En Ecuador. Estudia independientemente la siguiente descripción de actividades en Ecuador y busca el sujeto y el verbo de cada oración. En parejas, usen esta información y hablen de las ideas principales de cada sección. Comparen y contrasten las actividades mencionadas con las de Estados Unidos.

°**ocio** *leisure time* **pasatiempo** *pastime*

Diversiones en Ecuador

El cine. Se dice que la forma más popular de diversión en Ecuador es ir al cine. Muchas películas son de Hollywood con las voces dobladas al español.

El fútbol. Como en toda Latinoamérica, el fútbol es extremadamente popular. La mayoría de los pueblos tienen un equipo y los partidos importantes se juegan los fines de semana en los estadios de Quito y Guayaquil.

La corrida. Quito, la capital de Ecuador, tiene una plaza monumental para ver las corridas de toros. En diciembre hay una fiesta especial en la ciudad y los matadores principales de España y México participan en las corridas al igual que los toreros locales.

La pesca deportiva. Como Ecuador tiene su costa en el océano Pacífico de Sudamérica, una diversión recientemente popular es la pesca deportiva. La temporada principal de pesca se extiende de junio a diciembre de acuerdo con las corrientes oceánicas.

Las artes. Se programan obras de teatro, bailes y conciertos en el Teatro Nacional Sucre y en la Casa de la Cultura de Quito. Por ejemplo, el grupo de ballet folklórico, Jaccigua, presenta sus canciones y bailes tradicionales todos los miércoles en el Sucre.

Después de leer

8.3 Preguntas personales. En parejas, pregunten y contesten las siguientes preguntas.

1. ¿Qué actividad te parece más interesante? ¿Por qué?
2. ¿En qué actividad no te gusta participar? ¿Por qué?
3. Entre los estudiantes de esta universidad, ¿cuáles son las actividades preferidas? ¿Por qué?
4. ¿En qué se parecen las actividades de los ecuatorianos a las de los estadounidenses? ¿En qué se diferencian?

◆ **Vocabulario esencial for activity 8.2:**

doblado/ doblada	*dubbed*
fútbol	*soccer*
partido	*game*
corrida	*bullfighting*
pesca deportiva	*sport fishing*

Ecuador

CAPITAL	Quito
GEOGRAFÍA	Localizado en Sudamérica, con costa al Océano Pacífico, al sur de Colombia y al norte de Perú.
ÁREA	106.927 millas cuadradas (276.840 kilómetros cuadrados)
POBLACIÓN	13.710.000
EXPORTACIÓN	Petróleo, café, bananos, cacao, flores
MONEDA	Sucre

Deportes del mundo hispano. En los países hispanos se practican casi todos los deportes. Por lo general, el deporte más importante, tanto para espectadores como para jugadores, es el fútbol. Pero en el Caribe el béisbol es muy popular. El ciclismo es un deporte significativo en Sudamérica y España. Otros deportes que se practican son el baloncesto°, la natación°, el tenis y el boxeo. Este último es muy importante en México.

En México, Colombia y Ecuador, así como en España, hay muchos aficionados a las corridas de toros. El deporte preferido es la pelota vasca (el jai alai). Este deporte, que es muy rápido, también se juega en Estados Unidos. El frontón° más grande del mundo se encuentra en Miami.

Así como en Estados Unidos, los gimnasios son cada vez más populares en el mundo hispano. Muchas personas se hacen socios de los gimnasios parti-

---

°**baloncesto** *basketball* **natación** *swimming* **frontón** *jai alai court*

culares° porque hay pocos servicios deportivos públicos. El ráquetbol, los ejercicios aeróbicos y el fisiculturismo° se popularizan cada vez más. En los países hispanos las competencias entre escuelas secundarias, y universidades no son tan comunes. En Estados Unidos las competencias entre clubes y equipos—por ejemplo, el Superbowl, la Serie Mundial° y las finales de la NBA—son muy frecuentes y de interés nacional. En el mundo hispano existen la Copa América y la Copa Mundial° de Fútbol y, en ciclismo, la Vuelta a Colombia y la Vuelta a España. Además, se cuenta con los Juegos Olímpicos y los Juegos Panamericanos.

En Ecuador, además del fútbol, la pesca deportiva y las corridas de toros, hay muchos deportes populares. La natación, el golf y el tenis se practican en los clubes de Quito y en los balnearios° de la costa. La equitación° y el excursionismo° tienen muchos aficionados en la sierra. Las personas que quieren mantenerse en forma pueden practicar el ciclismo y el montañismo. Un deporte recientemente introducido en Ecuador es el piragüismo°, que practican tanto piragüistas principiantes como avanzados.

Los aficionados. En todos los países hispanos las competencias son bastante ruidosas. Los aficionados gritan, aplauden y critican a los jugadores y entrenadores. Tal vez has visto los partidos de fútbol en persona o en la televisión y has oído a los aficionados cantar *¡olé, olé, olé, olé!* Otros gritos de aprobación son *¡bravo! ¡viva!* y *¡gol!* También gritan el nombre del equipo; algunos de los equipos más conocidos en Ecuador son Barcelona, el Nacional, Emelec, Deportivo Cuenca y Deportivo Quito. A diferencia de los aficionados estadounidenses, un aficionado que silba° fuertemente no está favoreciendo al equipo sino criticándolo. Antiguamente, en el mundo hispano no existía el concepto de los/las porristas°. Hoy en día, por la influencia estadounidense, es común verlos en países como México.

8.4 Entrevista. En parejas, contesten en español las siguientes preguntas.

1. ¿Te gustan los deportes en general? ¿Por qué?
2. Si te gustan los deportes, ¿qué deporte prefieres como espectador o cuál practicas? ¿Por qué?
3. Si no te gustan los deportes, ¿cuál es tu forma de diversión preferida? ¿Por qué?
4. ¿Conoces a un/una profesional hispano/hispana en el deporte? ¿Qué afición tiene? ¿Quién es? ¿De dónde es? ¿Cómo es?
5. Durante un juego deportivo en Estados Unidos, ¿cómo te portas°? En una función cultural, ¿cómo te portas? ¿Es apropiado este comportamiento en el mundo hispano? ¿Por qué?

°**particular** *private* **fisiculturismo** *body building* **Serie Mundial** *World Series*
Copa Mundial *World Cup* **balneario** *beach resort* **equitación** *horseback riding*
excursionismo *hiking* **piragüismo** *whitewater rafting* **silbar** *to whistle*
porrista *cheerleader* **¿Cómo te portas?** *How do you behave?*

8.5 ¿De acuerdo? En parejas, comparen y contrasten las costumbres estadounidenses y las hispanas con respecto a los siguientes temas. Usa las *frases de acuerdo o desacuerdo* del *Capítulo* 7, página 261.

■ **Ejemplo** Estudiante 1: *En Estados Unidos, las bicicletas de montaña también son muy populares. Mi hermano tiene una y va todos los fines de semana al parque con sus amigos.*

Estudiante 2: *Claro que es importante aquí. Todos los niños sueñan con tener una bicicleta.*

- **Ascensionismo Colegio San Gabriel**—Grupo Ascensionismo, desarrollado para disfrutar mejor de las montañas y los paisajes de Ecuador. Refugios, escaladas, trekking, bicicletas de montaña. Quito. Ascensionismo Colegio San Gabriel.
- **Ecuadive**—Centro de buceo PADI que ofrece venta de equipos, cursos y tours de buceo en Galápagos y en el continente sudamericano.
- **Federación Ecuatoriana de Surf**—La Federación Ecuatoriana de Surf es una entidad encargada de la organización de campeonatos, control de playas y agrupación de surfistas ecuatorianos.
- **Fútbol Ecuatoriano**—Fútbol de Ecuador, equipos de fútbol, resultados.
- **Global Riders Club**—Asociación de motoristas. Busca la promoción del motociclismo como deporte. Oficina en Guayaquil.
- **Kung-Fu**—Artes marciales y medicina tradicional china.

Aficionado al montañismo en el valle Ingapirca, Ecuador

 Diario de actividades

For additional practice with the vocabulary, see ***Diario de actividades***, ***Primera etapa: Vocabulario/ Expresiones***.

EXPRESIONES Textbook CD PowerPoint

Diversiones en Ecuador. Sarah Connor está visitando a su amiga Andrea Vásquez en Ecuador. Las dos amigas conversan sobre las posibles actividades durante la visita. A continuación vas a escuchar un texto. Intenta sacar las ideas principales. Después, contesta las preguntas de la actividad 8.6.

8.6 Comprensión. ¿Entendiste las ideas principales del texto que escuchaste? Estudia las siguientes oraciones. Si la oración es correcta, según el texto, contesta **Sí**. Si la oración no es correcta, contesta **No**. Corrige las oraciones incorrectas.

1. Las amigas consultan el calendario de actividades de la televisión.
2. El Teatro Nacional es un edificio impresionante.
3. El Club de Montañismo hace una excursión a la costa.
4. Cotopaxi es el nombre de un club de montañismo.
5. En el Museo Guayasamín se exhibe arte colonial hispano.
6. Es posible explorar la selva por tren.
7. A Sarah no le gusta el arte.
8. Sarah y Andrea van a ver la Línea Ecuatorial en taxi.
9. La Línea Ecuatorial divide el Hemisferio Occidental del Oriental.
10. Las amigas bailan en un club.

Diversiones y aficiones	*Leisure-time activities*		
bailar	*to dance*	ir al parque (de	*to go to the (amuse-*
caminar/pasear	*to walk*	atracciones)	*ment) park*
coleccionar	*to collect*	al teatro	*to the theater*
cultivar el jardín	*to garden (flowers)*	jugar (ue) a las	*to play cards*
hacer crucigramas	*to do crossword*	cartas/los naipes	
	puzzles	jugar (ue) al ajedrez	*to play chess*
ir a la ópera	*to go to the opera*	sacar/revelar fotos	*to take/develop*
a un club	*to a club*		*photographs*
a un concierto	*to a concert*	tocar (un instru-	*to play (a musical*
a una conferencia	*to a lecture*	mento musical)	*instrument)*
al ballet	*to the ballet*	ver televisión	*to watch television*
al cine	*to the movies*		
al circo	*to the circus*		
al museo	*to the museum*		

Deportes *Sports*

andar (montar)	*to ride a*	jugar al fútbol	*to play football*
en bicicleta/	*bicycle/*	americano	
motocicleta	*to motorcycle*	al ráquetbol	*to play racquetball*
bucear	*to scuba dive*	al tenis	*to play tennis*
bucear con tubo	*to snorkel*	levantar pesas	*to lift weights*
de respiración		montar	*to ride*
cazar	*to hunt*	a caballo	*horseback*
correr	*to run*	nadar	*to swim*
esquiar	*to ski*	navegar en	*to sail*
		barco	
hacer { montañismo	*to climb mountains*	patinar sobre hielo	*to ice skate*
ejercicios	*exercise*	sobre ruedas	*to roller skate,*
ejercicios aeróbicos	*do aerobics*		*roller blade*
esquí acuático	*water ski*		
jugar { al baloncesto	*to play basketball*		
al béisbol	*baseball*	pescar	*to fish*
al fútbol	*soccer*	practicar { artes (f.)	*to practice*
	to play basketball	marciales	*martial arts*
	baseball	un deporte	*to play*
	soccer		*a sport*

Lugares de diversión *Places for recreation*

cancha	*court, field*	museo	*museum*
cine (m.)	*movie theater*	patio	*patio, courtyard,*
club (m.)	*club*		*(flower) garden*
cuarto oscuro	*darkroom*	piscina	*swimming pool*
estadio	*stadium*	pista	*track, rink*
estudio	*studio*	sala de recreación	*recreation room*
galería	*gallery*	salón (m.)	*ball, ballroom*
gimnasio	*gymnasium, gym*	teatro	*theater*
jardín (m.)	*(flower) garden*		

Otras palabras *Other words*

aficionado/	*fan*	entrenar	*to train, coach*
aficionada		equipo	*team*
competencia/	*competition*	escultura	*sculpture*
competición (f.)		ganar	*to win*
cuadro	*painting*	juego	*game (Monopoly®,*
deportivo/	*related to sports,*		*hide-and-seek)*
deportiva	*sporting*	partido	*game, match*
empatar	*to tie*	película	*movie, film*
entrada/boleto	*ticket*	perder (ie)	*to lose*
entrenador/	*coach*	taquilla	*box office*
entrenadora			

8.7 Lugares de diversión. Hay lugares de diversión en casi todas las universidades. En parejas, decidan dónde en su universidad se pueden realizar las siguientes diversiones.

■ **Ejemplo** nadar

        ESTUDIANTE 1: *¿Dónde se nada en la universidad?*

        ESTUDIANTE 2: *Es posible nadar en la piscina de cincuenta metros en el centro de actividades.*

1. jugar al tenis
2. ver una película
3. levantar pesas
4. escuchar una orquesta
5. patinar sobre ruedas

6. jugar al ajedrez
7. hacer ejercicios aeróbicos
8. ver la televisión
9. jugar al baloncesto
10. ir a una conferencia

8.8 Cuando eras joven. ¿Qué actividades te gustaban cuando eras joven? En parejas, conversen sobre las actividades que hacían con las siguientes personas.

■ **Ejemplo**   tu mejor amigo o amiga
　　　　　ESTUDIANTE 1: *¿Qué actividades hacías con tu mejor amigo o amiga?*
　　　　　ESTUDIANTE 2: *Él/Ella y yo jugábamos al béisbol en el parque.*

1. tus hermanos
2. otros niños
3. tu mejor amigo o amiga

4. tu familia
5. los adultos
6. los ancianos

8.9 E-Mande. Estudien el vocabulario de diversiones, aficiones y deportes y la página de Internet Ecuador. En grupos pequeños, determinen la diversión preferida de cada estudiante y por qué la prefiere. Después, repitan la entrevista para averiguar la diversión que menos le gusta a cada estudiante y por qué no le gusta.

■ **Ejemplo**   ESTUDIANTE 1: *¿Te gusta andar en bicicleta?*
　　　　　ESTUDIANTE 2: *Sí, me gusta andar en bicicleta porque es una forma de ejercicio excelente. ¿Te gusta la pesca?*
　　　　　ESTUDIANTE 3: *Sí, me gusta pescar. Voy a Maine todos los veranos con mis padres. ¿Te interesa el golf?*
　　　　　ESTUDIANTE 1: *El golf, no. Lo encuentro aburrido . . .*

Categorías:

Deportes		Ocio	
(2)	(2)	(12)	(2)
(0)	(8)	(12)	(8)
(5)	(3)	(1)	(9)
(4)	(3)	(7)	(74)
(4)	(2)	(2)	(2)
(4)	(2)	(5)	(1)
(0)	° (0)	(3)	(21)
(4)	(2)	(0)	(0)
(1)	(4)	(5)	(4)
(48)	° (6)	(4)	
(4)	(7)		

°**senderismo** *biking*　**tauromaquia** *bullfighting*　**tiro** *target shooting*

8.10 Análisis de la cultura. En parejas, revisen la sección de deportes de un periódico hispano en Internet o en la biblioteca de su universidad. Escriban una lista de los deportes que aparecen. Por el número de artículos o su posición en la página, determinen cuáles son los deportes más importantes. Finalmente, elijan un solo artículo, estúdienlo y escriban un resumen breve en español que explique: **¿quién(es)? ¿qué? ¿cuándo? ¿dónde?** y **¿por qué?**

De tal palo tal astilla

Los niños siguen los pasos de sus padres, mucho más si hay música de por medio. Los aeróbicos en La Carolina no podían ser la excepción.

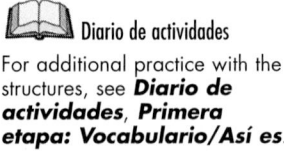

Diario de actividades

For additional practice with the structures, see **Diario de actividades, Primera etapa: Vocabulario/Así es**.

ASÍ ES

Cómo hablar del transcurso del tiempo

▲ How long have you been studying Spanish? How long have you been attending college? In Spanish, actions or events that began in the past and that continue into the present are expressed with **hace . . . que**. Study the following sentences about Ecuador and notice the pattern.

Hace cinco mil años **que** Ecuador tiene habitantes.
Hace mucho tiempo **que** Ecuador exporta petróleo.
Hace más de treinta años **que** las islas Galápagos son un parque nacional.
Hace dos semanas **que** estudiamos Ecuador.

Las islas Galápagos

To express how long an action has been in progress, Spanish speakers use this formula:

hace + time period + **que** + present tense verb
*Hace tres meses **que** estudio yoga.*

The present tense is used because the action is still going on. Now, following this pattern, complete the activities.

8.11 Entrevista. En parejas, pregunten y contesten sobre las siguientes actividades.

■ **Ejemplo** ESTUDIANTE 1: *¿Cuánto tiempo hace que asistes a esta universidad?*
ESTUDIANTE 2: *Hace dos años que asisto a esta universidad.*

1. estudiar español
2. trabajar/buscar un trabajo
3. practicar tu deporte preferido/participar en tu actividad preferida
4. manejar un auto
5. conocer a tu mejor amigo/amiga
6. ser estudiante
7. querer viajar a un país extranjero
8. vivir en tu residencia actual°
9. salir con tus amigos actuales
10. tomar clases de español

8.12 ¿Cuánto tiempo hace que . . . ? En parejas completen las siguientes oraciones de una manera original en español.

■ **Ejemplo** Hace mucho tiempo que . . .
Hace mucho tiempo que estudio matemáticas.

1. Hace un año que . . .
2. Hace cinco años que . . .
3. Hace diez años que . . .
4. Hace más de diez años que . . .
5. Hace poco tiempo que . . .
6. Hace mucho tiempo que . . .

8.13 Autobiografía. Escribe un párrafo de diez oraciones en el cual menciones cuánto tiempo hace que desarrollas tus actividades rutinarias.

Hace cuatro años que hago montañismo con mis amigos

———
°**actual** *current*

SEGUNDA ETAPA Funciones

 **Diario de actividades**

For additional practice with the preterite and contrasts between the imperfect and the preterite, see the *Diario de actividades, Segunda etapa: Primera función*.

PRIMERA FUNCIÓN

Reporting actions that began, ended, or were completed in the past using the preterite of regular verbs

In English, when we recall a specific point in the past, we talk about it using the past tense. In Spanish, that same point in the past can be represented by two different aspects. In *Capítulo 7*, you learned that a habitual, routine, incomplete or ongoing activity in the past is expressed by the IMPERFECT aspect.

▲ In this chapter, you will study the PRETERITE that is used to describe the *beginning* or the *end* of an action in the past.

Comenzamos a caminar.	*We **began** to walk.*
El parque **abrió** a las diez.	*The park **opened** at ten.*
De repente, una iguana **apareció** delante de nosotros.	*Suddenly an iguana **appeared** in front of us.*

▲ In addition, the preterite refers to actions known to have been completed, though their beginning and/or ending point may be unknown.

La cena **duró** tres horas.	*The dinner **lasted** three hours.*
¿Te **comiste** toda la pizza?	***Did** you **eat** up all the pizza?*

▲ The preterite forms of regular verbs are stressed on the verb endings, not on their STEMS. It is especially important to remember which forms have accent marks and how the pronunciation of the third person singular form of the preterite differs from the first person singular of the present.

Yo **hablo** con mis amigos.	*I **speak** with my friends.*
Ana **habló** con sus amigos.	*Ana **spoke** with her friends.*

As you study the preterite endings for regular verbs in the chart on the next page, you will notice two other important things.

▲ The **-er** and **-ir** verbs have the same endings.

▲ The **nosotros** forms have the same endings in the present and preterite for **-ar** and **-ir** verbs. In conversation, you will be able to differentiate the aspects from the context.

Pretérito: verbos regulares
Preterite of regular verbs

-ar	-er	-ir
hablé	volví	viví
hablaste	volviste	viviste
habló	volvió	vivió
hablamos	volvimos	vivimos
hablasteis	volvisteis	vivisteis
hablaron	volvieron	vivieron

▲ Another important aspect of the preterite is that verbs ending in **-car**, **-gar**, and **-zar** undergo a spelling change in the first person singular. In each case, the change is necessary to preserve the pronunciation of the final stem consonant. All other forms of these verbs follow the regular pattern. Study the following chart.

Verbos que cambian la primera persona singular del pretérito
Verbs with spelling changes in the preterite

-car	-gar	-zar
practicar → practiqué	llegar → llegué	comenzar → comencé

▲ Finally, because the preterite refers to specific entities and events in the past, it is often accompanied by expressions of definite time. Before completing the activities, study the time expressions in the following chart.

Expresiones de tiempos definidos   *Definite time expressions*

a las cinco de la tarde	*at five in the afternoon*	el año pasado	*last year*
anoche	*last night*	el mes anterior	*the month before*
anteayer	*the day before yesterday*	el sábado pasado	*last Saturday*
		esta mañana	*this morning*
ayer	*yesterday*	esta noche (f.)	*this evening*
		esta tarde (f.)	*this afternoon*

8.14 Adivinanzas. ¿En qué actividades ocupaste el tiempo ayer? Escoge cinco de la lista y escríbelas. Después, en parejas, intenta adivinar lo que tu compañero/ compañera escribió. La primera persona en adivinar las cinco actividades gana el juego.

■ **Ejemplo**   ESTUDIANTE 1: *¿Escuchaste la radio ayer?*
    ESTUDIANTE 2: *No, no escuché la radio ayer. or*
        No, no la escuché ayer.

jugar al fútbol	lavar los platos
barrer el suelo	levantar pesas
comer carne	limpiar tu dormitorio
comprar el libro	pasar la aspiradora
cantar el himno nacional	practicar tenis
escribir la composición	sacar unas fotos
escuchar la radio	saludar a los profesores
estudiar matemáticas	tocar el piano (la guitarra, etc.)
preparar la cena	vender los libros

8.15 ¿Quién se divierte más? En grupos pequeños, contesten las siguientes preguntas. Después de contestarlas, determinen quién de todos se divierte más.

1. ¿Adónde viajaste el año pasado?
2. ¿A qué hora llegaste a la universidad hoy?
3. ¿Cuántas horas estudiaste anoche?
4. ¿Qué leíste esta mañana?
5. ¿Qué deportes practicaste en verano (en otoño, en invierno, en primavera)?
6. ¿En dónde asististe últimamente a una exhibición de arte?
7. ¿En qué restaurante elegante comiste recientemente?
8. ¿Qué ropa deportiva compraste este año?
9. ¿Cuándo asististe a un partido de baloncesto o de fútbol americano?
10. ¿Con quiénes saliste el fin de semana pasado?

8.16 Vamos al cine. En parejas, hablen sobre películas que vieron en los últimos meses.

1. ¿Qué película viste? ¿Te gustó?
2. ¿Cuánto pagaste por las entradas?
3. ¿Por qué decidiste ir a ver esa película?
4. ¿Quién vio la película contigo?
5. ¿Qué tomaste? ¿comiste?
6. ¿Saliste a comer o a cenar después del cine?
7. ¿Les recomendaste la película a otras personas? ¿Por qué sí o por qué no?
8. ¿Pasaste una tarde o una noche agradable? ¿Por qué sí o por qué no?

8.17 ¿Qué les pasó a tus amigos? En grupos pequeños, usen las frases de la actividad 8.14 para escribir un párrafo sobre las actividades de tus amigos.

 Diario de actividades

For additional practice with the preterite tense and contrasts between the imperfect and the preterite, see the **Diario de actividades, Segunda etapa: Segunda función**.

SEGUNDA FUNCIÓN
Reporting actions that began, ended, or were completed in the past using the preterite of stem-changing verbs

▲ All **-ar** and **-er** verbs that have stem changes in the present indicative are REGULAR in the preterite. Study the examples on the next page.

Verbos que no cambian la raíz en el pretérito					
Preterite of non-stem-changing verbs					
sentarse				**perder**	
me	**senté**	nos	**sentamos**	**perdí**	**perdimos**
te	**sentaste**	os	**sentasteis**	**perdiste**	**perdisteis**
se	**sentó**	se	**sentaron**	**perdió**	**perdieron**

The three types of stem-changing **-ir** verbs, however, do have STEM CHANGES in the preterite. These changes take place *only* in the third person singular (**usted/él/ella**) and third person plural (**ustedes/ellos/ellas**) forms. Stem changes for the three categories are as follows:

▲ Verbs like **dormir**, whose stem vowel changes from **o** to **ue** in the present, change the stem vowel from **o** to **u** in the preterite third person forms.

◆ For a review of stem-changing **-ir** verbs, see *Capítulo 5*, pp. 176–181.

durmió   durmieron

Another verb that functions like **dormir** is **morir**.

▲ Verbs like **mentir**, whose stem vowel changes from **e** to **ie** in the present, change the stem vowel from **e** to **i** in the preterite third person forms.

mintió   mintieron

Other verbs that function like **mentir** include **divertirse** (*to have fun*), **preferir**, **sentir(se)**, and **sugerir**.

▲ Verbs like **seguir**, whose stem vowel changes from **e** to **i** in the present, change the stem vowel from **e** to **i** in the preterite third person forms.

siguió   siguieron

Other verbs that function like **seguir** include **competir**, **conseguir**, **pedir**, **(son)reír**, **servir**, and **vestirse**.

◆ Comprehension questions for activity 8.18:
1. ¿Por qué es único el Bar Geos?   2. ¿Dónde está?
3. ¿Cuál es el teléfono?
4. ¿Qué te invita a hacer?

Verbos que cambian la raíz en el pretérito			
Preterite of stem-changing verbs			
competir (i)	*to compete*	reír (i)	*to laugh*
conseguir (i)	*to obtain, get*	repetir (i)	*to repeat*
divertirse (i)	*to have fun*	seguir (i)	*to follow*
dormir (u)	*to sleep*	sentir (i)	*to regret*
mentir (i)	*to lie*	sentirse (i)	*to feel*
morirse (u)	*to die*	sonreír (i)	*to smile*
pedir (i)	*to ask for, request*	sugerir	*to suggest*
preferir (i)	*to prefer*	vestirse (i)	*to get dressed*

8.18 El medio ambiente. Aunque los recursos naturales son limitados hay personas que abusan de éstos. En parejas, contesten las preguntas relacionadas con el medio ambiente.

BAR

geos

ECOLÓGICO

-EL PRIMER Y ÚNICO BAR DEL ECUADOR QUE ESTÁ TRABAJANDO PARA PROTEGER EL PLANETA TIERRA. TE INVITA A QUE LO DISFRUTES PROTEGIÉNDOLO DE MUCHAS MANERAS

Av. 12 de Octubre 19 - 55 y Cordero. Telf. 566 - 668

◆ Comprehension questions for activity 8.20:
1. ¿Quiénes escribieron el libro? 2. ¿Por qué es fácil aburrirse? 3. ¿Qué recomiendan los autores?
4. ¿Qué contiene el libro?
5. ¿Para quiénes es el libro?

ENTRETENIMIENTO
EL LIBRO DE LAS DIVERSIONES

De Pierre Berloquin y Frédéric Vitoux. Ed. J. de Olañeta, 1.900 ptas.

❤ ❤ Como dicen los autores en el prefacio de este libro, por muy amena que sea una reunión de amigos, siempre hay un momento en que se agota la conversación y es fácil caer en el aburri-

El libro de las Diversiones

miento. Para llenar esos ratos muertos y hacerlos divertidos, están los juegos de grupo. Los autores han elaborado una extensa lista de propuestas de juegos, con explicaciones claras y sencillas, dividiéndolos en grupos: juegos de erudición, de táctica y habilidad, de reflejos, lingüísticos, de cartas... Para todos los gustos.

de *mía*

1. ¿Pediste un abrigo de piel o de cuero como regalo? ¿Conoces a alguien que pidió un regalo así?
2. ¿Qué productos no reciclables adquiriste en el último mes? ¿Piensas continuar usando esos productos?
3. ¿Qué hábitos derrochadores° tienes? ¿Alguien te sugirió un cambio en tus hábitos? A pesar de estas sugerencias, ¿repetiste estos hábitos?
4. ¿Surgió un nuevo producto antiecológico en el mercado? ¿Cuál? ¿Lo compraste?
5. El sobreempaquetado° es antieconómico y antiecológico. ¿Qué productos adquiriste últimamente que estén sobreempaquetados?
6. ¿Seguiste los consejos para reciclar los productos biodegradables? ¿Qué productos reciclaste últimamente?
7. ¿Te sentiste mal por tus acciones derrochadoras? ¿Por qué?

8.19 Una encuesta. En grupos pequeños, conversen sobre las diversiones y emociones.

◼ **Ejemplo** ESTUDIANTE 1: *¿Dónde conseguiste entradas para el concierto de rock?*
ESTUDIANTE 2: *Las conseguí en Ticketmaster.*

1. ¿Cómo te divertiste el fin de semana pasado? ¿Con quién?
2. ¿Conseguiste algunas entradas gratis para un concierto o para ir al cine? ¿Cómo las conseguiste?
3. ¿Cómo te vestiste? ¿Cómo se vistió tu amigo/amiga?
4. ¿Te reíste o lloraste durante una película o una obra de teatro? ¿Cómo se llamaba? ¿La recomendaste a otras personas?
5. En una película melodramática, ¿cómo te sentiste cuando el protagonista o la protagonista murió? ¿Quién más murió en la película?
6. ¿Alguien te mintió? ¿Por qué? ¿Esta persona les repitió la misma mentira a otras personas?

8.20 El libro de las diversiones. Estudia este anuncio sobre *El libro de las diversiones,* y piensa en tus experiencias cuando se agota° una conversación. En parejas, describan las actividades que sugirieron ustedes y sus amigos en el pasado para llenar esos ratos°. Después, elijan la sugerencia más original o divertida. Usen estos verbos en sus descripciones: **pedir, conseguir, sugerir, preferir.**

◼ **Ejemplo** *Una vez mi amigo Ken sugirió un partido de mini-golf.*

°**derrochador/derrochadora** *wasteful* **sobreempaquetado** *overpackaging*
agotarse *to be exhausted, used up* **rato** *moment*

286 *Amistades*

TERCERA FUNCIÓN

Reporting actions that began, ended, or were completed in the past using the preterite of "irregular" verbs

Diario de actividades

For additional information and practice on the preterite of "irregular" verbs, see the ***Diario de actividades, Segunda etapa: Tercera función**.*

▲ Several common Spanish verbs have stem changes that carry throughout all the preterite forms. Many textbooks call these forms irregular, even though they are regular once the stem changes have been determined. There are three categories of verbs more accurately called STRONG PRETERITES.

Verbs that change the stem VOWEL.

> hacer → h**i**ce   venir → v**i**ne   poder → p**u**de

Verbs that change the final stem CONSONANT.

> traducir → tradu**j**e   traer → tra**j**e

Verbs that change both the stem VOWEL AND CONSONANT.

> andar → and**uve**   estar → est**uve**   tener → t**uve**
> querer → qu**ise**   poner → p**use**
> decir → d**ije**   saber → s**upe**

In addition to the regularity of the stem changes throughout the preterite forms, these verbs are regular in another aspect: The stress always falls on the next-to-the-last syllable. Although the strong preterites are easy to learn, it is impossible to determine from the infinitive whether a verb is a strong preterite or not. Some dictionaries follow the infinitive with a symbol and/or a number that refers to a model verb chart. By looking at the chart, you can determine the correct pattern for the preterite forms.

Not all verbs are *action* verbs. The verbs **ser**, **estar**, and **haber**, for example, are sometimes called verbs of *state* because no action or movement is associated with them. The preterite tense is used with these verbs only when there is a sudden change, a reaction, or a clear limitation of time.

Estuvimos cuatro semanas en las Islas Galápagos.	We **were** in the Galapagos Islands for four weeks.

Before doing the activities, study the following chart. Note that the third person singular of **hacer** has a spelling change (**hizo**) to preserve the sound of the stem consonant.

Pretéritos fuertes *Strong preterites*					
hacer		**traer**		**estar**	
hice	hicimos	traje	trajimos	estuve	estuvimos
hiciste	hicisteis	trajiste	trajisteis	estuviste	estuvisteis
hizo	hicieron	trajo	trajeron	estuvo	estuvieron

▲ Certain verbs (**querer**, **saber**, **tener**, and others) have special meanings in the preterite. These special meanings refer to the concept of a sudden change or intensification of state, as explained in the ***Primera función*** of this chapter. With these verbs, the change is really an intensification of the imperfect state. Study the chart at the top of the next page.

Verbo	Imperfecto		Pretérito
haber	*was, were*	→	*occurred*
querer	*wanted*	→	*tried*
no querer	*did not want*	→	*refused*
saber	*knew*	→	*found out*
tener	*had*	→	*got*

Yo **quería** ir al cine pero Jorge no **quiso** salir porque tenía que estudiar.
*I **wanted** to go to the movies but Jorge **refused** because he had to study.*

▲ In contrast to the strong preterites, some verbs are truly IRREGULAR in the preterite. The verb **dar**, for example, has the same preterite endings as regular -**er** and -**ir** verbs, but without the accent marks. In addition, **ser** and **ir** have *identical* irregular preterite forms. The preterite forms of these irregular verbs are given in the following chart. Memorize these forms by using them in complete sentences.

Verbos irregulares en el pretérito			
Preterite of irregular verbs			
dar		**ir/ser**	
di	dimos	fui	fuimos
diste	disteis	fuiste	fuisteis
dio	dieron	fue	fueron

8.21 El fin de semana. En grupos pequeños, compartan la siguiente información sobre el fin de semana pasado.

1. ¿Qué actividades hicieron?
2. ¿Dónde estuvieron durante la tarde?
3. ¿Adónde fueron para divertirse?
4. ¿Qué cosa interesante supieron?
5. ¿Alguien vino de visita/llamó por teléfono? ¿Quién?
6. ¿Qué dijo esta persona?

8.22 Un día de diversión. ¿Recuerdas un día de diversión muy especial con tus amigos o tus parientes? Piensa en los eventos de ese día tan divertido. En grupos pequeños, hablen sobre estas experiencias. Usen las siguientes frases para recordar los detalles importantes.

- ropa que te pusiste
- hora en que llegaron tus amigos o tus parientes
- lugar a donde fueron
- cosas que llevaron tus amigos o tus parientes
- cosas interesantes que dijeron
- actividades que hicieron

■ **Ejemplo** ESTUDIANTE 1: *¿Qué ropa te pusiste cuando tus amigos se casaron?*

ESTUDIANTE 2: *Cuando mis amigos se casaron me puse un traje elegante con...*

8.23 Historia de la bicicleta. En parejas, estudien el siguiente artículo sobre la historia de la bicicleta y contesten las preguntas con oraciones completas en español.

◆ Remember that cycling is an important pastime in Ecuador and in other Spanish-speaking countries.

UNA REMINISCENCIA EGIPCIA

La bicicleta podría tener sus raíces prehistóricas en el período del faraón Ramsés II.

Con el agudo problema del smog, la bicicleta ha adquirido una elevada reputación como vehículo para las ciudades, considerando que no emite gases contaminantes y además sirve como ejercicio para mantener buenas condiciones físicas. Sin embargo, la mayoría de las calles urbanas no están aptas para transitar en bicicleta.

Si bien su antecedente cercano fue un vehículo de cuatro ruedas exhibido en la corte de Versalles en 1761, podría afirmarse que sus orígenes se remontan al año 1300 antes de Cristo en Egipto, ya que representaciones de esa época muestran a un hombre montado sobre un palo con dos ruedas en sus extremos. También algunos frescos rescatados de las ruinas de Pompeya tienen figuras similares.

Pero la historia de la bicicleta empieza en 1791 con un invento de dos ruedas pertenecientes al conde Mede de Sivrac que se convierte en un objeto de entretenimiento para los aristócratas. Como el aparato estaba hecho de madera y para impulsarlo se requería apoyar regularmente los pies en el suelo, se le puso el nombre de celerífero, al principio, y velocífero después.

Casi un siglo demoró la transformación del velocífero en la actual bicicleta. Un paso intermedio fue el velocípedo, obra del francés Pierre Lallement, quien agregó un cigüeñal y pedales a la rueda delantera. Las ruedas eran de madera, pero estaban conectadas a un cuadro de hierro bastante liviano y con horquillas flexibilizadoras del pedaleo. Tenía

un sillín y la rueda delantera tenía un diámetro mayor que la trasera, aparte de una especie de volante. Era el año 1855.

Lallement vendió la patente del velocípedo a Ernest Michaux, quien obtuvo beneficios sustanciosos cuando cinco años después comenzó la producción en serie de este vehículo que dejó de ser un entretenimiento para las personas adineradas y se transformó en un medio de transporte.

Las modificaciones hechas a principios de este siglo permitieron que este vehículo llegara a manos de las distintas clases sociales. Sus características alentaron el surgimiento de un deporte que ha alcanzado gran difusión: el ciclismo.

de Buen domingo

◆ **Vocabulario esencial for activity 8.23:**

adinerado/ adinerada	*rich*
agregar	*to add*
agudo/aguda	*acute*
alentar	*to encourage*
apoyar	*to support, lean*
apto/apta	*suitable for*
cigüeñal	*crankshaft*
demorar	*to delay*
emitir	*to emit, give out*
horquilla	*fork (in a bicycle)*
liviano	*light*
palo	*stick*
perteneciente	*belonging to*
rescatado/ rescatada	*rescued, saved*

En el grabado se aprecia una escena en una plaza parisina, donde se observan a varios usuarios montados en sus draisinas. En la foto, una de las bicicletas más modernas y prácticas.

1. ¿Cuál es el posible origen de la bicicleta?
2. ¿Qué tipo de bicicleta hizo el conde Mede de Sivrac?
3. ¿Qué nombre le puso al invento?
4. ¿Qué modificaciones le hizo Pierre Lallement al velocípedo?
5. ¿Quién obtuvo los primeros beneficios económicos del velocípedo?
6. ¿Qué resultados tuvo la producción en serie del velocípedo?

TERCERA ETAPA Estrategias

 Diario de actividades

For additional listening practice, see **Diario de actividades, Tercera etapa: Estrategias/ Comprensión auditiva**.

COMPRENSIÓN AUDITIVA Textbook CD

Identifying the organization of a text. Many things we listen to every day follow a familiar organization. For example, a radio commercial often features a jingle accompanied by a description of the product and exhortations to buy it. Local newscasts focus on the local news, sometimes preceded or followed by national and international highlights; then comes the weather forecast, and then sports. Many listening texts are typically organized as follows:

- *Chronological.* Chronological texts provide information arranged according to the order of time. Instructions, recipes, stories, and jokes usually follow a chronological organization. Indicators such as **primero**, **después**, and **finalmente** may organize the chronology.
- *Categorized.* Categorization lends itself to many types of content. Information may be categorized visually, verbally, or graphically by means of charts, graphs, and headings, all of which indicate the key content.
- *Argumentative.* Arguments may be presented in favor of (**a favor de**) or against (**en contra de**) a given position. Recognizing the type of argument is an invaluable aid to comprehending an argumentative text.
- *Descriptive.* Descriptive texts are sometimes hard to identify because description is often combined with narration, argumentation, analysis, and other techniques. Description enables the listener to imagine characters, scenes, and action, as well as interior characteristics such as personality and emotions.

The radio commercial is organized *argumentatively*; the local news is organized *categorically*. Other texts may be organized *chronologically*, such as an anecdote, or *descriptively*, such as a film preview. By quickly identifying the organization of a text, the listener can focus on content and anticipate the types of information to follow.

Antes de escuchar

8.24 Organización típica. En grupos pequeños, describan la organización típica de los siguientes textos.

- venta de ropa para toda la familia
- invitación a un festival
- propaganda política
- anuncio de un locutor/una locutora de radio
- cuento de hadas°

8.25 Tipos de textos. Ahora escriban una lista de cinco tipos más de textos orales y su organización.

———————
°**cuento de hadas** *fairy tale*

A escuchar

8.26 Textos orales. Vas a oír cuatro textos orales. Identifica el tipo de texto:

_____ a. chiste
_____ b. anuncio
_____ c. consejo
_____ d. descripción

Después de escuchar

8.27 La idea principal. Escucha de nuevo los textos y escribe en español un resumen que explique la idea principal de cada uno.

8.28 Detalles. Escucha de nuevo los textos y contesta brevemente las siguientes preguntas en español.

1. ¿Qué tipo de festival se programa en el Parque Memorial?
2. ¿Cuáles son las fechas del festival?
3. ¿A qué número de teléfono hay que llamar para pedir más información?
4. ¿Qué encontró el hombre en su postre?
5. ¿Qué comentó el mesero?
6. ¿Cuáles son las edades apropiadas para los juguetes mencionados?
7. ¿Qué juguete desarrolla la coordinación de los ojos y las manos?
8. ¿Qué tipos de cambios ocurren con la edad?
9. ¿Qué implicaciones tienen estos cambios?
10. ¿Por qué no se deben saltar las comidas?

LECTURA

Identifying the organization of a text. Recognizing the way a reading text is organized can often enhance your comprehension just as recognizing the textual organization helps you comprehend an oral text. Before doing the activities, review the four basic types of text organization by reading the following summaries:

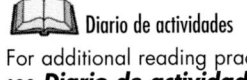

Diario de actividades

For additional reading practice, see **Diario de actividades, Tercera etapa: Estrategias/ Lectura and Literatura**.

- *Chronological.* Chronological texts provide information in sequential order.
- *Categorized.* Information may be categorized by means of charts, graphs, and headings, all of which indicate the key content.
- *Argumentative.* Arguments may be presented in favor of (**a favor de**) or against (**en contra de**) a given position.
- *Descriptive.* Description is often combined with narration, argumentation, analysis, or other writing techniques.

Antes de leer

8.29 Sueños. En este artículo, el escritor habla de sus sueños del futuro para proteger la naturaleza. ¿Qué tipo de sueños tienes tú? ¿Ganar dinero? ¿Conseguir un buen trabajo? ¿Construir una casa al lado de la playa? Antes de estudiar el artículo, escribe una lista de tus sueños y también los sueños de uno de tus amigos o parientes. Después en parejas, comparen las listas para decidir si tienen algo en común.

chapaleta	*fin*
confiar	*to trust*
enfermarse	*to fall ill, become ill, be taken ill*
lograr	*to manage to get, achieve, to fulfill*
ola	*wave*
pulpo	*octopus*
sombra	*shade*
toparse con	*to meet, bump into*
vislumbrar	*to glimpse, catch a glimpse of*

A leer

8.30 Surfriders. Estudia el texto e identifica la organización de los párrafos.

- argumentativo
- cronológico
- categorizado
- descriptivo

SURFRIDER FOUNDATION
El surf en defensa de sus playas

Recuerdo una playa. De chico, solía pasar largas tardes de verano en su cálida arena y su agua viva y verde. Yo estaba en la orilla construyendo un castillo. Entonces, mi padre surgía de la nada con sus chapaletas en una mano y un pulpo en la otra. Todavía sueño con esas madrugadas en las que andábamos kilómetros antes de vislumbrar, al doblar el gran saliente rocoso, el paisaje en todo su esplendor. Sí, recuerdo esos atardeceres. Aquéllos en los que el sol pintaba con sus rayos alargadas sombras y el mar y la tierra hacían el amor en su rictus indescifrable.

Esos eran buenos tiempos . . . Pero ya no volverán.

Hace no mucho, regresé a ese lugar. Pero no lo encontré. ¿Qué es lo que pasó? Nada. Salvo que estaban construyendo un hotel. Y cada pala que los obreros hundían en el mar, mi infancia caía un poco más en el olvido. Entonces yo me pregunté, ¿qué está pasando?

Nadie me respondió.

Así que decidí buscar mis propias respuestas en Internet. Y entonces me topé con la Surfrider Foundation. Ésta es una organización medioambiental dedicada a la protección de los océanos, playas, arrecifes y olas del mundo entero para el mejor disfrute de la humanidad. La Surfrider Foundation fue establecida en 1984 por un grupo de surfers de Malibú. Estos estaban preocupados porque los surfing locales no se enfermaran ante la creciente polución y las amenazas ambientales del creciente negocio de la construcción costera. A través de una postura activa centrada en la conservación, el estudio y la educación. Surfrider se propuso desde un principio:

1. Ser líderes en la conservación de la comunidad costera mundial. Esto se lograría fundamentalmente a través de la educación y el activismo.
2. Promover el valor y la singularidad de las olas y trabajar para preservar las áreas surferas.
3. Mejorar la calidad del agua en las áreas surferas.

Otra de las políticas destacadas de Surfrider es, y cito textualmente: Surfrider Foundation reconoce que las playas son entornos costeros únicos y con incontable valor económico, ecológico y recreacional (. . .). Las desgracias ocurren cuando los procesos naturales y dinámicos de las costas chocan contra el desarrollo estático del hombre. Sobre todo cuando éste interfiere en los sistemas litorales y marinos (. . .). Surfrider reconoce que las playas no son hábitats separados, sino micropartes del conjunto del ecosistema costero. Estas macroestructuras son seres vivos y dinámicos por naturaleza. Y como tales, sus cambios son difíciles de predecir con exactitud.

Por tanto, y ante su evidente fragilidad todas las áreas deberían protegerse a través de medios activos que no interrumpieran el proceso costero. Estos métodos incluyen:

1. Concesión pública de las playas y zonas costeras.
2. Recaudación de los procesos naturales de transportes de sedimentos fluviales y marinos.
3. Ampliación del espacio libre entre las construcciones y las orillas del mar.

Sé que nunca recuperaré mi playa. Sin embargo, tengo fe en organizaciones como Surfrider. Gracias a personas como éstas, confío en que aquéllos que se hayan identificado con mi niña ilusión, aquéllos a quienes los océanos hayan sonreído como a mi, puedan recuperar sus sueños. Y, de paso, contemplar el mar y la tierra fundiéndose en un abrazo eterno. Sólo como testigos pasajeros de grandeza.

Para más información, escriban a:
Surfrider Foundation USA
122 S. El Camino Real 67
San Clemente, CA 92672
info@surfrider.org

8.31 Preguntas de comprensión. Ahora contesta las preguntas brevemente en español.

1. ¿Qué hacía el narrador en el verano?
2. ¿Qué estaba construyendo?

3. ¿Qué deporte le gustaba hacer al padre?
4. ¿Qué encontró cuando regresó?
5. ¿Qué es *Surfrider Foundation*?
6. ¿Quién estableció *Surfrider Foundation*? ¿Cuándo?
7. Para ellos, ¿qué son las playas?
8. ¿Cómo consideran las playas?

Después de leer

8.32 Apuntarse a Surfrider. En parejas, hablen sobre los propósitos de la organización Surfrider y decidan si están de acuerdo o no están de acuerdo con sus propósitos.

■ **Ejemplo** *Es importante mejorar la calidad del agua para todos.*

COMUNICACIÓN Textbook CD

Los siguientes diálogos te ayudan a añadir información y a pedir clarificación y opiniones en una conversación. Escucha los diálogos de tu disco compacto y practícalos con los demás miembros de la clase.

 Diario de actividades

For additional practice with the expressions, see **Diario de actividades, Tercera etapa: Estrategias/Comprensión auditiva**.

Cómo añadir información   *Adding information*

Cómo pedir clarificación   *Asking for clarification*

Capítulo 8   **293**

Cómo pedir opiniones *Asking for opinions*

8.33 Escucha y repite. Escucha la conversación ***Cómo añadir información*** de tu disco compacto. Después repite las frases.

Cómo añadir información	*Adding information*
Además . . .	*In addition . . .*
A propósito . . .	*By the way . . .*
De paso . . .	
También . . .	*Also . . .*

8.34 El ocio. Estudia esta encuesta y escribe las actividades femeninas en orden de preferencia. Después, ordena las actividades masculinas. Finalmente, en parejas, comparen y contrasten estas preferencias con las del compañero; usen las frases para añadir información.

■ **Ejemplo** *Entre los hombres, viajar es lo más importante. Además, a los hombres les gusta . . .*

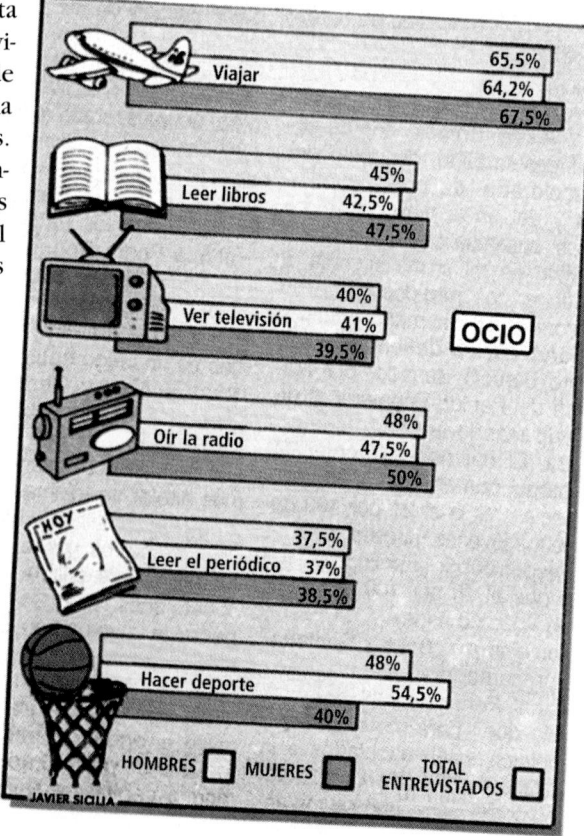

8.35 Excursiones. En grupos pequeños, hablen sobre algunos sitios del mundo hispano que les gustaría visitar. Cada persona debe añadir algo más que se puede hacer en cada sitio.

■ **Ejemplo** ESTUDIANTE 1: *Me gustaría ir a las islas Galápagos para ver las plantas.*
ESTUDIANTE 2: *De paso, puedes ver los animales.*
ESTUDIANTE 3: *También puedes ir al Centro de Investigaciones Científicas.*

8.36 Escucha y repite. Escucha la conversación *Cómo pedir clarificación* de tu disco compacto. Después repite las frases.

Cómo pedir clarificación *Asking for clarification*	
¿Cómo?	*What?*
Dígame (Dime) una cosa.	*Tell me something.*
Más despacio.	*More slowly.*
No comprendo./No entiendo.	*I don't understand.*
¿Perdón?	*Pardon me?*
¿Qué? Otra vez, por favor.	*What? One more time, please.*
Repita (Repite), por favor.	*Please repeat.*

8.37 En Ecuador. En parejas, estudien las siguientes oraciones y pidan la clarificación que corresponda a cada una. Tu compañero/compañera tiene que aclarar.

■ **Ejemplo** ESTUDIANTE 1: *El fútbol es muy popular en Ecuador.*
ESTUDIANTE 2: *¿Perdón? ¿Qué es popular?*
ESTUDIANTE 1: *El fútbol.*

1. La línea ecuatorial está a quince millas de Quito.
2. El lugar de vacaciones más popular de Ecuador es Salinas.
3. El mercado de artesanías más importante está en Otavalo.
4. En Ambato, Ecuador, se fabrican sombreros panameños.
5. La excursión por el Valle de los Volcanes es muy impresionante.
6. Es posible cruzar la selva amazónica por hotel flotante.
7. En las playas ecuatorianas se reúnen los mejores surfistas de América Latina para un concurso y luego van a Panamá, Costa Rica y Venezuela.
8. *Hoy on-line* <http://www.hoy.com.ec/> es un periódico que ofrece noticias completas de política, economía, deportes y cultura.
9. Debido a que hay tanto tráfico en Quito, se va a proponer un ferrocarril suburbano.
10. El Cyber-C@fé es un sitio en Quito donde puedes leer un periódico, enviar un correo electrónico y conversar con un amigo en otro lugar del mundo en tiempo real.

Valle de los Volcanes

8.38 Escucha y repite. Escucha la conversación *Cómo pedir opiniones* de tu disco compacto. Después repite las frases.

Cómo pedir opiniones *Asking for opinions*

¿Cuál prefieres?	*Which do you prefer?*
¿Qué opinas de . . . ?	*What's your opinion about . . . ?*
¿Qué piensas?	*What do you think?*
¿Qué te parece(n) . . . ?	*How does/do . . . seem to you?*
¿Te gusta(n) . . . ?	*Do you like . . . ?*
¿Te interesa(n) . . . ?	*Are you interested in . . . ?*

Cómo expresar opiniones *Expressing opinions*

Me gusta(n) . . .	*I like . . .*
Me interesa(n) . . .	*I'm interested in . . .*
Me parece(n) . . .	*It seems . . . to me. (They seem . . . to me.)*
Opino que . . .	*It's my opinion that . . .*
Pienso que . . .	*I think that . . .*
Prefiero . . .	*I prefer . . .*

8.39 ¿Qué opinas de . . . ? Pídele a alguien de la clase su opinión sobre las siguientes cosas.

■ **Ejemplo** la televisión

ESTUDIANTE 1: *¿Qué opinas de los programas de la televisión?*

ESTUDIANTE 2: *Pienso que muchos de los programas son muy violentos.*

1. el reciclaje de papel
2. el arte moderno
3. la violencia en el cine
4. la experimentación con animales
5. la energía nuclear
6. la ingeniería genética
7. el fumar en sitios públicos
8. la contaminación de las aguas

 Diario de actividades

For additional writing practice, see *Diario de actividades, Tercera etapa: Estrategias/ Composición*.

COMPOSICIÓN

Making smooth transitions. As you become more skillful in writing Spanish, you will be able to pay more attention to style. Making smooth transitions (and avoiding abrupt changes) between sentences and paragraphs is an important aspect of writing style. You can achieve smooth transitions by adding stock phrases to your compositions. Study the transitional words and phrases in the chart on the next page.

Palabras y frases de transición   *Transitional words and phrases*

To show that a similar point is being made

además	*besides, furthermore*
del mismo modo	*similarly*
otra vez	*again*
también	*also, in addition*

To show that a contrasting point is being made

a pesar de	*in spite of*
al contrario	*on the contrary*
aunque	*although*
no obstante	*however*
pero/sino (que)	*but*
por otra parte	*moreover, on the other hand*
sin embargo	*nevertheless*

To show relationships

así	*thus*
en particular	*in particular*
en principio	*in principle*
por eso	*therefore*

To show order of events

al fin y al cabo	*after all*
al principio	*at the beginning*
ante todo	*first of all, first and foremost*
anteriormente	*formerly*
antes/previamente	*previously*
inicialmente	*initially*
en conclusión/en suma	*in conclusion*
en resumen	*in summary*
entonces/después/luego	*then, next*
hasta ahora/hasta aquí	*up to now, so far*
hasta hace poco	*until a little while ago*
para empezar	*to begin with*
por último	*lastly, finally*

◆ There are three equivalents of *but* in Spanish:

1. *But* followed by a contrastive adjective or adverb: *Roberto es inteligente **pero** perezoso.*
2. *But* preceded by a negative verb: *No voy a practicar windsurf **sino** a bucear.*
3. *But* followed by a clause: *No quiero pescar hoy **sino** que prefiero quedarme en casa.*

Miniaturas Naturales

Hasta hace bien poco, los bonsais eran un cultivo exótico y minoritario. Por eso de las cosas de la moda, se han convertido en los últimos años en uno de los regalos más solicitados para las fiestas de Navidad. Muchos de ellos, sin embargo, apenas sobreviven al llegar la primavera, y no precisamente por desidia, sino porque la mayoría de las veces se adquieren como objetos decorativos, olvidando que se trata de plantas extremadamente delicadas que requieren una atención especial.

de El País

◆ **Vocabulario esencial for activity 8.40:**

apenas   *hardly*
desidia   *slackness, indolence, laziness*

Antes de escribir

8.40 Los bonsais. Estudia *Miniaturas Naturales*, fragmento de un artículo sobre el arte de los bonsais, que son árboles en miniatura. Luego identifica y clasifica las palabras y frases de transición, según la lista.

8.41 Organización. Repasa la estrategia de la organización de un texto de la página 291. Después, identifica el tipo de organización del artículo *Miniaturas Naturales*.

◆ Comprehension questions for activity 8.40:
1. ¿Qué es un bonsai?
2. ¿Cómo eran los bonsais en el pasado?   3. ¿Cuál es uno de los regalos más codiciados para la Navidad?   4. ¿Por qué no sobreviven muchos bonsais?
5. ¿Por qué los bonsais requieren mucha atención?

Me encanta el windsurf

A escribir

8.42 Mi diversión preferida. Elige un tema relacionado con tu diversión preferida. Después, determina una organización adecuada para elaborar el tema: argumentativa, categorizada, cronológica o descriptiva. Por ejemplo, describir un día cuando hiciste montañismo se expresa bien con una organización cronológica de los sucesos. Entonces, escribe una composición coherente sobre el tema e incorpora palabras y frases de transición adecuadas.

Después de escribir

8.43 Revisión. Al revisar tu composición usa las siguientes preguntas:

ARGUMENTACIÓN	¿Se presentan los argumentos en orden de importancia?
CATEGORIZACIÓN	¿Hay subtítulos o diagramas que indiquen las diferentes categorías?
CRONOLOGÍA	¿Hay palabras o frases que indiquen la cronología?
DESCRIPCIÓN	¿Cómo se describe el tema: físicamente, psicológicamente, ordenadamente?

8.44 Intercambio. En parejas, intercámbiense las composiciones y revísenlas prestando atención a los siguientes criterios:

❏ Introducción interesante

❏ Idea central suficientemente enfocada

❏ Transiciones adecuadas

❏ Organización clara y adecuada

❏ Concordancia entre sujetos y verbos

❏ Concordancia entre sustantivos y adjetivos

❏ Conclusión

VOCABULARIO

Using suffixes to expand vocabulary. Have you ever been at a loss for words? Of course you have! It happens to everyone . . . especially when trying to communicate in a foreign language. Because of the similarities between Spanish and English, however, you may sometimes be able to "fake it" when you find yourself on the spot. Many English words can be changed into Spanish by adding a suffix and modifying the pronunciation. Study the following examples.

Sufijos	*Suffixes*		
ESPAÑOL	EJEMPLO	INGLÉS	EJEMPLO
-acio	prefacio	-ace	*preface*
-aje *(m.)*	reportaje	-age	*reportage*
-ancia	importancia	-ance/ancy	*importance*
-ante	importante	-ant	*important*
-ario	aniversario	-ary	*anniversary*
-dor/dora	aviador/aviadora	-ator	*aviator*
-culo	receptáculo	-cle	*receptacle*
-cia	frecuencia	-cy	*frequency*
-ente	inminente	-ent	*imminent*
-gio	privilegio	-ge	*privilege*
-ico/ica	lógico/lógica	-ic	*logic*
-ina	disciplina	-ine	*discipline*
-ismo	vegetarianismo	-ism	*vegetarianism*
-ista *(m./f.)*	dentista	-ist	*dentist*
-mento	departamento	-ment	*department*
-monia	ceremonia	-mony	*ceremony*
-tro	centro	-ter/-tre	*center*
-terio	misterio	-tery	*mystery*
-ción *(f.)*	precaución	-tion	*precaution*
-dad/-tad *(f.)*	sociedad/libertad	-ty	*society*
-tura	aventura	-ure	*adventure*
-ía	geología	-y	*geology*

8.45 Sufijos equivalentes. Añade sufijos a estas palabras para formar nuevas palabras en español.

■ **Ejemplo** history *historia*

adversary	spectators	velocity
spectacle	exhibition	literature
sufficient	obstacles	athleticism

8.46 Equipo deportivo. Escribe una lista de cinco deportes y el equipo que le corresponda a cada uno.

■ **Ejemplo** bucear
　　　　　　aletas, tubo de respiración, etc.

8.47 Mis actividades. Escribe todas tus actividades de anteayer y ayer.

8.48 Unas entrevistas. Tienes la oportunidad de entrevistar a personas famosas. Piensa en diez celebridades y escribe preguntas sobre varios temas para cada una.

■ **Ejemplo** *Serena Williams: ¿Qué opina usted del tenis de hoy?*

8.49 En el pasado. Escribe una cronología lineal personal con las expresiones de tiempo de este capítulo: el año pasado, el mes pasado, anteayer, ayer, anoche. Describe una actividad usando cada expresión de tiempo.

■ **Ejemplo** *Aprendí a patinar el año pasado.*

8.50 Personas, lugares y cosas. Escribe de nuevo los sustantivos del *Vocabulario* en las páginas 300–301 y clasifícalos según su género.

VOCABULARIO

Diversiones y aficiones *Leisure-time activities*

bailar	to dance
caminar/pasear	to walk
coleccionar	to collect
cultivar el jardín	to garden (flowers)
hacer crucigramas	to do crossword puzzles
ir a la ópera	to go to the opera
a un club	to a club
a un concierto	to a concert
a una conferencia	to a lecture
al ballet	to the ballet
al cine	to the movies
al circo	to the circus
al museo	to the museum
al parque (de atracciones)	to the (amusement) park
al teatro	to the theater
jugar (ue) a las cartas/los naipes	to play cards
al ajedrez	chess
sacar/revelar fotos	to take/develop photographs
tocar (un instrumento musical)	to play (a musical instrument)
ver televisión	to watch television

Deportes *Sports*

andar (montar) en bicicleta	to ride a bicycle
en motocicleta	to motorcycle
bucear	to scuba dive
bucear con tubo de respiración	to snorkel
cazar	to hunt
correr	to run
esquiar	to ski
hacer montañismo	to climb mountains
ejercicios	exercise
ejercicios aeróbicos	do aerobics
esquí acuático	water ski

jugar al baloncesto		*to play basketball*	
al béisbol		*baseball*	
al fútbol		*soccer*	
al fútbol americano		*football*	
al ráquetbol		*racquetball*	
al tenis		*tennis*	
levantar pesas		*to lift weights*	
montar a caballo		*to ride horseback*	
nadar		*to swim*	
navegar en barco		*to sail*	
patinar sobre hielo		*to ice skate*	
sobre ruedas		*to roller skate, roller blade*	
pescar		*to fish*	
practicar artes *(f.)* marciales		*to practice martial arts*	
un deporte		*a sport*	

Lugares de diversión *Places for recreation*

cancha	*court, field*	jardín *(m.)*	*(flower) garden*
cine *(m.)*	*movie theater*	museo	*museum*
club *(m.)*	*club*	patio	*patio, courtyard, (flower) garden*
cuarto oscuro	*darkroom*	piscina	*swimming pool*
estadio	*stadium*	pista	*track, rink*
estudio	*studio*	sala de recreación	*recreation room*
galería	*gallery*	salón *(m.)*	*hall, ballroom*
gimnasio	*gymnasium, gym*	teatro	*theater*

Otras palabras *Other words*

aficionado/aficionada	*fan*	equipo	*team*
competencia/competición *(f.)*	*competition*	escultura	*sculpture*
cuadro	*painting*	ganar	*to win*
deportivo/deportiva	*related to sports, sporting*	juego	*game (Monopoly®, hide-and-seek)*
empatar	*to tie*	partido	*game, match*
entrada/boleto	*ticket*	película	*movie, film*
entrenador/entrenadora	*coach*	perder (ie)	*to lose*
entrenar	*to train, coach*	taquilla	*box office*

Expresiones de tiempos definidos *Definite time expressions*

a las cinco de la tarde	*at five in the afternoon*
anoche	*last night*
anteayer	*the day before yesterday*
ayer	*yesterday*
el año pasado	*last year*
el mes anterior	*the month before*
el sábado pasado	*last Saturday*
esta mañana	*this morning*
noche *(f.)*	*evening*
tarde *(f.)*	*afternoon*

Verbos que cambian la raíz en el pretérito *Verbs whose stems change in the preterite*

competir (i)	*to compete*	reír (i)	*to laugh*
conseguir (i)	*to obtain, get*	repetir (i)	*to repeat*
divertirse (ie, i)	*to have fun*	seguir (i)	*to follow*

dormir (ue, u)	to sleep	sentir (ie, i)	to regret
mentir (i)	to lie	sentirse (ie, i)	to feel
morir (ue, u)	to die	sonreír (i)	to smile
pedir (i)	to ask for, request	sugerir (ie, i)	to suggest
preferir (ie, i)	to prefer	vestirse (i)	to get dressed

Cómo añadir información   *Adding information*

Además...	*In addition...*
A propósito/De paso...	*By the way...*
También...	*Also...*

Cómo pedir clarificación   *Asking for clarification*

¿Cómo?	*What?*	¿Perdón?	*Pardon me?*
Dígame (Dime) una cosa.	*Tell me something.*	¿Qué? Otra vez, por favor.	*What? One more time, please.*
Más despacio.	*More slowly.*	Repita (Repite), por favor.	*Please repeat.*
No comprendo./	*I don't understand.*		
No entiendo.			

Cómo pedir opiniones   *Asking for opinions*

¿Cuál prefieres?	*Which do you prefer?*
¿Qué opinas de...?	*What's your opinion about...?*
¿Qué piensas?	*What do you think?*
¿Qué te parece(n)...?	*How does/do... seem to you?*
¿Te gusta(n)...?	*Do you like...?*
¿Te interesa(n)...?	*Are you interested in...?*

Cómo expresar opiniones   *Expressing opinions*

Me gusta(n)...	*I like...*
Me interesa(n)...	*I'm interested in...*
Me parece(n)...	*It seems... to me. (They seem... to me.)*
Opino que...	*It's my opinion that...*
Pienso que...	*I think that...*
Prefiero...	*I prefer...*

Palabras y frases de transición   *Transitional words and phrases*

To show that a similar point is being made

además	*besides, furthermore*
del mismo modo	*similarly*
otra vez	*again*
también	*also, in addition*

To show that a contrasting point is being made

a pesar de	*in spite of*
al contrario	*on the contrary*
aunque	*although*
no obstante	*however*
pero/sino (que)	*but*
por otra parte	*moreover, on the other hand*
sin embargo	*nevertheless*

To show relationships

así	*thus*
en particular	*in particular*
en principio	*in principle*
por eso	*therefore*

To show order of events

al fin y al cabo	*after all*
al principio	*at the beginning*
ante todo	*first of all, first and foremost*
anteriormente	*formerly*
antes/previamente	*previously*
inicialmente	*initially*
en conclusión/en suma	*in conclusion*
en resumen	*in summary*
entonces/después/luego	*then, next*
hasta ahora/hasta aquí	*up to now, so far*
hasta hace poco	*until a little while ago*
para empezar	*to begin with*
por último	*lastly, finally*

C A P Í T U L O

9 La Salud

Una clínica colombiana

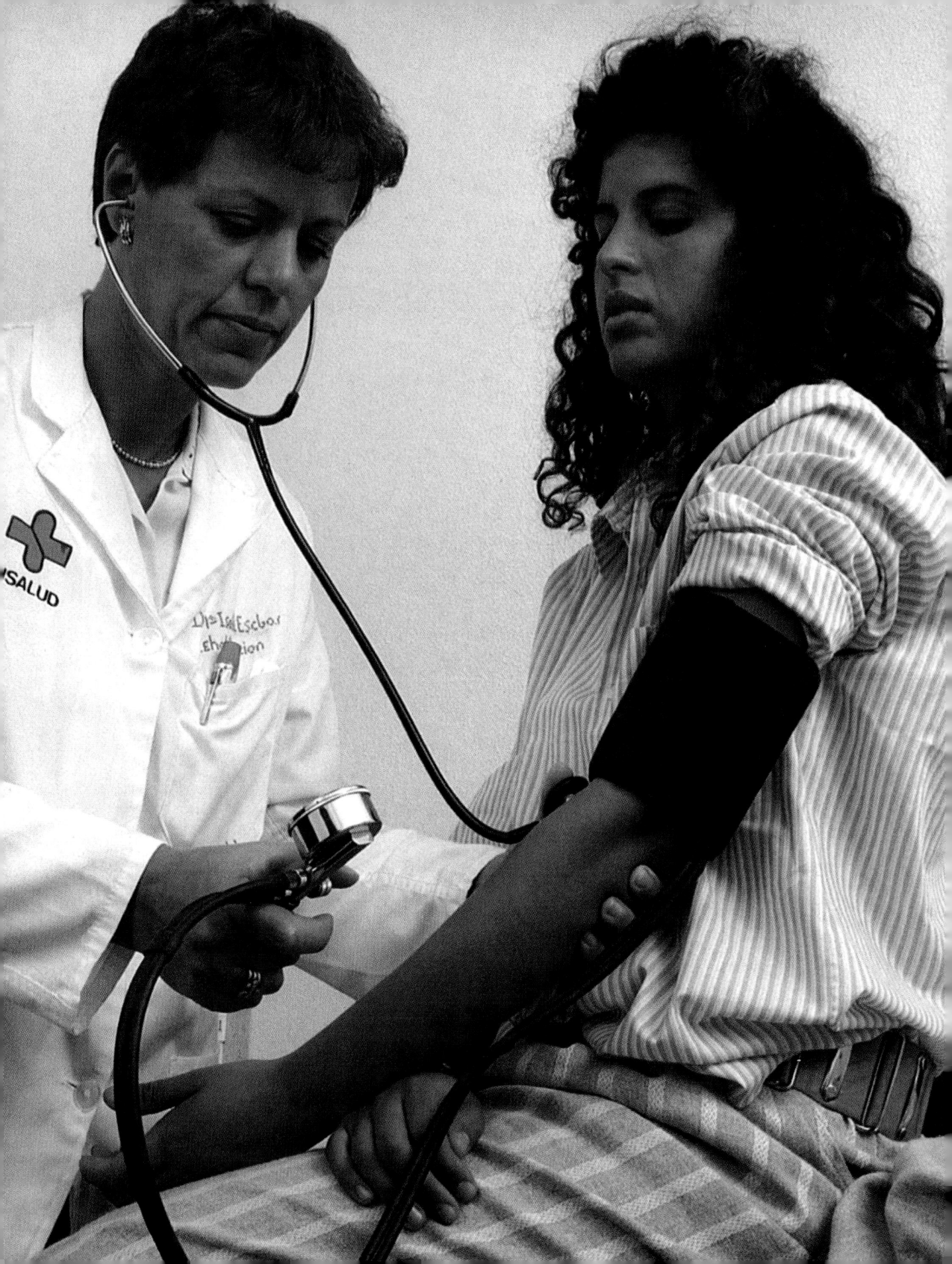

PRIMERA ETAPA Preparación

◆ **Vocabulario esencial for activity 9.2:**

enfadarse	*to get angry*
apretar	*to be tight/ fit tightly*
malestar	*ache*
dolor de cabeza	*headache*

◆ Comprehension questions for activity 9.2:
1. ¿Cuál es el tema de este cuestionario? 2. ¿Cómo sugiere que uno combata el estrés? 3. ¿Cuáles son algunas causas del estrés?

INTRODUCCIÓN

Buena salud. Being in good health is an international issue, and articles on how to maintain one's physical well-being and appearance are featured in newspapers and magazines in all Spanish-speaking countries. These articles range from tips on avoiding stress and maintaining a positive attitude to ideas for meals, diet suggestions, and exercise plans for the weekend athlete.

Antes de leer

9.1 Mejorar la salud. En grupos pequeños, conversen acerca de la salud, tanto lo bueno como lo malo.

■ **Ejemplo** BUENO: ***Corro todas las mañanas antes de ir a clase.***
MALO: ***No bebo mucha agua y como poca fruta.***

A leer

9.2 ¿Qué tal la salud? En parejas, estudien las siguientes preguntas y determinen si tienen o no tienen buena salud.

¿Qué tal la salud?

1. ¿Qué haces por la noche antes de acostarte?
   (O) Hago cosas que me gustan y que me relajan, como leer un libro o escuchar la radio.
   (X) Tomo una cerveza mientras que veo la televisión.
   (+) Trabajo hasta que es hora de dormir. Nunca tengo tiempo para descansar.
2. ¿Qué tomas generalmente al mediodía?
   (+) Una bebida dietética
   (O) Una comida sencilla pero sana
   (X) Una hamburguesa, papas fritas y una Coca-Cola
3. ¿Qué haces cuando tienes dolor de cabeza?
   (O) Salgo a tomar aire para relajarme.
   (X) Me tomo una aspirina.
   (+) Me preocupo porque sé que tengo que continuar trabajando.

4. ¿Qué haces cuando alguien se enfada contigo?
   (X) Empiezo a gritar y a llorar.
   (O) Intento explicar las razones con cierta moderación y al mismo tiempo con firmeza.
   (+) No digo nada y continúo con el trabajo, pero durante el resto del día estoy de mal humor.
5. ¿Practicas algún deporte o haces algún tipo de ejercicio?
   (X) Casi nunca
   (+) Sólo cuando la ropa me aprieta mucho
   (O) Con cierta regularidad
6. ¿Cómo es tu alimentación en general?
   (X) Más bien rica; me gusta comer bien.
   (O) Variada; me gusta comer bien, pero al mismo tiempo trato de controlar lo que como.
   (+) Depende. Algunos días como, otros no.

7. ¿Tienes tiempo para dedicarte a alguna actividad que te gusta, además del trabajo?
   (X) De vez en cuando, pero no tengo preferencias.
   (+) Trabajo demasiado y no tengo tiempo para otras actividades.
   (O) A pesar de estar siempre muy ocupado/a dedico algunos momentos para relajarme.

8. ¿Sufres de dolores de cabeza, depresiones o estrés?
   (O) Muy rara vez
   (+) Con frecuencia
   (X) A veces

RESULTADOS DEL CUESTIONARIO

Más Os ¡Felicitaciones! Gozas de buena salud, así como de buena resistencia al estrés.

Más Xs Tu actitud respecto a tu bienestar físico es de una absoluta falta de interés. Tienes que pensar en mejorar la calidad de tu vida, en hacer más ejercicio y en disminuir la dosis de alcohol, café, tabaco, etc.

Más +s El exceso de trabajo, un ritmo de vida demasiado intenso y la tensión son las causas de tu malestar, que se pueden resumir en una sola palabra: estrés. La calidad de vida es tan importante como el trabajo. Tienes que aprender a descansar y a divertirte más.

9.3 ¿Qué tipo eres tú? En grupos pequeños, conversen acerca de las características de la buena salud, mencionadas en el cuestionario de la actividad 9.2.

■ **Ejemplo** *Según el cuestionario, la buena salud requiere interés personal.*

Después de leer

9.4 Preguntas personales. En parejas, contesten brevemente en español las siguientes preguntas.

1. ¿Qué haces antes de acostarte?
2. ¿Qué tomas mientras ves la televisión?
3. Normalmente, ¿qué comes al mediodía?
4. ¿Te gustan las bebidas dietéticas?
5. Cuando tienes dolor de cabeza, ¿qué tomas?
6. ¿Cuándo te enfadas? ¿Quién se enfada contigo frecuentemente?
7. ¿Qué deportes practicas?
8. ¿Tratas de controlar lo que comes?
9. Además del trabajo o de los estudios, ¿qué otras actividades desarrollas?
10. ¿Cuándo te pones nervioso/nerviosa?

9.5 Sugerencias. En parejas, cuenten cómo van a mejorar su condición física y qué malos hábitos van a cambiar según la información dada en el cuestionario.

■ **Ejemplo** ESTUDIANTE 1: *En vez de estudiar hasta la hora exacta de dormir, voy a ver la televisión o a leer un libro.*

ESTUDIANTE 2: *Por la mañana, sólo bebo café. Voy a intentar comer mejor.*

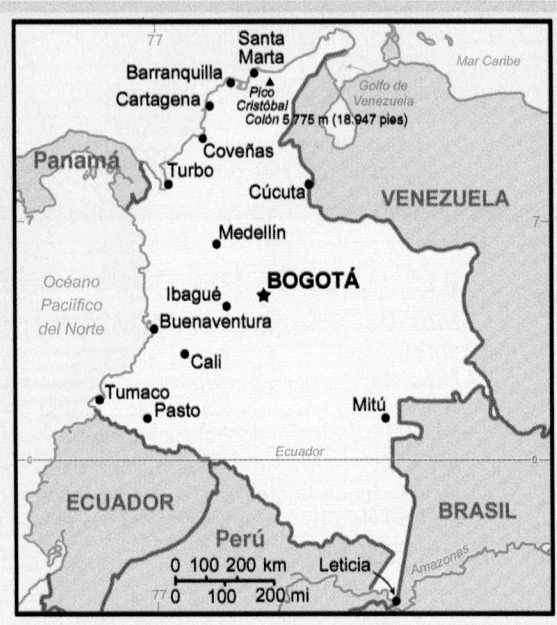

Colombia

CAPITAL	Santafé de Bogotá
GEOGRAFÍA	En Sudamérica; situada al este de Venezuela, al oeste de Brasil, al norte de Perú y Ecuador con costas al Océano Pacífico y al mar Caribe.
ÁREA	439.737 millas cuadradas (1.138.918) kilómetros cuadrados
POBLACIÓN	41.008.227
EXPORTACIÓN	Café, bananos, productos textiles, azúcar, maquinaria, flores, esmeraldas
MONEDA	Peso

Los centros de salud. En Colombia, el sistema de salud más común para la mayoría de los trabajadores es el Seguro Social porque ofrece servicios médicos a bajo costo según ingresos y algunas veces gratuitos. El Seguro Social incluye atención médica y cirugía en los hospitales, y en algunos casos, los medicamentos. También hay centros médicos especializados y clínicas privadas. Para poder ofrecer mejores servicios de salud, todas las grandes ciudades cuentan con planes médicos. Muchas veces estos planes médicos no están al alcance del trabajador común. Los planes médicos incluyen medicina general, medicina preventiva, pediatría, optometría, ortopedia, ginecología y laboratorios clínicos. El plan de medicina preventiva ofrece terapia física y servicios de odontología. Las compañías que ofrecen este servicio equivalen a un buen seguro médico en Estados Unidos.

Cuando uno no se siente bien pero no necesita ir al médico, muchas veces se puede consultar con un farmacéutico que puede recomendar medicamentos para curar un catarro°, una indigestión o algún tipo de dolor muscular. En muchos países hispanos el farmacéutico puede dar medicamentos sin receta médica, aconsejar a la gente, ofrecer algunos servicios: tomar la presión, poner inyecciones y hacer diferentes tipos de análisis. Todos los días una lista de farmacias de turno o de guardia se publica en los periódicos locales en donde se indican el horario y la dirección. En caso de urgencia, la gente puede comprar el medicamento necesario a cualquier hora del día o de la noche.

◆ Comprehension questions for activity 9.6:
1. ¿Cómo se llaman las clínicas? 2. ¿Dónde están?
3. ¿Cuáles son los números de teléfono? 4. ¿Qué servicios ofrecen? 5. ¿Cuándo están abiertas?

9.6 Clínicas colombianas. En grupos pequeños, estudien los anuncios para las clínicas. Determinen sus servicios y compárenlos con los servicios de los hospitales de Estados Unidos.

◼ **Ejemplo** *La Clínica de Especialistas y los hospitales de Estados Unidos ofrecen hospitalizaciones.*

9.7 Preguntas personales. En parejas contesten las siguientes preguntas sobre los servicios médicos de tu universidad.

1. ¿Tienes seguro médico? ¿Cuánto cuesta por trimestre/semestre/año?
2. ¿Cuánto cuesta una consulta médica si tienes un catarro y/o algún tipo de dolor muscular?
3. Cuando estás enfermo/enferma, ¿prefieres ir a tu médico de cabecera° o al centro de salud estudiantil? ¿Por qué?
4. ¿Cuándo fue la última vez que fuiste a urgencias?
5. ¿Cuántas veces al año vas al médico? ¿al dentista?
6. Cuando tienes que comprar un medicamento a las diez o a las once de la noche, ¿adónde vas?
7. ¿Es difícil conseguir un buen tratamiento médico en Estados Unidos si uno no tiene seguro médico?

°**catarro** *cold* **médico de cabecera** *general practitioner*

El servicio de urgencias. En Colombia, como en muchos otros países hispanohablantes, hay buenos servicios de urgencias. Allí acuden los enfermos que requieren una atención inmediata cuando la vida de éstos corre peligro. Los médicos citan como casos de urgencia los accidentes, la aparición de dolor en cualquier parte del cuerpo, los vómitos repetidos, las hemorragias que no se detienen y la diarrea en los niños, entre otros. Hospitales y clínicas privadas ofrecen servicios de urgencias. En estos lugares, hay un grupo de profesionales de salud debidamente cualificado. Este grupo de profesionales incluye enfermeros, enfermeras, médicos generales y médicos especialistas. Por ejemplo, la Organización Sanitas Internacional dispone de una infraestructura tal que sus usuarios y público en general tienen a su disposición los Medicentros. Éstos están especializados en la atención inmediata y en la consulta externa. Los Medicentros están ubicados estratégicamente en todo el país, como por ejemplo, en Santafé de Bogotá, Cali, Medellín, Bucaramanga y Barranquilla. En ellos se atiende a los usuarios las 24 horas del día. Hay médicos generales y especializados preparados para atender inmediatamente a los enfermos.

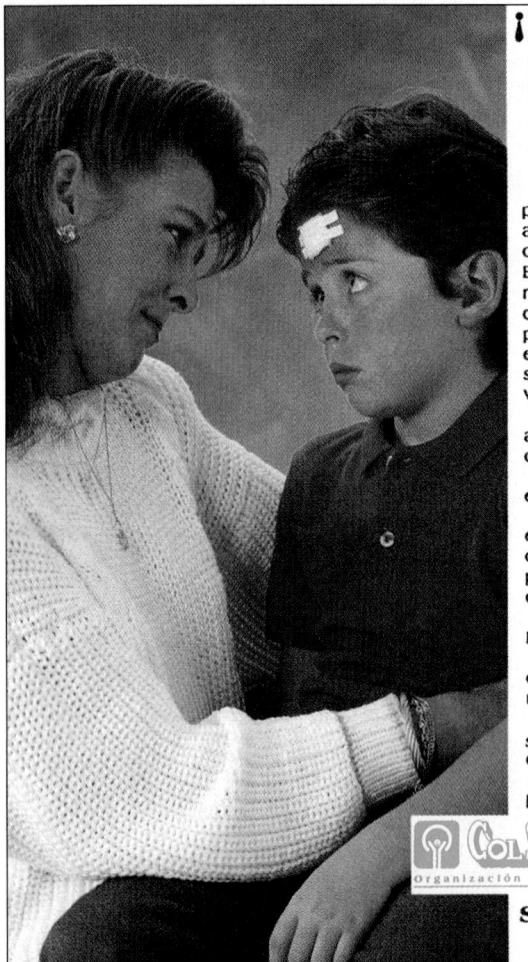

¡La vida es hermosa ... pero frágil!

En cualquier momento puede presentarse un accidente o una emergencia que ponen en peligro la salud. En ése y en todos los momentos, ColSanitas está con usted. ColSanitas le presta servicio de Urgencias en forma cálida y oportuna a sus afiliados, con todas estas ventajas:
• Más centros de atención inmediata disponibles.
• Más profesionales y entidades adscritos.
• Atención de urgencias en más ciudades: 36 en total con carné y en el resto del país, con reembolso del valor de los servicios.
• Respaldo de Sanitas Internacional.
• La más amplia experiencia en asistencia médica integral.
Compare y tome su más sana decisión: afíliese a ColSanitas, que lleva más de 10 años amando y cuidando la vida.

ColSanitas
Organización Sanitas Internacional

Su más sana decisión.

● Santafé de Bogotá ● Armenia
● Barrancabermeja ● Barranquilla
● Bucaramanga ● Cali ● Cartagena
● Cartago ● Cúcuta ● Granada
● Manizales ● Medellín ● Palmira
● Pereira ● Santa Marta ● Villavicencio

9.8 ColSanitas. Estudia el anuncio de *ColSanitas*. Después, en parejas, escriban una lista de los servicios que ofrecen.

■ **Ejemplo**
ColSanitas ofrece servicio de urgencias.

9.9 Opiniones. En varios países el gobierno controla los precios que los laboratorios farmacéuticos pueden asignarles a los medicamentos. En grupos pequeños, conversen acerca de la idea de precios fijos° para los medicamentos en Estados Unidos.

■ **Ejemplo**
En mi opinión, los precios fijos son buenos porque los ancianos no tienen mucho dinero.

°**precio fijo** *fixed price*

EXPRESIONES  Textbook CD  PowerPoint

 Diario de actividades

For additional practice with the vocabulary, see *Diario de actividades*, *Primera etapa: Vocabulario/ Expresiones*.

El cuerpo humano. En esta lección vas a aprender las partes del cuerpo humano y algunas expresiones relacionadas con la salud y el estado físico. Vas a escuchar un texto. Intenta sacar las ideas principales. Después, contesta las preguntas de la actividad 9.10.

 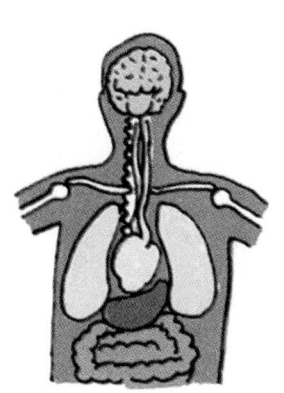 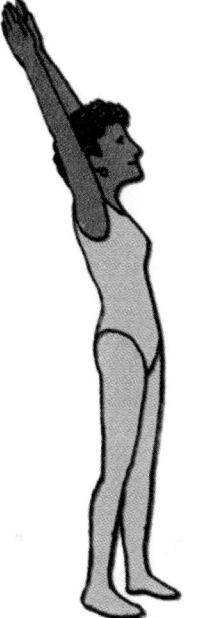

9.10 Comprensión. ¿Entendieron las ideas principales del texto que escucharon? En parejas, estudien las siguientes preguntas y contéstenlas en español.

1. ¿Dónde se encuentran las caderas?
2. ¿A qué se refiere la palabra "extremidades"?
3. ¿Qué hace el codo?
4. ¿Dónde se encuentran o se localizan cuatro de los órganos de los sentidos?
5. ¿Qué sentido está localizado en los ojos?
6. ¿Para qué sirven las cejas?
7. ¿Qué contiene la boca?
8. ¿Qué controla el cerebro?
9. ¿Qué hacen las arterias y las venas?
10. ¿Con qué respira el ser humano?

Para hablar del cuerpo	*Talking about the body*		
adelgazar	*to lose weight*	masticar	*to chew*
aliviar	*to relieve, alleviate*	oler°	*to smell*
doblar	*to bend*	proteger	*to protect*
engordar	*to gain weight*	respirar	*to breathe*
mantenerse (ie)	*to stay fit, keep*	sostener (ie)	*to support*
en forma	*in shape*	tocar	*to touch*

°oler: **huelo, hueles, huele, olemos, oléis, huelen** *to smell*

◆ The plural of *nariz* is *narices.*

Partes de la cabeza   *Parts of the head*

barbilla	*chin*	mejilla	*cheek*
boca	*mouth*	nariz *(f.)*	*nose*
cara	*face*	oído	*(inner) ear*
ceja	*eyebrow*	ojo	*eye*
diente *(m.)*	*tooth*	oreja	*(outer) ear*
frente *(f.)*	*forehead*	párpado	*eyelid*
labio	*lip*	pelo/cabello	*hair*
lengua	*tongue*	pestaña	*eyelash*

Partes del tronco   *Parts of the trunk*

abdomen *(m.)*	*abdomen*	hombro	*shoulder*
cadera	*hip*	muslo	*thigh*
cintura	*waist*	nalga	*buttock*
cuello	*neck*	pecho	*chest, breast*
espalda	*back*		

Extremidades   *Extremities*

brazo	*arm*	pie *(m.)*	*foot*
codo	*elbow*	pierna	*leg*
dedo/pulgar *(m.)*	*finger, toe/thumb*	rodilla	*knee*
mano *(f.)*	*hand*	tobillo	*ankle*
muñeca	*wrist*		

Sentidos   *Senses*

gusto	*taste*
oído	*hearing*
olfato	*smell*
tacto	*touch*
vista	*sight*

Partes del esqueleto   *Parts of the skeletal system*

columna vertebral	*spinal column*
coyuntura	*joint*
hueso	*bone*

Órganos internos *Internal organs*

arteria	*artery*	intestino	*intestine*
cerebro	*brain*	pulmón *(m.)*	*lung*
corazón *(m.)*	*heart*	riñón *(m.)*	*kidney*
estómago	*stomach*	vena	*vein*
hígado	*liver*		

Palabras relacionadas *Related words*

cutis *(m.)*	*facial skin*	respiración *(f.)*	*breathing*
delantero/delantera	*front*	salud *(f.)*	*health*
digestión *(f.)*	*digestion*	sangre *(f.)*	*blood*
inferior	*lower*	sano/sana	*healthy*
piel *(f.)*	*skin*	ser humano	*human being*
postura	*posture*	superior	*upper*

◆ **Vocabulario esencial for
activity 9.13:**

fascículo *part of a serialized
publication*
digerir *to digest*

◆ Comprehension questions for
activity 9.13:
1. ¿De dónde viene este
anuncio? 2. ¿Cuál es el juego
de palabras en el anuncio?
3. ¿Cuál es el tema del artículo
que anuncia?

9.11 Asociaciones. En parejas, identifiquen las
partes del cuerpo que se asocian con los siguientes procesos y actividades.

■ **Ejemplo** el fumar
los pulmones

1. la respiración
2. el beber
3. el correr
4. el tacto
5. el olfato
6. la vista
7. el cantar
8. el hablar
9. la natación
10. los juegos de vídeo
11. el gusto
12. el oído
13. la digestión
14. el ballet
15. el pensamiento

9.12 Simón dice. En parejas, practiquen algunos
mandatos que incluyan partes del cuerpo.

■ **Ejemplo** nariz
ESTUDIANTE 1: ***Simón dice: «Tócate°
la nariz.»***
ESTUDIANTE 2: (Touches his/her nose.)
ESTUDIANTE 1: ***Simón dice: «Levanta°
el brazo izquierdo.»***
ESTUDIANTE 2: (Raises his/her left arm.)
ESTUDIANTE 1: ***«Baja° la cabeza.»***

9.13 Los órganos. En grupos pequeños, identifiquen los órganos que se asocian con cada uno de
los sistemas representados en el anuncio de al lado.

■ **Ejemplo** aparato digestivo → *el intestino*

EL PRÓXIMO
FASCÍCULO
ES MUY FÁCIL
DE DIGERIR
(Pruébalo el domingo)

Aparato Respiratorio

Hígado

Estómago

Intestino
grueso

Riñones

Intestino
delgado

°**tócate** *touch* **levanta** *raise* **baja** *lower*

◆ When talking about body parts, Spanish speakers use the definite article instead of the possessive adjective: **Me duele la cabeza**. *My head hurts.* **Tengo los pies hinchados**. *I have swollen feet.*

◆ **Vocabulario esencial for activity 9.14:**

rompecabezas *puzzle*
número *odd*
  impar *number*
número par *even number*

◆ Comprehension questions for activity 9.14:
1. ¿Cómo se relacionan los números impares? 2. ¿Cómo se relacionan los números pares? 3. ¿Cómo son las personas de dominio del hemisferio derecho? 4. ¿Cómo son las personas de dominio del hemisferio izquierdo?

9.14. Un análisis del cerebro. Descubran si piensan más con el hemisferio izquierdo del cerebro o con el derecho. En grupos pequeños, contesten **Sí** o **No**. Después, estudien el análisis a continuación. ¿Están de acuerdo?

ANÁLISIS DEL CEREBRO

1. Captas los conceptos espaciales.
2. Tienes talento para hacer planes.
3. Tienes buena intuición.
4. Te gusta poner las cosas en secuencia.
5. Tienes una mente lógica y creadora.
6. Aplicas la lógica para resolver problemas.
7. Te gusta bailar y tienes ritmo.
8. Te gustan las lenguas.
9. Aprecias las bellas artes y la música.
10. Tienes una buena memoria.
11. Entiendes fácilmente los aparatos mecánicos.
12. Siempre dices la palabra correcta.
13. Tienes una coordinación física superior.
14. Te gusta analizar los problemas desde varias perspectivas.
15. Puedes calcular las distancias con precisión.
16. Tienes buen sentido del tiempo.
17. Te consideras una persona sentimental.
18. Tienes facilidad para las matemáticas.
19. Te gustan los rompecabezas.
20. Tienes talento para escribir cartas.
21. Siempre tienes nuevas ideas.
22. Mantienes bien arreglado tu escritorio.
23. Aprecias las cosas bellas.
24. Tienes capacidad para los juegos de palabras.

ANÁLISIS

Los números impares miden el hemisferio derecho. Los números pares miden el hemisferio izquierdo. Cuenta todas las respuestas afirmativas que corresponden a los números impares. Después cuenta las respuestas afirmativas que corresponden a los números pares. Si la diferencia entre los totales es dos o menos, no tienes un hemisferio dominante. Si uno de los totales (impares o pares) es más de dos, ése es tu hemisferio dominante.

Dominio del hemisferio derecho   Eres una persona intuitiva y perceptiva. Tienes capacidad para los aparatos mecánicos y entiendes los dibujos mecánicos. Tienes una buena coordinación física.

Dominio del hemisferio izquierdo   Tienes talento para las palabras y lenguas. Usas la lógica y el análisis. Tienes una buena memoria y tienes capacidad para las matemáticas. Tienes un buen sentido del tiempo.

9.15 Seres vivos. En parejas, estudien el siguiente índice de materias de la enciclopedia *Seres Vivos* y busquen la definición adecuada para las partes del cuerpo.

■ **Ejemplo**   cráneo
  Es la parte del esqueleto que corresponde a la cabeza.

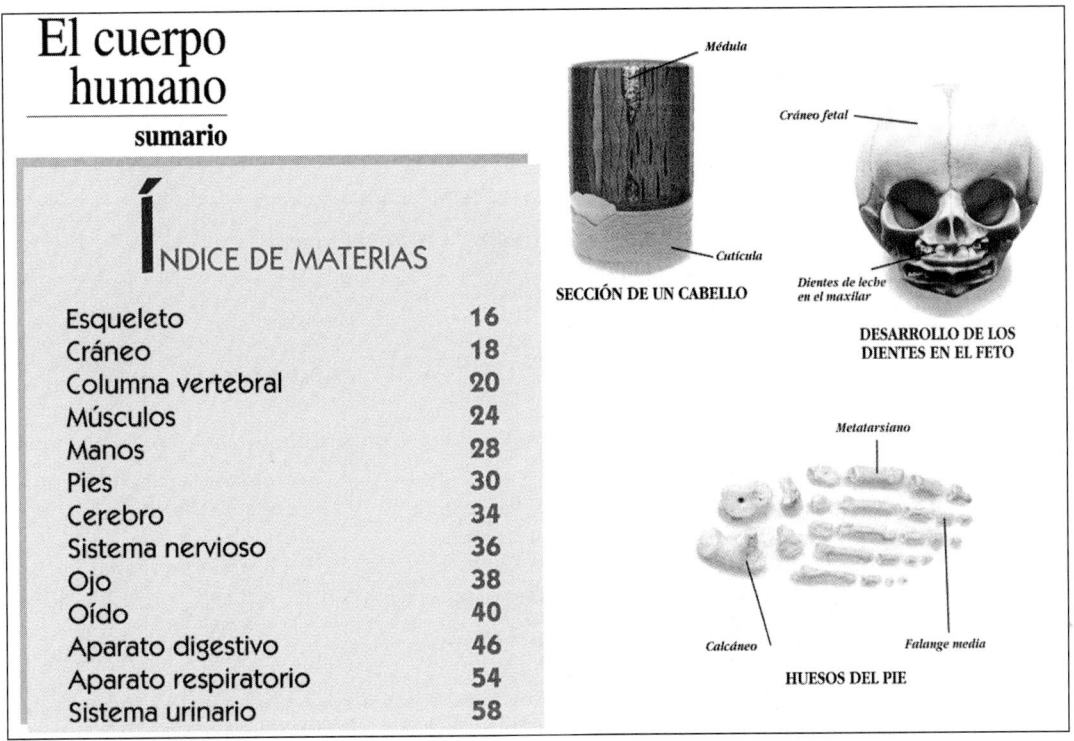

El cuerpo humano
sumario

Médula

Cutícula

SECCIÓN DE UN CABELLO

Cráneo fetal

Dientes de leche en el maxilar

DESARROLLO DE LOS DIENTES EN EL FETO

Metatarsiano

Calcáneo

Falange media

HUESOS DEL PIE

1. Los riñones filtran las toxinas y sin ellos una persona no podría vivir.
2. Central de intercambio de gases del cuerpo con el exterior.
3. Informa al cerebro de los sonidos que le llegan y de la posición del individuo en el espacio.
4. Órganos de recepción y transformación de las materias líquidas y sólidas necesarias para la obtención de energía, de protección frente a invasiones de microorganismos ajenos al cuerpo.
5. Es el órgano encargado de transformar la luz en impulsos nerviosos.
6. La más compleja red de comunicación conocida hasta el momento.
7. El órgano que más nos diferencia del resto de los animales.
8. Nos sirve de soporte y nos ayuda a mantener el equilibrio en la marcha bípeda°.
9. Es probablemente la herramienta° más útil del Reino Animal.
10. Permiten la mayor parte de los movimientos del cuerpo.
11. Es la parte del esqueleto que mayor trabajo realiza a lo largo de nuestra vida.
12. Es la parte del esqueleto que corresponde a la cabeza.
13. Sin un soporte rígido, sería imposible la existencia de algunos animales, incluso de tamaño pequeño.

°**bípedo/bípeda** *two-legged*   **herramienta** *tool*

 **Diario de actividades**

For additional practice with the structures, see ***Diario de actividades**, Primera etapa: Vocabulario/Así es*.

ASÍ ES

Cómo describir síntomas

The embassies, *oficinas de turismo*, or hotel concierges in Colombia will provide the names of English-speaking physicians, and many major hotels and hospitals have translators available. For a mild case of indigestion or a headache, however, a trip to the local pharmacy will usually suffice. The following phrases will help you describe some typical symptoms.

En la farmacia	*At the pharmacy*
desmayarse	*to faint*
estornudar	*to sneeze*
fracturarse/romperse	*to break*
marearse	*to feel/get dizzy*
vomitar	*to vomit*
tener catarro	*to have a cold*
diarrea	*diarrhea*
dolor *(m.)* de garganta	*a sore throat*
dolores musculares	*muscle aches*
el pulso acelerado	*a rapid pulse rate*
erupción *(f.)*	*a rash*
fiebre *(f.)*	*a fever*
mareos	*dizziness (to be dizzy)*
tos *(f.)*	*a cough*
Me duele la cabeza/ la espalda, etc.	*I have a headache/ backache, etc.*
Me duele todo el cuerpo.	*My whole body aches.*
Me tiemblan las manos.	*My hands are shaking.*
necesitar pastillas (contra la fiebre/los mareos, etc.)	*to need pills (for fever/ dizziness, etc.)*
necesitar una receta/unas aspirinas/un antibiótico/ gotas/jarabe para la tos	*to need a prescription/aspirins/ antiobiotics/ drops/cough syrup*
padecer (padezco) de asma	*to suffer from asthma*

9.16 No me encuentro bien. En parejas, representen una consulta médica. Una persona describe sus síntomas y la otra recomienda el tratamiento.

■ **Ejemplo** ESTUDIANTE 1: ***Tengo fiebre y me duele la cabeza.***
ESTUDIANTE 2: ***Debes tomar dos aspirinas y quedarte en cama.***

9.17 Tengo que faltar a clase. En parejas, escriban una excusa para su profesor o profesora explicándole por qué tienen que faltar a clase.

9.18 Dios cura pero el médico se lleva la plata°. En grupos pequeños, describan los síntomas de las siguientes enfermedades. Recomienden remedios caseros o médicos.

■ **Ejemplo** la gripe

ESTUDIANTE 1: *Tengo mareos y diarrea.*
ESTUDIANTE 2: *Bebe muchos líquidos y toma aspirina.*

Problemas de salud *Health problems*

alergia	*allergy*	insomnio	*insomnia*
anorexia	*anorexia*	mononucleosis *(f.)*	*mononucleosis*
asma *(m.)*	*asthma*	paperas	*mumps*
cortada	*cut*	quemadura (de sol)	*(sun) burn*
depresión *(f.)*	*depression*	resaca	*hangover*
estreñimiento	*constipation*	resfriado	*cold*
fractura	*broken bone, fracture*	rubéola	*German measles*
gripe *(f.)*	*flu*	sarampión *(m.)*	*measles*
hepatitis *(f.)*	*hepatitis*	SIDA	*AIDS*
hipertensión *(f.)*	*hypertension, high blood pressure*	varicela	*chicken pox*
inflamación *(f.)* de la garganta	*strep throat*	VIH	*HIV*

9.19 En el consultorio. Cuando no nos sentimos bien y vamos al médico, éste nos hace preguntas sobre nuestro estado. En parejas, pregunten y den información sobre su salud.

■ **Ejemplo** tomar vitaminas

ESTUDIANTE 1: *¿Hace cuánto tiempo que tomas vitaminas?*
ESTUDIANTE 2: *Hace un año que tomo vitaminas.* OR
Nunca tomo vitaminas.

1. sufrir de depresión
2. tener hipertensión
3. padecer de insomnio
4. dolerle la cabeza
5. tener gripe
6. tener resaca
7. sufrir de alergias
8. estar cansado/cansada
9. no comer bien
10. tener dolores musculares

9.20 Achaques universitarios. En parejas, estudien el siguiente artículo y adivinen las enfermedades típicas de los estudiantes. ¿Están de acuerdo?

Achaques universitarios

Ramón Bayes y María Dolores Riba, profesores de la facultad de Psicología de Barcelona, han realizado un estudio según el cual casi la cuarta parte de los estudiantes universitarios padecen de dolores de cabeza, el 13% sufre de estreñimiento y más del 8% tiene etapas de insomnio. El trabajo revela también que un 25% se muerde las uñas y un 3.5% tiene tendencia a arrancarse el pelo de la cabeza. Un dato curioso es que las mujeres sufren más de dolores de cabeza que sus colegas, así como de estreñimiento, mientras que los hombres las superan en tics nerviosos. El resto de los problemas están repartidos por igual entre ambos sexos mientras son estudiantes universitarios. ■

de mía

◆ Comprehension questions for activity 9.20:
1. ¿Quiénes realizaron el estudio? 2. ¿Dónde enseñan?
3. ¿Quiénes participaron en el estudio? 4. ¿Quiénes sufren más de dolores de cabeza, los hombres o las mujeres?
5. ¿Quién tiene más tics nerviosos? 6. ¿Cuáles son las enfermedades más típicas de los estudiantes? 7. ¿De qué padeces tú?

◆ **Vocabulario esencial for activity 9.20:**

achaque	*ailment*
arrancar	*to pull out*
morder	*to bite*
uña	*fingernail*

°**Dios cura pero el médico se lleva la plata.**
God cures but the doctor gets the money.

SEGUNDA ETAPA Funciones

 Diario de actividades

For additional practice with informal commands, see the *Diario de actividades, Segunda etapa: Primera función*.

PRIMERA FUNCIÓN
Giving direct orders using regular informal commands

▲ IMPERATIVE forms are used, both in English and in Spanish, when giving direct orders or commands (**mandatos**). Some examples in English of affirmative and negative commands are:

Warm up before exercising.
Walk two miles every day.
Don't drink too much coffee.
Don't smoke.

▲ Spanish has several kinds of command forms. In this chapter, you will learn how to give INFORMAL COMMANDS. Informal commands, like the **tú** form of verbs, are used with family, friends, and people of your own age. In some Hispanic cultures, informal commands may be used with domestic helpers, such as maids and gardeners. Both affirmative and negative informal commands may be softened by adding **por favor**.

As you study the chart below, which shows the AFFIRMATIVE INFORMAL COMMANDS for regular -**ar**, -**er**, and -**ir** verbs, notice that in each instance the command form is exactly the same as the **usted** form of the verb in the present tense.

Study the following examples about what to do if you have flu symptoms.

Toma antibióticos por la mañana y por la noche.
Bebe muchos líquidos.
Duerme por lo menos ocho horas al día.

Mandatos afirmativos informales *Affirmative informal commands*			
	-ar	**-er**	**-ir**
VERBO	nadar	correr	abrir
MANDATO	na**da**	corr**e**	abr**e**

9.21 Cómo curar los ronquidos. En parejas, estudien el siguiente artículo sobre cómo evitar los ronquidos. Usando el artículo como modelo, determinen las recomendaciones para combatir otra enfermedad.

■ **Ejemplo** la gripe
  Bebe mucha agua.

◆ **Vocabulario esencial for activity 9.21:**

peso	*weight*
tejido	*tissue*
vía respiratoria	*airway*
somnífero	*sleeping pill*
trago	*drink, "shot"*
ruido	*noise*
recurrir	*to consult*
ronquido	*snore*

◆ Comprehension questions for activity 9.21:
1. ¿Cómo se debe dormir para evitar los ronquidos? 2. ¿Qué se debe evitar? 3. ¿Cómo afectan los ronquidos el exceso de peso? 4. ¿Cómo se puede bloquear los ronquidos?
5. ¿A quién se debe consultar?

Tratamientos para combatir los ronquidos

→ Duerme con la cabeza un poco elevada.

→ Baja de peso. Al engordar, también aumenta el volumen de los tejidos de la garganta, lo que favorece el bloqueo de las vías respiratorias.

→ Evita los tranquilizantes, somníferos o antihistamínicos pues deprimen el sistema nervioso central.

→ Reduce el consumo del alcohol, que también actúa como depresivo del sistema nervioso central. Según un estudio del Colegio de Medicina de la Universidad de Florida, 20 hombres que bebieron un promedio de cinco tragos antes de acostarse roncaron más que los que iban a dormir sobrios.

→ Bloquea el ruido. En algunos países es común vender aparatos de "ruidos blancos" que reproducen el sonido de las olas o de lluvias fuertes. Compra una máscara para evitar la luz.

→ Recurre al especialista.

9.22 Una vida sana. Para evitar enfermedades, es bueno cuidar la alimentación, hacer ejercicio y llevar una vida sana. En grupos pequeños, hagan recomendaciones basadas en la siguiente información.

■ **Ejemplo**   beber muchos líquidos
   Bebe muchos líquidos.

1. tomar una aspirina todos los días
2. descansar después de comer
3. dormir ocho horas cada noche
4. evitar comida con grasa°
5. comer fruta fresca
6. tomar vitamina C con calcio
7. dejar de fumar
8. comprar productos con menos cantidad de azúcar°
9. caminar en vez de ir en auto a los sitios que están cerca
10. nadar en la piscina
11. trabajar con luz directa
12. disminuir la cantidad de cafeína

9.23 Para una mejor vida. En grupos pequeños, hagan sugerencias para combatir el estrés. Expliquen lo que tienen que hacer para mejorar su forma de vivir. Mencionen cómo, dónde o con quién se puede hacer cada actividad.

■ **Ejemplo**   cultivar el jardín
   Cultiva el jardín. Planta flores alrededor de la casa o en macetas.

1. pasear
2. montar a caballo o andar en bicicleta
3. practicar un deporte
4. nadar
5. tomar vitamina C con calcio
6. pintar o dibujar
7. levantar pesas o practicar yoga
8. leer un buen libro
9. escuchar música o tocar un instrumento musical
10. echar una siesta

°**grasa** *fat*   **azúcar** *sugar*

▲ The Negative informal commands are a bit more complex. They are formed by taking the **yo** form of the verb, removing the **-o** ending, and adding the opposite vowel (**a → e** or **e → a**) plus **-s**. The word **no** goes directly in front of the verb. The commands have all the stem changes that normally occur in the present indicative. Read the following examples about household safety and study the chart before beginning the activities.

No **levantes** objetos pesados sin la ayuda de alguien.
No **dejes** medicamentos cerca de los niños.
No **te subas** encima de sillas o mesas para cambiar bombillas.

Mandatos negativos informales *Negative informal commands*			
VERB	**yo** FORM MINUS **o**	PLUS OPPOSITE VOWEL	PLUS **s**
nadar	nado - o = nad	nad + e = nade	no nade**s**
comer	como - o = com	com + a = coma	no coma**s**
abrir	abro - o = abr	abr + a = abra	no abra**s**

9.24 Primeros auxilios. ¿Qué se debe hacer durante una tormenta? ¿Cómo se trata una quemadura? En parejas, elijan la acción adecuada para cada caso.

■ **Ejemplo** hablar por teléfono durante una tomenta
*No **hables** por teléfono durante una tormenta.*

1. buscar rápidamente refugio debajo de un árbol
2. colocar los aparatos eléctricos cerca de la bañera
3. buscar información sobre las vacunas obligatorias
4. tomar mucho sol

a. en la playa
b. en el hogar
c. durante una tormenta
d. en los viajes

9.25 Es posible hacer demasiado ejercicio. En grupos pequeños, estudien el siguiente artículo y conversen sobre la tendencia a hacer exceso de ejercicio.

■ **Ejemplo** *No **corras** más de dos millas al día.*

¡Protégete contra el dolor!

Existe una infinidad de problemas como una lesión por ejercicio, una condición congénita, como la espina encorvada, o algo de menor gravedad como una mala postura que pueden dejarte agonizando de dolor por años. El dolor crónico es difícil de controlar, ya que puede ser causado por múltiples factores—puede ser el resultado de una enfermedad grave o de un accidente de hace años. Hay diversos tratamientos para el dolor crónico, desde medicina, convencional hasta técnicas de relajación y remedios naturistas. Sin embargo, hay formas de prevenir el dolor crónico sin necesidad de médicos ni consultorios: come sanamente; mantén tu flexibilidad con estiramientos y ejercitándote diariamente; aprende a tener una buena postura; ejercita tus músculos de la espalda así como los abdominales; duerme en un buen colchón; siempre calza zapatos cómodos; y no olvides utilizar el cinturón de seguridad para prevenir lesiones por paradas repentinas. Esto te ayuda a prevenir el dolor, pero si los síntomas persisten por más de dos semanas consulta a tu médico a la mayor brevedad posible.

▲ Direct and indirect object pronouns and reflexive pronouns may be used with informal commands. They are *attached* to AFFIRMATIVE COMMANDS, but they *precede* the verb in NEGATIVE COMMANDS. The indirect object or the reflexive pronoun precedes the direct object pronoun and an accent mark is written over the stressed vowel. Remember that the indirect object pronouns **le** and **les** always change to **se** when used together with the direct object pronouns **lo**, **la**, **los**, and **las**. Study the following examples:

¿Es importante levantar **pesas** cada dos días?	Sí, levánta**las** cada dos días.
¿Es necesario tomar**le** la temperatura al niño?	Sí, tóma**le** la temperatura.
¿Hay que comprar**le vitaminas al niño**?	Sí, cómpra**selas**.
¿Debo tomar **medicamentos** sin consultarle al médico?	No, no **los** tomes.
¿Debo bañar**me** con agua caliente cuando tengo fiebre?	No, no **te** bañes con agua caliente sino con agua tibia.

9.26 Preguntas. En parejas, hagan preguntas sobre si deben o no deben realizar las siguientes actividades. No se olviden de incluir el pronombre cuando sea necesario.

■ **Ejemplo** tomar bebidas alcohólicas
ESTUDIANTE 1: *¿Debo tomar bebidas alcohólicas?*
ESTUDIANTE 2: *No, no las tomes.* OR
Tómalas con moderación.

1. fumar cigarrillos
2. tomar vitaminas en vez de comer tres comidas diarias
3. preocuparse mucho por la salud
4. comprar comida con muchos conservantes y aditivos
5. practicar artes marciales
6. tomarse la presión arterial todos los años
7. llevar gafas° en vez de lentes de contacto
8. cultivar verduras sin echarles pesticidas
9. tomar pastillas de Biodramina° antes de viajar en avión
10. llamar al médico de cabecera por un dolor de estómago
11. comer pescado° cuatro veces a la semana
12. beber diez vasos de agua cada día

SEGUNDA FUNCIÓN
Giving direct orders using irregular informal commands

▲ In Spanish, several irregular verbs have IRREGULAR AFFIRMATIVE INFORMAL COMMAND forms. These forms, the most common of which are shown in the chart on the next page, should be memorized.

 Diario de actividades

For additional practice with irregular informal commands, see the *Diario de actividades, Segunda etapa: Segunda función*.

°gafas *glasses* **Biodramina** *Dramamine* **pescado** *fish*

9.27 Calvin. En parejas, estudien la siguiente historieta e identifiquen los mandatos que usa la madre de Calvin.

◆ **Vocabulario esencial for activity 9.27:**

Como si fuera *As if it were*
mi culpa *my fault*
escondite *hiding place*

◆ Comprehension questions for activity 9.27:
1. ¿A qué juega Calvin?
2. ¿Dónde lo encuentra su madre? 3. ¿Dónde estaba Calvin? ¿Por qué estaba sucio?
4. ¿Qué tiene que hacer Calvin?

Mandatos afirmativos informales de verbos irregulares
Irregular affirmative informal commands

VERBO	MANDATO AFIRMATIVO	
dar	da	¡**Da**le de comer al niño!
decir	di	¡**Di** siempre la verdad!
hacer	haz	¡**Haz** ejercicio todos los días!
ir(se)	ve(te)	¡**Ve** al dentista cada seis meses!
poner	pon	¡**Pon** hielo en la quemadura!
salir	sal	¡**Sal** enseguida!
ser	sé	¡**Sé** prudente con los medicamentos!
tener	ten	¡**Ten** cuidado con la comida!
venir	ven	¡**Ven** aquí!

9.28 En la misma casa. En parejas, conviertan las siguientes frases en mandatos informales.

■ **Ejemplo**   poner la mesa
   Pon la mesa.

1. hacer la cama
2. poner los libros en la estantería
3. darle de comer al gato
4. ir de compras
5. decirle al profesor que estás enfermo/enferma
6. ser un poco más tolerante
7. tener paciencia con tus amigos
8. venir aquí para ayudarme con la limpieza
9. hacer la tarea antes de la una de la mañana
10. salir con los amigos de vez en cuando

9.29 ¡Qué niños! Todas las personas que cuidan a los niños saben la importancia de los mandatos informales. En parejas, escriban una lista de los mandatos afirmativos que serían más útiles con un niño o una niña de seis años. Enfóquense en la salud y el bienestar.

■ **Ejemplo** *Vete a dormir ahora mismo.*

▲ In the chart on the next page, which shows the NEGATIVE INFORMAL COMMAND forms of IRREGULAR verbs, you will noticed that most of the forms are based on the first person singular (**yo**) present indicative form. As a general rule, the negative informal command forms of verbs with a **yo** form ending in **-go** or **-zco** in the present indicative are based on this form. For example:

traer/traigo → no **traigas**
desaparecer/desaparezco → no **desaparezcas**
conducir/conduzco → no **conduzcas**

Mandatos informales negativos de verbos irregulares *Irregular negative informal commands*		
VERBO	**MANDATO NEGATIVO**	
dar	no des	¡**No** les **des** tus medicamentos a otros enfermos!
decir	no digas	¡**No digas** mentiras!
hacer	no hagas	¡**No hagas** tonterías!
ir(se)	no te vayas	¡**No te vayas** sin pedir permiso!
poner	no pongas	¡**No** le **pongas** demasiada sal a la comida!
salir	no salgas	¡**No salgas** sin abrigo!
ser	no seas	¡**No seas** tan impertinente!
tener	no tengas	¡**No** les **tengas** tanto miedo a los dentistas!
venir	no vengas	¡**No vengas** a clase sin tu tarea!

◆ There are also affirmative and negative command forms for *vosotros*. These are formed by changing the final **-r** of the infinitive to **-d**. For example:

hablar → habla_d_
comer → come_d_
escribir → escribi_d_
ir → i_d_, salir → sali_d_

When the affirmative command of **vosotros** is used with the reflexive pronoun **os**, the final **-d** is dropped. For example:
bañar → baña_os_
poner → pone_os_

The negative command forms of **vosotros** are formed by using the opposite vowel in the verb ending. For example:
hablar → no habl_éis_
comer → no com_áis_
escribir → no escrib_áis_

9.30 La primera semana de clases. Los nuevos estudiantes en la universidad siempre necesitan consejos sobre lo que se debe y lo que no se debe hacer para poderles sacar el máximo provecho° a los estudios. En parejas, denles cinco consejos a estos estudiantes usando verbos irregulares.

■ **Ejemplo** *No vayas a los bares todas las noches.*

9.31 Antes de comenzar. Antes de comenzar una dieta, un programa de ejercicios u otras actividades que requieran un buen estado físico, debes consultar con un médico. En parejas, aconsejen a una persona que quiera comenzar a cuidarse más.

■ **Ejemplo** *No practiques el esquí acuático sin previo entrenamiento.*

▲ Direct and indirect object pronouns and reflexive pronouns are attached to affirmative commands, but they precede the verb in negative commands. The indirect object or the reflexive pronoun precedes the direct object pronoun. Remember to write an accent mark over the stressed vowel, if necessary. Study the following conversation.

°**provecho** *advantage*

9.32 ¿Sí o no? En parejas, utilicen las siguientes frases para hablar sobre la salud. Después, decidan si los consejos son buenos o malos.

■ **Ejemplo** ponerle mucha sal a la comida
ESTUDIANTE 1: *¿Debo ponerle mucha sal a la comida?*
ESTUDIANTE 2: *No, no se la pongas.*

1. ir al dentista cada tres años
2. hacer ejercicios aeróbicos
3. salir a la calle sin abrigo
4. ser prudente con las bebidas alcohólicas
5. hacerse un examen médico todos los años
6. decirle toda la verdad al médico
7. tener siempre en casa antibióticos y pastillas para el dolor
8. ir a urgencias cuando tienes catarro
9. poner los lentes de contacto en agua destilada

9.33 La computadora y la vista. En grupos pequeños, estudien el siguiente artículo sobre los efectos de la computadora en la vista. Resuman el contenido del artículo en forma de una lista de mandatos afirmativos y negativos irregulares.

■ **Ejemplo** *Ten cuidado al trabajar con la computadora.*

◆ **Vocabulario esencial for activity 9.33:**

adelanto *advance*
pantalla *screen*
fondo *background*

◆ Comprehension questions for activity 9.33:
1. ¿Por qué hay que tener cuidado al usar la computadora? 2. ¿Cuáles son las recomendaciones para prevenir problemas? 3. ¿Para qué se recomiendan los cactus?

La computadora y la vista

Hoy en día, por el trabajo y con todos los adelantos tecnológicos como Internet y el correo electrónico, pasamos gran parte del día trabajando en una computadora, pero hay que tener mucho cuidado, pues esto puede afectar tu vista. Para prevenir cualquier problema únicamente tienes que tomar algunas precauciones como situar el monitor en posición perpendicular hacia las ventanas, utilizar un monitor de pantalla plana, no usar fondos de colores brillantes, limpiar tu monitor con regularidad, trabajar con luz directa y descansar la vista 10 minutos cada hora. También se cree que los cactus te protegen de la radiación que libera tu computadora. Como ves, son pasos sencillos que te pueden evitar problemas muy serios.

de Marie Claire

TERCERA FUNCIÓN

Giving direct orders and advice using formal commands

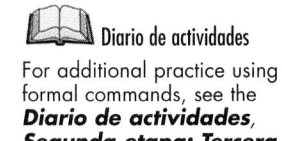 Diario de actividades

For additional practice using formal commands, see the **Diario de actividades, Segunda etapa: Tercera función**.

▲ In the *Primera* and *Segunda funciones*, you learned how to give orders to family and friends with informal commands. Now you will learn how to give orders and instructions to people or groups you address as **usted** or **ustedes**. As you will see, the formation of the FORMAL COMMANDS is similar to that of the negative informal commands.

▲ To form the SINGULAR FORMAL (**usted**) COMMAND of regular verbs, drop the **-o** ending from the **yo** form of the present indicative tense and add **-e** for **-ar** verbs and **-a** for **-er** and **-ir** verbs. The PLURAL FORMAL (**ustedes**) COMMAND is formed by adding **-n** to the singular command form. The negative commands are formed by adding the word **no** before the verb.

◆ Comprehension questions for Johnson's:
1. ¿Para qué se usa este producto? 2. ¿Para quiénes se recomienda? 3. ¿Cuáles son sus efectos?

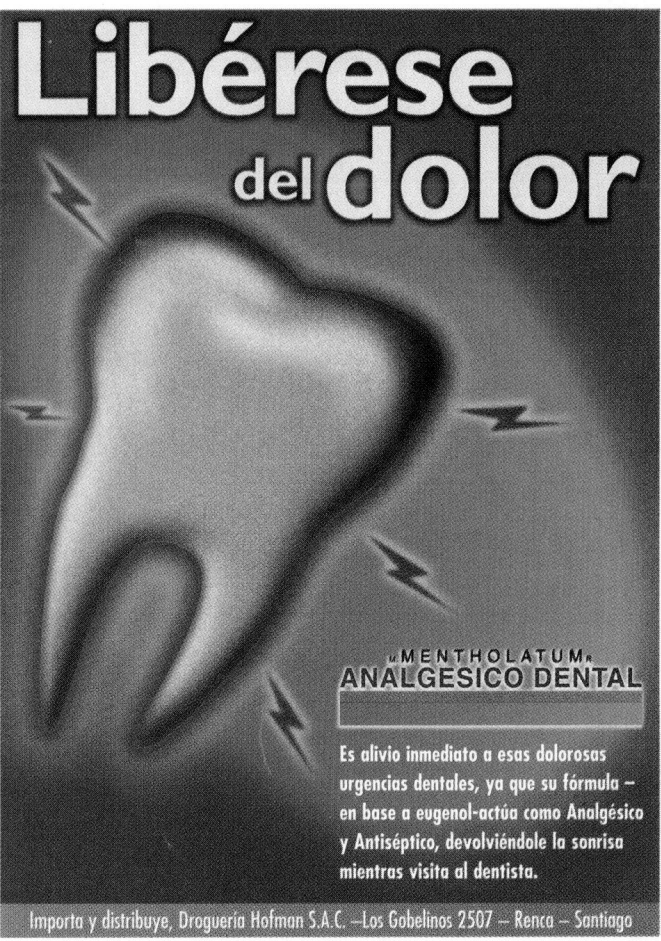

◆ Verbs with *yo* form ending in **-go** or **-zco** in the present indicative have formal commands like the following examples:

decir → (no) <u>diga(n)</u>
hacer → (no) <u>haga(n)</u>
poner → (no) <u>ponga(n)</u>
salir → (no) <u>salga(n)</u>
tener → (no) <u>tenga(n)</u>
venir → (no) <u>venga(n)</u>
conocer → (no) <u>conozca(n)</u>
producir → (no) <u>produzca(n)</u>

◆ Comprehension questions for FEMEC:
1. ¿Qué es FEMEC?
2. ¿Dónde está? 3. ¿Cuáles son los beneficios que ofrece FEMEC?

Mandatos formales
Regular formal commands

-ar		-er	
respire	respiren	coma	coman
no respire	no respiren	**no** coma	no coman

-ir		Reflexivos	
viva	vivan	siéntese	siéntense
no viva	no vivan	**no se** siente	**no se** sienten

▲ There are several irregular formal commands. These should be memorized. Here are the most common ones.

Mandatos formales irregulares
Irregular formal commands

VERBO	SINGULAR	PLURAL
dar	dé	den
estar	esté	estén
ir	vaya	vayan
saber	sepa	sepan
ser	sea	sean
ver	vea	vean

▲ As you study the following examples, notice the PLACEMENT of direct and indirect object pronouns and reflexive pronouns.

—¿Necesito tomar **las vitaminas** para el crecimiento?
—Sí, tóme**las**.
OR
—No, no **las** tome.

—¿Debo llamar **al médico** si padezco de insomnio?
—Sí, lláme**lo**.
OR
—No, no **lo** llame.

—Para aliviar las quemaduras, ¿tengo que bañar**me** con agua fría?
—Sí, báñe**se** con agua fría.
OR
—No, no **se** bañe con agua fría.

9.34 Contra la droga. En parejas, estudien el siguiente anuncio e identifiquen todos los mandatos formales. Después, escriban tres mandatos más para incluirlos en la campaña contra el consumo de drogas.

◆ **Vocabulario esencial for activity 9.34:**

porte (m.) possession
firma signature
sede (f.) headquarters

◆ Comprehension questions for activity 9.34:
1. ¿Cuál es el tema del anuncio? 2. ¿Qué pide? 3. ¿Cuál es la fecha límite para la campaña?

Si usted no comparte la despenalización del consumo de la dosis personal de droga, apóyenos en la iniciativa de convocar a un referéndum para prohibir su porte y consumo.

Recoja firmas en el formato punteado, o fotocopia y envíelo a la Cra. 7 N° 57–67 en Bogotá o a las sedes de la campaña en el país, a más tardar, el lunes 30 de mayo.

de *La Nación*

9.35 En el consultorio. En parejas, practiquen los mandatos que le daría el médico a su paciente.

■ **Ejemplo**   sacar la lengua
              Saque la lengua.

1. respirar profundo
2. extender los brazos
3. abrir la boca
4. levantar los pies
5. acostarse en posición totalmente horizontal
6. ir a la farmacia más cercana con esta receta
7. dejar de fumar
8. no comer comida con muchas especias
9. hacer más ejercicio
10. doblar la rodilla

9.36 En la sala de urgencias. En grupos pequeños, den diez mandatos que se escuchan frecuentemente en la sala de urgencias.

■ **Ejemplo**   ***Este paciente tiene fiebre. Póngale una inyección.***

En el consultorio *At the doctor's office*	
examen (médico)	*examination*
historia médica	*medical history*
medicamento	*medication*
poner(le) una inyección	*to give (someone) an injection*
prueba	*test*
recetar	*to prescribe*
tomar(le) un examen de rayos X	*to take x-rays (of someone)*
tomar(le) la presión arterial	*to take (someone's) blood pressure*
tomar(le) la temperatura	*to take (someone's) temperature*
tratamiento	*treatment*
vacunar	*to vaccinate*

9.37 Cómo mejorar la salud pública. Seguro que tienen opiniones sobre la política o el gobierno. En grupos pequeños, sugieran diez mandatos para los políticos de tu ciudad, región o país para la mejora de la salud pública.

■ **Ejemplo** *No permitan los vertidos tóxicos.*

9.38 Diez consejos. En parejas, estudien el siguiente artículo de Flex e identifiquen los mandatos formales. Después, den cinco consejos para dormir mejor. Expresen sus propios consejos para dormir bien.

■ **Ejemplo** *Evite los estimulantes.*

TERCERA ETAPA Estrategias

COMPRENSIÓN AUDITIVA Textbook CD

 Diario de actividades

For additional listening practice,
see *Diario de actividades,*
Tercera etapa: Estrategias/
Comprensión auditiva.

Recognizing the speaker's intent. Recognizing the intent of the speaker is another helpful listening strategy. For example, in a radio commentary, the speaker may criticize the effects of secondhand smoke or may comment on the efforts to ban cigarettes in public buildings. During the "critic's corner", a film reviewer may offer an opinion about a recent box-office hit or may critique the latest Broadway production. When listening to a speaker or speakers, one needs first to identify the form of the discourse: a free exchange (spontaneous free speech between two or more people), deliberate free speech (interviews and discussions), an oral presentation of a written text (newscasts and lectures), or an oral presentation of a fixed script (plays or films). Once you have placed what you hear in the proper context, you can then begin to focus on the tone for cues that will help you predict the oral message.

Antes de escuchar

9.39 Temas. En parejas, piensen en algunos temas sobre la salud que serían apropiados para expresar las siguientes intenciones.

■ **Ejemplo**   para criticar
         uso de tabaco, uso excesivo del alcohol, falta de ejercicio

1. para persuadir
2. para defender
3. para advertir°
4. para ofrecer una opinión
5. para explicar
6. para dar información
7. para entretener
8. para enseñar

A escuchar

9.40 Información al consumidor. Vas a escuchar cuatro textos. Identifica la intención del locutor y escribe el tema principal de cada pasaje.

- para dar información
- para advertir
- para explicar
- para persuadir

Después de escuchar

9.41 Comprensión. Escucha de nuevo los textos y contesta brevemente en español las siguientes preguntas. Después, repasa las preguntas antes de escuchar los textos por segunda vez.

1. Para un dolor de espalda, ¿cuántos minutos tienes que estar en la bañera?
2. ¿Hay que bañarse con agua fría o agua caliente?
3. ¿Qué hay que hacer después del baño?
4. ¿Cuáles son los antiguos herbolarios?
5. Antiguamente, ¿para qué se usaba el peyote?

———
°**advertir** *to warn, to notify*

6. ¿Qué otra cualidad tiene esta planta?

7. ¿A qué edad necesita toda persona hacerse un análisis de colesterol?

8. ¿Cuándo se debe uno hacer un análisis bioquímico?

9. ¿Qué es el tabaco suave?

10. ¿Cuál es la alternativa para los fumadores que quieren conservar su salud?

9.42 Textos originales. En parejas, usen uno de los textos como modelo e inventen dos textos breves para dar consejos y explicar un proceso (cómo poner una venda, cómo usar muletas, etc.)

 Diario de actividades

For additional reading practice, see *Diario de actividades, Tercera etapa: Estrategias/ Lectura and Literatura*.

LECTURA

Recognizing the function of a text. Written texts take many different forms. You have already encountered a number of these in your textbook and *Diario de actividades*: literary texts (novels, short stories, plays), technical texts (reports, reviews, textbooks, handbooks), correspondence (personal and business letters, postcards, notes), journalistic literature (articles from newspapers, magazines, editorials, classified ads, weather reports), informational texts (dictionaries, guidebooks, timetables, maps), or realia (tickets, menus, recipes, advertisements).

To comprehend a text, it is important to recognize its function—the purpose for which the text was written. For example, technical texts or informational texts are written to *inform*, to *instruct* or to *report factual information*. Texts, however, may have other functions. Editorial texts usually *criticize* or *comment* on a particular event. Columns on the editorial page may *defend, persuade,* or *offer an opinion*. Still other texts are designed to *clarify,* to *advise*, to *caution*, or to *entertain*.

◆ **Vocabulario esencial for activity 9.43:**

fresa de   *dentist's drill*
  odontología
quejido   *complaint*
sopesar   *to weigh up*

◆ Comprehension questions for activity 9.43:
1. ¿Cómo afecta a algunos pacientes la espera en el consultorio del médico o del dentista? 2. ¿Cómo pasan el tiempo otros pacientes? 3. ¿Qué se recomienda llevar al consultorio? 4. ¿Cuáles son dos recomendaciones para pasar el tiempo? 5. ¿Por qué es bueno descansar en el consultorio?

Antes de leer

9.43 A buscar textos. En grupos pequeños, trabajen con el libro de texto y el *Diario de actividades* y busquen por lo menos ocho textos diferentes con distintas funciones.

	CAPÍTULO	TEXTO	PÁGINA	FUNCIÓN
■ Ejemplo	*Capítulo 9*	*Achaques universitarios*	*313*	*to report factual information*

¿CITA MÉDICA?

Cuando la espera lo desespera

Algo más desesperante que el sonido de una fresa de odontología o el quejido de un paciente cuando alguien se encuentra en un consultorio médico antes de ser atendido, es la espera.

Durante ella, muchas personas hacen o se imaginan de todo con tal de sopesar el tedioso paso del tiempo en un salón completamente iluminado, lleno de personas y con música ambiental de fondo.

Es común que en la espera muchos se tensionen y piensen, por ejemplo, que ese dolor en el hígado es un cáncer, cuando en verdad se trata de una intoxicación por todas las comidas y el trago que consumió el día anterior.

Otras personas, en cambio, deciden conversar con los otros pacientes, ojear las revistas de hace años, criticar la decoración del consultorio, pelear con la secretaria de turno o mirar para todos los lados. Pero aparte de sus fantasías o de su peculiar forma de pasar el tiempo, estos son algunos consejos para que usted tenga una espera más tranquila.

☛ Lleve un libro o una revista que esté leyendo o tenga interés de leer.

☛ Observe los folletos de información sobre enfermedades.

☛ Aproveche el tiempo para organizar su agenda o hacer nuevas amistades.

☛ Tómese un tiempo para descansar, si ha tenido o va a tener un día muy agitado.

de *El Tiempo*

A leer

9.44 ¿Cita médica? Estudia este artículo de un periódico colombiano sobre una cita médica y determina la función del texto.

Después de leer

9.45 En el consultorio. En parejas, identifiquen los diferentes tipos de comportamientos que típicamente se ven en el consultorio médico.

■ **Ejemplo** *Muchas personas ojean viejas revistas de decoración o de salud.*

9.46 ¿En pro o en contra? En grupos pequeños, defiendan o rechacen la costumbre de hacer esperar al paciente en el consultorio médico.

COMUNICACIÓN Textbook CD

 Diario de actividades

For additional practice with the expressions, see the ***Diario de actividades, Tercera etapa: Estrategias/Comprensión auditiva: Comunicación***.

Las siguientes conversaciones te ayudan a dar surgerencias e instrucciones y a decir si crees o no crees algo. Escucha los diálogos de tu disco compacto y practícalos con los demás miembros de la clase.

Cómo dar sugerencias usando expresiones impersonales
Giving suggestions using impersonal expressions

Cómo dar instrucciones usando el infinitivo
Giving instructions using infinitives

Creer o no creer   *Expressing belief and disbelief*

9.47 Escucha y repite. Escucha con cuidado la conversación *Cómo dar sugerencias usando expresiones impersonales* de tu disco compacto. Después, repite las frases, prestando atención a la pronunciación.

Cómo dar sugerencias usando expresiones impersonales
Giving suggestions using impersonal expressions

es bueno	*it's good*
es conveniente	*it's covenient*
es importante	*it's important*
es imprescindible	*it's indispensable*
es mejor	*it's better*
es necesario ⎫ es preciso ⎭	*it's necessary*
es preferible	*it's preferable*

9.48 ¿Qué se debe hacer? En parejas, estudien las siguientes oraciones y den soluciones apropiadas. Usen las expresiones impersonales en sus oraciones según el ejemplo.

■ **Ejemplo**   romper una muela

ESTUDIANTE 1: ***¿Qué se debe hacer cuando uno se rompe una muela?***

ESTUDIANTE 2: ***Es preciso llamar al dentista.***

1. bajar de peso
2. encontrar una dieta revolucionaria
3. conseguir dos entradas para un club de salud exclusivo
4. aumentar quince libras°
5. recibir una invitación a un restaurante vegetariano
6. llegar tarde a la clase de aeróbicos
7. faltar a una consulta médica
8. tener un accidente de auto
9. fracturarse un hueso
10. perder la voz

°**libra** *pound*

9.49 Escucha y repite. Escucha con cuidado la conversación *Cómo dar instrucciones usando el infinitivo* de tu disco compacto. Después, repite las frases prestando atención a la pronunciación.

Cómo dar instrucciones usando el infinitivo
Giving instructions using infinitives

Aplicar una pomada.	*Apply cream or ointment.*
Bañarse con agua fría/caliente.	*Take a bath in cold/hot water.*
Lavar la herida.	*Wash the wound.*
Llamar al médico.	*Call the doctor.*
Pedir información.	*Ask for information.*
Poner hielo.	*Put on ice.*
Poner una tirita/una venda.	*Put on a Band-Aid®/a bandage.*
Quedarse en cama.	*Stay in bed.*
Sacar la lengua.	*Stick out your tongue.*
Tomar la medicina/las pastillas . . .	*Take the medicine/pills . . .*
después de cada comida.	*after each meal.*
dos veces al día.	*two times a day.*
antes de acostarse.	*before going to bed.*

9.50 Urgencias. En parejas, estudien los seis tratamientos a continuación y adivinen la urgencia a la que corresponden.

URGENCIAS

a. electrocución
b. picaduras de medusa
c. insomnio
d. asma
e. hipo
f. infarto

TRATAMIENTOS

1. Arrancar de la piel, todos los tentáculos y el resto del animal. Lavar la zona con agua de mar, después con alcohol o amoníaco. Llevar a la víctima a un centro sanitario para su cuidado.

2. No tocar a la víctima mientras esté todavía en contacto con la fuente de energía. Permanecer sobre algún material aislante mientras intente desconectar la corriente eléctrica con un pedazo de plástico o papel periódico. Llamar al médico inmediatamente.

3. Mantener un horario regular para levantarse. No echar la siesta. Hacer ejercicio físico de modo regular.

4. Respirar en una bolsa de papel (no de plástico) durante varios minutos.

5. Evitar el humo, el cigarrillo y a los fumadores. Evitar el uso de analgésicos. Tener siempre un inhalador en la bolsa, en el auto y en la oficina.

6. Llamar a una ambulancia en seguida y tapar al paciente con unas mantas. No darle bebidas alcohólicas u otros estimulantes.

◆ **Vocabulario esencial for activity 9.50:**

infarto	*heart attack*
picadura	*bite*
medusa	*jelly fish*
hipo	*hiccough*

◆ Comprehension questions for activity 9.50:
1. ¿Qué se debe aplicar a la piel después de lavarla con agua de mar? 2. ¿Cómo se debe desconectar la corriente eléctrica en caso de accidente? 3. ¿Cómo es un horario regular para levantarse? 4. ¿Por qué no se debe respirar en una bolsa de plástico? 5. ¿Qué es un inhalador? 6. ¿Para qué se tapa el paciente con mantas?

◆ Use informal commands or *hay que* + infinitive.

9.51 Primeros auxilios. En parejas, expliquen lo que se debe hacer si te cortas en el dedo.

9.52 Escucha y repite. Escucha con cuidado la conversación *Creer o no creer* de tu disco compacto. Después, repite las frases prestando atención a la pronunciación.

Creer o no creer   *Expressing belief and disbelief*

Es cierto/verdad.	*That's right./ That's true.*	Es poco probable.	*It's doubtful/ unlikely.*
Estoy seguro/segura.	*I'm sure.*	No lo creo.	*I don't believe it.*
Lo creo.	*I believe it.*	Cabe dudas.	*There are doubts.*
No cabe duda de que . . .	*There can be no doubt that . . .*	Lo dudo.	*I doubt it.*
No lo dudo.	*I don't doubt it.*	Tengo mis dudas.	*I have my doubts.*
No tengo la menor duda.	*I haven't the slightest doubt.*	No tienes razón.	*You're wrong.*
Tienes razón.	*You're right.*		

9.53 ¡Cuántas mentiras se dicen! Estudia las siguientes oraciones sobre la salud y, en parejas, hagan comentarios.

■ **Ejemplo**   Los adultos no necesitan beber leche.
   No es verdad. Hay que tomar calcio de alguna forma para evitar problemas en los huesos.

1. La sal provoca hipertensión.
2. El agua con sal engorda.
3. Fumar ayuda a la digestión.
4. El whisky es bueno para los que han sufrido un infarto.
5. Hay que tomar complejos vitamínicos todos los días.

9.54 Ideas claras. En grupos pequeños, estudien los mitos que se presentan en *Ideas Claras*. Después, piensen en otros mitos sobre la salud y coméntenlos.

■ **Ejemplo**   Estudiante 1: ***Roncar significa dormir plácidamente.***
   Estudiante 2: ***No es cierto. Una persona que ronca puede padecer de una mala respiración nasal.***

◆ **Vocabulario esencial for activity 9.54:**

flacidez   *flabbiness*
casero/casera   *home*
marca   *brand name*

◆ Comprehension questions for activity 9.54:
1. ¿Qué pueden significar los ronquidos? 2. ¿Cómo respira una persona que ronca?
3. ¿Por qué no alivian las quemaduras las pastas de dientes?

IDEAS CLARAS
Salud: ¡cuántas mentiras se dicen!

Roncar significa dormir plácidamente. Los ronquidos pueden ser síntoma de una mala respiración nasal, o de una flacidez del velo nasal que dificulta el paso de oxígeno, haciendo que se respire por la boca.

Las quemaduras mejoran con pasta de dientes. Aunque es uno de los remedios caseros más extendidos, no tiene una base científica, pues cada marca tiene por lo general una composición distinta.

9.55 ¡Cuántas enfermedades! En parejas, indiquen cuándo, dónde o por qué padecieron de las siguientes enfermedades o problemas.

◆ Remember to use the preterite tense in your responses when you decribe specific events in the past, but the imperfect if you tell how old you were at the time.

■ **Ejemplo**   una fractura

ESTUDIANTE 1: ***Me fracturé el brazo cuando me caí de un caballo.***

ESTUDIANTE 2: ***Lo creo.***

ESTUDIANTE 1: ***Es cierto.***

1. gripe
2. varicela
3. una quemadura de sol
4. mareo
5. infección de garganta
6. resaca
7. insomnio
8. mononucleosis

COMPOSICIÓN

Diario de actividades

For additional writing practice, see **Diario de actividades, Tercera etapa: Estrategias/ Composición**.

Definitions. There are many kinds of expository (nonfiction) writing. The *definition* is perhaps the most common. When we think of definitions, we usually think of the dictionary. Yet an extended definition can be the subject of a composition, an article, or even a book. There are various ways to define a term:

1. BY EXAMPLE   **La penicilina es un antibiótico poderoso.**
2. BY SYNONYM   **La respiración es la inhalación de aire.**
3. BY WORD ORIGIN   **Estetoscopio: instrumento que sirve para auscultar. Del griego:** $\sigma\tau\eta\theta o\zeta$ **(pecho) + scopio.**
4. BY CLASS   **Rubéola: enfermedad contagiosa, normalmente contraída por los niños.**

As you study the above definitions, notice that they all follow a similar pattern:

TERM TO BE DEFINED ➡	Name the word you are defining.	**La penicilina**
CONNECTOR ➡	Usually the word required is **es**.	**es**
CLASS ➡	Use a class or category with which your reader is likely to be familiar.	**un antibiótico**
DIFFERENTIATING ➡ DETAILS	Describe the details that make this thing different from other members of the same class.	**poderoso extracto de los cultivos del moho° que se emplea para combatir las enfermedades causadas por ciertos microorganismos.**

Antes de escribir

9.56 Definiciones. Identifica las siguientes definiciones según el tipo.

■ **Ejemplo**   síndrome *(m.)*: Conjunto de fenómenos que caracterizan una situación determinada. ***synonym***

°**moho** *mold*

1. fortalecer: Hacer más fuerte o vigoroso.
2. tratamiento: Conjunto de medios que se emplean para curar o aliviar una enfermedad.
3. diagnosis (m.): Calificación que da el médico a la enfermedad según los signos que advierte.
4. mineral (m.): Perteneciente o relativo al numeroso grupo de las sustancias inorgánicas o a alguna de sus partes.
5. nódulo: Concreción de pequeño tamaño y forma esferoidal, constituida por la acumulación de linfocitos, principalmente en el tejido conjuntivo de las mucosas.

A escribir

9.57 Biosnacky. Estudia el siguiente anuncio y escribe una definición extendida del producto.

◆ **Vocabulario esencial for activity 9.57:**

huerta	*garden*
siembra	*sowing, planting*
cosecha	*harvest*
alimenticia	*food*
caudal	*flow, volume*

◆ Comprehension questions for activity 9.57:
1. ¿Qué se hace con una huerta Biosnacky? 2. ¿Cómo son los productos de Biosnacky?
3. ¿De qué es la huerta?
4. ¿Cuáles son las sustancias nutritivas encontradas en las hojas?
5. ¿Para quiénes es especialmente sana?

NUEVO!

La huerta en casa

Antioxidantes, Vitaminas, Minerales y Fibras que ofrece la naturaleza.

Verduras orgánicas 100 x 100 puras son las más sanas del mundo, y crecen cada día frescas, bien verdes y sin trabajo en su hogar durante todo el año. Las huertas Biosnacky necesitan solamente agua, luz y las semillas Biosnacky biológicamente controladas. Desde la siembra hasta la cosecha pasan aproximadamente 5 días, 200 gramos de alfalfa cuestan aproximadamente $ 0,33. Las huertas Biosnacky están hechas de vidrio acrílico "San", internacionalmente aceptado por la industria alimenticia.

En las hojas verdes hay una fuerza esencial, efectos curativos y una función de resguardo. Estos productos verdes son alimentos genuinamente vivos, es decir, son superalimentos.

Las verduras orgánicas por ejemplo: Berro, Lino, Trigo, Lentejas, Soja, Alfalfa, etcétera contienen abundantes riquezas en vitaminas A, B, C, D, E y otras así como minerales: fósforo, calcio, hierro, cobre, etcétera. Además oligoelementos, antibiótico natural, proteínas y fibras, siendo pobres en calorías y sin colesterol.

La alfalfa, por ejemplo, es especialmente sana para la mujer embarazada, cubriendo gran parte de las necesidades de vitaminas y minerales durante ese estado y aumenta indudablemente el caudal de leche durante la lactancia.

Modelo "E", producción de 6 Kg. de verduras orgánicas por mes

Después de escribir

9.58 Revisión. Revisa tu composición, según las siguientes preguntas:

MODELO	¿Qué modelo de definición elegiste: ejemplo, sinónimo, origen de palabra o clase? ¿Seguiste el modelo del texto?
CLASE	¿Está bien explicada la clase o categoría?
DETALLES	¿Explica los detalles que distinguen entre sus clases?

9.59 Intercambio. En parejas, intercambien sus composiciones y luego revísenlas prestando atención a los detalles de la tabla.

❑ Introducción interesante

❑ Transiciones adecuadas

❑ Organización clara y adecuada

❑ Concordancia entre sustantivos y adjetivos

❑ Estrategias distintas en cada definición

VOCABULARIO

Using suffixes with adjectives and verbs. In *Capítulo 8*, you learned how to create Spanish nouns by adding suffixes to English root words. The same technique may be used with adjectives and verbs. Study the charts below and, as you read, write the adjectives and verbs that contain these suffixes.

	Sufijos de adjetivos		
	Suffixes with adjectives		
INGLÉS	**EJEMPLO**	**ESPAÑOL**	**EJEMPLO**
-acious	*tenacious*	**-az**	**tenaz**
-an	*European*	**-o/a**	**europeo/europea**
-aneous	*instantaneous*	**-áneo/ánea**	**instantáneo/instantánea**
-ant/ent	*pertinent*	**-ente**	**pertinente**
-ary	*secondary*	**-ario/aria**	**secundario/secundaria**
-ive	*effective*	**-ivo/iva**	**efectivo/efectiva**
-ous	*contagious*	**-oso/osa**	**contagioso/contagiosa**
-tional	*institutional*	**-cional**	**institucional**

	Sufijos de verbos		
	Suffixes with verbs		
INGLÉS	**EJEMPLO**	**ESPAÑOL**	**EJEMPLO**
-ate	*vibrate*	**-ar**	**vibrar**
-fy	*rectify*	**-ficar**	**rectificar**
-ize	*minimize*	**-izar**	**minimizar**
-e	*preserve*	**-ar**	**preservar**

9.60 El cuerpo humano. Indica las partes del cuerpo y nómbralas en voz alta°.

9.61 En el consultorio. Piensa en la última visita que hiciste al médico. Describe tus síntomas.

9.62 Ejercicios para descansar la vista. Estudia el siguiente artículo sobre los ojos y haz los ejercicios.

◆ **Vocabulario esencial for activity 9.62:**

lagrimeo   *tearing*
pulgar   *thumb*

◆ Comprehension questions for activity 9.62:
1. ¿Por qué es necesario relajar los ojos? 2. ¿Qué se puede evitar al relajar los ojos?
3. ¿Qué intentan hacer los ejercicios? 4. ¿Qué tipo de luz se debe usar para leer?
5. ¿Cómo se puede aliviar los ojos irritados?

OFTALMOLOGÍA

R E L A J A C I Ó N

EJERCICIOS PARA DESCANSAR LA VISTA

Ver durante 24 horas, no es lo mismo que mirar, leer o fijar la vista. Nuestros ojos poseen una infinidad de músculos que también necesitan relajarse. Sepa cómo hacerlo en su casa u oficina y se ahorrará lagrimeos y dolores de cabeza.

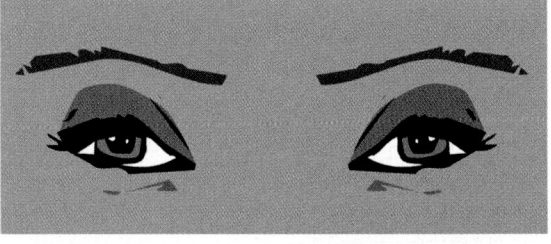

Después de un tiempo de fijar la vista, ya sea que hayamos leído mucho o mirado televisión, es común sentir la vista cansada; tenemos los ojos irritados y hasta es posible que sintamos un leve dolor de cabeza. Para eso, muchas normas de higiene que instintivamente tenemos en cuenta, constituyen verdaderos ejercicios de salud visual. Entre ellos tenemos por un lado las normas para proteger la vista y por el otro, ejercicios de relajación visual.

CÓMO PROTEGER NUESTROS OJOS

■ Para leer, además de un foco con luz directa, es aconsejable una tenue iluminación general del ambiente.
■ Iluminar suavemente la sala donde miramos televisión. Esto compensa la luz que proviene del frente (no es lo mismo en el cine, donde la pantalla no emite luz sino que solamente la refleja).
■ Cuando leemos un largo rato, llevar cada tanto la vista a lo lejos,

al infinito, para relajar la musculatura ocular.
■ Haciendo ejercicios visuales. (Estos ayudan a descansar los ojos esforzados e irritados y fortalecen los músculos. Además alivian dolores de cabeza brindando un relajamiento en general).
1. Apoyar los pulgares en el lado interno de los ojos, sobre la base de la nariz, oprimir suavemente y deslizar los dedos hacia el centro.
2. Apoyar los pulgares un centímetro por fuera de los ojos y siguiendo la línea de las cejas, masajear en forma circular hacia ambos lados.
3. Apoyar los dedos índice y mayor a los costados del cuello dos centímetros atrás y uno abajo del extremo inferior de las orejas y masajear ocho veces.
4. Apoyar el índice y el dedo mayor a los costados de la nariz y efectuar un movimiento ascendente hacia las cejas y descender. Repetir ocho veces.

EJERCICIOS VISUALES DE YOGA

1. Siéntese cómodamente mirando hacia adelante.
2. Mire lo más que pueda hacia la derecha sin mover la cabeza y permanezca así cinco segundos. Repita el ejercicio hacia la izquierda.
3. Mire hacia arriba, debajo de sus cejas, sin levantar la cabeza, durante el mismo tiempo. Luego, haga lo mismo hacia abajo.
4. Imagine un reloj gigante, en el cual las doce están directamente debajo de sus cejas y las seis delante de usted en el suelo. Con los ojos cerrados observe imaginariamente las agujas del reloj en esas horas.
5. Pase ahora sus ojos mirando número por número (uno cada segundo). De ese modo sus ojos se moverán como un segundero. Repita el ejercicio en dirección opuesta.
6. Finalmente, tape sus ojos con las palmas de las manos durante 30 segundos para que puedan descansar.

9.63 Identificaciones. Escribe de nuevo los sustantivos del siguiente *Vocabulario* y clasifícalos según su género.

°**en voz alta** *aloud*

VOCABULARIO

Para hablar del cuerpo   *Talking about the body*

adelgazar	*to lose weight*	oler	*to smell*
aliviar	*to relieve, alleviate*	proteger	*to protect*
doblar	*to bend*	respirar	*to breathe*
engordar	*to gain weight*	sostener	*to support*
mantenerse en forma	*to stay fit, keep in shape*	tocar	*to touch*
masticar	*to chew*		

Partes de la cabeza   *Parts of the head*

barbilla	*chin*	labio	*lip*	oreja	*(outer) ear*
boca	*mouth*	lengua	*tongue*	párpado	*eyelid*
cara	*face*	mejilla	*cheek*	pelo/cabello	*hair*
ceja	*eyebrow*	nariz *(f.)*	*nose*	pestaña	*eyelash*
diente *(m.)*	*tooth*	oído	*(inner) ear*		
frente *(f.)*	*forehead*	ojo	*eye*		

Partes del tronco   *Parts of the trunk*

abdomen *(m.)*	*abdomen*	hombro	*shoulder*
cadera	*hip*	muslo	*thigh*
cintura	*waist*	nalga	*buttock*
cuello	*neck*	pecho	*chest, breast*
espalda	*back*		

Extremidades   *Extremities*

brazo	*arm*	mano *(f.)*	*hand*	pierna	*leg*
codo	*elbow*	muñeca	*wrist*	rodilla	*knee*
dedo/pulgar *(m.)*	*finger, toe/thumb*	pie *(m.)*	*foot*	tobillo	*ankle*

Sentidos   *Senses*

gusto	*taste*	olfato	*smell*	vista	*sight*
oído	*hearing*	tacto	*touch*		

Partes del esqueleto   *Parts of the skeletal system*

columna vertebral	*spinal column*
coyuntura	*joint*
hueso	*bone*

Órganos internos   *Internal organs*

arteria	*artery*	intestino	*intestine*
cerebro	*brain*	pulmón *(m.)*	*lung*
corazón *(m.)*	*heart*	riñón *(m.)*	*kidney*
estómago	*stomach*	vena	*vein*
hígado	*liver*		

Palabras relacionadas   *Related words*

cutis *(m.)*	*facial skin*	respiración *(f.)*	*breathing*
delantero/delantera	*front*	salud *(f.)*	*health*
digestión *(f.)*	*digestion*	sangre *(f.)*	*blood*
inferior	*lower*	sano/sana	*healthy*
piel *(f.)*	*skin*	ser humano	*human being*
postura	*posture*	superior	*upper*

En la farmacia   *At the pharmacy*

desmayarse	*to faint*
estornudar	*to sneeze*
fracturarse/romperse	*to break*
marearse	*to feel/get dizzy*
vomitar	*to vomit*

tener catarro	*to have a cold*
diarrea	*diarrhea*
dolor *(m.)* de garganta	*a sore throat*
dolores musculares	*muscle aches*
el pulso acelerado	*a rapid pulse rate*
erupción *(f.)*	*a rash*
fiebre *(f.)*	*a fever*
mareos	*dizziness (to be dizzy)*
tos *(f.)*	*a cough*

Me duele la cabeza/la espalda, etc.	*I have a headache/backache, etc.*
Me duele todo el cuerpo.	*My whole body aches.*
Me tiemblan las manos.	*My hands are shaking.*

necesitar pastillas (contra la fiebre/los mareos, etc.)	*to need pills (for fever/dizziness, etc.)*

necesitar una receta/unas aspirinas/
  un antibiótico/gotas/jarabe para la tos
	*to need a prescription/aspirins/antibiotics/
	  drops/cough syrup*

padecer (padezco) de asma	*to suffer from asthma*

Problemas de salud   *Health problems*

alergia	*allergy*	insomnio	*insomnia*
anorexia	*anorexia*	mononucleosis *(f.)*	*mononucleosis*
asma *(m.)*	*asthma*	paperas	*mumps*
cortada	*cut*	quemadura (de sol)	*(sun)burn*
depresión *(f.)*	*depression*	resaca	*hangover*
estreñimiento	*constipation*	resfriado	*cold*
fractura	*broken bone, fracture*	rubéola	*German measles*
gripe *(f.)*	*flu*	sarampión *(m.)*	*measles*
hepatitis *(f.)*	*hepatitis*	SIDA	*AIDS*
hipertensión *(f.)*	*hypertension, high blood pressure*	varicela	*chicken pox*
inflamación *(f.)* de la garganta	*strep throat*	VIH	*HIV*

En el consultorio   *At the doctor's office*

examen (médico)	*examination*
historia médica	*medical history*
medicamento	*medication*
poner(le) una inyección	*to give (someone) an injection*
prueba	*test*
recetar	*to prescribe*
tomar(le) un examen de rayos X	*to take x-rays (of someone)*
tomar(le) la presión arterial	*to take (someone's) blood pressure*
tomar(le) la temperatura	*to take (someone's) temperature*
tratamiento	*treatment*
vacunar	*to vaccinate*

Cómo dar sugerencias usando expresiones impersonales
Giving suggestions using impersonal expressions

es bueno	*it's good*
es conveniente	*it's convenient*
es importante	*it's important*
es imprescindible	*it's indispensable*
es mejor	*it's better*
es necesario es preciso	*it's necessary*
es preferible	*it's preferable*

Cómo dar instrucciones usando el infinitivo   *Giving instructions using infinitives*

Aplicar una pomada.	*Apply cream or ointment.*
Bañarse con agua fría/caliente.	*Take a bath in cold/hot water.*
Lavar la herida.	*Wash the wound.*
Llamar al médico.	*Call the doctor.*
Pedir información.	*Ask for information.*
Poner hielo.	*Put on ice.*
Poner una tirita/una venda.	*Put on a Band-Aid®/a bandage.*
Quedarse en cama.	*Stay in bed.*
Sacar la lengua.	*Stick out your tongue.*
Tomar la medicina/las pastillas . . .	*Take the medicine/pills . . .*
después de cada comida.	*after each meal.*
dos veces al día.	*two times a day.*
antes de acostarse.	*before going to bed.*

Creer o no creer   *Expressing belief and disbelief*

Es cierto/verdad.	*That's right./That's true.*	Es poco probable.	*It's doubtful/unlikely.*
Estoy seguro/segura.	*I'm sure.*	No lo creo.	*I don't believe it.*
Lo creo.	*I believe it.*	Cabe duda.	*There are doubts.*
No cabe duda de que . . .	*There can be no doubt that . . .*	Lo dudo.	*I doubt it.*
No lo dudo.	*I don't doubt it.*	Tengo mis dudas.	*I have my doubts.*
No tengo la menor duda.	*I haven't the slightest doubt.*	No tienes razón.	*You're wrong.*
Tienes razón.	*You're right.*		

CAPÍTULO

10 LAS COMIDAS

Pescadores en Chile

INTRODUCCIÓN

Una vida sana. Hoy día todo el mundo se interesa por la salud y el ejercicio. Un tema frecuente en las revistas, los programas de televisión y la conversación cotidiana es la dieta. ¿En qué consisten una dieta y una vida sana°?

Antes de leer

10.1 Alimentos. Antes de leer sobre cómo comer y vivir mejor, estudia el siguiente cuadro. ¿Cuáles son los alimentos que comes con frecuencia? ¿Cuáles son los alimentos que consideras buenos para la dieta?

■ **Ejemplo**   el aceite de oliva

ESTUDIANTE 1: **¿Usas aceite de oliva para preparar la comida?**

ESTUDIANTE 2: **No, no uso aceite de oliva. No me gusta. ¿Es bueno para la dieta?**

ESTUDIANTE 1: **Sí, el aceite es muy bueno para el corazón.**

❑ el aceite de oliva

❑ el arroz

❑ las aves

❑ el azúcar

❑ las carnes

❑ los dulces

❑ las legumbres

❑ la grasa

❑ los huevos

❑ la leche

❑ las nueces

❑ el pan

❑ el pescado

❑ el queso

❑ las frutas

❑ las verduras

°**sana**   *healthy, healthful*

A leer

10.2 Sugerencias para evitar un infarto. La vida moderna impone un ritmo de infarto. Con sólo cambiar algunos de nuestros hábitos se logra muchas veces conjurar el peligro. Mientras estudias las sugerencias, piensa en cómo puedes cambiar tus hábitos para vivir una vida más sana. Subraya la idea principal en cada párrafo.

Tome alimentos naturales

Estamos de suerte. La dieta mediterránea se ha destacado como la mejor para evitar el infarto. Según el doctor Asín Cardiel, «en los países del sur de Europa la incidencia de enfermedades coronarias es casi tres veces menor que en los países anglosajones». Todos los cardiólogos coinciden en aconsejar una alimentación compuesta fundamentalmente de pescado azul, un alto contenido en hortalizas y frutas, aceite de oliva y poca carne. Sin excesos de calorías y regado con un par de vasitos de vino tinto. «Hay que tener cuidado—concluye el doctor Asín—con los niños y jóvenes españoles que están adoptando hábitos dietéticos de los países del norte de Europa y Estados Unidos, como comer hamburguesas y bollos, nada buenos para el corazón.

Beba un vaso de vino

Durante mucho tiempo los científicos estuvieron intrigados con la llamada «paradoja francesa». Nuestros vecinos registran un índice asombrosamente bajo de enfermedades cardiovasculares, y ello a pesar de seguir una dieta con alto contenido en grasas. El vino tinto, imprescindible en su comida diaria, parecía ser el responsable de la buena salud de los franceses. El motivo de que se produzcan estos efectos beneficiosos no está muy claro, aunque se asocia no tanto con los componentes alcohólicos del vino como con los fenólicos. Estas sustancias tienen poderosas propiedades antioxidantes que impiden que el colesterol se quede en las arterias. Sin embargo, la moderación es la mayor virtud, ya que en grandes dosis el alcohol es un enemigo declarado del corazón. Lo ideal es tomar uno o dos vasos (entre veinte y treinta gramos de alcohol) al día, y de este modo el riesgo de enfermedad cardíaca se reduce en un cuarenta por ciento.

Tome una aspirina cada lunes

El lunes es el día más peligroso de la semana. Durante la vuelta al trabajo el riesgo de infarto aumenta hasta un cuarenta por ciento. Esto puede deberse a dos motivos: los excesos alimenticios del fin de semana y el estrés que produce el reencuentro con las tareas cotidianas. La aspirina, por su parte, provoca que la sangre circule de forma más fluida y reduce el riesgo de que se produzca un infarto. Por lo tanto, el lunes es el día indicado para ayudar a nuestro corazón con una aspirina, sobre todo si ya se ha padecido algún episodio de infarto o enfermedades coronarias. Siempre y cuando, claro está, no se padezca una úlcera de estómago o algún otro proceso gástrico.

No se enfade

Tener un gran corazón no es sólo una metáfora. Desde hace treinta años los psicólogos y epidemiólogos estadounidenses aseguran que los hombres de mal carácter, los tensos, los ambiciosos, son más propensos a padecer un infarto, mientras que los amables, los tranquilos, los sosegados, se caracterizan por tener un corazón de oro. Para el doctor Luis Tomás Abadal, del hospital San Pablo, de Barcelona, «la persona con un carácter agresivo, que siempre quiere estar primero, entra dentro de la tipología propia del individuo expuesto al infarto». Sin embargo, «no está demostrado que sea una causa, pero sí un elemento asociado». Como el carácter es difícil que cambie, lo importante es que estas personas se sientan queridas. Ésa es la mejor prevención.

Haga deporte, pero no en exceso

La vida sedentaria es nociva por sí sola y a través de la obesidad. No hay que llegar al extremo de que el corazón se sienta impresionado en mitad de una escalera o en pleno vuelo. El ejercicio diario es acogido con simpatía por nuestro cuerpo. Pero hay que tener cuidado y adaptarse a las condiciones físicas de cada persona. El deporte realizado «a lo loco» es casi más peligroso que el sedentarismo. Lanzarse raqueta en mano tras una pelota complicada incrementa de forma demasiado brusca la actividad cardíaca. Un informe del hospital Ramón y Cajal, de Madrid, y la Sociedad Hispana de Cardiología, relaciona el cuarenta por ciento de las muertes súbitas por infarto con deportes compulsivos. El mismo informe señala que, de quince millones de españoles que practican algún deporte, la tercera parte lo hace de forma inconveniente y con grave riesgo para su salud. El «squash», el «footing» del fin de semana, la halterofilia, el fisicoculturismo y el tenis se han destacado como «deportes de infarto». En cambio, es bueno caminar una hora al día, o pedalear y correr con moderación. Lo mejor, sin embargo, es la natación, ya que dentro del agua el umbral de cansancio muscular siempre se alcanza antes de que el corazón haya llegado al límite.

No celebre su cumpleaños

El riesgo de sufrir un infarto se incrementa en un veintiún por ciento el día de su cumpleaños. Esto es lo que acaba de demostrar un estudio estadounidense. El exceso de emociones, de alcohol y de tabaco, puede ser mortal para los corazones más frágiles. También hay que ser prudentes cuando nuestro equipo de fútbol se encuentra en mitad de un partido de máxima rivalidad. Un peligro del que no escapan ni los entrenadores más experimentados. Las emociones fuertes pueden traer alguno que otro disgusto, y ni siquiera una Copa de Europa o una fiesta familiar valen tanto como nuestra salud.

10.3 Preguntas personales. Basados en la lectura de la actividad 10.2, en parejas, contesten brevemente las siguientes preguntas en español.

1. ¿Cuáles son tres alimentos naturales?
2. ¿Qué comidas° están clasificadas como no sanas?
3. ¿Es mejor el vino tinto o el vino blanco?
4. ¿Cuál es el día más peligroso de la semana?
5. ¿Qué efecto tiene una aspirina en el cuerpo?
6. ¿Por qué no hay que enfadarse?
7. ¿Cuáles son algunos "deportes de infarto"?
8. ¿Cuánto incrementa el riesgo de sufrir un infarto el día de su cumpleaños?

10.4 Mi vida, mi corazón. En grupos pequeños, consideren los consejos y decidan si son apropiados o no.

■ **Ejemplo** Tome alimentos naturales.

ESTUDIANTE 1: *Yo soy vegetariana, así que no como ni carne ni pescado.*

ESTUDIANTE 2: *A mí me gusta comer carne, pero no como hamburguesas.*

ESTUDIANTE 3: *Me encantan las frutas, pero también como entre tres y cuatro hamburguesas por semana porque no tengo tiempo para cocinar.*

1. Tome alimentos naturales.
2. Beba un vaso de vino.
3. Tome una aspirina cada lunes.
4. No se enfade.
5. Haga deporte, pero no en exceso.
6. No celebre su cumpleaños.

°**comida** *food, meal*

Chile

CAPITAL	Santiago
GEOGRAFÍA	Sudamérica; queda al sur de Perú y al oeste de Bolivia y Argentina.
ÁREA	292.132 millas cuadradas (756.622 kilómetros cuadrados)
POBLACIÓN	38.741.000
EXPORTACIÓN	Cobre, hierro, papel, madera y frutas
MONEDA	Peso

Las odas de Pablo Neruda. Pablo Neruda (seudónimo de Ricardo Neftalí Reyes Basoalto) es una de las figuras más respetadas de la literatura hispanoamericana. Durante su juventud en Temuco, Chile, conoció a la poeta Gabriela Mistral, ganadora del Premio Nobel de Literatura de 1945, y los dos establecieron una cordial amistad. Además de ser poeta, Neruda tuvo una distinguida carrera diplomática. En 1971 ganó el Premio Nobel de Literatura.

En *Odas elementales* (1954) Neruda explora aspectos de la vida cotidiana: la ropa, los alimentos, la tierra y los animales. Para mostrar las preocupaciones de las personas sencillas, Neruda describe estos aspectos de la vida con mucha sensibilidad. Ahora, estudia "Oda al maíz" e intenta determinar el tema principal del poema.

Pablo Neruda

◆ **"Oda al maíz"** reflects the importance of corn as the basic food for most of the native cultures of the Americas. As Neruda reveals, corn is not only the basic food but also the source for mythology and creation. It is said that the Maya people created the grain we call corn, which shows the inventiveness and highly developed culture of that nation. For further information on this theme, refer to *Popol Vuh*, the book of the Mayan culture. In *"Oda al maíz,"* Neruda provides a beautiful image, as if a kernel had given birth to the topography of South America.

◆ **Vocabulario esencial for the poem *Oda al maíz*:**

engalanar	to grace
pámpano	tassle
mortaja	shroud
estuche	husk
piedra de moler	grinding stone
perdiz	partridge
frijol	bean
morderte	(to) bite into you
calcáreo	chalky
litoral	coast
mazorca	ear of corn
mercadería	radiance
desgranarse	to shuck

Oda al maíz

América, de un grano
de maíz te elevaste
hasta llenar
de tierras espaciosas
el espumoso
océano.
Fue un grano de maíz tu geografía.
El grano adelantó una lanza verde,
la lanza verde se cubrió de oro
y engalanó la altura
del Perú con su pámpano amarillo.

Pero, poeta deja
la historia en su mortaja
y alaba con tu lira
al grano en sus graneros;
canta al simple maíz de las cocinas.

Primero suave barba
agitada en el huerto
sobre los tiernos dientes
de la joven mazorca.

Luego se abrió el estuche
y la fecundidad rompió sus velos
de pálido papiro
para que se desgrane
la risa del maíz sobre la tierra.

A la piedra en tu viaje, regresabas.
No a la piedra terrible
al sanguinario
triángulo de la muerte mexicana,
sino a la piedra de moler,
sagrada
piedra de nuestras cocinas.
Allí leche y materia
poderosa y nutricia
pulpa de los pasteles
llegaste a ser movida
por milagrosas manos
de mujeres morenas.

Donde caigas, maíz
en la olla ilustre
de las perdices o entre los frijoles
campestres, iluminas
la comida y las aceras
el virginal sabor de tu substancia.

Morderte,
panocha de maíz, junto al océano
de cantata remota y vals profundo.
Hervirte
y que tu aroma
por las sierras azules
se despliegue.

Pero, ¿dónde
no llega
tu tesoro?

En las tierras marinas
y calcáreas,
peladas, en las rocas
del litoral chileno,
a la mesa desnuda
del minero
a veces sólo llega
la claridad de tu mercadería.

Puebla tu luz, tu harina, tu esperanza,
la soledad de América
y el hambre
considere tus lanzas
legiones enemigas.

Entre tus hojas como
suave guiso
crecieron nuestros graves corazones
de niños provincianos
y comenzó la vida
a desgranarnos.

10.5 Interpretación. En grupos pequeños comenten los siguientes temas relacionados con la oda de Neruda.

1. ¿Qué importancia tiene el maíz en las Américas?
2. ¿Cómo describe Neruda el maíz?
3. ¿Cómo se prepara el maíz en las cocinas?
4. ¿Cómo se sirve el maíz?
5. ¿Quiénes comen el maíz?

10.6 Oda original. Usa la oda de Neruda como modelo para elegir un alimento del cuadro de la actividad 10.1 y escribir una oda breve.

10.7 Análisis de la cultura. Chile tiene la distinción de tener dos ganadores del Premio Nobel de Literatura. Tanto Gabriela Mistral como Pablo Neruda influyeron en la poesía española e hispanoamericana. En grupos pequeños, hagan las siguientes investigaciones.

1. Busquen en Internet o en la biblioteca de su universidad los nombres de los hispanoamericanos y estadounidenses que han ganado el Premio Nobel de Literatura. Anoten el año en el que cada uno ganó el premio.
2. ¿Reconocen algunos de los escritores? ¿Pueden pensar en una obra de cada uno?
3. ¿Qué poetas estadounidenses conocen ustedes? ¿Hay un/una poeta estadounidense que trate los temas cotidianos como lo hace Neruda? Si no conocen a ningún/ninguna poeta estadounidense, busquen una antología de poesía y elijan algunos poemas que les interesen.

La etiqueta. Ya conoces el concepto de la sobremesa, que es la costumbre de conversar después de una comida. Al comer con amigos en un país hispano, es importante que sepas algo de la etiqueta. Por ejemplo, en Estados Unidos dejar las manos en el regazo° durante la cena es considerado aceptable, pero en el mundo hispano no lo es. En Estados Unidos comer todo lo que hay en tu plato es un cumplido; en algunos países hispanos significa que todavía tienes hambre. Por eso es mejor que dejes un poquitín de comida en tu plato. Los hispanos general-mente usan la mano izquierda para tomar el tenedor. Ahora también se acepta cambiar de mano al estilo estadounidense. Y por supuesto, es necesario probar todas las comidas y hacer comentarios positivos. Las siguientes expresiones te ayudarán.

En la mesa

En la mesa	*At the table*		
copa	*wine glass*	taza	*cup*
cubiertos	*table setting, cutlery*	tenedor *(m.)*	*fork*
cuchara	*soup spoon*	vaso	*glass*
cucharita	*teaspoon*	Buen provecho.	*Enjoy your meal.*
cuchillo	*knife*	Estoy satisfecho/satis-	*I'm full.*
fuente *(f.)/*	*soup bowl*	fecha (lleno/llena).	
tazón *(m.)*		Permítame/Permíteme	*Please pass*
mantel *(m.)*	*tablecloth*	la sal, por favor.	*the salt.*
platillo	*saucer*	Todo estuvo delicioso.	*Everything was*
plato	*plate, dish*		*delicious.*
servilleta	*napkin*		

°**regazo** *lap*

10.8 En la mesa. Estudien el siguiente dibujo y, en parejas, describan dónde se deben colocar los cubiertos en una mesa. Después hablen sobre cómo los colocan cuando ponen la mesa todos los días y cuando ponen una mesa formal.

■ **Ejemplo** *Normalmente, siempre usamos un mantel pero ponemos servilletas de papel. Después, pongo los platos...*

 Diario de actividades

For additional practice with the vocabulary, see ***Diario de actividades, Primera etapa: Vocabulario/ Expresiones***.

EXPRESIONES   Textbook CD   PowerPoint

En el mercado. Aunque los supermercados al estilo estadounidense son cada vez más populares en los países hispanos, muchas personas prefieren comprar en los mercados tradicionales. En la mayoría de las ciudades chilenas, los mercados generalmente son edificios grandes en los que docenas de vendedores tienen sus tiendas individuales. Vas a escuchar una narración sobre un mercado. Intenta sacar las ideas principales. Después, contesta las preguntas de la actividad 10.9.

10.9 Comprensión. ¿Entendiste las ideas principales del texto que escuchaste? Estudia las siguientes oraciones. Si la oración es correcta, según la narración, contesta **Sí**. Si la oración no es correcta, contesta **No**. Corrige las oraciones incorrectas.

1. Hoy es el cumpleaños de Pilar Armijo.
2. La señora Armijo quiere preparar una cena especial.
3. En la carnicería se vende cerdo.
4. El plato principal de la cena es pierna de cordero.
5. Se compran huevos por kilo.
6. El aguacate es una carne.
7. La señora Armijo va a preparar una ensalada de frijoles.
8. Se venden papayas en la frutería.
9. El mango es una verdura.
10. La señora Armijo compra el pan en el Mercado Central.

◆ Avocados and olives are sometimes considered fruits.

Tiendas *Stores and shops*

carnicería	*butcher shop*	panadería	*bakery*
frutería	*fruit shop*	pescadería	*fish shop*
lechería	*dairy shop*	verdulería	*vegetable shop*

Aves y carnes *Poultry and meat*

cabrito	*kid*	jamón *(m.)*	*ham*
carne *(f.)* de	*beef*	pato	*duck*
vacuno/de res		pavo	*turkey*
cerdo	*pork*	pollo	*chicken*
cordero	*lamb*	salchicha	*sausage*
fiambre *(m.)*	*luncheon meat, cold cut*	ternera	*veal*
		tocino	*bacon*

Verduras *Vegetables*

aceituna	*olive*	frijol *(m.)*	*bean*
aguacate *(m.)*	*avocado*	guisante *(m.)*	*pea*
ajo	*garlic*	judía verde	*green bean*
apio	*celery*	lechuga	*lettuce*
brócoli *(m.)*	*broccoli*	maíz	*corn*
calabacita	*zucchini*	papa	*potato*
calabaza	*squash, pumpkin*	tomate *(m.)*	*tomato*
cebolla	*onion*	tuna	*cactus fruit*
ensalada	*salad*	zanahoria	*carrot*
espinaca	*spinach*		

◆ **Vocabulario adicional:**

frijol (alternate spelling)	*bean*
almacén de víveres	*grocery store*
arveja	*pea*
elote *(m.)*	*corn on the cob*
habichuela	*green bean*
palmito	*heart of palm*
palta	*avocado (Chile)*
poroto	*bean (Chile)*

Frutas   *Fruit*

cereza	*cherry*	papaya	*papaya*
durazno/melocotón (m.)	*peach*	pasa	*raisin*
fresa	*strawberry*	pera	*pear*
limón (m.)	*lemon, lime*	piña	*pineapple*
mango	*mango*	plátano	*banana*
manzana	*apple*	toronja	*grapefruit*
melón	*melon*	uva	*grape*
naranja	*orange*		

Condimentos   *Condiments*

aceite (m.)	*oil*	pimienta	*pepper*
crema/nata	*cream*	sal (f.)	*salt*
(agria/batida)	*(sour/whipped)*	salsa de tomate	*tomato sauce*
mantequilla	*butter*	(dulce)	*ketchup*
mayonesa	*mayonnaise*	vinagre (m.)	*vinegar*
mostaza	*mustard*		

Mariscos y pescados   *Shellfish and fish*

atún (m.)	*tuna*	mariscal (m.)	*raw shellfish marinated in lime juice*
calamar (m.)	*squid*		
camarón (m.)/	*shrimp*		
gamba		mejillón (m.)	*mussel*
cangrejo	*crab*	ostra	*oyster*
ceviche (m.)	*raw fish marinated in lime juice*	pulpo	*octopus*
		salmón	*salmon*
langosta	*lobster*	trucha	*trout*

En el puerto

Otros comestibles	*Other foods*		
agua	*water*	licuado	*smoothie made with*
arroz *(m.)*	*rice*		*fruits, juices, and ice*
azúcar *(m.)*	*sugar*	pan *(m.)*	*bread*
café *(m.)*	*coffee*	pastel *(m.)*	*pastry, cake, pie*
con leche	*with hot milk*	queso	*cheese*
chocolate *(m.)*	*(hot) chocolate*	sopa	*soup*
huevo	*egg*	vino	*wine*
leche *(f.)*	*milk*	(blanco/rosado/	*(white/rosé/red)*
		tinto)	

◆ In some countries *comida* is the afternoon meal and is the main meal of the day.

Comidas del día	*Daily meals*		
almorzar (ue)	*to eat a morning*	comida	*meal, dinner*
	snack/lunch	desayunar	*to eat breakfast*
almuerzo	*morning snack,*	desayuno	*light breakfast*
	lunch	merendar (ie)	*to eat a snack*
cena	*supper*	merienda	*snack*
cenar	*to eat supper*	picar	*to nibble, snack*
comer	*to eat, eat dinner*	tentempié	*snack*

◆ **Vocabulario adicional:**
blando/blanda *soft*
revuelto/revuelta *scrambled*

Otras palabras	*Other words*		
cocinar	*to cook*	libra	*pound*
docena	*dozen*	litro	*liter (1.057 quarts)*
duro/dura	*tough, hard, hard-boiled*	plato principal	*main dish, entreé*
fresco/fresca	*fresh*	postre *(m.)*	*dessert*
ingrediente *(m.)*	*ingredient*	rico/rica	*rich, delicious*
kilo	*kilogram*	sabroso/sabrosa	*delicious*
	(2.2 pounds)	tierno/tierna	*tender*

10.10 ¿Qué comiste ayer? Hoy día se le da mucho énfasis a la dieta. Escribe una lista de todo lo que comiste y bebiste ayer. Después, en grupos pequeños, intercambien sus listas y determinen quién tiene la dieta más sana del grupo.

■ **Ejemplo** *Ayer bebí siete u ocho vasos de agua. También comí tres diferentes tipos de fruta...*

10.11 Una cena especial. ¿Qué preparaste para una cena especial, tal como un cumpleaños, un aniversario o alguna otra celebración? En parejas, describan el menú incluyendo los ingredientes de los platos.

◆ Review the use of the preterite in **Capítulo 8** before you write your paragraph.

■ **Ejemplo** *Para el cumpleaños de mi novio, preparé...*

10.12 Una encuesta. En parejas, hablen sobre sus preferencias en comidas. Usen las siguientes preguntas como punto de partida.

1. ¿Cuál es tu fruta favorita? ¿Dónde se puede comprar fruta más fresca?
2. ¿Cuál es la verdura que más te gusta? Y, ¿la que menos te gusta? ¿De niño/niña te gustaba comer esa verdura? ¿Cuántas veces por semana comes verduras? ¿Cuáles?
3. ¿Eres vegetariano/vegetariana? ¿Tienes amigos o familiares vegetarianos?

4. ¿Qué cenas normalmente? De niño/niña, ¿qué cenabas? ¿Qué cenaste anoche?

5. ¿Tomas café o té? ¿Cuántas tazas tomas al día? ¿Cuál es tu bebida preferida?

6. ¿Cuál es tu postre favorito? ¿Lo preparas o lo compras en una pastelería?

7. ¿En qué restaurante comes con frecuencia? ¿Cuándo fue la última vez que comiste allí? ¿Con quién comiste? ¿Qué pediste?

8. Cuando sales a cenar, ¿qué pides normalmente?

9. ¿Qué platos componen tu comida ideal? ¿Cuánto tiempo necesitas para preparar estos platos?

10. Por la noche, ¿sueles tener un tentempié? ¿Qué comes?

◆ **Vocabulario esencial for activity 10.13:**

yema	*yolk*
panecillo	*roll*
grasa	*fat*
semilla	*seed*
nuez (f.)	*nut*
almidón (m.)	*starch*
pellejo	*skin*
magro/magra	*lean*
lenteja	*lentil*
clara	*eggwhite*

◆ Comprehension questions for activity 10.13:
1. ¿Qué comidas se sustituyen por las carnes? 2. ¿Qué productos lácteos se consideran "buenos"? 3. ¿Cuáles son las grasas "malas"? 4. ¿Cuántos huevos se deben comer a la semana? 5. ¿Cuáles son los vegetales altos en almidón? 6. ¿Qué mariscos son más altos en colesterol? 7. ¿Qué vegetales y frutas son más altos en colesterol?

10.13 Una buena dieta para el corazón. La Asociación del Corazón recomienda una dieta baja en colesterol para reducir el peligro de ataques cardíacos. Estudia la lista de alimentos de las dos columnas: una incluye los alimentos que se pueden comer y la otra incluye los alimentos que se deben evitar. Con la ayuda de la tabla escribe tu propia lista y, en parejas, decidan si las dietas contienen poco o mucho colesterol.

EVITE ESTOS ALIMENTOS	DISFRUTE DE ESTOS ALIMENTOS
VERDURAS Y FRUTAS	**VERDURAS Y FRUTAS**
Coco; consuma aceitunas y aguacates, pero solamente en pequeñas cantidades.	Casi todos los vegetales y las frutas son considerados alimentos "buenos".
PRODUCTOS LÁCTEOS	**PRODUCTOS LÁCTEOS**
Todos los que contengan más de 1% de grasa, como leche pura y productos hechos con leche pura, como helados; toda clase de cremas, y sustitutos no lácteos, como crema para el café hecha con aceite de coco o de palma.	Puede consumir aquellos que contienen sólo 0-1% de grasa, como leche, quesos y yogurts descremados o bajos en grasa.
GRASAS Y ACEITES	**GRASAS Y ACEITES**
Grasa sólida y otras grasas como mantequilla y manteca; aceite de palma o de coco.	Aceites vegetales; margarinas que no contengan aceites saturados, semillas y nueces.
PANES, CEREALES Y CHOCOLATE	**PANES, CEREALES, PASTA Y VEGETALES RICOS EN ALMIDÓN**
Evite los que, en su preparación, incluyen yemas de huevo, grasas y aceites saturados o productos de leche entera (evite salsas cremosas, comidas fritas, panecillos de mantequilla).	Panes bajos en grasa; cereales tanto fríos como calientes; arroz y pasta; vegetales ricos en almidón como papa y calabaza.
CARNES, LEGUMBRES Y HUEVOS	**CARNES, LEGUMBRES Y HUEVOS**
Evite las de primera calidad y cualquier otra carne que tenga grasa: tocino, carnes fritas y vísceras. No más de una ración de langosta o camarones a la semana; no más de tres yemas de huevo a la semana.	Consuma pollo y pavo sin pellejo; carne magra de res, ternera, cerdo y cordero; pescado y mariscos; frijoles, guisantes, lentejas o tofu (todos son buenos sustitutos para la carne, algunas veces a la semana); clara de huevo.

Usted puede solicitar el folleto en español "Cuídese y aliméntese", escribiendo a la American Heart Association, National Center, 7320 Greenville Avenue, Dallas, TX 75231.

de *La Familia de Hoy*

ASÍ ES

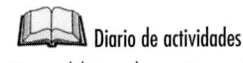

Diario de actividades

For additional practice with the structures, see *Diario de actividades*, *Primera etapa: Vocabulario/Así es*.

Los restaurantes. Santiago, la capital de Chile, tiene cuatro zonas principales de restaurantes: el Centro, Baquedano, Bellavista y Providencia. Cada zona tiene muchos restaurantes recomendables y un ambiente distinto. En la capital se encuentran restaurantes de todo tipo: alemanes, chinos, españoles, franceses, italianos y norteamericanos. Los restaurantes del Centro están muy llenos durante las horas del almuerzo (1:00–4:00 de la tarde) cuando comen los comerciantes. Baquedano, una zona de artistas, se conoce por sus restaurantes íntimos. Bellavista es un zona bohemia perfecta para tomar una copita° o escuchar música en una de las muchas *peñas°*.

Antes de comenzar las actividades, estudia las siguientes expresiones que se usan en los restaurantes.

Cómo pedir la comida en un restaurante	*Ordering a meal in a restaurant*
camarero/camarera, mesero/mesera	*server, waitperson*
¿Cuánto cuesta la entrada?	*How much is the cover charge?*
¿Está incluída la propina?	*Is the tip included?*
Me falta/faltan . . .	*I need . . . ice/napkins.*
hielo/servilletas.	
¿Me puede traer . . . por favor?	*Can you please bring me . . . ?*
¿Puedo ver la carta/el menú/la lista de vinos?	*May I see the menu/the wine list?*
¿Qué recomienda usted?	*What do you recommend?*
¿Qué tarjetas de crédito aceptan?	*What credit cards do you accept?*
Quisiera hacer una reservación/	*I'd like to make a reservation*
reserva para . . .	*for . . .*
¿Se necesita reservación?	*Are reservations necessary?*
¿Tiene usted una mesa para . . . ?	*Do you have a table for . . . ?*
Tráigame la cuenta, por favor.	*Please bring me the check/bill.*

10.14 Buenos días. En parejas, usen este menú como guía y representen al mesero/a la mesera y al cliente/a la cliente de un restaurante.

■ **Ejemplo** MESERO/MESERA: ***Buenos días, ¿qué desea usted tomar esta mañana?***

      CLIENTE: ***Buenos días. Para tomar, un café con leche.***

      MESERO/MESERA: ***¿Y qué desea desayunar?***

      CLIENTE: ***Primero, tráigame . . .***

BUENOS DÍAS
DESAYUNO

EL CONTINENTAL

Selección de Jugos o Frutas Frescas
Pan Tostado o Daneses
Mantequilla y Mermelada
Café, Té o Chocolate

EL AMERICANO

Selección de Jugos o Frutas Frescas
Pan Tostado o Daneses
Mantequilla y Mermelada
Dos huevos a su gusto con Salchichas,
Tocino o Jamón
Café, Té o Chocolate

JUGOS – FRUTAS – CEREALES

Jugos Frescos de Naranja,
V-8, piña, tomate
Medio Melón
Plato de Frutas Tropicales
Corn Flakes o Rice Krispies
Granola Natural
Con Plátano

HUEVOS y OMELETTES

Dos Huevos, al gusto
Con Jamón, Tocino o Salchicha
Omelette a la Española
Huevos Rancheros

**RECIÉN HORNEADOS
EN NUESTRA PANADERÍA**

Pasteles Daneses Pequeños
Pan Tostado Francés
Muffin Inglés

PARA BEBER

Café, Té o Café descafeinado
Leche
Chocolate Estilo Suizo

°**tomar una copita** *to have a drink*
peña *music club*

10.15 El Canto Gallo. El restaurante *Canto Gallo* de Santiago ocupa un antiguo edificio del siglo pasado. Todas las noches hay un espectáculo de música chilena y los lunes y viernes se puede comer todo lo que uno quiera a un precio económico. El Canto Gallo ofrece platos chilenos como los siguientes:

- **Empanadas** Pastel envuelto en forma de media luna con carne, cebolla, pasas, huevos duros y aceitunas.
- **Humitas** Puré de maíz cocido en hojas. Se parecen a los tamales mexicanos pero menos picantes y sin carne.
- **Porotos granados** Sopa de judías pintonas, calabaza, cebolla y maíz servida con bistec.
- **Ensalada a la chilena** Ensalada de tomates picados, cebolla, sal, aceite y vinagre.
- **Panqueque celestino** Crepes rellenos de caramelo.

Ahora, en parejas, creen un anuncio de radio para el restaurante *Canto Gallo* e incorporen la siguiente información:

- nombre del restaurante
- especialidades chilenas
- "Comilona a la chilena"° lunes y viernes
- Avenida Las Condes 12345
- espectáculo de música chilena
- reservas
- entrada
- tarjetas de crédito

10.16 Unos problemas. En grupos pequeños, decidan lo que van a decirle al mesero/a la mesera para solucionar los siguientes problemas.

■ **Ejemplo**   Se acabó el pan.
 ESTUDIANTE 1: *¿Nos puede traer más pan, por favor?*
 ESTUDIANTE 2: *Sí, enseguida.*

1. Quieres una cerveza pero no sabes qué marca pedir.
2. Necesitas un cuchillo.
3. Quieres una taza de café.
4. No tienes suficiente dinero para pagar la cuenta.
5. Quieres saber si tienes que dejar propina.
6. Tu refresco no está frío.
7. Vas a un restaurante con diez amigos.
8. No sabes si quieres fruta o cereal para el desayuno.
9. Terminaste de comer y quieres pagar.
10. Se acabó el agua.
11. Eres vegetariano/vegetariana.
12. Tienes tensión alta y no puedes comer sal.
13. Hay una mosca en tu sopa.
14. La comida es demasiado picante.

°**"Comilona a la chilena"** *All you can eat*

PRIMERA FUNCIÓN

Expressing cause-and-effect relationships using the present subjunctive

 Diario de actividades

For additional practice with the subjunctive, see the *Diario de actividades, Segunda etapa: Primera función*.

▲ Spanish has two categories, or moods, of verbs: INDICATIVE and SUBJUNCTIVE. Within each of these moods, there are various TENSES. So far, you have studied the present, imperfect, and preterite tenses in the INDICATIVE mood. As you read the following note, find and identify the verbs and their tenses.

Querido David,

Tengo unos minutos libres y sólo quiero decirte que aquí todos estamos bien. El otro día mi amiga Marta me invitó a la fiesta de despedida para Janette. Por fin consiguió un trabajo en la Universidad de Iowa. Como te puedes imaginar, acepté la invitación en seguida porque Marta prepara unos platos exquisitos. Cuando ella vivía en Chile aprendió a preparar humitas, empanadas, panqueque celestino—¡Un montón de cosas! Comí un poco de todo. Pepe preparó una buena sangría. Todos te envían recuerdos.

Juanita

Did you find the verbs? Notice that Juanita used the present, imperfect, and preterite tenses as she described the party for Janette. All these tenses are in the indicative mood. Now you will learn about the other mood, the subjunctive, which is used in specific situations. These include expressing cause-and-effect relationships, value judgments, and emotional reactions (*Segunda función),* and unexperienced /unknown entities and events (*Tercera función*).

▲ The subjunctive mood usually appears in COMPLEX sentences, that is, sentences that have an INDEPENDENT CLAUSE and a DEPENDENT CLAUSE. Not every complex sentence, however, will contain a subjunctive verb form. If the sentence is merely reporting facts, then a verb in the indicative mood will be used. In the note above, Juanita was simply reporting the facts as they occurred, so the subjunctive was not used. The following sentences illustrate how the subjunctive mood works in complex sentences.

◆ Before beginning this section, review the formation of formal commands (*Capítulo 9*, pp. 325–328).

INDEPENDENT CLAUSE	DEPENDENT CLAUSE
El mesero recomienda	que yo **pruebe** el postre.
The server recommends	*that I **try** the dessert.*

In this example, you can see that a cause-and-effect relationship is at work; the waiter is trying to get someone to try the dessert by making a recommendation.

▲ Whenever there is an attempt to *influence* the action of the verb in the dependent clause, the verb in the dependent clause will be expressed in the subjunctive. If there is only one subject mentioned and the sentence is a simple (noncomplex) sentence, however, the subjunctive mood is not required. Study the following contrasts:

SIMPLE/INDICATIVE MOOD

Prefiero comer en casa.

COMPLEX/SUBJUNCTIVE MOOD

Prefiero que ustedes **coman** en casa.

In the following examples of cause-and-effect relationships, identify the independent and dependent clauses. Notice that the conjunction **que**, connects the two clauses. Then, identify the subjunctive verb. Finally, give the English equivalent of these ideas.

Deseamos que Carina pruebe el flan.
Américo insiste en que sus hijos coman verduras.
Recomiendo que cenemos muy pronto.
Le pido al mesero que me traiga un café con leche.

▲ Dozens of Spanish verbs and expressions may signal a cause-and-effect relationship. A few of them are shown in the following chart.

Verbos y expresiones que indican causa y efecto			
Verbs and expressions that indicate cause and effect			
desear	*to want, wish, desire*	querer (ie)	*to want*
esperar	*to hope*	recomendar (ie)	*to recommend*
insistir (en)	*to insist (on)*	sugerir (ie)	*to suggest*
pedir (i)	*to ask for, request*		
preferir (ie)	*to prefer*	¡Ojalá . . . !	*I hope . . . !*
prohibir	*to prohibit*		

▲ Now that you are familiar with the basic concepts of the subjunctive mood, see how the verbs are formed in Spanish. The present subjunctive is formed like the formal commands. Except for a few irregular verbs, all present subjunctive forms are based on the **yo** form of the present indicative. The **-o** is removed and the endings are applied. Notice that the theme vowel for **-ar** verbs is **-e** and that the theme vowel for **-er** and **-ir** verbs is **-a**. Here are some examples:

Presente del subjuntivo					
Present subjunctive					
probar (ue)		**comer**		**pedir (i)**	
pruebo (-o) = prueb-		como (-o) = com-		pido (-o) = pid-	
pruebe	probemos	coma	comamos	pida	pidamos
pruebes	probéis	comas	comáis	pidas	pidáis
pruebe	prueben	coma	coman	pida	pidan

10.17 Identificación. Estudia las siguientes oraciones y, en parejas, identifiquen las que contienen una relación de causa y efecto. ¡Cuidado! No todas las oraciones muestran una relación de causa y efecto.

1. Mom doesn't want to eat candy before dinner.
2. The chef says that the fish is excellent.
3. They insist that dinner be served at 10:00.
4. I know that they like to eat there.
5. They are sure that they have tasted *ceviche* before.
6. He wants to prepare a typical Chilean meal for him.
7. She hopes that the server doesn't spill soup on her.
8. The restaurant prohibits our smoking in this section.
9. What do you suggest that I order?
10. Would you like another glass of wine?

10.18 ¿Qué hay para comer/tomar? En parejas, usen las siguientes comidas y bebidas típicas de Chile para sugerir que alguien de las clase coma o tome lo siguiente. Él/Ella debe contestar que **Sí** o que **No**.

■ **Ejemplo** humitas

ESTUDIANTE 1: ***Sugiero que pidas las humitas.***

ESTUDIANTE 2: ***Sí, quiero probarlas.*** OR ***No, gracias. No me gusta el maíz.***

1. empanadas
2. porotos granados
3. ensalada a la chilena
4. panqueque celestino
5. vino tinto
6. curanto

El curanto

10.19 La salud. En grupos pequeños, repasen las expresiones de salud del *Capítulo 9*, páginas 311 y 313. Después, elijan un problema relacionado con la salud y la dieta y den recomendaciones y sugerencias para remediarlo.

■ **Ejemplo** Estás resfriado.

ESTUDIANTE 1: ***Recomiendo que comas muchas naranjas por su alto nivel de vitamina C.***

ESTUDIANTE 2: ***Sugiero que bebas mucha agua.***

ESTUDIANTE 3: ***Espero que tomes aspirina para la fiebre.***

10.20 Un picnic. En parejas, planeen un picnic. Mencionen lo que quieren que los otros lleven o preparen. No se olviden de las actividades.

■ **Ejemplo** ESTUDIANTE 1: ***Quiero que Pepito prepare los sándwiches.***

ESTUDIANTE 2: ***Espero que los prepare de jamón y queso. También quiero que juguemos al voleibol.***

ESTUDIANTE 1: ***Entonces, sugiero que...***

◆ *El curanto* is a typical meal from southern Chile. It consists of seafood, meats, and potatoes. Originally it was made in a hole in the ground with the sides and bottom lined with leaves. First a fire was made in the hole, then the coals were taken out and the leaves and food put in to cook for hours. Thus, *el curanto* is similar to many regional cookouts in the United States such as the New England clam or lobster bake, the midwestern fish boil, the Hawaiian luau, the southern pig roast, and the northwestern salmon bake.

▲ A few frequently used verbs are irregular in the present subjunctive. As you study the following chart, notice that the verb endings are the same as those of regular verbs in this tense. Only the stem is irregular.

Subjuntivo: verbos irregulares *Subjunctive of irregular verbs*					
dar	**estar**	**ir**	**saber**	**ser**	**ver**
dé	esté	vaya	sepa	sea	vea
des	estés	vayas	sepas	seas	veas
dé	esté	vaya	sepa	sea	vea
demos	estemos	vayamos	sepamos	seamos	veamos
deis	estéis	vayáis	sepáis	seáis	veáis
den	estén	vayan	sepan	sean	vean

◆ Note that **dé** has an accent mark to distinguish it from the preposition **de**.

◆ The present subjunctive form of **haber** (**hay**) is **haya**. This is the only subjunctive form of **haber** that you will use in this textbook.

10.21 Mi restaurante favorito. Escojan un elemento de cada columna y, en parejas, hablen sobre las comidas de sus restaurantes favoritos. Usen distintos sujetos en cada oración.

A	B	C	D	E

A

B
desear
esperar
insistir (en)
(sujeto) pedir (i)
preferir (ie)
querer (ie)
recomendar (ie)
sugerir (ie)

C
que

D
(sujeto)

E
almorzar (ue) . . .
beber . . .
cenar . . .
dar . . .
desayunar . . .
ir . . .
pedir (i) . . .
probar (ue) . . .
tomar . . .
ver . . .

■ **Ejemplo** *Yo recomiendo que ustedes pidan la sopa de papas en La Fogata.*

 Diario de actividades

For additional practice using the subjunctive to express value judgments and emotional reactions, see the *Diario de actividades, Segunda etapa: Segunda función*.

SEGUNDA FUNCIÓN

Expressing value judgments and emotional reactions using the present subjunctive

▲ COMPLEX sentences that express a VALUE JUDGMENT or EMOTIONAL REACTION in the main clause require a SUBJUNCTIVE verb in the DEPENDENT CLAUSE. Value judgments and emotional reactions include expressions of doubt and denial, happiness and sadness, and some of the so-called impersonal expressions with **es**. Study the following examples.

Dudamos que este restaurante **acepte** tarjetas de crédito.

Siento que no te **guste** ese plato.

*We **doubt** that this restaurant **accepts** credit cards.*

*I'm **sorry** that you **don't like** that dish.*

Es importante que **probemos** la cocina de diferentes lugares.

*It's important that we **try** different cuisines.*

Tal vez haya comida baja en grasa en ese restaurante de autoservicio.

Perhaps there's low-fat food in that self-service restaurant.

Notice that in each example, the sentence reflects the speaker's judgment or psychological response to the situation. Study the following vocabulary boxes, which include some of the more frequently used expressions of value judgment and emotional reaction.

Expresiones de duda *Expressions of doubt*			
dudar	*to doubt*	no es claro	*it's not clear*
no creer	*not to believe*	no es evidente	*it's not evident*
no estar seguro/segura	*not to be sure*	no es seguro	*it's not sure*
no pensar (ie)	*not to think*	no es verdad	*it's not true*
		acaso/quizá(s)/tal vez	*perhaps*
es dudoso	*it's doubtful*		
no es cierto	*it's not certain/ true*		

Juicios de valor *Value judgments*			
es bueno	*it's good*	es posible	*it's possible*
es importante	*it's important*	es probable	*it's probable*
es malo	*it's bad*	es raro	*it's strange*
es mejor	*it's best*	es terrible	*it's terrible*
es necesario	*it's necessary*	es urgente	*it's urgent*

Expresiones de emoción *Expressions of emotion*			
alegrarse (de)	*to be glad*	es (una) lástima	*it's a pity, it's too bad*
encantar	*to be delighted*	es triste	*it's sad*
gustar	*to like*		
sentir (ie)	*to regret, feel sorry*		
temer	*to fear*		
tener miedo (de)	*to be afraid (of)*		

▲ Remember that EXPRESSIONS OF FACT do not call for the subjunctive. Study these contrastive sentences.

Es verdad que el queso **contiene** mucha grasa.

*It's true that cheese **contains** a lot of fat.*

BUT:

Es una lástima que el queso **contenga** mucha grasa.

*It's too bad that cheese **contains** a lot of fat.*

The first sentence expresses a fact, so the verb in the dependent clause is in the INDICATIVE. The second sentence expresses a value judgment, so the verb in the dependent clause is in the SUBJUNCTIVE. The expressions of fact shown on the following page do not call for the subjunctive.

Expresiones que denotan certeza	*Expressions of certainty*		
creer	*to believe*	es obvio	*it's obvious*
estar seguro/segura (de)	*to be sure*	es verdad	*it's true*
		está claro	*it's clear*
es cierto	*it's certain, it's true*		
es evidente	*it's evident*		

10.22 ¿Qué cocina te gusta? A los estadounidenses les gusta una variedad de cocinas internacionales. En grupos pequeños, expresen sus reacciones o juicios de valor sobre los siguientes tipos de cocina.

■ **Ejemplo**   china
   Es bueno que la cocina china contenga mucha fibra.

1. chilena
2. china
3. estadounidense
4. italiana
5. mexicana

6. francesa
7. alemana
8. vegetariana
9. baja en grasa y colesterol
10. típica de los estudiantes

10.23 Una cena comunal. En parejas, preparen una olla común°, usando oraciones que contrasten la realidad con una emoción o un juicio de valor. Consulta las expresiones de duda y las de certeza que se encuentran en las tablas anteriores. Mencionen por lo menos seis comidas diferentes.

■ **Ejemplo**   ***Estoy segura (de) que Blanca va a preparar el plato principal.***
   Dudo que traiga carne porque es vegetariana.

10.24 El ocio. Repasa las formas de diversión del *Capítulo 8*, páginas 277-278. Después, en grupos pequeños, hablen sobre lo que les gusta hacer cuando tienen tiempo libre. Usen las siguientes exclamaciones para comentar.

Exclamaciones	*Exclamations*
¡Ándale!	*There you go!*
¡Claro que sí/no!	*Of course!/Of course not!*
¡Estás loco/loca!	*You're crazy!*
¡Hombre!	*Man!*
¡Mujer!	*Woman!*
¡No me di cuenta!	*I didn't realize that!*
¡No me digas!	*You don't say!*
¡No puede ser!	*It can't be!*
¡Qué va!	*You've gotta be kidding! Gimme a break!*

■ **Ejemplo**   el golf
   ESTUDIANTE 1: ***Es una lástima que sea tan caro jugar al golf.***
   ESTUDIANTE 2: ***¡No me di cuenta!***
   ESTUDIANTE 3: ***Sí, cuesta cincuenta dólares.***

°**olla común** *potluck dinner*

◆ The concept of *la olla común* emerged in Chile during the time of President Allende (1970–1973), when people got together during strikes or protests. At that time, food was scarce, so this became a good way of sharing whatever they had. Nowadays *la olla común* refers to a potluck dinner.

A VECES SÍ, A VECES NO

aunque *(even though)*
cuando *(when)*
de modo que *(in such a way that)*
donde *(where)*
hasta que *(until)*
en cuanto *(as soon as)*
tan pronto como *(as soon as)*
como *(like, as)*
de manera que *(in such a way that)*
después (de) que *(after)*
mientras (que) *(while, as long as)*

     Indicativo: habitual, factual event
     Subjuntivo: anticipated, future event

SIEMPRE SUBJUNTIVO

En caso (de) que *(in case [of])*
Sin que *(without, even if)*
Con tal (de) que *(as long as, provided that)*
A menos que *(unless)*
Para que *(so that, provided that)*
Antes (de) que *(before)*

LePiZZA **TE RECOMIENDA**

coa   Salsa Barbacoa, topping a base de mozzarella, pollo, bacon y doble de ternera.

   Salsa Jalisco, topping a base de mozzarella, ternera, cebolla, pimiento morrón, aceitunas negras y extra de queso.

l   Tomate, topping a base de mozzarella, bacon, pimiento morrón, pimiento verde, ternera y champiñón o cebolla.

sa

ra   Crème fraîche, topping a base de mozzarella, doble de bacon, champiñón y cebolla o extra queso.

   Tomate, topping a base de mozzarella, jamón, piña y extra de queso.

   Tomate, y una mezcla especial de 4 quesos.

eva   Masa integral, tomate, topping a base de mozzarella, champiñón, pimiento verde, pimiento morrón, cebolla y atún.

POSTRES
Trufas heladas 4 uds.
Chocolate. Chocolate blanco.
Helados
Fresa con fresas.
Vainilla con cookies.
Chocolate con trocitos.
Sorbete de limón.

ENSALADAS
Americana
Col picada, cebolla, zanahoria y nuestra salsa especial.
Cangrejo
Cangrejo, sucedáneo de cangrejo, piña, huevo y salsa rosa.

BEBIDAS

Agua mineral

📖 Diario de actividades
For additional practice with the subjunctive, see the ***Diario de actividades, Segunda etapa: Tercera función.***

... events using the

...junctive focuses on entities (people or things) ... that are unknown to, or as yet unexperienced by, the speaker. As such, they have not yet become part of the speaker's reality. The following examples should help clarify this concept.

No conocemos a nadie que **viva** en Santiago.	We **don't know** anyone who **lives in** *Santiago.* (UNKNOWN ENTITY)
Conocemos a un chico que **vive** en Chile.	We **know** *a guy who* **lives in Chile.** (FACT)
Voy a llamarlo para que **cene** con nosotros.	**I'm going to call** *him so that he (**can**) **eat dinner** with us.* (UNEXPERIENCED EVENT)
Lo **llamé** y **cenó** con nosotros.	**I called** *him and he **ate dinner** with us.* (FACT)

The expressions below are frequently used when referring to unknown/unexperienced entities and events.

Expresiones que indican falta de conocimiento o experiencia
Expressions that indicate a lack of knowledge or experience

¿conocer?	to know, to be acquainted with (question)		
no conocer	not to know, not to be acquainted with		

SUCESO EN EL FUTURO + . . .

a fin de que/para que	so (that)	después (de) que	after
a menos que	unless	en caso (de) que	in case (that)
antes (de) que	before	hasta que	until
con tal (de) que	provided (that)	tan pronto como	as soon as
cuando	when		

10.26 Entrevista. Usen las siguientes frases como guía y conversen en parejas sobre sus conocidos.

■ **Ejemplo** hablar portugués

ESTUDIANTE 1: *¿Conoces a alguien que hable portugués?*
ESTUDIANTE 2: *Sí, tengo un amigo que habla portugués.* OR
No, no conozco a nadie que hable portugués.

1. jugar al fútbol
2. tocar el saxofón
3. no manejar un auto
4. entender las matemáticas
5. querer ser artista
6. saber bailar merengue
7. dormir más de ocho horas todas las noches
8. ir al cine con frecuencia
9. no salir con amigos los fines de semana
10. ser actor/actriz

10.27 Planes para el futuro. En parejas, completen las siguientes oraciones de una manera lógica.

■ **Ejemplo** Mi amigo va a ir al supermercado después (de) que su amiga . . .
Mi amigo va a ir al supermercado después (de) que su amiga le escriba una lista de cosas para comprar.

1. Voy a prepararles un plato especial a mis amigos cuando . . .
2. Voy a comprar un lavaplatos nuevo para que mi familia . . .
3. Los estudiantes van a estudiar mucho en caso (de) que la profesora . . .
4. Vamos a ir al nuevo restaurante a menos que los críticos . . .
5. Vamos a ir al café tan pronto como nosotros . . .

10.28 Vamos a celebrar. En grupos pequeños, planeen las comidas y las actividades para las ocasiones siguientes.

■ **Ejemplo** picnic

ESTUDIANTE 1: *Voy a comprar salchichas a menos que no les gusten.*
ESTUDIANTE 2: *Necesitamos muchos refrescos en caso (de) que lleguen muchas personas.*
ESTUDIANTE 3: *Quiero jugar al voleibol después (de) que comamos.*

1. fiesta de Año Nuevo
2. despedida de soltero/soltera°
3. fiesta del club de español
4. celebración antes de un partido de fútbol
5. banquete
6. picnic en julio
7. celebración de cumpleaños
8. fiesta de graduación
9. reunión de dos o tres amigos de tu escuela secundaria
10. cena después de ir al teatro o al cine

°**despedida de soltero/soltera** *bachelor party/bridal shower*

TERCERA ETAPA Estrategias

COMPRENSIÓN AUDITIVA  Textbook CD

📖 Diario de actividades

For additional listening practice, see **Diario de actividades, Tercera etapa: Estrategias/ Comprensión auditiva**.

Using information from the text. You have already learned and practiced the strategy of guessing from context. In this chapter, you will learn more about using textual information to comprehend a listening or reading text. Note these types of information that may be incorporated into a text:

- definitions of unfamiliar terms
- problems and solutions
- causes and effects
- comparisons and contrasts

DEFINITIONS OF UNFAMILIAR TERMS.   There are various ways to define new terms.

- Some speakers like to define by using *illustrations*.

  Gabriela Mistral, Miguel Ángel Asturias, Gabriel García Márquez, Pablo Neruda, y Octavio Paz son ganadores hispanoamericanos del Premio Nobel de Literatura.

- *Synonyms* are also useful clues to definition. They are presented with the verbs **ser**, **significar**, and **querer decir**.

  Guisar es cocinar.

- Definition by *class* is another way in which speakers convey new ideas to their listeners.

  El durazno es una fruta que se parece al albaricoque.

PROBLEM AND SOLUTION. When a speaker has set forth a problem, usually a solution —or at least a recommendation—that follows. Some key words that signal solutions and recommendations are shown below.

Problemas y soluciones *Problems and solutions*			
componer	*to repair*	resolución	*resolution*
propuesta	*proposal*	resolver (ue)	*to resolve*
recomendación	*recommendation*	solución	*solution*
recomendar (ie)	*to recommend*	solucionar	*to solve*
remediar	to *remedy*	sugerencia	*suggestion*
remedio	*remedy*	sugerir (ie)	*to suggest*
reparar	*to repair*		

■ **Ejemplo** *Sugiero que compres las frutas en el Mercado Central.*

CAUSE AND EFFECT. Speakers often present cause-and-effect relationships when relating news and events. Study the following words and phrases that express cause and effect.

Causa y efecto	Cause and effect
a causa de	on account of
así que	thus, therefore
causar	to cause
como consecuencia/resultado	as a consequence/as a result
por	because of, due to, owing to
porque	because
responsabilizar	to make someone responsible
resultar de/en	to result in

Los esfuerzos de la gente **resultaron en** una ceremonia impresionante.

COMPARISON AND CONTRAST. Both comparisons and contrasts are often used to illustrate a spoken text. Comparisons highlight the similarities between topics, while contrasts highlight the differences. Comparisons and contrasts may be organized in two ways: a global presentation of one topic is given in its entirety and then the second topic is given in its entirety, or the two topics are compared one aspect at a time. The following chart provides words and phrases commonly used in making comparisons and contrasts.

Comparaciones y contrastes		Comparisons and contrasts	
a diferencia de/ al contrario de	unlike	al igual que de la misma manera	like in the same way
en cambio/ por otro lado	on the other hand	parecerse a	to be similar, to be like
más/menos que	more/less than	tan(to) . . . como	as . . . as

Al igual que el curanto, un asado se prepara al aire libre.

Antes de escuchar

10.29 Vinos en Chile. La producción y exportación de vinos es una de las principales industrias de Chile. Antes de escuchar el texto, contesta las siguientes preguntas sobre los vinos.

1. Hay tres categorías básicas de vino. ¿Cuáles son?
2. ¿Qué países del mundo producen vinos finos?
3. ¿Qué país tiene la fama de producir los mejores vinos del mundo?
4. ¿Cómo se dicen en español las siguientes palabras? (Usa tu diccionario.)
   a. grapevine   b. vineyard   c. cask (barrel)

A escuchar

10.30 La producción de vinos. Usa tu disco compacto para escuchar el texto sobre la producción de vinos. Identifica el tipo de información que se presenta.

❑ definición
❑ problema y solución
❑ causa y efecto
❑ comparación y contraste

Después de escuchar

10.31 Comprensión. Contesta las siguientes preguntas sobre el texto.

1. ¿Cómo eran las condiciones para la viticultura en Chile en el siglo XIX?
2. ¿Qué ocurrió en el siglo XX? ¿Por qué?
3. ¿Qué hicieron los viticultores?
4. ¿Qué cambios efectuaron?
5. ¿Cómo efectuaron los cambios?
6. ¿Cuál fue el resultado?

10.32 Actividad cooperativa. En grupos pequeños, usen las palabras y frases de las páginas anteriores para seguir estas instrucciones:

1. Identifiquen un problema de su universidad.
2. Definan y describan el problema.
3. Especifiquen la causa y las consecuencias del problema.
4. Comparen y contrasten el problema de su universidad con el mismo problema en otras universidades o con otros problemas de su universidad.
5. Recomienden posibles soluciones al problema.

Una viña chilena

LECTURA

Using information from the text. Being able to determine the type of information given in a text is an excellent key to comprehension. Before doing the activities in this section, review the following summaries of the four types of information often presented in reading texts.

Diario de actividades

For additional reading practice, see **Diario de actividades, Tercera etapa: Estrategias/ Lectura and Literatura**.

- DEFINITIONS. Unfamiliar terms may be defined by illustration, class, or synonym.
- PROBLEM AND SOLUTIONS. A problem may be presented along with a solution or recommendations for potential solutions.
- CAUSE AND EFFECT. A topic may be presented as a cause followed by its effects, or vice versa.
- COMPARISON AND CONTRAST. Two topics may be related in terms of their similarities (comparisons) or differences (contrasts).

claudicar	*to give in*
desempolvar	*to dust*
entretenerse	*to enjoy oneself*
mojar	*to dunk*
palomita	*pop corn*
picar	*to snack*
pico del croissant	*a small piece of a sweet crescent roll coated in breadcrumbs*
rebozado/ rebozada	
terciar	*to object*

Antes de leer

10.33 Hábitos alimentarios. Se piensa que los hábitos alimentarios de cada persona dicen mucho de ella. ¿Cuál es tu actitud ante la comida? En parejas, hablen sobre algunos de sus hábitos alimentarios.

■ **Ejemplo** *Normalmente, tomo entre cuatro o cinco tazas de café todos los días.*

A leer

10.34 Dime cómo comes . . . Después de estudiar el vocabulario esencial, en parejas, hagan la encuesta.

Dime cómo comes...

Los hábitos alimentarios de cada persona dicen mucho de ella. Descubre cuál es tu actitud ante la comida y aprende de paso a mejorar tus costumbres al respecto.

❶ Estás aburrida en casa viendo la televisión, con toda la tarde por delante. ¿Qué haces?
A Me entretengo comiendo palomitas, chocolate, frutos secos o algo parecido. Cuando me doy cuenta, he acabado con la bolsa.
B Como la hora de la cena está lejos, espero a que llegue el 'momento crítico' y como una manzana.
C Trato de contenerme porque sé que comer entre horas es fatal para la dieta, pero normalmente no puedo evitar picar algo.

❷ Tras una comida abundante...
A Tampoco pasa nada (mañana me pongo a dieta).
B Sufro cada bocado pensando en la cantidad de calorías que he ingerido.
C No suelo hacer excesos y, si los hago, esa misma noche decido cenar algo de fruta.

❸ Si tomas un café o té a media tarde, ¿acostumbras a acompañarlo de algún dulce?
A No, pero siempre acabo cogiéndole el pico del croissant a alguien.
B No.
C Sí. No hay nada mejor que una buena tostada o un donut glaseado.

❹ Al cocinar, ¿chupas la cuchara para comprobar cómo está la salsa?
A Sólo si creo que me he podido pasar con la sal.
B Sí (y si se tercia, se moja un poquito de pan).
C No suelo hacerlo.

❺ Vas a un restaurante y tus acompañantes piden aperitivo, dos platos y postre, ¿haces lo mismo?
A Si el restaurante es bueno, creo que el no hacerlo sería un delito.
B Me gustaría no tener que hacerlo, pero al final claudico (por no ser la primera en acabar).
C No podría aunque quisiera.

❻ ¿Cómo te gusta tomar el pescado?
A Hervido o hecho a la plancha con un chorrito de aceite de oliva o con limón.
B Rebozado.
C A la plancha y con un poquito de mayonesa.

❼ Después de una 'pelea'...
A Voy directa a coger algo de comer de la nevera (mejor si es algo con chocolate).
B Salgo a la calle para despejarme.
C Para consolarme tomo uno de los alimentos 'prohibidos' en mi dieta.

❽ ¿Qué te gusta tomar de postre?
A Una pieza de fruta.
B Un café con sacarina.
C Un café con leche y un buen trozo de tarta de chocolate.

❾ ¿Cómo afectan los cambios de estación al tipo de platos que elaboras?
A No hago grandes cambios en la comida, sino que me limito a cambiar los productos.
B De ninguna forma, cualquier época es buena para un buen cocido.
C Desempolvo los libros de cocina para hacer ricos platos de temporada.

❿ Generalmente tu menú de la semana se compone de:
A Legumbres, carne o pescado y yogur.
B Lo que haya, no hago demasiado caso.
C Pasta, carne o pescado, ensalada y fruta.

	1	2	3	4	5	6	7	8	9	10
A	5	5	3	3	5	1	5	1	1	3
B	1	3	1	5	3	5	1	3	5	5
C	3	1	5	1	1	3	3	5	3	1

MENOS DE 15 PUNTOS

Eres una persona de las llamadas 'de poco comer'. De hecho, para ti la comida no es lo mejor ni aquello con lo que más disfrutas del mundo, aunque este hecho no impide que siempre trates de cuidar mucho la preparación de los alimentos que ingieres. No sueles cometer excesos y tu dieta tiende a estar compuesta por alimentos sanos y equilibrados. Quizá sólo tendrías que aprender a darte una alegría de vez en cuando y comprender que, aparte de un método de supervivencia, la comida también puede proporcionar muchos y grandes momentos de placer.

ENTRE 16 Y 35 PUNTOS

Tú intención es buena, pero te falta fuerza de voluntad a la hora de seguir una dieta equilibrada. Normalmente eres del tipo de persona que siempre intenta picar comida fuera de horas, probablemente porque seas nerviosa e intentes calmar la ansiedad comiendo. Lo mejor en estos casos es que busques algo que te mantenga ocupada y no pienses en la comida. Un consejo es que tengas en la nevera alimentos que pueden saciarte el hambre sin engordar como apio, zanahorias o manzanas. También puedes beber tisanas como la valeriana o la flor de camomila.

ENTRE 36 Y 50 PUNTOS

Comer para ti es todo un placer al que no estás dispuesta a renunciar. Te pierden los dulces, los embutidos y los picantes. Disfrutas de las salidas que haces con tus amigos y no te molesta demasiado tener que comer fuera de casa. Por supuesto, comer no es malo, pero quizá deberías vigilar los aspectos nutricionales de tu dieta, que probablemente esté saturada de grasas, sea muy alta en colesterol y esté desequilibrada. Se trata, en resumen, de que te cuides un poco más sin renunciar por ello a tu afición favorita, y de que seas más selectiva con tu menú diario.

Después de leer

10.35 ¿Estás de acuerdo? Después de contestar las preguntas y sumar los puntos, ¿estás de acuerdo con los resultados? En parejas, decidan si la descripción de las personalidades es acertada o no.

■ **Ejemplo** *Tengo menos de 15 puntos y, según el análisis, soy una persona de poco comer. No creo que coma tan poco...*

COMUNICACIÓN Textbook CD

Las siguientes conversaciones te ayudan a describir, negar, contradecir y a quejarte. Escucha las conversaciones de tu disco compacto y practícalas con los demás miembros de la clase.

 Diario de actividades

For additional practice with the expressions, see ***Diario de actividades, Tercera etapa: Estrategias/Comprensión auditiva***.

Cómo describir la comida *Describing food*

Cómo quejarse *Complaining*

Cómo negar y contradecir *Negating and contradicting*

10.36 Escucha y repite. Escucha con cuidado la conversación **Cómo describir la comida** de tu disco compacto. Después, repite las frases y presta atención a la pronunciación.

Cómo describir la comida *Describing food*	
Contiene . . .	*It contains . . .*
Es como . . .	*It's like . . .*
Es dulce (salado/salada, agrio/agria, etc.) . . .	*It's sweet (salty, bitter, etc.) . . .*
Huele a . . .	*It smells like . . .*
Sabe a . . .	*It tastes like . . .*
Se parece a . . .	*It looks like . . .*
Su textura es blanda/dura/cremosa, etc.	*Its texture is soft/hard/creamy, etc.*

10.37 ¿Cómo es? Repasa las listas de comidas. Después en parejas, usen las palabras y frases anteriores para describir las siguientes comidas o bebidas.

■ **Ejemplo** Dr. Pepper®
   El refresco Dr. Pepper® se parece a la Coca-Cola.® Es dulce y contiene mucha cafeína. Sabe a cola y frutas.

1. Mountain Dew®
2. frozen yogurt
3. Asian pear (pear apple)
4. brocflower
5. corn dog
6. tamal

10.38 Escucha y repite. Escucha la conversación *Cómo quejarse* de tu disco compacto. Después, repite las frases prestando atención a la pronunciación.

Cómo quejarse *Complaining*	
Es demasiado costoso/costosa (problemático/problemática, etc.).	*It's too expensive (problematic, etc.).*
Esto es el colmo.	*This is the last straw.*
No es justo.	*It isn't fair.*
¡No, hombre!/¡No, mujer!	*No way!*
No puedo esperar más.	*I can't wait anymore.*
No puedo más.	*I can't take this anymore.*
Pero, por favor . . .	*But, please . . .*

10.39 Problemas y más problemas. Estudien los siguientes problemas. Después, en parejas, representen las situaciones incorporando las frases para quejarse.

■ **Ejemplo**   Tu comida va a tardar media hora porque el cocinero está muy ocupado.
ESTUDIANTE 1: ***Es obvio que la comida va a tardar mucho.***
ESTUDIANTE 2: ***No puedo esperar más; tengo una cita en media hora.***

1. Vas a la librería y descubres que ya no se publica el libro que quieres.
2. La lavandería te llama por teléfono para decirte que perdió tu traje.
3. El mecánico te dice que la reparación de tu auto va a costar mil dólares.
4. Recibes una carta del *Internal Revenue Service* en la que te indican que tienes que pagar doscientos dólares más de impuestos.
5. Vas al supermercado a comprar una cosa y cuando llegas a la caja, hay tres personas delante de ti con carritos llenos de comida.
6. Tienes que estudiar para un examen y tus amigos te dicen que van a ir al cine.

◆ Remember that *usted* is generally used instead of *tú* in formal situations or with people you don't know well.

10.40 Escucha y repite. Escucha la conversación *Cómo negar y contradecir* de tu disco compacto. Después, repite las frases y presta atención a la pronunciación.

Cómo negar y contradecir *Negating and contradicting*	
¡Imposible!	*Impossible!*
¡Jamás!/¡Nunca!	*Never!*
Ni hablar.	*Don't even mention it.*
No es así.	*It's not like that.*
No está bien.	*It's not all right.*

10.41 Los alimentos. Estudien las siguientes oraciones sobre la comida. Después, en parejas, comenten y den otras sugerencias sobre la nutrición.

■ **Ejemplo**   ESTUDIANTE 1: ***No es necesario beber mucha agua.***
ESTUDIANTE 2: ***No es así. Hay que beber ocho vasos de agua al día.***

1. Hay siete grupos básicos de alimentos.
2. Es mejor comer chocolate que frutas.
3. Los cereales y la leche pertenecen al mismo grupo.
4. Los huevos no contienen mucho colesterol.
5. El café contiene muchas calorías.
6. Una buena dieta consiste en comer solamente yogurt y frutas.
7. Los vegetales pueden sustituir a las frutas en una buena dieta.
8. La carne roja contiene poca grasa.

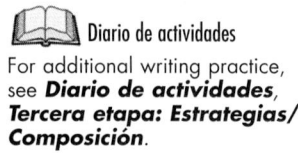
Diario de actividades

For additional writing practice, see *Diario de actividades, Tercera etapa: Estrategias/Composición*.

COMPOSICIÓN

Sequence and conclusion. In this chapter, you are going to learn how to sequence your thoughts and conclude your paragraphs in an interesting manner. There are a number of ways to sequence thoughts and actions within a paragraph. In an anecdote or a story, it is most common to find a *chronological* sequence. Sometimes, however, a reverse chronological order fits the topic better and provides more punch. Chronological order is often signaled by ordinal numbers (see *Capítulo 5*, page 170) or other time-related words and phrases such as **ahora, después, entonces, luego, el próximo año, en el 2008**.

When describing a place, you may want to arrange the description according to the *relative positions* of things: outside to inside, inside to outside, farthest away to closest, and so on. Spatial relationships like these are often signaled by prepositions of location (see *Capítulo 3*, page 94).

Another useful sequence is *from the general to the specific*, in which you begin with a statement and then supply the details. Whenever you write a paragraph, think about the topic and choose the most appropriate sequence.

Nothing ruins an interesting paragraph more than a boring conclusion. Although you have a great deal of flexibility as to how to end a paragraph, you should keep a few general guidelines in mind. Stick with the same *tone* that you have used throughout your paragraph; a humorous paragraph should have a humorous ending. Don't repeat what you have already stated, but include a *summary statement* as an efective conclusion. You may want to encourage the reader to pursue the topic by presenting a *problem or question* for further investigation. The following chart provides some words and phrases to use in closing your paragraph.

Cómo concluir *Concluding*	
al fin y al cabo	*when all is said and done*
al final	*in the end*
así (es que)	*thus (it is)*
en conclusión	*in conclusion*
en resumen/en suma	*in sum, in summary*
finalmente/por fin/por último	*finally*
por eso	*therefore*

Antes de escribir

10.42 Modelo. Antes de escribir tu propio párrafo, estudia el modelo en *Paso a Paso, el Arte de Cocinar la Pasta* e identifica el tipo de secuencia y la conclusión que se da.

PASO A PASO
EL ARTE DE COCINAR LA PASTA

Cocinar pasta puede parecer fácil, pero hay una serie de normas que deben cumplirse si se quiere obtener un óptimo resultado.

1er paso: Por cada 100 gramos de pasta seca se debe calcular un litro de agua. Esto es importante porque si el agua es escasa, al colocar la pasta ésta se enfriará, dejará de hervir y se volverá pegajosa y aglutinada.

2do paso: El tema de agregar aceite para que no se pegue la pasta es controvertido. Por un lado, es perfecto para que esto no ocurra y, por el otro cubre la pasta con una delgada capa de grasa que impide que la salsa se una al fideo.

3er paso: El agua debe estar hirviendo antes de introducir la pasta y conviene tapar la olla para acelerar el proceso.

4to paso: La sal conviene colocarla cuando el agua ya está hirviendo. La cantidad ideal es de 10 gramos (una cucharada de postre) por cada litro de agua. No obstante, si hay un caso de hipertensión en la familia se puede reducir la cantidad o eliminarla.

5to paso: Cuando el agua ya está hirviendo y convenientemente salada, se debe introducir la pasta. Si se trata de pastas largas se deben colocar de punta, desplegándolas en abanico y se van empujando suavemente a medida que entran en contacto con el agua. La cocción debe llevarse a cabo a olla destapada porque de otro modo los fideos se ablandan demasiado.

6to paso: El agua debe hervir continuamente. Al principio conviene revolver con cierta asiduidad para evitar que la pasta se pegue, luego no hace falta. Para revolver usar preferentemente un tenedor de madera.

7mo paso: La pasta debe estar cocinada *al dente* (es decir, algo dura), pero su tiempo de cocción varía en cada caso.

8vo paso: Pasar la pasta por un colador en el que pueda entrar toda su capacidad. En cuanto a echarle un chorro de agua fría hay dos posturas: una a favor (lava el almidón de la superficie de la pasta) y la otra en contra (enfría la pasta y el agua puede alterar la consistencia y su sabor).

Las pastas largas se deben introducir de punta, desplegándolas en abanico en todo el perímetro de la olla.

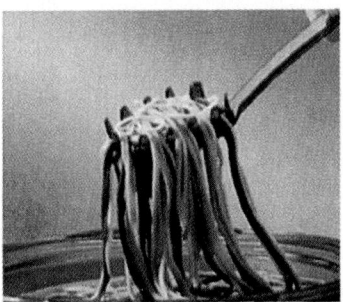

La cocción varía para cada pasta: un cabello de ángel lleva tres minutos y una lasagna alrededor de 20.

Antes de servir la pasta siempre se la debe pasar por el colador.

de *Buena Salud*

◆ **Vocabulario esencial for activity 10.42:**

destapado/ destapada	*uncovered*
empujar	*to push*
escaso/escasa	*scarce, scant*
impedir	*to prevent*
pegajoso/ pegajosa	*sticky*
pegarse	*to stick*

◆ Comprehension questions for activity 10.42:
1. ¿Por qué es necesario seguir una serie de normas al cocinar pasta? 2. ¿Cuántos litros de agua se necesitan para cocinar 200 gramos de pasta?
3. ¿Por qué es necesario tener suficiente agua? 4. ¿Cuáles son los argumentos a favor y en contra de agregarle aceite al agua? 5. ¿Cómo se puede acelerar el hervir el agua?
6. ¿Cuál es la cantidad ideal de sal para 200 gramos de pasta? 7. ¿Por qué es necesario destapar la olla mientras se cocina la pasta?
8. ¿Cuál es el utensilio ideal para revolver la pasta?
9. ¿Qué significa la expresión italiana *al dente*? 10. ¿Cuáles son las dos opiniones respecto a echarle agua fría a la pasta?

A escribir

10.43 Mi plato preferido. Ahora elige un tema relacionado con los alimentos tal como un plato preferido, una comida especial que recuerdas o consejos sobre la dieta. Elige la secuencia más adecuada para presentar tu información. Después, escribe un párrafo sobre el tema elegido incluyendo una conclusión interesante.

Después de escribir

10.44 Revisión. Revisa tu composición según las siguientes preguntas:

- **Secuencia.** ¿Qué tipo de secuencia elegiste? ¿Incorporaste las palabras y frases adecuadas para informarle al lector de esta secuencia?
- **Tono.** ¿Cómo es el tono de tu párrafo? ¿Usas el mismo tono en todo el párrafo?
- **Conclusión.** ¿Cómo concluiste el párrafo? ¿Crees que tu conclusión es buena? ¿Qué tipo de impresión deja en el lector?

10.45 Intercambio. En parejas, intercambien sus composiciones y revísenlas. Consideren los siguientes criterios:

> ❏ Introducción interesante
>
> ❏ Transiciones adecuadas
>
> ❏ Organización clara y adecuada
>
> ❏ Secuencia identificable
>
> ❏ Concordancia entre sujetos y verbos
>
> ❏ Concordancia entre sustantivos y adjetivos
>
> ❏ Conclusión fuerte e interesante

VOCABULARIO

Using note cards. One of the easiest ways to study and build vocabulary is by using note cards. If you have a few minutes to spare while you wait between classes or drink a cup of coffee in the student union, flip through your cards and learn the meanings of new words.

To help you memorize the vocabulary item, you can create personalized study cards based on this model. At the top of the card, write the word. Directly below the word, write its English equivalent and part(s) of speech. Then use the word in a sentence or phrase. Finally associate it with another familiar word or phrase in your native language or Spanish. Look over this sample card for the word *piña*.

WORD	piña
MEANING	pineapple
PART OF SPEECH	noun
PHRASE/SENTENCE	**Venden piñas en la frutería.**
ASSOCIATION	piña colada

10.46 Lo que como. Escribe una lista de los alimentos que comes una vez a la semana, una vez al mes y casi nunca.

10.47 Unos ingredientes. Escribe una lista de los ingredientes que necesitas para preparar un plato típico de tu región.

10.48 Una buena dieta. Escribe de ocho a diez cosas que se deben incluir en una buena dieta para bajar de peso.

10.49 Platos populares. Haz una encuesta entre tus colegas para decidir cuáles son los platos más populares y menos populares de la clase.

VOCABULARIO

En la mesa   *At the table*

Buen provecho.	*Enjoy your meal.*
Estoy satisfecho/satisfecha (lleno/llena).	*I'm full.*
Permítame/Permíteme la sal, por favor.	*Please pass the salt.*
Todo estuvo delicioso.	*Everything was delicious.*

copa	*wine glass*	fuente (*f.*)/tazón (*m.*)	*soup bowl*	taza	*cup*
cubiertos	*table setting, cutlery*	mantel (*m.*)	*tablecloth*	tenedor (*m.*)	*fork*
cuchara	*soup spoon*	platillo	*saucer*	vaso	*glass*
cucharita	*teaspoon*	plato	*plate/dish*		
cuchillo	*knife*	servilleta	*napkin*		

Tiendas   *Stores and shops*

carnicería	*butcher shop*	lechería	*dairy shop*	pescadería	*fish shop*
frutería	*fruit shop*	panadería	*bakery*	verdulería	*vegetable shop*

Aves y carnes   *Poultry and meat*

cabrito	*kid*	fiambre *(m.)*	*luncheon meat, cold cut*	pollo	*chicken*
carne *(f.)* de vacuno/de res	*beef*	jamón *(m.)*	*ham*	salchicha	*sausage*
cerdo	*pork*	pato	*duck*	ternera	*veal*
cordero	*lamb*	pavo	*turkey*	tocino	*bacon*

Verduras   *Vegetables*

aceituna	*olive*	cebolla	*onion*	maíz *(m.)*	*corn*
aguacate *(m.)*	*avocado*	ensalada	*salad*	papa	*potato*
ajo	*garlic*	espinaca	*spinach*	tomate *(m.)*	*tomato*
apio	*celery*	frijol *(m.)*	*bean*	tuna	*cactus fruit*
bróculi *(m.)*	*broccoli*	guisante *(m.)*	*pea*	zanahoria	*carrot*
calabacita	*zucchini*	judía verde	*green bean*		
calabaza	*squash, pumpkin*	lechuga	*lettuce*		

Frutas   *Fruit*

cereza	*cherry*	manzana	*apple*	pera	*pear*
durazno/melocotón *(m.)*	*peach*	melón *(m.)*	*melon*	piña	*pineapple*
fresa	*strawberry*	naranja	*orange*	plátano	*banana*
limón *(m.)*	*lemon*	papaya	*papaya*	toronja	*grapefruit*
mango	*mango*	(uva) pasa	*raisin*	uva	*grape*

Condimentos   *Condiments*

aceite *(m.)*	*oil*	pimienta	*pepper*
crema/nata (agria/batida)	*cream (sour/whipped)*	sal *(f.)*	*salt*
mantequilla	*butter*	salsa de tomate (dulce)	*tomato sauce, ketchup*
mayonesa	*mayonnaise*	vinagre *(m.)*	*vinegar*
mostaza	*mustard*		

Mariscos y pescados   *Shellfish and fish*

atún *(m.)*	*tuna*	ceviche *(m.)*	*raw fish marinated in lime juice*	ostra	*oyster*
calamar *(m.)*	*squid*	langosta	*lobster*	pulpo	*octopus*
camarón *(m.)*/ gamba	*shrimp*	mariscal *(m.)*	*raw shellfish marinated in lime juice*	salmón *(m.)*	*salmon*
		mejillón *(m.)*	*mussel*	trucha	*trout*
cangrejo	*crab*				

Otros comestibles   *Other foods*

agua	*water*	licuado	*smoothie made with fruits, juices, and ice*
arroz *(m.)*	*rice*	pan *(m.)*	*bread*
azúcar *(m.)*	*sugar*	pastel *(m.)*	*pastry, cake, pie*
café *(m.)* con leche	*coffee with hot milk*	queso	*cheese*
chocolate *(m.)*	*(hot) chocolate*	sopa	*soup*
huevo	*egg*	vino (blanco/rosado/tinto)	*wine (white/rosé/red)*
leche *(f.)*	*milk*		

Comidas del día   *Daily meals*

almorzar (ue)	*to eat a morning snack/lunch*	comida	*meal, dinner*
		desayunar	*to eat breakfast*
almuerzo	*morning snack, lunch*	desayuno	*light breakfast*
		merendar (ie)	*to eat a snack*
cena	*supper*	merienda	*snack*
cenar	*to eat supper*	picar	*to nibble, snack*
comer	*to eat, eat dinner*	tentempié	*snack*

Otras palabras   *Other words*

cocinar	*to cook*	litro	*liter (1.057 quarts)*
docena	*dozen*	plato principal	*main dish, entrée*
duro/dura	*tough, hard, hard boiled*	postre *(m.)*	*dessert*
fresco/fresca	*fresh*	rico/rica	*rich, delicious*
ingrediente *(m.)*	*ingredient*	sabroso/sabrosa	*delicious*
kilo	*kilogram (2.2 pounds)*	tierno/tierna	*tender*
libra	*pound*		

Cómo pedir comida en un restaurante   *Ordering a meal in a restaurant*

camarero/camarera, mesero/mesera	*server, waitperson*
¿Cuánto cuesta la entrada?	*How much is the cover charge?*
¿Está incluída la propina?	*Is the tip included?*
Me falta/faltan . . . hielo/servilletas	*I need . . . ice/napkins.*
¿Me puede traer . . . , por favor?	*Can you please bring me . . . ?*
¿Puedo ver la carta/el menú/la lista de vinos?	*May I see the menu/the wine list?*
¿Qué recomienda usted?	*What do you recommend?*
¿Qué tarjetas de crédito aceptan?	*What credit cards do you accept?*
Quisiera hacer una reservación para . . .	*I'd like to make a reservation for . . .*
¿Se necesitan reservaciones?	*Are reservations necessary?*
¿Tiene usted una mesa para . . . ?	*Do you have a table for . . . ?*
Tráigame la cuenta, por favor.	*Please bring me the check/bill.*

Verbos y expresiones que indican causa y efecto
Verbs and expressions that indicate cause and effect

desear	*to want, wish, desire*
esperar	*to hope*
insistir (en)	*to insist (on)*
pedir (i)	*to ask for, request*
preferir (ie)	*to prefer*
prohibir	*to prohibit*
querer (ie)	*to want*
recomendar (ie)	*to recommend*
sugerir (ie)	*to suggest*
¡Ojalá . . . !	*I hope . . . !*

Expresiones de duda   *Expressions of doubt*

dudar	*to doubt*	no es claro	*it's not clear*
no creer	*not to believe*	no es evidente	*it's not evident*
no estar seguro/segura	*not to be sure*	no es seguro	*it's not sure*
no pensar (ie)	*not to think*	no es verdad	*it's not true*
es dudoso	*it's doubtful*	acaso/quizá(s)/tal vez	*perhaps*
no es cierto	*it's not certain/true*		

Juicios de valor   *Value judgments*

es bueno	*it's good*	es posible	*it's possible*
es importante	*it's important*	es probable	*it's probable*
es malo	*it's bad*	es raro	*it's strange*
es mejor	*it's best*	es terrible	*it's terrible*
es necesario	*it's necessary*	es urgente	*it's urgent*

Expresiones de emoción   *Expressions of emotion*

alegrarse (de)	*to be glad*	es (una) lástima	*it's a pity/it's too bad*
encantar	*to be delighted*	es triste	*it's sad*
gustar	*to like*		
sentir (ie)	*to regret, feel sorry*		
temer	*to fear*		
tener miedo (de)	*to be afraid (of)*		

Expresiones que denotan certeza   *Expressions of certainty*

creer	*to believe*	es evidente	*it's evident*
estar seguro/segura (de)	*to be sure*	es obvio	*it's obvious*
es cierto	*it's certain/true*	es verdad	*it's true*
está claro	*it's clear*		

Exclamaciones   *Exclamations*

¡Ándale!	*There you go!*	¡No me di cuenta!	*I didn't realize that!*
¡Claro que sí/no!	*Of course!/Of course not!*	¡No me digas!	*You don't say!*
¡Estás loco/loca!	*You're crazy!*	¡No puede ser!	*It can't be!*
¡Hombre!	*Man!*	¡Qué va!	*You've gotta be kidding! Gimme a break!*
¡Mujer!	*Woman!*		

Expresiones que indican falta de conocimiento o experiencia
Expressions that indicate a lack of knowledge or experience

¿conocer?	*to know, to be acquainted with (question)*
no conocer	*not to know, not to be acquainted with*

SUCESO EN EL FUTURO + . . .

a fin de que/para que	*so (that)*	después (de) que	*after*
a menos que	*unless*	en caso (de) que	*in case (that)*
antes (de) que	*before*	hasta que	*until*
con tal (de) que	*provided (that)*	tan pronto como	*as soon as*
cuando	*when*		

Problemas y soluciones   *Problems and solutions*

componer	*to repair*	resolución (f.)	*resolution*
propuesta	*proposal*	resolver (ue)	*to resolve*
recomendación (f.)	*recommendation*	solución (f.)	*solution*
recomendar (ie)	*to recommend*	solucionar	*to solve*
remediar	*to remedy*	sugerencia	*suggestion*
remedio	*remedy*	sugerir (ie)	*to suggest*
reparar	*to repair*		

Causa y efecto   *Cause and effect*

a causa de	*on account of*	por	*because of, due to, owing to*
así que	*thus, therefore*	porque	*because*
causar	*to cause*	responsabilizar	*to make someone responsible*
como consecuencia/resultado	*as a consequence/as a result*	resultar de/en	*to result in*

Comparaciones y contrastes *Comparisons and contrasts*

a diferencia de ⎫ al contrario de ⎭	*unlike*	al igual que de la misma manera parecerse	*like* *in the same way* *to be similar to, to be like*
en cambio/por otro lado más/menos que	*on the other hand* *more/less than*	tan(to) . . . como	*as . . . as*

Cómo describir la comida *Describing food*

Contiene . . .	*It contains . . .*
Es como . . .	*It's like . . .*
Es dulce (salado/salada, agrio/agria, etc.) . . .	*It's sweet (salty, bitter, etc.) . . .*
Huele a . . .	*It smells like . . .*
Sabe a . . .	*It tastes like . . .*
Se parece a . . .	*It looks like . . .*
Su textura es blanda/dura/cremosa, etc.	*Its texture is soft/hard/creamy, etc.*

Cómo quejarse *Complaining*

Es demasiado costoso/costosa (problemático/problemática, etc.).	*It's too expensive* *(problematic, etc.).*	No puedo esperar más. No puedo más.	*I can't wait anymore.* *I can't take this* *anymore.*
Esto es el colmo.	*This is the last straw.*		
No es justo.	*It isn't fair.*		
¡No, hombre/mujer!	*No way!*	Pero, por favor . . .	*But, please . . .*

Cómo negar y contradecir *Negating and contradicting*

¡Imposible!	*Impossible!*	No es así.	*It's not like that.*
¡Jamás!/¡Nunca!	*Never!*	No está bien.	*It's not all right.*
¡Ni hablar!	*Don't even mention it.*		

Cómo concluir *Concluding*

al fin y al cabo	*when all is said and done*
al final	*in the end*
así (es que)	*thus (it is)*
en conclusión	*in conclusion*
en resumen/en suma	*in sum, in summary*
finalmente/por fin/por último	*finally*
por eso	*therefore*

CAPÍTULO

11

RELACIONES INTERPERSONALES

Una boda

PRIMERA ETAPA Preparación

INTRODUCCIÓN

Los buenos modales. Los buenos modales y el saber estar se rigen por pautas de conducta, que son claves para cohesionar los grupos sociales y fomentar una buena comunicación entre los miembros de la sociedad. Antes de leer el artículo *Buenos modales día a día* estudien el **vocabulario esencial**.

Antes de leer

11.1 La buena impresión. Los modales dicen mucho tanto del individuo como de la sociedad. En grupos pequeños, generen una "lluvia de ideas" en la que mencionen una variedad de situaciones que requieran buenos modales.

■ **Ejemplo**   *saber sentarse en público*

11.2 Unas situaciones. En parejas, representen de forma cortés las siguientes situaciones.

■ **Ejemplo**   un favor entre amigos
       ESTUDIANTE 1:   *¿Me prestas tu bolígrafo?*
       ESTUDIANTE 2:   *¡Claro que sí! Toma.*

1. un saludo entre amigos
2. una presentación formal
3. una despedida entre amigos
4. un agradecimiento formal

◆ **Vocabulario esencial for activity 11.3:**

pauta	*standard, model, guideline*
trato	*behavior, treatment*
herir (ie, i)	*to wound*
capricho	*whim*
gesto	*gesture*
afligir	*to afflict*

A leer

11.3 Los buenos modales. En parejas, estudien el siguiente artículo. Después, expliquen lo que significa "los buenos modales."

Buenos modales día a día

Las reglas de urbanidad no se encuentran en códigos legales, sin embargo, ninguna sociedad podría preservarse sin ellas.

Estas normas, en lo que se refiere a dignidad, honra personal, buenos modales; rigen en todos los países civilizados del planeta.

La etiqueta es una parte esencial de la urbanidad, se refiere al ceremonial de los usos, los estilos y las costumbres que se observan en reuniones de carácter elevado y serio. La etiqueta varía según las costumbres de cada pueblo o de cada institución; y es de suma importancia someterse a los usos de la etiqueta que se encuentran establecidos en las diferentes naciones que visitamos.

Para llegar a ser realmente corteses no basta con conocer las normas de la moral y de la urbanidad, también es indispensable practicarlas constantemente para formar hábitos de buena educación.

Con respecto al tacto social podemos decir que el tacto, refinamiento de la cortesía, es el arte de evitar a los demás, y así mismo, el sentirse incómodo en una situación embarazosa. El tacto social debe considerarse como el mayor grado de la cortesía, pues él supone un gran fondo de dignidad, discreción y delicadeza.

Poseer tacto es poseer una especie de sensibilidad hacia los demás que permite presentir y adivinar sus sentimientos, y estar en consonancia con ellos; utilizar el tono debido o tener la actitud precisa con cada persona en particular.

Las personas de tacto son las que mejor conocen los medios de ocupar siempre en sociedad una posición ventajosa, las que tienen el don de agradar en todas ocasiones, las que atraen en todas partes el cariño de los demás; en fin, cuya compañía es siempre agradable y siempre se echa de menos.

Normas que sirven de base al tacto social

1. Respetar todas las condiciones sociales, considerando la dignidad y el valor intrínseco de la persona.
2. Respetar el carácter, el amor propio, las opiniones, las inclinaciones, los caprichos, los usos y las costumbres, y aún los defectos físicos y morales de todas las personas.
3. Adaptarse con naturalidad en todas las situaciones sociales.
4. Elegir siempre la mejor oportunidad para cada acción y cada palabra, de manera que jamás se produzcan en los demás impresiones desagradables.
5. Evitar palabras molestas, descorteses o demasiado personales, observaciones y faltas de delicadeza.
6. No se debe hablar sin descanso, lo que equivale a una descortesía hacia los demás, y menos acompañar nuestra charla con gestos que revelan un aspecto pretencioso.
7. Poseer tacto es no hacer preguntas indiscretas, lo que nos hará parecer excesivamente curiosos y disgustar a nuestro interlocutor; por otra parte, ciertas preguntas denotan falta de delicadeza.
8. La persona de tacto tiene consideración con el amor propio de los demás en forma natural y sencilla, no hiriendo sus sentimientos con respecto a su talento, éxito o posición social y económica.
9. Durante una conversación no se deben hacer comentarios sobre historia, ciencia, cultura o arte cuando no se conoce el grado de conocimiento de las personas que escuchan.
10. Es necesario contemplar en los demás las diferentes situaciones en que se encuentren observando siempre una conducta que sea propia de cada uno, como por ejemplo, al que se encuentra afligido no se le dice nada que pueda aumentar su aflicción.
11. Comportarse según la edad y la condición personal y social.
12. Tratar a los demás como uno mismo desea ser tratado.

———

Eichler, Lillian. *Nuevo Libro de Etiqueta.* Madrid: Album Nacional, 1945, p. 35.

Después de leer

11.4 Comprensión. En grupos pequeños, contesten en español las siguientes preguntas.

1. ¿A qué se refieren las reglas de urbanidad?
2. ¿Cómo es la etiqueta?
3. ¿Cómo varía la etiqueta?
4. ¿Qué tenemos que hacer para ser corteses?
5. ¿Qué es el tacto social? Den ejemplos.
6. ¿Cómo se caracterizan las personas de tacto?
7. En su opinión, ¿cuáles son las normas más importantes de la lista?

11.5 Meter la pata.° Todos metemos la pata de vez en cuando, y es aún más fácil meterla en situaciones interculturales. En grupos pequeños, hagan la siguiente actividad.

1. Cada persona menciona un incidente vergonzoso en el que metió la pata y explica cómo lo resolvió.
2. Los otros miembros del grupo ofrecen sugerencias para evitar el problema en el futuro.

———

°**meter la pata** *to put one's foot in one's mouth*

Argentina

CAPITAL	Buenos Aires
GEOGRAFÍA	Sudamérica; ubicado al sur de Brasil y Paraguay, al este de Chile y al oeste de Uruguay
ÁREA	1.072.067 millas cuadradas (2.776.654 kilómetros cuadrados)
POBLACIÓN	36.955.182
EXPORTACIÓN	Carne de vacuno, maíz, trigo, lana, cuero
MONEDA	Peso

◆ *Avenida 9 de Julio* is so wide that each side has its own name! The east side is called *Carlos Pellegrini*, and the west side is called *Cerrito*.

Los barrios de Buenos Aires. Buenos Aires es una ciudad muy grande, con unos quince millones de habitantes (un tercio de la población nacional). Con frecuencia se describe como el "París de las Américas" por su arquitectura, cultura y tradiciones de influencia europea. El centro de esta ciudad cosmopolita es pequeño, porque tiene un área que se compone de sólo diez por dieciséis cuadras. El centro está dividido en cuatro zonas principales: la Plaza de la República (en la Avenida 9 de Julio, la calle más ancha del mundo), la Plaza de Mayo (el verdadero centro de la ciudad), la Plaza San Martín (una zona muy elegante) y la Plaza del Congreso (la sede del gobierno). Además de esta zona central, Buenos Aires tiene muchos otros barrios que son únicos porque conservan su carácter distintivo, ya sea por sus equipos de fútbol, su identidad étnica o sus fiestas tradicionales.

11.6 Una visita. En grupos pequeños estudien la siguiente guía turística sobre algunos barrios de Buenos Aires. Después, describan las características de cada uno.

◆ **Vocabulario esencial for activity 11.6:**

empedrado/ empedrada — cobblestone(d)
pilote (m.pl.) — stilt
porteño/ porteña — inhabitant of Buenos Aires
primera dama — first lady
remo — rowing

BUENOS AIRES POR SUS BARRIOS

• **La Boca.** La Boca es el antiguo barrio italiano de Buenos Aires. Este pintoresco barrio se distingue por sus casas pintadas de vivos colores. En el pasado fue el puerto principal de la ciudad. Hoy se conoce como el barrio artístico por sus murales y sus esculturas. A lo largo de la calle El Caminito, todos los domingos se realiza una feria de artistas y artesanos. En este barrio se originó el popularísimo club de fútbol argentino Boca Juniors.

• **San Telmo.** San Telmo, por sus vestigios coloniales como por sus calles empedradas y conventillos, es una zona histórica. Aquí hay también muchos clubes de tango y de jazz. En la Plaza Dorrego todos los domingos se celebra un mercado famoso de antigüedades.

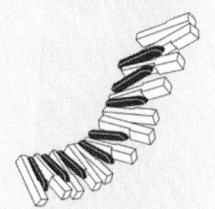

• **Palermo.** La arquitectura predominante de Palermo, como su nombre lo indica, es de estilo italiano. En este barrio se encuentra el parque (que lleva el mismo nombre) más grande y bonito de Buenos Aires con el jardín zoológico, el jardín botánico, los campos de polo y el Hipódromo Argentino, donde tienen lugar las carreras de caballos.

◆ Comprehension questions for activity 11.6:
1. ¿Qué fue La Boca en el pasado? ¿Hoy? 2. ¿Cuáles son los atractivos de San Telmo? 3. ¿Qué se puede hacer en Palermo? 4. ¿Con qué se compara Tigre? ¿Por qué es un sitio popular? 5. ¿Cuál es el monumento más famoso de la Recoleta? ¿Dónde está?

• **Tigre.** El barrio Tigre se compara con la ciudad italiana de Venecia. Está situado en el delta del río Paraná. Muchos de sus habitantes viven en casas fabricadas sobre pilotes y el medio de transporte principal son las lanchas. En verano muchos porteños van los fines de semana a Tigre para practicar deportes acuáticos como el esquí, el windsurf y el remo.

• **La Recoleta.** En La Recoleta los edificios se identifican por su arquitectura parisiense. En este elegante barrio se encuentran los apartamentos (llamados departamentos en Argentina) más elegantes de Buenos Aires, además de tiendas, galerías y restaurantes de buen tono. El cementerio que lleva el mismo nombre, Cementerio de la Recoleta, es el monumento más famoso de Buenos Aires porque allí se encuentra el sepulcro de Evita Perón, que fue primera dama de Argentina. El cementerio se caracteriza por una mezcla increíble de mausoleos de estilo bizantino, griego, romano, francés e italiano. Domingo Faustino Sarmiento, el célebre ensayista argentino, también reposa en La Recoleta.

11.7 Guía turística. En grupos pequeños, diseñen una guía turística de una ciudad. Describan los barrios interesantes y la principal atracción turística de cada zona.

11.8 ¿Qué quieren visitar? En parejas, elijan los barrios de Buenos Aires que les gustaría visitar y expliquen por qué les interesan.

■ **Ejemplo** *Me gustaría visitar La Boca porque es un centro artístico.*

Eva Perón

La tumba de Evita

Eva Perón. Una de las figuras más destacadas de la cultura argentina es María Eva Duarte de Perón o Evita. De origen humilde, llegó a ser actriz de cine y luego se casó con Juan Domingo Perón, un coronel que más tarde fue elegido presidente de Argentina (en 1946 y en 1951). Conocida por sus obras de caridad, Evita fue adorada por la gente común que se identificaba con ella. Después de su muerte en 1951, se convirtió casi en una santa y sus fieles partidarios le pidieron al Vaticano que la canonizara por las milagrosas curas que le atribuyeron. Hoy día, Evita reposa en el mausoleo de su familia, los Duarte, en el Cementerio de La Recoleta en Buenos Aires. Los fieles todavía le dejan ramos de flores a su amada Evita delante de su sepulcro de mármol negro.

11.9 Más allá de la realidad. De vez en cuando un personaje histórico se convierte en una figura exageradamente grande. En parejas, mencionen algunas figuras históricas de Estados Unidos que hayan obtenido este tipo de fama.

■ **Ejemplo** *Jacqueline Kennedy Onassis se destacaba por sus buenos modales.*

11.10 Análisis de cultura. En grupos pequeños, expliquen el siguiente chiste común argentino.

Los mexicanos descendieron de los aztecas.
Los peruanos descendieron de los incas.
Los argentinos descendieron de los barcos.

11.11 Inmigrantes. En grupos pequeños, identifiquen los principales grupos de inmigrantes en su comunidad. Después, indiquen los barrios o los centros culturales de cada grupo.

■ **Ejemplo** *Los somalíes viven en el lado oeste de la ciudad.*

11.12 Informes. Es verdad que la influencia europea en la cultura argentina es enorme. En grupos pequeños, vayan a la biblioteca de su universidad o usen Internet para buscar información sobre Argentina. Cada grupo debe elegir uno de los siguientes temas: la comida, la música, la arquitectura, las bellas artes, las fiestas y los festivales, los pasatiempos, la educación, el gobierno, la economía, la gente indígena. Después de recopilar toda la información necesaria, presenten un informe oral en clase.

EXPRESIONES Textbook CD PowerPoint

 Diario de actividades

For additional practice with the vocabulary, see **Diario de actividades, Primera etapa: Vocabulario/ Expresiones**.

Una fiesta de cumpleaños. Además de celebrar el día de su santo (que corresponde al nombre de la persona), muchos hispanos celebran el día en que nacieron, igual que en Estados Unidos. Vas a escuchar una narración sobre una fiesta. Intenta sacar las ideas principales. Después, completa la actividad 11.13.

11.13 Comprensión. ¿Entendieron las ideas principales del texto que escucharon? En parejas, respondan las siguientes oraciones. Si la oración es correcta, contesten **Sí**. Si la oración no es correcta, contesten **No**. Corrijan las oraciones incorrectas.

1. Gabriela Ramírez celebró su cumpleaños.
2. Silvina Ramírez es la hermana de Gabriela.
3. Alejandra Solís celebró su fiesta de cumpleaños en casa.
4. La niña cumplió siete años.
5. El lugar estaba decorado con piñatas.
6. Los invitados comieron hamburguesas.
7. Después de comer, los niños jugaron.
8. La niña recibió muchos regalos.

Acontecimientos sociales y religiosos   *Social and religious events*

aniversario (de bodas)	*(wedding) anniversary*	día festivo	*holiday*
banquete *(m.)*	*banquet*	festival *(m.)*	*festival*
bar/bat mitzvah *(m.)*	*bar/bat mitzvah*	fiesta de canastilla	*baby shower*
bautizo	*baptism*	fiesta de cumpleaños	*birthday party*
boda civil	*civil marriage ceremony*	fiesta sorpresa	*surprise party*
		funeral *(m.)*	*funeral*
boda religiosa	*church wedding*	juerga	*bash*
ceremonia de graduación	*graduation ceremony*	misa	*Mass*
		onomástico	*saint's day, birthday*
convite *(m.)*/ banquete *(m.)*	*open house, banquet*	pachanga	*rowdy celebration*
compromiso	*engagement*	Primera Comunión	*First Communion*
cumpleaños *(sing./pl.)*	*birthday*	santo/día del santo	*saint's day*
despedida de soltera	*bridal shower*	té *(m.)*	*afternoon tea*
despedida de soltero	*bachelor party*		

Entre amigos y parientes   *Among friends and relatives*

agasajar	*to lavish attention on, fete*	disfrutar	*to enjoy*
		excusarse	*to make an excuse*
atender (ie) a	*to wait on, attend to, pay attention to (other people)*	felicitar	*to congratulate*
		festejar	*to entertain*
		guardar un secreto	*to keep a secret*
brindar/brindar por	*to make a toast/to toast (someone)*	jurar	*to swear, give one's word*
chismear	*to gossip*	pasarlo bien/mal	*to have a good/bad time*
compartir	*to share*		
comprometerse	*to get engaged*		

Personas   *People*

agasajado/agasajada festejado/festejada	*guest of honor*	invitado/invitada	*guest*
		madrina	*godmother*
amiguito/amiguita	*buddy, pal, chum*	maestro/maestra de ceremonias	*leader of the ceremony*
anfitrión/anfitriona	*host*		
asistente *(m./f.)*	*attendee*	novio/novia	*groom/bride/ fiancé/fiancée*
bar mitzvah *(m.)*	*thirteen-year-old Jewish male*	padrino	*godfather*
		quinceañera	*fifteen-year-old (female)*
bat mitzvah *(f.)*	*thirteen-year-old Jewish female*	testigo *(m./f.)*	*witness*
colega *(m./f.)*	*colleague*		
cumpleañero/ cumpleañera	*birthday boy/ birthday girl*		

> ### Expresiones para ocasiones especiales
> *Expressions for special occasions*
>
> | | |
> |---|---|
> | Buena suerte. | *Good luck.* |
> | ¡Felicidades!/¡Felicitaciones!/¡Enhorabuena! | *Congratulations!* |
> | Feliz aniversario/cumpleaños/día de . . . | *Happy anniversary/birthday/ . . . day* |
> | ¡Lo hiciste muy bien! | *You did well.* |
> | Te amo./Te quiero. | *I love you.* |

11.14 Una celebración. En grupos pequeños, describan una celebración a la cual asistieron. Usen las siguientes preguntas como guía.

1. ¿Cuál fue el motivo de la celebración?
2. ¿Dónde tuvo lugar?
3. ¿Quién fue el anfitrión/la anfitriona?
4. ¿Cuántos invitados asistieron?
5. ¿Qué actividades hicieron los asistentes?
6. ¿Cómo lo pasaron?

11.15 Celebraciones. Casi todas las culturas del mundo tienen celebraciones que marcan la transición de la niñez a la edad adulta. En algunos países hispanos, por ejemplo, una chica celebra sus quince años con una misa especial, una cena, un baile . . . o con todos estos eventos. En parejas, piensen en unas celebraciones similares a las que hayan asistido y descríbanlas.

■ **Ejemplo** *Asistí al bar mitzvah de mi primo el 16 de febrero . . .*

11.16 Los brindis y deseos. ¿Qué les dirían a los festejados en las siguientes celebraciones? En grupos pequeños, hagan el brindis apropiado.

■ **Ejemplo** a un invitado de honor
Pido a los presentes que me acompañen en un brindis a la salud y a la felicidad del señor Gómez y su esposa Marta.

1. a una señora mayor en su cumpleaños
2. a unos novios en la recepción de su boda
3. a un niño/una niña en su bar/bat mitzvah
4. a un amigo/una amiga que acaba de comprometerse
5. a un/una pariente que acaba de recibir un homenaje
6. a unos amigos que se gradúan de la universidad

11.17 Una fiesta sorpresa. Alberto Stevens fue agasajado con una fiesta sorpresa. Estudien el artículo de la siguiente página y contesten las preguntas. Después, en grupos pequeños, representen a Alberto y a los invitados en la fiesta. Los "invitados" deben felicitar a "Alberto," quien recibe las felicitaciones con cortesía.

◆ **Vocabulario esencial for activity 11.17:**

sinfín (m.) endless, numerous
ubicar to locate
encender (ie) to light
cariño affection, love

◆ Comprehension questions for activity 11.17:
1. ¿Cuándo tuvo lugar la fiesta sorpresa? 2. ¿Quién organizó la fiesta? 3. ¿Quiénes fueron los invitados? 4. ¿Qué celebraron? 5. ¿Cómo sorprendieron a Alberto? 6. ¿Qué cantaron? 7. ¿Cómo lo pasaron?

SOCIALES

Fiesta sorpresa para celebrar el cumpleaños de Alberto Stevens Carrera

Con una agradable fiesta sorpresa celebró su cumpleaños Alberto Stevens Carrera, quien recibió la tarde del domingo un sinfín de felicitaciones por su día.

Rosella Araiza fue la encargada de organizar todos los preparativos y de invitar a amigos y familiares en secreto para que el festejado no se enterara de la fiesta que le estaban preparando a fin de celebrar su onomástico.

A la hora que llegó el cumpleañero, las luces del domicilio ubicado en Vicente Suárez #478 se encendieron y se escucharon las tradicionales "Mañanitas" para Alberto, quien a lo largo del festejo estuvo feliz por todas las muestras de cariño.

El ambiente de camaradería fue disfrutado por todos los asistentes, quienes pasaron horas muy gratas.

de Diario de Juárez

 Diario de actividades

For additional practice with the structures, see *Diario de actividades, Primera etapa: Vocabulario/Así es*.

◆ Before doing activity 11.18, review the weather expressions and exclamations on pages 161 and 246.

ASÍ ES

Cómo charlar. Many of the topics considered appropriate for casual conversation in English are also acceptable in Spanish. Such common topics as weather, school and classes, hobbies, and travel can be discussed in most social situations. Personal topics—family, romance, business matters—should be avoided. Topics are generally introduced in three ways: with an EXCLAMATION, a QUESTION, or a STATEMENT.

¡Qué clima más estupendo!
¿Crees que va a llover?
Parece que va a llover.

11.18 ¡Qué tiempo . . . ! En parejas, hablen sobre el estado del tiempo en su ciudad o región.

■ **Ejemplo** ESTUDIANTE 1: *¡Qué tiempo más estupendo!*
ESTUDIANTE 2: *Sí. Hace sol pero no demasiado calor.*
ESTUDIANTE 1: *Es un día perfecto para dar un paseo por el parque.*

11.19 Los viajes. En parejas, hablen sobre sus viajes. Indiquen adónde fueron y cómo lo pasaron.

■ **Ejemplo** ESTUDIANTE 1: *El verano pasado fui a Buenos Aires.*
ESTUDIANTE 2: *¿Ah, sí? ¿Cómo lo pasaste?*
ESTUDIANTE 1: *Lo pasé muy bien. ¡Me encantó la capital! Y tú, ¿hiciste algún viaje?*
ESTUDIANTE 2: *Sí, fui a Barcelona. Yo también lo pasé muy bien.*

Una charla agradable

11.20 Preguntas y más preguntas. Preparen en español cinco preguntas para cada uno de los siguientes temas. Después, en grupos pequeños, usen las preguntas para guiar la conversación.

1. la universidad / las clases
2. las vacaciones
3. el ocio

11.21 Discusión. A muchas personas les gusta discutir y debatir. En grupos pequeños, estudien el siguiente artículo sobre el acto de comprar de los argentinos. Después, conversen sobre el tema del artículo. ¿Son los estadounidenses como los argentinos con respecto a comprar?

PASEAR VS. COMPRAR

En EE.UU., los primeros "malls" nacieron en la década de los 20; el hábito de comprar está arraigado en la sociedad. El estadounidense común siente placer en comprar. En la Argentina, el ciudadano común siente placer en tener. No tanto en comprar. En el acto de comprar se tensiona mucho y se torna indeciso. Por ello, necesita un estímulo muy fuerte para tomar una decisión de compra. Por consiguiente, los centros comerciales son en realidad un lugar de paseo. Un lugar donde se puede pasar el tiempo en forma agradable, con tentaciones a la vista que hacen volar la imaginación y donde además se puede tomar algo, o comer algo. Situación perfecta para la Argentina. Pero los comerciantes que buscan vender necesitan encontrar caminos para hacerlo. Si no, lo que logran es que la gente los conozca y tal vez con el tiempo los recuerde. Quienes no influyan sobre el cliente desaparecen. Los resultados están a la vista.

de *Mañana*

◆ **Vocabulario esencial for activity 11.21:**

arraigado/ arraigada	*rooted*
tornarse	*to become, to turn*
volar	*to fly, to soar*
lograr	*to achieve*

◆ Comprehension questions for activity 11.21:
1. ¿Cuándo nacieron los "malls" en Estados Unidos?
2. ¿Cómo se sienten los estadounidenses acerca de comprar? ¿Cómo se sienten los argentinos? 3. ¿Cómo son los centros comerciales en Argentina?

SEGUNDA ETAPA Funciones

📖 **Diario de actividades**

For additional practice with the imperfect subjunctive of **-ar** verbs, see the **Diario de actividades, Segunda etapa: Primera función**.

PRIMERA FUNCIÓN

Expressing cause-and-effect relationships, value judgments and emotional reactions, and unknown/unexperienced entities and events, using the imperfect subjunctive of regular -ar verbs

▲ In **Capítulo 10**, you studied the theory and formation of the present subjunctive. As you will recall, the subjunctive is used in a subordinate clause. When the verb in the main clause expresses a cause-and-effect relationship, a value judgment or emotional reaction, or an unknown/unexperienced entity or event, and the verb in the main clause is in the PRESENT or FUTURE INDICATIVE tense, THE PRESENT SUBJUNCTIVE is used in the SUBORDINATE CLAUSE.

No quiero que mis amigos **planeen** una fiesta sorpresa.	*I don't want my friends **to plan** a surprise party.*
No se lo vamos a decir a Oscar para que **sea** una sorpresa.	*We're not going to tell Oscar so that **it will be** a surprise.*

▲ When the verb in the main clause is in the PRETERITE or IMPERFECT, however, a different subjunctive must follow in the SUBORDINATE CLAUSE. This is the IMPERFECT (past) SUBJUNCTIVE. The imperfect subjunctive may also be used when the verb in the main clause is in the present indicative, but when the subordinate clause clearly refers to an event in the past.

◆ If you have forgotten how the preterite is formed, this is a good time to review it. (See pp. 282–288, of your textbook and the **Primera función** section of the **Diario de actividades**. In the chart, study the imperfect subjunctive forms of the verb *festejar* and notice the third personal plural form of the preterite *(festejaron)*, which is shown as a reminder.

▲ The STEM for the imperfect subjunctive is based on the THIRD PERSON PLURAL form (**ustedes**, **ellos**, **ellas**) of the PRETERITE INDICATIVE.

Notice that the **nosotros/nosotras** form carries a written accent mark.

◆ Formation of the imperfect subjunctive:

1. Take the third person plural of the preterite.
2. Drop the **-on** from the verb ending.
3. Add new endings as indicated in the chart.

Imperfecto del subjuntivo de verbos que terminan en *-ar* *Imperfect subjunctive of regular -ar verbs*	
festejar (festejaron)	
festejara	festejá**ramos**
festejara**s**	festejara**is**
festejara	festejara**n**

Now that you understand how the imperfect subjunctive of regular **-ar** verbs is formed, study the following paired examples, which illustrate the differences between the PRESENT SUBJUNCTIVE and the IMPERFECT SUBJUNCTIVE.

EMOCIONES Y JUICIOS DE VALOR

Es interesante que Bárbara **celebre** su santo.	*It's interesting that Barbara **celebrates** her saint's day.*
Era interesante que Bárbara **celebrara** su santo.	*It was interesting that Barbara **celebrated** her saint's day.*

EXPRESIONES DE DUDA

Dudan que **encontremos** un salón de fiestas en el último momento.

*They doubt that we **will find** a hall at the last moment.*

Dudaron que **encontráramos** un salón de fiestas en el último momento.

*They doubted that we **would find** a hall at the last moment.*

EXPRESIONES DE CAUSA Y EFECTO

Espero que **agasajen** al cumpleañero.

*I hope that they **lavish** attention on the birthday boy.* (future)

Esperé que **agasajaran** al cumpleañero.

*I hoped that they **lavished** attention on the birthday boy.* (past)

11.22 En un banquete. Planear un banquete requiere mucho trabajo y mucha atención a los detalles. En parejas, estudien las siguientes oraciones sobre un banquete. Después, cámbienlas al pasado.

■ **Ejemplo** Es importante que todos lleguen a tiempo.
Era importante que todos llegaran a tiempo.

1. Quiero que una cocinera profesional planee el menú.
2. ¿Dónde celebraron ustedes?.
3. Alguien sugiere que invitemos a nuestros profesores.
4. Es necesario que yo brinde por los festejados.
5. ¡Ojalá que todos me escuchen!
6. Mis amigos recomiendan que practique el brindis antes del banquete.
7. Es necesario que los miembros del comité me ayuden mucho.
8. Elegimos a un maestro de ceremonias para que todo resulte bien.
9. Elegimos a un maestro de ceremonias para que todo pasara bien.
10. ¿No hay ningún detalle que se nos olvide?

11.23 Los preparativos. Hay que hacer muchos preparativos para una fiesta grande. En grupos pequeños, expliquen los preparativos que hicieron para una reunión familiar. Para formar las oraciones, usen una palabra o frase de cada columna en el orden que quieran y agreguen más información.

■ **Ejemplo** preparar
Le pedí al cocinero que preparara un pastel de cumpleaños.

| Le / Les | pedí | a los invitados
a los meseros
a la pastelera
a mamá
a papá
al cocinero
al maestro de ceremonias | que | preparar
agasajar
brindar
festejar
organizar
recomendar (ie)
cantar
invitar |

◆ You may need to review expressions that might be used in the main clause of these sentences, such as *Las autoras recomendaron/sugirieron/ dijeron/insistieron en/ se opusieron a/aconsejaron/ advirtieron,* etc.

◆ **Vocabulario esencial for activity 11.24:**

a cargo	*in charge of*
a ultranza	*out-and-out*
acarrear	*to give rise to*
alrededor	*around*
bola de nieve	*snowball*
calidez *(f.)*	*warmth, heat*
cansancio	*tiredness, weariness*
chisme *(m.pl.)*	*gossip*
chismografía	*spread of gossip*
chismoso/ chismosa	*person who spreads gossip*
filo	*edge*
lazo	*tie*
leal	*loyal*
leña	*firewood, fuel*
mala prensa	*bad press*
perjudicar	*to prejudice*
red *(f.)*	*net, network*

◆ Comprehension questions for activity 11.24:
1. ¿Cuáles son unos ejemplos de chismes de oficina en este artículo? 2. ¿Por qué debes guardar los secretos?
3. ¿Cómo se pueden garantizar las buenas relaciones públicas?
4. ¿Cuál es el resultado de iniciar rumores? 5. ¿Cómo debes resolver los rumores?
6. ¿Es bueno contar datos personales? 7. ¿Qué logra una persona que defiende a otros contra los rumores?
8. ¿Qué podría ocurrirle a una persona que critica a sus subordinados? 9. ¿Cómo se puede crear una red de personas leales? 10. ¿Por qué son importantes los lazos fuertes?

11.24 ¿Por qué somos chismosos? Antes de leer el artículo sobre los chismes, estudien el vocabulario esencial. Después, en grupos pequeños, resuman el artículo con la ayuda de las siguientes frases. Usen el imperfecto del subjuntivo en sus oraciones.

■ **Ejemplo** iniciar un rumor
  Las autoras dijeron que nunca iniciara un rumor.

1. no revelar un secreto
2. asegurarse de tener buenas relaciones públicas
3. no echarle leña al fuego
4. enfrentarse a los rumores
5. generar fuertes lazos
6. no contarles su vida a todos
7. no agregarles ningún comentario a los chismes
8. no criticar a sus subordinados
9. elogiar generosamente a los otros
10. contar chismes

Los chismes de oficina

Siempre existen. Son casi inevitables y también un arma de doble filo: según los maneje, puede usarlos a su favor o pueden costarle el puesto.

alguien está a punto de renunciar. En el directorio se está manejando un proyecto que creará nuevos puestos jerárquicos. Los próximos aumentos de sueldo marcarán diferencias entre puestos que hasta ahora tenían responsabilidades similares. Toda esta información puede ser considerada como *chismes*. Sin embargo, si estos datos son reales, pueden ser valiosos para quien los escucha. Al hablar con los compañeros durante el almuerzo o a la salida del trabajo, uno puede sentirse más conectado con el ambiente. Sin embargo, cuando los chismes son mal intencionados o uno se transforma en el blanco principal, es posible que esto acarree problemas y que incluso esté en peligro la propia carrera laboral. Pero hay formas para manejar la chismografía con habilidad. Aquí, las más importantes:

1. **Jamás revele un secreto.** Si alguien le hace un comentario con confianza pidiéndole que guarde silencio, mantenga la boca cerrada por más jugoso que sea el chisme. En caso contrario, lo más probable es que su propia reputación se vea perjudicada y que nadie vuelva a confiar en usted.

2. **Sea su propio/a agente de relaciones públicas.** Como es inevitable que sus compañeros hablen de usted, asegúrese de que digan algo favorable. Sea eficiente, agradezca con calidez los favores, devuelva las llamadas telefónicas y vea siempre el lado positivo de las cosas. Por supuesto, sin caer en un optimismo a ultranza.

3. **Nunca inicie un rumor ni le eche leña al fuego.** No genere información que pueda perjudicar a otros. Si lo hace, pronto adquirirá fama de chismoso/a y nadie querrá acercársele demasiado.

4. **Si corren rumores sobre usted, enfréntelos en forma directa.** Cuando alguien hable mal de usted, diríjase frontalmente a esa persona y trate de aclarar la situación. No es necesario que asuma una actitud acusadora o que se enoje, pero sí debe exigir una explicación y disipar los rumores equivocados.

5. **Genere lazos fuertes.** Siempre habrá en una oficina una o dos personas en las que pueda confiar. Pero tenga cuidado con lo que les dice a las otras. Una observación casual, por ejemplo *"esta reunión es un plomo"*, hecha en un momento de cansancio o distracción, puede volverse en su contra si llega a los oídos equivocados.

6. **Sea discreto/a con respecto a su vida privada.** En la oficina, no es necesario que cuente su vida a todo el mundo. Nuevamente, ciertos datos personales en manos de personas mal intencionadas pueden volverse en su contra.

7. **Ponga fin a rumores desagradables sobre otros.** Al defender a otros logrará fama de persona equitativa y razonable. Recuerde que los chismes crecen como bolas de nieve cuando cada uno le agrega algún comentario.

8. **No critique a sus subordinados.** Actualmente hay una gran movilidad en las empresas. Y los subordinados pueden, dentro de unos años, estar por encima del que hoy es su jefe y si las relaciones no han sido buenas antes, menos lo serán en ese nuevo presente. Además, nada alimentará tanto la *"mala prensa"* sobre alguien como el hecho de crear hostilidad entre quienes tiene a cargo.

9. **Elogie generosamente a los otros.** Hágalo a menudo y con honestidad; delante de los interesados y a sus espaldas. Al hablar bien de los demás, irá creando a su alrededor una red de personas leales y dispuestas a defenderlo/la cuando los chismes lo/la afecten a usted.

de Plena

11.25 Una celebración del pasado. En grupos pequeños, describan algunas ocasiones en que celebraron: sus cumpleaños, la Primera Comunión, un bar/bat mitzvah u otra celebración. Usen las siguientes preguntas como guía e incorporen las expresiones que impliquen emoción (página 65).

■ **Ejemplo** ESTUDIANTE 1: *¿Quién te organizó la celebración?*
ESTUDIANTE 2: *Mis abuelos me la organizaron.*
ESTUDIANTE 3: *¡Qué bueno que tus abuelos te la organizaran!*

1. ¿Quién te organizó la celebración?
2. ¿Quiénes te festejaron ese día?
3. ¿Qué te regalaron?

4. ¿Qué comidas prepararon?
5. ¿Cómo lo pasaste?

11.26 Cuando era joven. ¿Qué les pasó cuando eran jóvenes? En parejas, completen las siguientes oraciones de una manera lógica, usando el imperfecto del subjuntivo.

■ **Ejemplo** *Mis hermanos querían que yo los llevara conmigo siempre.*

1. Mis padres siempre me recomendaban que . . .
2. Cuando cumplí los quince años, yo insistí en que . . .
3. Mis maestros del colegio dudaban que . . .
4. Fue estupendo que . . .
5. No conocía a nadie que . . .

SEGUNDA FUNCIÓN
Expressing cause-and-effect relationships, value judgments and emotional reactions, and unknown/unexperienced entities and events, using the imperfect subjunctive of regular **-er** and **-ir** verbs

 Diario de actividades

For additional information on the imperfect subjunctive of **-er** and **-ir** verbs, see the ***Diario de actividades, Segunda etapa: Segunda función***.

▲ The IMPERFECT SUBJUNCTIVE forms of regular -er and -ir verbs also use the THIRD PERSON SINGULAR of the PRETERITE as their STEM. The endings are the same as those for regular -**ar** verbs. Remember, any -**ir** verb with a stem change in the third person plural of the preterite will keep that stem change in the imperfect subjunctive. Similarly, verbs with spelling changes in the preterite will retain these changes in the imperfect subjunctive. Before you begin the activities study the following examples. Notice that the preterite form is given in parentheses as a reminder.

Imperfecto del subjuntivo de verbos que terminan en -*er* y en -*ir*			
Imperfect subjunctive of regular -er and -ir verbs			
aprender (*aprendieron*)		**compartir** (*compartieron*)	
aprendiera	aprendié**ramos**	compartiera	compartié**ramos**
aprendieras	aprendier**ais**	compartieras	compartier**ais**
aprendiera	aprendier**an**	compartiera	compartier**an**

Imperfecto del subjuntivo de verbos que cambian la raíz
Imperfect subjunctive of stem changing verbs

pedir *(pidieron)*		dormir *(durmieron)*	
pidiera	pidié**ramos**	durmiera	durmié**ramos**
pidieras	pidier**ais**	durmieras	durmier**ais**
pidiera	pidier**an**	durmiera	durmier**an**

Imperfecto del subjuntivo de verbos que cambian la ortografía
Imperfect subjunctive of verbs with spelling changes

leer *(leyeron)*		construir *(construyeron)*	
leyera	leyé**ramos**	construyera	construyé**ramos**
leyeras	leyer**ais**	construyeras	construyer**ais**
leyera	leyer**an**	construyera	construyer**an**

11.27 Entre familiares. Nuestros parientes siempre influyen en nosotros. Usen las frases a continuación como punto de partida para conversar en grupos pequeños sobre las influencias de la familia.

aprender	comer	deber	entender	leer	volver
describir	insistir	ocurrir	recibir	salir	vivir

■ **Ejemplo** Era importante que . . .
   Era importante que mis abuelos vivieran cerca de mí.

1. Me alegraba que . . .
2. Era interesante que . . .
3. No me gustaba que . . .
4. No permitieron que . . .
5. Tenían miedo de que . . .
6. Dijeron que . . .
7. Recomendaron que . . .
8. Era bueno que . . .
9. Era malo que . . .
10. Dudaban que . . .

11.28 Amiguitos. Se dice que la mala compañía es la "manzana que pudre° el cesto entero". Claro que mientras más tratemos de separar a nuestros hijos o amigos de sus compañeros, más tratarán de unirse a los amiguitos. En parejas, conversen sobre sus amiguitos del pasado o del presente que les caían mal a sus padres o a otros amigos. Usen los siguientes verbos y frases para guiar la conversación.

(no) gustar	insistir	prohibir	recomendar
sugerir	dudar	negar	no conocer

■ **Ejemplo** Estudiante 1: ***A mis padres no les gustaba que saliera con mis amiguitos porque siempre volvía tarde a casa.***

   Estudiante 2: ***Mis padres no me prohibían que saliera con nadie.***

°**pudrir** *to rot, to spoil*

1. salir con personas desconocidas
2. comer comidas rápidas con mis amiguitos
3. conocer a los padres de mis amiguitos
4. llevar la contraria
5. leer historietas° con mis amiguitos
6. dormir en la casa de mis amiguitos
7. aprender malos hábitos de mis amiguitos
8. pedir los mismos juguetes que tenían mis amiguitos

11.29 Desocupación de graduados. Ciertas personas creen que por las responsabilidades de los estudios, trabajo y familia, muchos estudiantes se encuentran al borde de un ataque de nervios. Se dice que a diferencia de los estudiantes del pasado, los de hoy sufren una crisis al no tener control de su vida. Estudien el siguiente texto sobre el problema de la desocupación de algunos estudiantes que ya se graduaron. Después, comenten este tema en grupos pequeños, usando el imperfecto del subjuntivo en varios contextos; sigan el ejemplo.

■ **Ejemplo**   Los graduados del pasado tenían más oportunidades.

ESTUDIANTE 1: ***Dudo que los estudiantes del pasado tuvieran más oportunidades.*** (doubtful statement)

ESTUDIANTE 2: ***Era importante que los estudiantes del pasado consiguieran trabajo fácilmente.*** (value judgment)

ESTUDIANTE 3: ***Es verdad que los estudiantes del pasado tenían tantas preocupaciones como los estudiantes del presente.*** (fact)

◆ Comprehension questions for activity 11.29:
1. ¿Cuáles son las preguntas que el graduado debería plantearse? 2. ¿Para qué debería plantearse estas preguntas? 3. ¿Cuál es un problema típico de los profesionales?

Graduado y sin trabajo

El profesional que no encuentra trabajo en lo suyo debería plantearse, en primer lugar, por qué y para qué estudió—dice Marta Conde—, porque muchas veces se reciben y no saben para qué". Según la especialista, deben formularse a sí mismos ciertas preguntas tales como: ¿Para qué me sirve lo que estudié? ¿Qué quiero hacer? ¿Puedo llevar adelante un microprendimiento? y agrega: "Estos temas deben trabajarse a partir de la autoestima, la perseverancia y la clarificación de objetivos, a corto y mediano plazo."

Por otra parte, están aquéllos que no han sabido formular una propuesta. "Por ejemplo, a los arquitectos les cuesta mucho comercializar sus conocimientos. Quizá podrían elaborar una propuesta propia y no estar a merced de los altibajos del mercado de la construcción", señala Conde.

de Plena

TERCERA FUNCIÓN

Expressing cause-and-effect relationships, value judgments and emotional reactions, and unknown/unexperienced entities and events, using the imperfect subjunctive of verbs with irregular stems

 Diario de actividades

For additional practice with the imperfect subjunctive of verbs with irregular stems, see the ***Diario de actividades, Segunda etapa: Tercera función.***

▲ Verbs with IRREGULAR THIRD PERSON PLURAL forms in the PRETERITE carry the same stems over to the IMPERFECT SUBJUNCTIVE. As you will recall, many frequently used verbs have irregular preterite stems. Before you do the activities, study the forms and examples in the charts on the next page. Remember that any compound formed from these verbs will retain the irregular stem.

———————————
°**historieta** *comic book*

Verbos que tienen la raíz irregular en el imperfecto del subjuntivo	
Imperfect subjunctive of irregular verbs	
andar (anduvieron)	**hacer** (hicieron)
anduviera anduvié**ramos**	hiciera hicié**ramos**
anduvieras anduvier**ais**	hicieras hicier**ais**
anduviera anduvier**an**	hiciera hicier**an**

**Verbos comunes que tienen la raíz irregular
en el imperfecto del subjuntivo**

Imperfect subjunctive of common irregular verbs

andar → anduviera	hacer → hiciera	reír → riera
caber → cupiera	ir → fuera	saber → supiera
dar → diera	poder → pudiera	ser → fuera
decir → dijera	poner → pusiera	tener → tuviera
estar → estuviera	querer → quisiera	ver → viera
haber → hubiera		

Mis amigos **querían** que yo **tuviera** una fiesta en casa.
*My friends **wanted** me **to have** a party at home.*

Mis compañeros de clase **dudaban** que yo **pudiera** organizar la fiesta.
*My classmates **doubted** that I **could** organize the party.*

11.30 Profesores y estudiantes. Siempre se espera que las relaciones entre los profesores y sus estudiantes sean buenas. En grupos pequeños, conversen sobre los hábitos de un profesor/una profesora de algún curso anterior. Usen el imperfecto del subjuntivo y las siguientes expresiones.

(No) me gustaba que ...   (No) me sorprendió que ...
Dudaba que ...   Era bueno/malo que ...

■ **Ejemplo**   hacer exámenes difíciles
           No me gustaba que hiciera exámenes difíciles.

1. (no) dar mucha tarea
2. (no) saber mucho
3. (no) dar muchos trabajos escritos
4. (no) llegar a tiempo
5. (no) hacer excursiones
6. (no) poder animar a los estudiantes
7. (no) querer ayudar a los estudiantes
8. (no) haber muchos estudiantes en la clase

11.31 Entre tú y yo. Solemos compartir nuestros pensamientos, sueños y problemas con los amigos. En parejas, expliquen estas relaciones usando verbos irregulares en el imperfecto del subjuntivo.

■ **Ejemplo**   ***Mi amiga no creía que yo pudiera bajar de peso.***
           Fue importante que no le creyera.

11.32 Héroe canino. Estudien el siguiente artículo sobre Fido, un perro excepcional. Después, en grupos pequeños, comenten la historia. Usen en sus comentarios los verbos que tienen la raíz irregular.

■ **Ejemplo** ESTUDIANTE 1: *Fue increíble que Fido tuviera instintos tan fuertes.*
ESTUDIANTE 2: *Fue milagroso que no muriera.*
ESTUDIANTE 3: *Los dueños se alegraron que su perro volviera.*

◆ Comprehension questions for activity 11.32:
1. ¿Qué clase de perro es el héroe canino? 2. ¿Dónde vivían sus amos anteriormente? ¿Dónde viven ahora? 3. ¿Dónde dejaron al perro? ¿Por qué? 4. ¿Cuánta distancia recorrió el perro? 5. ¿Cuánto tiempo estuvo de viaje? 6. ¿Cómo está el perro ahora? 7. ¿Cómo saben sus dueños que el perro es realmente el suyo?

MISTERIOS DE NUESTRO MUNDO: UN PERRO RECORRE 1.500 KILÓMETROS, DE BÉLGICA A ESPAÑA, PARA BUSCAR A SUS DUEÑOS

Muerto de cansancio, con las orejas rotas y las patas seriamente dañadas llegó «Fido» al hogar que tanto echaba de menos. «Fido» es un perro de seis años, cruce de pastor alemán y pastor belga que, guiado por la fuerza del cariño y el recuerdo de sus amos, ha sido capaz de recorrer 1.500 kilómetros sin más ruta que el instinto.

Sus dueños, que ahora viven en Gijón, lo dejaron en una guardería en la ciudad de Mons, cerca de Bruselas, cuando decidieron regresar a España para montar un taller de reparaciones. «Fido» había crecido con ellos, no conocía otra compañía y la nostalgia de los que había defendido y querido le dio fuerza para atravesar Europa en busca de su cariño perdido.

Ésta es la increíble historia de un perro llamado «Fido». Su vida comenzó en Bélgica. Allí fue regalado a un matrimonio que acababa de llegar de España. Él tenía entonces tres meses. Sus dueños, el español José Luis Augusto Redondo y la belga Lise Deremier, padres de dos hijos, David y Mayte, actualmente de diecinueve y cuatro años, respectivamente, lo criaron como si fuera un miembro más de su familia.

«Estaba bien cuidado. Lo queríamos. Lo tratábamos como a una persona. Y ahora me he dado cuenta de lo agradecido que puede llegar a ser un perro», dice Lise.
—¿Por qué lo dejaron en Bélgica?
—Decidimos regresar a España para montar un taller de reparaciones de vehículos. Allí vivíamos en una casa con jardín y no lo podíamos meter en un piso ni tampoco llevárnoslo; hubiera sido un lío. Mi marido lo llevó a una guardería para perros.
—¿Tuvieron después alguna noticia de él?
—Sí, al poco de dejarlo allí llamé para preguntar cómo estaba y me dijeron que se lo habían dado a una familia. El año

«Fido», en Gijón, con Lise, su hija Mayte y una amiga

pasado fuimos a Bélgica a verlo, pero no nos quisieron dar la dirección.
—¿Saben cómo ha conseguido volver?
—No tenemos ni idea de cómo ha podido ocurrir. Sólo sabemos que lo dejamos en Bélgica hace dos años y que apareció en el portal con las orejas rotas y con cicatrices.
—¿Cómo lo encontraron?
—Bajé a hacer la compra con mi hija, Mayte. Estaba echado en el portal. Con nosotras bajaba otra vecina. Yo creo que debió pensar que estaba loca porque me vio hablando sola y diciendo: «Es mi "Fido", pero no puede ser...». Fue muy emocionante. En cuanto me vio se tiró a mí y empezó a lamerme, a darme besos y lloraba todo el tiempo. Luego, al subir a casa, la vecina se quedó asustada de que se parara justo en nuestro piso, cuando no estuvo nunca.
—¿Y ahora, como se encuentra «Fido»?
—Está muy cansado, pero contento. Duerme mucho y come poco. Casi su único alimento es leche y agua.
—Tenemos entendido que un señor ha reclamado a «Fido» diciendo que es suyo.
—Sí, pero sólo lo afirma y amenaza con venir con la Policía, aunque no muestra nada que confirme lo que dice. Si me lo quitan me muero. Es mi perro, tiene las mismas costumbres, entiende el francés, reconoce los pocos muebles que nos trajimos de Bélgica y obedece a las cosas que le enseñamos de pequeño.

MAMEN CASTILLA
Fotos: JOSÉ MARIA CLARES
(EUROPA PRESS REPORTAJES)

de Hola

◆ **Vocabulario esencial for activity 11.32:**

amo/ama	*owner*
guardería	*kennel*
taller (m.) de reparaciones	*autorepair shop*
amenazar	*to threaten*

TERCERA ETAPA Estrategias

Diario de actividades

For additional listening practice, see *Diario de actividades, Tercera etapa: Estrategias/ Comprensión auditiva*.

COMPRENSIÓN AUDITIVA Textbook CD

Identifying narrative strategies. The word *narrative* refers to the telling of a story. A narrative may be factual or fictional. Anecdotes and reports are factual narratives; short stories, novels, plays, and even jokes are fictional. In this chapter, you will study two fictional narratives. Before proceeding, study the following narrative strategies.

- NARRATOR. The narrator is the storyteller but not necessarily the author. He/she may be a character in the story or an outside entity. An *omniscient* narrator tells not only the actions of the characters, but also their thoughts and feelings. A *limited* narrator describes only the characters' actions. After you have identified the narrator, it is important to remember that the events are being reported through the filter of his or her person, which makes them subjective. Sometimes the narrator "speaks" in first person (**yo**) and sometimes in third person (**él/ella**).

- TIME. Narrators do not always tell a story in chronological order. In modern fiction, it is not unusual to find that the events have been scrambled. Flashbacks are especially common.

- SETTING. Setting refers to the environment in which the actions occur. A novel may have many settings, while shorter works typically have only one.

Antes de escuchar

11.33 Cuentos familiares. En grupos pequeños, escriban una lista de cinco novelas o cuentos que todos conozcan. Identifiquen el narrador, el tiempo y el escenario de cada obra. Por ejemplo, en el cuento de hadas° *Los tres cerditos,* el narrador es limitado, el orden es cronológico y el marco escénico es el bosque. Los personajes° son los tres cerditos y el lobo.

A escuchar

11.34 Elementos de la narración. Escuchen en su disco compacto el drama *No hay que complicar la felicidad* por Marco Denevi. Identifiquen los personajes, el tiempo y el marco escénico. Recuerden que en las obras literarias, cosas inesperadas e irónicas pueden ocurrir.

Después de escuchar

11.35 Comprensión. Escuchen el drama de nuevo y después contesten las siguientes preguntas en parejas.

1. ¿Qué hacen los personajes?
2. ¿Por qué se enoja el hombre?
3. ¿Por qué tiene celos el hombre?
4. ¿Qué responde la mujer?
5. ¿Dónde le dice la mujer que está "el otro"?
6. Por qué se ríe la mujer al quedar sola?
7. ¿Qué pasa al final del drama?

°**cuento de hadas** *fairy tale*   **personaje** *(m.) character*

11.36 Una narración. En grupos pequeños, conviertan el drama *No hay que complicar la felicidad* en una narración. Determinen el tipo de narrador que van a emplear y escriban la narración desde el punto de vista de éste.

LECTURA

 **Diario de actividades**

Identifying narrative strategies. In each of the *Lecturas* in AMISTADES you have practiced some of the more important reading strategies using articles from popular magazines and newspapers. Glance back through the *Lecturas* and read one or two of your favorite selections. What strategies did you use as you read? Did you think about visual cues or cognates? Probably most strategies have become so familiar that you use them without thinking.

For additional reading practice, see *Diario de actividades, Tercera etapa: Estrategias/ Lectura and Literatura*.

Antes de leer

11.37 Repaso de estrategias. Van a leer la fábula *El águila y el escarabajo.* En grupos pequeños, contesten las siguientes preguntas para refrescar su memoria sobre las estrategias de lectura.

1. What type of information can you obtain from the visuals, titles, and format of the text?
2. What is skimming?
3. Should you look up cognates in the dictionary?
4. What are the differences/similarities between skimming and scanning?
5. Why do you think that "a picture is worth a thousand words"?
6. How can you guess what words mean using the context of the sentence or paragraph?
7. What are "root words" and how can they help you expand your vocabulary?
8. What reasons or intentions do authors have for writing articles?
9. How can texts be organized?
10. What additional strategy must you consider when reading creative works of fiction or poetry?

11.38 Las fábulas. Una fábula es un cuento que tiene una moraleja, es decir, que enseña una lección. Los personajes de una fábula pueden ser seres humanos, animales u objetos con características humanas. En parejas, piensen en una fábula que conozcan, describan los personajes y comenten la moraleja que transmite.

■ **Ejemplo** la tortuga y la liebre
Los personajes son dos animales, una tortuga y una liebre. La tortuga anda despacio y la liebre corre rápido. La moraleja de la fábula es "Despacio se va lejos."

A leer

11.39 El águila y el escarabajo. En parejas, estudien la fábula de la siguiente página y expliquen la moraleja.

◆ **Vocabulario esencial for activity 11.39:**

liebre (f.)	*hare*
escarabajo	*beetle*
regazo	*lap*

◆ Comprehension questions for activity 11.39:
1. ¿Quién persiguió a la liebre? 2. ¿A quién pidió que la salvara? 3. ¿Qué hizo el águila? ¿Por qué? 4. ¿Cómo vengó a la liebre el escarabajo? 5. ¿Quién ayudó al águila? 6. ¿Cómo le hizo trampa el escarabajo? 7. ¿Cuál es la moraleja de esta fábula?

El águila y el escarabajo

Estaba una liebre siendo perseguida por un águila, y viéndose perdida pidió ayuda a un escarabajo, suplicándole que la salvara.

Le pidió el escarabajo al águila que perdonara a su amiga. Pero el águila, despreciando la insignificancia del escarabajo, devoró a la liebre en su presencia.

Desde entonces, buscando vengarse, el escarabajo observaba los lugares donde el águila ponía sus huevos, y haciéndolos rodar, los tiraba a tierra. Viéndose el águila echada del lugar a donde quiera que fuera, recurrió a Zeus pidiéndole un lugar seguro para depositar sus futuros pequeñuelos.

Le ofreció Zeus colocarlos en su regazo, pero el escarabajo, viendo la táctica escapatoria, hizo una bolita de barro, voló y la dejó caer sobre el regazo de Zeus. Se levantó entonces Zeus para sacudirse aquella suciedad, y tiró por tierra los huevos sin darse cuenta. Por eso desde entonces, las águilas no ponen huevos en la época en que salen a volar los escarabajos.

Nunca desprecies lo que parece insignificante, pues no hay ser tan débil que no pueda alcanzarte.

Después de leer

11.40 ¡A la flauta! Todos los miembros de la clase deben trabajar juntos para crear una fábula que corresponda a la siguiente caricatura. Cada persona debe agregarle por lo menos una oración al cuento.

 Diario de actividades

For additional practice on the expressions, see *Diario de actividades, Tercera etapa: Estrategias/Comprensión auditiva*.

COMUNICACIÓN Textbook CD

Las siguientes expresiones te ayudan a poder invitar a alguien a aceptar o rechazar una invitación y a expresar compasión en español. Escuchen las conversaciones del disco compacto y practíquenlas con los demás miembros de la clase.

Cómo invitar *Extending invitations*

Cómo aceptar y rechazar invitaciones *Accepting and declining invitations*

¿QUIERES IR AL PARTIDO DE FÚTBOL ESTA TARDE?

ME GUSTARÍA MUCHO . . . PERO TENGO QUE IR DE COMPRAS.

¿TE GUSTARÍA IR AL CINE ESTA NOCHE? DAN UNA PELÍCULA DE VAQUEROS.

ME ENCANTARÍA . . . PERO TENGO QUE LIMPIAR LA CASA.

ENTONCES ¿CUÁNDO PODEMOS SALIR?

HM . . . ¿QUÉ TAL MAÑANA POR LA NOCHE?

LO SIENTO, PERO NO PUEDO. TENGO QUE ESTUDIAR PARA UN EXAMEN.

Cómo expresar compasión *Expressing sympathy*

¿CÓMO ESTÁ LA FAMILIA?

BIEN MENOS MI HERMANO PEPE. FUE A BARILOCHE A ESQUIAR Y SE FRACTURÓ UNA PIERNA.

TODOS

¡QUÉ LÁSTIMA! ¿PERO YA ESTÁ BIEN?

¡AY, NO! AL SALIR DEL HOSPITAL, SE LASTIMÓ EL TOBILLO.

LO SIENTO MUCHO. ¿QUÉ DICE EL DOCTOR?

¡DICE QUE PEPE NECESITA UN BUEN SEGURO MÉDICO!

El Teatro Colón

◆ In the preceding cartoons, two important cultural spots are mentioned. Here is a brief explanation of each:

Buenos Aires's *Teatro Colón* is one of the most famous theaters in the world. Renowned artists perform in the ballets and operas presented in its ornate setting. Because of the theater's excellent acoustics, no sound amplification is used. Visitors may take a guided tour of the *Teatro Colón's* workshops and rehearsal rooms. In the *Salón Dorado*, designed like the Palace of Versailles outside Paris, free recitals are offered Tuesdays through Fridays.

Bariloche, located in southern Argentina, is a popular ski area. Vacationers from all over South America converge on Bariloche's slopes and sophisticated shops and cafés from July to September. The summer season (November–April) brings hikers, campers, and boaters to this lovely alpine area.

11.41 Escucha y repite. Escucha con cuidado la conversación ***Cómo invitar*** de tu disco compacto. Después, repite las frases y presta atención a la pronunciación.

Cómo invitar	*Extending invitations*
¿Me quieres/quiere acompañar a ...?	*Do you want to accompany me to ...?*
¿Quieres/quiere ir a ...?	*Do you want to go to ...?*
Si tienes/tiene tiempo, podemos ir a ...	*If you have time, we could go to ...*
¿Te/le gustaría ir a ... conmigo?	*Would you like to go to ... with me?*

11.42 Por el recinto. En grupos pequeños, describan una actividad de su universidad. Inviten a sus compañeros. Después, inviten a su profesor/profesora a una función.

11.43 Escucha y repite. Escucha con cuidado la conversación ***Cómo aceptar y rechazar invitaciones*** de tu disco compacto. Después, repite las frases y presta atención a la pronunciación.

Cómo aceptar invitaciones	*Accepting invitations*
Sí, con mucho gusto.	*Yes, with pleasure.*
Sí, me encantaría.	*Yes, I'd love to.*
Sí, me gustaría mucho.	*Yes, I'd like to very much.*

Cómo rechazar invitaciones	*Declining invitations*
Lo siento mucho, pero no puedo.	*I'm very sorry, but I can't.*
Me gustaría, pero no puedo porque ...	*I'd like to, but I can't because ...*

◆ Comprehension questions for activity 11.44:
1. ¿Qué pieza toca la Orquesta Sinfónica Nacional?
2. ¿Dónde se presenta el drama *Rojo pasión*?
3. ¿Quién es el director de la ópera? 4. ¿Qué es? ¿Quién es Lulú? 5. ¿Quiénes asisten gratis al recital de Paco Sebastiani? 6. ¿Cuánto pagan los estudiantes para visitar el Teatro San Martín? 7. ¿Dónde se escucha la música?
8. ¿Qué dirige Juan Kaufman?
9. ¿Quiénes cantan canciones folklóricas?

11.44 Cartelera de Buenos Aires. En parejas, invítense a los siguientes lugares. Después, acepten o rechacen las invitaciones.

■ **Ejemplo**   ESTUDIANTE 1: ***¿Te gustaría ir conmigo a la filarmónica?***
ESTUDIANTE 2: ***Sí, con mucho gusto.***

CARTELERA DE BUENOS AIRES

Auditorio de Belgrano 4783-1783
Virrey Loreto 2348
Orquesta Sinfónica Nacional. Viernes, 20.30 hrs. Dir. J.L. Monteverde.
Missa Solemnis. Op. 123 (L. Van Beethoven). Coro Polifónico Nacional. Dir. Gustavo Klink.

Auditorio del Pilar 4862-2996
Vicente López y Junín
Drama *Roja pasión.* Dir. Sergio Fuentes. Music Hall. Viernes 21.30 hrs. $15.

Avenida 4381-0662
Ópera *Madame Butterfly* de Giacomo Puccini.
Viernes y sábado, 20 hrs.; domingo, 18 hrs. Dir.
Vicente Ciotti. Con María Soto, Carlos Cardoso,
Juan Gago.

C.C. San Martín 4374-1251
Sarmiento 1551
Ciclo de Danza Contemporánea. *Sin pensar y
¿Quién es Lulú?* Cor. y dir.: Vicente D'Angelo.
Viernes, 20 hrs. $3.

Colón 4378-7344
Ciclo el Colón por $2. Paco Sebastiani, violín.
Lunes, 18 hrs. Jubilados gratis. Cupo limitado.

Teatro San Martín 4371-0111
Av. Corrientes 1530
Visitas guiadas. Martes a viernes, 12 hrs.
(público) $4. Estudiantes sin cargo; residentes
$2; turistas $4.

Centro Cultural Borges 5555-5359
Viamonte esq. San Martín
Buenos Aires Jazz Band. Celebrando sus 35
años. Viernes 22 hrs. General $10.

Del Nudo 4375-5001
Av. Corrientes 1551
Drama *Sybila, un thriller argentino.* Dir. Juan
Kaufman. Viernes y sábado 23 hrs. $10.

Bar Sur 4362
Estados Unidos 299
Tango y cultura. Show tradicional y participativo
en la casa más antigua de San Telmo. Festeje
el 36° aniversario. 20.30 hrs. $12. Consumo
mínimo $6.

De la Casona 4953-5595
Av. Corrientes 1975
Canciones románticas. Paolo Bucci y Cristina
Pedrosa. Viernes 22.30 hrs. $12/sin consumo.

La Biblioteca Café 4811-0673
Marcelo T. de Alvear 1155
Por el gusto de cantar. Folklore argentino por
Marco García y Florencia Martínez. Sábado
21.30 hrs. $10 con cena.

11.45 Escucha y repite. Escucha con cuidado la conversación *Cómo expresar compasión* de tu disco compacto. Después, repite las frases y presta atención a la pronunciación.

◆ Remember that to invite more than one person, you will need to change the verb forms.

Cómo expresar compasión	*Expressing sympathy*		
Es una pena.	*It's a pity.*	Mi sentido pésame.	
Le doy mi pésame.	*You have my sympathy.*	Mis condolencias.	*My condolences.*
Lo siento mucho.	*I'm very sorry.*	¡Qué lástima!	*What a pity!*

11.46 Lo siento mucho. En parejas, representen las siguientes situaciones usando expresiones apropiadas.

■ **Ejemplo** Un amigo tiene un accidente de auto.
  ESTUDIANTE 1: ***Acabo de tener un accidente de auto.***
  ESTUDIANTE 2: ***¡Qué lástima! Espero que te recuperes pronto.***

1. La abuela de un compañero muere.
2. Un amigo está en el hospital.
3. Un pariente acaba de divorciarse.
4. Una compañera pierde su trabajo.
5. Tu amigo recibe una mala nota en su examen.
6. Una amiga se fractura la pierna.

For additional writing practice, see **Diario de actividades, Tercera etapa: Estrategias/ Composición.**

◆ The word *whose* has two equivalents in Spanish: **de quién** and **cuyo.** To express **Whose is it?** (**To whom does it belong?**), use **¿De quién es?** Use **cuyo** in sentences such as **Buenos Aires es una ciudad cuya Avenida 9 de Julio es famosa.** (Buenos Aires is a city whose Avenida 9 de Julio is famous.)

COMPOSICIÓN

Descriptive clauses. You have already studied how to describe people and things using adjectives and adverbs. In this chapter, you will learn how to describe in a more sophisticated way, using descriptive—or relative—clauses. These clauses can be *restrictive* or *nonrestrictive.*

• RESTRICTIVE (provides restrictions to identify the ANTECEDENT)

La fiesta **que tuvo lugar en casa de Pati** fue estupenda.

• NONRESTRICTIVE (identity of the ANTECEDENT is already clear)

La fiesta de Pati, **que tuvo lugar el sábado,** fue estupenda.

Notice that nonrestrictive relative clauses are set off by commas. Now study the following relative pronouns.

Pronombres relativos	Relative pronouns
que	that, who, whom
el que (*also:* los que, la que, las que)	that, which, whom, the one, the ones
lo que	what, which
el cual (*also:* los cuales, la cual, las cuales)	which, whom
lo cual	which
quien (*also:* quienes)	who, whom
cuyo (*also:* cuyos, cuya, cuyas)	whose
donde	where

To use relative pronouns correctly, you also need to determine whether a preposition is part of the relative clause. If the clause is restrictive and there is no preposition, **que** is the relative pronoun of choice.

El empleado **que** me atendió hablaba inglés.

*The employee **who** waited on me spoke English.*

If a preposition is present, then one of the forms of **el que** or **el cual** is used.

La agencia de viajes para **la que/ la cual** trabaja Ana es argentina.

*The travel agency for **which** Ana works is Argentinean.*

If the antecedent is a person, then **quien** may also be used.

La persona para **quien** trabaja Ana es argentina.

*The person for **whom** Ana works is Argentinean.*

Nonrestrictive clauses without a preposition may always be introduced by **que**.

Las cataratas de Iguazú, **que** están en la frontera brasilera, son muy impresionantes.

*The Iguazu Falls, **which** are on the border with Brazil, are very impressive.*

Las Cataratas de Iguazú

Nonrestrictive clauses with a preposition are introduced by a form of **el cual** (or **quien** if they refer to a person).

La Casa Rosada, sobre **la cual** oímos mucho, es la oficina del presidente argentino.

*The Pink House, about **which** we heard a lot is the office of the president.*

Eva Perón, sobre **quien** leímos, fue la primera dama de Argentina.

*Eva Perón, about **whom** we read, was the first lady of Argentina.*

La Casa Rosada

Los que and **lo cual** are used when the antecedent itself is a clause.

Los argentinos comen mucha carne, **lo que/lo cual** me sorprendió mucho.

*Argentines eat a lot of meat, **which** surprised me a lot.*

Lo que may also be used as a subject.

Lo que me sorprendió más fueron las papas fritas.

***What** surprised me most were the French fries.*

Cuyo is a possessive and therefore agrees with its companion noun in gender and number.

Conozco a un profesor **cuyos** estudiantes lo adoran.

*I know a professor **whose** students adore him.*

Donde may be used in any type of relative clause to mean *where*.

Quiero vivir **donde** haga mucho sol.

*I want to live **where** it is very sunny.*

Antes de escribir

11.47 Modelo. Antes de escribir tu propia composición, estudia el siguiente modelo e identifica las cláusulas relativas.

◆ **Vocabulario esencial for activity 11.47:**

huraño/ huraña	*unsociable*
trato	*behavior*
albergar	*to house, shelter*
aseo	*cleanliness*
cargante	*annoying*
abrumar	*to over- whelm*
endosar	*to endorse*
acoger	*to accept*
fallar	*to go wrong*
mimar	*to spoil*

◆ Comprehension questions for activity 11.47:
1. ¿Cómo nos formamos opiniones de otras personas? 2. ¿Cuál es el secreto para caerles bien a otros? 3. ¿Cuáles de las claves pertenecen al aspecto visible? 4. ¿Al lado profundo? 5.¿Cómo debemos tratar a los amigos?

La etiqueta en el teléfono

Ser visibles, reconocidos y valorados

Cuántas veces hemos dicho, u oído, referidos a determinadas personas, frases como "qué desagradable, qué trato más huraño tiene." También están quienes pasan desapercibidos por la vida, como si no existiesen, son "personas que no me dicen nada." Y no es sólo lo que digan o cómo lo digan, sino lo físico, el saber estar, la gracia personal, la originalidad, la elegancia, la corrección y la simpatía, lo que determina la actitud de los demás ante cada uno de nosotros.

Por una parte está el aspecto visible, lo físico, y por otra, las actitudes y comportamientos que nos remiten al lado más profundo de la gente. Por mucho que vivamos en un aparente "vale todo" en cuanto a aspecto físico y ornamentación, debemos concederle alguna importancia a nuestra apariencia. Es nuestra tarjeta de presentación. Por ello, adaptemos nuestras opciones, preferencias y posibilidades estéticas a la impresión que queremos causar.

No seamos inocentes: hay elecciones, en materia de vestuario, complementos y aspecto físico general, que pueden provocar reacciones negativas en algunas personas. Sepámoslo. Y si el aspecto físico es, por su inmediatez, el primer elemento, el otro, y mucho más importante, es la actitud ante la vida, nuestra forma de estar en el mundo. No olvidemos que actitudes como el pesimismo, el victimismo, la desconfianza, la intolerancia, la ausencia de autocrítica, la autosuficiencia, o el egocentrismo no sólo no gustan a nadie, sino que no conviene albergarlas en nuestro interior. Para caer bien no hay nada mejor que querer a los demás, escucharles, respetar sus emociones y situarse en su lugar.

Claves para caerle bien a la gente
- Dedique atención y tiempo a su aseo y cuidado personal. La buena imagen corporal refuerza la seguridad personal y abre las puertas a la aceptación social.
- Revise su estado de ánimo y controle sus sentimientos y emociones, para que no interfieran en sus relaciones con los demás.
- Sonría, con expresiones faciales y gestuales que manifiesten que sintoniza con la gente, lo que no significa necesariamente estar de acuerdo. Es compartir un tono vital alegre y positivo.
- Recapacite sobre la importancia de que los demás no nos resulten pesados. Vigílese. No sea cargante: no abrume a sus contertulios con lo que padece o le preocupa. Compartir problemas no significa endosárselos a los demás.
- Tolerancia. El respeto a quienes piensan y actúan de modo distinto del nuestro, ayuda a que tengamos mejor imagen. Y que seamos más humanos.
- La gente es buena, mientras no se demuestre lo contrario. No hay que desconfiar. Una actitud abierta facilita que los demás nos acojan con buena disposición.
- Preguntemos lo que no sabemos, sin miedo a hacer el ridículo o a pasar por ignorantes. Así, ayudamos a que los demás se sientan importantes y útiles. Cuanto más inteligente y atractiva es una persona, más pregunta y escucha.
- En las discusiones evite utilizar los "mensajes tú," en los que descargamos en el interlocutor la responsabilidad o culpa de todo el conflicto. Atrévase a utilizar los "mensajes yo," la autocrítica, exponiendo los aspectos en que ha fallado.
- Aprenda a escuchar activamente. A "hacerse cargo" de la situación de la otra persona, para que se sienta acompañada y comprendida. Hágale preguntas. Administre los silencios, pero no para pensar en sus cosas, sino para mostrar respeto e interés por lo que siente el otro.
- No dé consejos, ni diga a nadie lo que tiene que hacer. Le coloca en una situación de superioridad que termina por no gustar. Cuando le pidan consejo, es preferible ayudar a que la otra persona encuentre la respuesta.
- Muéstrese tal y como es. No juegue a hacerse el simpático. La empatía, o capacidad de emocionarse con otros, no es una estrategia ni una técnica comercial. Se lleva muy dentro.
- Las amistades no se conservan. Se cultivan y se cuidan. Mime a sus amigos. Llámelos por teléfono, y no sólo cuando está aburrido, no tiene planes o sufre problemas. Visítelos. Sorpréndalos de vez en cuando. Demostremos que tenemos ilusión por compartir con ellos momentos, experiencias o emociones.

A escribir

11.48 Relaciones interpersonales. Elige un tema relacionado con las relaciones familiares o amistosas tal como una celebración o un dato histórico. Después, escribe un párrafo sobre este tema en el que incorpores una descripción usando cláusulas relativas de los dos tipos.

Después de escribir

11.49 Revisión. Al revisar tu composición presta atención especialmente a las cláusulas relativas. Repasa los ejemplos de las páginas 406–407.

11.50 Intercambio. En parejas, intercambien sus composiciones y revísenlas. Tengan en cuenta los siguientes detalles:

- ❑ Interés   *capta al lector*
- ❑ Descripción   *visual o de otros sentidos*
- ❑ Organización   *introducción, desarrollo, conclusión*
- ❑ Secuencia   *lógica*
- ❑ Transiciones   *fluídas*
- ❑ Gramática   *concordancia (sujetos/verbos sustantivos/ adjetivos)*

VOCABULARIO

Multiple meanings. Looking through your vocabulary lists from previous chapters, you have probably noticed that many words in Spanish have multiple meanings. To avoid confusion when you encounter one of these words, write it in your notebook on a special page. Note the additional meanings and include a sample sentence for each. For example:

| tocar | *to touch* | **No se deben *tocar* los cuadros en un museo.** |
| | *to play a musical instrument* | **Mi primo *toca* el piano.** |

11.51 Repaso de vocabulario. Repasa el vocabulario de este capítulo y escribe las palabras que tengan varios significados.

11.52 Fiestas. Escribe una lista de las fiestas que celebras y escribe una descripción breve sobre cada una de ellas.

11.53 Una invitación. Escríbele una invitación a alguien de la clase invitándolo/invitándola a una fiesta en tu casa la semana que viene. Él/Ella debe contestarte por escrito aceptando o rechazando la invitación.

11.54 Categorías. Escribe de nuevo los sustantivos del siguiente *Vocabulario* y clasifícalos según su género.

VOCABULARIO

Acontecimientos sociales y religiosos   *Social and religious events*

aniversario (de bodas)	*(wedding) anniversary*
banquete *(m.)*	*banquet*
bar/bat mitzvah *(m.)*	*bar/bat mitzvah*
bautizo	*baptism*
boda civil	*civil marriage ceremony*
boda religiosa	*church wedding*
ceremonia de graduación	*graduation ceremony*
convite *(m.)*/banquete *(m.)*	*open house, banquet*
compromiso	*engagement*
cumpleaños *(m. sing./pl.)*	*birthday*
despedida de soltero/soltera	*bridal shower*
día festivo	*holiday*
festival *(m.)*	*festival*
fiesta de canastilla	*baby shower*
fiesta de cumpleaños	*birthday party*
fiesta sorpresa	*surprise party*
funeral *(m.)*	*funeral*
juerga	*bash*
misa	*Mass*
onomástico	*saint's day, birthday*
pachanga	*rowdy celebration*
Primera Comunión	*First Communion*
santo/día del santo	*saint's day*
té *(m.)*	*afternoon tea*

Entre amigos y parientes   *Among friends and relatives*

agasajar	*to lavish attention on, fete*
atender (ie) a	*to wait on, attend to, to pay attention to (other people)*
brindar/brindar por	*to make a toast/to toast (someone)*
chismear	*to gossip*
compartir	*to share*
comprometerse	*to get engaged*
disfrutar	*to enjoy*
excusarse	*to make an excuse*
felicitar	*to congratulate*
festejar	*to entertain*
guardar un secreto	*to keep a secret*
jurar	*to swear, give one's word*
pasarlo bien/mal	*to have a good/bad time*

Personas   *People*

agasajado/agasajada festejado/festejada	*guest of honor*
amiguito/amiguita	*buddy, pal, chum*
anfitrión/anfitriona	*host*
asistente *(m./f.)*	*attendee*
bar mitzvah *(m.)*	*thirteen-year-old Jewish male*
bat mitzvah *(f.)*	*thirteen-year-old Jewish female*

colega (m./f.)	colleague
cumpleañero/cumpleañera	birthday boy/birthday girl
invitado/invitada	guest
madrina	godmother
maestro/maestra de ceremonias	leader of the ceremony
novio/novia	groom/bride (wedding); fiancé/fiancée, boyfriend, girlfriend
padrino	godfather
quinceañera	fifteen-year-old (female)
testigo	witness

Expresiones para ocasiones especiales   *Expressions for special occasions*

Buena suerte.	*Good luck.*
¡Felicidades!/¡Felicitaciones!/¡Enhorabuena!	*Congratulations!*
Feliz aniversario/cumpleaños/día de . . .	*Happy anniversary/birthday/ . . . day*
¡Lo hiciste muy bien!	*You did well.*
Te amo./Te quiero.	*I love you.*

Cómo invitar   *Extending invitations*

¿Me quieres/quiere acompañar a . . . ?	*Do you want to accompany me to . . . ?*
¿Quieres/quiere ir a . . . ?	*Do you want to go to . . . ?*
Si tienes/tiene tiempo, podemos ir a . . .	*If you have time, we could go to . . .*
¿Te/le gustaría ir a . . . conmigo?	*Would you like to go to . . . with me?*

Cómo aceptar invitaciones   *Accepting invitations*

Sí, con mucho gusto.	*Yes, with pleasure.*
Sí, me encantaría.	*Yes, I'd love to.*
Sí, me gustaría mucho.	*Yes, I'd like to very much.*

Cómo rechazar invitaciones   *Declining invitations*

Lo siento mucho, pero no puedo.	*I'm very sorry, but I can't.*
Me gustaría, pero no puedo porque . . .	*I'd like to, but I can't because . . .*

Cómo expresar compasión   *Expressing sympathy*

Es una pena.	*It's a pity.*
Le doy mi pésame	*You have my sympathy.*
Lo siento mucho.	*I'm very sorry.*
Mi sentido pésame. ⎫	
Mis condolencias. ⎭	*My condolences.*
¡Qué lástima!	*What a pity!*

Pronombres relativos   *Relative pronouns*

que	*that, who, whom*
el que (*also:* los que, la que, las que)	*that, which, whom, the one, the ones*
lo que	*what, which*
el cual (*also:* los cuales, la cual, las cuales)	*which, whom*
lo cual	*which*
quien (*also:* quienes)	*who, whom*
cuyo (*also:* cuyos, cuya, cuyas)	*whose*
donde	*where*

CAPÍTULO

12 UN VIAJE TURÍSTICO

Punta del Este, Uruguay

PRIMERA ETAPA Preparación

◆ **Vocabulario esencial for activity 12.2:**

atraco	robbery
caja fuerte	safe
estupefaciente	drug, narcotic
hurtado/ hurtada	stolen
incólume	unscathed unharmed
ladrón	thief
pertenencias	belongings
secuestrar	to kidnap
sostener	to hold
trampa	trick
tropezón	bump (into someone)

INTRODUCCIÓN

Nuestras vacaciones. La idea de irse de vacaciones no es tan antigua como parece. Hasta el siglo XVII, los únicos que lo hacían eran los nobles y aristócratas. Pero con la creación del ferrocarril y, más adelante, de los sistemas de transporte público, hoy en día todos sueñan con pasar unas semanas fuera de casa y escaparse de la rutina diaria. En este capítulo vamos a recordar unas vacaciones memorables y a planear otras.

Antes de leer

12.1 Vamos de vacaciones. Antes de ir de vacaciones, hay que hacer toda una serie de preparativos. En parejas, den consejos para planear unas vacaciones.

■ **Ejemplo** *Vaya a la oficina de turismo para conseguir mapas. Déjele la llave de la casa a un vecino.*

A leer

12.2 A viajar. Cuando se va de viaje, siempre se reciben consejos de amigos sobre lo que se debe y no se debe hacer y los sitios turísticos que se deben visitar. Como indica el artículo, también es conveniente informarse sobre las cosas que pueden ser importantes y esenciales para el turista. Estudia el artículo y en grupos pequeños, identifica los consejos que consideren más importantes.

Cómo sobrevivir a sus próximas vacaciones

Por aquello de que más vale prevenir que lamentar, es mejor no darles oportunidad a los ladrones para ser sus víctimas. A continuación hay unos consejos para que no lo afecte la inseguridad al viajar, especialmente fuera del país.

Un turista en un país extranjero está especialmente vulnerable al robo y al atraco. Estas sugerencias le ayudarán a salir incólume en las próximas vacaciones.

En el aeropuerto, estación de tren o en el metro

• No le reciba nada a nadie. Ignore la frase "Me sostiene esto, por favor?" Pueden ser estupefacientes o explosivos, o si no, será una excusa para entretenerlo y que otra persona le meta mano en sus pertenencias.

• No deje sus maletas y objetos personales lejos de la vista en ningún momento mientras compra algo en una cafetería, restaurante o mientras lee el periódico o revista.

• Tenga especial cuidado con sus pertenencias en los baños porque allí con frecuencia son hurtados paquetes y maletas.

• No deje su computadora personal o cámara fotográfica descuidadas mientras pasa por el detector de metales, entrégueselos a una persona de seguridad.

• Algunos ladrones usan uniformes parecidos a los de los empleados de las aerolíneas para robar pasajes. Si alguien se ofrece a chequear su boleto, pida ver el carnet de identificación y por ningún motivo deje que se lo lleven.

En el destino

• En lo posible no lleve cosas de valor para sus viajes. Pero si es necesario, déjelas usted mismo en la recepción del hotel o en la caja fuerte de su habitación.

• Guarde fotocopias de papeles importantes como su pasaporte y las tarjetas de crédito. Tampoco cargue nunca la llave de su habitación del hotel y no diga el número a extraños.

• Divida su dinero y llévelo en lugares diferentes.

• No haga el cambio de su moneda por la local en sitios callejeros.

• Al salir a la calle, no use joyas o un reloj muy llamativo.

• No discuta sobre planes o finanzas con extraños.

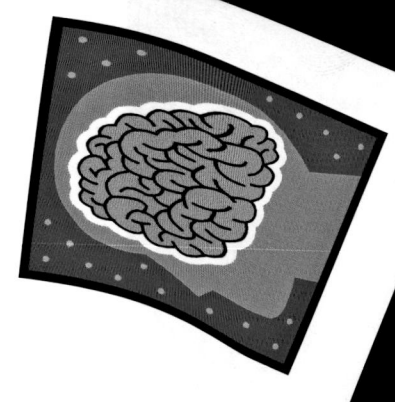

- Nunca se suba a taxis que no estén marcados como tales porque corre el peligro de que lo roben o peor aún, de que lo secuestren.
- No tome taxis que no tengan taxímetro, esto se presta a que los taxistas abusen de usted. Si no hay otro remedio, acuerde el precio antes de entrar al vehículo.
- No acepte comidas o bebidas de extraños.
- Esté especialmente alerta en momentos de congestión callejera como fiestas populares, aniversarios de ataques terroristas, etcétera. Si es posible, evite las multitudes y todas las demostraciones públicas.

- En los mercados al aire libre, una pelea callejera, objeto caído en medio de la calle, un tropezón ine rado, son algunas de las trampas que utilizan ladrones para distraer a las personas y poderles rol
- No se tome sus vacaciones demasiado en serio. Red sus expectativas. No hay tales vacaciones perfe Pueden surgir inconvenientes, pero usted no dejar que ello arruine su viaje. Relájese, pero esté

◆ Comprehension questions for activity 12.2:
1. ¿Dónde está el turista especialmente vulnerable al robo? 2. ¿Por qué no se deben aceptar paquetes de nadie? 3. ¿Cuál es el lugar frecuente de robos?
4. Cuando uno pasa por el detector de metales, ¿qué se debe hacer con la computadora personal o cámara fotográfica?
5. ¿Qué hay que hacer si alguien se ofrece a chequear su pasaje? 6. Al llegar al hotel, ¿qué hay que hacer con las cosas de valor? 7. ¿De qué se debe sacar fotocopias? 8. Si tiene que tomar un taxi que no tiene taxímetro, ¿qué se debe hacer? 9. ¿Cuáles son algunos ejemplos de congestión callejera que hay que evitar?
10. ¿Cuáles son algunas trampas que utilizan los ladrones para distraer a las personas y poderles robar?

12.3 Antes de viajar. Estudia el artículo de nuevo y en grupos pequeños escriban cinco sugerencias sobre lo que se puede hacer antes de empezar las vacaciones para tener un viaje más seguro.

■ **Ejemplo** *Pidan prestado libros en discos compactos en la biblioteca y escúchenlos mientras conducen.*

Después de leer

12.4 Una experiencia personal. En parejas, usen los incidentes mencionados en el artículo como modelo y hablen sobre unos eventos parecidos que les hayan ocurrido a ustedes o a sus amigos.

■ **Ejemplo** *Cuando fui a San Diego tomé un taxi desde el aeropuerto hasta el hotel. Allí . . .*

URUGUAY COSTA DE LA AMISTAD

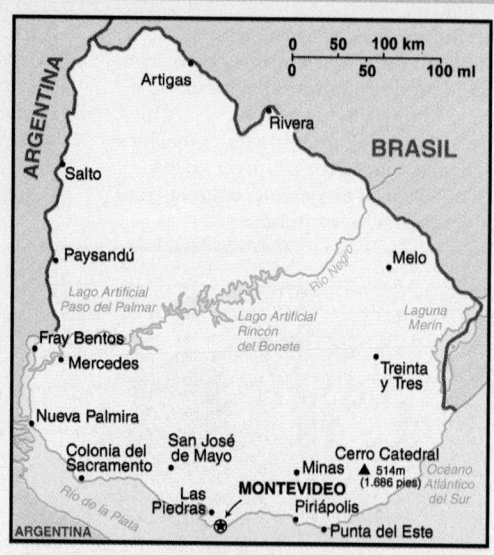

Uruguay

CAPITAL	Montevideo
GEOGRAFÍA	Sudamérica; situado al sur de Brasil, al este de Argentina y con costa hacia el océano Atlántico
ÁREA	72.172 millas cuadradas (186.926 kilómetros cuadrados)
POBLACIÓN	3.332.782
EXPORTACIÓN	Lana, carne, naranjas, limones, arroz, industria turística
MONEDA	Peso

Uruguay. Uruguay es uno de los países más pequeños de Sudamérica. Su ubicación entre Argentina y Brasil lo convierte en uno de los lugares favoritos de veraneo de los argentinos, bolivianos, paraguayos y brasileños. El país, en su mayoría, presenta una topografía muy parecida a la de su vecino del este, Argentina, con grandes extensiones de verdes praderas. Colonizado por los españoles y portugueses, Uruguay ha perdido casi toda la influencia indígena, pero la africana aún es evidente en su música, en su arte y en las fiestas del carnaval.

Más de la mitad de la población del país vive en Montevideo, la capital. Allí se mezclan la arquitectura clásica europea con los monumentos de carácter histórico y el estilo moderno de los edificios altos. Esta ciudad ofrece un ambiente cosmopolita para quienes quieren disfrutar de las actividades culturales de la capital y a su vez de sus famosas playas. Dispone de una gran variedad de actividades, tales como conciertos, obras de teatro, exposiciones de arte y otros eventos culturales dirigidos a un público muy diverso. Como centro turístico, Montevideo ofrece también excursiones a precios económicos al alcance de todo tipo de bolsillo.

12.5 Para viajar feliz. Estudien la gran variedad de lugares que Uruguay ofrece al turista. Después, en grupos pequeños decidan cuál lugar les parece más interesante y expliquen por qué.

■ **Ejemplo** *Cuando voy de viaje me encanta estar al lado del mar. Por esta razón, prefiero un lugar como Punta del Este.*

◆ **Vocabulario esencial for activity 12.5:**

acariciar	to caress
arrollador/ arrolladora	overwhelming
joya	jewel
rostro	face

◆ Comprehension questions for activity 12.5:
1. ¿Cómo es el paisaje?
2. ¿De qué disfruta la gente?
3. ¿Cuándo se convierte Punta del Este en un puerto de pescadores? 4. ¿A qué temperatura están las aguas termales?

▶ Turismo rural y ecológico

La frescura de la brisa acariciando el rostro sumada al espectáculo de bellos paisajes es, sin duda, un placer que usted no puede dejar pasar.

▶ Ciudad y negocios

La ciudad vibra y vive, tranquila y amistosa como todo el Uruguay, donde el color y la alegría dominan la vida. Donde nuestra gente disfruta con las manifestaciones culturales, artísticas y deportivas.

▶ Sol y playa

En marzo, Punta del Este se convierte en un puerto de pescadores, donde reinan los lobos marinos. En Rocha, el espectáculo arrollador del mar nos obliga a mirar hacia adentro.

▶ Histórico cultural

Descubra las joyas de nuestro país, fiel reflejo de nuestra historia.

▶ Turismo termal

Sumergirse en el agua termal, a 38 ó 45 grados, es una experiencia única y revitalizante.

12.6 ¿Adónde quieres ir? Todos soñamos con unas vacaciones ideales. En parejas, describan el sitio ideal para ir de vacaciones. Mencionen algunos de sus atractivos y por qué quieren ir allí.

Hoteles, hostales y pensiones. Punta del Este, uno de los lugares de veraneo más exclusivos de toda Sudamérica, es famoso por sus elegantes casas y hoteles de lujo así como por tener las mejores playas en su litoral. Entre los meses de diciembre y marzo, la temporada alta, aviones procedentes de Buenos Aires llegan con gente dispuesta a divertirse jugando al golf, tomando el sol, montando a caballo y pasando agradables noches en los casinos y discotecas de la península. En Punta del Este, como en muchos otros lugares del país, hay tres tipos de alojamiento: hoteles, hostales y pensiones. Los hoteles de lujo son los más caros y ofrecen todo tipo de servicios como habitaciones amplias, con toda clase de diversiones y un excelente trato al cliente.

Los hoteles se clasifican según el número de estrellas que el Ministerio de Turismo les asigna. Un hotel de cuatro o cinco estrellas cuesta alrededor de trescientos dólares por noche, aunque los hay de menor precio.

Cuando se reserva una habitación en un hotel o en una pensión para pasar unos días de vacaciones, se puede elegir entre pensión completa y media pensión. La pensión incluye habitación y todas las comidas. La media pensión incluye habitación, desayuno y otra comida.

12.7 Los hoteles. Los servicios varían de unos hoteles a otros. Por eso es importante elegir el hotel con cuidado. ¿Qué buscas tú en un hotel? Muchos turistas comienzan sus viajes por Sudamérica en Buenos Aires. En parejas, estudien la información del folleto *Una semana en Buenos Aires*, de la página 419 para hablar sobre los servicios que exigen en orden de importancia. Después elijan el hotel perfecto para pasar unas vacaciones.

■ **Ejemplo** *Es imprescindible que el hotel tenga teléfono.*

12.8 ¿Por qué pagar más? Mucha gente cuando va de vacaciones busca el alojamiento más barato que pueda encontrar. Otras personas prefieren hoteles de lujo porque allí casi no hay necesidad de salir a buscar nada. En parejas, hablen sobre el tipo de hotel que prefieren y expliquen por qué.

♦ Comprehension questions for activity 12.7:
1. ¿Cuáles son los hoteles céntricos? 2. ¿Cuál es el hotel más caro? 3. Si fueras a Buenos Aires, ¿dónde te quedarías? 4. ¿Cuál es el único día que no puedes tomar una excursión?

♦ **Vocabulario esencial for activity 12.7:**

disponer	*to have available*
rodear	*to surround*
secador de pelo (m.)	*hairdryer*

Diario de actividades

For additional practice with the vocabulary, see *Diario de actividades, Primera etapa: Vocabulario/Expresiones*.

EXPRESIONES  Textbook CD PowerPoint

En la agencia de viajes. Cristina y Carlos quieren hacer un viaje al extranjero durante sus vacaciones de verano. Ellos están hablando ahora con el agente de viajes de la agencia Club del Sol sobre algunas ofertas para el mes de diciembre. Vas a escuchar una narración sobre sus planes para las vacaciones. Intenta sacar las ideas principales. Después completa la actividad 12.9.

Buenos Aires

Una semana en Buenos Aires
8 días / 7 noches (*) SALIDAS: Diarias

EL PROGRAMA INCLUYE:

– Traslado aeropuerto/hotel/aeropuerto
– Alojamiento en el hotel de su elección en habitación doble con baño o ducha.
(*) La estancia en Buenos Aires podrá reducirse a su elección para combinarla con otras ciudades.

EXCURSIÓN RECOMENDADA
(no incluida en precios)

Visita panorámica de la ciudad

Días de operación: diaria (excepto domingos). Mínimo 2 personas.
Duración aproximada: 3 horas y media.
Se visitará La Plaza de Mayo y los edificios que la rodean: la Casa Rosada, el Cabildo y el Ayuntamiento; el Congreso; la Avenida del 9 de Julio y el teatro Colón. Finalmente se visitarán el barrio de Boca, los parques de Palermo y la histórica área de Recoleta.

HOTELES

1. SHERATON LIBERTADOR (Semilujo)
Avenida Córdoba y Maipu, 680. BUENOS AIRES
Tel.: (54-11) 432 288 00
Hotel céntrico, localizado cerca de la zona de compras y de la zona financiera de la ciudad. Las habitaciones disponen de aire acondicionado, baño o ducha, secador de pelo, teléfono, radio, TV y minibar. Completa sus instalaciones con servicio de habitaciones, restaurante, bares, salas de reuniones, piscina, jacuzzi, sauna, solarium y health club.

2. MARRIOTT PLAZA (Semilujo)
Calle florida 1005. BUENOS AIRES
Tel.: (54-11) 431 830 00
Elegante hotel situado frente al Parque San Martín. Las habitaciones disponen de baño o ducha, secador de pelo, aire acondicionado, TV por cable, teléfono, radio, nevera, caja de seguridad y minibar. Completa sus instalaciones con restaurantes, cafetería, bar, salas de reuniones, piscina, terraza, gimnasio, boutique y parking.

3. NH FLORIDA (Primera)
San Martin, 839. BUENOS AIRES.
Tel.: (54-11) 432 198 50
Hotel situado en el centro financiero de la ciudad, a pocos metros de la calle Florida y de la zona comercial. Las habitaciones disponen de baño o ducha con secador de pelo, teléfono, TV, minibar, aire acondicionado y caja de seguridad. Completa sus instalaciones con restaurante, bar-cafetería, servicio de lavandería, gimnasio, sauna y parking.

4. LAS AMÉRICAS TOWERS (Primera)
Libertad 1070. BUENOS AIRES.
Tel.: (54-11) 481 579 00
Hotel céntrico. Las habitaciones disponen de baño o ducha, secador de pelo, minibar, TV, teléfono, caja de seguridad y aire acondicionado. Completa sus instalaciones con bar, restaurante, piscina, sala de reuniones y servicio médico.

5. HOTEL EMPERADOR BUENOS AIRES (Lujo)
Av. del Libertador 420. BUENOS AIRES.
Tel.: (54-11) 413 140 00
Hotel céntrico, cercano a la Recoleta y Puerto Madero, zona de restaurantes y ocio. Las habitaciones disponen de baño o ducha, climatización, TV teléfono, acceso a Internet y caja de seguridad. Completa sus instalaciones con piscina cubierta, restaurante, bar, servicio de lavandería, parking, salas de reuniones, servicio médico, gimnasio, sauna y masajes.

12.9 Comprensión. ¿Entendieron las ideas principales de la narración que escucharon? En parejas, estudien las siguientes oraciones. Si la oración es correcta, contesten **Sí**. Si la oración no es correcta, contesten **No**. Corrijan las oraciones incorrectas.

1. Cristina y Carlos son de Uruguay.
2. Llevan tres meses en Uruguay.
3. Hay excursiones económicas diarias desde Buenos Aires.
4. A ellos les gustan el teatro y el arte.
5. El transporte y el alojamiento con pensión completa están incluídos en el precio de la excursión.
6. Deciden ir a Bolivia para visitar los mercadillos.
7. El Hotel Residencial Rosario es de tres estrellas.
8. Cristina y Carlos van de excursión al Lago Titicaca y a las ruinas de Tiahuanaco.
9. Los mercados al aire libre están en Montevideo.
10. Cristina va a comprar artículos hechos de madera para su madre.

Antes de viajar	*Travel preparations*
asiento	*seat*
cheque *(m.)* de viajero/viaje	*traveler's check*
destino	*destination*
hacer/deshacer la maleta	*to pack/unpack one's suitcase*
hacer una reservación/reserva	*to make a reservation*
ir de vacaciones	*to go on vacation*
pagar por adelantado	*to pay in advance*
pasaje/billete/boleto *(m.)*	*ticket*
de ida	*one-way*
de ida y vuelta	*round-trip*
viajar al extranjero	*to travel abroad*
viajar en auto/tren/autobús/	*to travel by car/train/bus/*
barco/avión	*boat (ship)/plane*

◆ If you want to send a letter or package, you should use *enviar una carta/un paquete por barco (avión, tierra).*

◆ **Vocabulario adicional:**

autopista	*freeway*
autovía	*freeway (Sp)*
camino	*road*
peaje	*toll*

Transporte y lugares   *Transportation and places*

aduana	*customs*	metro	*subway*
aerolínea/línea aérea	*airline*	mostrador *(m.)*	*counter*
aeropuerto	*airport*	parada	*stop (taxi, metro)*
alquilar un auto/una moto/una bicicleta	*to rent a car/ motorcycle/bicycle*	puerto	*harbor*
andén *(m.)*	*gate (bus), platform (train)*		
barco	*ship, boat*	sala de espera	*waiting room*
carretera	*highway*	taquilla/ventanilla	*ticket window (bus, train)*
control *(m.)* de seguridad	*security check*	terminal *(f.)*	*terminal*
estación *(f.)* de ferrocarril/de autobuses	*train/bus station*	vuelo	*flight*

Personas   *People*

agente *(m./f.)* de aduana	*customs official*	maletero	*porter*
		pasajero/pasajera	*passenger*
agente *(m./f.)* de viajes	*travel agent*	policía *(m./f.)*, mujer policía	*police officer*
asistente *(m./f.)* de vuelo/azafata *(f.)*	*flight attendant*	portero	*door attendant*
botones *(m.)*	*bellhop*	recepcionista *(m./f.)*	*desk clerk*
camarero/camarera	*server, waitperson*	representante *(m./f.)* de la aerolínea	*airline representative*
conserje *(m./f.)*	*concierge*	viajero/viajera	*traveler*
huésped *(m./f.)*	*guest*		

Palabras y expresiones relacionadas   *Related words and expressions*

abordar	*to board (a plane)*	hacer escala	*to make a stop*
acercarse a	*to approach*	llegada	*arrival*
aterrizar	*to land*	llenar/completar	*to fill out*
bajar de	*to get off/ out of (a train, bus, car)*	pasaporte *(m.)*	*passport*
		prohibido/prohibida	*prohibited*
conducir/manejar	*to drive*	recibo	*receipt*
confirmar	*to confirm*	resguardo/ comprobante *(m.)*	*voucher, credit slip, claim check*
control *(m.)* de pasaporte	*passport control*	revisar (pesar) el equipaje	*to inspect (weigh) the baggage*
demora/retraso	*delay*	seguridad	*security*
desembarcar	*to deplane*	salida	*departure*
despegar	*to take off*	subir a	*to get on/in (a train, bus, car)*
estar atrasado/ atrasada	*to be late*		
facturar el equipaje	*to check the baggage*	tener algo que declarar	*to have something to declare*
hacer cola	*to stand in line*		

12.10 Cada cosa en su lugar. Usen el vocabulario de las páginas 420 y 421 para describir en parejas lo que ocurre en los siguientes lugares.

■ **Ejemplo**   recepción de un hotel

> *En la recepción de un hotel el huésped pide una habitación, entrega su tarjeta de crédito, firma el resguardo y recoge las llaves de la habitación.*

1. mostrador de un aeropuerto
2. agencia de viajes
3. aduana
4. avión
5. sala de espera en un aeropuerto
6. estación de trenes
7. barco
8. parada del metro

12.11 Vamos de viaje. En grupos pequeños, mencionen los artículos que hay que llevar para un viaje a Uruguay. Cada miembro del grupo debe repetir lo que dijo el anterior y agregar un artículo más.

■ **Ejemplo**   ESTUDIANTE 1: *Voy a llevar mi mochila.*
ESTUDIANTE 2: *Voy a llevar mi mochila y una cámara.*
ESTUDIANTE 3: *Voy a llevar mi mochila, una cámara y . . .*

12.12 ¿Qué debo hacer? En parejas, decidan con quién deben hablar o qué deben hacer en las siguientes circunstancias.

■ **Ejemplo**   perder las maletas en el aeropuerto
ESTUDIANTE 1: *La aerolínea acaba de perder mis maletas.*
ESTUDIANTE 2: *Sugiero que hables con un representante de la aerolínea.*

◆ Comprehension questions for activity 12.13:
1. ¿Dónde se puede recolectar información? 2. ¿Cuáles son dos cosas que pueden causar retrasos en el itinerario? 3. ¿Cómo se puede evitar el aburrimiento durante las vacaciones? 4. ¿Por qué hay que establecer un presupuesto realista? 5. ¿Cuándo hay que hacer reservaciones? 6. Nombra dos o tres cosas que no se deben olvidar.

1. perder los cheques de viajero en la calle
2. llegar al hotel con maletas muy pesadas
3. no disponer de toallas en la habitación del hotel
4. facturar el equipaje
5. tomar un taxi desde el hotel
6. tomar una pastilla de Biodramina antes de abordar el avión
7. pagar la cuenta del hotel
8. comprar entradas para el teatro

12.13 Cómo tener unas vacaciones perfectas. Después de estudiar el artículo, "Cómo tener unas vacaciones perfectas," en grupos pequeños, hablen sobre las recomendaciones dadas. Decidan si el grupo en general las sigue cuando está planeando las vacaciones.

■ **Ejemplo** *Cuando viajo siempre busco información del lugar que ofrecen las oficinas de turismo en Internet.*

VACACIONES FELICES, EN UN CLIMA DE PAZ

◆ **Vocabulario esencial for activity 12.13:**

alojamiento	*lodging*
desprenderse	*to become detached*
sobrecargar	*to overextend*
valer la pena	*to be worth it*

Cómo tener unas vacaciones perfectas

La clave para unas vacaciones perfectas está llena de planificación por anticipado y preparativos. Comprometerse con los miembros de la familia o del grupo en gustos, opciones y fechas, es sólo el primer paso.

- **Recolecte información.** Tómese su tiempo para aprender lo que pueda acerca de su ruta y su destino, contacte las oficinas de turismo gubernamentales (tanto locales como en el exterior), bibliotecas y gente que ha estado ahí. También son útiles los mapas, las guías, los calendarios de eventos y las fotografías de las atracciones principales, para que usted no se pierda las actividades y lugares que valen la pena.
- **Planee un detallado itinerario.** Permita en su programa la posibilidad de retrasos en los vuelos y congestiones de tráfico. Cuando prepare el itinerario, cuídese de no sobrecargarse de actividades. Es difícil que se relaje si está corriendo de una actividad a otra. Por otro lado, si planea unas vacaciones para descansar, programar unas cuantas excursiones le puede evitar encontrarse inesperadamente aburrido.
- **Establezca un presupuesto realista.** Sus vacaciones no tienen por qué acabar con su cuenta bancaria. Haga una lista de sus gastos estimados, y luego fíjese si realmente todos son necesarios.

- **Haga reservaciones tan pronto como pueda.** No apueste a que será capaz de conseguir habitación en un hotel o que encontrará espacio disponible en un vuelo cuando llegue al aeropuerto. En las zonas más populosas, reserve alojamiento con semanas e incluso meses de anticipación.

Finalmente, no olvide:

- Llevar un par extra de lentes, de sol o de contacto, además de su prescripción médica.
- Llevar cheques de viajero en vez de una gran cantidad de dinero en efectivo.
- Hacer una lista con su número de tarjeta de crédito, y un número de contacto en caso de que ésta sea robada.
- Colocar su dirección, número telefónico y destino de llegada dentro de su equipaje, en caso de que la tarjeta exterior se desprenda.
- Llevar todos los pasajes, números para reservar y confirmar y su itinerario.
- Anotar las direcciones de sus amigos y parientes. Esto le va a evitar problemas a la hora de enviar postales.
- Confirmar su reservación con un día de anticipación mientras se mueve de uno a otro sitio.

12.14 Entrevista. En parejas, contesten las siguientes preguntas sobre sus viajes y vacaciones.

1. ¿Te gusta viajar? ¿Cuál es tu ciudad preferida? ¿Y tu país preferido?
2. ¿Adónde piensas ir de vacaciones este año? ¿Adónde fuiste el año pasado?
3. ¿Cómo prefieres viajar: por tren, por avión, por auto, por barco o por autobús?
4. ¿Cómo sueles viajar?
5. ¿Cuándo piensas viajar al extranjero? ¿Con quién? ¿Por cuánto tiempo?
6. ¿Cuál es tu hotel preferido? ¿En qué tipo de hotel te quedas normalmente?
7. Cuando vas de viaje, ¿cuánto tiempo tardas en hacer tus maletas? ¿Cuántas maletas llevas? ¿Perdiste una maleta alguna vez? ¿Qué hiciste?
8. En un avión, ¿pides un asiento de ventanilla o de pasillo?
9. ¿Qué comiste la última vez que volaste? ¿Qué te parece la comida de los aviones?
10. Durante el vuelo, ¿ves una película? ¿Lees una revista? ¿Duermes? ¿Qué haces?
11. Cuando tienes que hacer escala, ¿qué haces en el aeropuerto?
12. Cuando vas de vacaciones, ¿crees que es mejor llevar dinero en efectivo o cheques de viajero? ¿Por qué? ¿Cuánto dinero sueles llevar? ¿Cuánto gastaste la última vez que viajaste?

12.15 ¿Quién lo pasó mejor? En grupos pequeños, hagan las siguientes comparaciones y decidan quién tuvo las experiencias más interesantes.

Un hotel elegante

◼ **Ejemplo**   el peor servicio
   Cuando fui a cenar con mis amigos, el camarero nos ignoró por 20 minutos. Después mi amigo . . .

1. la distancia más larga
2. el destino más exótico
3. la experiencia más desagradable
4. el hotel más elegante/horrible
5. la mejor/peor comida
6. las maletas más pesadas
7. el transporte más rápido
8. las vacaciones más inolvidables

Diario de actividades

For additional practice with the structures, see ***Diario de actividades, Primera etapa: Vocabulario/Así es***.

ASÍ ES

Cómo hacer reservaciones y pedir información

Uruguay offers visitors a variety of accommodations. These range from luxurious hotels, like those in any cosmopolitan city, to small rooms in modest inns ($30 or less per night). Since the cheaper hotels cannot ordinarily be booked through a travel agent, the phrases in the chart on the next page will help you make reservations and inquire about the services.

En el hotel   *At the hotel*

¿Dónde hay ...?	*Where is there ...?*
un albergue estudiantil	*a youth hostel*
un hostal	*a hostel*
un hotel de primera clase/de lujo	*a first-class hotel*
un hotel económico	*an inexpensive hotel*
un motel	*a motel*
un parador nacional	*a government-run historical inn, castle, or palace (Spain)*
una pensión	*a boardinghouse*
una posada	*an inn*
Quisiera reservar una habitación ...	*I would like to reserve a ...*
doble	*double room*
sencilla	*single room*
con aire acondicionado	*room with air conditioning*
con balcón	*room with balcony*
con calefacción	*room with heat*
con cama de matrimonio/matrimonial	*room with a double bed*
con cuarto de baño/ducha/bañera	*room with a bath/shower/tub*
con vista al mar/al parque/a la calle	*room with a view of the sea/park/street*
Quisiera ...	*I would like ...*
media pensión	*half board (breakfast and one other meal)*
pensión completa	*all meals included*
¿El precio incluye ...?	*Does the price include ...?*
desayuno	*breakfast*
comidas	*meals*
impuestos	*taxes*
propinas	*tips*

◆ **Vocabulario adicional:**

recepción	*reception desk*
conserjería	*concierge*
servicio de lavandería	*laundry service*
servicio de habitación	*room service*

◆ In many foreign countries, the tax (or IVA) is already included in most services.

12.16 En la recepción. En parejas, representen una conversación entre un/una turista y un/una recepcionista de un hotel.

■ **Ejemplo**   ESTUDIANTE 1: *¿En qué puedo servirle?*
ESTUDIANTE 2: *Quisiera reservar una habitación doble.*
ESTUDIANTE 1: *¿Por cuántas noches?*
ESTUDIANTE 2: *Tres noches, por favor.*

Capítulo 12   **425**

12.17 Hotel Internacional. Estudien la información del *Hotel Internacional de Montevideo*. Después, en parejas, formulen preguntas sobre los servicios que ofrece.

■ **Ejemplo**   abrir la cafetería

ESTUDIANTE 1: *¿Puede decirme a qué hora se abre la cafetería, por favor?*

ESTUDIANTE 2: *Sí. Abrimos a las 7:00 de la mañana y cerramos a las 9:30 de la noche.*

1. haber servicio de restaurante
2. ser la hora de salida
3. traer el desayuno a la habitación
4. comprar estampillas
5. pedir una toalla
6. lavar la ropa
7. estacionar el auto
8. preparar una excursión

---

*Le damos la más cordial bienvenida a Montevideo y al **Hotel Internacional**. Esperamos que su estadía aquí sea placentera.*   La Gerencia.

Servicio de restaurante:	de 7:00 a 9:30; de 13:30 a 15:30; de 19:00 a 21:30
Servicio de cafetería:	de 7:00 a 21:30
Servicio de habitación:	de 7:00 a 23:00
Estacionamiento:	Entrada por la calle Colonia, funciona de 6:30 a 20:00
Hora de salida de huéspedes:	13:00
Servicio médico:	Las 24 horas del día
Servicio de lavandería:	Solicítelo en la recepción de 9:00 a 19:00
Agencia de viajes:	En la recepción
Corriente eléctrica:	120 voltios - 6- ciclos
Servicio postal:	Estampillas de venta en la recepción, buzón en la recepción

Le rogamos nos ayude a ahorrar energía, apagando las luces y la televisión al salir de su cuarto. Ayúdenos a economizar agua, no desperdiciándola.

INTERKLEE

En Montevideo, el placer y los negocios al mejor nivel...

★★★★

HOTEL INTERNACIONAL
Tel. (00598-2) 92 00 01* - Fax: 92 12 42
Télex: Inter UY 22295
Colonia 823 - C.P. 11.100

★★★★

HOTEL KLEE
INTERNACIONAL
Tel.: (00598-2) 92 06 06* - Fax: 98 73 65
Télex: (032) 30857 Mailbox UY
San José 1303 - C.P. 11.100

Tarifa empresarial - Tarjetas de Crédito - Week-end promocional - Parking gentileza

Dpto. Marketing y Publicidad Hotel Internacional

12.18 Buscar tus vacaciones en Internet. Si planeas tus vacaciones usando Internet puedes llegar a beneficiarte de descuentos de hasta un 70%. Puedes elegir un destino, fijar el precio dispuesto a pagar y recibir las propuestas en tu casa. En grupos pequeños, comparen las descripciones de unos hoteles en Montevideo y Punta del Este que encontraron en Internet y decidan si las ofertas son buenas o no.

■ **Ejemplo** *Me parece que la Posta del Cangrejo es mejor que L'Auberge porque hay piscina.*

12.19 Un hotel inolvidable. Cuéntale a alguien de la clase sobre alguna de tus experiencias más agradables o desagradables en un hotel.

1. ¿Adónde fuiste? ¿Con quién?
2. ¿Viajaste por auto o por avión? ¿En qué hotel te quedaste?
3. ¿Cuánto pagaste por noche?
4. ¿Tenía vista al mar? ¿al parque?
5. ¿El precio incluía las comidas?
6. ¿Qué servicios ofrecieron?
7. ¿Por qué fue agradable o desagradable?

12.20 Minidiálogo en una agencia de viajes. En parejas, inventen un diálogo en español entre un/una turista y un/una agente de viajes pidiendo información sobre una excursión a un país hispanohablante.

SEGUNDA ETAPA Funciones

📖 Diario de actividades

For additional practice with the future tense, see the *Diario de actividades, Segunda etapa: Primera función*.

PRIMERA FUNCIÓN

Making plans using the future tense

▲ You have already learned to talk about events that are going to happen by using **ir a** + infinitive. In Spanish, you can also use the future tense to tell what *will* happen. As you study the following examples, notice that the future endings are added to the infinitive forms of the verbs and that the endings are the same for **-ar**, **-er**, and **-ir** verbs.

El sábado próximo **llamaremos** a Viajes Keguay.
Pediré un hotel bueno pero barato cerca de la playa.
Toda la familia **irá** a Punta del Este por dos semanas.

Now, let's look at all the future endings.

◆ Note that all the endings except **-emos** (the **nosotros** form) have written accents.

Futuro: verbos regulares *Future of regular verbs*		
celebrar	**ser**	**ir**
celebraré	seré	iré
celebrarás	serás	irás
celebrará	será	irá
celebraremos	seremos	iremos
celebraréis	seréis	iréis
celebrarán	serán	irán

▲ The future may also express probability in the present. In English, you say *I wonder . . . It must be . . . It can be . . . Do you suppose . . . ?* In Spanish, the future tense is used.

Mi reloj está atrasado. ¿Qué hora **será** ahora? **Serán** las cuatro.

*My watch is slow. I **wonder** what time it **is** now? It **must be** four o'clock.*

¿Enrique **irá** en una excursión a Punta del Este?

*I **wonder** if Enrique **is taking** the tour to Punta del Este.*

12.21 La tarjeta Travel Assistance. Muchas compañías ofrecen programas de seguros especialmente diseñados para viajeros. Estudia la información de *World Money Travel Assistance* y subraya los verbos en el futuro. Después, en parejas, hablen sobre lo que se puede hacer con *WorldMoney*.

■ **Ejemplo** *Solicitaré información en cualquier momento sobre*
médicos, hospitales o dentistas.

¿Qué es WorldMoney Travel Assistance?

La tarjeta Travel Assistance, de disfrute exclusivo para los clientes de WorldMoney, Cheques de Viajero de BankAmerica, le proporcionará gratis una amplia gama de servicios de asistencia de viaje, durante 60 días a partir de la fecha de adquisición.

 Referencias médicas. Podrá solicitar información en cualquier momento sobre médicos, hospitales, dentistas, ambulancias o cualquier otro servicio médico en todo el mundo.

Información legal. Tendrá la posibilidad de obtener información, nombre, dirección y número de teléfono de abogados o cualquier otro proveedor de servicios legales de la zona donde se encuentre.

 Servicio de intérpretes. Dispondrá de un servicio telefónico que le facilitará traducciones en los principales idiomas. Si precisa de un intérprete en el lugar en que se encuentre recibirá información sobre los intérpretes locales y cómo localizarlos.

Pago de emergencia a hospitales y fianzas. Usted recibirá ayuda e incluso un adelanto para los pagos de servicios médicos que exijan garantía y/o adelanto de pago. Igualmente, podrá obtener ayuda para conseguir y depositar fianzas en todo el mundo.

12.22 En el futuro. De acuerdo con una encuesta publicada en *Travel Weekly*, los viajes son un importante símbolo de estatus a la hora de soñar con un mejor nivel de vida. Estos son los objetos de deseo para muchas personas. En parejas, decidan si estos deseos concuerdan con sus deseos para el futuro.

■ **Ejemplo** *En el futuro, yo también compraré una casa de*
vacaciones en la playa.

Comprar una casa de vacaciones	59%
Decorar un hogar bellamente	51%
Viajar al exterior frecuentemente por placer	49%
Alojarse en hoteles de lujo	46%
Manejar un auto costoso	42%
Comer en restaurantes caros	41%
Volar en primera clase	34%
Comprar en tiendas prestigiosas	31%
Enviar a los hijos a colegios privados	31%
Llevar joyas costosas	29%
Adquirir lo último en tecnología	29%
Vivir en un barrio exclusivo	28%
Navegar un yate costoso	27%
Conocer gente prominente o famosa	23%
Vestir sólo ropa de diseñadores	21%
Asistir a una universidad elitista	21%
Ser un alto ejecutivo de una gran corporación	21%
Pertenecer a clubes privados	19%
Beber sólo los mejores vinos o licores	14%
Poseer un alto cargo en el gobierno	14%

◆ **Vocabulario esencial for activity 12.21:**

adelanto	advance payment
disponer	to arrange, to prepare
fianza	deposit, bail
gama	range
proveedor (m.)	provider

◆ Comprehension questions for activity 12.21:
1. ¿Cómo se llama el banco que ofrece *Travel Assistance*?
2. ¿Qué referencias médicas se podrá solicitar? 3. ¿Qué ayudas monetarias se ofrecerán?

12.23 ¡A México! Muchas agencias de turismo en Uruguay se dedican a preparar excursiones a un gran número de países. En parejas hablen sobre las actividades que harán (o no harán) cuando vayan de Montevideo a México y por qué.

◆ **Vocabulario esencial for activity 12.23:**

apreciar	to appreciate
calzada	road, pathway
caracol (m.)	snail
estar asentado	to be established

◆ Comprehension questions for activity 12.23:
1. ¿Cuánto tiempo dura la visita de la ciudad?
2. ¿Cuáles son algunos de los lugares que visitarán? 3. ¿Cómo se llama la zona residencial? 4. ¿Por qué es famosa La Basílica de Guadalupe? 5. ¿Dónde se encuentra el Templo de Quetzalcoatl?

■ **Ejemplo** *Yo iré al Zócalo porque allí están el Palacio Nacional y la Catedral.*

1. regatear en los mercados
2. visitar la catedral de México
3. aprender mucho sobre la cultura mexicana
4. hablar sólo español
5. visitar la Basílica de Guadalupe
6. subir a la Pirámide de la Luna en Teotihuacán
7. comprar algo en el centro de la ciudad
8. comer comida típica en un restaurante
9. pasear por la Avenida de la Reforma
10. visitar el Parque de Chapultepec

Visita de la ciudad

Salidas: Diarias. **Mínimo:** 2 personas
Duración aproximada: 4 horas.
Salida del hotel hacia el centro de la Ciudad de México, pasando por la Avenida de la Reforma, la Avenida Juárez, donde se encuentra el Parque de La Alameda y el Palacio de Bellas Artes, se continuará por la calle Madero hasta llegar al Zócalo donde se visitará el Palacio Nacional y la Catedral. Continuación hacia el Parque Chapultepec pasando por la zona residencial de Las Lomas y regreso al hotel.

Teotihuacán y Guadalupe

Salidas: Diaria. **Mínimo:** 2 personas
Duración aproximada: 5 horas 1/2.
Salida del hotel hacia La Basílica de Guadalupe, el santuario más importante de México, pasando por la Plaza de las Tres Culturas. Visita a la nueva Basílica donde se encuentra la imagen original de la "Patrona de México". Continuación hacia Teotihuacán "Lugar de los Dioses", visita de la zona donde estuvo asentada la cultura Teotihuacana, incluye: el Templo de Quetzalcoatl, la Pirámide del Sol, el templo del Quetzal-Papalotl, el templo de los Caracoles Emplumados y el Templo de la Luna, desde donde se aprecia la Calzada de los Muertos. Regreso al hotel.

12.24 San José. Estudia las siguientes descripciones de algunos lugares de San José, Uruguay. Después en parejas dialoguen sobre los sitios que seguramente visitarán, y las fotos que sacarán.

◆ **Vocabulario esencial for activity 12.24:**

encanto	charm
gira	tour
joya	jewel
mármol (m.)	marble
pertenencias	belongings

◆ Comprehension questions for activity 12.24:
1. ¿Cuándo fue inaugurado el Teatro Bartolomé Macció?
2. ¿Cómo se llama el teatro más importante de Uruguay?
3. ¿Quién hizo el reloj de la catedral? 4. ¿De qué materiales está hecha la Pirámide de la Paz? 5. ¿Qué hay en el Museo Wenceslao Varela?

Teatro Bartolomé Macció. El teatro fue inaugurado el 15 de junio de 1912 con la presencia del poeta Zorrilla de San Martín. El Macció además de tratarse de una joya arquitectónica y sin lugar a dudas la segunda sala teatral en importancia del país, después del Teatro Solís de Montevideo, guarda en sus instalaciones un pasado increíble. Allí entre otras veladas de gloria cantó Carlos Gardel por última vez en nuestro país antes de emprender el viaje hacia la gira que terminara trágicamente en el aeropuerto de Medellín, Colombia.

Basílica Catedral. Se trata de una hermosísima muestra de arquitectura religiosa y de arte litúrgico en su interior. Su construcción comenzó en 1857 y finalizó en el año 1874. El reloj de la catedral fue hecho por la misma firma británica que fabricó el famoso Big Ben.

Pirámide de la Paz. Se trata de un monumento con forma piramidal erigido en homenaje a la Paz de Abril de 1872. La pirámide, realizada en mármol de Carrara y en granito colorado del país, dentro de lineamientos de arquitectura romana, es obra del escultor italiano Juan Ferrari.

Instituto Histórico Cultural y Museo de Bellas Artes. Esta vieja casona de principios del Siglo XIX posee una valiosa colección de obras de arte, considerada de las más importantes del país entre las que se cuentan cuadros de Figari, Cúneo, Torres García, Barradas, Serrano, Zorrilla de San Martín en exposición permanente.

Museo Wenceslao Varela. La casa que perteneció al poeta Wenceslao Varela. Restaurada por la comuna, la casa que el autor nativista habitó con su familia es ahora lugar de exposición de sus pertenencias personales y prendas que fue coleccionando desde su juventud. En el dormitorio se mantienen todos sus muebles, su poncho, su sombrero, la máquina de escribir en la que escribió sus poemas.

▲ There are several verbs with irregular future tense forms. These should be memorized. The following chart shows the forms of some frequently used verbs, which have been organized into three groups. In the first group (**poder**, etc.), the **e** of the infinitive ending is dropped. In the second group (**poner**, etc.), the **e** or **i** of the infinitive ending is dropped and a **d** is inserted. The verbs **decir** and **hacer** use a special stem. The endings of these verbs, however, are the same as the regular endings.

Futuro: verbos irregulares
Future of irregular verbs

VERBO	FUTURO	VERBO	FUTURO
poder	**podré**	poner	**pondré**
querer	**querré**	salir	**saldré**
saber	**sabré**	tener	**tendré**
		valer	**valdré**
decir	**diré**	venir	**vendré**
hacer	**haré**		

12.25 Las metas.° Escribe una lista de tus metas para esta semana y para los próximos cincuenta años. Después, en grupos pequeños comparen las listas.

■ **Ejemplo** *Mañana yo iré a trabajar. Cuando tenga mucho dinero, viajaré por todo el mundo.*

ESTA SEMANA	LOS PRÓXIMOS AÑOS
Mañana . . .	Cuando tenga mucho dinero . . .
Esta tarde . . .	Cuando termine los estudios . . .
Esta noche . . .	El año que viene . . .
Este fin de semana . . .	Cuando me case . . .

12.26 A planear un viaje. Estudia la descripción sobre un viaje a Punta del Este, Uruguay. Después, en parejas, comenten sobre lo que podrán hacer cada día de la excursión.

■ **Ejemplo** *Viajaremos por avión a Punta del Este.*

Punta del Este: Especial de un día

Entre junio y noviembre las ballenas se acercan hasta pocos metros de la costa. Su avistaje es una de las experiencias más extraordinarias que ofrece el territorio esteño. No hay duda de que Punta del Este ofrece en su península lugares ineludibles como su puerto. Desde allí podemos embarcarnos en el fascinante mundo del avistaje de estos gigantes marinos, poder compartir sus diálogos y exuberantes bailes alrededor de la embarcación. Contemplaremos la maravillosa "Isla de Lobos". Una de las reservas de lobos marinos más importante del mundo. Miles de lobos marinos juguetean en las aguas del Atlántico, nadando y entrelazándose con las olas que rompen en distintas figuras rocosas.

Itinerario
A su llegada lo estaremos esperando para trasladarlo hasta el puerto desde donde nos embarcaremos en esta mágica experiencia.
Introducción: Charla explicativa de la estadía, cronograma y planificación de recorridos. Entrega de carpeta de Paseos y Actividades a disposición de los pasajeros.
Hoy es día de Islas, lo invitamos a disfrutar de un paradisíaco lugar a sólo 10 minutos de la zona portuaria: "Isla Gorriti". Saldremos embarcados, con guías y biólogos especializados a sumergirnos en el mundo de la ballena. Prepárese para experimentar una experiencia única, conozca más sobre estos ejemplares de la naturaleza. Lo invitamos a conocer la historia de la ballena en nuestras costas, las características de los cetáceos y la conservación de su hábitat mediante la creación de Santuarios Marinos.

Entrega de fichas y planillas de avistaje
Participaremos como colaboradores voluntarios del equipo científico. Una vez desembarcados en la isla recorreremos el mágico sendero de Ballenas y Delfines. El circuito se adentra en dos bosques poco explorados, donde guías e investigadores especializados en cetáceos nos llevarán por este desconocido sendero. Rescataremos juntos historias de naufragios, relatos de piratas, conquistas, rescates, prisiones, invasiones y heroicas resistencias.

Visita a fortificaciones del siglo XVIII. Visitamos Isla de Lobos, a 8 kilómetros de la zona portuaria. Ahí, disfrutaremos de la historia de esta comunidad de lobos que retozan en el medio del Atlántico.
• Regreso a la península.
• Almuerzo en restaurante del puerto.
• Coordinación de transfer para regreso a Montevideo.

Tarifas con opciones
Valor por persona en base doble................US\$ 90
Los precios incluyen: traslados, carpetas, pasajes a lugares a visitar. Comidas incluidas (sin bebidas): desayuno, almuerzo, merienda, cena.

Ropa sugerida
Ropa cómoda; calzado que estén acostumbrados a usar, zapatos o botas livianas de trekking; remeras o camisetas interiores; buzos gruesos de algodón, preferiblemente polar y abrigo. Recordamos traer cámaras de fotos.

Contamos con
Asistencia y coordinación permanente, guías especializados, teléfonos de asistencia 24 hrs., equipo de primeros auxilios en nuestros recorridos; cobertura de emergencia médico móvil; personal con idiomas.

°**meta** *goal*

12.27 En el año 2100. En parejas, mencionen diez eventos que ocurrirán en el año 2100.

■ **Ejemplo** *Iremos de vacaciones a otros planetas.*

SEGUNDA FUNCIÓN
Talking about what would or could happen using the conditional

▲ In Spanish, to express events and actions that *would* or *should* occur, you use the CONDITIONAL. Like the future, the conditional is formed by adding CONDITIONAL ENDINGS to the INFINITIVE of regular verbs or to the STEM of some irregular verbs. As you study the chart below, notice that the conditional is built from the same irregular verb stems as the future tense.

Elena, nuestra guía, nos dijo que **pasaríamos** el día en la playa.
*Elena, our guide, told us that we **would spend** the day at the beach.*

Condicional: verbos regulares e irregulares		
Conditional of regular and irregular verbs		
viajar	**hacer**	**salir**
viajar**ía**	har**ía**	saldr**ía**
viajar**ías**	har**ías**	saldr**ías**
viajar**ía**	har**ía**	saldr**ía**
viajar**íamos**	har**íamos**	saldr**íamos**
viajar**íais**	har**íais**	saldr**íais**
viajar**ían**	har**ían**	saldr**ían**

▲ Just as the future is used to express probability in the *present*, the conditional may be used to express probability or conjecture in the *past*.

¿Qué hora **sería** cuando ellos fueron al aeropuerto?

*What time **was it (probably)** when they went to the airport?*

Serían las tres de la tarde.

*It **was probably** three in the afternoon.*

12.28 Unas vacaciones ideales. En parejas, hablen sobre sus vacaciones ideales.

1. ¿Adónde irías de vacaciones? ¿Cómo viajarías? ¿Con quiénes viajarías?
2. ¿Qué tipo de alojamiento pedirías?
3. ¿Qué ropa llevarías? ¿Cuánto dinero llevarías?
4. Al llegar, ¿qué harías? ¿Saldrías todas las noches?
5. ¿A quiénes tendrías que enviarles tarjetas postales?
6. ¿Qué recuerdos comprarías? ¿Para quiénes los comprarías?
7. ¿Cuánto tiempo te quedarías?
8. Al volver, ¿qué les contarías a tus amigos?

◆ **Vocabulario esencial for activity 12.26:**

ballena	*whale*
carpeta	*folder*
compartir	*share*
desembarcar	*to disembark*
liviano/liviana	*light*
lobo marino	*sea lion*
puerto	*port*
rescatar	*to rescue*
sendero	*path, route*

◆ Comprehension questions for activity 12.26:
1. ¿Cuáles son los meses más favorables para observar las ballenas? 2. ¿Qué otros animales hay en esta área? 3. ¿Cuántos días es la excursión? 4. ¿Quiénes acompañarán a los turistas? 5. ¿Qué tipos de relatos contarán? 6. ¿Cuántas comidas están incluidas?

Diario de actividades
For additional practice with the conditional, see the ***Diario de actividades, Segunda etapa: Segunda función***.

◆ You may use the conditional to soften requests or suggestions: *¿Querrías salir conmigo?* OR *Deberíamos comprar cheques de viajero antes de salir de vacaciones.*

◆ As you do activity 12.29, remember to make use of visual cues when reading.

◆ Comprehension questions for activity 12.29:
1. ¿Qué se vende en el mercado? 2. ¿De qué material son los relojes? 3. ¿Qué artículos están hechos a mano?

12.29 Recuerdos de Uruguay. El centro turístico de Ciudad Vieja en Montevideo ofrece muchas tiendas que les venden recuerdos a los turistas. En parejas, hablen sobre las cosas en el folleto del *Mercado de los Artesanos*. Decidan qué comprarían y para quién serían.

■ **Ejemplo** *Compraría un tapiz bordado a mano para mi hermana porque a ella le gustan las artesanías.*

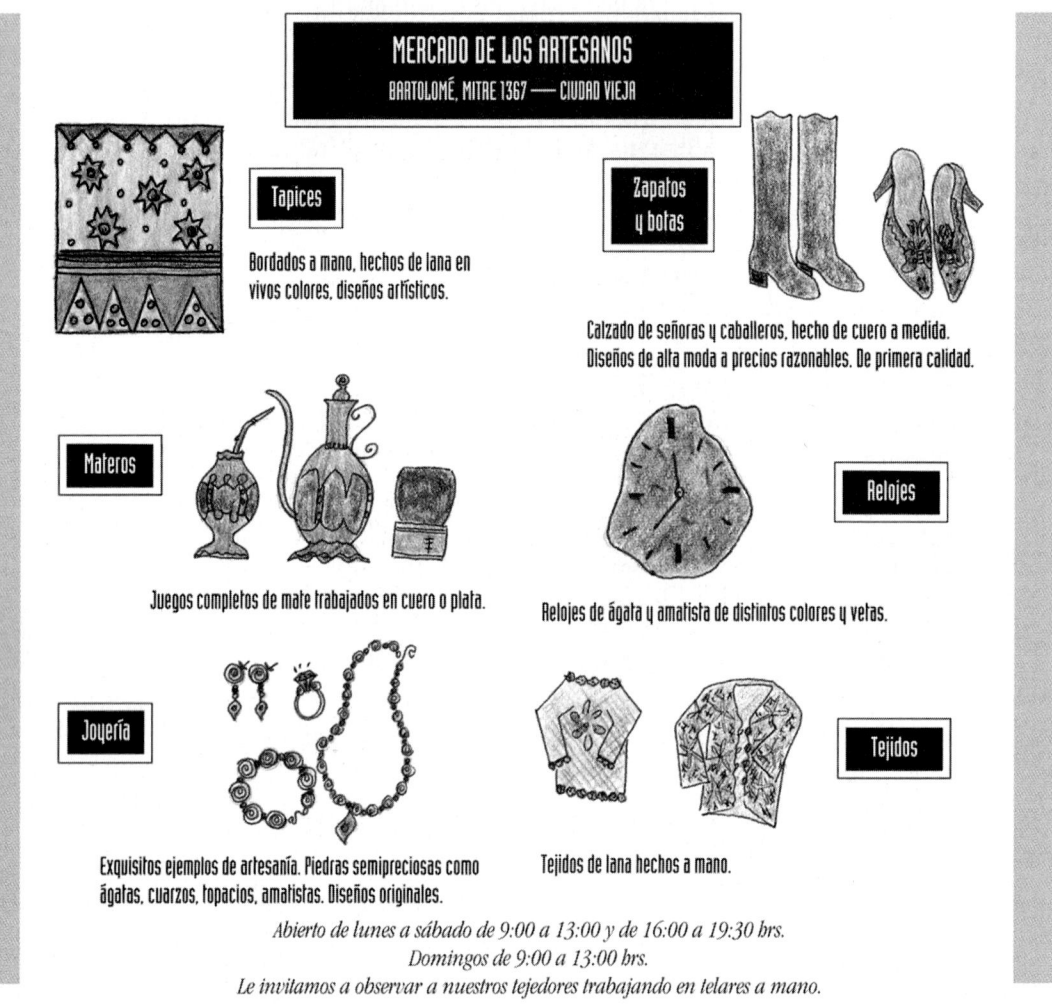

MERCADO DE LOS ARTESANOS
BARTOLOMÉ, MITRE 1367 — CIUDAD VIEJA

Tapices
Bordados a mano, hechos de lana en vivos colores, diseños artísticos.

Zapatos y botas
Calzado de señoras y caballeros, hecho de cuero a medida. Diseños de alta moda a precios razonables. De primera calidad.

Materos
Juegos completos de mate trabajados en cuero o plata.

Relojes
Relojes de ágata y amatista de distintos colores y vetas.

Joyería
Exquisitos ejemplos de artesanía. Piedras semipreciosas como ágatas, cuarzos, topacios, amatistas. Diseños originales.

Tejidos
Tejidos de lana hechos a mano.

Abierto de lunes a sábado de 9:00 a 13:00 y de 16:00 a 19:30 hrs.
Domingos de 9:00 a 13:00 hrs.
Le invitamos a observar a nuestros tejedores trabajando en telares a mano.

◆ **Vocabulario esencial for activity 12.29:**

bordado/ bordada	*embroidered*
juego	*set*
mate (m.)	*herbal drink*
veta	*vein, streak*

12.30 Durante las vacaciones. En parejas, pregunten qué podrían hacer durante sus vacaciones de verano usando una variedad de expresiones interrogativas. Cada respuesta debe incluir una breve explicación.

¿Dónde? ¿Cuándo? ¿Cómo? ¿(Con) quién? ¿Por qué?
¿Para quién? ¿A qué hora? ¿Qué? ¿Cuál? ¿Cuánto?

■ **Ejemplo** comprar recuerdos
ESTUDIANTE 1: *¿Para quién comprarías recuerdos?*
ESTUDIANTE 2: *Compraría recuerdos para toda mi familia porque los quiero mucho.*

1. sacar fotos
2. visitar muchos museos de arte
3. viajar por pueblos pequeños
4. bailar toda la noche
5. ir a una corrida de toros
6. tomar el sol en la playa
7. quedarse en un hotel de lujo
8. llevar sólo una maleta
9. hacer una excursión en barco
10. dejarles propina al maletero y al portero
11. comprar una cámara nueva
12. divertirse mucho
13. viajar en tren
14. comer a menudo en restaurantes elegantes

◆ **Vocabulario esencial for activity 12.31:**

aliviarse	*to relieve*
estirarse	*to stretch*
estrenar	*to use or wear for the first time*
herradura	*horseshoe*
soportar	*to support, put up with*
víspera	*the night before*

12.31 En el avión. Estudia el siguiente artículo sobre los largos trayectos en avión. Después, en parejas, hablen sobre seis cosas que pueden hacer para que el viaje sea más placentero.

◆ Comprehension questions for activity 12.31:
1. ¿Cómo hay que vestirse?
2. ¿Cuáles son algunas cosas que se deben hacer durante el vuelo? 3. ¿Qué hay que hacer el fin de semana antes de viajar? 4. ¿Cuáles son los músculos que hay que estirar antes de viajar? 5. ¿Qué se puede hacer para aumentar el nivel de comodidad? 6. ¿Por qué se forman coágulos en las piernas?

■ **Ejemplo** *No bebería cerveza durante el vuelo.*

No estrenar zapatos, comer poco y llevar un maletín debajo de los pies son algunos consejos

---

Los largos trayectos en avión pueden ser placenteros si se prepara el cuerpo y se lleva la ropa adecuada

Vestirse con ropa cómoda, sin cinturones apretados, no estrenar zapatos, caminar varias veces durante el viaje, comer poco, dormir una buena siesta y disfrutar de la película son algunos de los consejos transmitidos por experimentados viajeros para soportar en mejores condiciones las largas travesías en avión.

Muchos expertos coinciden en que no hay nada mejor que planificar con tiempo suficiente el viaje, de manera que pueda tomarse un fin de semana de descanso previo. Aconsejan, asimismo, distraerse en la víspera para poder dormir en el avión y no tomar café antes del vuelo.

El doctor Clive Segil, cirujano ortopédico del Centro Médico Cedars-Sinaí y del Hospital Midway, en Los Ángeles, les sugiere a los pasajeros estirarse antes de emprender el viaje y prestar especial atención a los músculos que están detrás de las rodillas y los de la espalda y abdomen.

Volar en primera clase, donde hay mayor espacio para movilizarse, puede, obviamente, aumentar el nivel de comodidad. Pero, si esto es imposible, un maletín o bolso debajo de los pies—de forma tal que mantenga las rodillas más altas que la cadera—ayuda a una mejor postura y facilita el descanso de las piernas. De esta manera, además, se aliviará la presión sobre la columna. Una almohada inflable en forma de herradura es un buen apoyo para la espalda.

"Estar sentados por largos períodos aumenta el riesgo de que se formen coágulos en las piernas. En esto no tiene nada que ver la altitud y puede pasar hasta en un ómnibus", explicó el doctor Richard Bock, director, médico de FHP, una organización para el mantenimiento de la salud, del Valle de San Fernando, California.

de Búsqueda

12.32 Un viaje. En parejas, completen las siguientes frases indicando dos cosas que harían en cada etapa de su viaje.

■ **Ejemplo** *Antes de salir, compraría cheques de viajero y le dejaría la llave del apartamento a mi vecino.*

1. Antes de salir . . .
2. En el aeropuerto (la estación de trenes/autobuses, etc.) . . .
3. Al llegar al hotel . . .
4. El día siguiente . . .
5. Todas las tardes . . .
6. La noche antes de salir . . .
7. Al entrar en casa . . .

📖 Diario de actividades

For additional practice with **si** clauses, see the *Diario de actividades, Segunda etapa: Tercera función.*

◆ Verbs such as *deber, poder,* and *querer* can be used in the imperfect subjunctive to lend politeness to statements and questions. (You have already learned the form *Quisiera* in connection with reserving a hotel room and specifying board on p. 421.) For example: *Quisiera hacer una excursión a Paraguay este fin de semana. ¿Pudiera usted decirme cómo llegar a la agencia de viajes Keguay?*

TERCERA FUNCIÓN

Talking about hypothetical situations using **si** clauses

We have all heard people express a wish for something by saying "If only I had . . ." *If clauses* like this express a hypothetical or contrary-to-fact situation. In Spanish, the same kind of statements are made using **si** clauses. Consider the following examples.

Si yo **tuviera** un millón de dólares, **compraría** un apartamento de lujo en Montevideo.

*If I **had** a million dollars, I would **buy** a luxury apartment in Montevideo.*

Si **fuera** a San José, Susana **vería** el teatro Bartolomé Macció.

*If she **went** to San José, Susan **would see** the Bartolome Maccio Theater.*

Tomaríamos el Buquebús si **viajáramos** a Buenos Aires.

*We **would take** the Buquebús if we **traveled** to Buenos Aires.*

▲ Notice that the verb in the **si** clause is in the IMPERFECT SUBJUNCTIVE (expressing nonexperience) while the verb in the other clause (sometimes called the "result" clause) is in the CONDITIONAL INDICATIVE. The order of the clauses is flexible: either the **si** clause or the result clause may come first with no change in the meaning. Just remember that the **si** clause has the imperfect subjunctive verb and the other clause has the conditional verb.

12.33 El premio mayor. ¿Cómo gastarías el dinero si ganaras el premio gordo de la lotería de tu estado? En grupos pequeños, mencionen diez cosas que harían con un millón de dólares.

■ Ejemplo *Si yo ganara la lotería, les ayudaría a las familias pobres.*

12.34 ¡De vacaciones! Después de estudiar el folleto de Guatemala, en parejas, programen una excursion y seleccionen un hotel.

■ Ejemplo ¿Qué excursión / deber hacer?

ESTUDIANTE 1: *Si fuéramos a Guatemala, ¿qué excursión deberíamos hacer?*

ESTUDIANTE 2: *Yo preferiría recorrer la Avenida de las Américas, para ver la arquitectura moderna y colonial.*

H O T E L E S

1. WESTIN CAMINO REAL (Lujo)
Av. Reforma y 14 Calle, Zona 10. CIUDAD DE GUATEMALA
Tel: (333) 46 33
Situado en el área comercial y financiera, en la llamada "Zona Viva" de la ciudad y a pocos minutos del aeropuerto. Las habitaciones disponen de aire acondicionado, baño o ducha, minibar, teléfono, y TV vía satélite. Completa sus instalaciones con bar, cafetería, restaurantes, sala de reuniones, gimnasio, sauna, jacuzzi, cancha de tenis, piscina, tiendas y estacionamiento.

2. QUINTA REAL (Lujo)
Km. 9 Prolongación Blvd. Los Próceres. CIUDAD DE GUATEMALA
Tel: (502) 365 50 50
Situado en la zona residencial más exclusiva de la ciudad. Las habitaciones disponen de baño con ducha, aire acondicionado, TV vía satélite, teléfono y minibar. Completa sus instalaciones con restaurante, bar, piscina, salas de reuniones, centro de negocios y jardines.

EXCURSIONES RECOMENDADAS

Visita de la ciudad
Duración: 3 horas aprox.
Salidas: diaria (excepto jueves, domingos y días festivos).
Se recorrerá la Avenida de las Américas, el área residencial de "la Cañada", donde podrán admirar algunos ejemplos de la arquitectura moderna y colonial, se continuará hacia el Mercado de las Artesanías, donde podrán admirar o comprar textiles, cerámica, plata o artículos de cuero. Seguirá el recorrido a la Plaza Central donde se encuentra el Palacio Nacional y la Catedral. La visita finaliza después de un corto paseo por el centro Cívico y el Teatro Nacional.

Tikal
Duración: 8 horas aprox.
Salidas: diarias, dependiendo disponibilidad de vuelos.
Por la mañana temprano, traslado al aeropuerto para tomar vuelo hacia Flores. Llegada a Flores y traslado a Tikal para realizar el tour. Se visitará el complejo "Q", la Gran Plaza con los templos del Gran Jaguar, las Máscaras y el Palacio de los Nobles. Desde el templo IV se podrá apreciar una vista completa de Tikal y la selva que lo rodea. Después del almuerzo (incluído), visita del complejo del "Mundo Perdido" y del museo. Regreso a Flores para tomar vuelo con Destino a Ciudad de Guatemala. Llegada y traslado al hotel.

1. ¿Cuándo / ir?
2. ¿Cuántos días / quedarse?
3. ¿Adónde / ir?
4. ¿Cuánto / pensar gastar?
5. ¿Cómo / viajar?
6. ¿Qué / hacer en el hotel?
7. ¿A qué hora / levantarse por la mañana?
8. ¿Qué / llevar?

12.35 Al extranjero. Repasa los capítulos anteriores y toma apuntes sobre algunos sitios de interés en cada región o país. Después, decide qué harías, comprarías o visitarías si fueras a los siguientes lugares.

1. Miami
2. Nuevo México
3. Puerto Rico
4. México
5. Guatemala
6. Costa Rica
7. España
8. Ecuador
9. Colombia
10. Chile
11. Argentina
12. Uruguay

TERCERA ETAPA Estrategias

Diario de actividades

For additional listening practice, see *Diario de actividades, Tercera etapa: Estrategias/ Comprensión auditiva*.

COMPRENSIÓN AUDITIVA Textbook CD

Interpreting figurative language. The texts you have listened to in previous chapters—monologues, dialogues, announcements, narratives, commentaries—have helped you to understand spoken messages in Spanish. In fact, the vocabulary and language structures you have acquired will now enable you to enjoy and appreciate works in which authors use words as artists use paint: to create images. Whenever you hear a Spanish text, listen not only for what a word or phrase *denotes* (how the dictionary defines it) but also for what it *connotes* (what its secondary or associated meaning is). And remember that even though you may recognize all the words in a sentence, the meanings of those words may be unexpected. Whenever you encounter a word or phrase that does not seem to fit the context, check the figurative, colloquial, or idiomatic uses in your Spanish dictionary.

Three common examples of figurative language are *metaphors, similes*, and *personification*. These language devices appear most often in poetry, but they are common in other literary forms as well. Even advertisements rely heavily on **lenguaje figurativo**.

- A *metaphor* equates two unlike objects.

  Nuestras vidas son los ríos
  que van a dar en el mar
  que es el morir.
    Jorge Manrique, *Coplas por la Muerte de su Padre*

  Cerró su boca de ballena el piano.
    Pablo Neruda, "Oda al Piano", de *Navegación y Regresos*

  Ariel es blancura.
    Anuncio: detergente "Ariel"

- A *simile* compares two unlike objects using *like* or *as* to point out the similarities. In Spanish, the words **como**, **tal**, **así**, **parecido a**, and **semejante a**, are used to form these comparisons.

  . . . y le hice sentir el hierro
  y ya salió *como* el perro
  cuando le pisan la cola.
    José Hernández, *Martín Fierro*

  Es tan natural *como* la naturaleza.
    Anuncio: Danone

- *personification* attributes human qualities to inanimate objects.

> Empieza el llanto de la guitarra ...
> Llora monótona como llora el agua,
> como llora el viento
> sobre la nevada.
>> Federico García Lorca, *Poema del Cante Jondo*

> Eurocard, la tarjeta que dice mucho.
>> Anuncio: Eurocard

Antes de escuchar

12.36 Gracias a la vida. Estudia el siguiente texto de Violeta Parra, la conocida cantante y folklorista chilena. En estos versos de *Gracias a la vida*, una de sus más famosas canciones, se encuentran algunos ejemplos de lenguaje figurativo.

◆ The lyrics and melody for *Gracias a la vida* are available on the Internet.

> Gracias a la vida, que me ha dado tanto;
> me dio dos luceros, que cuando los abro,
> perfecto distingo lo negro del blanco
> y en las multitudes al hombre que yo amo.

A escuchar

12.37 De viajes y otras cosas. En los vuelos, las aerolíneas presentan anuncios de televisión y radio en los que se le ofrecen los mejores productos o servicios al público. Escucha los siguientes anuncios e identifica el producto o servicio.

1. almacén: El Corte Inglés
2. Bodegas Chivite
3. Concesionario Ford
4. Compañías de aerolíneas

a. vino
b. tiempo límite de embarque
c. autos
d. buen servicio

Después de escuchar

12.38 Actividad cooperativa. En grupos pequeños, usen los anuncios de la actividad 12.37 como guía, y escriban su propio anuncio para los siguientes productos o servicios.

1. agencia de viajes
2. aerolínea
3. hotel o restaurante
4. tren o barco
5. almacén o tienda
6. servicio de autobús de su ciudad

 Diario de actividades

For additional reading practice, see *Diario de actividades, Tercera etapa: Estrategias/ Lectura and Literatura*.

LECTURA

Interpreting figurative language. Figurative language can create powerful images that will help you look at texts in new and different ways. In the *Comprensión auditiva* section, you examined the three most common forms of figurative language: *metaphor, simile,* and *personification.* To interpret the meaning of Spanish phrases that contain metaphors and similes, first you need to determine what persons, places, or things are being compared or described and then examine their characteristics. Does the writer use words like **como, parece,** or **semejante a**? How do the qualities or similarities relate? When you encounter personification, consider the human qualities that the writer has attributed to the object. Remember, reading between the lines in another language is a skill you must develop to fully understand the author's message.

Antes de leer

12.39 En el tren. Estudia el dibujo y prepara una lista de palabras o frases que describan la escena.

◆ **Vocabulario esencial for activity 12.41:**

acurrucado/ acurrucada	*curled up*
apenas	*hardly, scarcely*
atado/atada	*tied*
cabello oxigenado	*bleached hair*
cinta plateada	*silver ribbon*
entornar	*to half close*
lacito	*little bow*
marchito/ marchita	*withered*
naranjo	*orange tree*
palmera	*palm tree*
parecerse a	*to look like, resemble*
pierna entumecida	*numb (asleep) leg*
profunda ojera	*bag under the eyes*
respaldo	*back (of a seat)*

12.40 Algunas hipótesis. En parejas, basándose en el **Vocabulario esencial** y en el dibujo anterior, comenten algunas hipótesis sobre el cuento *Rosamunda.* Después, contesten las siguientes preguntas.

1. ¿Quiénes son las personas?
2. ¿Adónde van?
3. ¿De dónde vienen?
4. ¿Por qué decidieron viajar en tren?
5. ¿En qué clase están viajando?
6. ¿En qué piensa el soldado?

A leer

12.41 Rosamunda. Ahora estudia unos párrafos del cuento *Rosamunda* por Carmen Laforet, escritora española del siglo XX.

◆ Comprehension questions for activity 12.41:
1. ¿Dónde tiene lugar la escena? 2. ¿En qué clase viajaba la gente? 3. ¿A qué olía el vagón del tren?
4. ¿Qué se podía ver por las ventanillas del tren? 5. ¿Cómo se sintió Rosamunda al despertarse? 6. ¿Adónde fue para estirar las piernas?
7. ¿Qué tiempo hacía?
8. ¿Quién estaba con ella en la plataforma? 9. ¿A quién se parecía? 10. ¿Cómo iba vestida? 11. ¿Por qué no se reía el muchacho? 12. ¿Por qué se interesaba el muchacho en oír recitar a Rosamunda?

Estaba amaneciendo, al fín. El departamento de tercera clase olía a cansancio, a tabaco y a botas de soldado. Ahora se salía de la noche como de un gran túnel y se podía ver a la gente acurrucada, dormidos hombres y mujeres en sus asientos duros. Era aquél un incómodo vagón-tranvía, con el pasillo atestado de cestas y maletas. Por las ventanillas se veía el campo y la raya plateada del mar.

Rosamunda se despertó. Todavía se hizo una ilusión placentera al ver la luz entre sus pestañas semicerradas. Luego comprobó que su cabeza colgaba hacia atrás, apoyada en el respaldo del asiento y que tenía la boca seca de llevarla abierta. Se rehizo, enderezándose. Le dolía el cuello,—su largo cuello marchito—. Echó una mirada a su alrededor y se sintió aliviada al ver que dormían sus compañeros de viaje. Sintió ganas de estirar las piernas entumecidas—el tren traqueteaba, pitaba—. Salió con grandes precauciones, para no despertar, para no molestar, «con pasos de hada»—pensó—, hasta la plataforma.

El día era glorioso. Apenas se notaba el frío del amanecer. Se veía el mar entre naranjos. Ella se quedó como hipnotizada por el profundo verde de los árboles, por el claro horizonte de agua.

—«Los odiados, odiados naranjos . . . Las odiadas palmeras . . . El maravilloso mar . . . »

—¿Qué decía usted?

A su lado estaba un soldadillo. Un muchachito pálido. Parecía bien educado. Se parecía a su hijo. A un hijo suyo que se había muerto. No al que vivía; al que vivía, no. De ninguna manera.

—No sé si será usted capaz de entenderme— dijo, con cierta altivez—. Estaba recordando unos versos míos. Pero si usted quiere, no tengo inconveniente en recitar . . .

—El muchacho estaba asombrado. Veía una mujer ya mayor, flaca, con profundas ojeras. El cabello oxi-

genado, el traje de color verde, muy viejo. Los pies calzados en unas viejas zapatillas de baile . . . , sí, unas asombrosas zapatillas de baile, color de plata, y en el pelo una cinta plateada también, atada con un lacito . . . Hacía mucho que él la observaba.

—¿Qué decide usted?—preguntó Rosamunda, impaciente—. ¿Le gusta o no oír recitar?

—Sí, a mí. . . .

El muchacho no se reía porque le daba pena mirarla. Quizá más tarde se reiría. Además, él tenía interés porque era joven, curioso. Había visto pocas cosas en su vida y deseaba conocer más. Aquello era una aventura. Miró a Rosamunda y la vio soñadora. Entornaba los ojos azules. Miraba al mar.

Después de leer

12.42 Durante un viaje. Durante los viajes hay ocasión de hablar con muchas personas. En parejas, cuenten anécdotas personales relacionadas con personas que conocieron en un avión, en un tren o en un autobús.

1. ¿Dónde conociste a esa persona?
2. ¿Cómo era? Describe su forma de vestir y de actuar.
3. ¿Por qué decidiste hablar con él o ella?
4. ¿Qué descubriste sobre tu compañero/compañera de viaje?
5. ¿Cómo terminó el encuentro?

Diario de actividades

For additional practice with *expressions*, see ***Diario de actividades**, **Tercera etapa: Estrategias/Comprensión auditiva***.

COMUNICACIÓN Textbook CD

Las siguientes conversaciones te ayudan a contar cuentos, a dar ánimo y a entrar en una conversación. Escucha las conversaciones de tu disco compacto y practícalas con los demás miembros de la clase.

Cómo contar cuentos *Telling stories*

Cómo dar ánimo *Giving encouragement*

Cómo entrar en una conversación   *Entering into a conversation*

12.43 Escucha y repite. Escucha con cuidado la conversación *Cómo contar cuentos* de tu disco compacto. Después, repite las frases y presta atención a la pronunciación.

Cómo contar cuentos *Telling stories*	
Escucha, te voy a contar ...	*Listen, I'm going to tell you ...*
Eso me recuerda a ...	*That reminds me of ...*
No lo vas a creer, pero ...	*You won't believe it, but ...*
¿Sabes lo que me pasó?	*Do you know what happened to me?*
Siempre recuerdo ...	*I always remember ...*

Cómo dar ánimo *Giving encouragement*	
¡A mí me lo dices!	*You're telling me!*
¿De veras?/¿De verdad?	*Really? Is that so?*
¿En serio?	*Seriously? Are you serious?*
¡No me digas!	*You don't say!*
¿Qué hiciste/dijiste?	*What did you do/say?*
¡Ya lo creo!	*I (can) believe it!*

12.44 ¡No lo vas a creer! En grupos pequeños, cuenten unas anécdotas (ciertas o falsas). Los demás tienen que adivinar si la anécdota es cierta o falsa.

12.45 Escucha y repite. Escucha con cuidado la conversación *Cómo dar ánimo* de tu disco compacto. Después, repite las frases y presta atención a la pronunciación.

12.46 Las vacaciones. En parejas, hablen sobre sus experiencias durante las vacaciones. Tienen que continuar la conversación haciendo comentarios y preguntas.

◆ With its origin among the black slaves that lived in the Río de la Plata region during colonial times, the dance of the *Candombe* is still practiced in Montevideo. Although only about three percent of the Uruguayan population is black, vestiges of African music have survived in this dance, which is presented on the first Friday after Carnival. The *Comparsas Lubolas*, groups of up to 50 *tamborileros*, take part in the parade playing their drums, called *tamboriles*. There are four sizes of drums—*chico, repique, piano,* and *bajo*—and the complex polyrhythms produced by the mass of drummers advancing down the street are both unexpected and impressive.

◆ The *Mercado del Puerto* is famous for the quality of its food. Since the Uruguayans eat even more meat than the Argentines, *parrillada* is always a reliable choice. Seafood is excellent, and several restaurants specialize in vegetarian dishes.

◆ Before you do activity 12.47, review the vocabulary (**Topografía**) in *Capítulo 7*, p. 244.

12.47 Escucha y repite. Escucha con cuidado la conversación *Cómo entrar en una conversación* de tu disco compacto. Después, repite las frases y presta atención a la pronunciación.

Cómo entrar en una conversación	*Entering into a conversation*
(No) Creo que . . .	*I (don't) believe that . . .*
Escucha.	*Listen.*
(No) Estoy de acuerdo porque . . .	*I (don't) agree because . . .*
Pues, lo que quiero decir es que . . .	*Well, what I want to say is . . .*
Quiero decir algo sobre . . .	*I want to say something about . . .*

12.48 Un sitio ideal. En grupos pequeños hablen sobre unos sitios ideales para pasar las vacaciones.

12.49 Síntesis. Prepara diez oraciones sobre el desarrollo turístico. Después en grupos pequeños, hablen sobre este tema. Cada persona debe presentar sus ideas, usando las frases para entrar en una conversación.

◆ Diario de actividades

For additional writing practice, see the *Diario de actividades, Tercera etapa: Estrategias/Composición*.

COMPOSICIÓN

Diario sobre un viaje. In *Capítulo 1*, you were encouraged to practice your writing skills by keeping a diary. A special kind of diary is the travel diary. Several famous novels grew out of travel diaries. They are easy to write and fun to keep!

A travel diary is simply a day-by-day account of one's experiences during a trip. Of course, the account usually is developed in the past tenses and often includes the details of humorous or exciting events. Although the first person form (**yo** or **nosotros**) predominates, it is possible—and sometimes intriguing—to write about oneself from the third person (**él/ella**) perspective.

◆ **Vocabulario esencial for activity 12.50:**

sendero — *path*
valer la pena — *to be worth it*

◆ Comprehension questions for activity 12.50:
1. ¿Cómo se llama el parque?
2. ¿Dónde está? 3. ¿Qué se puede hacer en el parque?
4. ¿Cuántas horas se tarda en viajar de Montevideo al parque?

12.50 Modelo. Estudia la siguiente entrada de un diario sobre un viaje. Después, en parejas, comenten el lenguaje.

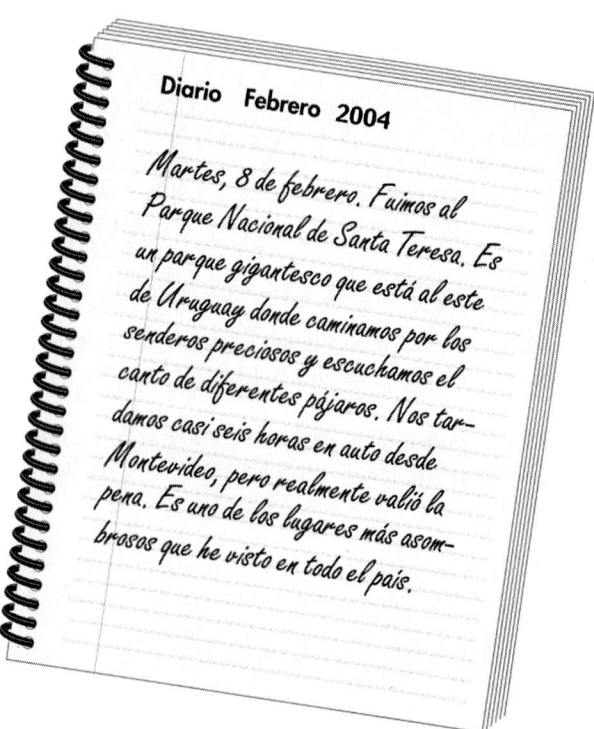

Diario Febrero 2004

Martes, 8 de febrero. Fuimos al Parque Nacional de Santa Teresa. Es un parque gigantesco que está al este de Uruguay donde caminamos por los senderos preciosos y escuchamos el canto de diferentes pájaros. Nos tardamos casi seis horas en auto desde Montevideo, pero realmente valió la pena. Es uno de los lugares más asombrosos que he visto en todo el país.

Antes de escribir

12.51 De mi agenda. Mira dos o tres páginas de tu agenda y escribe una lista con tus actividades de los últimos dos días.

■ **Ejemplo** *tomar un examen de español*
reunirme con Ofelia en la cafetería

A escribir

12.52 Mi diario. Piensa en algún viaje interesante que hiciste. Si no recuerdas ningún viaje, cuenta lo que hiciste durante tus últimas vacaciones. Describe en tu diario un día mencionando todas las actividades que recuerdes.

12.53 Un día inolvidable. Usa tu diario como punto de partida para escribirle una carta a alguien describiendo lo que hiciste en un día inolvidable.

Después de escribir

12.54 Revisión. Revisa tu carta contestando las siguientes preguntas.

CRONOLOGÍA	¿Hay palabras o frases que hagan referencia a la cronología?
DESCRIPCIÓN	¿Son claras y precisas las descripciones?
TRANSICIONES	¿Empleaste palabras de transición?
TONO	¿Cuál es el tono de tu diario?
CONCLUSIÓN	¿Cómo terminaste tu diario?

12.55 Intercambio. En parejas, intercambien sus cartas y revísenlas. Presten atención especial a estos puntos:

❏ Introducción clara

❏ Transiciones adecuadas

❏ Organización clara y adecuada

❏ Concordancia entre sujetos y verbos

❏ Concordancia entre sustantivos y adjetivos

❏ Conclusión coherente con el tema

VOCABULARIO

Expressive alternatives. When learning a new language, one tends to overuse certain words or phrases and, conversely, to overlook the more descriptive terms. Working with your vocabulary lists or a dictionary, write down substitutes for several overused words. Then, try to choose these expressive alternatives in your speech and writing:

OVERUSED WORD		EXPRESSIVE ALTERNATIVES	
grande	*big*	enorme	*enormous*
		gigantesco	*gigantic*
		inmenso	*immense, huge*

¿Medicina…sin médicos?

¿Casas…sin arquitectos?

¿Aviones …sin tripulación?

¿Viajes… sin Agencias de Viajes?

Para cualquier tipo de viaje, acuda siempre a una Agencia de Viajes.
Es lo más lógico y lo más inteligente.
Es un consejo de

BARCOTEL

PROTEL AG VIAJES CIC MA - 393

UTILICE UNA AGENCIA DE VIAJES — SIEMPRE ESTAMOS CERCA DE USTED

12.56 Sinónimos. Repasa tus listas de vocabulario y escribe tres sinónimos para las siguientes palabras: *pequeño, bonito, difícil, interesante.*

12.57 Un lugar histórico. Escribe una descripción de un lugar histórico de tu ciudad o estado.

12.58 Agencia de viajes. Escríbele un correo electrónico a una agencia de viajes pidiendo información sobre un viaje.

12.59 Personas, lugares y cosas. Escribe nuevamente los sustantivos del siguiente *Vocabulario* y clasifícalos según su género.

VOCABULARIO

Antes de viajar   *Travel preparations*

asiento	*seat*
cheque *(m.)* de viajero/viaje	*traveler's check*
destino	*destination*
hacer/deshacer la maleta	*to pack/unpack one's suitcase*
hacer una reservación/reserva	*to make a reservation*
ir de vacaciones	*to go on vacation*
pagar por adelantado	*to pay in advance*
pasaje/billete/boleto *(m.)*	*ticket*
de ida	*one-way*
de ida y vuelta	*round-trip*
viajar al extranjero	*to travel abroad*
viajar en auto/tren/autobús/	*to travel by car/train/bus/*
barco/avión	*boat (ship)/plane*

Transporte y lugares   *Transportation and places*

aduana	*customs*
aerolínea/línea aérea	*airline*
aeropuerto	*airport*
alquilar un auto/una	*to rent a car/motorcycle/bicycle*
moto/una bicicleta	
andén *(m.)*	*gate (bus), platform (train)*
barco	*ship, boat*
carretera	*highway*
control *(m.)* de seguridad	*security check*
estación *(f.)* de ferrocarril/	*train/bus station*
de autobuses	
metro	*subway*
mostrador *(m.)*	*counter*
parada	*stop (taxi, metro)*
puerto	*harbor*
sala de espera	*waiting room*
taquilla/ventanilla	*ticket window (bus, train)*
terminal *(f.)*	*terminal*
vuelo	*flight*

Personas   *People*

agente *(m./f.)* de aduana	*customs official*
agente *(m./f.)* de viajes	*travel agent*
asistente *(m./f.)* de vuelo/azafata *(f.)*	*flight attendant*
botones *(m.)*	*bellhop*
camarero/camarera	*server, waitperson*
conserje *(m./f.)*	*concierge*
huésped *(m./f.)*	*guest*
maletero	*porter*
pasajero/pasajera	*passenger*
policía *(m./f.)*/mujer policía	*police officer*
portero	*door attendant*

recepcionista *(m./f.)*	*desk clerk*
representante *(m./f.)* de la aerolínea	*airline representative*
viajero/viajera	*traveler*

Palabras y expresiones relacionadas *Related words and expressions*

abordar	*to board (a plane)*
acercarse a	*to approach*
aterrizar	*to land*
bajar de	*to get off/out of (a train, bus, car, etc.)*
conducir/manejar	*to drive*
confirmar	*to confirm*
control *(m.)* de pasaporte	*passport control*
demora/retraso	*delay*
desembarcar	*to deplane*
despegar	*to take off*
estar atrasado/atrasada	*to be late*
facturar el equipaje	*to check the baggage*
hacer cola	*to stand in line*
hacer escala	*to make a stop*
llegada	*arrival*
llenar/completar	*to fill out*
pasaporte	*passport*
prohibido/prohibida	*prohibited*
recibo	*receipt*
resguardo/comprobante	*voucher, credit slip, claim check*
revisar (pesar) el equipaje	*to inspect (weigh) the baggage*
salida	*departure*
seguridad	*security*
subir a	*to get on/in (a train, bus, car)*
tener algo que declarar	*to have something to declare*

En el hotel *At the hotel*

¿Dónde hay . . . ?	*Where is there . . . ?*
un albergue estudiantil	*a youth hostel*
un hostal	*a hostel*
un hotel de primera clase/de lujo	*a first-class hotel*
un hotel económico	*an inexpensive hotel*
un motel	*a motel*
un parador nacional	*a government-run historical inn, castle, or palace (Spain)*
una pensión	*a boardinghouse*
una posada	*an inn*
Quisiera reservar una habitación . . .	*I would like to reserve a . . .*
doble	*double room*
sencilla	*single room*
con aire acondicionado	*room with air conditioning*
con balcón	*room with a balcony*
con calefacción	*room with heat*
con cama de matrimonio/matrimonial/doble	*room with a double bed*
con cuarto de baño/ducha/bañera	*room with a bath/shower/tub*
con vista al mar/al parque/a la calle	*room with a view of the sea/park/street*
Quisiera . . .	*I would like . . .*
media pensión	*half board (breakfast and one other meal)*
pensión completa	*all meals included*

¿El precio incluye . . . ?	*Does the price include . . . ?*
desayuno	*breakfast*
comidas	*meals*
impuestos	*taxes*
propinas	*tips*

Cómo contar cuentos   *Telling stories*

Escucha, te voy a contar . . .	*Listen, I'm going to tell you . . .*
Eso me recuerda a . . .	*That reminds me of . . .*
No lo vas a creer, pero . . .	*You won't believe it, but . . .*
¿Sabes lo que me pasó?	*Do you know what happened to me?*
Siempre recuerdo . . .	*I always remember . . .*

Cómo dar ánimo   *Giving encouragement*

¡A mí me lo dices!	*You're telling me!*
¿De veras?/¿De verdad?	*Really, Is that so?*
¿En serio?	*Seriously? Are you serious?*
¡No me digas!	*You don't say!*
¿Qué hiciste/dijiste?	*What did you do/say?*
¡Ya lo creo!	*I can't believe it!*

Cómo entrar en una conversación   *Entering into a conversation*

(No) Creo que . . .	*I (don't) believe that . . .*
Escucha.	*Listen.*
(No) Estoy de acuerdo porque . . .	*I (don't) agree because . . .*
Pues, lo que quiero decir es que . . .	*Well, what I want to say is . . .*
Quiero decir algo sobre . . .	*I want to say something about . . .*

APPENDIX A Regular Verbs

Simple Tenses

Infinitive	Present Indicative	Imperfect	Preterite	Future	Conditional	Present Subjunctive	Past Subjunctive	Commands
hablar	hablo	hablaba	hablé	hablaré	hablaría	hable	hablara	habla (no hables)
to speak	hablas	hablabas	hablaste	hablarás	hablarías	hables	hablaras	hable
	habla	hablaba	habló	hablará	hablaría	hable	hablara	hablad (no habléis)
	hablamos	hablábamos	hablamos	hablaremos	hablaríamos	hablemos	habláramos	hablen
	habláis	hablabais	hablasteis	hablaréis	hablaríais	habléis	hablarais	
	hablan	hablaban	hablaron	hablarán	hablarían	hablen	hablaran	
aprender	aprendo	aprendía	aprendí	aprenderé	aprendería	aprenda	aprendiera	aprende (no aprendas)
to learn	aprendes	aprendías	aprendiste	aprenderás	aprenderías	aprendas	aprendieras	aprenda
	aprende	aprendía	aprendió	aprenderá	aprendería	aprenda	aprendiera	aprended (no aprendáis)
	aprendemos	aprendíamos	aprendimos	aprenderemos	aprenderíamos	aprendamos	aprendiéramos	aprendan
	aprendéis	aprendíais	aprendisteis	aprenderéis	aprenderíais	aprendáis	aprendierais	
	aprenden	aprendían	aprendieron	aprenderán	aprenderían	aprendan	aprendieran	
vivir	vivo	vivía	viví	viviré	viviría	viva	viviera	vive (no vivas)
to live	vives	vivías	viviste	vivirás	vivirías	vivas	vivieras	viva
	vive	vivía	vivió	vivirá	viviría	viva	viviera	vivid (no viváis)
	vivimos	vivíamos	vivimos	viviremos	viviríamos	vivamos	viviéramos	vivan
	vivís	vivíais	vivisteis	viviréis	viviríais	viváis	vivierais	
	viven	vivían	vivieron	vivirán	vivirían	vivan	vivieran	

Compound Tenses

Present progressive	estoy estás está	estamos estáis están	hablando aprendiendo viviendo
Present perfect indicative	he has ha	hemos habéis han	hablado aprendido vivido
Present perfect subjunctive	haya hayas haya	hayamos hayáis hayan	hablado aprendido vivido
Past perfect indicative	había habías había	habíamos habíais habían	hablado aprendido vivido

Infinitive / Present Participle / Past Participle	Present Indicative	Imperfect	Preterite	Future	Conditional	Present Subjunctive	Past Subjunctive	Commands
pensar *to think* **e → ie** pensando pensado	**pienso** **piensas** **piensa** pensamos pensáis **piensan**	pensaba pensabas pensaba pensábamos pensabais pensaban	pensé pensaste pensó pensamos pensasteis pensaron	pensaré pensarás pensará pensaremos pensaréis pensarán	pensaría pensarías pensaría pensaríamos pensaríais pensarían	**piense** **pienses** **piense** pensemos penséis **piensen**	pensara pensaras pensara pensáramos pensarais pensaran	**piensa** (no **pienses**) **piense** pensad (no penséis) **piensen**
perder *to lose* **e → ie** perdiendo perdido	**pierdo** **pierdes** **pierde** perdemos perdéis **pierden**	perdía perdías perdía perdíamos perdíais perdían	perdí perdiste perdió perdimos perdisteis perdieron	perderé perderás perderá perderemos perderéis perderán	perdería perderías perdería perderíamos perderíais perderían	**pierda** **pierdas** **pierda** perdamos perdáis **pierdan**	perdiera perdieras perdiera perdiéramos perdierais perdieran	**pierde** (no **pierdas**) pierda perded (no perdáis) **pierdan**
acostarse *to go to bed* **o → ue** acostándose acostado	me **acuesto** te **acuestas** se **acuesta** nos acostamos os acostáis se **acuestan**	me acostaba te acostabas se acostaba nos acostábamos os acostabais se acostaban	me acosté te acostaste se acostó nos acostamos os acostasteis se acostaron	me acostaré te acostarás se acostará nos acostaremos os acostaréis se acostarán	me acostaría te acostarías se acostaría nos acostaríamos os acostaríais se acostarían	me **acueste** te **acuestes** se **acueste** nos acostemos os acostéis se **acuesten**	me acostara te acostaras se acostara nos acostáramos os acostarais se acostaran	acuéstate (no te **acuestes**) acuéstese acostaos (no os acostéis) acuéstense
jugar *to play* **u → ue** jugando jugado	**juego** **juegas** **juega** jugamos jugáis **juegan**	jugaba jugabas jugaba jugábamos jugabais jugaban	jugué jugaste jugó jugamos jugasteis jugaron	jugaré jugarás jugará jugaremos jugaréis jugarán	jugaría jugarías jugaría jugaríamos jugaríais jugarían	**juegue** **juegues** **juegue** juguemos juguéis **jueguen**	jugara jugaras jugara jugáramos jugarais jugaran	**juega** (no **juegues**) juegue jugad (no juguéis) **jueguen**
volver *to return* **o → ue** volviendo **vuelto**	**vuelvo** **vuelves** **vuelve** volvemos volvéis **vuelven**	volvía volvías volvía volvíamos volvíais volvían	volví volviste volvió volvimos volvisteis volvieron	volveré volverás volverá volveremos volveréis volverán	volería volverías volvería volveríamos volveríais volverían	**vuelva** **vuelvas** **vuelva** volvamos volváis **vuelvan**	volviera volvieras volviera volviéramos volvierais volvieran	**vuelve** (no **vuelvas**) vuelva volved (no volváis) **vuelvan**

APPENDIX B Stem-changing Verbs

Infinitive Present Participle Past Participle	Present Indicative	Imperfect	Preterite	Future	Conditional	Present Subjunctive	Past Subjunctive	Commands
sentir *to be sorry* **e → ie, i** **sintiendo** sentido	**siento** **sientes** **siente** sentimos sentís **sienten**	sentía sentías sentía sentíamos sentíais sentían	sentí sentiste **sintió** sentimos sentisteis **sintieron**	sentiré sentirás sentirá sentiremos sentiréis sentirán	sentiría sentirías sentiría sentiríamos sentiríais sentirían	**sienta** **sientas** **sienta** **sintamos** **sintáis** **sientan**	**sintiera** **sintieras** **sintiera** **sintiéramos** **sintierais** **sintieran**	**siente** (no **sientas**) **sienta** sentid (no **sintáis**) **sientan**
dormir *to sleep* **o → ue, u** **durmiendo** dormido	**duermo** **duermes** **duerme** dormimos dormís **duermen**	dormía dormías dormía dormíamos dormíais dormían	dormí dormiste **durmió** dormimos dormisteis **durmieron**	dormiré dormirás dormirá dormiremos dormiréis dormirán	dormiría dormirías dormiría dormiríamos dormiríais dormirían	**duerma** **duermas** **duerma** **durmamos** **durmáis** **duerman**	**durmiera** **durmieras** **durmiera** **durmiéramos** **durmierais** **durmieran**	**duerme** (no **duermas**) **duerma** dormid (no **durmáis**) **duerman**
pedir *to ask (for)* **e → i, i** **pidiendo** pedido	**pido** **pides** **pide** pedimos pedís **piden**	pedía pedías pedía pedíamos pedíais pedían	pedí pediste **pidió** pedimos pedisteis **pidieron**	pediré pedirás pedirá pediremos pediréis pedirán	pediría pedirías pediría pediríamos pediríais pedirían	**pida** **pidas** **pida** **pidamos** **pidáis** **pidan**	**pidiera** **pidieras** **pidiera** **pidiéramos** **pidierais** **pidieran**	**pide** (no **pidas**) **pida** pedid (no **pidáis**) **pidan**

APPENDIX C Change-of-Spelling Verbs

Infinitive / Present Participle / Past Participle	Present Indicative	Imperfect	Preterite	Future	Conditional	Present Subjunctive	Past Subjunctive	Commands
comenzar *to begin* (e → ie) z → c before e comenzando comenzado	**comienzo** **comienzas** **comienza** comenzamos comenzáis **comienzan**	comenzaba comenzabas comenzaba comenzábamos comenzabais comenzaban	**comencé** comenzaste comenzó comenzamos comenzasteis comenzaron	comenzaré comenzarás comenzará comenzaremos comenzaréis comenzarán	comenzaría comenzarías comenzaría comenzaríamos comenzaríais comenzarían	**comience** **comiences** **comience** **comencemos** **comencéis** **comiencen**	comenzara comenzaras comenzara comenzáramos comenzarais comenzaran	**comienza** (no **comiences**) **comience** comenzad (no **comencéis**) **comiencen**
conocer *to know* c → zc before a, o conociendo conocido	**conozco** conoces conoce conocemos conocéis conocen	conocía conocías conocía conocíamos conocíais conocían	conocí conociste conoció conocimos conocisteis conocieron	conoceré conocerás conocerá conoceremos conoceréis conocerán	conocería conocerías conocería conoceríamos conoceríais conocerían	**conozca** **conozcas** **conozca** **conozcamos** **conozcáis** **conozcan**	conociera conocieras conociera conociéramos conocierais conocieran	conoce (no **conozcas**) **conozca** conoced (no **conozcáis**) **conozcan**
construir *to build* i → y; y inserted before a, e, o construyendo construido	**construyo** **construyes** **construye** construimos construís **construyen**	construía construías construía construíamos construíais construían	construí construiste **construyó** construimos construisteis **construyeron**	construiré construirás construirá construiremos construiréis construirán	construiría construirías construiría construiríamos construiríais construirían	**construya** **construyas** **construya** **construyamos** **construyáis** **construyan**	**construyera** **construyeras** **construyera** **construyéramos** **construyerais** **construyeran**	**construye** (no **construyas**) **construya** construid (no **construyáis**) **construyan**
leer *to read* i → y; stressed i → í leyendo leído	leo lees lee leemos lleéis leen	leía leías leía leíamos leíais leían	leí leíste **leyó** **leímos** leísteis **leyeron**	leeré leerás leerá leeremos leeréis leerán	leería leerías leería leeríamos leeríais leerían	lea leas lea leamos leáis lean	**leyera** **leyeras** **leyera** **leyéramos** **leyerais** **leyeran**	lee (no leas) lea leed (no leáis) lean

Infinitive / Present Participle / Past Participle	Present Indicative	Imperfect	Preterite	Future	Conditional	Present Subjunctive	Past Subjunctive	Commands
pagar *to pay for* **g → gu** *before* **e** pagando pagado	pago pagas paga pagamos pagáis pagan	pagaba pagabas pagaba pagábamos pagabais pagaban	**pagué** pagaste pagó pagamos pagasteis pagaron	pagaré pagarás pagará pagaremos pagaréis pagarán	pagaría pagarías pagaría pagaríamos pagaríais pagarían	**pague** **pagues** **pague** **paguemos** **paguéis** **paguen**	pagara pagaras pagara pagáramos pagarais pagaran	paga (no **pagues**) **pague** pagad (no **paguéis**) **paguen**
seguir **(e → i, i)** *to follow* **gu → g** *before* **a, o** **siguiendo** seguido	**sigo** **sigues** **sigue** seguimos seguís **siguen**	seguía seguías seguía seguíamos seguíais seguían	seguí seguiste **siguió** seguimos seguisteis **siguieron**	seguiré seguirás seguirá seguiremos seguiréis seguirán	seguiría seguirías seguiría seguiríamos seguiríais seguirían	**siga** **sigas** **siga** **sigamos** **sigáis** **sigan**	**siguiera** **siguieras** **siguiera** **siguiéramos** **siguierais** **siguieran**	**sigue** (no **sigas**) **siga** seguid (no **sigáis**) **sigan**
tocar *to play, to touch* **(toques)** **c → qu** *before* **e** tocando tocado	toco tocas toca tocamos tocáis tocan	tocaba tocabas tocaba tocábamos tocabais tocaban	**toqué** tocaste tocó tocamos tocasteis tocaron	tocaré tocarás tocará tocaremos tocaréis tocarán	tocaría tocarías tocaría tocaríamos tocaríais tocarían	**toque** toques **toque** **toquemos** **toquéis** **toquen**	tocara tocaras tocara tocáramos tocarais tocaran	toca (no toques) **toque** tocad (no **toquéis**) **toquen**

APPENDIX D Irregular Verbs

Infinitive Present Participle Past Participle	Present Indicative	Imperfect	Preterite	Future	Conditional	Present Subjunctive	Past Subjunctive	Commands
andar to walk andando andado	ando andas anda andamos andáis andan	andaba andabas andaba andábamos andabais andaban	**anduve** **anduviste** **anduvo** **anduvimos** **anduvisteis** **anduvieron**	andaré andarás andará andaremos andaréis andarán	andaría andarías andaría andaríamos andaríais andarían	ande andes ande andemos andéis anden	**anduviera** **anduvieras** **anduviera** **anduviéramos** **anduvierais** **anduvieran**	anda (no andes) ande andad (no andéis) anden
*caer to fall **cayendo** **caído**	**caigo** caes cae caemos caéis caen	caía caías caía caíamos caíais caían	caí **caíste** **cayó** **caímos** **caísteis** **cayeron**	caeré caerás caerá caeremos caeréis caerán	caería caerías caería caeríamos caeríais caerían	**caiga** **caigas** **caiga** **caigamos** **caigáis** **caigan**	**cayera** **cayeras** **cayera** **cayéramos** **cayerais** **cayeran**	cae (no **caigas**) **caiga** caed (no **caigáis**) **caigan**
*dar to give dando dado	**doy** das da damos dais dan	daba dabas daba dábamos dabais daban	**di** **diste** **dio** **dimos** **disteis** **dieron**	daré darás dará daremos daréis darán	daría darías daría daríamos daríais darían	**dé** des **dé** demos deis den	**diera** **dieras** **diera** **diéramos** **dierais** **dieran**	da (no des) **dé** dad (no deis) den
*decir to say, tell **diciendo** **dicho**	**digo** **dices** **dice** decimos decís **dicen**	decía decías decía decíamos decíais decían	**dije** **dijiste** **dijo** **dijimos** **dijisteis** **dijeron**	**diré** **dirás** **dirá** **diremos** **diréis** **dirán**	**diría** **dirías** **diría** **diríamos** **diríais** **dirian**	**diga** **digas** **diga** **digamos** **digáis** **digan**	**dijera** **dijeras** **dijera** **dijéramos** **dijerais** **dijeran**	**di** (no **digas**) **diga** decid (no **digáis**) **digan**
*estar to be estando estado	**estoy** **estás** **está** estamos estáis **están**	estaba estabas estaba estábamos estabais estaban	**estuve** **estuviste** **estuvo** **estuvimos** **estuvisteis** **estuvieron**	estaré estarás estará estaremos estaréis estarán	estaría estarías estaría estaríamos estaríais estarían	**esté** **estés** **esté** estemos estéis **estén**	**estuviera** **estuvieras** **estuviera** **estuviéramos** **estuvierais** **estuvieran**	**está** (no **estés**) **esté** estad (no **estéis**) **estén**

*Verbs with irregular *yo* forms in the present indicative

APPENDIX D Irregular Verbs (continued)

Infinitive / Present Participle / Past Participle	Present Indicative	Imperfect	Preterite	Future	Conditional	Present Subjunctive	Past Subjunctive	Commands
haber to have habiendo habido	**he** **has** **ha [hay]** **hemos** habéis **han**	había habías había habíamos habíais habían	**hube** **hubiste** **hubo** **hubimos** **hubisteis** **hubieron**	**habré** **habrás** **habrá** **habremos** **habréis** **habrán**	**habría** **habrías** **habría** **habríamos** **habríais** **habrían**	**haya** **hayas** **haya** **hayamos** **hayáis** **hayan**	**hubiera** **hubieras** **hubiera** **hubiéramos** **hubierais** **hubieran**	
***hacer** to make, do haciendo **hecho**	**hago** haces hace hacemos hacéis hacen	hacía hacías hacía hacíamos hacíais hacían	**hice** **hiciste** **hizo** **hicimos** **hicisteis** **hicieron**	**haré** **harás** **hará** **haremos** **haréis** **harán**	**haría** **harías** **haría** **haríamos** **haríais** **harían**	**haga** **hagas** **haga** **hagamos** **hagáis** **hagan**	**hiciera** **hicieras** **hiciera** **hiciéramos** **hicierais** **hicieran**	**haz** (no **hagas**) **haga** haced (no **hagáis**) **hagan**
ir to go **yendo** ido	**voy** **vas** **va** **vamos** **vais** **van**	**iba** **ibas** **iba** **íbamos** **ibais** **iban**	**fui** **fuiste** **fue** **fuimos** **fuisteis** **fueron**	iré irás irá iremos iréis irán	iría irías iría iríamos iríais irían	**vaya** **vayas** **vaya** **vayamos** **vayáis** **vayan**	**fuera** **fueras** **fuera** **fuéramos** **fuerais** **fueran**	**ve** (no **vayas**) **vaya** id (no **vayáis**) **vayan**
***oír** to hear **oyendo** **oído**	**oigo** **oyes** **oye** oímos oís **oyen**	oía oías oía oíamos oíais oían	**oí** oíste **oyó** oímos oísteis **oyeron**	oiré oirás oirá oiremos oiréis oirán	oiría oirías oiría oiríamos oiríais oirían	**oiga** **oigas** **oiga** **oigamos** **oigáis** **oigan**	**oyera** **oyeras** **oyera** **oyéramos** **oyerais** **oyeran**	**oye** (no **oigas**) **oiga** oíd (no **oigáis**) **oigan**
poder o → ue to be able, can **pudiendo** podido	**puedo** **puedes** **puede** podemos podéis **pueden**	podía podías podía podíamos podíais podían	**pude** **pudiste** **pudo** **pudimos** **pudisteis** **pudieron**	**podré** **podrás** **podrá** **podremos** **podréis** **podrán**	**podría** **podrías** **podría** **podríamos** **podríais** **podrían**	**pueda** **puedas** **pueda** podamos podáis **puedan**	**pudiera** **pudieras** **pudiera** **pudiéramos** **pudierais** **pudieran**	

*Verbs with irregular *yo* forms in the present indicative

APPENDIX D Irregular Verbs *(continued)*

Infinitive / Present Participle / Past Participle	Present Indicative	Imperfect	Preterite	Future	Conditional	Present Subjunctive	Past Subjunctive	Commands
*poner *put, to place* poniendo **puesto**	**pongo** pones pone ponemos ponéis ponen	ponía ponías ponía poníamos poníais ponían	**puse** **pusiste** **puso** **pusimos** **pusisteis** **pusieron**	**pondré** **pondrás** **pondrá** **pondremos** **pondréis** **pondrán**	**pondría** **pondrías** **pondría** **pondríamos** **pondríais** **pondrían**	**ponga** **pongas** **ponga** **pongamos** **pongáis** **pongan**	**pusiera** **pusieras** **pusiera** **pusiéramos** **pusierais** **pusieran**	**pon** (no **pongas**) **ponga** poned (no **pongáis**) **pongan**
querer e → ie *to want, wish* queriendo querido	**quiero** **quieres** **quiere** queremos queréis **quieren**	quería querías quería queríamos queríais querían	**quise** **quisiste** **quiso** **quisimos** **quisisteis** **quisieron**	**querré** **querrás** **querrá** **querremos** **querréis** **querrán**	**querría** **querrías** **querría** **querríamos** **querríais** **querrían**	**quiera** **quieras** **quiera** queramos queráis **quieran**	**quisiera** **quisieras** **quisiera** **quisiéramos** **quisierais** **quisieran**	**quiere** (no **quieras**) **quiera** quered (no queráis) **quieran**
reír (i, i) *to laugh* **riendo** **reído**	**río** **ríes** **ríe** **reímos** **reís** **ríen**	reía reías reía reíamos reíais reían	**reí** **reíste** **rió** **reímos** **reísteis** **rieron**	reiré reirás reirá reiremos reiréis reirán	reiría reirías reiría reiríamos reiríais reirían	**ría** **rías** **ría** **riamos** **riáis** **rían**	**riera** **rieras** **riera** **riéramos** **rierais** **rieran**	**ríe** (no **rías**) **ría** reíd (no **riáis**) **rían**
*saber *to know* sabiendo sabido	**sé** sabes sabe sabemos sabéis saben	sabía sabías sabía sabíamos sabíais sabían	**supe** **supiste** **supo** **supimos** **supisteis** **supieron**	**sabré** **sabrás** **sabrá** **sabremos** **sabréis** **sabrán**	**sabría** **sabrías** **sabría** **sabríamos** **sabríais** **sabrían**	**sepa** **sepas** **sepa** **sepamos** **sepáis** **sepan**	**supiera** **supieras** **supiera** **supiéramos** **supierais** **supieran**	sabe (no **sepas**) **sepa** sabed (no **sepáis**) **sepan**
*salir *to go out, leave* saliendo salido	**salgo** sales sale salimos salís salen	salía salías salía salíamos salíais salían	salí saliste salió salimos salisteis salieron	**saldré** **saldrás** **saldrá** **saldremos** **saldréis** **saldrán**	**saldría** **saldrías** **saldría** **saldríamos** **saldríais** **saldrían**	**salga** **salgas** **salga** **salgamos** **salgáis** **salgan**	saliera salieras saliera saliéramos salierais salieran	**sal** (no **salgas**) **salga** salid (no **salgáis**) **salgan**

*Verbs with irregular *yo* forms in the present indicative

APPENDIX D Irregular Verbs (continued)

Infinitive / Present Participle / Past Participle	Present Indicative	Imperfect	Preterite	Future	Conditional	Present Subjunctive	Past Subjunctive	Commands
ser *to be* siendo sido	soy eres es somos sois son	era eras era éramos erais eran	fui fuiste fue fuimos fuisteis fueron	seré serás será seremos seréis serán	sería serías sería seríamos seríais serían	sea seas sea seamos seáis sean	fuera fueras fuera fuéramos fuerais fueran	se (no seas) sea sed (no seáis) sean
*tener *to have* teniendo tenido	tengo tienes tiene tenemos tenéis tienen	tenía tenías tenía teníamos teníais tenían	tuve tuviste tuvo tuvimos tuvisteis tuvieron	tendré tendrás tendrá tendremos tendréis tendrán	tendría tendrías tendría tendríamos tendríais tendrían	tenga tengas tenga tengamos tengáis tengan	tuviera tuvieras tuviera tuviéramos tuvierais tuvieran	ten (no tengas) tenga tened (no tengáis) tengan
traer *to bring* trayendo traído	traigo traes trae traemos traéis traen	traía traías traía traíamos traíais traían	traje trajiste trajo trajimos trajisteis trajeron	traeré traerás traerá traeremos traeréis traerán	traería traerías traería traeríamos traeríais traerían	traiga traigas traiga traigamos traigáis traigan	trajera trajeras trajera trajéramos trajerais trajeran	trae (no traigas) traiga traed (no traigáis) traigan
*venir *to come* viniendo venido	vengo vienes viene venimos venís vienen	venía venías venía veníamos veníais venían	vine viniste vino vinimos vinisteis vinieron	vendré vendrás vendrá vendremos vendréis vendrán	vendría vendrías vendría vendríamos vendríais vendrían	venga vengas venga vengamos vengáis vengan	viniera vinieras viniera viniéramos vinierais vinieran	ven (no vengas) venga venid (no vengáis) vengan
ver *to see* viendo visto	veo ves ve vemos veis ven	veía veías veía veíamos veíais veían	vi viste vio vimos visteis vieron	veré verás verá veremos veréis verán	vería verías vería veríamos veríais verían	vea veas vea veamos veáis vean	viera vieras viera viéramos vierais vieran	ve (no veas) vea ved (no veáis) vean

*Verbs with irregular *yo* forms in the present indicative

APPENDIX E   Index of Realia and Other Readings

FUNCTIONAL GLOSSARY

Greeting

Bien, gracias. Fine, thanks.   1
Buenas noches. Good evening.   1
Buenas tardes. Good afternoon.   1
Buenos días. Good morning.   1
¿Cómo está usted (estás)? How are you?   1
¿Cómo le (te) va? How is it going?   1
Hola. Hi.   P
Mal. Ill./Bad./Badly.   1
Más o menos. So so.   1
Nada. Nothing.   1
No muy bien. Not too well.   1
¿Qué hay de nuevo? What's new?   1
¿Qué tal? How are things?   1
Regular. Okay.   1
¿Y usted (tú)? And you?   1

Introducing people

¿Cómo se (te) llama(s)? What is your name?   1
¿Cómo se llama(n) él/ella/usted(es)/ ellos/ellas? What is (are) his/her, your, their name(s)?   1
¿Cuál es su (tu) nombre? What is your name?   1
El gusto es mío. The pleasure is mine.
Encantado/Encantada. Delighted.   1
Igualmente. Likewise.   P
Me llamo . . . My name is . . .   1
Mi nombre es . . . My name is . . .   P
Mucho gusto. Pleased to meet you.   P
Quiero presentarle(te) a . . . I want to introduce you to . . .   1
Se llama(n) . . . His/Her/Their name(s) is/are . . .   1

Asking for a description

¿Cómo es . . . ? What is . . . like?   1
¿Cómo son . . . ? What are . . . like?   1

Asking for a clarification

Disculpe. No entiendo. Excuse me. I don't understand.   1
¿Qué significa . . . ? What does . . . mean?   1
¿Voleibolista? What is a *voleibolista*?   1

Saying good-bye

Adiós. Good-bye.   1
Chao. Good-bye.   1
Hasta la vista. Until we meet again.   1
Hasta luego. See you later.   1
Hasta mañana. Until tomorrow.   1
Hasta pronto. See you soon.   1

Telling time

¿Qué hora es? What time is it?   2
Es la una (y cuarto/y media). It's one o'clock (one-fifteen/one-thirty).   2
de la mañana in the morning   2
de la tarde in the afternoon   2
de la noche in the evening   2
Son las dos (y quince/y treinta). It's two (fifteen/thirty).   2
¿Cuándo hay un programa de . . . ? When is there a . . . program?   2
¿A qué hora es . . . ? At what time is . . . ?   2
Es a las ocho. It's at eight o'clock.   2

Expressing frequency of actions

¿Con qué frecuencia . . . ? How often . . . ?   2
de vez en cuando from time to time   2
durante la semana during the week   2
frecuentemente frequently   2
los fines de semana on the weekends   2
nunca never   2
por la mañana/por la tarde/por la noche in the morning/afternoon/ evening   2
siempre always   2
todas las tardes/todas las noches every afternoon/evening   2
todos los días every day   2

Chatting

(Bastante) bien. (Pretty) well, fine.   2
¿Cómo está la familia? How's the family?   2
¿Cómo le (te) va? How's it going?   2
¿Cómo van las clases? How are classes going?
Fenomenal. Phenomenal.   2
Horrible. Horrible.   2
Mal. Bad(ly).   2
Nada de nuevo. Nothing new.   2
¿Qué hay de nuevo? What's new?   2
¿Qué tal? How's it going?   2

Talking on the telephone

¿Aló? Hello? (*some countries*)   2
Bueno. Hello? (*Mexico and New Mexico*)   2

¿Con quién hablo? With whom am I speaking?   2
¿De parte de quién? Who's speaking?   2
Diga./Dígame. Hello? (*Spain*)   2
Dígale (Dile) que llamaré más tarde. Tell him/her that I'll call back later.   2
Está . . . ? Is . . . there?   2
¿Está(s) ahí? Are you there?   2
Habla . . . . . . speaking.   2
No, no está. ¿Quiere(s) dejar un recado? No, he/she isn't here. Do you want to leave a message?   2
Por favor, ¿está . . . ? Is . . . home, please?   2
¿Puedo hablar con . . . , por favor? May I please speak with . . . ?   2
¿Quién es? Who is it?   2
¿Quién llama? Who's calling?   2
Se ha (Te has) equivocado de número. You have the wrong number.   2
Un momento, por favor. Ahora viene (se pone). Just a moment, please. He/She will be right here.   2

Thanking

De nada./Por nada./No hay de qué. It's nothing. You're welcome.   2
¿De verdad le (te) gusta? Do you really like it?   2
Estoy muy agradecido/agradecida. I'm very grateful.   2
Gracias. Thanks./Thank you.
Me alegro que le (te) guste. I'm glad you like it.
Mil gracias. Thanks a lot.
Muchas gracias. Thank you very much.   2
Muy amable de su (tu) parte. You're very kind.   2

Asking questions

¿Adónde? To where?   3
¿Cómo? How?   3
¿Cuál(es)? Which? What?   3
¿Cuándo? When?   3
¿Cuánto/¿Cuánta? How much?   3
¿Cuántos/¿Cuántas? How many?   3
¿Dónde? Where?   3
¿Para qué? For what reason?   3
¿Por qué? Why?   3
¿Qué? What?   3
¿Quién(es)? Who? Whom?   3

Asking about and expressing likes and dislikes

¿Te (le) gusta(n)? Do you like it (them)?   3

No me gusta(n). I don't like it (them). 3
Sí, me gusta(n). Yes, I like it (them). 3

Asking for confirmation

. . . ¿de acuerdo? . . . agreed? (*Used when some type of action is proposed.*) 3
. . . ¿no? . . . isn't that so? (*Not used with negative sentences.*) 3
. . . ¿no es así? . . . isn't that right? 3
. . . ¿vale? . . . okay? 3
. . . ¿verdad? ¿cierto? . . . right? 3
. . . ¿está bien? . . . OK? 3

Requesting information

¿Cómo es su (tu) profesor/profesora favorito/favorita? What's your favorite professor like? 3
¿Cómo se (te) llama(s)? What's your name? 3
¿Cómo se llama? What's his/her name? 3
¿Cuál es su (tu) facultad? What's your school/college? 3
¿Cuál es su (tu) número de teléfono? What's your telephone number? 3
¿De dónde es (eres)? Where are you from? 3
¿Dónde hay . . . ? Where is/are there . . . ? 3
¿Qué estudia(s)? What are you studying? 3

Giving commands

Abran los libros en la página . . . Open your books to page . . . 3
Cierren los libros. Close your books. 3
Complete (Completa) (Completen) la oración. Complete the sentence. 3
Conteste (Contesta) (Contesten) en español. Answer in Spanish. 3
Escriba (Escribe) (Escriban) en la pizarra. Write on the board. 3
Formen grupos de . . . estudiantes. Form groups of . . . students. 3
Practiquen en parejas. Practice in pairs. 3
¿Hay preguntas? Are there any questions? 3
Lea (Lee) en voz alta. Read aloud. 3
Por ejemplo . . . For example . . . 3
Prepare (Prepara) (Preparen) . . . para mañana. Prepare . . . for tomorrow. 3
Repita (Repite), (Repitan) por favor. Please repeat. 3
Saque (Saca) (Saquen) el libro (el cuaderno, una hoja de papel). Take out the book (the notebook, a piece of paper). 3

Asking how much something costs

¿Cuál es el precio de . . . ? What's the price of . . . ? 4

¿Cuánto cuesta . . . ? How much is . . . ? 4
El precio es . . . The price is . . . 4
Cuesta alrededor de . . . almes. It costs around . . . per month. 4
¿Cuánto cuestan? How much do they cost? 4

Using exclamations

¡Caray! Oh! Oh no! 4
¡Dios mío! Oh, my goodness! 4
¡Estupendo! Stupendous! 4
¡Fabuloso! Fabulous! 4
¡Qué barbaridad! How unusual! Wow! That's terrible! 4
¡Qué bien! That's great! 4
¡Qué desastre! That's a disaster! 4
¡Qué gente más loca! What crazy people! 4
¡Qué horrible! That's horrible! 4
¡Qué increíble! That's amazing! 4
¡Qué lástima! That's a pity! That's too bad! 4
¡Qué mal! That's really bad! 4
¡Qué maravilla! That's marvelous! 4
¡Qué padre! That's cool! 4
¡Qué pena! That's a pain! That's too bad! 4

Extending a conversation using fillers and hesitations

A ver . . . Let's see . . . 4
Buena pregunta . . . That's a good question . . . 4
Bueno . . . Well 4
Es que . . . It's that . . . 4
Pues . . . no sé. Well . . . I don't know. 4
Sí, pero . . . Yes, but . . . 4
No creo. I don't think so. 4

Bargaining

¿Cuánto cuesta(n)? How much does it (do they) cost? 5
¿Cuánto vale(n)? How much is it (are they) worth? 5
De acuerdo. Agreed. All right. 5
Es demasiado. It's too much. 5
Es una ganga. It's a bargain. 5
No más. No more. 5
No pago más de . . . I won't pay more than . . . 5
sólo only 5
última oferta final offer 5

Getting someone's attention

con permiso excuse me 5
discúlpeme excuse me 5
oiga listen 5
perdón pardon 5
perdóneme pardon me 5

Describing how clothing fits

Me queda bien./Me quedan bien. It fits me well./They fit me well. 5
Te queda mal./Te quedan mal It fits you badly. They fit you badly. 5
Le queda bien./Le quedan bien. It fits him/her/you well. They fit him/her/you well. 5

Expressing satisfaction and dissatisfaction

El color es horrible. The color is horrible. 5
El modelo es aceptable. The style is acceptable. 5
Es muy barato/barata. It's very inexpensive. 5
Es muy caro/cara. It's very expensive. 5
Me gusta el modelo. I like the style. 5

Expressing worry

¡Ay, Dios mío! Good grief! 6
¡Es una pesadilla! It's a nightmare! 6
¡Eso debe ser horrible! That must be horrible! 6
¡Pobre! Poor thing! 6
¡Qué espanto! What a scare! 6
¡Qué horror! How horrible! 6
¡Qué lástima! What a pity! 6
¡Qué mala suerte/pata! What bad luck! 6
¡Qué terrible! How terrible! 6
¡Qué triste! How sad! 6
¡Qué pena! What a shame! 6

Expressing reproach

Es culpa suya (tuya). It's your fault. 6
¿Qué espera(s)? What do you expect? 6
¡Qué esto le (te) sirva de lección! That will teach you! Let this be a lesson to you! 6
¿Qué importancia tiene eso? What's so important about that? 6
Se (Te) lo merece(s). You deserve it. 6
¿Y qué? So what? 6

Making requests

¿Me da(s) . . . ? Will you give me . . . ? 6
¿Me hace(s) el favor de . . . ? Will you do me the favor of . . . ? 6
¿Me pasa(s) . . . ? Will you pass me . . . ? 6
¿Me puede(s) dar . . . ? Can you give me . . . ? 6
¿Me puede(s) traer . . . ? Can you bring me . . . ? 6
¿Quiere(s) darme . . . ? Do you want to give me . . . ? 6
Sí, cómo no. Yes, of course. 6

Functional Glossary **461**

Talking about the weather

Está cubierto. It's overcast. 7
Está despejado. It's clear. 7
Está lloviendo. It's raining. 7
Está nevando. It's snowing. 7
Está nublado/nuboso. It's cloudy. 7
Hace buen tiempo. It's nice weather. 7
Hace calor. It's hot. 7
Hace fresco. It's cool. 7
Hace frío. It's cold. 7
Hace mal tiempo. It's bad weather. 7
Hace sol. It's sunny. 7
Hace viento. It's windy. 7
Hay heladas. There is frost. 7
Hay lluvia. There is rain. 7
Hay niebla. It's foggy. 7
Hay nieve. There is snow. 7
Hay tormentas. There are storms. 7
Hay truenos y relámpagos. There is thunder and lightning. 7
Hay viento. There is wind. 7
¿Qué tiempo hace? What's the weather like? 7

Making comparisons

Es tan . . . como . . . It is as . . . as 7
Son tan . . . como . . . They are as . . . as . . . 7
Hay tantos/tantas . . . como . . . There are as many . . . as . . . 7

Expressing agreement

Así es. That's so. 7
Cierto./Claro (que sí)./Seguro. Certainly. Sure(ly). 7
Cómo no./Por supuesto. Of course. 7
Correcto. That's right. 7
Es cierto/verdad. It's true. 7
Eso es. That's it. 7
(Estoy) de acuerdo. I agree. 7
Exacto. Exactly. 7
Muy bien. Very good. Fine. 7
Perfecto. Perfect. 7
Probablemente. Probably. 7

Expressing disagreement

Al contrario. On the contrary. 7
En absoluto. Absolutely not. No way. 7
Es poco probable. It's doubtful/not likely. 7
Incorrecto. That's not right. 7
No es así. That's not so. 7
No es cierto. It's not so. 7
No es verdad. It's not true. 7
No es eso. That's not it. 7
No está bien. It's no good/not right. 7
No estoy de acuerdo. I don't agree. 7
Todo lo contrario. Just the opposite./Quite the contrary. 7

Expressing obligation

Necesitar + *infinitive* To need to . . . 7
(No) es necesario + *infinitive* It's (not) necessary to . . . 7
(No) hay que + *infinitive* One must(n't) . . ., One does(n't) have to . . . 7
(Se) debe + *infinitive* (One) should (ought to) . . . 7
Tener que + *infinitive* To have to . . . 7

Talking about length of activities

Hace un año/dos meses/tres semanas que . . . for a year/two months/three weeks 8

Adding information

A propósito/De paso . . . By the way . . . 8
Además . . . In addition . . . 8
También . . . Also . . . 8

Asking for clarification

¿Cómo? What? 8
Dígame (Dime) una cosa. Tell me something. 8
Más despacio. More slowly. 8
No comprendo./No entiendo. I don't understand. 8
¿Perdón? Pardon me? 8
¿Qué? Otra vez, por favor. What? One more time, please. 8
Repita (Repite), por favor. Please repeat. 8

Asking for opinions

¿Cuál prefiere(s)? Which do you prefer? 8
¿Le (Te) gusta(n) . . . ? Do you like . . . ? 8
¿Le (Te) interesa(n) . . . ? Are you interested in . . . ? 8
¿Qué opina(s) de . . . ? What's your opinion about . . . ? 8
¿Qué piensa(s)? What do you think? 8
¿Qué le (te) parece(n)? How does/do . . . seem to you? 8

Giving opinions

Creo que . . . I believe that . . . 8
Me gusta(n) . . . I like . . . 8
Me interesa(n) . . . I am interested in . . . 8
Me parece(n) . . . It seems . . . to me. (They seem . . . to me.) 8

Opino que . . . It's my opinion that . . . 8
Pienso que . . . I think that . . . 8
Prefiero . . . I prefer . . . 8

Describing symptoms

Me duele la cabeza/la espalda, etc. I have a headache/backache, etc. 9
Me tiemblan las manos. My hands are shaking. 9
Necesito pastillas (contra fiebre, mareos, etc.). I need pills (for fever, dizziness, etc.). 9
Necesito una receta (unas aspirinas, un antibiótico, unas gotas, un jarabe). I need a prescription (aspirin, antibiotics, drops, cough syrup). 9

Giving suggestions

Es bueno. It's good. 9
Es conveniente. It's convenient. 9
Es importante. It's important. 9
Es imprescindible. It's indispensable. 9
Es mejor. It's better. 9
Es necesario./Es preciso. It's necessary. 9
Es preferible. It's preferable. 9

Giving instructions

Aplicar una pomada. Apply cream/ointment. 9
Bañarse con agua fría/caliente. Take a bath in cold/hot water. 9
Lavar la herida. Wash the wound. 9
Llamar al médico. Call the doctor. 9
Pedir información. Ask for information. 9
Poner hielo. Put on ice. 9
Poner una tirita/una venda. Put on a Band-Aid®/a bandage. 9
Quedarse en la cama. Stay in bed. 9
Sacar la lengua. Stick out your tongue. 9
Tomar la medicina/las pastillas después de cada comida (dos veces al día/antes de acostarse). Take the medicine/the pills after each meal (two times a day/before going to bed). 9

Expressing belief

Es cierto/verdad. That's right./That's true. 9
Estoy seguro/segura. I'm sure. 9
Lo creo. I believe it. 9
No cabe duda de que . . . There can be no doubt that . . . 9
No lo dudo. I don't doubt it. 9
No tengo la menor duda. I haven't the slightest doubt. 9
Tiene(s) razón. You're right. 9

Expressing disbelief

Caben dudas. There are doubts. 9
Dudo si . . . I doubt/I'm doubtful whether . . . 9
Es poco probable. It's doubtful/ unlikely. 9
Lo dudo. I doubt it. 9
No lo creo. I don't believe it. 9
No tienes razón. You're wrong. 9
Tengo mis dudas. I have my doubts. 9

Ordering a meal in a restaurant

¿Cuánto es la entrada? How much is the cover charge? 10
¿Está incluida la propina? Is the tip included? 10
Me falta(n) . . . I need . . . 10
¿Me puede traer . . . , por favor? Can you please bring me . . . ? 10
¿Puedo ver la carta/el menú/la lista de vinos? May I see the menu/the wine list? 10
¿Qué recomienda usted? What do you recommend? 10
¿Qué tarjetas de crédito aceptan? What credit cards do you accept? 10
Quisiera hacer una reserva para . . . I would like to make a reservation for . . . 10
¿Se necesitan reservaciones? Are reservations needed? 10
¿Tiene usted una mesa para . . . ? Do you have a table for . . . 10
Tráigame la cuenta, por favor. Please bring me the check/bill. 10

Describing food

Contiene . . . It contains . . . 10
Es como . . . It's like . . . 10
Es dulce (agrio/agria, etc.) . . . It's sweet (bitter, etc.) . . . 10
Huele a . . . It smells like . . . 10
Sabe a . . . It tastes like . . . 10
Se parece a . . . It looks like . . . 10
Su textura es blanda/dura/cremosa, etc. Its texture is soft/hard/creamy, etc. 10

Complaining

Es demasiado caro/cara (costoso/costosa). It's too expensive. 10
Esto es el colmo. This is the last straw. 10
No es justo. It isn't fair. 10
¡No, hombre/mujer! No way! 10
No puedo esperar más. I can't wait anymore. 10
No puedo más. I can't take this anymore. 10
Pero, por favor . . . But, please . . . 10

Negating and contradicting

¡Imposible! Impossible! 10
¡Jamás!/¡Nunca! Never! 10
Ni hablar. Don't even mention it. 10
No es así. It's not like that. 10
No está bien. It's not all right. 10

Extending invitations

¿Le (Te) gustaría ir a . . . conmigo? Would you like to go to . . . with me? 11
¿Me quiere(s) acompañar a . . . ? Do you want to accompany me to . . . ? 11
¿Quiere(s) ir a . . . ? Do you want to go to . . . ? 11
Si tiene(s) tiempo, podemos ir a . . . If you have time, we could go to . . . 11

Accepting invitations

Sí, con mucho gusto. Yes, with pleasure. 11
Sí, me encantaría. Yes, I'd love to. 11
Sí, me gustaría mucho. Yes, I'd like to very much. 11

Declining invitations

Lo siento mucho, pero no puedo. I'm very sorry, but I can't. 11
Me gustaría, pero no puedo porque . . . I'd like to, but I can't because . . . 11

Expressing sympathy

Es una pena. It's a pity. 11
Le doy mi pésame. You have my sympathy. 11
Lo siento mucho. I'm very sorry. 11
Mi sentido pésame. ⎫
Mis condolencias. ⎬ My condolences. 11
¡Qué lástima! What a pity! 11

Making reservations and asking for information

¿Dónde hay . . . ? Where is/are there . . . ? 12
¿El precio incluye . . . ? Does the price include . . . ? 12
Quisiera reservar una habitación . . . I would like to reserve a room . . . 12

Telling stories

Escuche (Escucha), le (te) voy a contar . . . Listen, I'm going to tell you . . . 12

Eso me recuerda a . . . That reminds me of . . . 12
No lo va(s) a creer, pero . . . You won't believe it, but . . . 12
¿Sabe(s) lo que me pasó? Do you know what happened to me? 12
Siempre recuerdo . . . I always remember . . . 12

Giving encouragement

¡A mí me lo dice(s)! You're telling me! 12
¿De veras?/¿De verdad? Really? Is that so? 12
¿En serio? Seriously? Are you serious? 12
¡No me diga(s)! You don't say! 12
¿Qué hizo (hiciste)? What did you do? 12
¿Qué dijo (dijiste)? What did you say? 12
¡Ya lo creo! I (can) believe it! 12

Entering into a conversation

Escuche (Escucha). Listen. 12
(No) Creo que . . . I (don't) believe that . . . 12
(No) Estoy de acuerdo porque . . . I (don't) agree because . . . 12
Pues, lo que quiero decir es que . . . Well, what I want to say is . . . 12
Quiero decir algo sobre . . . I want to say something about . . . 12

SPANISH-ENGLISH GLOSSARY

Genders have been given for nouns, that do not end in *-o* or *-a* and that do not follow the usual pattern, unless they are irregular. The feminine singular of adjectives has been given for those that vary from the masculine singular form. For further idiomatic expressions, please consult the Functional Glossary on pages 456–459.

Abbreviations used in this glossary:

adj.	*adjective*	fam.	*familiar*	inter.	*interrogative*	prep.	*preposition*
adv.	*adverb*	form.	*formal*	interj.	*interjection*	pron.	*pronoun*
conj.	*conjunction*	gen.	*generally*	m.	*masculine*	sing.	*singular*
d.o.	*direct object*	i.o.	*indirect object*	Mex.	*Mexico*	subj.	*subject*
f.	*feminine*	inf.	*infinitive*	pl.	*plural*		

A

a to, at   1
    a causa de on account of   10
    a cuadros checkered; plaid   4
    a diferencia de unlike; in contrast to   7
    a fin de que so (that)   10
    a la derecha (de) to the right (of)   3
    a la izquierda (de) to the left (of)   3
    a lo largo (de) along   3
    a lunares polka-dotted   4
    a menos que unless   10
    a menudo frequently, often   7
    a pesar de in spite of   8
    a propósito by the way   8
    a tiempo completo full-time   6
    a tiempo parcial part-time   6
    a veces at times   7
    a ver let's see   4
    al contrario on the contrary   7
    al contrario de unlike   10
    al extranjero abroad   12
    al fin y al cabo after all; when all is said and done   8
    al final in the end   10
    al fondo (de) in (the) back (of)   3
    al lado (de) alongside (of), beside   3
    al mes per month   4
    al principio at the beginning   8
abajo down (with)   5
abdomen *m.* abdomen   9
abogado(-a) attorney, lawyer   6
abordar to board *(a plane, a ship)*   12
abrigo coat   5
abril *m.* April   3
abrir to open   3
absoluto(-a) absolute   7
abuela grandmother   2
abuelo grandfather   2
aburrido(-a) bored   2
acabar de *(+ inf.)* to have just *(done something)*   3
acaso perhaps   10
accesorios accessories   5
acción *f.* action   5
aceite *m.* oil   10

aceituna olive   10
acelerado(-a) rapid, accelerated   9
aceptable acceptable   5
aceptar to accept   10
acercarse to approach   12
acompañar to accompany   11
acontecimiento event   11
acostarse (ue) to go to bed   5
actor *m.* actor   1
actriz *f.* actress   1
actual current   1
acuerdo agreement   7
adelgazar to lose weight   9
además besides, furthermore, in addition   8
adiós good-bye   1
adjetivo adjective   1
administración *f.* **de empresas** business and management   3
¿adónde? to where?   3
aduana customs   12
aerolínea airline   12
aeropuerto airport   12
afeitarse to shave   5
aficionado(-a) fan   8
agasajado(-a) guest of honor   11
agasajar to lavish attention on, fête   11
agenda date book, agenda   3
agente *m.f.* agent   12
    agente de aduana customs official   12
    agente de viajes travel agent   12
agosto August   3
agradecido(-a) grateful   2
agrio(-a) bitter   10
agua water   9
aguacate *m.* avocado   10
ahí there   2
ahora now   8
aire acondicionado *m.* air-conditioning   12
ajedrez *m.* chess   8
ajo garlic   10
alberca swimming pool   4
albergue estudiantil *m.* youth hostel   12
alegrarse to be glad/happy   2
alegre happy   2
alergia allergy   9

alfombra carpet, rug   4
algo something   12
    algo que declarar something to declare   12
algodón *m.* cotton   5
algún/alguno(-a) some   1
aliviar to relieve, alleviate   9
almacén *m.* department store   5
almohada pillow   4
almorzar (ue) to eat a morning snack, lunch   5
almuerzo morning snack, lunch   10
aló hello *(telephone response in some countries)*   2
alpinismo mountain climbing   8
alquilar to rent   12
alto(-a) high; tall   1
amo(-a) de casa homemaker   6
amable friendly   2
amarillo(-a) yellow   4
ambiente *m.* atmosphere, environment   6
amigo(-a) friend   1
    amiguito(-a) buddy, pal, chum   11
añadir to add   8
anaranjado(-a) orange   4
ándale there you to   10
andar to go, walk   8
andén *m.* gate *(bus),* platform *(train)*   12
anfitrión(-ona) host   11
anillo ring   5
animado(-a) excited   2
ánimo encouragement   12
aniversario *(wedding)* anniversary   11
año year   3
    el año pasado last year   8
anoche last night   8
anorexia anorexia   9
ante todo first of all, first and foremost   8
anteayer the day before yesterday   8
anterior before, prior   8
anteriormente formerly   8
antes previously   8
    antes de before   9
    antes (de) que before   10
antibiótico antibiotic   9
antropología anthropology   3

apagado(-a) dull   4
aparcamiento parking lot   3
apartamento apartment   4
apio celery   10
aplicarse to apply   9
aprender to learn   3
apretado(-a) tight   5
aprobar (ue) to approve   5
aquel(la) *adj.* that *(over there)*   4
    aquellos(as) *adj.* those
    (over there)   4
aquél(la) *pron.* that (one) *(over there)*   4
    aquéllos(-as) *pron.* those
    (over there)   4
aquello *pron.* that (one)   4
aquí here   8
arete *m.* earring   5
argentino(-a) Argentine   P
árido(-a) dry, arid   7
armario wardrobe   4
arquitectura architecture   3
arreglar to arrange   4
    arreglarse to get dressed up   5
arriba up (with)   5
arroz *m.* rice   10
arte *m.* art   3
    arte dramático theater   3
    artes marciales *f. pl.* martial arts   8
    bellas artes *f. pl.* fine arts   3
arteria artery   9
artesanías handicrafts   5
artículo article   1
    artículos de limpieza cleaning
    materials   4
artista *m. f.* artist   1
ascensor *m.* elevator   4
así like this, thus, in this manner   7
    así es that's so   7
    así que thus, therefore   10
asiento seat   12
asistente *m. f.* **de vuelo** flight
    attendant   12
asistentes *m. pl.* those (the people)
    present   11
asistir to attend   3
asociarse to associate   5
aspiradora vacuum cleaner   4
aspirante *m. f.* job candidate   6
aspirina aspirin   9
astronomía astronomy   3
atención *f.* attention   5
atender (ie) a to wait on; to attend to; to
    pay attention to *(other people)*   11
aterrizar to land   12
ático small attic, apartment   4
Atlántico Atlantic (ocean)   7
atleta *m. f.* athlete   1
atrasado(-a) late   12
atún *m.* tuna   10
aumento increase   6
aunque although (though)   5
auto car   12
autobús *m.* bus   12
ave *f.* poultry; bird   10
avión *m.* plane   12
ayer yesterday   8
ayudar to help   2
ayuntamiento city hall   6
azafata *f.* flight attendant   12
azúcar *m.* sugar   10
azul blue   4
azulejo tile   4

B

bahía bay   7
bailar to dance   8
bajar de to get off, out of *(a plane,
    train etc.)*   12
bajo(-a) short   1
balcón *m.* balcony   4
balde *m.* bucket   4
ballet *m.* ballet   8
balneario spa, resort   7
balón *m.* (volley)ball   1
baloncesto basketball   8
bañarse to bathe, take a bath   5
banco bank   6
bañera bathtub   4
baño bath; bathtub; bathroom   12
banquete *m.* banquet; open house   11
bar mitzvah *m.* bar mitzvah; thirteen-
    year-old *(male)*   11
barato(-a) (very) inexpensive,
    cheap   5
barbilla chin   9
barco ship, boat   12
barrer to sweep   4
bastante rather   2
basura trash, garbage   4
bat mitzvah *f.* thirteen-year-old *(female)*;
    bat mitzvah   11
bautizo baptism   11
beber to drink   3
béisbol *m.* baseball   8
bellas artes *f. pl.* fine arts   3
beneficios benefits   6
biblioteca library   3
bibliotecario(-a) librarian   6
bicicleta bicycle   8
bidé *m.* bidet   4
bien fine, well   1
billete *m.* ticket   12
biología biology   3
bisabuela great grandmother   2
bisabuelo great grandfather   2
blanco(-a) white   4
blando(-a) soft   10
blusa blouse   5
boca mouth   9
boda marriage, wedding   11
boleto ticket   8
bolígrafo ballpoint pen   3
boliviano(-a) Bolivian   P
bolso/bolsa bag; beach bag; purse,
    handbag   5
bombero(-a) firefighter   6
borrador *m.* *(chalk)* eraser   3
bosque *m.* forest, wood(s)   7
bota boot   5
botella bottle   10
botones *m. pl.* bellhop   12
brazo arm   9
brillante bright, shiny   4
brindar to make a toast   11
    brindar por to toast *(someone)*   11
bróculi *m.* broccoli   10
bucear to scuba dive   8
    bucear con tubo de respiración to
    snorkel   8
buen/bueno(-a) good   1
    buen provecho enjoy your meal   10
bufanda scarf   5
buscar to look for   2

C

caballero gentleman   5
caballo horse   8
cabello hair   8
caber to fit   9
    no cabe duda there can be
    no doubt   9
cabeza head   9
cabrito kid   10
cada each, every   9
cadera hip   9
café *m.* coffee   10
cafetería cafeteria   3
calabacita zucchini   10
calabaza squash, pumpkin   10
calamar *m.* squid   10
calcetines *m. pl.* socks   5
calculadora calculator   3
calefacción *f.* heat   12
caliente warm, hot   9
calle *f.* street   12
calor *m.* warmth; heat   4
cama bed   4
    cama matrimonial double
    bed   12
    cama de matrimonio double
    bed   12
camarero(-a) *(restaurant)* server,
    waitperson   6
camarón *m.* shrimp   10
cambiar to change   8
cambio change   5
caminar to walk   8
camisa shirt   5
camiseta T-shirt   5
campo field   7
cancha court, field   3
cangrejo crab   10
cansado(-a) tired   2
cantante *m. f.* singer   1
cantar to sing   2
cara face   9
característica characteristic   1
¡caray! oh!; oh no!   4
carne *f.* meat   10
    carne de res beef   10
    carne de vacuno beef   10
carnicería butcher shop   6
caro(-a) expensive   5
carretera highway   12
carta letter; menu   6
cartas (playing) cards   8
cartera billfold, wallet   5
casa house   4
catarata waterfall   7
catarro cold *(illness)*   9
catedral *f.* cathedral   6
catorce fourteen   1
causa cause   10
    a causa de on account of   10
causar to cause   10
cazar to hunt   8
cebolla onion   10
ceja eyebrow   9
celebrar to celebrate   12
celos *m. pl.* jealousy   4
cena supper   10
cenar to eat supper   10
centro center   3
    centro comercial shopping
    center   6
cepillarse to brush   5

cerca (de) close (to)   3
cerdo pork   10
cerebro brain   9
ceremonia ceremony   11
cereza cherry   10
cero zero   1
cerrar (ie) to close, shut   3
cerro hill   7
certeza certainty   10
cerveza beer   1
césped *m.* lawn   4
cesta basket   5
ceutí native of Ceuta   P
ceviche (cebiche) *m.* raw fish marinated
   in lime juice   10
chaleco vest   5
chalet *m.* house, villa   4
chao good-bye   1
chaqueta jacket; sport coat   5
charlar to chat   2
charlatán(-ana) gossipy   1
cheque *m.* check   12
      cheque de viaje traveler's check   12
      cheque de viajero traveler's
         check   12
chico(-a) young man (woman)   1
chileno(-a) Chilean   P
chimenea fireplace   4
chismear to gossip   11
cien/ciento (one, a) hundred   1
      cien mil (one) hundred thousand   4
      cien millones (one) hundred
         million   4
ciencias *f. pl.* science   3
      ciencias de la computación
         computer science   3
      ciencias de la pedagogía
         education   3
      ciencias económicas economics   3
      ciencias políticas political
         science   3
científico(-a) scientist   6
cierto(-a) *adj.* sure, certain, true; *adv.*
   certainly, surely   7
¿cierto? right?   3
cinco five   1
cincuenta fifty   1
cine *m.* movie theater, cinema   6
cintura waist   9
cinturón *m.* belt   5
circo circus   8
civil civil   11
clarificación f. clarification   1
claro(-a) *adj.* sure; clear; *adv.* certainly,
   surely   7
      claro que no of course not   10
      claro que sí certainly, surely, of
         course   7
clase *f.* class   2
clásico(-a) classic   5
clínica clinic   6
club *m.* club   8
cocina kitchen   4
cocinar to cook   10
cocinero(-a) cook   6
codo elbow   9
cognado cognate   1
cola line, queue   12
coleccionar to collect   8
colega *m. f.* colleague   11
colgar (ue) to hang   4
collar *m.* necklace   5

colmo height   10
      ¡Ésto es el colmo! This is the last
         straw!   10
colombiano(-a)   Colombian   1
color *m.* color   4
      café brown   1
columna vertebral spinal column   9
comedor *m.* dining room   4
comenzar (ie) to begin, start   5
comer to eat; to eat dinner   3
comerciante *m. f.* merchant   6
comestibles *m. pl.* food   10
comida meal, dinner   9
como like, as   7
      como consecuencia as a
         consecuencia   10
      como resultado as a result   10
¿cómo? how?; what?   1
      cómo no of course   7
cómoda chest of drawers; bureau   4
compañero(-a) companion, significant
   other, partner   2
      compañero(-a) de cuarto
         roommate   3
comparación *f.* comparison   6
comparado(-a) con compared with   7
comparar to compare   7
compartir to share   11
compasión *f.* sympathy   11
competencia competition   8
competición *f.* competition   8
competir (i, i) to complete   8
complemento directo direct object   5
complemento indirecto indirect
   object   6
completar to complete; to fill out   3
completo(-a) complete   6
componer to repair   10
comprar to buy   2
comprender to understand   3
comprobante *m.* voucher, credit slip   12
comprometerse to get engaged   11
compromiso engagement   11
computadora computer   3
comunión *f.* communion   11
con with   1
      con mucho gusto with pleasure   11
      con tal (de) que provided (that)   10
concierto concert   8
concluir to conclude   10
conclusión *f.* conclusion   10
condición *f.* condition   2
condimentos condiments   10
condolencias condolences   11
condominio condominium   4
conducir to drive   12
conferencia lecture   8
confirmar to confirm   12
conjunción *f.* conjunction   5
conjunto outfit   **5**
conmigo with me   11
conocer to know, to be acquainted
   with   10
conocimiento knowledge   10
conseguir (i, i) to get, obtain   5
consejero(-a) adviser   3
conserje *m. f.* concierge   12
conservador(a) conservative   1
construir to build, construct   11
consultar to look up (a webpage, a
   text, etc.), to consult   2
consultorio doctor's office   9

contabilidad *f.* accounting   3
contable *m. f.* accountant   6
contador(a) accountant   6
contar (ue) to count, to tell (*a story*)   5
contener (ie) to contain   10
contento(-a) happy   2
contestar to answer   3
continente *m.* continent   7
contra against   5
contradecir (i, i) to contradict   10
contrario(-a) opposite, contrary   7
      al contrario de unlike   10
contraste *m.* contrast   7
control *m.* control   12
      control de pasaporte passport
         control   12
      control de seguridad security
         check   12
conveniente convenient   9
conversación *f.* conversation   4
convite *m.* banquet, open house   11
copa wine glass   10
corazón *m.* heart   9
corbata tie   5
cordero lamb   10
cordillera mountain range   7
correcto(-a) that's right   7
correo mail   3
      oficina de correos post office   3
correr to run   3
cortar to cut   4
cortina curtain   4
corto(-a) short   5
cosa thing   6
costa coast   7
costar (ue) to cost   4
costarricense *m. f.* Costa Rican   1
costoso(-a) expensive   10
coyuntura joint   9
creer (en) to believe (in), to think   3
crema cream   10
      crema agria sour cream   10
      crema batida whipped cream   10
cremoso(-a) creamy   10
crucigrama *m.* crossword puzzle   8
cuaderno notebook   3
cuadro square; painting   5
¿cuál(es)? which?, what?   3
cuando when   10
¿cuándo? when?   2
¿cuánto(-a)? how much?   3
      ¿cuántos(-as)? how many?   3
cuarenta forty   1
cuarto quarter (*of an hour*); room   2
      cuarto de baño bathroom   4
      cuarto oscuro darkroom   8
cuarto(-a) fourth   5
cuatro four   1
cuatrocientos(-as) four hundred   4
cubano(-a) Cuban   P
cubanoamericano(-a) Cuban-
   American   1
cubierto(-a) covered   7
cubiertos *m. pl.* table setting, cutlery   10
cubo bucket   4
cuchara soupspoon   10
cucharita teaspoon   10
cuchillo knife   10
cuello neck   9
cuenta bill, check   10
cuento story   12
cuero leather   5

cuerpo body 9
cuidado care 4
cuidar (de) to take care (of) 2
culpa fault 6
cultivar el jardín to garden *(flowers)* 8
cumpleañero(-a) birthday boy (girl) 11
cumpleaños *m. sing. & pl.* birthday 11
cuñada sister-in-law 2
cuñado brother-in-law 2
cutis *m.* facial skin 9
cuyo(-a), cuyos(-as) whose 11

D

dama lady 5
dar to give 6
darse cuenta de to realize 10
de of, from 1
    de acuerdo agreed, all right 3
    de cuadros plaid, checked 5
    de diamantes (of) diamonds 5
    de flores floral, flowered 5
    de ida one-way 12
    de ida y vuelta round-trip 12
    de la mañana in the
      morning, A.M. 2
    de la noche in the evening, P.M. 2
    de la tarde in the afternoon, P.M. 2
    de lunares polka-dotted 5
    de nuevo new 2
    de paso by the way 8
    de rayas striped 4
    ¿de veras? really, is that so? 12
    de verdad really 2
    de mismo modo similarly 8
debaja (de) below, under(neath) 3
deber (+ *inf.*) to have to, must/should
  (do something) 3
decano(-a) dean 3
décimo(-a) tenth 5
decir (i, i) to say, tell 2
declarar to declare 12
dedo finger, toe 9
definido(-a) definite 8
dejar to leave 2
delante (de) in front (of) 3
delantero(-a) front 9
delgado(-a) thin 1
delicioso(-a) delicious 10
demasiado(-a) too, too much 5
demora delay 12
denotar to denote, indicate 10
dentista *m. f.* dentist 6
dentro (de) inside (of) 3
dependiente(-a) clerk 6
deportes *m. pl.* sports 8
deportivo(-a) related to sports,
  sporting 8
depresión *f.* depression 9
deprimido(-a) depressed 2
derecha right 3
derecho law 3
desacuerdo disagreement 7
desagrado dissatisfaction 5
desastre *m.* disaster 4
desayunar to eat breakfast 10
desayuno breakfast 10
describir to describe 3
descripción *f.* description 1
descriptivo(-a) descriptive 1
desear to wish, want, desire 2
desembarcar to deplane 12

desempleado(-a) unemployed 6
desempleo unemployment 6
deshacer la maleta to unpack one's
  suitcase 12
desierto desert 7
desmayarse to faint 9
despacio slowly 8
despedida de soltera bridal shower 11
despedida de soltero bachelor party 11
despedir (i, i) to fire 6
    despedirse to say good-bye 1
despegar to take off 12
despejado(-a) clear *(weather)* 7
despertarse (ie) to wake up 5
después then, next 8
    después de after 9
    después (de) que after 10
destino destination 12
desván *m.* attic 4
detergente *m.* **para platos** dish
  detergent 4
detrás (de) in back (of), behind 3
devolver (ue) to return *(something)* 5
día *m.* day 1
    al día per day 9
    día de santo saint's day 11
    día festivo holiday 11
diario diary 3
diario(-a) daily 5
diarrea diarrhea 9
diccionario dictionary 3
diciembre *m.* December 3
diecinueve nineteen 1
dieciocho eighteen 1
dieciséis sixteen 1
diecisiete seventeen 1
diente *m.* tooth 9
diez ten 1
diferencia difference 7
diferente different 7
    diferente de unlike 7
digestión *f.* digestion 9
Dios *m.* God 6
Dios mío oh, my goodness 4
dirección *f.* direction 3
directo(-a) direct 5
disculparse to excuse oneself 5
disfrutar to enjoy 11
diversión *f.* entertainment; hobby,
  pastime 8
divertirse (ie, i) to have fun 5
dividido por/entre divided by *(in
  mathematical functions)* 4
doblar to bend 9
doble double 12
doce twelve 1
docena dozen 10
doctor(a) doctor 6
doler (ue) to hurt 9
    me duele la cabeza I have a
      headache 9
dolor *m.* pain, ache 9
    dolor de garganta sore throat 9
    dolor muscular muscle ache 9
doméstico domestic, household 4
domingo *m.* Sunday 3
dominicano(-a) Dominican P
donde where 11
¿dónde? where 3
dormir (ue, u) to sleep 5
    dormirse (ue, u) to fall asleep 5
dormitorio bedroom 4

dos two 1
doscientos(-as) two hundred 4
ducha shower 4
    ducharse to shower 5
duda doubt 9
dudar to doubt 9
dudoso(-a) doubtful 10
dulce sweet 10
durazno peach 10
duro(-a) tough, hard 10

E

economía economics 3
ecuatoriano(-a) Ecudorian P
edificio building 3
efecto effect 10
eficiente efficient 1
ejemplo example 3
ejercicio exercise 8
    ejercicios aeróbicos aerobics 8
el *m.* the 1
él he 2
el (los) cual(es), la(s) cual(es) which,
  whom 11
el (los) que, la(s) que that, which,
  whom, the one(s) 11
electrodoméstico electrical (household)
  appliance 4
elegante elegant 1
elegir (i, i) to elect, to choose 5
ella she 2
embarazada pregnant 1
emisora de radio radio station 6
emoción *f.* emotion 5
emocional emotional 1
empatar to tie 8
empezar (ie) to begin, start 5
    para empezar to begin with 8
empresa firm, business 6
en in, on, at 3
    en cambio on the other hand 10
    en caso (de) (que) in case
      (that) 10
    en conclusión in conclusion 8
    en particular in particular 8
    en principio in principle 8
    en resumen in summary 8
    en suma in conclusion 8
    en venta on sale 5
    en voz alta aloud 3
encantado(-a) delighted 1
encantador(a) enchanting 5
encantar to love, to be delighted 3
encerrar (ie) to lock up 5
encima (de) on top (of) 3
encontrar (ue) to find 5
enero January 3
enfermero(-a) nurse 6
enfermo(-a) sick 2
enfrente (de) in front (of) 3
engordar to gain weight 9
enojado(-a) angry 5
ensalada salad 10
enseñar to teach 2
entender (ie) to understand 5
entonces then, next 8
entrada entrance, cover charge, ticket 4
entrar to enter 12
entre among, between 1
entregar to hand in, hand over 2
entrenador(a) coach 3

hace frío it's cold   7
hace mal tiempo it's bad
   weather   7
hace sol it's sunny   7
hace viento it's windy   7
hacer cola to stand in line   12
hacer escala to make a stop   12
hacer juego to go with   5
hacer la maleta to pack one's
   suitcase   12
   ¿Qué tiempo hace? What's the
   weather like?   7
hambre *f.* hunger   4
hasta until   1
   hasta ahora up to now, so far   8
   hasta aquí up to now, so far   8
   hasta hace poco until a little
      while ago   8
   hasta que until   10
hay there is/are   2
   hay que (+ *inf.*) one should
      (+ *verb*), it's necessary to
      (+ *verb*)   7
helada frost   7
hepatitis *f.* hepatitis   9
herida wound   9
hermana sister   2
hermanastra stepsister   2
hermanastro stepbrother   2
hermano brother   2
hielo ice   1
hierba grass   4
hígado liver   9
hija (adoptiva) (adopted) daughter   2
hijastra stepdaughter   2
hijastro stepson   2
hijo (adoptivo) (adopted) son   2
hipertensión *f.* hypertension, high blood
   pressure   9
historia history   3
   historia médica medical history   9
hogar *m.* home   4
hoja de papel piece of paper   3
hola hi   1
holandés(esa) Dutch   1
hombre *m.* man   10
hombro shoulder   9
hondureño(-a) Honduran   P
hora time   2
horrible horrible   2
horror *m.* horror   6
hospital *m.* hospital   6
hostal *m.* hostel   12
hotel *m.* hotel   12
   hotel económico inexpensive
      hotel   12
   hotel de lujo luxury hotel   12
   hotel de primera clase first-class
      hotel   12
huelga strike   6
hueso bone   9
huésped *m. f.* guest   12
huevo egg   10
huipil *m.* embroidered blouse   5
humano(-a) human   9

I

ideal ideal   1
idealista idealist   1
identificación *f.* identification   1
iglesia church   6

igual equal   10
   al igual que like   10
igualmente likewise   1
impermeable *m.* raincoat   5
impersonal impersonal   9
importancia importance   6
importante important   1
imposible impossible   10
imprescindible indispensable   9
impresionante impressive   5
impresora printer   3
impuesto tax   12
incluido(-a) included   10
incluir to include   12
incorrecto(-a) not right, incorrect   7
increíble incredible, amazing   4
independiente independent   1
indicar to indicate   10
indirecto(-a) indirect   6
inferior lower   9
infinitivo infinitive   9
inflamación *f.* **de la garganta** strep
   throat   9
información *f.* information   3
ingeniería engineering   3
ingeniero(-a) engineer   6
ingrediente *m.* ingredient   10
inicialmente initially   8
inodoro toilet   4
insistir (en + *inf.*) to insist (*on doing
   something*)   3
insomnio insomnia   9
instrucciones *f. pl.* instructions   9
instructor(a) instructor   3
inteligente intelligent   1
interesante interesting   1
interesar to interest, be interested in   3
interno(-a) internal   9
interrogativo(-a) interrogative   3
intestino intestine   9
introvertido(-a) introvert   1
invierno winter   5
invitación *f.* invitation   11
invitado(-a) guest   11
invitar to invite   2
inyección *f.* injection, shot   9
ir to go   1
irracional irrational   1
irresponsable irresponsible   1
irse to leave, go away   5
isla island   7
isolate *m.* barren (small) island   7
izquierda left   3

J

jamás never   10
jamón *m.* ham   10
jarabe *m.* cough syrup   9
jardín *m.* yard, flower garden   4
   jardín botánico botanical garden   3
   jardín zoológico zoo   6
jeans *m. pl.* jeans   5
joven young   5
jubilado(-a) retired   6
judía verde green bean   10
juego game (*Monopoly, hide-and-seek,
   etc.*)   8
juerga bash   11
jueves *m.* Thursday   3
jugar (ue, u) to play (*a sport or
   game*)   5

juicio judgment   10
julio July   3
junio June   3
junto a beside, next to   3
jurar to swear, give one's word   11
justo(-a) fair   10

K

kilo kilogram (*2.2 pounds*)   10
kiosco kiosk, stand   6

L

la *f.* the   1; *d.o. pron.* you (*form. sing.*),
   her, it   5
labio lip   9
laboratorio laboratory   3
lado side   3
lago lake   7
lámpara lamp   4
lana wool   5
langosta lobster   10
lápiz *m.* (*pl.* **lápices**) pencil(s)   3
largo(-a) long   5
las *f. pl.* the   1; *d.o. pron.* you (*form. pl.*),
   them   5
lástima pity   4
lavabo bathroom sink   4
lavadora washing machine   4
lavandería laundry, laundry room   6
lavaplatos *m.* dishwasher   4
lavar to wash   5
le *i.o. pron.* to/for you (*form. sing.*), him,
   her, it   6
leal loyal   1
lección *f.* lesson   6
leche *f.* milk   10
lechería dairy store   10
lechuga lettuce   10
leer to read   3
lejos (de) far (from)   3
lengua language, tongue   3
   lenguas modernas modern
      languages   3
les *i.o. pron.* to/for you (*form. pl.*),
   them   6
levantar to lift   8
   levantar pesas to lift weights   8
   levantarse to get up   5
liberal liberal   1
libra pound   10
librería bookstore   3
libro book   3
licuado smoothie made with fruits, juices,
   and ice   10
limón *m.* lemon; lime   1
limpiador *m.* liquid cleaner   4
   limpiador para el hogar all-purpose
      cleaner   4
   limpiador para ventanas window
      cleaner   4
limpiar to clean   2
línea aérea airline   12
lino linen   5
liquidación *f.* sale   5
lista list   10
literatura literature   3
litro liter (*1.057 quarts*)   10
llamar to call   2
   llamarse to be called/named   1
llano plain   7

Spanish-English Glossary   **469**

llegada arrival 12
lleno(-a) full 10
llevar to take, to carry, to wear 2
llover (ue) to rain 7
    está lloviendo it's raining 7
lluvia rain 7
lo *d. o. pron.* you *(form. sing.)*, him, it 5
    lo cual which 11
    lo que what, which 11
    lo siento (mucho) I'm (very sorry 11
loco(-a) crazy 4
locutor(a) announcer 6
los *m. pl.* the 1; *d. o. pron.* you *(form. pl.)*, them 5
lucha fight, struggle 5
luchar to fight, struggle 5
lucir to wear; to show off, "sport" 5
luego then, next 8
lugar *m.* place 3
lujo first-class; luxury 12
lunes *m.* Monday 3

M

madrastra stepmother 2
madre *f.* mother 2
madrina godmother 11
maestro(-a) teacher 6
    maestro(-a) de ceremonias leader of the ceremony 11
maíz *m.* corn 10
mal/malo(-a) ill, bad, badly, not . . . well 1
maleta suitcase 12
maletero porter 12
mañana tomorrow, morning 1
manantial *m.* spring *(of water)* 7
mandar to send 2
mandato command 3
manejar to drive 12
manera way 10
mango mango 10
mano *f.* hand 9
mansión *f.* mansion 4
mantel *m.* tablecloth 10
mantenerse (ie) en forma to stay fit, keep in shape 9
mantequilla butter 10
manzana apple 10
mar *m.* sea 12
maravilla marvel, wonder 4
marcador *m.* marker 3
marcharse to leave, to go away 5
marearse to feel dizzy 9
mareo dizziness 9
mariscal *m.* raw shellfish marinated in lime juice 10
mariscos shellfish 10
marrón brown 4
martes *m.* Tuesday 3
marzo March 3
más more, plus *(in mathematical functions)* 1
más que more than 10
masculino(-a) masculine 5
masticar to chew 9
matemáticas mathematics 3
materia course, subject 3
materialista materialistic 1
mayo May 3
mayonesa mayonnaise 10

mayor older 6
    el/la mayor the oldest 6
me *d.o. & i.o. pron.* (to/for) me 5
mecánico(-a) mechanic 6
mediano(-a) medium 1
medianoche *f.* midnight 2
medias stockings 5
medicamento medication 9
medicina medicine 3
médico(-a) doctor 6
medio(-a) half 2
    media hermana half sister 2
    media pensión half board *(breakfast and one other meal)* 12
    medio hermano half brother 2
mediodía *m.* noon 2
mejilla cheek 9
mejillón *m.* mussel 10
mejor better 6
    el/la mejor the best 6
melillense *m. f.* native of Melilla P
melón *m.* melon 10
menor younger 6
    el/la menor the youngest 6
menos less, minus *(in mathematical functions)* 1
    menos que less than 10
mentir (ie, i) to lie 5
menú *m.* menu 10
merecer to deserve 6
merendar (ie) to eat a snack 10
merienda snack 10
mes *m.* month 3
    el mes anterior the month before 8
mesa table 3
mesero(-a) *(Mex.) (restaurant)* server, waitperson 5
meseta plateau 7
mesita end table 4
    mesita de noche night table 4
metro subway 12
mexicano(-a) Mexican P
mi my 3
microondas *m.* microwave 4
miedo fear 4
miembro member 2
mientras while 5
miércoles *m.* Wednesday 3
mil (a/one) thousand 2
millón *m.* million 4
mío(-a) mine 1
mirar to look (at), watch 2
misa mass 11
mismo(-a) same 7
mochila backpack 3
moda fashion, style 5
modelo style 5
moderno(-a) modern 1
modesto(-a) modest 1
modista dressmaker 5
modo fashion, style 5
mola appliquéd tapestry 5
molestar to bother, be bothered by 3
momento moment 7
mononucleosis *f.* mononucleosis 9
montaña mountain 7
montañoso(-a) mountainous 7
montar to climb, get on 8
    montar a caballo to ride horseback 8
morado(-a) purple 4

morir (ue, u) to die 5
mostaza mustard 10
mostrador *m.* counter 12
mostrar (ue) to show 5
motel *m.* motel 12
motocicleta motorcycle 8
mover (ue) to move *(something)* 5
mucho(-a) much, many 1
muebles *m. pl.* furniture 4
mujer *f.* woman 10
    mujer policía police officer 6
municipalidad *f.* city hall 6
muñeca wrist 9
muscular muscular 9
museo museum 3
músico *m. f.* musician 1
muslo thigh 9
muy very 1

N

nacionalidad *f.* nationality 1
nada nothing 1
nadar to swim 8
naipes *m. pl.* (playing) cards 8
nalga buttock 9
naranja orange 10
nariz *f.* nose 9
natural natural 1
navegar a la vela to sail 8
necesario(-a) necesary 7
necesitar to need 7
negar (ie) to deny, to negate 5
    está nevando it's snowing 7
nevar (ie) to snow 7
ni . . . ni neither . . . nor 5
nicaragüense *m. f.* Nicaraguan P
niebla fog 7
nieta granddaughter 2
nieto grandson 2
nieve *f.* snow 7
nilón *m.* nylon 5
ningún/ninguno(-a) no, none 1
no no 1
    ¿no? isn't that so? 3
    ¿no es así? isn't that right? 3
    no obstante however 8
noche *f.* night 1
nombre *m.* name 1
noreste *m.* northeast 7
normal normal 1
normalmente normally 7
noroeste *m.* northwest 7
norte *m.* north 7
norteamericano(-a) North American 1
nos *d.o. & i.o. pron.* (to/for) us 5
nosotros(-as) we 3
nota adhesiva "Post-it"® note 3
novecientos(-as) nine hundred 4
novelista *m. f.* novelist 1
noveno(-a) ninth 5
noventa ninety 1
novia bride, fiancée 11
noviembre *m.* November 3
novio groom, fiancé 11
nublado(-a) cloudy 7
nuboso(-a) cloudy 7
nuera daughter-in-law 2
nuestro(-a) our 3
nueve nine 1
nuevo(-a) new 1
número number 1
nunca never 10

O

o or 5
o ... o either ... or 5
objeto object 6
    objeto de jade jade object 5
obligación *f.* obligation 7
obstinado(-a) obstinate, stubborn 1
obtener (ie) to get 6
obvio(-a) obvious 10
océano ocean 8
ochenta eighty 1
ocho eight 1
ochocientos(-as) eight hundred 4
octavo(-a) eighth 5
octubre *m.* October 3
ocupado(-a) busy 2
ocurrir to occur 3
oferta offer 5
oficina office 3
    oficina de correos post office 3
oficio occupation 6
oído (inner) ear; hearing 9
oír to hear 5
ojalá I hope 10
ojo eye 9
oler (ue) to small 9
olfato (sense of) smell 9
olla de cerámica ceramic pot 5
once eleven 1
onomástico saint's day, birthday 11
ópera opera 8
opinar to give one's opinion 4
opinión *f.* opinion 8
optimista optimistic 1
oración *f.* sentence 3
ordenador *m.* computer 3
ordinal ordinal 5
oreja (outer) ear 9
organizar to organize, to tidy up 4
órgano organ 9
orgulloso(-a) (de) proud 2
origen *m.* origin 1
oro gold 5
os *d.o. & i.o. pron.* (to/for) you
    (fam. pl.) 5
oscuro(-a) dark 8
ostra oyster 10
otoño autumn 5
otra vez one more time, again 8
otro(-a) other 4

P

pachanga rowdy celebration 11
paciente patient 1
padrastro stepfather 2
padre *m.* father 2
    padres parents 2
padrino godfather 11
pagar to pay 2
página page 3
palabra word 3
palacio palace 6
pan *m.* bread 10
panadería bakery 6
panameño(-a) Panamanian P
pantalones *m. pl.* trousers, pants 5
    pantalones cortos shorts 5
papa potato 10
papaya papaya 10
papel *m.* paper 3
    papel de cocina paper towel 4

paperas mumps 9
para for 3
    para empezar to begin with 8
    para que so (that) 10
    ¿para qué? for what reason? 3
parada stop *(taxi, metro)* 12
parador nacional *m.* government-run
    historical inn, castle, or palace
    (Spain) 12
paraguas *m.* umbrella 5
paraguayo(-a) Paraguayan P
parcial partial 6
parecer to seem 8
    parecerse a to look like, to be
    similar/like 10
pared *f.* wall 4
pareja pair 3
pariente *m.* relative 2
párpado eyelid 9
parque *m.* park 6
    parque de atracciones amusement
    park 8
parte *f.* part 2
partido match, game *(sports)* 8
pasa raisin 10
pasado(-a) past, last 8
    el año pasado last year 8
    pasado de moda out of style 5
pasaje *m.* ticket 12
pasajero(-a) passenger 12
pasaporte *m.* passport 12
pasar to pass, to happen 4
    pasar la aspiradora to run the
    vacuum 4
    pasarlo bien to have a good
    time 11
pasear to walk 8
pasillo hallway 4
pastel *m.* pastry, cake, pie 10
pastelería pastry shop 6
pastilla pill 9
patinar to skate 8
    patinar sobre hielo to ice-skate 8
    patinar sobre ruedas to roller-
    skate, roller-blade 8
patio patio, courtyard, yard, flower
    garden 4
pato duck 10
pavo turkey 10
pecho chest, breast 9
pedir (i, i) to ask (for), request 1
película movie, film 8
pelo hair 9
pena pain, trouble 4
península peninsula 7
pensar (ie) to think, to intend 5
pensión *f.* boardinghouse 12
    pensión completa all meals
    included 12
peor worse 6
    el/la peor the worst 6
pequeño(-a) small 5
pera pear 10
perder (ie) to lose 5
perdón *m.* pardon; pardon me 5
perdonarse to pardon oneself 5
perfecto(-a) perfect 7
periodismo jounalism 3
periodista *m. f.* journalist 6
permiso permission 5
pero *conj.* but 4
persona person 1

peruano(-a) Peruvian P
pesa weight 8
pesar to weigh 12
pesadilla nightmare 6
pésame *m.* sympathy 11
pecadería fish store, fish market 6
pescado fish 10
pescar to fish 8
pesimista pessimistic 1
pestaña eyelash 9
picar to snack 10
pico mountain peak 7
pie *m.* foot 9
piel *f.* skin 9
pierna leg 9
pijama *m.* pajamas 5
pimienta pepper 10
piña pineapple 10
pintura painting 5
Pirineos Pyrenees 7
piscina swimming pool 3
piso apartment, floor *(of a building)* 4
pista track 8
    pista de correr track 3
pizarra blackboard, chalkboard 3
planchar to iron 4
planta plant, floor *(of a store or
    business)* 4
plata silver 5
plátano banana 10
platillo saucer 10
plato plate, dish 4
    plato principal main dish,
    entrée 10
playa beach 1
plaza square 6
pluma (estilográfica) (fountain) pen 3
pobre poor 6
poco few, a little (bit) 7
poder (ue) to be able 5
policía *m. f.* police officer 6
poliéster *m.* polyester 5
político political 3
pollo chicken 10
pomada cream, ointment 9
poner to put (on), to place 2
    poner la mesa to set the table 4
    poner(le) una inyección to give
    (him/her) an injection 9
    ponerse feliz to become happy 5
    ponerse triste to become sad 5
popular popular 1
por by, through, because of, due to, owing
    to, times *(in mathematical
    functions)* 2
    por adelantado advance 12
    por ejemplo for example 3
    por eso therefore 8
    por favor please 2
    por fin finally 10
    por lo general generally 7
    por otra parte moreover, on the
    other hand 8
    por otro lado on the other hand 10
    ¿por qué? why? 3
    por supuesto of course 7
    por último lastly, finally 8
porque because 5
portero door attendant 12
posada inn 12
posesivo(-a) possessive 1
posible possible 10

salchicha sausage   10
salida departure   12
salir to leave, to go out   4
salmón *m.* salmon   10
salón *m.* living room, sitting room, hall, ballroom   4
salsa de tomate (dulce) tomato sauce, ketchup   10
salud *f.* health   2
saludar to greet   1
saludo greeting   1
salvadoreño(-a) Salvadorian   P
salvaje wild   7
sandalia sandal   1
sangre *f.* blood   9
sano(-a) healthy   9
santo saint's day, saint   11
sarampión *m.* measles   9
sastre *m.* tailor   5
satisfacción *f.* satisfaction   5
satisfecho(-a) full, satisfied   10
secadora dryer   4
secar to dry   4
secretario(-a) secretary   6
secreto secret   11
sed *f.* thirst   4
seda silk   5
seguir (i, i) to follow   5
segundo(-a) second   5
seguridad *f.* security   12
seguro(-a) *adj.* sure; *adv.* certainly, surely   2
seis six   1
seiscientos(-as) six hundred   4
selva jungle   7
selva tropical tropical rain forest   7
semana week   3
sencillo(-a) single *(room),* simple   12
sensacional sensational   5
sensible sensible   1
sentarse (ie) to sit down   5
sentido sense   9
sentimental sentimental   1
sentir (ie, i) to regret, to feel sorry   8
    sentirse bien to feel good   5
    sentirse mal to feel bad   5
septiembre *m.* September   3
séptimo(-a) seventh   5
ser to be   1
    ser humano *m.* human being   9
serio(-a) serious   12
servicios utilities   4
servilleta napkin   10
servir (i, i) to serve   5
sesenta sixty   1
setecientos(-as) seven hundred   4
setenta seventy   1
sexto(-a) sixth   5
si if, whether   5
sí yes   1
sicología psychology   3
sicólogo(-a) psychologist   6
SIDA AIDS   9
siempre always   7
sierra mountain range   7
siete seven   1
silla chair   3
sillón *m.* easy chair   4
sin embargo nevertheless, however   5

sino but *(on the contrary)*   5
    sino (que) *conj.* but   8
sobre on, over, about   8
sobrecama bedspread   4
sobremesa after-dinner conversation   4
sobrina niece   2
sobrino nephew   2
social social   11
sociología sociology   3
sofá *m.* sofa   4
sol *m.* sun   1
solicitar to apply   6
solicitud *f.* **de trabajo** job application   6
solidaridad *f.* solidarity   5
sólo only   5
solución *f.* solution   10
solucionar to solve   10
sombrero hat   5
sombrilla beach umbrella   1
sonreír (i, i) to smile   8
sopa soup   10
sorpresa surprise   11
sostener (ie) to support   9
sótano basement   4
su your *(form. sing. & pl.),* his, her, its, their   3
subir a to get into/on *(a train, bus, car, etc.)*   12
suegra mother-in-law   2
suegro father-in-law   2
sueldo salary   6
suelo floor   4
sueño dream   4
suerte *f.* luck   4
suéter *m.* sweater   5
sugerencia suggestion   9
sugerir (ie, i) to suggest   5
suma sum, summary   10
super super *(used as prefix)*   5
superar to overcome   5
superior superior, upper   1
supermercado supermarket   6
supersticioso(-a) superstitious   1
sur *m.* south   7
sureste *m.* southeast   7
suroeste *m.* southwest   7
suspender to fail   3

T

tabique *m.* partition, wall   4
tacto touch   9
tal vez perhaps   10
taller *m.* workshop, garage   6
también also, in addition   8
tan pronto como as soon as   10
ton(to) . . . como as . . . as   10
tapete *m.* throw (scatter) rug, doily   4
taquilla ticket desk *(bus, train),* box office   4
tarde *f.* afternoon   1
tarde late   2
tarjeta de crédito credit card   10
taza cup   10
tazón *m.* soup bowl   10
te *d.o. & i.o. pron.* (to/for) you *(fam. sing.)*   5
té *m.* tea, afternoon tea   1
teatro theater   3

techo ceiling   4
técnico(-a) technician   6
tela fabric   5
teléfono telephone   2
televisión *f.* television   8
televisor *m.* television set   4
temblar (ie) to shake   9
    me tiemblan las manos my hands are shaking   9
temer to fear   10
temperatura temperature   9
tender (ie) la cama to make the bed   4
tenedor *m.* fork   10
tener (ie) to have   4
    no tener razón to be wrong   9
    tener ___ años to be ___ years old   4
    tenera calor to feel warm   4
    tener celos to be jealous   4
    tener cuidado to be careful   4
    tener éxito to be successful   4
    tener frío to feel cold   4
    tener ganas de *(+ inf.)* to feel like *(doing something)*   4
    tener hambre to be hungry   4
    tener lugar to take place   4
    tener mareos to be dizzy   9
    tener miedo a to be afraid *(of a person)*   4
    tener miedo de to be afraid *(of a thing)*   4
    tener prisa to be in a hurry   4
    tener que *(+ inf.)* to have to *(+ verb)*   7
    tener razón to be right   4
    tener sueño to be sleepy   4
    tener suerto to be lucky   4
tenis *m.* tennis   8
tercer/tercero(-a) third   1
terminal *m.* terminal   12
terminar to finish   2
ternera veal   10
terraza terrace   4
terrible terrible   1
testigo *m. f.* witness   11
textura texture   10
tía aunt   2
tiempo time, weather   6
tienda shop, store   5
tierno(-a) tender   10
tierra land, earth   7
    Tierra Earth *(the planet)*   7
tintorería dry cleaners   6
tío uncle   2
tirita Band-Aid®   9
tiza chalk   3
toalla towel   1
    toalla de papel paper towel   4
tobillo ankle   9
tocador *m.* dresser, dressing table   4
tocar to play *(a musical instrument);* to touch   2
tocino bacon   10
todo(-a) all, every   7
    todos los días every day   7
tomar to take, to drink   2
tomate *m.* tomato   10
topografía topography   7
tormenta storm   7

toronja grapefruit   10
torre *f.* tower   3
tos *f.* cough   9
trabajador(a) social social worker   6
trabajo work   6
traductor(a) translator   6
traer to bring   6
trabajador(a) traitorous   1
traje *m.* suit   5
    traje de baño bathing suit   1
tranquilo(-a) tranquil, calm   1
transicional transitional   8
transporte *m.* transportation   12
trapo dust cloth, rag   4
tratamiento treatment   9
trece thirteen   1
treinta thirty   1
tren *m.* train   12
tres three   1
trescientos(-as) three hundred   4
trigueño(-a) brunette   1
triste sad   2
tronco trunk   9
tropical tropical   7
trucha trout   10
trueño thunder   7
tú you *(fam. sing.)*   1
tu your *(fam. sing.)*   3
tuna cactus fruit   10

U

ubicación *f.* place   3
último(-a) final, last   5
un/uno(-a) a, an, one   1
único(-a) unique   5
universidad *f.* university   3
unos(-as) some   1
urgente urgent   10
uruguayo(-a) Uruguayan   P
usado(-a) used   5
usar to use   2

usted you *(form. sing.)*   1
usualmente usually   7
uva grape   10

V

vacaciones *f. pl.* vacation   12
vacunar to vaccinate   9
valer to be worth, to cost   4
    ¿vale? okay?   3
valiente valiant, courageous   1
valle *m.* valley   7
valor *m.* value   10
varicela chicken pox   9
vaso glass   10
veinte twenty   1
vela sail   8
vena vein   9
venda bandage   9
vender to sell   3
venezolano(-a) Venezuelan   P
venir (ie) to come   4
ventana window   4
ventanilla ticket window
    (bus, train)   12
ver to see   3
verano summer   5
verbo verb   2
verdad *f.* truth   2
    ¿verdad? right?   3
verde green   4
verdulería vegetable store   10
verduras *f.* pl. vegetables   10
vestíbulo foyer   4
vestido dress   5
vestirse (i, i) to get dressed   5
veterinario(-a) veterinarian   6
vez *f.* time   7
    de vez en cuando from time to
        time   7
    dos veces two times, twice   9
viajar to travel   2

viajero(-a) traveler   12
viejo(-a) old   6
viento wind   7
viernes *m.* Friday   3
VIH HIV   9
vinagre *m.* vinegar   10
vino wine   10
    vino blanco white wine   10
    vino rosado rosé wine   10
    vino tinto red wine   10
violeta violet   4
visitar to visit   2
vista view; sight   1
vitrina china cabinet   4
viuda widow   2
viudo widower   2
viva long live   5
vivienda housing   4
vivir to live   3
voleibolista *m. f.* volleyball player   1
volver (ue) to return   5
    volverse loco(-a) to go crazy   5
vomitar to vomit   9
vosotros(-as) you *(fam. pl.)*   2
voz *f.* voice   3
vuelo flight   12
vuestro(-a) your *(fam. sing.)*   3

Y

y and   1
yerno son-in-law   2
yo I   2

Z

zanahoria carrot   10
zapatilla flip-flop   5
zapato shoe   5
zona area   7
zona de estar living area   4

ENGLISH-SPANISH GLOSSARY

A

a, an un/uno(-a)   1
abdomen abdomen *m.*   9
able, to be poder (ue)   5
about sobre   8
abroad al extranjero   12
absolute absoluto(-a)   7
accelerated acelerado(-a)   9
accept, to aceptar   10
acceptable aceptable   5
accessories accesorios   5
accompany, to acompañar   11
account of, on a causa de   10
accountant contador(a)   6, contable
   m. f.   6
accounting contabilidad *f.*   3
ache dolor *m.*   9
   muscle ache dolor muscular   9
acquainted with *(question)*, **to be**
   conocer   10
action acción *f.*   5
activity práctica   3
actor actor *m.*   1
actress actriz *f.*   1
add, to añadir   8
addition, in además   8, también   8
adjective adjetivo   1
adopted adoptivo(-a)   2
advance por adelantado   12
adviser consejero(-a)   3
aerobics ejercicios aeróbicos   8
afraid *(of a person)*, **to be** tener (ie)
   miedo a   4, *(of a thing)*, tener (ie)
   miedo de   4
after después (de) (que)   9
   after-dinner conversation
      sobremesa   4
afternoon tarde *f.*   1
   afternoon tea té *m.*   1
   in the afternoon de la tarde, por la
      tarde   2
again otra vez   8
against contra   5
agenda agenda   3
agent agente *m.f.*   12
   travel agent agente de viajes   12
agree, to estar de acuerdo   7
agreed de acuerdo   3
agreement acuerdo   7
AIDS SIDA   9
air-conditioning aire acondicionado
   m.   12
airline aerolínea   12, línea aérea   12
airport aeropuerto   12
all todo(-a)   7
   after all al fin y al cabo   8
   all right de acuerdo   3
   all-purpose cleaner limpiador *m.*
      para el hogar   4
   when all is said and done al fin y al
      cabo   8
allergy alergia   9
alleviate, to aliviar   9
along a lo largo (de)   3
alongside (of) al lado (de)   3

aloud en voz alta   3
also también   8
although aunque   5
always siempre   7
A.M. de la mañana   2
amazing increíble   4
among entre   1
amusement park parque *m.* de
   atracciones   8
and y   1
angry enojado(-a)   5
   to get angry enojarse   5
ankle tobillo   9
anniversary aniversario *(wedding)*   11
announcer locutor(a)   6
anorexia anorexia   9
answer respuesta   1
   to answer contestar   3
anthropology antropología   3
antibiotic antibiótico   9
apartment apartamento   4
   piso   4
   efficiency apartment estudio   4
apple manzana   10
appliance, electrical electrodoméstico   4
application, job solicitud *f.* de trabajo   6
appliquéd tapestry mola   5
apply, to solicitar   6, aplicarse   9
approach, to acercarse   12
approve, to aprobar (ue)   5
April abril *m.*   3
architecture arquitectura   3
area zona   7
Argentine argentino(-a)   P
arid árido(-a)   7
arm brazo   9
arrange, to arreglar   4
arrival llegada   12
art arte *m.*   3
   fine arts bellas artes *f. pl.*   3
   liberal arts filosofía y letras   3
   martial arts artes *f. pl.* marciales   8
artery arteria   9
article artículo   1
artist artista *m.f.*   1
   as como   7
   as . . . as tan(to) . . . como   10
as soon as tan pronto como   10
ask (for), to pedir (i, i)   1
aspirin aspirina   9
associate, to asociarse   5
astronomy astronomía   3
at a   1
athlete atleta *m.f.*   1
Atlantic (ocean) Atlántico   7
atmosphere ambiente *m.*   6
attend *(functions)* **to** asistir   3
   to attend to *(other people)* atender
      (ie) a   11
attendee asistente *m.f.*   1
attention atención *f.*   5
attic *(small)* ático   4, desván *m.*   4
attorney abogado(-a)   6
August agosto   3

aunt tía   2
autumn otoño   5
avocado aguacate *m.*   10

B

baby shower fiesta de canastilla   11
bachelor party despedida de soltero   11
back (of), in (the) al fondo (de)   3
back espalda   9
back(ground) fondo   3
backpack mochila   3
bacon tocino   10
bad mal/malo(-a)   1
   to feel bad sentirse (ie, i) mal   5
badly mal   1
bag bolso/bolsa   1
bags equipaje *m. sing.*   12
   to check one's bags facturar el
      equipaje   12
bakery panadería   6
balcony balcón *m.*   4
ball balón *m.*   1
ballet ballet *m.*   8
ballroom salón *m.*   4
banana plátano   10
Band-Aid® tirita   9
bandage venda   9
bank banco   6
banquet banquete *m.*   11,
   convite *m.*   11
baptism bautizo   11
bar mitzvah bar mitzvah *m.*   11
bargain ganga   5
   to bargain regatear   5
barren (small) island islote *m.*   7
baseball béisbol *m.*   8
basement sótano   4
bash juerga   11
basket cesta   5
basketball baloncesto   8
bat mitzvah bat mitzvah *f.*   11
bath baño   12
   to take a bath/bathe bañarse   5
bathing suit traje *m.* de baño   1
bathroom cuarto de baño   4, baño   12
   bathroom sink lavabo   4
bathtub bañera   4, baño   12
bay bahía   7
be, to estar   1, ser   1
beach playa   1
   beach bag bolsa   1
   beach umbrella sombrilla   1
bean frijol *m.*   10
   green bean judía verde   10
beautiful precioso(-a)   5
because porque   5
   because of por   2
bed cama   4
   double bed cama matrimonial   12;
      cama de matrimonio   12
   to go to bed acostarse (ue)   5
   to make the bed tender (ie) la
      cama   4
bedroom dormitorio   4
bedspread sobrecama   4

cold cut fiambre *m.* 10
    it's cold *(weather)* hace frío 7
    to feel cold tener (ie) frío 4
colleague colega *m.f.* 11
collect, to coleccionar 8
college facultad *f.* 3
Colombian colombian(-a) 1
color color *m.* 4
come, to venir (ie) 4
command mandato 3
communion comunión *f.* 11
    First Communion Primera
      Comunión *f.* 11
companion compañero(-a) 2
compare, to comparar 7
    compared with comparado(-a)
      con 7
comparison comparación *f.* 6
compete, to competir (i, i) 8
competition competencia 8,
  competición *f.* 8
complain, to quejarse 5
complete completo(-a) 6
    to complete completar 3
complexion cutis *m.* 9
computer computadora 3, ordenador
    computer science ciencias de la
      computación 3
concert concierto 8
concierge conserje *m.f.* 12
conclude, to concluir 10
conclusion conclusión *f.* 10
    in conclusion en conclusión 8,
      en suma 8
condiments condimentos 10
condition condición *f.* 2
condolences condolencias 11
condominium condominio 4
confirm, to confirmar 12
congratulate, to felicitar 11
conjunction conjunción *f.* 5
consequence, as a como
  consecuencia 10
conservative conservador(a) 1
constipation estreñimiento 9
construct, to construir 11
contain, to contener (ie) 10
continent continente *m.*
contradict, to contradecir (i, i) 10
contrary contrario(-a) 7
    on the contrary al contrario 7
contrast contraste *m.* 7
    in contrast to a diferencia de 7
control control *m.* 12
convenient conveniente 9
conversation conversación *f.* 4
cook cocinero(-a) 6
    to cook cocinar 10
cool fresco(-a) 7
    it's cool *(weather)* hace fresco 7
corn maíz *m.* 10
cost, to costar (ue) 4
Costa Rican costarricense *m.f.* 1
cotton algodón *m.* 5
cough tos *f.* 9
    cough syrup jarabe *m.* 9
count, to contar (ue) 5
counter mostrador *m.* 12
courageous valiente 1
course materia 3
court cancha 3

courtyard patio 4
cousin primo(-a) 2
cover charge entrada 4
covered cubierto(-a) 7
crab cangrejo 10
crazy loco(-a) 4
cream *(ointment)* pomada 9, *(for
  coffee, etc.)* crema 10
creamy cremoso(-a) 10
credit crédito 4
    credit card tarjeta de crédito 10
    credit slip comprobante *m.* 12,
      resguardo 12
crossword puzzle crucigrama *m.* 8
Cuban cubano(-a) P
    Cuban-American cubano-
      americano(-a) 1
cup taza 10
current actual 1
curtain cortina 4
customs aduana 12
    customs official agente *m.f.* de
      aduana 12
cut, to cortar 4
cutlery cubiertos *m. pl.* 10

D

daily diario(-a) 5
dairy store lechería 10
dance, to bailar 8
dark oscuro(-a) 4
darkroom cuarto oscuro 8
date book agenda 3
daughter, (adopted) hija (adoptiva) 2
daughter-in-law nuera 2
day día *m.* 1
    day before yesterday anteayer 8
    every day todos los días 7
    per day al día 9
dean decano(-a) 3
December diciembre *m.* 3
declare, to declarar 12
decline, to rechazar 11
deep profundo(-a) 7
definite definido(-a) 8
delay demora, retraso 12
delicious delicioso(-a) 10, rico(-a) 10,
  sabroso(-a) 10
delighted encantado(-a) 1
    to be delighted encantar 3
denote, to denotar 10
dentist dentista *m.f.* 6
deny, to negar (ie) 5
department store almacén *m.* 5
departure salida 12
deplane, to desembarcar 12
depressed deprimido(-a) 2
depression depresión *f.* 9
describe, to describir 3
description descripción *f.* 1
descriptive descriptivo(-a) 1
desert desierto 7
deserve, to merecer 6
desire, to desear 2
desk *(student's)* pupitre *m.* 3,
  (teacher's) escritorio 3
    desk clerk recepcionista *m.f.* 12
    ticket desk *(bus, train)* taquilla 8,
      ventanilla 12
dessert postre *m.* 10

destination destino 12
develop photographs, to revelar
  fotos 8
diamonds, of de diamantes 5
diarrhea diarrea 9
diary diario 3
dictionary diccionario 3
die, to morir (ue, u) 5
difference diferencia 7
different diferente 7
digestion digestión *f.* 9
dining room comedor *m.* 4
dinner comida 9
direct directo(-a) 5
    direct object complemento
      directo 5
direction dirección *f.* 3
disagreement desacuerdo 7
disaster desastre *m.* 4
dish plato 4
    dish detergent detergente *m.* para
      platos 4
    main dish plato principal 10
dishwasher lavaplatos *m.* 4
dissatisfaction desagrado 5
divided by *(in mathematical functions)*
  dividio por/entre 4
dizziness mareo 9
dizzy, to be tener (ie) mareos 9,
  marearse 9
do, to hacer 3
doctor doctor(a) 6, médico(-a) 6
    doctor's office consultorio 9
doily tapete *m.* 4
domestic doméstico 4
Dominican dominicano(-a) P
door puerto 4
door attendant portero 12
dormitory residencia 3
double doble 12
    double (hotel) room habitación *f.*
      doble 12
doubt duda 9
    there can be no doubt no cabe
      duda 9
    to doubt dudar 9
doubtful dudoso(-a) 10
down (with) abajo 5
dozen docena 10
dream sueño 4
dress vestido 5
dressed, to get vestirse (i, i) 5
    to get dressed up arreglarse 5
dresser tocador 4
dressing room probador *m.* 5
dressing table tocador 4
dressmaker modista 5
drink, to tomar 2, beber 3
drive, to conducir 12, manejar 12
drop gota 9
dry árido(-a) 7
    dry cleaners tintorería 6
    to dry secar 4
dryer secadora 4
duck pato 10
due to por 2
dull apagado(-a) 4
dust cloth trapo 4
dust the furniture, to secudir los
  muebles 4
Dutch holandés(esa) 1

E

each cada   9
ear *(inner)* oído   9, *(outer)* oreja   9
earn, to ganar   2
earring arete *m.*   5
    dangling earring pendiente *m.*   5
earth tierra   7
    Earth *(the planet)* Tierra   7
easy chair sillón *m.*   4
eat (dinner), to comer   3
economics ciencias económicas   3,
    economía   3
Ecuadorian ecuatoriano(-a)   P
education ciencias de la pedagogía   3
effect efecto   10
efficiency apartment estudio   4
efficient eficiente   1
egg huevo   10
eight ocho   1
    eight hundred ochocientos(-as)   4
eighteen dieciocho   1
eighth octavo(-a)   5
eighty ochenta   1
either . . . or o . . . o   5
elbow codo   9
elect, to elegir (i, i)   5
elegant elegante   1
elevator ascensor *m.*   4
eleven once   1
embroidered blouse huipil *m.*   5
emotion emoción *f.*   5
emotional emocional   5
enchanting encantador(a)   5
encouragement ánimo   12
end, in the al final   10
end table mesita   4
engaged, to get comprometerse   11
engagement compromiso   11
engineer ingeniero(-a)   6
engineering ingeniería   3
enjoy, to disfrutar   11
    enjoy your meal buen
    provecho   10
enter, to entrar   12
entertain, to festejar   11
entertainment diversión *f.*   8
enthusiastic entusiasta   1
entrance entrada   4
entrée plato principal   10
environment ambiente *m.*   6
equal igual   10
eraser *(chalk)* borrador *m.*   3; *(pencil)*
    goma   3
estuary ría   7
evening noche *f.*   2
    in the evening de la noche, por la
    noche   2
event acontecimiento   11
every todo(-a)   7, cada   9
    every day todos los días   7
evident evidente   10
exactly exacto(-a)   7
examination examen *m.*   9
example ejemplo   3
    for example por ejemplo   3
excited animado(-a)   2
exclamation exclamación *f.*   4
excuse excusa   11
    to excuse oneself disculparse   5
    to make an excuse excusarse   11
exercise ejercicio   8
expect, to esperar   2

expensive caro(-a)   5, costoso(-a)   10
experience experiencia   10
express, to expresar   5
expression expresión *f.*   5
exquisite exquisito(-a)   5
extend, to extender (ie)   4
extremity extremidad *f.*   9
extrovert extrovertido(-a)   1
eye ojo   9
eyebrow ceja   9
eyelash pestaña   9
eyelid párpado   9

F

fabric tela   5
fabulous fabuloso(-a)   4
face cara   9
facial skin cutis *m.*   9
facing frente a   3
factory fábrica   6
fail, to suspender   3
faint, to desmayarse   9
fair justo(-a)   10
fall asleep, to dormirse (ue, u)   5
false falso(-a)   1
family familia   2
famous famoso(-a)   1
fan aficionado(-a)   8
far (from) lejos (de)   3
fascinate, to/be fascinated by,
    to fascinar   3
fascinating fascinante   1
fashion moda   5, modo   5
fat gordo(-a)   1
fatal fatal   1
father padre *m.*   2
father-in-law suegro   2
fault culpa   6
favor favor *m.*   6
favorite favorito(-a)   3
fear miedo   4
    to fear temer   10
February febrero   3
feel like (doing something), to tener (ie)
    ganas de (+ *inf.*)   4
feminine femenino(-a)   5
feminist feminista   1
festival festival *m.*   11
fête, to agasajar   11
fever fiebre *f.*   9
few, (a) poco(-a)   7
fiancé novio   11
fiancée novia   11
field cancha   3, campo   7
fifteen quince   1
    fifteen-year-old (female)
    quinceañera   11
fifth quinto(-a)   5
fifty cincuenta   1
fight, lucha   5
    to fight luchar   **5**
fill out, to completar   3, rellenar   6
film película   8
final último(-a)   5
finally por último   8, finalmente   10, por
    fin   10
find, to encontrar (ue)   5
fine arts bellas artes *f. pl.*   3
fine bien   1
finger dedo   9
finish, to terminar   2
fire, to despedir (i, i)   6

fire station estación *f.* de bomberos   6
firefighter bombero(-a)   6
fireplace chimenea   4
firm empresa   6
first primer/primero(-a)   1
    first and foremost ante todo   8
    first-class hotel hotel *m.* de
    lujo   12, hotel de primera
    clase   12
    first of all ante todo   8
fish pescado   10
    fish store/market pescadería   6
    raw fish marinated in lime juice
    ceviche (cebiche) *m.*   10
    to fish pescar   8
fit, to quedarle   5, caber   9
fitting room probador *m.*   5
five cinco   1
five hundred quinientos(-as)   4
fjord ría   7
flight vuelo   12
flight attendant asistente *m.f.* de vuelo
    12, azafata *f.*   12
flip-flop zapatilla   5
floor *(as opposed to ceiling)* suelo   4,
    (of a building) piso   4, *(of a store or
    business)* planta   4
floral de flores   5
flower flor *f.*   5
    flower garden jardín *m.*   4, patio   4
flowered de flores   5
flu gripe *f.*   9
fluorescent fluorescente   4
fog niebla   7
follow, to seguir (i, i)   5
food comestibles *m.*   10
foot pie *m.*   9
football fútbol *m.* americano   8
    football player futbolista *m.f.*   1
for para   3
for example por ejemplo   3
forehead frente *f.*   9
foreigner extranjero(-a)   12
forest bosque *m.*   7
    tropical rain forest bosque
    tropical   7
fork tenedor *m.*   10
form, to formar   3
formerly anteriormente   8
forty cuarenta   1
four cuatro   1
four hundred cuatrocientos(-as)   4
fourteen catorce   1
fourth cuarto(-a)   5
foyer vestíbulo   4
fracture fractura   9
frequency repetición *f.*   7
frequently a menudo   7
fresh fresco(-a)   7
Friday viernes *m.*   3
friend amigo(-a)   1
friendly amable   2
fright espanto   6
from de   1
front delantero(-a)   9
    in front (of) enfrente (de)   3
frost helada   7
fruit fruta   10
    fruit store frutería   10
full lleno(-a)   10, satisfecho(-a)   10
    full-time a tiempo completo   6
fun, to have divertirse (ie, i)   5
funeral funeral *m.*   11

funny gracioso(-a)   1
furious furioso(-a)   2
furniture muebles *m. pl.*   4
furthermore además   8

G

gain weight, to engordar   9
gallery galería   8
game *(Monopoly, hide-and-seek, etc.)* juego   8, *(sports)* partido   8
garage garaje *m.*   4, taller *m.*   6
garbage basura   4
garden, (flower) jardín *m.*   4
    to garden *(flowers)* cultivar el jardín   8
garlic ajo   10
garment prenda   5
gate *(bus)*, adén *m.*   12
generally generalmente   7, por lo general   7
generous generoso(-a)   1
gentleman caballero   5
geology geología   3
German measles rubéola   9
get, to conseguir (i, i)   5, obtener (ie)   6
    to get a good/bad grade sacar una buena/mala nota
    to get into/on montar   8, *(a train, bus, car, etc.)*, subir a   12
    to get off *(a plane, train, etc.)* bajar de   12
    to get up levantarse   5
give, to dar   6
glad, to be alegrarse   2
glass vaso   10
glasses gafas *f. pl.*   1
glove guante *m.*   5
go, to ir   1, andar   8
    to go away irse   5, marcharse   5
    to go crazy volverse (ue) loco(-a)   5
    to go out salir   4
    to go with hacer juego   5
God dios *m.*   6
godfather padrino   11
godmother madrina   11
gold oro   5
good buen/bueno(-a)   1
    good-bye adiós   1, chao   1
    to feel good sentirse (ie, i) bien   5
goodlooking guapo(-a)   1
gossip, to chismear   11
gossipy charlatán(-ana)   1
graduation graduación *f.*   11
granddaughter nieta   2
grandfather abuelo   2
    great grandfather bisabuelo   f2
grandmother abuela   2
    great grandmother bisabuela   2
grandson nieto   2
grape uva   10
grapefruit toronja   10
grass hierba   4
grateful agradecido(-a)   2
gray gris   1
great gran/grande   1
green verde   4
    green bean judía verde   10
greet, to saludar   1
greeting saludo   1
groom novio   11
group grupo   3

Guatemalan guatemalteco(-a)   P
guest invitado(-a)   11, huésped *m. f.*   12
    guest of honor agasajado(-a)   11, festejado(-a)   11
Guinean guineano(-a)   P
gulf golfo   7
gym(nasium) gimnasio   3

H

hair cabello   9, peo   9
half medio(-a)   2
half board *(breakfast and one other meal)* media pensión *f.*   12
    half brother medio hermano   2
    half sister media hermana   2
hall salón *m.*   4
hallway pasillo   4
ham jamón *m.*   10
hand mano *f.*   9
    my hands are shaking me tiemblan las manos   9
    on the other hand por otra parte   8, en cambio   10, por otro lado   10
    to hand in/over entregar   2
handbag bolso/bolsa   1
handicrafts artesanías   5
hang, to colgar (ue)   4
hangover resaca   9
happen, to pasar   4
happy feliz   1, alegre   2, contento(-a)   2
    to be happy alegrarse   2
    to become happy ponerse feliz   5
harbor puerto   7
hard duro(-a)   10
haste prisa   4
hat sombrero   5
have, to tener (ie)   4
    to have " . . . " left, quedar   3
    to have just *(done something)* acabar de (+ inf.)   3
    to have to *(do something)* deber (+ inf.)   3, tener (ie) que (+inf.)   7
he él   2
head cabeza   9
headache dolor *m.* de cabeza   9
    I have a headache me duele la cabeza   9
health salud *f.*   2
healthy sano(-a)   9
hear, to oír   5
hearing (sense of) oído   9
heart corazón *m.*   9
heat calor *m.*   4, calefacción *f.*   12
height estatura   1
hello *(telephone response in some countries)* aló   2
help, to ayudar   2
hepatitis hepatitis *f.*   9
her *(adj.)* su   3; *d.o. pron.* la   5
    to/for her *i.o. pron.* le   6
here aquí   8
hi hola   1
high alto(-a)   1
    high blood pressure hipertensión *f.*   9
highway carretera   12
hill cerro   7
him *d.o. pron.* lo   5
    to/for him *i.o. pron.* le   6

hip cadera   9
his su   3
HIV VIH   9
history historia   3
hobby diversión *f.*   8
holiday día *m.* festivo   11
home hogar *m.*   4
homemaker amo(-a) de casa   6
Honduran hondureño(-a)   P
hope (for), to esperar   2
    I hope ojalá   10
horrible horrible   2
horror horror *m.*   6
horse caballo   8
hospital hospital *m.*   6
host anfitrión(-ona)   11
hostel hostal m.   12
    youth hostel albergue *m.* estudiantil   12
hot caliente   9
    it's hot *(weather)* hace calor   7
hotel hotel *m.*   12
    first-class hotel hotel de lujo   12, hotel de primera clase   12
    inexpensive hotel hotel económico   12
house casa   4, chalet *m.*   4
household doméstico   4
housing vivienda   4
how? ¿cómo?   1
    how many? ¿cuántos(-as)?   3
    how much? ¿cuánto(-a)?   3
however sin embargo   5, no obstante   8
human humano(-a)   9
    human being ser humano *m.*   9
hundred, (one, a) cien/ciento   1
    hundred million, (one) cien millones   4
hundred thousand, (one) cien mil   4
hunger hambre *f.*   4
hungry, to be tener (ie) hambre   4
hunt, to cazar   8
hurry prisa   4
    to be in a hurry tener (ie) prisa   4
hurt, to doler (ue)   9
husband esposo   2
hypertension hipertensión *f.*   9

I

I yo   2
    I hope ojalá   10
ice hielo   1
    to ice-skate patinar sobre hielo   8
ideal ideal   1
idealist idealista   1
identification identificación *f.*   1
if si   5
ill mal/malo(-a)   1
impersonal impersonal   9
importance importancia   6
important importante   1
impossible imposible   10
impressive impresionante   5
in en   3
    in back (of) detrás (de)   3
    in front (of) delante (de)   3
include, to incluir   12
included incluido(-a)   10
incorrect incorrecto(-a)   7
increase aumento   6
incredible increíble   4

all meals included pensión *f.* completa   12

enjoy your meal buen provecho   10

mean, to querer decir   12

measles sarampión *m.*   9

    German measles rubéola   9

meat carne *f.*   10

    luncheon meat fiambre *m.*   10

mechanic mecánico(-a)   6

medical médico(-a)   9

medication medicamento   9

medicine medicina   3

medium mediano(-a)   1

Melilla, native of melillense *m.f.*   P

melon melón *m.*   10

member miembro   2

menu carta   6, menú *m.*   10

merchant comerciante *m.f.*   6

message recado   2

Mexican mexicano(-a)   P

microwave microondas *m.*   4

midnight medianoche *f.*   2

milk leche *f.*   10

million millón *m.*   4

    (one) hundred million cien millones   4

mine mío(-a)   1

minus *(in mathematical functions)* menos   1

mistake, to make a equivocarse   2

modern moderno(-a)   1

modest modesto(-a)   1

moment momento   2

Monday lunes *m.*   3

mononucleosis mononucleosis *f.*   9

month mes *m.*   3

    per month al mes   4

    the month before el mes anterior   8

mop fregasuelos *m.*   4

    to mop fregar (ie)   4

more más   1

    more than más que   10

moreover por otra parte   8

morning mañana   1

    in the morning de la mañana   2

    morning snack almuerzo   10

    to eat a morning snack almorzar (ue)   5

motel motel *m.*   12

mother madre *f.*   2

mother-in-law suegra   2

motorcyle motocicleta   8

mountain montaña   7

    mountain climbing alpinismo   8

    mountain pass puerto   7

    mountain peak pico   7

    mountain range cordillera   7, sierra   7

mountanous montañoso(-a)   7

mouse (mice) ratón *m.* (*pl.* ratones)   3

mouth boca   9

move *(something),* **to** mover (ue)   5

movie película   8

    movie theater cine *m.*   6

much mucho(-a)   1

mumps paperas   9

muscle ache dolor *m.* muscular   9

muscular muscular   9

museum museo   3

musician músico *m.f.*   1

mussel mejillón *m.*   10

must *(do something),* deber *(+ inf.)*   3

mustard mostaza   10

my mi(s)

N

name nombre *m.*   1

named, to be llamarse   1

napkin servilleta   10

nationality nacionalidad *f.*   1

natural natural   1

necessary necesario(-a)   7, preciso(-a)   9

    it's necessary to *(+ verb)* hay que *(+ inf.)*   7

neck cuello   9

necklace collar *m.*   5

need, to necesitar   2, faltar   3

negate, to negar (ie)   5

neither . . . nor ni . . . ni   5

nephew sobrino   2

nervous nervioso(-a)   1

never jamás   10, nunca   10

nevertheless, sin embargo   5

new nuevo(-a)   1

next después   8, entonces   8, luego   8

    next to junto a   3

Nicaraguan nicaragüense *m.f.*   P

niece sobrina   2

night noche *f.*   1

    last night anoche   8

    night table mesita denoche   4

nightmare pesadilla   6

nine nueve   1

    nine hundred novecientos(-as)   4

nineteen diecinueve   1

ninety noventa   1

ninth noveno(-a)   5

no *(adj.)* ningún/ninguno(-a)   1, *(negation)* no   1

none ningún/ninguno(-a)   1

noon mediodía *m.*   2

normal normal   1

normally normalmente   7

North American norteamericano(-a)   1

north norte *m.*   7

northeast noreste *m.*   7

northwest noroeste *m.*   7

nose nariz *f.*   9

not . . . well mal/malo(-a)   1

not right incorrecto(-a)   7

notebook cuaderno   3

nothing nada   1

novelist novelista *m.f.*   1

November noviembre *m.*   3

now ahora   8

number número   1

nurse enfermero(-a)   6

nylon nilón *m.*   5

O

object objeto   6

    direct object complemento directo   5

    indirect object complemento indirecto   6

obligation obligación *f.*   7

obstinate obstinado(-a)   1

obtain, to conseguir (i, i)   5

obvious obvio(-a)   10

occupation oficio   6

occur, to occurrir   3

ocean océano   8

October octubre *m.*   3

octopus pulpo   10

of de   1

    of course claro que sí   7, cómo no   7, por supuesto   7

    of course not claro que no   10

offer oferta   5

office oficina   3

    box office taquilla   8

    doctor's office consultorio   9

    post office oficina de correos   3

official, customs agente *m.f.* de aduana   12

official, public funcionario(-a) público(-a)   6

often a menudo   7

oh (no)! ¡caray!   4

    oh, my goodness dios mío   4

oil aceite *m.*   10

ointment pomada   9

okay regular   1

    okay? ¿vale? ¿está bien?   3

old viejo(-a)   6

older mayor   6

oldest, the el/la mayor   6

olive aceituna   10

on en   3, sobre   8

    on top (of) encima (de)   3

one uno   1

    the one(s) el (los) que, la(s) que   11

    one-way de ida   12

onion cebolla   10

only sólo   5

open, to abrir   3

    open house banquete *m.*   11, convite *m.*   11

opera ópera   8

opinion opinión *f.*   8

    to give one's opinion opinar   4

opposite contrario(-a)   7

optimistic optimista   1

or o   5

orange *(color)* anaranjado(-a)   4; *(fruit)* naranja   10

ordinal ordinal   5

organ órgano   9

organize, to organizar   4

orgin origen *m.*   1

other otro(-a)   4

our nuestro(-a)   3

out of *(a plane, train, etc.),* **to get** bajar de   12

outfit conjunto   5

outside (of) fuera (de)   3

over sobre   8

overcome, to superar   5

owing to por   2

oyster ostra   10

P

pack one's suitcase, to hacer la maleta   12

page página   3

pain pena   4, dolor *m.*   9

painting cuadro   5, pintura   5

pair pareja   3
pajamas pijama *m.*   5
pal amiguito(-a)   11
palace palacio   6
    government-run historical palace
      (Spain) parador *m.* nacional   12
Panamanian panameño(-a)   P
pants pantalones *m. pl.*   5
papaya papaya   10
paper papel *m.*   3
    paper towel papel de cocina   4,
      toalla de papel   4
piece of paper hoja de papel   3
Paraguayan paraguayo(-a)   P
pardon perdón *m.*   5
    to pardon oneself perdonarse   5
parents padres *m.*   2
park parque *m.*   6
    amusement park parque de
      atracciones   8
parking lot aparcamiento   3
part parte *f.*   2
    part-time a tiempo parcial   6
partial parcial   6
particular, in en particular   8
partition tabique *m.*   4
partner compañero(-a)   2
party fiesta   11
    bachelor party despedida de
      soltero   11
    birthday party fiesta de
      cumpleaños   11
    surprise party fiesta sorpresa   11
pass, mountain puerto   7
pass, to pasar   4
passenger pasajero(-a)   12
passport pasaporte *m.*   12
    passport control control *m.* de
      pasaporte   12
past pasado(-a)   8
pastime diversión *f.*   8
pastry pastel *m.*   10
    pastry shop pastelería   6
patient paciente   1
patio patio   4
pay, to pagar   2
    to pay attention to *(other people),*
      atender (ie) a   11
pea guisante *m.*   10
peach durazno   10
peak, mountain pico   7
pear pera   10
pen pluma   3
    ballpoint pen bolígrafo   3
    fountain pen pluma
      (estilográfica)   3
pencil(s) lápiz *m.* (*pl.* lápices)   3
peninsula península   7
people gente *f.*   3
pepper pimienta   10
per day al día   9
per month al mes   4
perfect perfecto(-a)   7
perhaps acaso   10, quiza(s)   10, tal
    vez   10
permission permiso   5
person persona   1
Peruvian peruano(-a)   P
pessimistic pesimista   1
pharmacist farmacéutico(-a)   6
pharmacy farmacia   3

phenomenal fenomenal   2
philosophy filosofía   3
photo(graph) foto *f.*   8
    to develop photographs revelar
      fotos   8
    to take photographs sacar fotos   8
photographer fotógrafo(-a)   6
phrase frase *f.*   5
physical físico(-a)   1
physics física   3
pie pastel *m.*   10
pill pastilla   9
pillow almohada   4
pineapple piña   10
pink rosado(-a)   4
pity lástima   4
place lugar *m.*   3, ubicación *f.*   3
    to place poner   2
    to take place tener (ie) lugar   4
plaid a cuadros   4, de cuadros   5
plain llano   7
plane avión *m.*   12
plant planta   4
plate plato   4
plateau meseta   7
platform *(train)* andén *m.*   12
play, to *(a musical instrument)* tocar
    2, *(a sport or game)* jugar (ue, u)   5
player *(football/soccer)* futbolista *m. f.* 1,
    (volleyball) voleibolista *m. f.*   1
please por favor   2
to please/be pleasing gustar   2
pleasure gusto   1
    with pleasure con mucho gusto   11
plump gordo(-a)   1
plus *(in mathematical functions)* más   1
P.M. de la tarde   2, de la noche   2
point punto   2
police officer policía *m.*   6, mujer *f.*
    policía   6
police station estación *f.* de policía   6
political político   3
political science ciencias políticas   3
polka-dotted a lunares   4, de lunares   5
polyester poliéster *m.*   5
pool pozo   7
    swimming pool piscina   3,
      alberca   4
poor pobre   6
popular popular   1
pork cerdo   10
port puerto   7
porter maletero   12
position (job) puesto de trabajo   6
possessive posesivo(-a)   1
possible posible   5
post office oficina de correos   3
Post-it note® nota adhesiva   3
posture postura   9
potato papa   10
poultry aves *f. pl.*   10
pound libra   10
practice to, practicar   2
precious precioso(-a)   5
prefer, to preferir (ie, i)   5
preferable preferible   9
pregnant embarazada   1
prepare, to preparar   2
preposition preposición *f.*   3
prescribe, to recetar   9
prescription receta   9

present, those (the people) asistentes
    m. pl.   11
president presidente *m. f.*   3
pressure presión *f.*   9
    blood pressure presión arterial   9
    high blood pressure hipertensión
      f.   9
preterite pretérito   8
previously antes   8, previamente   8
price precio   4
principle principio   8
    in principle en principio   8
printed estampado(-a)   4
printer impresora   3
prior anterior   8
private privado(-a)   6
probable probable   7
probably probablemente   7
problem problema *m.*   9
problematic problemático(-a)   10
profession profesión *f.*   6
professor profesor(a)   1
programmer programador(a)   6
prohibit, to prohibir   10
promise, to prometer   3
pronoun pronombre *m.*   5
proposal propuesta   10
protect, to proteger   9
protest protesta   5
proud orgulloso(-a) (de)   2
provided (that) con tal (de) que   10
provisions comestibles *m. pl.*   10
psychologist psicólogo(-a)   6,
    sicólogo(-a)   6
psychology psicología   3, sicología   3
public público(-a)   6
    public official funcionario(-a)
      público(-a)   6
Puerto Rican puertorriqueño(-a)   P
pulse pulso   9
pumpkin calabaza   10
punctual puntual   1
purpose morado(-a)   4
purse bolsa   1
put (on), to poner   2
Pyrenees Pirineos   7

Q

quarter *(of an hour)* cuarto   2
question pregunta   1

R

racquetball ráquetbol *m.*   8
radical radical   1
radio station emisora de radio   6
radio-cassette player radio-cassette *f.*   1
rag trapo   4
railroad ferrocarril *m.*   12
rain lluvia   7
    it's raining está lloviendo   7
    to rain llover (ue)   7
    tropical rain forest bosque
      tropical   7
raincoat impermeable *m.*   5
raisin pasa   10
rapid acelerado(-a)   9
rash erupción *f.*   9
rather bastante   2
rational racional   1

rayon rayón *m.* 5
read, to leer 3
realistic realista 1
realize, to darse cuenta de 10
really de verdad 2
    really? ¿para qué? 3
reason razón *f.* 4
    for what reason? ¿para qué? 3
rebellious rebelde 1
receipt recibo 12
receive, to recibir 3
recommend, to recomendar (ie) 5
recommendation recomendación *f.* 6
recreation room sala de recreo 3, sala de recreación 8
red rojo(-a) 4
reduced rebajado(-a) 5
refrigerator refrigerador *m.* 4
regret, to sentir (ie, i) 8
reject, to rechazar 11
related relacionado(-a) 9
relationship relación *f.* 7
relative pariente *m.* 2; *(adj.)* relativo(-a) 11
relieve, to aliviar 9
religious religioso(-a) 11
religious service culto 11
remain, to quedar 3, quedarse 5
remedy remedio 10
    to remedy remediar 10
remember, to recordar (ue) 5
rent, to alquilar 12
repair, to componer 10, reparar 10
repeat, to repetir (i, i) 3
repetition repetición *f.* 7
reply respuesta 1
representative representante *m.f.* 12
reproach reproche *m.* 6
request, to pedir (i, i) 1
reservation reservación *f.* 10, reserva 12
resign, to renunciar 6
resist, to resistir 5
resolution resolución *f.* 10
resort balneario 7
respond, to responder 3
responsible responsable 1
    to make *(someone)* **responsible** responsabilizar 10
restaurant restaurante *m.* 6
result (in), to resultar (de/en) 10
    as a result como resultado 10
retired jubilado(-a) 6
return, to volver (ue) 5, *(something)* devolver (ue) 5
rice arroz *m.* 10
rich rico(-a) 10
ride horseback, to montar a caballo 8
right derecha 3
    all right de acuerdo 3
    right? ¿cierto? 3, ¿verdad? 3
    to be right tener (ie) razón 4
    to the right (of) a la derecha (de) 3
ring anillo 5
river río 7
rocky rocoso(-a) 7
roller-skate/roller-blade, to patinar sobre ruedas 8
romantic romántico(-a) 1
room cuarto 2, habitación *f.* 12
roommate compañero(-a) de cuarto 3

round-trip de ida y vuelta 12
routine rutina 5
rowdy celebration pachanga 11
rug alfombra 4
    throw (scatter) rug tapete *m.* 4
ruler regla 3
run, to correr 3

S

sad triste 2
    to become sad ponerse triste 5
sail vela 8
    to sail navegar a la vela 8
saint santo 11
    saint's day día *m.* de santo 11, onomástico 11, santo 11
salad ensalada 10
salary sueldo 6
sale liquidación *f.* 5
    on sale en venta 5
salmon salmón *m.* 10
salt sal *f.* 10
salty salado(-a) 10
Salvadorian salvadoreño(-a) P
same mismo(-a) 7
sandal sandalia 1
satisfaction satisfacción *f.* 5
satisfied satisfecho(-a) 10
Saturday sábado *m.* 3
saucer platillo 10
sausage salchicha 10
say, to decir (i, i) 2
    to say good-bye despedirse (i, i) 1
scarf bufanda 5
school *(of university)* facultad *f.* 3, escuela 6
    school supplies equipo escolar 3
science ciencias *f. pl.* 3
scientist científico(-a) 6
score, to empatar 8
scrub, to fregar (ie) 4
scuba dive, to bucear 8
sculpture escultura 8
sea mar *m.* 12
season estación *f.* 5
seat asiento 12
second segundo(-a) 5
secret secreto 11
secretary secretario(-a) 6
security seguridad *f.* 12
    security check control *m.* de seguridad 12
see, to ver 3
    let's see a ver 4
seem, to parecer 8
sell, to vender 3
send, to mandar 2
sensational sensacional 5
sense sentido 9
sensible sensible 1
sentence oración *f.* 3
sentimental sentimental 1
September septiembre *m.* 3
serious serio(-a) 12
serve, to servir (i, i) 5
server *(restaurant)* camarero(-a) 6, mesero(-a) *(Mex.)* 6
set the table, to poner la mesa 4
setting, table cubiertos 10
seven siete 1
    seven hundred setecientos(-as) 4

seventeen diecisiete 1
seventh séptimo(-a) 5
seventy setenta 1
shake, to temblar (ie) 9
    my hands are shaking me tiemblan las manos 9
share, to compartir 11
shave, to afeitarse 5
she ella 2
shelf estante *m.* 4
shellfish mariscos 10
    raw shellfish marined in lime juice mariscal *m.* 10
shiny brillante 4
ship barco 12
shirt camisa 5
shoe zapato 5
shop tienda 5
shopping center centro comercial 6
short *(in stature)* bajo(-a) 1, *(not long)* corto(-a) 5
shorts pantalones cortos *m. pl.* 5
shot inyección *f.* 9
should, (one) deber *(+ inf.)* 3, hay que *(+ inf.)* 7
shoulder hombro 9
show, to mostrar (ue) 5
    to show off lucir 5
shower ducha 4
    baby shower fiesta de canastilla 11
    bridal shower despedida de soltera 11
    to shower ducharse 5
shrimp camarón *m.* 10, gamba 10
shut, to cerrar (ie) 3
sick enfermo(-a) 2
side lado 3
sight vista 1
significant other compañero(-a) 2
silk seda 5
silver plata 5
similar, to be parecerse a 10
similarly del mismo modo 8
simple sencillo(-a) 12
singer cantante *m.f.* 1
single *(room)* sencillo(-a) 12
    single (hotel) room habitación *f.* sencilla 12
sink, bathroom lavabo 4
sink, kitchen fregadero 4
sister hermana 2
sister-in-law cuñada 2
sit down, to sentarse (ie) 5
sitting room salón *m.* 4
six seis 1
    six hundred seiscientos(-as) 4
sixteen dieciséis 1
sixth sexto(-a) 5
sixty sesenta 1
skate, to patinar 8
skeleton esqueleto 9
ski, to esquiar 8
skin piel *f.* 9
skirt falda 5
sleep, to dormir (ue, u) 5
sleepy, to be tener (ie) sueño 4
slowly despacio 8
small pequeño(-a) 5
    smell, to oler (ue) 9
(sense of) smell olfato 9
smile, to sonreír (i, i) 8

terrible terrible   1
test prueba   9
    to test probar (ue)   5
texture textura   10
thanks/thank you gracias   1
that que   4; el (los) que, la(s) que   11
    that (one) *adj.* ese(-a)   4; *pron.*
        eso/ése(-a)   4
    that (one) *(over there) adj.* aquel(la)
        4; *pron.* aquello/aquél(la)   4
    that's right correcto(-a)   7
    that's so así es   7
the el/la *m./f.,* los/las *m. pl./f. pl.*   1
theater arte *m.* dramático   3, teatro   3
their su   3
them *d.o. pron.* los/las   5
    to/for them *i.o. pron.* les   6
then después   8, entonces   8, luego   8
there ahí   2
    there is/are hay   2
    there you go ándale   10
therefore por eso   8, así que   10
these *adj.* estos(-as)   4; *pron.*
    éstos(-as)   4
thigh muslo   9
thin delgado(-a)   1
thing cosa   6
think, to creer   3, pensar (ie)   5
third tercer/tercero(-a)   1
thirst sed *f.*
thirsty, to be tener (ie) sed   4
thirteen trece   1
thirty treinta   1
this (one) *adj.* este(-a)   4; *pron.*
    esto/éste(-a)   4
those *adj.* esos(-as) *adj.*   4; *pron.*
    ésos(-as)   4
    those *(over there) adj.* aquellos(-as)
        4; *pron.* aquéllos(-as)   4
thousand mil (a/one)   4
    (one) hundred thousand cien
        mil   4
three three   1
    three hundred trescientos(-as)   4
throat garganta   9
    sore throat dolor *m.* de garganta   9
    strep throat inflamación *f.* de la
        garganta   9
through por   2
thumb pulgar *m.*   9
thunder truenos   7
Thursday jueves *m.*   3
thus así   7; *(conj.)* así que   10
ticket entrada   4, boleto   8, billete *m.*   12,
    pasaje *m.*   12
    ticket desk *(bus, train)* taquilla   8,
        ventanilla   12
tidy up, to organizar   4
tie corbata   5
    to tie empatar   8
tight apretado(-a)   5
tile azulejo   4
time *(hour)* hora 2, *(gen.)* tiempo   6,
    (first, second …) vez *f.*   7
    at times a veces   7
    from time to time de vez en
        cuando   7
    one more time otra vez   8
    times *(in mathematical functions)*
        por   2
    to have a good time pasarlo
        bien   11
    two times dos veces   9

tip propina   10
tired cansado(-a)   2
to a   1
toast *(someone)*, **to** brindar por   11, pan
    tostado (food)   10
    to make a toast brindar   11
toe dedo   9
toilet inodoro   4
tomato tomate *m.*   10
    tomato sauce salsa de tomate
        (dulce)   10
tomorrow mañana   1
tongue lengua   3
    to stick out your tongue sacar la
        lengua   9
too (much) demasiado(-a)   5
tooth diente *m.*   9
topography topografía   7
touch tacto   9
    to touch tocar   2
tough duro(-a)   10
towel toalla   1
tower torre *f.*   3
track pista (de correr)   3
train tren *m.*   12
    to train entrenar   8
    train station estación *f.* de
        ferrocarril   12
traitorous traidor(a)   1
tranquil tranquilo(-a)   1
transitional transicional   8
translator traductor(a)   1
transporation transporte *m.*   12
trash basura   4
travel, to viajar   2
    travel agent agente *m. f.* de
        viajes   12
traveler viajero(-a)   12
treatment tratamiento   9
tropical tropical   7
    tropical rain forest bosque
        tropical   7
trouble pena   4
trousers pantalones *m. pl.*   5
trout trucha   10
true cierto(-a)   7
trunk tronco   9
truth verdad *f.*   2
try, to probar (ue)   5
    to try on probarse (ue)   5
Tuesday martes *m.*   3
tuna atún *m.*   10
turkey pavo   10
twelve doce   1
twenty veinte   1
twice dos veces   9
twin gemelo(-a)   2
two dos   1
    two hundred doscientos(-as)   4

U

umbrella paraguas *m.*   5
    beach umbrella sombrilla   1
uncle tío   2
under(neath) debajo (de)   3
understand, to comprender   3, entender
    (ie)   5
unemployed desempleado(-a)   6
unemployment desempleo   6
unique único(-a)   5

United States Estados Unidos   P
    native of the United States esta-
        dounidense *m. f.*   P
university universidad *f.*   3; *(adj)*
    universitario(-a)   3
unless a menos que   10
unlike a diferencia de   7, diferente de 7,
    al contrario de   10
unpack one's suitcase, to deshacer la
    maleta   12
until *(prep.)* hasta   1; *(conj.)* hasta
    que   10
    until a little while ago hasta hace
        poco   8
up (with) arriba   5
    up to now hasta ahora   8, hasta
        aquí   8
upper superior   1
urgent urgente   10
Uruguayan uruguayo(-a)   P
us, (to/for) *d.o. & i.o. pron.* nos   5
use, to usar   2
used usado(-a)   5
usually usualmente   7
utilities servicios   4

V

vacation vacaciones *f. pl.*   12
vaccinate, to vacunar   9
vacuum cleaner aspiradora   4
    to run the vacuum pasar la
        aspiradora   4
valiant valiente   1
valley valle *m.*   7
value valor *m.*   10
veal ternera   10
vegetable store verdulería   10
vegetables verduras *f. pl.*   10
vein vena   9
Venezuelan venezolano(-a)   P
verb verbo   2
very muy   1
vest chaleco   5
veterinarian veterinario(-a)   6
view vista   1
villa chalet *m.*   4
vinegar vinagre *m.*   10
violet violeta   4
visit, to visitar   2
voice voz *f.*   3
volleyball balón *m.*   1
    volleyball player voleibolista
        m. f.   1
vomit, to vomitar   9
voucher comprobante *m.*   12,
    resguardo 12

W

waist cintura   9
wait on *(other people)*, **to** atender
    (ie) a   11
    to wait esperar   2
waiting room sala de espera   12
waitperson *(in a restaurant)*
    camarero(-a)   6, mesero(-a) *(Mex.)*   6
wake up, to despertarse (ie)   5
walk, to andar   8, caminar   8, pasear   8
wall pared *f.*   4, tabique *m.*   4
wallet cartera   5
want, to querer (ie)   1, desear   2

Text Credits